中國共産黨의
중국 특색 외교
이론과 실천

楊潔勉 외 지음
李春虎, 金永奎, 金勝範, 趙銀美 옮김

中國共産黨의 중국 특색 외교 이론과 실천

2022년 12월 15일 1쇄 발행

글쓴이	楊潔勉 외 지음
옮긴이	李春虎, 金永奎, 金勝範, 趙銀美
펴낸곳	(주)늘품플러스
펴낸이	전미정
책임편집	최효준
디자인	고은미 정진영
출판등록	2004년 3월 18일 제2-4350호
주소	서울 중구 퇴계로 243 평광빌딩 10층
전화	02-2275-5326
팩스	02-2275-5327
이메일	go5326@naver.com
홈페이지	www.npplus.co.kr
ISBN	979-11-88024-86-5 (03340)

값 25,000원

ⓒ 李春虎, 金永奎, 金勝範, 趙銀美, 2022

中國共産黨의

중국
특색 외교
이론과
실천

楊潔勉 외 지음
李春虎, 金永奎, 金勝範, 趙銀美 옮김

늘품플러스

목차

실천편

서문

중국 외교에 대한 중국공산당의
지도 과정과 주요 성과

2011년은 중국공산당 창건 90주년을 맞는 해이다. 지나간 90년 역사를 돌이켜 보면, 이 시기는 중국공산당이 자체의 성장과 발전을 거듭해 온 역사임과 동시에 전체 중국 인민이 자신의 진정한 출로를 찾기 위해 꾸준히 탐색해 온 역사이기도 하다. 그리고 중국 외교 가 국제 무대로의 도약을 실현하기 위해 끊임없이 분투해 온 역사로도 평가할 수 있다. 그 과정에 중국공산당은 세계적 흐름과 역사 발전 추세에 대한 정확한 인식을 토대로 시대적 요구에 부응하는 독자적인 가치관, 시대관, 체계관體系觀, 국가관, 주권관, 국익관 및 발전 체계를 재정립했다. 이 뿐만 아니라 중국 현대 역사상 3단계 발전인 평화적 해방, 평화적 공존, 평화적 발전이 가능하도록 중국 외교를 이끌어 마침내 리더와 실천적 주체, 세계적 대세와 현실적 수요, 국내와 국제 등의 다각적인 균형을 실현했고 이와 더불어 비교적 합리적인 당의 세계 전략과 외교 구도를 확정할 수 있게 되었다. 이러한 성과들은 중국 특색 외교 이론의 형성과 발전은 물론, 나아가서는 중국 특색 사회주의 이론 체계의 틀을 갖추는 데 큰 기여를 함으로써 중국의 위대한 부흥을 위한 견실한 토대를 구축하게 된 것이다.

1. 90년간 국내외 정세 변화와 중국 외교의 전개 과정

중국공산당 창당 후 90년간 중국 사회에는 천지개벽의 변화가 일어났다. 우선 1949년에 이르러 중국의 신민주주의혁명新民主主義革命이 위대한 승리를 거두었고, 그 후 30년간의 사회주의 건설 과정을 거친데 이어 1979년을 계기로 개혁개방이라는 새로운 시대가 열리면서 중국 부흥의 꿈을 현실화할 수 있게 되었다.

국내 환경의 변화와 함께 국제 정세에도 괄목할 만한 변화가 있었다. 그중 중국공산당의 창당에 앞서 이미 민족자결권民族自決權에 관한 국제 사회의 기본 원칙이 확정되었음은 특기할 만한 사항이고, 신중국新中國 정부 수립 이전에 세계적으로 냉전이라는 대립 구도가 형성되었다는 사실 역시 주목할 필요가 있다. 그리고 중국의 개혁개방에 앞서 미·소 간의 적대적 관계는 점차 완화의 조짐을 보여 왔고, 현시대의 글로벌화가 차츰 가시화되기 시작했다. 그 후 발생한 해빙 모드는 더더욱 기존의 국제체계 재편과 함께 종전과 구별되는 국제 규범의 탄생을 촉구하면서 새로운 시대가 도래하고 있음을 예고하고 있다.

이와 같은 복잡한 대내외적 환경 속에서 중국공산당은 줄곧 역사 발전 추세에 대한 정확한 인식을 토대로 중국 외교의 밝은 미래를 개척하면서 많은 업적을 남겼다. 이러한 관점에서 중국공산당 창당 후 중국의 대외 관계에 대한 당의 지도와 실천 자체가 바로 중국과 국제체계 간의 상호 관계의 변천사라 해도 큰 무리가 없을 것이다. 그중 핵심적인 부분이 바로 중국과 국제체계 간에 '화합和合'을 이루기 위한 노력이었다. 이에 근간을 둔 중국 외교 정책상 가장 현저하게 드러나는 큰 특징은 곧 '평화외교平和外交'라 규정 지을 수 있다. 이른바 "세계상 평등한 자세로 우리들을 대하고 있는 민족, 그리고 각 나라 인민들과 연합하여" 세계 평화를 수호하고 공동의 발전을 도모하며 신중국의 신민주주의 건설과 사회주의 건설을 위해 '자국에 유리한' 주변 환경과 국제적 여건을 조성한다는 것이다.[1] 물론 이러한 '평화외교'는 당면한 외교 환경의 변화에 따라 단계적 특징을 나타내고 있는 데, 대체로 다음과 같은 3개 시기로 나누어 볼 수 있다. 즉 평

1   姬鵬飛主編:『中國共産黨與當代中國외교(1949~2009)』, 中共黨史出版社, 2010年, pp. 1-2.

화적 해방을 쟁취하기 위한 외교, 평화적 공존平和共存을 도모하기 위한 외교, 그리고 평화적 발전을 지향하는 외교로 구별할 수 있다.

(1) 평화적 해방을 쟁취하기 위한 외교의 전개(1921~1949)

중국공산당의 창당은 제1차 세계대전 종결 후 민족자결권에 관한 국제 사회의 기본 원칙이 확립되고, 이것이 차츰 세계적 대세로 공인되는 여건 속에서 이루어진 필연적 산물이라 할 수 있다. 비록 당시 국제 환경은 여전히 '혁명과 전쟁'이 주류를 이루고 있어 국제체계상 중국공산당의 존속에 불리한 여건으로 작용하고 있었으나, 민족자결권에 대한 확신과 집요한 추구로 인해 중국공산당은 창당 직후부터 꾸준히 중국의 평화적 해방에 유리한 환경을 조성하기 위한 노력을 아끼지 않았고, 국제 사회로부터 최대한의 지원을 얻어내는데 전념해 왔다.

중국공산당 제2차 전국대표대회에서 채택된 선언서에는 다음과 같은 내용이 명시되어 있다. 중국공산당은 "제국주의자들이 공공연하게 말하고 있는 평등과 자결권이 무엇을 의미하고 있는지 너무나 잘 알고 있다." 우리의 목표는 "내전을 종식시키고 군벌軍閥을 타도하여 국내 평화를 실현하며 종국적으로 국제적인 제국주의의 압박에서 벗어나 중화민족의 진정한 독립을 실현하는 것이다."[2] 이와 같은 목표를 전제로 한 외교적 선택은 이른바 '일변도—邊倒' 외교였다. 이는 당시 국내외 반대 세력들의 막강한 영향력을 무시할 수 없는 상황에서 국제 사회의 지원이 매우 절실했던 특수한 조건 하의 부득이한 선택이었다. 물론 이러한 '일변도' 외교는 신중국 건국 초기에 실시되었던 '일변도' 외교와는 다소 구별이 되지만, 기본적인 맥락에 있어서 크게 벗어나지 않은 것 같다. 중국공산당 제1차 전국대표회의 결의문에는 "코민테른에 당중앙위원회 보고서를 달

---

2   「中國共産黨第二次全國代表大會宣言」(1922年7月16日—23日), 人民网.

마다 올린다"라고 규정되어 있는데 이것은 당시 중국공산당 외교의 '일변도' 성격을 극명하게 보여주는 사례라 할 수 있다.[3]

그러나 중국공산당 자체의 성장과 더불어 중국 혁명이 항일전쟁 단계에 진입하면서 중국 외교 사명에 대한 당의 인식은 한층 더 심화되기 시작했다. 즉 단순히 코민테른의 지지만으로는 전 민족의 해방을 실현함에 있어서 현실성이 희박하며, 보다 광범위한 국제적 승인과 지원이 필수적이라는 새로운 인식에 도달하게 된 것이다. 이와 같은 인식 변화는 당시 국제 사회에서 유행했던 국가 합법성에 대한 인식과 일치하는데, 특히 제2차 세계대전 종결 후 유엔에서 제정한 국가 합법성 원칙에도 부합되는 것이다.[4] 따라서 중국공산당은 당시 국제적인 반파시스트 전쟁의 기회를 충분히 활용해 당의 대외교류 이념을 국제 사회에 적극적으로 홍보하기에 이르렀는데 대부분의 경우 오늘날 공공외교와 비슷한 경로를 통해 대외교류를 실현한 것이다. 그 일례로 저명한 미국 기자 스노 Edgar Snow와 외국의 중국 문제 전문가들을 옌안延安에 초청해 중국공산당의 외교 노선을 소개한 등의 홍보 활동이다. 다른 한편으로 1940년 12월 마오쩌둥毛澤東은 당의 외교정책을 제정함에 있어서 다음과 같은 구별점에 기반을 두어야 한다는 지시를 내렸다. 즉 첫째, 소련과 자본주의 국가의 구별. 둘째, 영국과 미국의 과거 정책과 현실 정책의 구별. 셋째, 영·미 양국과 독일의 구별. 넷째, 영·미 양국의 국민과 제국주의 정부의 구별이다. 이와 같은 유연한 외교 원칙의 제정으로 중국공산당은 소련 등 여러 나라들로부터 지원을 이끌어 내는데 성공할 수 있었을 뿐만 아니라 그 후 짧게나마 미국의 입장 변화를 유도해 낼 수 있었다. 이를테면 1944년 한 해 동안에 미국이 두 번이나 연속으로 옌안에 관찰단을 파견한 사실이 바로 이 점을 입증해 준다.

3　『中國共産黨第一個決議』(1921年), 人民网.

4　長春著:『秩序抑或正義?──自決原則對主權合法性』, 上海社會科學院世界經濟與政治研究院編:『國際環境與中國的和平發展』(「國際關係研究」第三輯), 時事出版社, 2006年.

물론 그 후 미국은 국공내전國共內戰에서 장제스蔣介石를 지지함으로써, 중국공산당이 줄곧 주장해 온 평화적인 해방 목표는 달성할 수 없었지만 자국의 평화적 해방을 위한 중국공산당의 외교 활동은 당시 세계 여러 나라에서 발발한 반식민주의反植民主義 투쟁과 민족해방운동에 귀감이 되기에 손색이 없었다. 실제로 중국의 해방전쟁(국공내전 —— 역자 주)이 중국공산당의 승리로 재빨리 판가름 나게 되자, 그동안 보다 평화적으로 민족자결권을 실현하려고 한 중국공산당의 이념과 실천은 아시아, 아프리카와 남미주의 여러 나라에서 새롭게 각광받게 되었고, 그 후에도 오랫동안 절찬을 받아 왔다.

(2) 평화적 공존을 도모하기 위한 외교의 전개(1949~1979)

신중국이 탄생한 후 중국공산당은 자신의 정권이 대내외적 제반 여건의 제약 속에서 이미 진퇴양난의 입장에 처해 있음을 깨닫게 되었다. 당시 미국과 소련의 양극 대항兩極對抗으로 특징지을 수 있는 냉전 구도가 이미 형성되어 있는 상황에서 중국의 외교적 선택 여지는 매우 제한적일 수 밖에 없었다. 때를 같이하여 국내 사정도 그야말로 최악의 상태로 치닫고 있었다. 장기간 전쟁 피해로 국토는 전반적으로 황폐해졌고 전쟁 후 복구 건설이란 중대한 과업이 머리를 짓누르고 있는 상황이었다. 그러나 이와 같은 대내외적 환경 속에서도 당시 많은 나라들이 냉전의 대립 속으로 휘말려 들어가는 경우와는 달리, 중국공산당은 국제 사회에서 이미 태동하고 있는 평화적 발전과 탈냉전 의 새로운 시대적 흐름을 정확히 파악한 후 재빨리 냉전을 초월한 '평화적 공존'이란 외교 철학을 제시하는데 이르게 된다. 물론 그 후 여러 차례 시행 착오를 겪게 되었으나 '평화공존 5항원칙'은 신중국 외교의 확고한 지침으로 자리잡게 된다.[5]

중국공산당은 세계 냉전의 첨예한 대립 구도 속에서 민족자결권을 실현하

---

5   "平和共存五项原则"이란 1.相互主權尊重 2.相互領土完整尊重 3.相互不可侵 4.相互內政不干涉 5.平等互惠 및 평화공존을 기본 내용으로 한다.

려면 우선 국민당國民黨이 체결한 외교 관계와 결별해야 한다고 인식한 듯하다. 따라서 마오쩌둥은 1949년 초에 국민당 정부가 세운 모든 굴욕적인 외교 관계를 승인하지 않는 "새 살림 차리기另起炉灶"와 "집안을 깨끗이 청소한 뒤 손님을 초대한다打扫净屋子再请客"는 중요한 지시를 내리게 된다. 그 골자는 신중국 외교의 자주 독립 원칙을 강조한 것인데, 실천적 측면에 있어서 민족자결권 원칙과 맥을 같이 할 뿐만 아니라 그 후 '평화공존 5항원칙'을 제정하는 데 중요한 이론적 기반이 되었다.

1954년 4월, 중국 정부는 인도 정부와 함께 '평화공존 5항원칙'을 대내외에 선포했다. 2개월 후, 중국 정부는 또 인도, 미얀마 정부와 연합으로 상술한 원칙을 아세아 국가들 뿐만 아니라 세계 모든 국가들 간의 상호 관계 원칙으로 한다고 선언했다. 당시 미·소 두 진영 간 첨예한 대립 하에 세계 각국의 외교적 선택 여지가 크게 위축되어 있는 상황임에도 불구하고 양극 구도를 초월한 평화공존 원칙은 국제 사회의 한결 같은 소원이라는 중국공산당의 판단이 어느 정도 적중한 결과라 할 수 있다. 바로 그렇기 때문에 그 후 반세기를 넘는 동안, '평화공존 5항원칙'은 줄곧 중국의 독립, 자주, 평화 외교의 근간을 이루어 왔을 뿐만 아니라 갈수록 많은 나라들의 공명을 불러 일으키게 되어 마침내 국가 간의 관계를 규정하는 원칙으로 자리잡게 된 것이다. 1955년에 개최된 반둥회의와 그 후에 발생한 비동맹운동 역시 '평화공존 5항원칙'이란 공통된 인식에서 비롯된 것이라 할 수 있다.

그러나 미·소 두 진영 간의 첨예한 대립이 지속되고 민주주의 혁명이 고조되고 있는 국내외적 환경 속에서 '평화공존 5항원칙'을 고수한다는 것은 결코 쉬운 일이 아니었다. 결국 신중국 외교상 일시적인 양보가 불가피하게 되었는데, 이러한 배경 하에 등장하게 된 외교전략이 바로 건국 초에 실시했던 "일변도—边倒" 외교전략과 1960년대에 추진된 '일조선, 일대편—條線, —大片'외 교전략이다. 물론 '일변도'와 '일조선, 일대편' 외교전략을 실행하는 과정은 그리 순탄치 않았지만, 중국공산당이 주장한 평화공존 외교원칙에는 추호의 양보도 허용되지 않았다. 특히 '문화대혁명'이라는 전례 없는 대혼란 속에서도 중국공산당은 외교상 과오를 바로잡는 데 결코 소홀히 하지 않았던 것 같다. 따라서 그동안 이루어진 중·일 수교(1972년)와 중·미 수교(1979년)는 시사하는 바가 크다고 할 수 있다[6]. 요컨대 당시 많은 비동맹 국가들을 포함한 제3세계 국가들이 냉전 구도 속에 휘말리고 있을 때 중국은 솔선하여 냉전 탈피에 성공함으로써 평화공존의 원칙을 고수함은 물론, 새로운 이정표를 세우게 되는 선봉장으로서의 역할을 감당할 수 있었던 것이다.

(3) 평화적 발전을 지향하는 외교의 전개(1979~2011)

앞에서 이미 서술한 바와 같이, 1970년대에 나타난 국제 관계의 새로운 변화 속에서 중국 정부는 세계의 많은 다른 나라들 보다 훨씬 앞선 시기에 평화적 공존의 외교정책적 목표를 현실화할 수 있었다. 만약 탈냉전 시대 후 나타난 세계의 글로벌화 대세를 기준으로 역추리해 본다면 다음과 같은 해석도 어느 정도 가능할 것 같다. 즉 당시 적지 않은 나라들이 미·소 두 진영에 예속된 채 이데올로기 투쟁에 열을 올리느라 여념이 없을 때, 중국공산당은 탈냉전 시대에 곧 다가올 평화적 공존의 시대를 초월한 '평화적 발전'이란 새로운 단계로의 발전 가능성에 깊은 관심을 보였고, 새롭게 두각을 나타낸 현시대적 글로벌화 추세에 발 맞추어 과감히 이데올로기나 체제로 선을 긋는 관행을 타파하고, 개혁개방정책을 적극 추진하면서 자주독립적인 평화외교 노선을 견지함으로써 오늘날 중국의 부흥을 기할 수 있었던 것이다.

1980년대에 발생한 소련의 아프가니스탄에 대한 무력 침공, 그리고 미국의 강경한 맞대응으로 세계의 냉전적 대립이 더욱 고조될 무렵, 덩샤오핑鄧小平은 오

---

6 "文化大革命" 중 외교상 부정적 영향을 바로 잡을 데 관한 토론. 中共中央黨史硏究室編:『中國共産黨歷史』제2권(1949~1978), 中共黨史出版社,2011年, pp.879-882.

히려 '평화'와 '발전'이야말로 작금의 시대적 주제로 되고 있다는 견해를 발표한 바 있다. 그 후 중국 외교의 지도 이념指導理念에 근본적인 변화가 일어났다. 즉 종전과 같이 자국의 독립, 주권 및 사회주의 제도를 수호하는 사명에는 변함이 없으나, 사상 해방과 실사구시로 향후 국내의 거시경제 발전과 조국 통일의 실현에도 역할 분담을 해야 하며, 유리한 국제 환경을 마련하는 데 박차를 가해야 한다는 것이다. 좀 쉽게 풀이한다면 중국의 외교적 사명은 종전의 "국가 경제가 외교를 위해 봉사한다"에서 이제는 "외교가 국가 경제를 위해 봉사한다"는 것으로 전환되었음을 시사하는 것이다.[7] 같은 맥락에서 중국공산당 후진타오胡錦濤 총비서도 중국공산당 제17차대표대회 보고서에서 개혁개방을 실시한 30년간 중국 외교의 주요한 특징은 "자주독립과 경제의 글로벌화와 결합"하는 것이라고 지적한 바 있다.[8]

세계화 추세와 더불어 제정된 중국공산당의 평화발전 노선, 그리고 조화세계harmonious world 건설을 추진하기 위한 외교노선과 방침은 다시금 중국을 세계의 선두로 나서게 했다. 2005년 9월 15일, 후진타오는 유엔 총회 연설에서 조화세계의 내용에 대해 상세히 천명하였는데, 총회 참여국 대표들의 긍정적인 반응은 물론, 세계 언론의 관심을 모았다. 후진타오는 이번 연설을 통해 중국 정부의 평화 발전에 대한 갈망, 책임지는 대국이 되려는 의향, 그리고 세계 여러 나라들과 함께 평화롭고 번영하는 조화세계를 건설할 것이라는 메시지를 국제 사회에 보냈다는 점에서 국외 언론으로부터 호평을 받게 되었다. 그 후 중국 정부는 조화세계 건설의 구체적인 과정과 방법도 아울러 제시하게 되었는데, 그것은 다름 아닌 평화 발전 노선을 견지하는 것이었다. 2005년 12월, 중국 정부는 「중국

---

7   庄小軍,吳光祥著:『感悟當代中國外交─中共領導集體處理國際關係的外交智慧』,中共黨史出版社, 2009年, p.191.
8   胡錦濤:「高擧中國特色社會主義偉大旗幟,为奪取全面建設小康社會新勝利而奮鬪──在中國共產黨第十七次全國代表大會上的報告」(2007年10月15日),『人民日報』, 2007年10月25日.

평화발전의 길」이란 제목의 백서를 발표했는데 그 기본 내용을 요약하면 다음과 같다. "중국이 추구하는 평화 발전의 길은 인류 문명과 함께 진보를 실현할 수 있는 참신한 길이며, 중국의 현대화 건설에 있어서 반드시 거쳐야 할 과정임과 동시에 중국 정부와 전체 중국 인민의 정중한 선택이자 어길 수 없는 약속이다." "이러한 길을 따라 중국 인민은 자국을 부강하고 민주적이며 조화로운 나라로 건설하기 위해 노력할 것이며, 자국의 발전을 통해 인류의 진보적인 사업에 지속적인 공헌할 것이다." 따라서 "장기적인 평화와 공동의 번영을 향유할 수 있는 조화 세계 건설은 세계 각국 인민들의 공통된 소원이며 중국이 주장하는 평화적 발전의 숭고한 목표이기도 하다."[9]

여기서 분명히 짚고 넘어가야 할 것은, 중국공산당이 실행해 온 평화적 해방, 평화적 공존, 그리고 평화적 발전을 도모하기 위한 외교 노선, 외교 방침과 정책은 모두 다 중국의 '평화외교'의 유기적인 구성 부분으로 중국공산당이 변함없이 대내외적 환경에 맞게 확립하고 구체화한 외교 노선과 정책이었다는 점이다. 이와 같이 '평화외교'란 총체적인 방침 하에 시대적 요구에 따라 구체적인 노선과 정책으로 세분화하고 또한 그 현실성에 대해 무척 강조하여 왔기 때문에 오늘날 중국 외교가 '입체적 사고와 집단적 운영' 모델로 성장할 수 있었을 뿐만 아니라, 궁극적으로 '평화적 발전'이라는 밝은 미래를 개척할 수 있었던 것이다.[10]

9   國務院新聞辦公室: 「中國的和平發展道路」(白皮書),新华网,2005年12月 22日.
10   「中國的和平發展道路越走越寬廣——楊潔篪外長記者會側記」,新华网, 2011年3月8日.

2. 중국공산당의 중국 특색 외교 이론

중국공산당이 걸어 온 90년 역사는 중국이 약소국에서 강대국으로, 쇄국정책에서 개방정책으로 변화해 온 여정이라고 해도 과언이 아니다. 그 과정에 중국은 중국공산당의 유력한 지도 하에 독특한 외교이론과 실천적 체계를 형성하고 확대·발전을 기할 수 있었는데, 그 결정체가 바로 중국 특색 외교 이론이라 할 수 있다.

이러한 독특한 외교 이론은 중국 특색 사회주의 이론의 중요한 구성 부분이며 또한 중국 특색 사회주의 이론 자체의 성숙을 의미하기도 한다. 따라서 중국 특색 외교 이론은 가치관, 국가관, 주권관 및 발전관 등 여러 면에서 중국 특색 사회주의 이론과 공통된 기반을 가지고 있을 뿐만 아니라 이와 다소 구별되는, 대외적으로 지도적 의의가 강한 시대관, 국제체계관, 국가이익관 등 이론적 기반도 가지고 있으며 또 독특한 실천적 특징도 지니고 있다.

중국공산당은 지난 90년 동안 중국 외교를 지도함에 있어서 중국의 사회주의 발전 노선에 대한 탐색 과정과 마찬가지로 줄곧 평화와 발전, 경제의 글로벌화와 국제 정치의 민주화 등과 같은 3대 조류에 초점을 맞추어 왔다.[11] 따라서 중국 특색 외교이론과 실천은 이와 같은 현시대 3대 역사 조류에 초점을 맞추어 외교적 현실에 반영하는 작업이 매우 중요시되었는데, 그 과정에 형성된 것이 바로 중국 특색 외교 이론의 3대 기본 요소, 즉 평화와 발전을 도모하는 평화와 조화외교, 경제 글로벌화에 걸맞은 개방과 포용 외교, 그리고 국제 정치 민주화에 기여하는 독립과 민주 외교이다.

---

11   章百家: 「百年回顧──變動的世界與變動的中國」, 『世界知識』, 2000年 第4期, p.10.

(1) 평화와 조화외교

이미 언급한 바와 같이 평화외교와 조화외교는 중국 외교의 기본적인 특징으로 규정 지을 수 있다. 중국은 과거에 어떠한 발전 단계에 처해 있었던 간에 줄곧 평화외교와 조화외교를 추구해 왔다. 그럼에도 불구하고 중국공산당과 중국 자체의 역량 변화에 따라 결과적으로 이와 같은 평화외교와 조화외교의 기여도를 다르게 평가할 수밖에 없다. 총체적으로 중국 외교가 인류의 평화 발전에 대한 기여도는 중국 자체의 성장 발전과 정비례한다고 볼 수 있다.

평화적 해방 시기, 제1차 세계대전의 종식과 함께 나타난 불안한 국제체계, 그리고 제2차 세계대전 기간의 전쟁 환경 속에서 중국공산당은 비록 시종일관 각종 세력에 대해 차별화한 정책을 실시하면서 중국의 평화적 해방에 유리한 외교 환경을 조성하려 했지만, 총체적으로 전반적인 환경 개선이 불가능했기 때문에 평화적 해방을 위한 외교적 노력은 대부분 실패로 돌아갔다. 한편 장제스도 막강한 외세의 지원 하에 중국공산당의 평화적 해방을 위한 노력을 진일보 악용하여 더 큰 내전의 불씨를 키워 옴으로써 중국공산당의 평화적 해방을 위한 모든 노력은 수포로 돌아갈 수밖에 없었다. 신중국이 성립될 무렵, 마오쩌둥은 미국과 영국 등 나라들과 외교 관계를 수립하는 데에 관한 의향에 대해 언급할 때, "만약 영국과 미국이 국민당과의 관계를 단절한다면 우리는 영·미와의 수교를 논의할 수 있다"고 말한 바 있다.[12] 그러나 당시 존 레이턴 스튜어트John Leighton Stuart가 계속 난징에 체류하고 있었던 목적은 저들이 중국에 대한 특권을 유지하기 위해 중국공산당 정권을 시탐하려는 의도가 분명했고,[13] 영국의 '애미 시스트호Amethyst' 함대는 심지어 장강에 있는 해방군 방어선에서 중국 내전에 대한 간섭을 시도하기도 했다.

---

12 『毛澤東外交文選』, 中央文獻出版社·世界知識出版社, 1994年, p.83.

13 莊小軍·吳光祥: 『感悟當代中國外交─中共領導集體處理國際關係的外交智慧』, 中共黨史出版社, 2009年, p.9.

비록 평화적 해방을 둘러싸고 전개된 중국공산당의 외교적 노력은 전반적으로 실패했다 하더라도, 평화적 공존을 위한 외교적 노력은 적어도 부분적으로 성공했다고 평가 할 수 있다. 그것은 앞에서 이미 언급한 '평화공존 5항원칙'의 확립과 확산에서 볼 수 있을 뿐만 아니라 당시 중국이 많은 국가들보다 한 발 앞서 미·소 양 진영의 이데올로기 속박에서 벗어나 상대적인 독립을 실현한 점에서 볼 수 있다. 물론 양극 체제의 제약 속에서 심의된 '일변도'와 '두 주먹으로 치기兩只拳頭打人', '일조선', '일대편' 등 정책들은 어찌해 볼 도리가 없는 상황에서 유리한 형세로의 전환을 위한 단기적인 전술일 뿐, 중국 외교의 장기 전략으로 추진될 수는 없었다. 실제로 단기 전술 실행 과정 속에서도 중국공산당은 줄곧 평화 공존 외교 정신의 구현에 대해 고민해 왔던 것으로 평가할 수 있는데, 그 중 가장 적절히 구현된 것이 바로 마오쩌둥의 '제3세계'이론이다. '제3세계' 이론의 평화공존 이념에 대한 구체적인 운용은 다음과 같은 주장에서 잘 체현되어 있다. 즉 중국은 제3세계의 일원으로서 제3세계 국가들 간의 연대를 강화하여 제2세계 국가들을 쟁취하며 제1세계 국가들 중 위협이 가장 적은 나라들과 연합하는 것이다."[14]

평화적 발전 시기에 진입한 후, 중국 외교의 평화와 발전에 대한 추구, 즉, 중국의 평화와 조화외교는 보다 큰 성과를 거두었다. 탈냉전 시대로 들어선 후 글로벌화가 가속화되면서, 특히 21세기 초반 10년 동안의 글로벌 금융위기 속에서 평화와 발전 그리고 국제 공조, 이 세 가지 테마는 차츰 세계적 관심사로 떠올랐다. 세계의 다극화와 경제의 글로벌화 추세가 심화되면서 중국의 평화적 발전 과정과 조화세계 건설의 외교 전략은 국제 사회의 호응을 얻었다. 비록 여전히 우려의 목소리가 끊이지 않고 있지만, 국제 사회에서는 중국을 포함한 신흥 대국의 집단적 궐기가 '평화'를 지키는 에너지로 전환될 가능성이 매우 큰

14   中共中央黨史研究室:『中國共產黨歷史』第2卷(1949-1978), 中共黨史出版社, 2011年, p.897.

것으로 보고 있다. 왜냐하면 신흥 대국은 현재의 국제 체계에 융합되어 불합리한 규범이나 규칙을 바로잡을 수 있는 개량적 책략을 실행하려할 뿐, 현재 국제체계에 직접 도전하는 혁명적 전략을 선호하지 않기 때문이다.[15]

(2) 개방과 포용외교

프롤레타리아 선봉대로서의 중국공산당은 시종일관 대외 개방적인 입장을 지켜왔다. 좀 더 구체적으로 말하면 외교 사무에 있어서 중국공산당 지도 하의 중국 외교는 해방 전이나 해방 후나 각종 사회 세력 및 확대·발전 가능한 시대적 흐름에 대해 줄곧 개방과 포용적 태도를 취해왔다.

우선, 사회 구성원에 대해 일정한 계급으로 나누기는 하였지만 중국공산당은 시종일관 프롤레타리아 국제주의 원칙, 또는 애국주의와 국제주의 양자 간의 상호 결합 원칙을 견지하여 각종 국제 행위 주체에 대해서도 개방과 포용적 태도를 취했다. 위에서 언급한 바와 같이 해방전쟁 시기에도 중국공산당은 오늘날 활발히 전개되고 있는 공공외교나 정당외교 등 여러 가지 수단을 적극 활용했는데 이를테면 소련 및 기타 사회주의국가 공산당과의 정당외교, 그리고 미국기자 스노 등을 옌안에 초청한 사실 등이다. 그리고 신중국이 건립된 후 냉전 시대 양극 체제의 살벌한 대립 속에서도, 중국공산당은 "국제적으로 평화와 자유를 갈망하는 모든 국가 및 인민들과 단결하며, 특히 소련 및 각 신민주 주의 국가와 일치 단결하여 혁명의 승리 성과를 지키고 대내외적들의 복벽 음모에 반대하는 투쟁 속에서 고립무원의 상태에 처하지 않도록 해야 한다." "오로지 인민민주주의독재를 견지하고 국제상의 벗들과 일치 단결하여 공조해 나간

---

15 張春:「權勢和平轉移與中國對美戰略選擇」,『教學與研究』,2007年第3期, Andrew Cooper, Richard Higgott and *Kim Nossal, Relocating Middle Powers: Australia and Canada in a Changing World Order* (Vancouver, BC: University of British Columbia Press, 1933)pp.20-21.

다면 우리는 언제나 승리할 것이다."[16]라는 입장을 견지해왔다. 당시 이러한 선택을 가능케 했던 것은 프롤레타리아의 애국주의와 국제주의는 서로 일치되며 국제주의는 프롤레타리아 정당이 투쟁 중에서도 반드시 견지해야 하는 기본 원칙이기 때문이었다.

"프롤레타리아 국제주의 원칙에 따르면 일개국 프롤레타리아의 이익은 전 세계 프롤레타리아 투쟁의 이익에 복종해야하며, 둘째, 본국의 부르주아 정권을 뒤엎을 수 있는 민족은 국제 자본을 뒤엎기 위해 최대한의 희생을 감수해야 한다."[17] 오늘날 비록 국제체계에서 주권 국가들의 주도적 지위를 부인할 수는 없지만 중국공산당은 여전히 시민 사회나 비정부 조직, 다국적 기업, 언론 매체 등 비국가 조직의 영향력을 중요시하고 있으며 민간외교, 체육외교, 공공외교, 언론외교, 대형 국제 행사 외교 등 신외교 활동과 루트를 전면적으로 개척해 나아가고 있다.

다음으로, 중국공산당은 시종일관 시대의 선두에서 인류역사에 영향을 미치는 다양한 세력과 추세에 대해서도 개방적 그리고 포용적 태도를 유지해 왔다. 이는 중국공산당이 아시아, 아프리카, 라틴아메리카 국가의 민족 해방 운동이나 비식민화 운동에 대한 지지 및 글로벌화와 상호 의존적인 기회 포착에서 잘 드러나 있다. 앞에서 이미 언급한 바와 같이 중국공산당은 자체의 힘으로 신민주주의혁명의 성공을 이룩함으로써, 아시아, 아프리카, 라틴아메리카 민족해방운동의 본보기로 되었을 뿐만 아니라 그들에 대한 더욱 큰 지원을 위한 기반을 다지게 되었다. 또한 덩샤오핑의 개혁개방 정책들은 1970년대를 기점으로 한 새로운 글로벌화 대세를 한층 더 정확히 인식했기 때문에 점차 중국 특색 사회주의 노선을 확립할 수 있었다. 비록 2001년 '9·11테러' 이후, 미국의 '테러

---

16 『毛澤東文集』,第5卷, 人民出版社, 1996年, p.344.

17 『列寧選集』,第4卷, 人民出版社, 1995年,pp.219-220.

와의 전쟁' 주장은 한때 평화와 발전의 관계를 심히 왜곡하기도 했지만[18] 중국 공산당은 오히려 미국의 전쟁 도발 위기를 기회로 삼아 자국의 경제 발전에 박차를 가했고, 마침내 2007년 이후 글로벌 금융위기 및 국제 경제체계 개혁에서 기선을 제압할 수 있게 되었다.

(3) 독립과 민주외교

평화와 개방을 강조하는 중국공산당은 독립과 민주를 중국공산당 리드 하의 중국 외교의 중요한 기반으로 삼아 왔다. 독립과 민주의 기반 위에서 이루어지는 관계만이 대외 관계에서의 평화와 평등, 개방과 포용 그리고 국제 관계와 국제 정치의 민주화를 실현할 수 있는 것이다. 중국공산당의 외교에 대한 지도와 실천이 서방 외교와 구별되는 중요한 특징이 바로 독립과 민주를 바탕으로 한 평등관계가 종종 정신 선행先行 물질 후행后行의 순으로 이루어져 서방 국가들의 무력 선행 외교와는 본질적으로 다르다는 점이다.

중국공산당 리드 하의 중국 외교는 자주 독립 외교이다. 비록 창당 초기에 코민테른에 편향되었지만, '좌左' 편향적 맹동주의 오류를 적시에 시정하게 된 중국공산당은 더더욱 자주 독립을 강조하게 되었다. 이에 대해 마오쩌둥은 다음과 같이 말한 바 있다. "중국공산당이 마르크스주의가 정확하다고 말하는 것은 마르크스가 그 무슨 '예언적 철학'을 가져서가 아니라, 우리의 실천이나 투쟁 속에서 이미 검증된 이론이기 때문이다."[19] 이러한 자주독립은 건국 전 소련 공산당과의 관계에서도 잘 나타나 있다. 마오쩌둥과 저우언라이周恩来가 누차 언급한 바와 같이, "일부 외국 벗들은 중국 해방전쟁의 승리에 대해 반신반의하고

---

18 중국 주 영국 전임 대사이며 현임 외교부 부부장인 부영(傅瑩)은 미국의 세계적인 대 테러 작전은 안보문제가 발전문제를 압도하게 되어 평화와 발전의 시대적 주제를 심히 왜곡하는 결과를 낳게 되었다고 지적한 바 있다. 2009년 7월 23일, 상하이 국제문제연구원에서의 연설내용 참조.

19 「反對本本主義」,『毛澤東選集』,第1卷, 人民出版社, 1991年,p.111.

있다. 오히려 우리에게 멈추라 하면서, 장제스와 장강을 기준으로 남과 북으로 나누라고 권고한다." "만약 우리가 그들의 말에 따랐더라면 중국은 아마 남북조 시대가 다시 도래되었을 것이다."[20] 신중국 건립 후, 당시 동맹과 준동맹 상태에 처해 있었던 시기에도 중국공산당은 여전히 자주독립의 외교정책을 견지해 왔기 때문에, 냉전 시대의 첨예한 대립 속에서도 자신의 입지를 확고히 할 수 있었다. 1986년 3월에 개최된 제6차 전국인민대표대회 제4차 회의에서 처음으로 중국의 총체적인 외교정책을 '자주독립의 평화외교정책'으로 규정하면서 10가지로 나누어 중국 외교의 주요 내용과 기본 원칙을 천명했다.

중국공산당은 자주독립 외교를 견지하는 동시에 줄곧 국제 관계와 국제정치의 민주화에 주력해 왔다. 그중 가장 뚜렷한 성과로는 신국제정치경제 질서의 구축에 기여한 것이다. 중국은 시종일관 광범한 제3세계 국가들의 신국제정치경제 질서의 구축을 위한 노력에 적극 동참하고 지원을 게을리하지 않았다. 1974년 4월, 제6차 유엔총회 특별회의에서 덩샤오핑은 중국 정부를 대표하여 제3세계 국가에서 제기한 신국제경제질서의 구축에 관한 건의를 "열렬히 찬성하고 견결히 지지"하는 동시에 이에 관한 중국 정부의 입장을 발표했다. 1988년 9월 덩샤오핑은 처음으로 국제정치 경제질서의 구축과 관련하여 다음과 같이 말했다. "세계는 현재 두 가지 사안에 직면해 있는데, 하나는 새로운 국제 정치 질서를 새우는 것이고, 다른 하나는 새로운 국제 경제 질서를 세우는 것이다."[21] 그 후부터 신국제정치경제질서의 구축은 중국의 외교 방침과 전략을 확립함에 있어서 중요한 요소로 작용하게 되었다.

20 王方名:「要實事求是獨立思考─加快毛主席1957年的一次親切談話」,『人民日報』, 1979年1月2日;轉引自莊小軍吳光祥:『感情當代中國外交─中共領導集體處理國際關係的外交智慧』, 中共黨史出版社2009年, p.19.

21 『毛澤東文集』, 第3卷, 人民出版社, 1993年, p.282.

3. 중국공산당의 중국 외교에 대한 지도적 특징

중국공산당 창당 이후의 90년은 중국이 줄곧 자체의 혁명적 변혁을 통해 국제 정치, 경제 역량 대비를 변화시킴으로써, 중국의 국제적 지위가 부단히 상승하게 된 시기라고 특징지을 수 있다. 구 중국은 국제 사무에 관여하여 정치 구도를 변화시킬 수 있는 능력이 없었기 때문에 대외 교류에 대한 중국공산당의 집중적 지도를 견지하는 것이야 말로 중국 외교의 뚜렷한 특색이라 할 수 있으며 중국 외교를 끊임없이 승리에로 이끌어 갈 수 있었던 중요한 담보이기도 하다.[22] 당중앙은 예로부터 외교 업무는 선견지명을 가지고 전략 전술을 수립해야만 각종 난관을 물리치고 불패의 지위를 확보할 수 있다는 점을 강조해 왔다. 중국공산당은 중국 외교를 리드하여 국제 동향을 파악하고 중국을 이끌어 전국 해방과 중국의 부흥을 실현하는 과정에서 다음과 같은 세 가지 측면에서 균형을 이루기 위해 노력해 왔다.

(1) 리더와 실천자의 균형

중국공산당은 우선 중국 외교의 리더이면서도 또한 실천자이기도 하다. '리더'라고 함은 국내외적 형세에 대한 과학적 판단으로 중국의 글로벌 전략 비전을 구상해 내고, 자국의 총체적인 전략 목표 및 단계적 임무에 대한 파악으로 중국 외교의 정책 목표와 구제적인 업무를 결정한다는 것이다. '실천자'라 함은 주로 정당외교를 통해 중국 특색 외교이론과 실천을 진일보 성숙시켜 간다는 것이다. 이와 같이 리더와 실천자 간의 균형을 효과적으로 실현했기 때문에 중국공산당의 지도와 실천 하의 중국 외교는 부단히 승리에로 나아갈 수 있었으며 중국 특색 외교이론의 형성과 확대, 발전에도 크게 기여할 수 있었던 것이다.

---

22   杨洁篪:「新中国外交在党的领导下不断胜利前进」,『党建研究』,2009年,第10期.

중국공산당 창당 이래 90년 동안의 중국 외교는 우선 국내외 정세 발전과 변화에 근거한 중국공산당의 올바른 인식과 판단으로 중국 외교 이념과 전략, 그리고 정책의 구체적인 내용을 수정해 가는 실천 과정과 함께 전개되었다고 할 수 있다. 우선, 중국 외교의 총체적인 전략은 중국공산당의 국내외 형세의 변화 발전에 대한 총체적인 인식과 판단에서 기인한 것이다. 예를 들면 해방 전쟁 시기, 중국공산당은 민족 해방 투쟁과 비식민지화의 역사적인 추세를 정확히 파악하여 솔선적으로 자국의 해방과 함께 민족 독립을 이룩했다. 또한 냉전 시기 전반기에 있어서 중국공산당은 세계 각국의 평화공존에 대한 갈망을 정확히 파악한 후 과감히 중국 외교에 대한 냉전 구도의 속박을 타파할 수 있었다. 그리고 오늘날 글로벌 시대에 있어서 중국공산당은 평화와 발전이 시대적 주제라는 점을 정확하게 파악함으로써 평화 발전 노선을 선도하게 되었고, 국제적으로 유리한 지위를 차지하게 되었다.

중국 외교의 총체적인 전략 하에 중국공산당은 국내외적인 형세와 그 변화에 따라 상응하는 단계적 외교정책 목표와 구체적인 임무를 제정했다. 한 학자는 일찍이 계획경제 시대, '계급 투쟁을 강령으로 삼는 시대', 사회주의와 자본주의 진영의 전면 대립의 '냉전시대', 그리고 '가난'한 '인구 대국'의 시대에 있어서, '이데올로기 제일 주의', '일변도', '두 주먹으로 치기', '일조선·일대편' 및 '3개 세계' 획분 등 외교전략은 중국 외교의 "어쩔 수 없는 역사적 선택"이라고 지적한 바 있는데, 이와 비슷하게 시장경제 시대, '경제 건설 위주'의 시대, 경제의 글로벌화 또는 정치 다극화의 '탈냉전 시대', 개발 잠재력과 발전 전망이 밝은 '경제대국' 또는 '정치 대국'의 시대에 있어서, '국익을 중요시'하며, 경제외교와 정치외교의 병행, 마찬가지로 대국외교와 개도국과의 외교, 그리고 주변 외교와 다각외교의 동시적 전개, 정부외교와 정당외교, 민간외교 그리고 '정상외교'까지 상호 보완하여 세계 각국들과 전면적인 국제 공조 관계를 확대, 발전시키는

것 또한 신중국 외교의 "어쩔 수 없는 역사의 선택"이었다고 말한 바 있다.[23]

중국공산당은 중국 외교의 글로벌 전략 및 단계적인 외교정책 목표와 임무를 제정하는 외에도, 실천자가 되어 몸소 외교 실천의 무대에 올랐다. 해방전쟁 시기, 자체의 정부가 수립되지 않았기 때문에 당시 중국공산당의 대외교류는 정부 역할과 다름 없었다. 그러나 신중국 건립 후 중국공산당의 외교 실천에는 새로운 변화가 나타났다. 즉 중국공산당의 외교에 대한 참여는 중국외교 활동에 대한 직접적인 관여가 아니라 정부 전체적인 외교의 한 부분인 정당 외교를 통해 중국외교의 전면적인 확대, 발전을 추진하게 된 것이다. 정당외교는 본질상 중국 전체 외교의 중요한 구성 부분이며, 정부외교, 입법부외교, 경제외교, 민간외교, 공공외교 등과 함께 상호 보완적인 역할을 하게 된다. 현 단계에서, 정당외교의 구체적인 목표와 임무는 중국의 현대화 건설과 개혁개방을 위해 봉사하고 평화롭고 안전한 국제환경의 토대를 구축하는 것이다.[24] 장기적으로 볼 때, 정당외교의 목표와 임무는 다음과 같은 두 가지 내용을 포함한다. 하나는 직접적인 외교 활동 참여 및 실천을 통해, 국제 정세와 세계 여러 정당들의 확대·발전 추세를 정확하게 파악하며 중국 특색의 외교 전략과 지도 원칙을 보완하고 성숙시키는 것이다. 다른 하나는 중국 국정을 정당외교의 기본적인 출발점으로 하여 정당외교의 과학적 함의를 심도 있게 파악함과 동시에 중국공산당의 대외업무상 지위와 역할을 명확히 하는 것이다.[25]

(2) 국익과 전 인류 이익의 균형

마르크스주의 정당인 중국공산당은 시종일관 국익과 전 인류의 이익을 결합해 나가면서 프롤레타리아 국제주의를 견지하며, 애국주의와 국제주의 간의

23 齊鵬飛主編:『中國共産黨與當代中國外交(1949-2009)』, 中共黨史出版社, 2010年版.p.4.
24 吳興唐:『政黨外交和國際關係』, 當代世界出版社, 2004年版, "序",pp.2-3.
25 齊鵬飛主編,:『中國共産黨與當代中國外交(1949-2009)』, 中共黨史出版社, 2010年,pp.389-391.

상호 일치성을 강조해 왔다. 중국공산당 창당 이래의 90년간 중국외교 역사에서 국익과 전 인류 이익의 균형은 나날이 정교화된 방향으로 발전했으며, 특히 오늘날 중국의 '평화적 발전'의 외교시대에 있어서 더욱 그러하다.

역사적으로 바라볼 때, '평화적 발전'의 외교시대 이전, 중국외교는 국익과 전 인류의 이익 간의 균형에 있어서 일부 문제점들이 존재했는데, 예컨대 이데올로기적 이익을 지나치게 강조하여 때로는 국익의 희생도 마다하지 않은 경우도 있었다. 조선전쟁(한국전쟁—역자주)이나 베트남전쟁 시기에 중국은 험준한 환경에 직면하고 있었지만 중국공산당의 지도 아래 중국 인민 모두가 허리띠를 졸라가면서 조선 인민과 베트남 인민들의 민족 해방운동을 지속적으로 지원함과 동시에 아시아, 아프리카, 라틴아메리카의 민족해방운동에도 지속적인 원조를 아끼지 않았다. 물론 이러한 지원이 때로는 현지인들의 이익이나 자국 이익과 상충되는 결과를 초래하기도 했는데, 특히 앙골라 내전 개입이나 동남아 지역의 공산화 운동에 대한 배후 지원 같은 것을 그 일례로 손꼽을 수 있다. 이로 인해 중국은 국익 손실을 그 대가로 치르기도 했고, 또 오랫동안 동남아 국가들과의 긴장 상태를 해소하기 어려웠다.

평화적 발전의 외교 단계에 진입한 후, 중국은 더더욱 전 인류의 이익과 국익 간의 균형을 중시함과 동시에 국익을 외교정책의 기본 원칙과 최고 준칙으로 삼게 되었다. 덩샤오핑은 "국가 간의 관계를 고려할 때는 당연히 국가 자체의 전략적 이익에서 출발해야 한다. 국가의 장기 전략에서의 이익을 고려함과 동시에 상대 국가의 이익도 아울러 존중해야 한다. 역사적인 은혜와 원한과 같은 감정에 너무 집착하지 말고 사회 제도나 이데올로기적 차이도 문제 삼지 말아야 한다. 강대국이든 약소국이든 상호 존중하고 평등하게 대해야 한다······ 중국은 이미 자체의 국익을 최고 준칙으로 하는 전제 하에서 외교 문제를 논의하고 해결해 나아가고 있다"고 말한 바 있다.[26] 이와 같은 내용은 중국공산당 제 12차 대표대회 보고문에도 명시되어 있다. "중국공산당은 애국주의자이다. 중국의 민족 존엄과 민족 이익에 대한 침범을 어떠한 형태이든 용납할 수 없다. 중국공산당은 또한 국제주의자이다. 중화민족의 이익을 충분히 실현하려면 전 인류의 총체적인 이익을 떠나서 운운할 수 없다는 점 역시 잘 알고 있다. 중국공산당이 자주 독립의 대외 정책을 견지하고 있는 것은 세계 평화를 유지하고 인류의 발전을 도모하는 국제적 의무와 일치하다고 인식하기 때문이다."[27]

중국 종합 국력의 급속한 성장은 글로벌화와 국가 간 상호 의존도를 한층 더 심화시켰다. 아울러 글로벌화 추세에 따른 국경을 초월한 문제들이 범람하고 있는 상황에서, 국가적 이익이 더는 전 인류의 공동 이익과 분리하여 존재하고 확대되고, 발전할 수 없게 되었다. 전 인류의 공동 이익은 차츰 전 인류 모두의 관심사가 되었고, 모든 국제 관계 행위 주체를 제약하는 중요한 요인이 되기도 했다. 따라서 전 인류의 공동이익을 도모하는 것은 책임지는 대국의 대외 관계에서의 선택 및 가치 판단 기준이 되었고 전 인류의 공동이익과 국가, 민족의 이익을 일치시키는 것은 중국 국익 원칙의 기본 내용으로 되었다.

장쩌민은 일찍이 "중국은 국제 대가족의 일원으로서 세계를 떠날 수 없다. 중국의 개혁개방과 현대화 건설은 장기간의 국제적 평화 환경이 필요하며 각국과의 우호적인 국제 공조 관계를 확대, 발전시킬 필요가 있다. 한편 세계도 역시 중국을 필요로 한다. 세계의 평화와 발전은 중국의 안정과 번영을 떠나서 운운하기 어렵다."[28]라고 말한바 있다. 이와 같은 맥락에서 중국공산당 제17차 대표대회 보고문에서도 다음과 같은 내용을 강조했다. "우리는 계속하여 자국의 발

---

26 『鄧小平文選』,第3卷, 人民出版社, 1993年, p.330.
27 「全面開創社會主義現代化建設的新局面──胡耀邦在中國共產黨第十二次全面代表大會上的 報告」, 1982년 9월 1일.
28 『江澤民文選』,第1卷, 人民出版社, 2006年,p.481.

전으로 주변 지역 및 세계의 공동 발전을 추진할 것이며 각국 이익의 합의점을 확대해 나가면서 자국의 발전을 도모함과 동시에 상대국, 특히 개도국들의 정당한 관심 사항을 배려해 나아갈 것이다."[29] 후진타오가 제출한 항구적인 세계 평화와 공동번영의 조화세계 건설에 관한 전략 구상은 다음과 같은 점을 강조하고 있다. 즉 글로벌화 시대에 있어서 전 인류의 공동 이익과 국가 및 민족의 이익은 일치되어 있는 만큼, 국가와 민족 이익을 도모하는 동시에 전 인류의 생존과 발전의 수요에서 출발해 전 인류의 공동 이익을 수호하며 항구적인 세계 평화와 공동 번영의 조화세계를 건설하여 인류의 진보를 촉진하는 것은 시대 발전의 수요이다.

(3) 국내와 국제 구도의 균형

중국공산당의 외교에 대한 지도는 시종 국내외 형세의 발전·변화 추세에 따른 인식과 판단에 입각하여 진행되어 왔다. 따라서 국내와 국제, 양 구도 간의 균형을 매우 중요시했고 그 실천에 있어서도 시종일관 최선의 노력을 다해 왔는 바, 이는 중국 외교 전략과 정책의 최적화 및 중국의 평화적인 해방, 평화 공존 그리고 평화 발전에 유리한 환경은 조성하는데 기여한 바가 크다고 할 수 있다.

중국 외교가 국내와 국제 양자 간의 균형을 도모해온 과정은 대체로 두 단계로 나눈다. 첫 단계는 중국공산당 창당에서 21세기로 진입하기 전, 주로 외교가 국내 정치와 경제의 수요를 위해 봉사하던 시기이다. 중국공산당의 집권을 전후하여 중국공산당 외교의 국내와 국제 간의 양자 균형은 주로 국내 해방이나 국내 안정 위주의 외교적 봉사로 특징 지을 수 있다. 중국공산당 창당부터 신중국 건립에 이르기까지 대외 교류의 주요 임무는 평화적 해방을 쟁취하기 위한 것이었다. 이러한 노력은 비록 예상 목표에 도달하지 못했으나 신중국 건

29 胡錦濤:「高舉中國特色社會主義偉大旗幟為奪取全面建設小康社會新勝利而奮鬥——在中國共產黨第十七次全國代表會議上的報告」, 2007년 10월 15일.

립을 위해, 특히 중국공산당의 이미지와 국제적인 지명도를 높여 신중국 건립 후 외교 공간을 확장하는 데 유리한 여건을 마련했다. 다음으로, 평화적 공존을 위한 국제적 환경을 마련하는 단계에 있어서, 중국 외교는 더 많은 측 면에서 국내 정치를 위해 봉사하게 되었는 바, 특히 혁명 성공 후의 이데올로기적 정서가 이 경향을 더욱 부추기는 역할을 하게 되었다. 따라서 그 후 '문화대혁명'이 발발하면서 외교 전선에 매우 큰 충격을 가져오게 된 것은 결코 우연한 일이 아니었다고 평가할 수 있다. 개혁개방 시대, 또는 평화적 발전의 외교 시대에 진입한 후, 중국 외교의 목표와 임무는 비로소 국내 경제 발전을 위한 봉사, 즉 국내 개혁개방에 유리한 외부 의 여건을 조성하는 것으로 신속히 전환하게 되었다.

요컨대 지난 80년간 국내와 국제 양 구도 관계를 살펴보면 국내의 정치, 경제 국면을 중요시해 왔다는 점은 분명한 사실인데, 이것은 당시 중국의 종합 국력이 폭넓은 국제적인 영향력을 과시하기에는 역부족이었던 사정과 밀접한 관련이 있다. 바로 이와 같이 '약弱'에서 '강强'에 이르고, '난亂'에서 '치治'로 전환해가는 과정에서 중국 외교는 내적으로 '조화사회'를 건설하고, 외적으로는 '조화세계'를 건설하기 위해 분투하는 중국 특색 외교의 확고한 토대를 마련하게 된 것이다. 21세기에 진입한 후, 중국의 종합 국력의 향상과 이해 관계의 확산에 따라 중국의 평화적 발전 자체가 국제 체계 발전 방향에 영향을 주는 중요한 요인 중의 하나로 되었다. 30여 년간 개혁개방과 실천적 탐구를 거쳐온 중국은 이미 세계적 영향력을 가진 지역 대국으로 부상했다. 중국 경제는 비약적으로 발전하고 있으며, 그 수준과 질적인 면에서도 현저히 향상되어, 세계적 경제 순위도 상위권에 치달아 오르면서 국제 사무에도 갈수록 광범위하게 참여하게 되었다. 따라서 국내와 국외의 상호 작용을 강조하는 것이 중국 대외 전략의 기초와 출발점이 되었고 "외교는 내정의 연속이며 외교는 내정에 봉사한다"는 종전의 개념에 새로운 함의를 주입하게 되었다. 이와 같은 배경 하에 2006년 8월 중앙 외교업무 회의가 개최되었는데 이번 회의 결의에는 "국내 국외 양대 국면을 포괄적으로 관리"하는데 관한 내용을 명시했다.[30] 이것은 중국 외교는 반드시 중국공산당과 국가의 중심 임무를 둘러싸고 전개되어야 하며, 국익을 보호하는 것은 최고 준칙으로 삼되, 국내 발전과 대외 개방 그리고 중국의 발전과 세계의 발전을 상호 연결시키며, 중국 인민의 근본적인 이익과 세계 인민의 공동 이익을 유기적으로 결합시켜 과학적 발전으로 평화적 발전을 촉진하며 조화사회 건설을 통해 조화세계 건설을 추진해야 한다는 것을 의미한다.

4. 중국공산당의 글로벌 전략 비전과 외교 구도

중국공산당은 중국 외교의 리더와 실천자로서 비록 국가의 총체적인 글로벌 전략과 외교 구도와는 일정한 차이가 있더라도 자신의 글로벌 전략과 외교 구도를 지속적으로 확립해 왔다. 중국공산당은 글로벌 전략을 실행함에 있어서 집권당의 입장에서 출발하여 중국 외교를 지도함과 동시에 국가 전체 외교에 종속된 정당외교에 대한 지도도 필요하다고 인식하고 있다. 따라서 중국공산당의 글로벌 전략에 따른 당의 외교 구도와 국가적 외교 구도는 상호 연결성과 함께 또한 상호 구별점도 분명히 존재하는 것이다.

(1) 중국공산당의 글로벌 전략

중국공산당의 글로벌 전략은 국가의 글로벌 전략을 초월하기도 하지만 또한 국가적 글로벌 전략을 위해 봉사하기도 한다. 즉 국가 전략에 대한 지도적 역할을 하고 있지만 국가 간 사무에 직접 관여하지 않으며, 주로 대인 관계에 주력하는 한편, 정당 교류를 통해 세계 각국 정당들과 국내외의 공동 관심사 그리고 당과 국정 운영 경험 등에 대해 광범위한 교류를 진행한다. 구체적으로 말

---

30 「中央外事工作會議在京擧行, 胡錦濤作重要講話」, 新華網, 2006년 8월 23일.

하면 중국공산당의 글로벌 전략은 아래와 같은 세 가지 방면으로 나누어 설명할 수 있다.

우선, 글로벌 시대의 세계의 다양성을 충분히 존중하여 새로운 패러다임의 정당 외교관外交觀을 선도하는 것이다. 비록 여러 번 동요는 있었으나, 중국공산당은 꾸준히 역사유물론에 입각하여 정당외교에 있어서 세계의 다양성을 충분히 존중하는 '자주독립, 완전평등, 상호존중, 상호 내정 불간섭'의 정당외교 '4대 원칙'을 제시했다. 장쩌민 주석은 "우리는 세계의 다양성을 수호할 것을 주장하며 국제관계 민주화와 발전 패턴의 다양화를 도모하고 있다. 오늘날 세계는 매우 풍부하고 다채로운 만큼, 세계상 각종 문명과 서로 다른 사회 제도 및 발전 경로는 상호 존중되어야 하고, 상호 간 비교와 경쟁을 거쳐 서로 보완하고 구동존이求同存異하며 공동발전을 도모해야 한다"[31]라고 말한 바 있다. 이와 같은 세계의 다양성에 대한 존중을 바탕으로 중국공산당은 각국 정당들과의 새로운 국제 교류 및 협력 관계를 발전시킬 것을 주장해 왔다. 이러한 관계가 '새롭다'고 하는 것은 첫째, 시대와 형세 발전 수요에 순응하여 평화와 발전에 주력하며, 둘째, 역사적 경험과 교훈을 거울 삼아 당간 관계 4대 원칙을 지켜나가며, 셋째, 이데올로기적 차이를 초월하여 중국공산당과 교류를 원하는 각국 정당들과 자유롭게 교류하며, 넷째, 이러한 전방위적이고 다채널적이며, 넓은 영역에서의 당간 교류와 협력을 통해 국가 관계의 확대, 발전을 추진할 수 있다는데서 이다.

다음으로, 국제 전략 의식을 증진시키고, 유리한 국제 여론 환경을 마련하는 것이다. 중국공산당의 글로벌 전략은 중국 외교 실천을 지도할 뿐만 아니라 중국 외교를 위해 봉사하기도 한다. 공산주의를 신봉하는 집권당인 중국공산당과 중국 정부는 함께 거대한 국제 여론의 '압력'에 직면해 있다. 따라서 중국공산당의 글로벌 전략에서 어떻게 하면 우호적인 국제 여론 환경을 조성하여 중

---

31 『江澤民文選』, 第3卷, 人民出版社, 2006年, p.567.

국공산당과 중국 인민의 평화를 사랑하고, 책임감 있고, 신의를 지키는 양호한 이미지를 부각시킬 것인가 하는 문제가 중요한 비중을 차지한다. 이를 위해 중국공산당은 우선 적극적으로 세계 각국 정당과 국정 운영 경험을 교류하면서 중국의 평화적 발전 이념을 전달하고 또 상호 의견 교환을 통해 의혹이나 편견을 해소해 나아갔다. 그리고, 정당외교를 통해 국제적, 지역적 이슈 난제 해결에 적극 동참하여 책임감 있는 대국 정당의 이미지를 심어주었다. 이를테면, 중국공산당은 당간 교류를 통해 한반도의 핵문제 해결에 적극 참여해 왔고, 중·일 관계가 긴장되자 양국 정당간의 소통을 통해 일본 정부 각료들에게 역사 문제의 조속한 해결에 관한 메시지도 보냈다. 또한 팔레스타인과 이스라엘 상호 관계가 긴장되자 중국공산당은 대표단을 파견해 평화적 해결을 위한 교섭과 중재에 적극 나섰다. 그리고 중국공산당은 각국 정당과 함께 합리적인 새로운 국제 정치경제질서의 구축을 논하면서 유엔 개혁의 공정성과 합리성을 도모하기 위한 노력도 아끼지 않았다.

셋째, 중국의 평화 발전과 현대화 건설에 입각하여 정당외교의 내실을 돈독히 하는 것이다. 중국공산당의 대외 교류 목적은 중국의 현대화 건설을 위한 평화적인 국제 환경을 마련하기 위해서이고, 세계 각 나라들과 평화공존 5항원칙을 기반으로 한 건전하고 안정적인 국가 관계 발전에 기여하기 위해서이며, 세계 평화를 수호하고 경제 발전을 추진하며, 나아가서는 전반 인류의 발전에 기여하기 위해서이다. 그러므로 중국공산당은 이데올로기와 사회 제도적 차이를 불문하고, 중국공산당과 교류를 원하는 각국 정당과 함께 다양한 방식의 교류와 국제 협력을 통해 상호 우의를 증진시키며 상호 간 이익의 합의점을 도출해 냄으로써 나아가서는 국가 관계의 확대, 발전을 도모하는 것이다. 이와 관련하여 후진타오는 중국공산당의 대외 업무에 대해 "중국공산당 과업의 필수적인 부분"일 뿐만 아니라 "중국 전체 외교의 중요한 일부분"이라고 하면서 정당외교는 "국가관계를 추진하고, 개혁개방과 사회주의 현대화 건설을 추진함에 있

어 매우 중요한 역할을 하고 있다"고 말한 바 있다.[32]

(2) 중국공산당의 외교 구도

2009년 12월까지 중국공산당은 세계 160여 국가와 지역의 600여 개 정당 또는 조직과 다양한 방식의 연계와 교류를 진행했다. 그중에는 집권당과 참정당은 물론이고, 중요한 야당이나 중국과 외교 관계를 맺지 않은 국가의 정당도 포함돼 있다. 또한 공산당, 노동자당, 사회당, 노동당과 보수당도 있고, 유럽과 미국, 일본 등 선진국의 정당도 있으며, 아시아, 아프리카, 라틴아메리카의 개도국 정당도 포함돼 있다. 글로벌 전략을 둘러싸고 중국공산당은 정당 외교 구도에 대한 구체화가 추진되었는데, 이는 중국의 전체 외교 구도와 긴밀히 연결되어 있으면서도 또한 상호 구별되며 상호 보완적인 역할을 하게 되는 것으로 중국의 전체 외교 구도의 입체화와 복합화의 실현을 의미한다. 좀 더 구체적으로 설명한다면 다음과 같은 몇 가지로 나누어 해석할 수 있다.

첫째, 사회주의 국가 정당과의 관계는 집권 경험 교류를 중요시한다. 사회주의 국가 정당과의 상호 교류는 줄곧 중국공산당 외교의 중요한 부분으로 되어 왔다. 비록 과거에 정통적인 지위 다툼으로 사회주의 국가 정당 간 마찰이 발생하기도 했지만, 1980년대 후반부터 중국공산당은 기타 사회주의 국가 정당과의 관계를 새롭게 정립해 나아갔다. 특히 탈냉전 시대에 진입한 후 중국공산당은 기타 사회주의 국가 정당과의 국정 운영에 대한 경험 교류를 매우 중시해 왔다. 왜냐하면 당시 "세계 곳곳에서 사회주의가 사그라져 가는 흐름 속에서 유독 중국공산당 만이 굳건히 참고 버티면서 중국의 사회주의 과업을 이룩해 나아가야 했기 때문이다."[33] 따라서 탈냉전 시대에 중국공산당과 조선, 베트남

---

32 轉引自齊鵬飛主編, 『中國共產黨與當代中國外交(1949—2009)』, 中央黨史出版社, 2010 年, p.136.

33 『江澤民文選』, 第1卷, 人民出版社, 2006 年, p.136.

그리고 쿠바 등 집권당과의 교류는 비약적인 발전을 가져왔다.

둘째, 주변국 정당과의 관계는 신용을 지키고 의혹은 풀어나가는 것에 주안점을 둔다. 중국은 지역적 대국과 잠재적인 글로벌 대국으로 부상하고 있는 상황에서 중국의 매 단계마다의 발전과 모든 정책들은 주변국들의 큰 관심사가 될 수 밖에 없다. 따라서 중국공산당은 주변국 정당과의 교류에 있어서 중공 제16차 대회에서 제출한 '선린善隣' 외교 지침을 실천에 옮겨 평화롭고 안정적인 주변 환경을 구축하는데 주력해 왔다. 근래에 들어 중국공산당은 러시아, 한국, 일본, 싱가포르, 말레이시아, 캄보디아, 태국, 필리핀, 인도네시아 등 국가들의 여러 정당과 전면적인 협력 관계를 수립하고 있는 실정이다.

셋째, 개도국과의 정당 관계는 발전 경험을 공유하는데 중점을 둔다. 글로벌화와 상호 의존도가 심화되면서 많은 개도국들은 새로운 기회와 도전에 직면하게 되었고 이 과정에서 일부 개도국은 빈민국으로 전락하기도 했다. 이러한 현실에서 현재 제일 큰 개도국 집권당이 된 중국공산당은 기꺼이 여러 개도국들과 '중국의 경험'을 공유하면서, 아프리카 대륙의 40여개 국가의 50여 정당과 전면적인 합력을 추진하고 있는 동시에 경제 글로벌화에 상응하는 방법과 발전 경험을 교류하고 있다.

넷째, 선진국 정당과의 관계는 상호 이해를 증진하는데 주력한다. 이데올로기와 정치 경제 발전 노선 차이로 인해 선진국들은 중국의 발전과 미래에 대해 보편적으로 의구심을 품고 있다. 이러한 편견 때문에 중국공산당은 "상호 간의 이견과 차이를 뛰어 넘어, 이해와 협력을 도모한다"는 방침을 수립하여 개방적이며 평등한 대화, 합리적인 상호 합력 등 건설적인 태도로 서유럽, 북유럽, 호주와 북미 등 선진국 좌·중도·우左中右파 정당과도 폭넓은 교류를 전개해 왔는바, 이러한 과정 속에서 상호 간 구심점과 이익의 합의점을 찾고자 했다.

다섯째, 미수교국 정당과의 관계는 구동존이에 중점을 둔다. 중국과 수교하지 않은 국가들은 외교 라인이 없는 관계로 상호 커뮤니케이션과 이해가 매우 부족하다. 그러나 당간 교류는 반관반민半官半民적 장점이 있기 때문에 상호 친선과 이해를 증진하고, 존재하는 문제나 공동 관심사에 대해 의견 교환으로 합의점을 찾음으로써 국가 관계 정상화의 토대를 마련할 수 있다. 중국공산당 대외연락부장 다이빙궈戴秉國는 "당간 교류를 통해 비수교국과 업무를 교섭하는 것은 정당 외교의 장점 중 하나이다"[34]라고 평가한 바 있다.

여섯째, 국제적이고 지역적인 정당 조직들과의 관계에서는 공동 협상과 화합을 추구한다. 글로벌 시대에 국가를 초월하는 많은 정당들이 결성되고 있는데 그들의 지위와 역할도 무시할 수 없는 것이다. 이를테면 국제 사회당, 녹색당, ASEM 등을 손꼽을 수 있다. 이러한 초국가적인 정당 조직들은 글로벌 체계의 기저에 깔린 문제를 더욱 예의주시하고 있으며 나아가 인류의 공동 이익과 공동 운명에 관계되는 많은 문제들에 관여하고 있어 중국이 주장하는 조화세계 건설 이념과 공통점을 지니고 있다는 인식을 가능케 한다.

---

34   戴秉國: 「開創有時代特徵和中國特色的政黨外交新局面」, 『求是』, 2002年, 第19期.

이론편

제1장 시대관과 중국 외교

중국공산당은 창당 이래 중국 혁명을 승리에로 이끌어 나아감과 동시에 중국 외교를 이끌어 눈부신 성과를 거둠으로써 과거 '약소국 무외교'의 굴욕적인 국면을 역전시켰을 뿐만 아니라 세계 평화와 발전에도 크나큰 기여를 했다.

창당 후 90년 동안, 중국공산당은 국제 정세의 변화와 발전에 부응하여 중국 사회의 특징과 발전 수요에 따라 시대적 인식을 심화하고 국제 정세의 주요 모순을 정확히 파악한 후, 정확한 외교 노선과 방침을 제정, 실시하는 과정에 중국 특색의 시대관時代觀을 확립하게 되었다. 비록 그동안 일부 좌절과 곡절은 불가피했으나 중국공산당은 부동한 역사 시기에도 시종일관 역사 발전의 주요 추세와 국제 정세 발전의 주요 모순을 정확히 파악하여 중국 외교를 올바른 방향으로 인도했다. 주요 모순에 입각하여 국제 정세를 분석하는 것은 마르크스주의 이론에 따른 것일 뿐만 아니라 중국공산당이 중국 혁명을 이끌어 가는 실천 속에서 얻어낸 경험이기도 하다. 따라서 시대적 주제에 대한 판단은 중국의 외교를 이끄는 중국공산당의 시대관에 일관되게 반영되어 있다.

창당 후 90년 동안 중국공산당의 시대관은 대체로 아래의 3단계로 구분해 볼 수 있다. 제1단계는 1920년대에서 1970년대 말까지인데 이 시기의 시대적 주제는 전쟁과 혁명이었다. 즉 평화를 이룩하기 위한 노력과 함께 세계대전을 저지 또는 지연시키는 동시에 전쟁에 대비하여 철저한 사전 준비를 하는 시기였다. 제2단계는 1970년대 말부터 20세기 말까지인데 이 시기는 중국공산당의 시대적 주제에 대한 인식이 전쟁과 혁명에서 점차 평화와 발전에로 과도하는 시기였다. 제3단계는 21세기에 들어서 탈냉전과 더불어 나타난 세계화와 다원화의 흐름과 함께 중국공산당이 평화, 발전, 협력의 시대적 주제에 따라 '조화세계'라는 이념을 제시하여 인식상 일대 비약을 실현한 시기였다.

제1절 전쟁과 혁명관 하의 중국 외교

1921년 중국공산당의 창립으로부터 70년대에 이르기까지 '전쟁과 혁명'은 줄곧 중국공산당 시대관의 키워드였다. 중국공산당은 '제국주의와 무산계급혁명'에 관한 레닌과 스탈린의 사상을 중국의 실정과 결부시켜 나아가는 험난한 탐색 과정에서 전 국민을 이끌어 신민주주의혁명의 승리를 이룩했으며 새로 탄생한 인민정권의 완전한 주권과 국가의 안전을 지켜냈다.

1. 신중국 건립 전 중국공산당의 시대관에 대한 탐색

중국공산당의 '전쟁과 혁명'이라는 시대관에 관한 인식은 하루 아침에 형성된 것이 아니었다. 창당 초기에 중국공산당은 전적으로 코민테른의 지시에 의존했으나 중국혁명의 구체적 상황과 시대적 특징에 따라 점차적으로 중국 특색을 띤 시대관이 형성되었으며 이 과정에서 초창기 중국공산당인들은 다각적인 탐색을 끊임없이 이어왔다.

(1) 중국공산당 초창기 시대관의 주요 내용

중국공산당 창당부터 건국에 이르기까지 30년간의 역사적 경험을 종합해 보면 이 시기 중국공산당의 '전쟁과 혁명'에 대한 인식은 주로 다음과 같은 몇 가지 내용을 포함함을 알 수 있다.

첫째, 혁명의 프롤레타리아적 속성을 강조했다. 즉 국제적 시각에서 중국혁명은 세계 프롤레타리아 혁명의 일부분이고, 국내적 시각에서 중국의 프롤레타리아는 반드시 혁명의 영도권을 장악해야 한다는 것이다. 중국공산당의 이러한 인식은 초보적인 단계에서 점차적으로 심화되는 과정을 거쳐왔다. 1926년 취추바이瞿秋白는 "국제적 범위에서 보면 중국 혁명은 세계 프롤레타리아 혁명의 일부분이고 국내적 범위에서 보면 비록 부르주아지 혁명 범주에 속하지만 혁명 세력 면에서는 반드시 프롤레타리아가 주력군이 되어야 한다"[35]는 인식을 가지고 있었다. 중국공산당 초창기 공산당인들의 이 같은 탐구 성과는 그 후 마오쩌둥의 집대성적 저서인 『신민주주의론』에 반영되었다.

마오쩌둥은 『신민주주의론』에서 중국 혁명이 세계 프롤레타리아 사회주의 혁명의 일부분에 속하는 이유에 대한 분석 중 네 개의 관형구[36]를 사용하여 당시의 정세를 형상적으로 표현한 후 한걸음 나아가 이같이 논단했다. "이러한 시대에 만약 식민지, 반식민지 국가에서 제국주의 즉 국제 부르주아지, 국제 자본주의를 반대하는 혁명이 일어난다면 이 혁명은 더는 낡은 세계 부르주아지 민주주의혁명의 범주에 속하는 것이 아니라 새로운 범주에 속하며 더는 낡은 부르주아지·자본주의 세계 혁명의 일부분이 아니라 새로운 세계 혁명의 일부분이다."[37]

혁명의 주도 세력에 대한 문제에서 마오쩌둥은 신민주주의혁명의 주도 세력은 부르주아지가 아니라 중국의 프롤레타리아라고 주장했다. 중국 혁명 과정에서 영도권의 이 같은 역사적 변화는 곧 중국 혁명이 구민주주의 단계에서 신민주주의 단계에로 전환하였음을 의미한다.

혁명의 발전 단계론적 견지에서 마오쩌둥은 중국 혁명의 역사적 과정과 신민주주의 혁명의 시대적 특징을 과학적으로 논술했다. 그는 "중국 혁명의 역사

---

35 瞿秋白:「國民革命運動中之階級分化──國民黨右派雲與國家主義派之分析」,『新青年』月刊第3號, 1926년3월25일.

36 즉, 현 시대는 "세계 자본주의 진영이 이미 지구의 일각(이 일각은 전 세계 6분의 1의 지역을 차지함)에서 붕괴되고 나머지 지역에서는 이미 충분히 진부한 모습을 드러낸 시대이며, 아직 존재하고 있는 부분적 자본주의가 식민지, 반식민지에 의뢰하지 않으면 생존할 수 없는 시대이며. 사회주의 국가가 건립되고 이들이 모든 식민지, 반식민지 해방 운동을 지지하기 위해 투쟁할 것임을 선포한 시대이며, 자본주의국가의 프롤레타리아들이 갈수록 사회제국주의 사회민주당의 영향에서 벗어나 식민지, 반식민지 해방운동을 원조할 것임을 선포한 시대이다."

37 『毛澤東選集』,第2卷, 人民出版社, 1991년, pp.667-668.

적 특징은 민주주의와 사회주의 두 단계로 구분되는 것인데, 그 첫 단계는 일반적인 민주주의가 아니라, 중국식 특색이 있는 신식 민주주의, 즉 신민주주의이다"[38]라고 주장함과 동시에 혁명은 반드시 "한 단계에서 다음 한 단계에로 전환하는 과정을 거쳐야 하며 한번에 완성한다는 것은 불가능한 일"[39]이라고 강조했다.

둘째, 혁명의 철저성과 전면성을 강조함과 동시에 혁명 전쟁의 중요성도 강조했다. 혁명적 수단으로 정권을 탈취하는 문제에서 중국공산당은 기본적으로 민족과 식민지 문제에 관한 레닌과 스탈린의 이론을 받아들였으며 이를 중국 혁명의 실제와 결부하여 "혁명적 수단으로 제국주의와 봉건군벌을 타도한다"는 당의 혁명강령을 명확히 제시했다. 1922년 6월 15일에 발표된 「시국에 대한 중공중앙中共中央의 제1차 주장」에서는 다음과 같이 천명한 바 있다. "민국 11년간의 7차 전쟁 중, 앞의 5차 전쟁은 민주파와 북양군벌 간의 이념과 세력의 충돌이었고, 나머지 2차 전쟁은 군벌 간의 내전이었다. 이 두 종류의 전쟁의 공통적 문제점은 바로 군벌의 존재였다. 따라서 분쟁을 해결하는 유일한 방법은 군벌을 타도하고 민주정치를 실현하는 것이다."[40] 중국공산당의 이 주장은 이후 국민당과의 협력 그리고 대혁명의 고조기를 맞이하기 위한 토대가 되었다. 대혁명의 실패를 경험한 후 중국공산당은 중국 민족부르주아지의 연약성과 타협성에 대해 한층 깊이 인식하게 되었으며 혁명을 끝까지 진행해야 한다는 결심을 굳히게 되었다. 1938년 11월, 중국공산당 제6차 중앙위원회 제6차 전원확대회의에서 마오쩌둥은 전쟁과 전략 문제에 대해 논술하면서 중국이 기타 자본주의 국가와 다른 특징을 가지고 있는데 대해 다음과 같이 말했다. "중국에서

---

38 『毛澤東 選集』,第2卷, 人民出版社, 1991년, p.666.

39 『毛澤東選集』第2卷, 人民出版社 1991년, p.685.

40 「中國共産黨對於時局的主張」(1922년 6월15일), 中央檔案館編: 『中共中央文件選集』(第1冊) (1921-1925), 中共中央黨校出版社 1989년, p.42.

주요 투쟁 방식은 전쟁이고 주요 조직 형태는 군대이다. 그외 모든 것들, 이를테면 민중 조직, 민중 투쟁 등도 모두 매우 중요하고 없어서는 안 되며 홀시할 수도 없지만 이 또한 모두 전쟁을 위한 것이다."[41] 따라서 그는 "중국에서 무장 투쟁을 떠난다면 프롤레타리아와 공산당의 지위가 있을 수 없고, 어떠한 혁명 과업도 완수할 수 없다"[42]고 경고한 바 있다.

셋째, 혁명의 세계적 의미를 강조했다. 20세기 초에 레닌은 자본주의가 독점 단계로 발전하면서 나타난 새로운 정세에 비추어 1916년에 『제국주의는 자본주의의 최고 단계』라는 책을 썼다. 이 책에서 레닌은 "제국주의는 프롤레타리아 사회 혁명의 전야이다. 1917년부터 이런 현상은 이미 전 세계적 범위 내에서 증명되었다"[43] 라고 단언했다. 스탈린은 레닌의 이 관점을 한걸음 더 발전시켜 1924년에 쓴 『레닌주의 토대를 논함』이란 글에서 이같이 피력했다. "프롤레타리아 혁명은 이미 제3단계에 들어섰는데 이 단계는 10월 혁명 이후부터 시작되었다. 혁명의 목적은 한 나라에서 프롤레타리아 독재 정치를 공고히 하고 이 독재 정치를 거점으로 세계 각국에서 제국주의를 무너뜨리기 위한 것이다. 오늘날 혁명은 이미 일개국의 범위를 초월했으며 따라서 세계 혁명의 시대가 도래했다. 혁명의 기본 역량은 일개국의 프롤레타리아 독재 정치와 세계 각국의 프롤레타리아 혁명 운동이며 주요 예비군은 선진국의 반프롤레타리아 대중 및 소농 대중과 식민지 및 부속국의 해방운동이다."[44] '제국주의와 프롤레타리아 혁명'에 관한 레닌과 스탈린의 사상은 당시 시대의 주요 모순을 정확히 밝혔고 중국공산당의 시대관에 매우 큰 영향을 주었다. 중국공산당은 초창기부터 중국혁명의 운명을 범세계적 반제국주의 투쟁과 연결시켜 왔으며 또한 프롤레타리아

41　『毛澤東選集』,第2卷, 人民出版社, 1991년, p.543.
42　『毛澤東選集』,第2卷, 人民出版社, 1991년, p.544.
43　『列寧選集』,第2卷, 人民出版社, 1995년, p.582.
44　『斯大林選集』,上卷, 人民出版社, 1979년, pp.247-248.

혁명에서 전쟁의 중요한 역할에 대해 잘 알고 있었다. 마오쩌둥은 『지구전을 논함』이란 글에서 다음과 같이 썼다. "제2차 세계대전의 결과는 자본주의 재생이 아니라 자본주의의 몰락이다. 인류는 이 전쟁으로 인해 크나큰 고통을 감수하게 되지만, 소련의 존재와 세계 인민의 각성 하에 이 전쟁은 기필코 위대한 혁명 전쟁으로 승화하여 모든 반혁명 전쟁에 맞서게 될 것이다. 따라서 이 전쟁은 영원한 평화를 추구하는 성격의 전쟁이 될 것이다. 설령 그 뒤로 또 한 차례의 전쟁이 발발한다고 해도, 세계적이고 영구적인 평화는 이미 우리 곁으로 다가오기 시작했다. 인류가 자본주의를 소멸하게 되면 영구 평화의 시대에 곧 도달하게 될 것이고, 그때가 되면 전쟁이 다시는 발발하지 않을 것이다."[45] 이런 관점에서 출발하여 중국공산당은 전쟁의 정의성 여부를 구분하는 것이 무엇보다 중요하다고 인정했고, "일체 진보적인 전쟁은 모두 정의적인 것이고 진보를 가로막는 전쟁은 비정의적인 전쟁이다. 우리 공산당인들은 진보를 가로막는 모든 비정의적인 전쟁을 반대해야 한다. 하지만 진보적이고 정의적인 전쟁은 반대하지 않는다. 후자의 경우, 우리 공산당인들은 반대하지 않을 뿐만 아니라 적극적으로 참여해야 한다"[46]는 입장을 확고히 했다.

(2) 시대관 형성의 시대적 배경

상기 논술은 중국공산당의 '전쟁과 혁명'에 대한 초보적 인식이었다. 이러한 인식은 당시 국제적 환경과 중국 내부의 사회 발전 상황, 그리고 마르크스주의 원리와 중국 혁명의 특징을 서로 결부시킨 산물로서 당시 시대의 필연적 추세를 반영했을 뿐만 아니라 마르크스주의를 중국화하는 과정에서 마오쩌둥을 비롯한 중국공산당인들의 탐색과 혁신을 반영했다.

---

45 『毛澤東選集』,第2卷, 人民出版社, 1991년, p.475.
46 『毛澤東選集』,第2卷, 人民出版社, 1991년, p.476.

이러한 시대관의 형성은 역사적인 필연성을 띠고 있다. 우선, 국제적 환경으로 보면, 자본주의가 제국주의 단계에 진입한 후 자본주의 정치, 경제 발전의 불균형 법칙에 의해 신흥 제국주의 국가들이 기존 식민지 분할에 대해 불만을 가지고 식민지와 세력 범위에 대한 재분할을 거세게 요구했다. 따라서 제국주의 전쟁은 불가피하게 되었고 제국주의의 진부성과 파멸성도 날이 갈수록 드러나고 있었다. 한편 러시아 10월 혁명의 승리와 함께 공산주의 운동이 범세계적으로 새로운 고조를 맞이하게 되었고 프롤레타리아 혁명의 시대가 도래했으며 자본주의와 사회주의 양대 진영의 대치 국면이 형성되기 시작 했다. 중국공산당은 창립되어서부터 중국 혁명의 운명을 세계적인 반제국주의 투쟁과 긴밀히 연결시켰다. 이는 당의 성격에 의해 결정된 것으로 중국공산당 창당 자체가 국제 공산주의 운동의 중요한 구성 부분이였기 때문이다.

다음으로, 중국 국내 상황으로 보면, 중국은 근대로부터 반봉건, 반식민지 사회의 도탄 속에 빠지게 되었다. 제국주의와 중화민족 간의 모순, 봉건주의와 인민 대중 간의 모순은 근대 중국 사회의 주요 모순이었으므로 오직 혁명을 통해서만 제국주의와 봉건주의 통치를 뒤엎고 민족 독립과 인민의 해방을 실현할 수 있었다. 당시의 역사적 여건 하에서 중국의 민족부르주아지는 혁명을 승리에로 이끌어 부르주아지 독재 정권을 수립하려 했으나 자체의 한계로 인해 실현이 불가능하다는 것이 실천 속에서 입증되었다. 그러나 10월 혁명의 승리와 함께 중국에서 마르크스주의가 급속히 전파되면서 중국의 혁명적 선각자들은 "프롤레타리아 세계관으로 국가의 운명을 관찰하기 시작했고 자신의 문제에 대해 다시 심사숙고하기 시작"[47]했다. 이때로부터 중국공산당은 오직 정확한 프롤레타리아 시대관을 확립해야만 전 국민을 이끌어 역사적인 사명을 완수하고 최후의 승리를 달성할 수 있다는 점을 인식하게 되었다.

47　中共中央黨史研究室:『中國共産黨歷史』,第1卷, 上冊, 中共黨史出版社, 2011년, p.37.

2. 신중국 건립 후 중국공산당의 시대관에 대한 인식의 발전

신중국 건립 후 중국공산당이 당면한 임무는 국가 정권 탈취에서 새로 설립된 인민 민주정권의 수호로 전환했으며 따라서 신중국 외교도 당시 국내외의 열악한 현실에서 스스로 길을 모색해야 했다.

(1) '일변도' 전략 시기

건국 후 중국 외교는 과거 국민당 시기의 외교와 철저히 결별했다. 중국공산당은 우선 "국민정부가 세운 모든 낡고 굴욕적인 외교 관계를 부정"하고, "중국에서 제국주의 잔존 세력을 제거하고 제국주의의 중국에서의 특권을 취소"하여 중국에 대한 제국주의의 통제권에서 철저히 벗어나는 외교 방침을 내놓았는데 이것이 바로 '다른 살림 차리기另起爐灶'와 '집안을 깨끗이 정리하고 나서 손님 맞이하기打掃干淨屋子再請客'였다, 미국을 중심으로 하는 자본주의 진영의 적대시와 고립 정책에 맞서 중국공산당은 1950년대에 소련을 중심으로 하는 사회주의 진영 쪽으로 완전히 기울어지는 '일변도—邊倒' 외교정책을 펼쳤다. 1949년 6월 존 레이턴 스튜어트John Leighton Stuart는 천밍쑤陳銘樞와 뤄룽지羅隆基 등 민주 인사들이 베이징의 정치협상회의에 참석한다는 소식을 접한 후 천밍쑤에게 중국공산당 지도자를 만나고 싶다는 의사를 중공중앙에 전달해 줄 것을 요청했다. 천밍쑤는 베이징에 도착하여 마오쩌둥과 저우언라 이에게 스튜어트의 의사를 전한 후, 6월 24일 스튜어트에게 보낸 편지에서 "중국공산당의 노선은 현명하고 정확하며 아주 확고부동하다"고 하면서 "정치적으로는 반드시 엄숙해야 한다. 그러나 경제적으로 장사는 할 수 있다"는 마오쩌둥의 메시지도 전달했다.[48]

마오쩌둥은 『인민민주주의독재정치를 논함』이란 글에서 쑨중산孫中山 선생

---

48   黃華著: 『親歷與見聞·黃華回憶泉』, 世界知識出版社, 2007년, p.84.

의 40년과 중국공산당의 28년간의 경험에 의하면, "중국은 제국주의 편에 서지 않으면 사회주의 편에 서야 한다. 양다리를 걸쳐서는 안 되며, 제3의 길이란 있을 수 없다."[49]라고 썼다. 건국일 다음날, 소련은 중화인민공화국을 승인하는 각서를 중남해中南海에 보냄으로써 신중국과 수교한 최초의 국가로 되었다. 잇따라 중국은 건국 후 처음으로 수교의 호황기를 맞이하여 1950년 11월까지 아시아 6개국, 유럽 12개국과 외교 관계를 맺게 되었다.

이 시기 중국공산당의 외교에서의 또 하나의 성과는 바로 평화공존 5항원칙을 제시한 점이다. 중국과 인도, 중국과 미얀마 공동성명의 발표, 그리고 반둥회의에서 저우언라이의 '구동존이求同存異'에 관한 연설은 아시아, 아프리카 여러 나라들의 지지와 찬성을 얻었을 뿐만 아니라 그들의 신생 공산당 정권에 대한 우려를 불식시켰고 중국의 국제적 영향력을 크게 넓혔다.

이 시기 중국의 외교에는 전쟁과 평화 문제에 대한 중국공산당의 기본 인식이 반영되어 있었다. 즉 소련을 중심으로 하는 사회주의 진영과 미국을 중심으로 하는 자본주의 진영의 대치 상황은 중국공산당으로 하여금 아래와 같은 세가지 기본적인 판단을 하게 했다.

첫째, 사회주의와 제국주의의 역량을 대비하면 엇비슷한 상황이다. 그러나 시간은 우리 측에 있으므로 우리는 될수록 평화를 쟁취하여 자국의 건설에 매진해야 한다. "중국이 농업국에서 공업국으로 변신하려면 수십 년의 시간이 필요하며 여러 방면의 도움도 필요하지만 우선적으로 필요한 것은 평화로운 환경이다. 전쟁을 자주하게 되면 자국 건설을 할 수 없으며, 군사를 많이 기르면 경제 건설에 방해가 된다."[50] 이 시기 마오쩌둥은 많은 외국 대표단을 접견했는데 그들과의 회담 시 핵심 사상의 하나가 바로 "중국은 평화를 원하며 전쟁을 원

49 『毛澤東外交文選』, 中央文獻出版社, 世界知識出版社, 1994년, p.93.
50 『毛澤東外交文選』, 中央文獻出版社, 世界知識出版社, 1994년, p.160.

하지 않는다. 중국의 경제 발전은 평화로운 환경을 필요로 한다"는 것이였다. 1957년 11월 18일, 마오쩌둥은 모스크바 공산당과 노동당대표회의 연설에서 15년 후 소련은 강철 생산량이 미국을 능가할 것이고 중국 또한 영국을 능가할 것이라고 낙관적으로 전망하면서 다음과 같이 말했다. "한마디로, 우리는 15년간의 평화를 쟁취해야 한다. 그때가 되면 우리는 천하무적이 되고, 누구도 우리와 맞설 엄두를 못 낼 것이며 세계도 지속적인 평화를 얻게 될 것이다."[51]

둘째, 세계대전의 위험성은 항상 존재하지만 우리의 노력으로 세계대전을 모면하거 나 저지할 수 있다. 제2차 세계대전이 끝난 후 마오쩌둥은 「당면 국제 정세에 대한 몇 가지 예측」이란 글에서 다음과 같이 썼다. "제3차 세계대전의 위험성은 존재하고 있다. 그러나 세계 민주 세력은 이미 반동 세력을 능가했고 또한 앞으로 계속 성장하기 때문 에 전쟁 위험을 반드시 또는 꼭 극복할 수 있다. 따라서 미국, 영국, 프랑스와 소련의 관계는 타협이냐 아니면 결렬이냐 하는 문제가 아니라 일찍 타협하느냐 아니면 늦게 타협하느냐 하는 문제이다."[52] 1956년 8월 29일 마오쩌둥은 한 차례의 연설에서 "세계상의 모든 평화적 세력을 쟁취하여 그들의 재빠른 성장으로 세계의 지속적 평화에 유리한 여건을 만들어 나가야 하며 이 또한 우리 나라 건설에 유리한 것이다. 평화와 건설을 위해 우리는 미국을 포함한 세계 모든 국가들과의 우호 관계 확립을 진심으로 희망한다"[53]고 재차 강조했다.

셋째, 중국은 견결히 사회주의 진영의 세력에 의지해야 한다. 마오쩌둥은 "제국주의가 존재하는 시대에 있어서 만약 국제적 혁명 세력의 원조가 없다면 어떠한 나라의 진정한 인민 혁명도 독자적 승리는 불가능한 것이며 가령 승리

---

51 『毛澤東外交文選』, 中央文獻出版社, 世界知識出版社, 1994년, p.296.

52 『毛澤東外交文選』, 中央文獻出版社, 世界知識出版社, 1994년, pp.55-56.

53 『毛澤東外交文選』, 中央文獻出版社, 世界知識出版社, 1994년, p.246.

했다 하더라도 지켜내기 어렵다"[54]는 점을 깊이 인식하고 있었다. 따라서 '일변도' 정책을 반대하고 중간 노선을 주장하는 일부 의견에 대해 중국공산당 지도층은 줄곧 확고부동한 반대 입장을 취했다. 1956년에 마오쩌둥은 "일변도가 옳은가"라는 질문에, 중간 입장에 서면 민족에게 불리하다. "독립한 것 같아 보기에는 좋으나 사실상 독립하지 못할 것이다. 미국에 의지한다는 것은 쉬운 일이 아니다…… 제국주의가 어찌 우리 나라를 배불리 먹게 하겠는가?"[55]라면서 이같이 답했다.

(2) '일대편' 전략 시기

냉전이 지속되고 국제 정세가 변화함에 따라 1950년대 말부터 자본주의 진영과 사회주의 진영 내부에 각각 분열의 조짐이 나타나기 시작했다. 중·소 갈등은 점차 격화되기 시작했고 중·소 간 이념 논쟁도 불붙기 시작하면서 양국 관계는 긴장 관계로 퇴보했고 원래의 동맹 관계는 상호 비방 공격의 관계로 전락했다. 아울러 이 시기 아시아, 아프리카 국가에서 민족 독립과 해방 운동이 거세게 일어났고 갈수록 많은 국가들이 식민주의와 제국주의를 반대하는 혁명 투쟁 벌려 독립의 길에 들어섰다. 이와 같은 새로운 국제 정세 하에서 기존의 '일변도' 정책은 변화된 국제 환경에 적합하지 않았다. 따라서 중국공산당은 독립을 이룬 아시아, 아프리카 각국을 상대로 '일대편—大片' 외교방침을 펼치기 시작했고 중국은 두 번째로 수교의 호황기를 맞이하게 되었다.

그러나 이 시기 국내외적 환경의 급격한 변화로 중국공산당의 시대적 문제에 대한 판단에는 일부 오류가 나타났다. 우선, 전쟁의 위험성에 대해 과대 평가했다. 세계대전의 발발 가능성에 대해 마오쩌둥은 비록 "세계대전의 위험은

---

54 『毛澤東外交文選』, 中央文獻出版社, 世界知識出版社, 1994년, p.94.
55 『毛澤東外交文選』, 中央文獻出版社, 世界知識出版社, 1994년, p.278.

모면할 수 있고 세계대전의 결과는 제국주의에 유리한 것이 아니라 혁명 세력에 유리하다"는 기존 판단을 견지했으나 세계대전에 대한 준비 규모가 갈수록 확대되는 양상을 보였다. 1961년 8월 19일 마오쩌둥은 브라질 외교 사절들과의 회담 시 세계대전의 두 가지 가능성에 대해 언급하면서 다음과 같이 말했다. "날마다 전쟁이 나지 않을 것이라고 하면서 사람들을 편한 잠을 자게 하고 공산당이 전쟁을 하지 않는다고 믿게 할 수는 있지만 그러다가 하루 아침에 전쟁이 일어나면 어쩔 것인가? 그러므로 차라리 제국주의가 전쟁을 일으키려 한다고 말하면서 사전 준비에 애쓰는 편이 더 현명한 처사일 것이다. 즉 최악의 경우에 대비해야 한다는 것이다. 이렇게 대비한다면 전쟁을 하지 않을 수도 있다. 제국주의는 모두 우리를 반대한다. 만약 우리가 모두 편한 잠만 잔다면 이는 매우 위험한 짓이다."[56] 이로부터 마오쩌둥의 사상에는 제국주의의 기습 공격에 대비해야 한다는 의식이 줄곧 동반되었음을 알 수 있다. 심지어 전쟁에 대비하기 위해서라면 국내 경제 건설도 희생할 수 있다는 각오도 하고 있었다. 이 점은 특히 '문화대혁명' 기간에 더욱 두드러졌는데, 이는 마오쩌둥이 당중앙 제9차 대표대회에서 한 정치보고에서 여실히 반영되었다. 그는 다음과 같이 말했다. "미 제국주의와 소련 수정주의의 대규모 침략 전쟁의 위험성을 좌시해서는 절대 안 된다. 우리는 반드시 충분한 대비가 있어야 하며 그들의 여러 가지 방식의 전쟁 도발, 즉 재래식 전쟁이든 대규모 전쟁이든 또는 핵전쟁이든 이에 대한 빠르고 효과적인 대응 준비가 있어야 한다.[57]" 그 후 마오쩌둥의 이와 같은 사상에 기반하여 "단결하여 전쟁에 대비하자"라는 슬로건까지 등장했다. 특히 중·소 간의 전바오섬珍寶島 변경 충돌의 발생으로 당중앙과 마오쩌둥의 세계대전과 소련의 침입에 대한 긴박감이 더욱 가중되면서 국방 건설을 강화하고 전쟁을 대비하는

56 『毛澤東外交文選』, 中央文獻出版社, 世界知識出版社, 1994년, pp.470-471.
57 「在中國共産黨第九次代表大會上的報告」, 新華罔, 2007년 10월 11일.

것이 이 시기 중요한 과제가 되었다. 따라서 맹목적으로 '산山, 산散, 동洞', '일선 一線, 이선二線, 삼선三線' 건설을 추진함으로써 많은 인력, 물력이 허비되었을 뿐만 아니라 정상적인 경제 건설에도 막대한 영향을 끼치게 되었다.

둘째, 아시아, 아프리카 지역의 민족해방운동에 대한 지지를 지나치게 강조 하고 세계 혁명 정세에 대해서도 지나치게 낙관적으로 예측함으로써 현실과 맞 지 않거나 중국의 실제 능력을 벗어난 부분적 정책들을 실행했다. 1970년 5월 20일, 마오쩌둥은 인도차이나 3국 인민들의 항미구국抗美救國 투쟁을 원조하기 위해 발표한 성명에서 다음과 같이 말했다. "지금 범세계적으로 반미 투쟁의 새 로운 붐이 일고 있다…… 새로운 세계 대전의 위험성은 항상 존재하고 있으므로 각국은 반드시 이에 대처할 준비를 해야 한다. 그러나 당면 세계적 주요 추세는 혁명이다."[58] 비록 당시 왕자샹王稼祥 등은 이에 대해 다른 견해를 제기했으나 결 국 마오쩌둥에 의해 '삼화일소三和一少'[59] 수정주의 노선이라는 비판을 받았다.

(3) '일조선' 전략 시기

1970년대에 들어 미국과 소련의 패권 쟁탈 구도에 커다란 변화가 일어났 다. 베트남 전쟁의 수렁에 깊이 빠진 미국은 점차 원래의 공세에서 수세로 전락 했다. 소련의 거센 공격에 직면하면서 중·미 간은 오히려 전략적 이익면에서 상 호 접근이 가능해지기 시작했다. 중국은 닉슨 정부의 중·미관계 개선 신호에 적 극적인 반응을 보이면서 점차 미국과 손잡고 소련의 패권주의를 반대하는 것 을 기본 특징으로 하는 '일조선一條線' 외교 전략을 확립하게 되었다. 마오쩌둥은 1973년 키신저와의 회견 시 "목표가 동일하다면 우리는 당신들을 침해하지 않 을 것이고, 당신들도 우리를 침해하지 말고 공동으로 소련 패권주의에 대처합

---

58 『毛澤東外交文選』, 中央文獻出版社, 世界知識出版社, 1994년, p.584.
59 제국주의, 반동파, 수정주의에 대해 부드럽게 대하고 아시아아프리카 대중의 투쟁에 대한 원조를 적 게 함을 말한다.

시다"라면서 이같이 말했다. 그는 미국이 유럽, 일본과 협력을 강화하여 하나의 공동 협력 라인 즉, 미국, 일본, 중국, 파키스탄, 이란, 터키, 그리고 유럽까지 가세한 횡적인 협력 관계가 형성되기를 바랐다. 이것이 바로 국제적으로 연합하여 소련의 패권주의에 반대하는 '일조선' 전략이다.[60]

이 시기는 중국 외교의 새로운 전환기로서 중국은 유엔에서의 합법적 지위가 회복되었고 중국의 국제적인 위상도 전례 없이 상승했으며 국제적 환경도 크게 개선되었다. 중·미 수교와 중·일 국교 정상화를 계기로 중국과 많은 서방 국가들 간에 수교가 이루어져 중국은 세 번째로 수교의 호황기를 맞이하게 되었다. 1979년 말까지 중국과 수교한 국가는 이미 5대주에 걸쳐 120개국에 이르렀다.

이 시기는 중국공산당의 시대관에 중대한 변화가 일어난 시기였다. 중국이 서서히 국제체계에 융합되고, 제2차 세계대전 후 자본주의 세계에 새로운 변화가 나타남에 따라 중국공산당의 시대적 주제에 대한 인식은 과거의 '전쟁과 혁명'에서 보다 현실적인 '평화와 발전'에로 점차 바뀌어졌다.

우선, 마오쩌둥은 과거 자신이 제기한 '중간지대' 설을 한층 더 완벽화하여 3개 세계 이론을 제기했다. 1974년 2월 22일, 마오쩌둥은 잠비아 대통령 카운다와의 회담에서 "내가 보기에는 미국과 소련은 제1세계이고 중간파인 일본, 유럽, 호주, 캐나다는 제2세계이며 우리는 제3세계에 속한다"[61]고 말했다. 3개 세계에 대한 구분은 상대적으로 이데올로기의 요소를 약화시켰고 중국공산당이 상당 기간 동안 자본주의 국가와 사회주의 국가 간의 모순을 세계의 주요 모순으로 여겨왔던 전통적인 구분법을 초월하여 세계 인민의 패권주의와 강권 정치를 반대하고 세계 평화를 수호하기 위한 투쟁을 세계의 주요 모순으로 간주한 것이다.

---

60   中國外交部 사이트 참조.
61   『毛澤東外交文選』, 中央文獻出版社, 世界知識出版社, 1994년, p.600.

둘째, 전쟁 문제에 대한 판단에서, 비록 일부 변화를 보이기는 했으나 기본적으로 과거의 관점을 보류하고 있었다. 즉 전쟁의 발발을 억제하기 위한 노력은 계속하되 여전히 전쟁 준비도 게으름 없이 진행해야 한다는 것이었다. 1977년 12월 28일, 덩샤오핑鄧小平은 중앙군사위원회 전체회의 연설에서 다음과 같이 말했다. "내가 강조하고 싶은 점은 시간을 다투어야 한다는 것이다. 전쟁 발발 시점은 지연될 가능성이 있지만 우리는 이 한 측면만 보아서는 안 된다. 우리는 상대방이 일찍 또는 크게 전쟁을 일으키는 것에 대비해야 한다. 왜냐하면 패권주의자들에게는 광기가 있어 그들이 어디에서든 손톱만한 일로 사단을 일으켜 전쟁을 도발할지 모르기 때문이다."[62]

3. 주요 특징과 추세

창당부터 1970년대에 이르기까지 중국공산당의 시대관에 대한 기본적인 인식은 국제 정세와 시대적 환경 특징에 따라 일부 변화가 있었으나 총체적으로 볼 때 '전쟁과 혁명'의 시대관이 중국공산당 창당 초기의 대외 교류와 신중국 창건 후의 중국 외교에 매우 큰 영향을 끼쳤다고 할 수 있다. 이러한 시대관은 아래와 같은 두 가지 추세와 특징을 보였다.

첫째, 이러한 시대관의 발전은 외적 지향성에서 내적 지향성으로 전변하는 과정을 거쳤다. 신중국 외교사를 연구함에 있어서 만약 민족주의 외교와 혁명 외교란 두 갈래 단서가 있다면 우리는 이것을 하나의 라인 즉, 혁명 외교에서 민족주의 외교에로의 회귀 과정으로 볼 수 있다. 달리 말하면 신중국의 외교사와 당의 대외 교류 역사에서 비록 이 두 가지 요소가 줄곧 공존해 왔지만 양자에 대한 중시도는 역사적 단계에 따라 달라졌다는 것이다.

---

62 『鄧小平文選』, 第2卷, 人民出版社, 1994년, p.77.

중국공산당의 창립은 코민테른의 전폭적인 지지와 도움을 받았다. 창당 활동은 처음부터 코민테른의 집적적인 관여 하에 진행되었다. 1922년 중공 제2차 대표대회에서 중국공산 당의 코민테른 가입이 결정되면서 중국공산당은 코민테른에 소속된 하나의 지부가 되었다. 이는 중국공산당이 코민테른의 20개 조항의 조건을 수락하고 코민테른의 지도를 받게 되었음을 의미한다. 따라서 당 창립 초기의 시대관은 코민테른과 소련의 영향을 크게 받아 국제 공산주의 운동을 중국 혁명의 가장 큰 배경과 전제 조건으로 삼았다. 이 점은 중공 제2차 대표대회의 코민테른 가입 결의문에 적힌 "프롤레타리아는 세계적인 것이고 프롤레타리아 혁명 또한 세계적인 것이다. 극동 지역의 산업이 미발달 상태에 처한 국가는 더욱더 세계 프롤레타리아와 연합해야만 혁명의 효력이 충분히 발휘될 수 있다"[63]는 문구에서도 볼 수 있다. 중국공산당은 한 나라의 견지에서가 아니라 국제 공산주의운동의 견지에서 그리고 계급 분석의 틀에서 국제 문제를 살펴봄으로써 "현 세계는 제국주의와 프롤레타리아 양대 세계로 나뉘어져 있으며 소비에트러시아는 후자의 당연한 대표이자 지도자이다"라는 인식을 가지게 되었다. 1922년 7월 제2차 당대회에서 채택된 '세계 대세와 중국공산당'이란 결의안에는 다음과 같이 적혀 있다. "소비에트 러시아는 지구상의 첫 노동자와 농민의 국가로서 프롤레타리아의 조국이며, 근로 대중의 조국이기도 하다……중국공산당은 중국 노동자들을 집결하여 세계 노동자연합전선에 가입하게 함으로써 프롤레타리아의 조국인 소비에트러시아를 보호하고 자본주의의 공격을 막아내야 한다. 또한 중국의 피압박 대중도 결집시켜 소비에트러시아를 보호해야 한다. 왜냐하면 소비에트러시아는 피압박 민족을 해방시키는 솔

---

63 「中國共産黨加入第三國際決議案」(1922년7월), 中央檔案館編: 『中共中央文件選集』 第1冊 (1921-1925), 中共中央黨校出版社, 1989년, p.67.

선자이기 때문이다."[64] 중국공산당 초기 문헌 중에는 이와 유사한 논술이 비일

비재하다.

그러나 코민테른은 중국 혁명과 너무 멀리 떨어져 있었으므로 중국의 실정

을 제대로 알 수 없었고 또 소련의 영향을 깊이 받은 탓에 객관적인 입장에서

중국 혁명의 진로를 정확히 파악할 수 없었다. 따라서 그들은 중국 혁명을 지도

하는 과정에 많은 오류를 범하게 되었고 이는 또한 중국 혁명에 막대한 손실을

가져다 주었다. 이에 대해 한 학자는 다음과 같이 평가했다. 중국공산당은 "국

제 외교를 펼치고 반일통일전선을 결성하는 과정에서 소련공산당과 코민테른

의 영향으로 오랜 기간 동안 자주독립의 외교정책을 제정하지 못하고 소련을

따르거나 코민테른의 지시를 집행함으로써 정치 투쟁 중에 종종 수동적인 국면

에 빠지게 되었다."[65] 당 창립 초기 중국공산당은 명확한 외교 개념이 없었다. 왜

냐하면 당시 중국공산당은 아직 국가 정권을 탈취하지 못했고, 더욱이 자신을

세계 프롤레타리아 진영 내에 귀속시킴으로써 전통적인 의미에서의 외교에 대

해 다소 배타적이었기 때문이다. 그러나 혁명 실천의 심화, 사상과 이론상의 성

숙 그리고 중국 혁명의 구체적인 실천과 마르크스주의 보편적 원리를 결부시

키는 과정에서 실제적인 탐색이 깊어짐에 따라 중국공산당은 혁명에서 직면한

문제들을 자주독립적으로 해결해 나가기 시작했다. 더욱이 항일전쟁이 발발한

후, 중국공산당은 국제항일통일전선을 결성하는 과정에서 국제 사회의 더 많은

도움과 지지를 얻기 위해 자주독립의 원칙을 탐색하여 코민테른과 소련의 의사

에 맹종하지 않고 독립적으로 판단하고 독립적으로 정책을 추진함으로써 사상

상의 새로운 변화를 보여 주었다. 1943년 5월, 코민테른은 해체를 선포했다. 당

시 중공중앙위원회는 코민테른 해체에 관한 결의문에서 우선 코민 테른의 중국

---

64 「關於'世界大勢與中國共産黨'議決案」(1922년7월), 中央檔案館編: 『中共中央文件選集』第1冊
　　(1921-1925), 中共中央黨校出版社1989년, p.59.

65 閻玉田,李愛香著: 『中國抗戰局勢與國際政治關係』, 人民出版社, 2008년, p.127.

혁명에 대한 지원과 적극적인 역할에 대해 충분히 긍정함과 동시에 다음과 같이 지적했다. "코민테른 조직은 이미 정세의 발전에 적응하지 못하고 있다. 왜냐하면 현재 반파시스트 동맹 하의 해방 전쟁은 각국의 공산당으로 하여금 더욱더 자기 민족의 특수한 사정과 역사적 조건에 맞춰 독자적으로 모든 문제를 해결할 것을 요구하고 있기 때문이다." "중국공산당은 이미 오래전부터 완전히 독자적으로 자기 민족의 구체적 상황과 특수 조건에 따라 자기의 정치적 방침과 정책 그리고 행동을 결정할 능력을 구비하고 있었다."[66] 이를테면, 1940년대 옌안 시기 중국공산당은 대외교류를 과감히 시도했는 바, 이는 건국 후 당의 외교활동에 보귀한 경험을 제공해 주었으며 자주독립적인 평화 외교 정책의 제시에 든든한 토대를 마련했다.

신중국 창건 후 중국은 비록 '일변도' 외교정책을 펼쳤으나 마오쩌둥은 자주독립과 자력갱생의 중요성을 거듭 강조하면서 다음과 같이 말했다. "우리의 방침은 어디에 기점을 두어야 하는가? 자기의 능력에 기점을 두어야 하는데 이것이 바로 자력갱생이다. 우리는 고립되지 않았다. 전 세계 제국주의를 반대하는 모든 국가와 인민들은 모두 우리의 친구이다. 그러나 우리는 자력갱생을 강조한다. 우리는 자기 조직의 역량에 의거해 모든 대내외 반대파와 싸워 이길 수 있다."[67] '일변도' 외교정책의 시행와 관련해서도 마오쩌둥은 "이런 일변도는 평등하다……소련의 경험을 억지로 따오는 것은 그릇된 것"[68]이라는 점을 분명히 의식하고 있었다.

둘째, 이러한 시대관은 격정적인 혁명주의로부터 이성적인 현실주의에로. 다시 말하면 투쟁철학에서 외교철학으로 이행하는 과정을 겪었다. 근본적으로

---

66 「中國共産黨中央委員會關于共産國家執委主席團提議解散共産國際的決定」(1934년5월26일), 中央檔案館編,『中共中央文件選集』, 第14冊(1943-1944), 中共中央黨校出版社,1992년, p.39,40.
67 『毛澤東外交文選』, 中央文獻出版社, 世界知識出版社, 1994년, p.51.
68 『毛澤東外交文選』, 中央文獻出版社, 世界知識出版社, 1994년, p.278.

볼 때 '전쟁과 혁명'이란 시대관은 대립적인 계급 분석 방법의 산물로서 현상태를 개변하려는 데에 중점을 두었다. 그러나 외교는 책략과 타협의 의미가 짙으며 현실적 역량 대비에 대한 분석과 판단에 중점을 두었다.

이 시기에는 투쟁 철학이 상대적으로 주도적인 위치를 차지하고 있었으며 따라서 지나친 낙관주의적 혁명 정서가 외교 정책에 다분히 반영되었다. 1940년대에 마오쩌둥은 일찍이 "지금의 세계는 혁명과 전쟁의 새 시대 즉, 자본주의가 기필코 사멸하고 사회주의가 기필코 번영하는 시대에 처해있다"[69]라고 단언한 바 있다. 제2차 세계대전 후, 특히 신중국 창건 후 국제 정세에 대한 중국공산당의 판단은 더 긍정적이었다. 1957년에 마오쩌둥은 "동풍이 서풍을 압도한다"고 확신하면서 다음과 같이 강조한 바 있다. "나는 지금 국제 정세가 새로운 전환점에 이르렀다고 느껴진다……당면 정세의 특징은 동풍이 서풍을 압도하는 것이다. 다시 말하면 사회주의 역량이 제국주의 역량을 압도하고 있다."[70] 이런 혁명적인 낙관주의 정신은 전쟁을 두려워하지 않는 그의 태도에서도 볼 수 있다. 마오쩌둥은 전쟁을 하지 말아야 하지만, 그렇다고 전쟁을 두려워하지 않는다. "전쟁을 해야 한다면 할 수 있다." "극단적으로 말해서 인구가 반 이상 죽어도 두려울 것 없다"[71]라고 누차 강조했다. 그의 이러한 관점은 비록 장기적이고 본질적인 측면에서 보면 인류 역사 발전 추세에 부합된다고 할 수 있지만, 한편 역사적 조건의 한계를 무시하는 오류도 함께 내포되어 있었기 때문에 그후 자기 능력의 한계를 훨씬 벗어난 대약진大躍進정책도 주저없이 실천에 옮길 수 있었던 것이다.

투쟁 철학의 두 번째 표현은 바로 이데올로기와 소속된 진영을 기준으로 적군과 아군을 구분한 것이다. 항일전쟁 시기에 들어 가장 광범위한 국제통일전

---

69 『毛澤東選集』第2卷, 人民出版社, 1991년, p.680.
70 『毛澤東外交文選』, 中央文獻出版社, 世界知識出版社, 1994년, p.291.
71 『毛澤東外交文選』, 中央文獻出版社, 世界知識出版社, 1994년, p.347.

선을 결성하는 것은 중국공산당의 외교사상의 핵심 내용 중 하나였다. 그러나 문자 그대로 통일전선이란 역시 일종의 투쟁철학을 반영한 것으로, "계급 투쟁의 필요에 의해 설계된, 화해의 외형 속에 숨겨진 싸움이라 할 수 있다."[72] 그 근원을 따져 본다면 당시의 통일전선에는 두 가지 관건적인 문제가 있었는데, 하나는 영도권 문제이고 다른 하나는 적아 관계의 전환 문제였다. 본질적으로 말하면 이 두 문제는 모두 적아 구분을 떠나서는 운운할 수 없는 문제들이었다. 따라서 적아 구분 문제는 마오쩌둥의 사상에서 뚜렷하게 나타났다. 마오 쩌둥의 견해에 따르면, 똑같은 단합 대상이지만 관계가 친근하냐 소원하냐, 사이가 가까우냐 머냐에 따라 경우가 달라질 수 있는데, 우선, "소련과의 단합을 확고히 하고 모든 사회주의 국가와의 단합을 공고히 하는 것은 우리의 기본 방침이고 우리의 기본적인 이익과도 직결된다"고 인식하고 있었다. 다음으로, "아시아, 아프리카 국가 그리고 평화를 사랑하는 모든 국가 및 인민들과의 단합도 공고히 하고 발전"시켜야 하며, 만약 "이 두 역량과 단합한다면 우리는 결코 고립되지 않을 것"이라고 자신하고 있었다. 마지막으로, 제국주의 국가에 대해 마오쩌둥은 "우리는 제국주의 국가의 인민들과는 단합해야 하고 또한 제국주의 국가들과 평화공존을 하거나 경제 교류를 해야 한다." "그러나 절대로 그들에 대해 비현실적인 미련을 갖고 있어서는 안 된다"[73]고 강조했다.

상기 투쟁철학의 영향으로, 그리고 제2차 세계대전 후 국제 정세에 대한 중국공산당의 '좌' 편향적 판단으로 중국 외교는 한동안 굽은 길을 걷게 되었다. 그럼에도 불구하고 이 시기의 투쟁철학은 이성과 실속있는 외교철학으로 전변되는 조짐을 보이기 시작했다. 이를테면, 국제 세력에 대한 구분에 있어서 중국공산당의 시각은 1950년대 말부터 이미 달라지기기 시작하여 더는 계급 분석

72　楊奎松: 「新中國的革命外交思想與實踐」, 『史學月刊』 2010년 第2期, p.65.
73　『毛澤東外交文選』, 中央文獻出版社, 世界知識出版社, 1994년, pp.284-285.

의 방법만을 고집하지 않았다. 마오쩌둥은 1958년 9월 브라질 기자 마로킨과 두테르예 부인과 회견 시, 자신이 『신민주주의론』에서 주장했던 견해를 수정하여 "제국주의 국가와 사회주의 국가 외에도 아시아, 아프리카 지역에는 더 많은 민족주의 국가가 출현할 것이며 이런 국가들은 중립적인 제3자의 입장을 오 랜 기간 동안 유지할 것"[74]이라는 주장을 내놓았다. 그리고 중간지대론에서 제3세계 이론의 제시에 이르기까지 세계에 대한 중국공산당의 견해에도 더 이상 '2분법'(하나가 둘로 나뉨)의 논리가 적용되지 않았음을 볼 수 있다. 이 밖에도 개도국의 혁명을 지지하는 문제에 대해 마오쩌둥은1965년 미국 기자 스노와의 대화에서 "중국은 혁명을 지지하지 않으면 안 된다. 만약 어느 나라에서 혁명이 일어난다면 우리는 성명을 발표하여 지지하고 또한 대회를 소집하여 성원해야 한다. 제국주의가 싫어하는 것이 바로 이런 것이다. 그러나 우리는 큰소리를 칠 뿐이지 군대를 파견하지는 않는다."[75] 라고 솔직하게 고백한 바 있다. 이 점에서 볼 수 있듯이, 당시 이데올로기와 실제 외교정책의 실행에 이르기까지는 엄연히 계선이 존재하며 중국은 비록 이데올로기적 수요에 의해 여전히 과거의 방침을 견지하고 있었으나 실질적인 외교 행위에 있어서는 중국의 실제 능력의 한계를 감안하지 않으면 안 되었던 것이다.

74 『毛澤東外交文選』, 中央文獻出版社, 世界知識出版社, 1994년, pp.335-337.

75 『毛澤東外交文選』, 中央文獻出版社, 世界知識出版社, 1994년, p.558.

제2절 평화발전관 하의 중국 외교

1978년의 중공11기 3중 전회 이후 중국은 개혁개방의 새 시대에 들어섰고 중국 외교 역시 전례없는 호황기를 맞이하게 되었다. 국제 정세의 변화와 중국 내부의 경제 건설 수요에 따라 덩샤오핑을 수반으로 한 중국공산당 제2세대 지도자들은 적시적으로 시대관에 대한 인식을 바로잡아 현시대의 주제는 평화와 발전이라는 과학적인 결론을 내리게 되었다. 이와 같은 인식상의 비약은 시대 발전의 추세에 부합하며, 중국 특색의 사회주의 건설 과업을 탐색하는 과정에서 당이 이룩한 중요한 성과이자 전략적 의의를 지닌 한 차례 중대한 조정이기도 했다.

1. 평화발전 주제의 제시

중국공산당의 '평화와 발전은 현세계의 양대兩大 주제'라는 이념은 아래와 같은 점진 적인 과정을 거쳐 형성되었다.

(1) 평화 문제에 대한 인식상의 돌파

1970년대 후반부터 1980년대 초반까지 '문화대혁명'의 종결과 개혁개방 방침이 제시됨에 따라 중국공산당의 주된 관심 사항은 점차 국내 경제 건설에로 옮겨졌다. 이러한 현실에 입각하여 덩샤오핑을 핵심으로 한 중국공산당 제2세대 지도자들은 중국의 경제 건설과 발전을 위해 하루 빨리 과거의 '전쟁과 혁명' 시대관의 속박에서 벗어나 평화적인 국제 환경을 최대한 유지시키는 것이 매우 필요하다는 점을 절실히 느끼게 되었다. 또한 자국의 실력을 키워야만 사회주의 우월성을 과시할 수 있고 진정으로 불패의 입지를 고수할 수 있다는 점도 깨닫게 되었다. 덩샤오핑의 평화 문제에 대한 인식은 끊임없는 심화 과정을 거쳐 점차 주관적인 염원에서 객관적이고 과학적인 판단에 이르게 되었다.

개혁개방 초기, 기성 시대관의 영향 하에 덩샤오핑은 전쟁을 피할 수 있는 가 하는 문제에 대해 확실한 판단을 내릴 수 없었으므로 다만 평화 유지에 대한 신심과 전쟁을 피하기 위한 노력에 대해서만 강조했다. 이를테면 1980년 1월 16일, 덩샤오핑은 중공 중앙 간부회의에서 "우리는 신심을 가지고 있다. 만약 패권주의와의 투쟁을 지혜롭게 전개한다면 전쟁의 발발을 지연시킬 수 있으며 좀 더 긴 시간의 평화를 유지할 수 있다. 이것은 가능한 일이고, 우리는 또한 이 렇게 노력하고 있다"[76]라고 말한 바 있다. 1982년 8월 21일, 덩샤오핑은 하비에 르 페레스 데 케야르Javier Perez de Cuellar 유엔 사무총장과의 저명한 담화에서도 "우 리는 적어도 50년 내지 70년간의 평화적 시간이 주어지기를 바란다"[77]고 강조 하여 말했다. 그러나 사회의 발전과 더불어 덩샤오핑은 국제 정세에 대해 갈수 록 정확하고 깊이 있는 판단을 내리게 되었다. 그는 전쟁을 억제하고 세계 평화 를 유지할 수 있는 요소가 나날이 늘어나고 있다고 인정했고 국제 정세에 대해 서도 낙관적으로 전망하면서 "우리는 줄곧 전쟁의 위험성만 강조해 왔다. 후에 우리의 견해에는 변화가 생겼다. 우리는 전쟁 위험은 비록 여전히 존재하고 있 으나 전쟁을 억제하는 세력도 끊임없이 성장하고 있다는 점을 감지하고 있다"[78] 라고 말했고 한 걸음 더 나아가 "비교적 장시기의 평화를 유지하는 것은 가능한 일이며, 전쟁을 피할 수도 있다"[79]고 말했다.

(2) 평화발전관의 제시

전쟁과 평화 문제에 대한 인식이 변화됨에 따라 덩샤오핑은 본격적으로 시

---

76 『鄧小平文選』, 第2卷, 人民出版社, 1994년, p.241.

77 『鄧小平文選』, 第2卷, 人民出版社, 1994년, p.416,417.

78 『鄧小平文選』, 第3卷,, 人民出版社, 1993년, p.105.

79 『鄧小平文選』, 第3卷., 人民出版社, 1993년, p.233.

대관에 대해 연구하기 시작하였고 최종적으로 평화와 발전이라는 두 가지 주제를 제시했다. 이와 같은 인식의 중대한 변화는 1984년부터 1985년 사이에 나타나기 시작했다. 1984년 5월 덩샤오핑은 브라질 대통령 주앙 피게이레두 João Baptista de Oliveira Figueiredo를 회견하는 자리에서 다음과 같이 말했다. "오늘날 세계에는 여러가지 문제들이 존재하고 있다. 그중 크게는 두 가지 문제가 있는데, 그 하나는 평화 문제이다. 지금은 핵무기가 있어 일단 전쟁이 발발하면 핵무기가 인류에게 가져다 줄 피해는 상상도 할 수 없다. 그러므로 우리는 평화를 쟁취하기 위해 패권주의와 강권 정치를 반대해야 한다. 다른 하나는 남북 문제이다. 이 문제도 현재 매우 크게 부각되고 있다. 선진국들은 날로 부유해지는 반면 개도국들은 날로 가난해지고 있다. 남북 문제를 해결하지 않으면 세계 경제 발전에 장애를 초래하게 된다."[80] 그해 10월, 덩샤오핑은 미얀마 대통령 우산 유 San Yu와 회견 시 한 걸음 더 나아가 다음과 같이 자기 견해를 밝혔다. "지금 국제적으로 두 가지 문제가 크게 부각되고 있는데 하나는 평화 문제이고 다른 하나는 남북 문제이다. 그 밖에도 많은 문제들이 존재하고 있지만 이 두 가지 문제처럼 전체적인 국면에 관계되거나 글로벌적 또는 전략적 의미를 갖고 있지는 않다."[81] 1985년 3월 4일, 덩샤오핑은 일본 상공회의소 중국 방문단 회견 시 다음과 같이 재차 강조했다. "지금 세계에서 가장 크고도 글로벌적인 전략 문제는 첫째, 평화 문제이고, 둘째, 경제 문제 또는 발전 문제이다. 평화 문제는 동서 문제이고 발전 문제는 남북 문제인데 이것을 '동서남북'이란 네 글자로 요약할 수 있다. 이 중에서 남북 문제가 핵심 문제이다."[82] 상기 담화 내용들을 미루어 보면 덩샤오핑의 '평화와 발전'에 관한 이념은 대체로 이 무렵에 형성되었다고 볼 수 있다.

---

80 『鄧小平文選』, 第3卷, 人民出版社, 1993년, p.56.
81 『鄧小平文選』, 第3卷, 人民出版社, 1993년, p.96.
82 『鄧小平文選』, 第3卷, 人民出版社, 1993년, p.105.

(3) 평화발전관의 장기적 견지

덩샤오핑의 과학적 판단을 토대로 중국공산당 제13차 대표대회에서는 "평화와 발전은 현시대의 주제'라는 한층 개괄적인 이념을 제시했다. 그 후 제14차 당대회에서는 이 이념을 중국 특색 사회주의 건설의 역사적 조건으로 삼고 중국 특색 사회주의 이론 체계에 편입시켰다. 중국공산당은 평화와 발전이 시대의 주제라는 정확한 판단을 견지했기 때문에 탈냉전의 시련을 이겨낼 수 있었고 국내적으로는 개혁의 순조로운 진행을 보장할 수 있었다. 특히 1989년의 정치 풍파 직후, 중국은 비록 서방 국가의 제재와 고립 정책으로 일시적인 위기에 직면했으나 중국공산당의 평화와 발전이란 기본 견해는 추호도 동요되지 않았다. 덩샤오핑은 당시의 형국에 대해 다음과 같이 분석했다. "국제 정세에 대해서는 계속해서 좀 더 관찰해야 한다. 어떤 문제는 단번에 확실하게 판단해 낼 수 없다. 그러므로 앞길이 깜깜하다고 볼 수 없고 정세가 심각할 정도로 악화되었다고 할 수도 없으며, 우리가 불리한 위치에 처해 있다고 할 수도 없다. 실제 상황은 그렇지 않은 것 같다. 세상에는 모순이 많고도 많으며 부분적인 심각한 모순이 이제 금방 표면화된 데 불과하다. 우리가 이용할 수 있는 모순은 여전히 존재하며, 우리에게 유리한 조건, 그리고 기회 역시 존재하고 있다. 관건은 기회를 어떻게 잡느냐 하는 것이다."[83]

냉전이 종식된 후, 국제 구도의 변화 속에서 다극화는 점차 중국의 대외 정책의 기본 판단과 정책 주장으로 자리잡기 시작했다. 장쩌민江澤民을 핵심으로 한 제3세대 지도부는 덩샤오핑의 평화와 발전 문제에 관한 기본 사상을 계승해 나갔다. 1992년 제14차 당대회에서 장쩌민은 당시 정세에 대해 다음과 같이 분석했다. "오늘날의 세계는 대변동의 역사적 전환기에 처해 있다. 양극 구도는 이미 종결되었고 다양한 세력들의 재분할과 결집 속에서 세계는 바야흐로

---

83 『鄧小平文選』,第3卷, 人民出版社, 1993년, p.351.

다극화의 방향에로 발전하고 있다. 새로운 구도의 형성은 장기적이고 복잡한 과정이 될 것이다."[84] 1993년 1월에 개최된 중앙군사위원회 확대회의 연설에서 장쩌민은 당면 정세에 대해 다음과 같이 판단했다. "향후 비교적 오랜 기간 동안 평화로운 국제 환경을 확보하고 새로운 세계대전을 피하는 것은 가능한 일이다." "당면 국제 정세는 우리에게 유리한 면이 여전히 주된 부분을 이루고 있다."[85]

2. 평화발전관의 기본 사상

평화발전관은 하나의 유기체이며 중국 특색 사회주의의 본질적 특징이기도 하다. 이와 관련하여 덩샤오핑은 다음과 같이 말했다. "우리가 추진하는 것은 중국 특색 사회주의이며 사회 생산력을 끊임없이 발전시키는 사회주의이며 평화를 주장하는 사회주의이다."[86] 평화는 발전의 외부적 조건이고 또한 발전의 최종 실현 목표이기도 하다. 그리고 발전은 평화를 유지하는 기본 토대이자 평화를 실현하는 기본적인 경로이기도 하다.

(1) 중국은 세계 평화와 안정 유지의 중요한 세력

첫째, 덩샤오핑은 "패권주의는 전쟁의 근원이며 두 초강대국만이 세계 대전을 일으킬 자격이 있다"[87]고 주장했다. 이와 같은 인식을 토대로 중국의 외교 전략은 '일변도'에서 미국과 손잡고 소련에 대항하는 '일조선'으로 바뀌게 되었다. 이에 덩샤오핑은 다음과 같이 표명했다. "우리는 자주독립의 올바른 외교 노선

---

84 『江澤民文選』,第1卷, 人民出版社, 2006년, p.241.

85 『江澤民文選』,第1卷, 人民出版社, 2006년, p.278,281.

86 『鄧小平文選』,第3卷, 人民出版社, 1993년, p.328.

87 『鄧小平文選』,第3卷, 人民出版社, 1993년, p.104.

과 대외 정책을 신봉한다. 우리는 반패권주의와 세계 평화 유지의 기치를 높이 들고, 확고부동하게 평화적 세력의 입장에 서 그 누가 패권을 도모하거나 전쟁을 일으키려 한다면 곧 제지해 나아갈 것이다. 그러므로 중국의 발전은 곧 평화 세력의 발전이며 전쟁 억제 세력의 발전이라 할 수 있다.[88]" 따라서 패권주의와 강권 정치를 반대하고 개도국들과의 단합과 협력을 견지하고 발전시키는 것이 이 시기 중국 외교 정책의 초석으로 되었다.

둘째, 덩샤오핑은 중국의 평화에 대한 갈망과 세계 평화에 대한 공헌을 누차 강조했다. ㄱ) 평화 유지는 중국에도 필요하고 세계에도 필요하다. 그러나 우리는 먼저 중국의 이익을 우선시해야 한다. 이렇게 하는 것이 실사구시實事求是적인 태도이다. 이와 관련하여 덩샤오핑은 "사실 중국은 평화를 가장 바라고 있다." "우리가 세계 평화의 수호를 제시한 것은 빈말이 아니라 우리에게 필요하기 때문이다. 물론 이것은 세계 인민들의 기대와도 일치하며 특히 제3세계 인민들의 바람이기도 하다"라고 말한 바 있다.[89] ㄴ) 덩샤오핑은 중국을 '호전국'으로 오해하는 국제 사회의 그릇된 인식을 바로 잡고 중국의 평화 수호의 이미지를 부각시키기 위해 줄곧 노력해 왔다. 그는 외국 대표단 접견 시 "중국은 지금 세계 평화와 안정을 유지하는 세력이지 파괴하는 세력이 아니다. 중국은 강대해질수록 세계 평화에 더 큰 기여를 할 것"[90]이라고 재삼 강조했다. ㄷ) 중국은 빈말이 아니라 실제 행동으로 평화 유지의 의지를 보여주었다. 이를테면 1985년에 중국은 100만 명의 군대를 감축하기로 결정했는데 덩샤오핑은 이와 관련하여 군사위원회 확대회의에서 다음과 같이 말했다. "지금은 우리가 평화적이고 전쟁을 억제하는 세력이라는 이미지를 심어주는 것이 매우 중요하며 또 실

88 『鄧小平文選』,第3卷, 人民出版社, 1993년, pp.127-128.
89 『鄧小平文選』,第2卷, 人民出版社, 1994년, p.416,417.
90 『鄧小平文選』,第3卷, 人民出版社, 1993년, p.104.

제로 이런 역할을 감당해야 한다."[91]

셋째, 평화적인 수단으로 국제 분쟁을 해결하기 위한 노력을 견지해 왔다. 중국은 자주독립의 평화 외교 정책을 견지해 왔으며 평화는 곧 중국 외교의 목적이자 수단이기도 하다. 특히 1980년대 이래 중국은 세계 주제에 대한 과학적 판단을 토대로 평화의 기치 아래 국제 분쟁의 중재에 적극 참여했다. 덩샤오핑은 평화적인 방식으로 국제적인 충돌을 해결하는 새로운 경로를 모색했다. 1984년 2월, 덩샤오핑은 미국 학자와 만난 자리에서 다음과 같이 말했다. "세상에는 분쟁이 많고도 많으므로 어찌하였든 문제를 해결할 수 있는 방법을 찾아야 한다." 일국양제—國兩制는 "바람직한 것이다." "나는 또 국제상의 일부 영토 분쟁에서 잠시 주권을 운운하지 말고 먼저 공동 개발을 하는 것이 어떨까 하는 생각도 해본다." "세계 정세를 안정시키려면 마땅한 해결책을 내놓아야 한다. 내가 여러 번 말한 바가 있는데, 중국인들은 세계 어느 누구보다도 세계 평화와 국제 정세의 안정에 관심을 덜 가져본 적이 없다."[92] 덩샤오핑의 '일국양제'의 구상은 홍콩과 마카오의 중국 반환으로 현실화의 가능성이 충분히 입증되었고 "분쟁 보류, 공동 개발 우선"의 이념 역시 지역 정세를 안정시키는 측면에서 긍정적인 역할을 했다.

넷째, 자주독립과 비동맹의 외교 방침을 견지했다. 패권주의와 강권정치는 전쟁의 주요 근원이라는 판단 하에 중국은 줄곧 타국의 내정 간섭을 반대하고 자주독립의 원칙을 견지해 왔다. 사실상 중국은 애초부터 자주독립을 중국 외교의 기본 원칙으로 내세웠다. 특히 1980년대 이후 중국은 자주독립의 외교정책을 거듭 천명하면서 어떠한 대국이나 국가 집단과도 동맹을 맺지 않았고 이데올로기를 친소親疏 관계 결정의 기준으로 삼지 않았다. 1980년대 초에 중국

91　『鄧小平文選』,第3卷, 人民出版社, 1993년, p.128.

92　『鄧小平文選』,第3卷, 人民出版社, 1993년, p.49,50.

외교부장 황화黃華는 유엔 사무총장 데케야르와 회견 시 "중국은 그 어떤 초강대국에도 빌붙지 않을 것이며 미국을 이용해 소련에 대응하거나 소련을 이용해 미국에 대응하지 않을 것이다"[93]라고 표명했다. 개도국의 일원으로서 국제체계에 융합되는 과정 중 자주독립을 견지하는 것은 중국이 국가 주권과 존엄 및 국익을 수호할 수 있는 근본적인 담보이다. 중국은 자국의 주권을 단호히 수호했을 뿐만 아니라 서방 국가들이 다자외교 분야에서 갖가지 구실로 개도국에 대한 내정 간섭에 나설 때에도 시종일관하게 국가 주권을 존중하고 타국 내정 불간섭 원칙을 견지함으로써 개도국들로부터 좋은 평판을 받았다.

(2) 경제 건설을 위해 봉사하고 경제 건설을 중심으로 한 외교

신중국 건국 후 중국 외교의 주요 임무는 국내 경제 건설을 위해 봉사하는 것이였다. 그러나 당시의 역사적 조건 하에서, 특히 1960년대와 1970년대, 세계대전을 준비해야 한다는 주장이 우세를 점하고 있는 상황에서 국내 경제 건설은 큰 장애에 부딪치게 되었다. 그 후 70년대 말부터 중국공산당은 이에 대해 반성하기 시작했고 최종적으로 다음과 같은 결론을 내리게 되었다. 즉 "마음을 가다듬고" 경제 건설을 해야 한다. "대규모 전쟁이 발발한 경우를 제외하고는 시종일관하게 경제 건설에 주력해야 하며 그 어떤 방해도 받아서는 안 된다. 가령 대규모 전쟁이 발발하더라도 전쟁이 끝난 후 건설을 계속 추진하거나 또는 다시 시작해야 한다. 전 당, 전 국민은 이와 같은 원대한 포부를 수립하여 '완고'하게, 끝까지 밀고 나가야 하며 절대로 동요하지 말아야 한다."[94]

구체적으로 말하면, 우선 발전만이 확실한 도리이므로 반드시 경제 건설을 위주로 해야 하고 경제 건설을 외교 업무의 기본 출발점으로 해야 한다는 것이

---

93 『人民日報』, 1982년 8월 23일.
94 『鄧小平文選』, 第2卷, 人民出版社, 1994년, p.249.

다. 1982년 9월에 개최된 제12차 당대회 개회사에서 덩샤오핑은 다음과 같이 제시했다. "사회주의 현대화 건설을 다그치고, 대만을 포함하여 조국 통일을 실현하며, 패권주의를 반대하고 세계 평화를 수호하는 것은 80년대에 우리가 짊어져야 할 3대 과업이다. 이 3대 과업 중 핵심은 경제 건설이며 경제 건설은 곧 국제, 국내 문제를 해결하는 근본적인 처방이다."[95] 개혁 개방 이래 중국이 가시적인 성과들은 이룩할 수 있었던 것은 바로 경제 건설을 시종일관 우선 순위에 놓고, 발전 문제를 당과 국가의 생사존망과 관계되는 중요한 위치에 올려 놓았기 때문이다. 1992년 덩샤오핑은 남순강화南巡講話 시 다음과 같이 말했다. "기회를 잡아 자국을 발전시키려면 경제를 발전시키는 것이 관건이다. 현재 주변의 일부 국가와 지역의 경제 발전은 우리보다 빨라서 만약 우리가 제자리걸음을 하거나 느리게 발전하면 국민들이 비교해 보고 곧 문제를 발견하게 될 것이다."[96] 이에 대해 장쩌민은 제16차 당대회 보고에서 "우리 당이 경제, 문화가 아직 낙후한 개도국인 중국에서 국민들을 이끌어 현대화 건설을 함에 있어서 발전 문제를 잘 해결하느냐 못하느냐 하는 것은 민심의 흐름, 나라의 흥망성쇠와 직접적으로 연관돼 있다"[97]라고 한층 명백히 강조했다. 발전 문제는 또한 단순히 중국에만 국한된 문제가 아니다. 중국을 포함한 개도국들이 모두 발전해야만 진정한 세계 평화를 보장할 수 있다. 따라서 "중국은 자국의 발전을 인류에 대한 공헌으로, 세계 평화에 대한 담보로 간주하고 있다."[98]

둘째, 역사적 기회를 정확히 파악하여 발전을 도모해야 한다는 것이다. 여기에는 두 가지 의미가 포함되어 있는데 하나는, 유리한 조건을 포착하는 것이다. 즉 국제 정세의 변화를 중국의 발전을 위한 절호의 기회로 삼는 것이다. 이와

---

95 『鄧小平文選』,第3卷, 人民出版社, 1993년, p.3.

96 『鄧小平文選』,第3卷, 人民出版社, 1993년, p.375.

97 『江澤民文選』,第3卷, 人民出版社, 2006년, p.538.

98 『鄧小平年譜(一九七五—一九九七)』(下), 中央文獻出版社, 2004년, p.1240.

관련하여 덩샤오핑은 "지금이 기회다. 이런 기회는 좀처럼 얻기 힘들다. 중국인들에게는 이런 기회가 여러 번 있었으나 모두 놓치고 말았는데 참 아쉽다. 우리는 이 기회를 꼭 잡고 분발해야 하며 대중의 적극성을 불러일으켜 경제 건설에 매진해야 한다"[99]고 말했다. 다른 하나는, 기회의 급박성이다. 시대가 빠르게 발전 변화해 가고 있는 만큼 기회는 조금만 방심해도 놓쳐 버리게 된다. 만약 역사적인 기회를 적시에 잡지 못한다면 다른 나라에 비해 멀리 뒤떨어지게 된다. 이에 대해 덩샤오핑은 1990년대 초에 다음과 같이 경고한 바 있다. "지금 세계에는 큰 변화가 일어나고 있는데 이것이 바로 기회이다. 요즘 사람들은 '아시아 태평양 세기'라는 말을 자주하는데 현재 우리는 어느 위치에서 있는지 살펴볼 필요가 있다. 과거 우리는 선진국보다 뒤떨어지고 후진국보다는 다소 앞섰으나 지금은 후진국보다도 문제가 더 많다. 현재 동남아 일부 국가들은 한창 열의가 오르고 있어 우리를 앞지를 가능성이 크다. 물론 우리도 발전하고 있으나 그들에 비해 인구가 많고 또한 세계 시장이 이미 다른 나라에 의해 선점된 상황이다. 이것이 지금 우리가 받고 있는 압력이다. 만약 우리가 기회를 잡아 경제를 한 단계 끌어올리지 않는다면 남들이 우리보다 더 큰 도약을 할 것이며 우리는 결국 남에게 뒤지게 될 것이다."[100] 장쩌민도 "발전을 통해 전진 도중에 부딪친 문제를 해결해 나가야 한다…… 반드시 능동적인 의식과 위기 의식이 있어야 하며, 기회를 절대 놓치지 말아야 한다, 진취적으로 개척하고 낡은 것을 그대로 답습하지 말아야 하며, 발전을 가속화하여 자신을 강대해지게 해야 한다"[101]고 강조했다.

99 『鄧小平年譜(一九七五一九九七)』(下), 中央文獻出版社, 2004년, p.1369.
100 『鄧小平文選』, 第3卷, 人民出版社, 1993년, p.369.
101 『江澤民論有中國特色社會主義』(專題摘編), 中央文獻出版社, 2002년, pp.91-92.

(3) 새로운 국제 정치·경제 질서를 선도

평화 발전의 시대에 대한 인식을 토대로 중국은 기존 국제체계에 대한 개혁을 적극 주장했으며 체계적인 국제체계관과 질서관秩序觀을 확립했다. 1974년 덩샤오핑은 일찍이 유엔총회 연설에서 새로운 국제 경제 질서에 대한 중국의 견해를 구체적으로 논술했다. 1980년대 말, "평화 문제가 아직 해결되지 않았고 발전 문제가 더욱 심각"해진 국제 정세에 비추어 덩샤오핑은 새로운 국제 질서의 확립에 관한 주장을 재차 제기했다. 그는 1988년 12월 중국을 방문한 인도 총리 라지브 간디를 회견하는 자리에서 다음과 같이 말했다. "발전 문제는 반드시 전 인류적인 차원에서 이해하고, 관찰하고, 해결해야 한다. 그래야만 발전 문제가 개도국의 책임일 뿐만 아니라 선진국의 책임이기도 하다는 점을 분명히 알 수 있다……지금 세계적으로 보면 두 가지 일을 동시에 진행할 때인데 그것은 즉 신국제 정치 질서와 신국제 경제 질서를 구축하는 것이다."[102]

새로운 국제 정치 질서와 국제 경제 질서를 구축하는 것과 평화·발전 문제를 해결하는 것은 상호 보완적인 관계이다. 평화와 발전을 서로 갈라놓을 수 없듯이 정치와 경제 문제 역시 불가분리의 관계이다. 선진국들은 개도국을 상대할 때 여러 가지 정치 수단과 경제 수단을 병용한다. 따라서 개도국의 지위를 근본적으로 개선하려면 반드시 불합리한 국제 정치 질서와 경제 질서를 동시에 개혁해야 한다. 신 국제 경제 질서의 확립을 통해 해결해야 할 문제는 남북 문제이며 신 국제 정치 질서의 확립은 평화공존 5항원칙을 토대로 해야 한다. 이와 같은 주장은 중국 자체의 역사적 경험과 덩샤오핑의 평화와 발전의 변증 관계에 대한 정확한 인식에 근거한 것이다. 이에 대해 한 학자는 다음과 같이 평가했다. "인류 사회가 평화와 발전의 길에 들어서려면 반드시 새로운 국제 정치·경제 질서를 확립해야 하며, 새로운 국제 정치·경제 질서의 확립은 또한 평화공

---

102 『鄧小平文選』, 第3卷, 人民出版社, 1993년, p.282.

존 5항원칙을 토대로 해야 한다. 이것은 새로운 역사시기 중국공산당의 국제 전략 및 외교 사상의 중요한 일부분이며, 평화공존 5항원칙에 관한 새로운 발전이기도 하다."[103]

1990년대에 이르러 경제의 글로벌화와 정치의 다극화 추세가 가속화되면서 중국공산당의 국제 질서에 대한 인식은 덩샤오핑 이론의 토대 위에서 새로운 변화를 가져왔다. 즉 이 시기 중국공산당은 신 국제 정치 질서와 신 국제 경제 질서는 서로 불가분리의 통일체임을 인식하게 되었는데 이러한 인식은 제14차당대회 보고문에 반영되었다. 보고문에서는 "영토와 주권의 상호 존중, 상호 불가침, 내정 불간섭, 호혜 평등, 평화 공존 등 원칙의 토대 위에서 평화롭고 안정되며 공정하고 합리적인 신 국제 질서를 세워야 한다"[104]라고 주장했는데 여기에서 말하는 '신 국제 질서'는 더이상 '정치'와 '경제'로 분리시켜 논하지 않았다. 아울러 국제 질서에 대한 인식면에서도 새로운 안보관安全觀과 세계 다양성을 존중해야 한다는 견해가 제기됨에 따라 "신 국제 질서의 내용을 경제와 정치 영역에서 점차 경제, 정치, 문화, 안보 등 영역으로 확대함으로써 신국제질서에 대한 인식이 한단 계 높은 차원에 들어섰다."[105]

3. 의의 및 성과

개혁개방 이래 중국은 세계가 주목할 만한 큰 발전을 가져왔으며 외교 분야에서도 뚜렷한 성과를 이루었다. 이러한 성과는 중국공산당의 시대 주제에 대한 과학적 판단과 정확한 파악이 있었기 때문에 가능한 것이었다. 평화발전관

103 柳建輝: 「「從'戰爭與革命"到"和平與發展'-60年代中國共産黨關于時代特徵問題認識的演變」, 『中共黨史研究』, 1995년第3期, p.77.

104 『江澤民文選』, 第1卷, 人民出版社, 2006년, p.243.

105 余精華: 「改革開放以來中國國際新秩序觀的演進」, 『當代世界與社會主義』, 2009년第1期, p.92.

의 제시와 확립, 그리고 발전 과정에서 중국공산당의 외교 지도력은 끊임없이 성숙되었고, 평화발전관은 중국 특색 외교 이론의 중요한 일부분으로, 중국 특색 사회주의 이론 체계의 중요한 내용으로 자리 잡았다. 개혁개방 이래 중국은 외교 영역에서 평화발전관을 지침으로 중국의 경제 건설에 유리한 환경을 조성했고 국가의 주권과 안보, 국익을 수호했다. 또한 국제 안정과 안보 유지에 적극적인 역할을 했고 세계 평화와 발전을 촉진했으며 세계적인 문제 해결에서 중국 특유의 공헌을 하게 되었다.

(1) 국내 발전과 개혁개방의 순조로운 진행을 보장

외교가 국내 건설이란 큰 국면을 위해 봉사하는 것은 중국 외교가 오랫동안 견지해 온 원칙이다. 신중국 건립 당시 마오쩌둥, 저우언라이 등 지도자들은 일찍이 중국이 아직 낙후하고 가난하기 때문에 빠른 시일 내에 평화를 쟁취하여 국내 경제 건설에 매진해야 한다고 누차 강조했다. 그러나 국내 건설은 줄곧 전쟁 준비로 인해 영향을 받았는데 특히 1960~1970년대에 '좌'편향적 사상이 범람하여 국내 건설이 큰 차질을 빚게 되었다. 그러나 1970년대 말부터 덩샤오핑을 수반으로 한 중국공산당의 시대에 대한 기본 견해에는 변화가 생기기 시작했고 '평화와 발전'은 시대의 주제라는 지도 사상이 점차 형성되었으며 따라서 개혁개방의 새로운 국면을 맞이하게 되었다. '평화와 발전'은 상호 보완하고 상호 추진하는 관계이며 또한 중국공산당이 시대에 대한 주관적 인식을 국제 정세의 객관적 발전과 결부시켜 가는 과정이기도 하다. 우선, 중국의 대외 개방이 지속적으로 확대됨에 따라 중국공산당은 외부 세계에 대해 보다 전면적이고 심층적인 인식을 가질 수 있게 되었고 보다 정확하게 시대관을 파악할 수 있게 되었다. 한편, 중국은 경제력의 급속한 증강과 사회 발전으로 세계에 미치는 영향이 갈수록 확대됨에 따라 국제 사무에 대한 자신감도 갈수록 커지게 되었고 평화 발전에 대한 신념도 더욱 확고해지게 되었다.

평화발전관의 확립으로 중국의 외교는 올바른 방향을 찾을 수 있게 되었고 자신이 짊어져야 할 임무 또한 한층 명확해졌는데, 그것은 바로 개혁개방의 순조로운 진행을 보장하는 것이었다. 좀 더 구체적으로 말하면, 국내 경제 건설을 위해 평화롭고 안정된 외부 환경을 조성하며 다각적인 국제 교류의 통로를 개척해 세계 각국과 정치, 경제, 문화 교류를 전개하는 데 유리한 여건을 마련하는 것이다. 따라서 개혁개방 이래 중국은 전 방위적이고, 다차원적인 대외 개방 구도를 형성하고 대외 개방을 갈수록 확대해 나아감으로써 정부 차원의 교류나 민간 차원의 교류 모두 양적, 질적, 범위 등 측면에서 지속적인 발전을 가져왔다.

(2) 중국의 국제적 지위 향상과 국제체계와의 융합

평화와 발전은 시대의 주제라는 이념의 확립과 함께 중국공산당의 국제체계에 대한 인식이 근본적인 변화를 가져오면서 중국의 국제체계와의 융합이 한층 가속화되었다. 국제 평화에 대한 총체적인 인식은 중국으로 하여금 장기간 지속되어 왔던 대항적인 사고 방식과 이데올로기의 부정적인 영향에서 벗어나 평화공존 5항원칙을 토대로 세계 각국과 평등하고 호혜적인 협력을 추진할 수 있게 했으며 따라서 중국은 과거 국제체계의 혁명자에서 국제체계의 수호자로 탈바꿈하게 되었다. 평화라는 주제 하에 중국은 책임지는 대국의 이미지를 점차 형성하게 되었고 국제적인 영향력도 갈수록 확대되었다.

발전이라는 시대적 주제 하에 중국 외교는 국내 건설을 위해 봉사함과 동시에 국내 개혁에 대해서도 추진 역할을 함으로써 사상 관념과 체제의 변혁을 이끌어내고 국제화, 통합화의 진척을 가속화했으며 중국과 세계 간의 연동적 관계를 활성화시켰다. 이를테면 중국의 'WTO' 가입의 성과는 가시적인 경제적 이익의 증대에서 볼 수 있을 뿐만 아 니라 중국의 규범화한 시장경제 법률 체계의 확립에서도 볼 수 있다. WTO 규칙에 적응하기 위해 중국은 대규모의 '변법'을 실행했으며 이미 "실시하고 있는 규칙들은 WTO의 이익에 부합할 뿐만 아니라 중국의 이익에도 부합된다. 중국은 WTO 가입을 계기로 대규모의 법률 수정과 제도적 조정을 진행해 WTO 및 성원국들의 높은 평가를 받았을 뿐만 아니라 자국의 법제 건설에서도 큰 성과를 거두었다."[106] 총괄적으로, 발전이라는 시대적 주제 하에 중국은 법률, 규범, 이념 등을 국제 사회와 접목시킴으로써 한 차원 더 높은 단계로 발전하게 되었다.

(3) 국제 평화와 안보 그리고 국가 안보와 국익의 수호

평화와 발전의 주제가 확립되면서 중국은 세계 평화를 수호하려는 의지가 더욱 확고해졌고 그에 따른 행보도 활발해졌다. 개혁개방 이래, 중국은 국제 평화와 안보 유지의 중요한 역량으로서 일부 지역 충돌에 대한 공정하고 합리적인 해결을 도모함에 있어서 특유의 장점을 발휘했다.

중국은 유엔 복귀 후 안보리 상임이사국 일원으로서 국제 평화와 안보를 수호하기 위한 국제적 활동에서 줄곧 중요한 책임을 짊어져 왔다. 1980년대에 중국은 일찍이 강권 정치와 패권주의가 세계 평화에 대한 최대의 위협이라 여기고 단호히 이에 맞서 싸웠다. 1990년대에 들어선 후 중국은 종합 국력이 향상되면서 더욱 적극적으로 세계 평화와 안보에 관련되는 중대한 문제의 해결에 참여했다. 이 과정에서 점차 종전의 임시적 참여에서 현재의 메커니즘화 참여에로, 요청에 의한 참여에서 능동적 참여에로 발전했으며 참여 범위도 지역적 문제의 해결에서 글로벌 문제의 해결에로 확대되었다. 중국은 현재 유엔 안보리 상임이사국 중 평화 유지군을 가장 많이 파견한 나라로서 1990년부터 2010년 12월까지 총 19차의 유엔 평화 유지 활동에 총 1,7390명에 달하는 평화유지군을 투입했으며 그중 아홉 명은 임무 수행 중 목숨까지 바쳤다.[107] 중국은 적극

---

106 「加入世貿組織五年內中國展開最大規模'變法'」, 新華罔, 베이징발, 2006년12월10일.
107 『2010年中國的國防』白皮書, 中國國務院新聞办 사이트 참조.

적인 외교 활동을 통해 중국의 존재 가치 즉, 세계 중대한 문제의 정치적 해결에 있어서 중국을 떠날 수도 비켜갈 수도 없다는 점을 입증했다.

중국은 줄곧 평화적 수단으로 국가 통일 문제와 국제 분쟁을 해결하기 위해 노력해 왔으며 합리적이면서도 절제적으로 국가 안보와 자국의 이익을 수호했다. 중국은 국제적으로 '대만 독립', '티베트 독립', '동투르키스탄' 등 분열 세력과 단호히 투쟁하여 국가 주권과 영토의 완정 그리고 민족의 존엄을 굳건히 지켜왔다. 주변국들과의 관계에 있어서 중국은 지역 다자 협력 체제를 이용하여 인접국과의 이익 충돌과 갈등을 조화롭게 해결함으로써 주변 안정을 유지했다. 또한 각종 국제 규칙의 협상과 제정에 적극 참여해 중국의 정치, 안보, 경제 무역, 인권, 위생, 환경 등 분야에서의 이익을 수호했다.

(4) 다극화 발전을 지지하고 강대국 간 협력을 추진

평화와 발전이란 시대관 하에 중국은 다극화 추진과 강대국과의 관계 발전을 위해 적극적인 노력을 가했다. 강대국과의 관계는 중국 외교에 있어서 관건적인 문제라고 할 수 있다. 평화와 발전의 시대에 강대국 간 관계의 안정과 상호 협력은 미래 지향적인 국제체계의 구축에서 그 중요성이 더욱 부각되고 있다. 개혁개방 이래 중국은 자주독립의 평화외교 정책을 견지하여 여러 강대국과의 균형적인 관계를 발전시키기 위해 많은 노력을 기울여 왔다. 특히 냉전이 종식된 후, 국제 구도의 변화에 직면하게 되면서 다극화는 점차 중국 대외 정책의 기본적 판단과 정책 주장이 되었다. 이와 관련하여 덩샤오핑은 일찍이 1990년도에 "이른 바 다극이란, 중국도 그중의 한 극이라 할 수 있다. 중국은 자신을 폄하할 필요가 없다. 뭐라 해도 중국은 분명히 하나의 극이다"[108]라고 말한 바 있다.

---

108 『鄧小平文選』, 第3卷, 人民出版社, 1993년, p.353.

다극화의 배경 하에 중국 외교는 강대국과의 관계에서 협력이 주를 이루고 있는 유리한 기회를 틀어쥐고 강대국과의 정치적 대화, 경제 협력과 과학기술 교류를 강화함으로써 강대국 간의 관계가 일방주의 저지와 다극화 추세에 유리하며, 세계 평화를 유지하고 공동 발전을 도모하는 방향으로 나아가도록 추진했다. 중국은 강대국과의 양자 협력을 중요시함과 동시에 다자간 국제 협력에도 중시를 돌리기 시작했다. 중국은 다자간 국제 협력에 적극 참여해 여러 강대국과의 입장을 조율해 나감으로써 강대국 간의 이익 충돌과 마찰을 최대한 줄이고 공동 이익을 증대시켜 강대국 간의 관계가 양호하게 발전해 나갈 수 있도록 여건을 마련했다.

(5) 전통적 친선의 공고화 및 개도국과의 공동 발전 도모

개도국은 중국 외교의 기본 토대라고 할 수 있다. 평화와 발전이란 이 시대적 주제에 대한 인식 자체가 바로 중국이 개도국의 일원이라는 점에서 비롯된 것이다. 세계 평화를 수호하고 발전 문제를 해결하는 것은 중국과 개도국들이 직면한 역사적 기회이자 또한 역사적 사명이기도 하다.

평화 발전의 시대에 들어서면서 중국과 개도국들 간의 관계는 새로운 발전을 가져 왔다. 정치적으로 중국은 초지일관 개도국들의 패권주의와 강권정치를 반대하는 투쟁을 지지해 왔고 새로운 국제정치·경제질서를 수립하는 문제에서도 개도국들과 서로 성원하고 협력해 왔으며 개도국과의 양자 관계 역시 전통적 친선을 공고히 하는 토대 위에서 지속적인 발전을 가져왔다. 중국이 발전을 이룩하면서 개도국은 하나의 집단으로서 국제 정치, 경제 무대에서 위상을 높일 수 있게 되었고 중국은 개도국들을 대변하여 더 많은 권익을 쟁취할 수 있게 되었다. 경제적으로 중국은 개도국들과 유무상통, 상호 보완의 관계를 유지했으며 개도국은 중국의 '해외 진출' 전략의 시행에서 우선 순위 대상이 되었다. 중국은 개도국들과 호혜평등의 원칙 하에 상호 협력을 펼치고 있으며 중국의 발 전 역시 개도국에 기회를 제공하고 있다. 중국은 대외 원조에 어떠한 정치적 조건도 추가하지 않는다는 원칙을 견지하면서 앞으로도 여력이 되는 선에서 개도국에 대한 원조를 이어갈 것이다. 이밖에도 중국이 개혁개방을 통해 이룩한 거대한 성과는 많은 개도국들 에 희망을 가져다 주었고 이런 나라들의 경제 개혁과 발전에 귀감이 되고 있다.

제3절 평화발전 이념의 새로운 내용

2000년대에 들어 국제 정세의 변화와 중국의 경제 실력의 급성장, 그리고 중국의 국제체계와의 융합과 외교 경험의 축적 등은 중국공산당의 시대관에 대한 인식을 한층 향상시켰다. 중국공산당은 총체적인 시각에서 평와 발전은 시대의 주제라는 덩샤오핑의 기본 사상을 견지하면서 한 걸음 나아가 조화세계라는 새로운 이념을 제시함으로서 시대의 주제에 대한 인식에 있어서 새로운 비약을 가져왔다. 조화세계 이념은 중국 특색의 외교 이론을 풍부히 하고 한걸음 발전시켰을 뿐만 아니라 새로운 역사 시기 중국 외교가 나아갈 길을 가리켜 주었다.

1. 국제체계 전환기의 특징

21세기에 들어 글로벌화의 가속으로 다극화 추세가 갈수록 뚜렷해지면서 국제체계는 중요한 전환기에 접어들게 되었다. 이 시기 국제체계에는 아래와 같은 새로운 특징들이 나타났다.

(1) 다극화의 발전 및 체계 전환의 불안정성과 불확실성의 증가
냉전이 종식된 후 국제체계에는 새로운 변화가 나타났다. 비록 미국의 초강대국 지위에는 도전자가 없었으나 미국의 힘이 약화됨에 따라, 특히 이라크 전쟁 후 국제체계 내의 세력 분포는 보다 균형적이고 다극화한 방향으로 나아갔고 강대국 간의 관계는 더욱 가변적이고 복잡해졌다. 당시의 정세에 대해 후진타오胡錦濤는 제11회 재외공관장 회의에서 국제 관계의 민주화를 요구하는 국제 사회의 목소리가 갈수록 높아가고 있으며," "세계 다극화의 전망이 더욱 밝아지고 있다."[109]라고 말한 바 있다.

그러나 다극화가 이미 대세로 되었고 글로벌 권력 이동이 진행 중이라 하더라도 국제 체계의 전환은 장기적이고 점진적인 과정으로서 중도에 퇴보와 반복이 나타날 가능성이 매우 크다. 비록 세계대전의 발발 가능성은 크지 않지만 냉전적 사고와 지정학적 사고가 여전히 존재하고, 전통적인 지정학적 대결과 경쟁의 재현 가능성으로 인해 전통적 안보 문제가 아직 철저히 해결되지 않은데다, 국지적 분쟁 또한 장기화 조짐을 보이고 있어 국제 정세의 유동성, 복잡성과 취약성을 더욱 증대시키고 있다. 글로벌 세력 대비의 변화 과정에서 기존 강대국들은 수세守勢와 실세失勢에로 전락되는 것을 결코 달갑게 여기지 않을 것이므로 뒤로 물러설 가능성이 매우 희박할 뿐만 아니라 중대한 문제에서는 오히려 반격을 가할 수 있다. 따라서 세계 평화를 유지하는 문제에서, 비록 전반적인 추세는 낙관적이지만 세부 문제의 처리에 있어서는 난이도가 가중되었다.

(2) 날로 커지는 신흥 대국의 역할과 상호 협력 강화의 필요성

신흥 대국의 급부상은 국제체계에서 가장 주목 받고 있는 현상이다. 신흥 대국은 이미 국제체계의 변혁에 영향을 줄 수 있는 힘을 초보적으로 갖추었으며 특히 일부 장기적인 글로벌 문제의 해결 과정에서 보여준 신흥 대국의 노력을 무시할 수 없게 되었다. 글로벌 금융 위기와 같은 체계적 위기는 신흥 대국

---

109 「第十一次駐外使節會義在北京召開」, 『人民日報』, 2009년 7월 21일, 제1면.

이 국제체계의 전환 과정에서 더욱 큰 역할을 발휘할 수 있는 가능성을 제공했다. 신흥 대국들은 공동 이익이 증가하면서 국제상에서의 발언권을 확보하기 위해 기존의 국제체계에 대한 개혁을 보편적으로 주장해 나서고 있다. 브라질 대통령 지우마 호세프Dilma Rousseff가 브릭스BRICS수뇌자 제3차 회동 시, 그리고 중국 방문 전야 신화사新華社 기자와의 인터뷰에서 말한 바와 같이 국제 구도가 변화하고 경제 질서가 조정되고 있는 오늘날, 신흥 경제 대국은 국제 사무에서 매우 중요한 역할을 발휘하고 있으며 브릭스 국가는 이미 세계 다극화를 촉진하는 주요 세력이 되었다.[110]

그러나 현재 신흥 대국 간의 협력은 아직도 초보적인 단계에 처해 있는 바, 국가 간의 격차와 이익 충돌을 극복해 나가야 하고 서방 국가의 분열 책동에도 대처해야 하므로 미래의 체제 건설의 책임은 무겁고 갈 길은 아직 멀다.

(3) 강대국 간 관계에서 협력이 주되지만 경쟁도 갈수록 치열

오늘날, 협력의 중요성에 대해 이미 세계적인 공감대가 형성되고 강대국들의 공동이익이 갈수록 증대되고 있는 상황에서, 상호 간의 안정적인 관계를 유지하는 것은 곧 강대국들이 치열한 경쟁에서 지켜야 할 마지노선이다. 여러 강대국들, 특히 미국은 국제적인 공동 대처에서 기타 국가들과의 협력을 이끌어 내기 위해 양자 관계에서 일방적인 행동을 제한하려 할 것이므로 강대국 간의 모순은 그리 격화되지 않은 상태에서 지속될 것이다. 중국은 각국과의 관계에서 양자 간 외교의 범주를 훨씬 넘어서 다자간 외교 영역에 더 많이 진출함으로써 글로벌 전략의 의미가 갈수록 중요해 지고 있다. 중국과 강대국 간의 협력 범위도 점점 확대되어 가고 있다. 현재 국제 관계에서는 금융, 환경, 에너지 등 세계적인 분야와 비전통 안보 분야가 갈수록 중요한 위치를 점하고 있으며 일

---

110 新華罔 2011년 4월 11일 기사 참조.

부 분야는 심지어 강대국 간 협력의 기반으로 자리잡고 있다.

그러나 이와 동시에 강대국 간의 경쟁도 갈수록 치열해지는 양상을 보이고 있으며 전통적인 동맹관계가 점차 와해되는 반면, 강대국들의 자주성은 갈수록 강화되고 있다. 다극화 추세 하에 미국의 리더십이 약화되면서 강대국들 간에는 선점 확보를 위한 각축전이 벌어지고 있는데 그중에서도 특히 자국의 근본적 이익에 관계되는 국제 문제에 대한 주도권 쟁탈이 갈수록 치열해지고 있다. 그 결과 강대국 주변의 지정학적 환경에 큰 변화가 예고되고 있으며 지역 쟁점 문제도 강대국 간 경쟁으로 더욱 복잡한 국면을 맞이할 수 있다는 우려가 나오고 있다.

(4) 세계 경제 성장의 둔화기에 있어서 경쟁력 확보의 관건은 기술 혁신

21세기에 들어 세계 경제가 성장 동력의 약화로 침체기를 맞이하게 되면서 세계는 새로운 산업혁명의 과도기에 접어들었다. 저탄소 경제 발전을 지향하는 신에너지와 환경보호산업이 세계 경제 성장을 다시 이끌어낼 선도 산업으로 될 가능성이 아주 높으나 향후 전망은 그리 밝지는 않다. 기술 혁신은 각국의 경쟁력 확보의 관건이다. 비록 개도국 과 신흥 시장 국가들은 급속한 경제 발전으로 세계 경제에서 차지하는 비중이 부단히 상승하고 있지만 서방 선진국과의 경쟁에서는 여전히 열세에 밀려 있다.

2008년에 발생한 글로벌 금융위기는 세계 경제에 큰 타격을 주었다. 일부 심층적인 문제와 구조적인 문제들은 단기간 내에 해결하기 어려우며 세계 경제의 조정과 재균형 역시 상대적으로 긴 과정이 수요될 것이다. 글로벌 금융위기의 발발은 현존하는 국제금융시스템과 국제통화시스템의 심각한 결함을 드러냈으며 따라서 이에 대한 개혁은 앞으로 한동안 세계 경제의 주요 의제가 될 것이다. 또한 향후 중국을 비롯한 개도국들이 국제상에서 더 많은 발언권을 얻게 될 것이지만 달러 패권은 여전히 상당기간 지속될 것으로 보인다.

(5) 지역주의의 신속한 발전과 분화 추세

글로벌화가 진전됨에 따라 지역주의도 빠르게 발전하고 있으며 지역 통합이 시대의 추세가 되고 있다. 유럽연합EU의 확대와 더불어 아태, 북미, 라틴아메리카, 아프리카 등 지역에서도 통합화 추세가 가속화되고 있으며 각 지역 협력기구의 역할이 갈수록 두드러져 지역 무역협정의 체결이 빠르게 추진되고 있다. 아울러 지역을 초월한 협력도 가속화되고 대화와 조정 메커니즘도 활성화되고 있다.

그러나 이와 동시에 지역주의의 발전 과정에서 분화의 추세도 나타나고 있다. 우선, 지역 분포상 전 세계 각 대륙의 발전이 불균형적이다. 특히 중동과 남아시아 지역은 지역 분쟁이 장기간 해결되지 않아 긴장 국세가 지속되면서 지역 협력이 난항에 빠지고 세계 경제 발전에서 갈수록 주변화되어 가고 있다. 다른 한편으로, 지역 통합화가 비교적 빨리 발전한 지역에서도 협력체가 분리되는 추세를 보이고 있다. 예를 들면, 아태지역에서 기존의 동남아국가연합ASEAN이 주도해 왔던 지역 협력 모델은 갈수록 유지하기 어려운 상황에 처해 있다. 각 강대국들은 잇달아 새로운 구상을 내놓았는데 이를테면 호주는 '아태 공동체' 구상을, 일본 히토야마 정권은 '동아공동체'의 설립을 제안했다. 그러나 이런 제안에는 기존의 지역 협력체를 개변시키는 과정에서 주도권을 빼앗으려는 그들의 숨은 의도가 깔려 있었다. 미국도 아태지역에서의 주도권을 공고히 하기 위해 "동남아 귀환"의 행보를 다그쳐 지역협력체제에 적극 참여하고 있으며 또한 '환태평양경 제동반자협정TPP'에의 참여를 통해 아세아태평양경제협력체APEC에 대한 리모델링을 시도하고 있다.

(6) 글로벌 문제의 심각한 도전과 글로벌 거버넌스 적자 증대

글로벌화는 인류 문명의 발전을 추진함과 동시에 부정적인 효과도 드러내고 있어 인류 사회로 하여금 새로운 도전에 직면하게 했다. 글로벌화와 함께 경제 발전, 환경, 위생, 식량, 테러리즘 등 세계적인 문제들이 점차 두드러지면서 글로벌거버넌스가 국제 사회의 의제에 오르게 되었고 세계 각국은 비전통적인 안보 위협에 대처해야 할 상황에 처하게 되었다.

그러나 글로벌화의 배경 하에 글로벌거버넌스에는 이른바 '적자' 현상이 나타났다. 한편으로, 세계적인 문제들이 부각됨에 따라 글로벌거버넌스가 전 세계의 관심사로 떠오르게 되었고 따라서 글로벌거버넌스는 과거에 학문적 개념이나 유행 정치 용어에 불과했다면 오늘날에는 각국 정부가 진지하게 받아들여야 할 현실적인 문제로 대두되었다. 이뿐만 아니라 갈수록 많은 국가들이 글로벌거버넌스의 국제 언론 체계에서의 합법성에 대해 인정하고 있으며 심지어 일부 국가는 이를 국내 관리 분야에까지 확대시키고 있다. 따라서 국제법이 큰 충격을 받게 되었고 주권, 내정 불간섭, 인도주의적 관여 등 전통적인 규칙들이 새로운 도전에 직면하게 되었다. 그러나 다른 한편으로, 각국 정부는 글로 벌거버넌스에 참여하려는 의지와 능력이 매우 부족하다. 서방 국가들은 자국의 경제력이 상대적으로 하락세를 보이고 있는 상황에서 국제 협력에 참여하려는 의지와 능력에 한계를 보였으며 신흥 시장 국가들도 경험 부족과 자칫하면 선진국의 글로벌거버넌스의 함정에 빠질 수 있다는 우려 때문에 적극적인 참여가 불가능하게 되었다. 글로벌거버넌스의 이러한 적자 현상은 오늘날 국제 정치에서 의제와 행동의 불일치로 표현되고 있으며 따라서 세계적인 의제라 할지라도 일치된 국제적 행동으로 이어지기 어렵게 되었다.

(7) 다자주의의 신속한 발전과 다자 협력의 시대적 추세

냉전이 종식된 후 다자주의가 큰 발전을 가져왔다. 새로운 다자주의 국제기구와 메커니즘들이 속출했는데 이는 탈냉전 이전 40여 년 기간에 설립된 국제기구의 수를 훨씬 초과한다. 새로 출범한 국제기구들로는 글로벌 기구인 세계무역기구WTO, 범지역적 기구인 유럽연합EU, 아프리카연합AU 및 동남아국가연합

ASEAN을 핵심으로 한 일련의 메커니즘, 지역 기구인 상하이협력기구sco 그리고 지역을 초월한 아시아 유럽정상회의asem, 아시아태평양경제협력기구apec, 중국-아프리카협력포럼ca 등이 망라된다. 국제 기구의 양적 증가와 함께 다자 외교도 질적 향상을 이룩했는데 이는 보다 심층적이고 활발하게 진행되는 다자 활동과 각국에 대한 영향력의 확대에서 볼 수 있다. '당대 다자주의의 흥기는 세계 다극화, 글로벌화, 정보화의 발전 그리고 탈냉전 후 통일된 세계 시장의 형성에 힘입은 바가 크다. 또한 기술의 진보로 더 많은 국가, 지역과 개개인이 국경 없는 교류 활동에 참여할 수 있기 때문이다. 다자간 교류의 대폭적인 증가는 필연적으로 사람들의 사상 관념, 국가의 정책 방침 그리고 국제체계의 내용과 형식상의 변화와 발전을 초래하게 될 것이다."[111]

다극화의 발전에 따라 다자 협력은 갈수록 사람들의 환영을 받게 되었다. 이라크 전쟁은 미국의 일방주의 정책에 큰 좌절을 안겨 주었고 미국의 세력이 상대적으로 쇠락하면서 다자 체제의 권위성이 점점 부각되었다. 글로벌금융위기에 대처하는 과정에서 G20은 중요한 역할을 발휘했고 국제 다자 체제의 구축과 조정은 국제체계 전환에서의 중요한 의제로 되었다.

(8) 초국가적 행위체의 활약과 자주성의 증강

오늘날, 국가의 지위는 점점 약화되어 가고 국제 사무와 국내 사무가 갈수록 많은 범위에서 서로 얽혀지고 있다. 국가는 더 이상 국제체계에서 유일한 행위체가 아니다. 초국가적 행위체의 역할이 갈수록 두드러지고 있으며 국제 행위체는 점점 다원화 방향으로 발전해 가고 있다.

글로벌적, 지역적 국제기구의 역할이 갈수록 커지고 있다. 전통적인 측면에서 보면 국제기구는 각국이 외교 활동을 펼치기 위한 도구나 무대에 불과했지

111　楚樹龍: 「多邊外交範疇背景及中國的應對」, 『世界經濟與政治』, 2001년第10期, p.43.

만 다자간 활동이 확대됨에 따라 국제기구도 나름대로의 논리와 가치관에 따라 발전을 거듭해 왔으며 각 국의 외교와 국가 간의 교류에 긍정적인 영향을 주고 있고, 다자간 활동의 추진에서 갈수록 적극적인 역할을 수행하고 있다.

글로벌 시대에 국가는 점차 전통적인 영역에서 퇴각하고 있으며 그 권위와 활동 범위 또한 대폭 감소되고 있다. 국가의 지위가 하락함에 따라 비정부조직 NGO의 활동 공간이 갈수록 넓어지게 되었고 따라서 그들의 활동도 더 적극적이고 능동적이 되었다. 비정부조직은 국가 간의 다자 외교 활동에 적극 참여할 뿐만 아니라 비정부기구 국제네트워크 구축도 추진하고 있으며 글로벌 거버넌스에서도 많은 주도권을 얻음으로써 이니셔티브의 발의와 후원 및 추진자가 되고 있다.

2. 중국 외교가 직면한 새로운 정세

새로운 정세 하에 중국 외교는 전례없는 도전에 직면하게 되었고 평화와 발전을 수호하는 과업은 더욱 어렵고 막중해졌다. 국제체계의 전환과 중국의 발전이 동시에 이루어 지고 있는 현실이 중국 외교에 미치는 영향은 크게 두 가지 측면에서 나타난다. 첫째, 국제체계의 전환이 심층적으로 진행됨에 따라 그 과정에서 나타나는 특유의 반복성, 복잡성, 취약성으로 인해 체계를 뒤흔드는 불확실한 변수가 증가하고 있으며 이는 특히 중국의 국내 문제와 연동될 경우 시너지 효과를 불러올 수 있다. 둘째, 개혁개방 이래 중국과 외부 세계 그리고 국제체계와의 교류가 심화되면서 상호 간의 영향이 갈수록 확대되고 있으며 중국의 국력이 상승함에 따라 국제체계의 미래 발전 방향에 대한 영향력도 날로 커지고, 세계 또한 중국의 변화와 함께 달라지고 있다. 이러한 변화는 거꾸로 중국 외교에 새로운 요구와 새로운 도전으로 다가오고 있다.

(1) 중국의 국제체계와의 융합의 새로운 단계 및 중국 외교가 직면한 새로운 도전

첫째, 중국 외교는 전략적 가치와 국제체계의 관점에서 국제 문제를 살펴보고 국익에 대해 재정의를 내릴 필요가 있다. 즉 중국의 국익을 국제 이익에 포함시키고 '중국과 세계'를 '세계 속의 중국'으로 전환시켜야 한다. 또한 중국의 변화와 세계적 영향력의 확대로 중국에 대한 국제체계의 외부 효과가 점차 감소되고, 반면 내부 이익이 날로 증가하고 있는 상황에서 중국 외교는 마땅히 "중국을 세계에 개방"하는 전략에서 "세계를 중국에 개방"하는 전략에로 전변되어야 하며 과거의 손님과 주인 관계 및 이익 관계에서 공동 주인 관계와 공동 추진 관계에로 전변되어야 한다.

중국은 국력이 강해짐에 따라 국제체계의 변화에 영향을 미칠 수 있는 중요한 변수로 작용하게 되었다. 과거 중국이 세계에 적응해 가던 시기에서 세계가 급부상하는 중국의 현실에 적응해 가고 있는 오늘에 이르기까지 중국과 세계는 주로 쌍방향적 관계를 유지하면서 발전을 이룩해 왔다. 중국의 발전과 함께 외부 세계의 중국에 대한 기대에는 근본적인 변화가 일어 났는데 이런 변화는 양날의 검이 되어 두 가지 결과를 몰고 왔다. 즉, 한편으로는 중국의 국제적 지위가 갈수록 널리 인정받게 되었고 갈수록 많은 국가들이 국제 문제의 해결에서 중국의 참여는 필수 불가결이라는 점을 인식하게 되었다. 그러나 다른 한편으로는 중국이 더 많은 국제적 책임을 짊어져야 한다는 목소리도 차츰 높아지고 있으며 중국의 국제체계 참여에서의 한계 수입도 점점 떨어지고 반면 규제와 악재는 계속 늘어나고 있다. 이런 상황에서 어떻게 하면 중국의 자국에 대한 인식과 세계가 중국에 대한 기대 간의 격차를 좁혀 나갈 것인가, 어떻게 하면 도광양회韜光養晦, 유소작위有所作為를 변증법적으로 실천해 나갈 것인가, 어떻게 하면 국제 사회에 대한 기여를 중국의 국력에 걸맞게 해나갈 것인가 하는 것이 앞으로 중국 외교가 풀어 나가야 할 숙제로 되었다.

둘째, 중국의 국제 다자 협력에의 참여가 증가함에 따라 국내 문제와 외교 문제의 연동 효과가 갈수록 두드러졌고 중국 외교는 국내외 자원을 통합하고 국내 메커니즘을 조정, 통합한 후 이들을 다시 하나로 통합해야 하는 과제에 직면하게 되었다. 글로벌화가 심화되고 개혁개방이 확대되면서 국내 문제에 대한 국제적 요인의 영향이 갈수록 커지게 되었고 따라서 중국 외교는 '안에서 부터 밖으로'에서 '안팎에서 동시에 추진'하는 방향으로 전환했다. 향후, 글로벌화 과정에서 국내 문제는 외교 투쟁의 주요 내용 중 하나가 될 것이며 투쟁 양상도 더욱 복잡해지고 투쟁 수단도 더욱 은밀해지게 될 것이다. 중국공산당은 제17차 대회에서 "국내와 국제 양 측면의 일을 통일적으로 계획"[112]하는 문제에 대해 제시했고 후진타오는 당중앙 11차 3중전회 30주년 기념대회 연설에서 "우리는 시종일관 국제와 국내를 서로 연결시켜 중국과 세계의 발전 문제를 살펴보고, 중국의 발전 전략을 고려하고 제정해야 하며 자주독립의 평화외교정책을 견지해 나가야 한다."[113]고 강조했다.

　　중국과 세계의 교류가 날로 밀접해짐에 따라 중국의 외교는 과거의 전문 외교에서 전방위적인 외교에로 발전했다. 대외 교류에서 행위체의 다원화 추세가 심화되면서 국내의 각 분야 간 상호 조절의 필요성이 더욱 강조되고 있으나 이에 따른 어려움 또한 증가하고 있다. 정부 차원에서 보면, 중앙의 각 부처와 지방 정부는 대외 교류 활동에서 자주성이 갈수록 강해지게 되었고 따라서 추구하는 이익도 각기 달라졌다. 한편 사회적 차원에서 보면, 이익 집단이 외교에 영향을 미치기 시작했고 또 현대 통신과 미디어 기술의 발달로 언론의 자유도와 개방도가 크게 향상되면서 외교 정책 결정에 대한 여론의 압력도 날로 커지고 있다.

　　갈수록 많은 기업과 인력이 해외에 진출함에 따라 국제, 국내 사무를 통일

---

112 『中國共産黨第十七次全國代表大會文件匯編』, 人民出版社, 2007년, p.45.
113 胡錦濤: 「在紀念黨的十一屆三中全會召開30周年大會上的講話」, 人民出版社, 2008년, p.27.

적으로 관리해야 할 필요성과 긴박성이 대두되면서 중국의 외교적 압력은 한층 증대되었다. 우선, 해외 이익의 확장이 중국의 외교력이 감당할 수 있는 한계를 초월함으로써 해외 이익의 보호에서 난제에 부딪치게 되었다. 다른 한편으로, 중국 기업과 중국인들의 해외 활동의 증가는 민간외교와 공공외교를 펼칠 수 있는 기회를 마련해줌과 동시에 중국의 이미지를 손상시키고 중국의 이익에 해를 끼치는 부정적인 영향도 적지않게 초래했다. 따라서 해외 활동을 어떻게 규범화하고 관리할 것인가 하는 것 역시 중국 외교가 국제, 국내 사무에 대한 통합 관리에 있어서 반드시 해결해야 할 중요한 과제로 떠올랐다.

셋째, 중국의 신속한 발전과 세계 정세의 급속한 변화와는 대조적으로 중국의 기존 외교 이념과 메커니즘은 상대적으로 낙후되어 있다. 따라서 중국은 사상 해방의 기치 하에 전통 관념의 갱신과 재해석이 필요한 시점이며 주권, 내정 불간섭의 원칙, 대만의 국제 다자간 메커니즘에의 참여 등 문제에 대해 보다 갱신적인 인식이 필요하다. 그래야만 새로운 국내외 질서의 변화에 적응할 수 있다.

중국은 국제체계에 융합되는 과정에서 아직도 스텝과 리듬이 조화를 이루지 못하고 있으며 국제 경제, 정치, 문화, 사회 체계에의 융합 과정에서 보조가 일치하지 않는 문제가 존재하고 있다. 이러한 상황은 주로 아래와 같은 두 가지 측면에서 나타나고 있다.

하나는, 소프트파워와 하드파워 사이에 격차가 존재한다는 점이다. 중국은 비록 GDP가 세계 2위에 올랐지만 외교적 소프트 자원은 상대적으로 결핍되어 있다. 국제 기구의 차원에서 보면, 중국은 아직 다자외교의 대국이 아니며 상하이협력기구 외에는 중국에 본부를 둔 국제기구가 거의 없는 상황이이다. 다자외교의 참여에 있어서도 중국은 창의적인 면보다 기존 방식에 대한 답습이 더 큰 비중을 차지하고 있으며, 주동적인 추진 보다 기성 관례 의존에 더욱 치중하는 등 개척 정신이 결여되어 있다. 국제 여론 환경에 서 보면, 중국은 국제상의 발언권이나 가치관의 영향력이 아직까지 상대적으로 열세에 처해있다. 민간 차원에서 보면, 전 세계적으로 시민 사회가 왕성하게 발전하고 있는 오늘, 중국의 비정부조직NGO의 역량은 매우 취약한 상태이며 정부와 비정부조직 간의 협력과 조율 문제도 아직 의제에 오르지 못하고 있다. 인력 자원 면에서도, 중국은 국제 업무에 종사할 수 있는 전문 인력이 매우 부족하며 국제기구의 중·고위 층에서 직무에 임하고 있는 중국인의 수는 아직 매우 적은 현실이다.

다른 하나는, 정책과 현실 간에 격차가 존재한다는 것이다. 현재 중국은 이미 국제 무대의 중심에 등 떠밀려 올랐고 그 결과 국제체계와의 융합이 진일보 가속화되어 허다한 현실적인 외교 문제의 해결에서 선례를 찾아 보기 어렵게 되었다. 그렇다고 낡은 규정에 따라 단계적으로 수행할 수도 없는 상황이므로 반드시 문제를 해결하는 과정에서 경험을 하나하나 축적해 나가야 한다. 이러한 현실은 중국 외교에 위기 관리 능력을 시급히 제고해야 하는 새로운 과제를 안겨주었다.

(2) 국제체계의 전환에 따른 도전 요소의 증가 및 전략적 기회의 유지와 연장

우선, 중국의 지속적인 발전을 위해 중국 외교는 국제 메커니즘에 대한 수동적인 수용에서 창의적인 이용에로의 전환을 실현해야 한다. 현재 중국의 국제체계에의 참여는 이미 성장 한계에 이르렀으며 양적 증가로부터 질적 향상에로의 전환이 필요한 시점이다. 중국은 국제체계에 대한 개혁 방안과 세계적인 문제에 대한 견해 및 해결책을 체 계적으로 제시해야 한다. 국제체계에 대한 개혁은 시작은 쉬우나 갈수록 어려워지는 하나의 과정으로 지금은 개혁이 비교적 핵심적인 단계에 이르렀다고 할 수 있다. 그러나 서방 국가들은 기득권과 주도권을 절대 포기하지 않을 것이므로 중국과 기타 신흥 국가들은 역사상 전쟁을 통해 기존 이익 구도를 개변시켰던 것과는 달리 새로운 평화적 굴기의 길을 찾아야 한다.

현재 국제체계의 가치 관념도 재구성 중에 있으므로 중국 외교는 시대의 흐름에 맞는 인문적 가치관을 제시하고 정착시켜야 하는 과제에 직면해 있다. 서방 국가들은 이른바 '민주적 가치관 외교'를 내세우며 서양의 민주적 인권 관념을 강조함으로써 도덕과 가치 관이 경쟁의 새로운 포인트로 부각되고 있다. 중국은 비록 하드파워가 빠른 발전을 가져왔으나 가치관의 경쟁과 국제적 여론 환경에서는 상대적으로 열세에 처해있다. 이런 상황에서 어떻게 하면 중국 특색이 있는 가치관을 정립해 국제체계에 중국적 요소를 주입시키고, 중국 모델이 기타 개도국의 호응을 얻을 수 있게 하며, 중국의 규범을 이용해 중국 외교의 정당성을 부각시킬 것인가 하는 것은 앞으로 중국 외교가 풀어가야 할 숙제들이다.

둘째, 국제체계 전환 과정에서 국가 간 세력 분화와 재구성은 매우 복잡하고 변화무쌍한 과정인 만큼 중국 외교는 자신의 전략적 기반을 공고히 할 필요가 있다.

중국의 국력이 증강되고 국제적 지위가 향상됨에 따라 중국과 국제체계의 각 세력 간의 역학 관계에는 복합화 추세가 나타났으며 다자와 양자 간의 관계는 서로 얽히고설킨 양상을 보이고 있다. 글로벌 문제에서 중국과 기존 강대국 간에는 구조적 모순이 상승하고 있으며, 개도국과의 전통적 협력 기반도 어느 정도 약화되었다. 주변 국가와의 지역적 협력은 제도화가 필요한 시점이며 신흥 대국과의 관계에서는 분화 현상을 피면하고 중동 국가와의 관계는 한층 심화시킬 것이 요구된다.

중국의 국력이 향상됨에 따라 외부 세계에서 중국을 바라보는 시각에는 미묘한 변화가 일어났다. 이런 변화는 선진국뿐만 아니라 개도국도 마찬가지이다. 그러나 외부의 인식과 견해가 옳고 그름을 떠나서 중국은 이러한 현실을 직시해야 한다. 외부 세계가 중국의 국력 증강과 국제적 위상이 향상된 현실을 수용하기 위해서는 심리적인 조절 과정이 필요한 것이다. 외부 세계의 중국에 대한 시기심, 의구심, 방범 의식과 대항적 심리는 상당 기간 존재할 것이며 이러한 것들은 중국 외교에 보다 관대하고 개방적인 자세를 취할 것을 요구하고 있다. 중국이 지향하는 것은 대항적인 발전과 굴기가 아니라 융합적이고 조화로운 발전과 굴기이다.

셋째, 주변에서 발생하는 새로운 불안정 사태에 직면하여 중국은 지역 통합을 더욱 진전시킴으로써 평화롭고 안정적인 주변 환경을 조성할 것이 필요된다.

개혁개방 이래, 중국과 주변국 간의 관계는 양호한 발전 추세를 유지해 왔다. 그러나 중국과 주변국의 관계가 역사상 가장 좋은 시기에 처해있다 하더라도 근년에 들어 중국의 주변 안전에 영향을 미치는 잠재적인 위험이 증가하고 있다는 점에 주목할 필요가 있다. 구체적으로 살펴보면, 태국, 미얀마 등 일부 주변 국가들의 불안정한 국내 정세는 지역의 평화와 안정에 영향을 주고 있으며, 북핵 문제, 아프가니스탄 문제 등 지역 이슈 또한 오랫동안 해결되지 못하면서 지역 안전을 위협하는 변수로 작용하고 있다. 한편, 강대국 간의 경쟁은 더욱 심화되고 있으며 특히 미국은 아세아 태평양 지역에 대한 투입을 확대해 가고 있다. 2010년부터 미국은 남중국해 문제를 이용해 중국과 베트남 간의 갈등을 조장하고, 댜오위다오釣魚島사건을 이용해 중·일 관계를 멀어지게 했으며, 천안함 사건을 이용해 중국 및 북한과 한국 관계의 긴장 상태를 조성하고 미얀마, 네팔, 인도와 파키스탄의 관계 등 문제에도 개입해 불화를 일으키고 있다. 그리고 중국과 일부 주변국들 간에 해양 영토, 영해와 해양 권익을 둘러싸고 분쟁이 불거지면서 정상적인 양자 관계의 발전에 영향이 미치고 있다.

새로운 정세는 중국 외교에 주변 지역 정세를 정확하게 판단하고 과학적으로 파악하며 개방적인 지역 전략을 유지할 것을 요구함과 동시에 새로운 요구도 제기하고 있다. 즉 어떻게 하면 중국의 발전 우세를 주변 지역과의 공동 발전을 이끌어내는 자원으로 유효하게 활용하며, 지역 협력에서 주도적 지위를 확보할 것인가 하는 것은 중국 외교가 시급히 해결해야 할 과제로 되었다.

3. 조화세계 이념은 중국공산당 시대관의 인식상 비약

새로운 역사 시기에 진입한 이래, 중국 공산당은 국제 정세의 변화와 중국 외교가 당면한 시대적 도전 앞에서 사상 해방과 실사구시적인 원칙을 견지하면서 평화와 발전의 시대관으로 중국 외교를 이끌어 옴과 동시에 그 외연과 내용을 끊임없이 확대하고 풍부히 함으로써 인식상에서 새로운 비약을 가져왔다. 2005년 4월, 자카르타에서 열린 아시아·아프리카 정상회의에서 후진타오胡錦濤는 처음으로 '조화세계和諧世界'라는 새로운 이념을 제기했고 그 후, 유엔창설 60주년 정상회의에서 이를 한층 체계적으로 천명했다. 조화세계는 새로운 역사 시기 중국공산당의 평화 발전 이념과 다자외교 이념에 대한 총화이자 개괄이며 중국 외교의 세계화를 위한 전략적 선택이기도 하다.

(1) 조화세계 이념은 중국공산당의 국제주의 이상의 부흥이며 시대적 초월

세계 평화와 안정을 수호하고 인류의 진보와 발전을 추진하며 전 인류의 해방을 쟁취하는 것은 중국공산당이 꾸준히 추구해 온 목표이다. 창당 초기부터 중국공산당은 인류에 대한 기여를 자신의 사명으로 간주하고 프롤레타리아 혁명의 이상理想을 추구해 왔는 바 이는 중국공산당의 성격에 의해 결정된 것이다. 비록 역사적 시기에 따라 이러한 이상에 대한 표현 방식은 각이했고 또 역사적 조건의 한계로 현실주의적 사고가 우세를 점한 적도 있었으나 중국공산당의 국제주의에 대한 추구는 결코 포기된 적이 없었다. 창당 초기의 국제주의 이상에 비해 조화세계 건설 이념은 국제 정세와 중국의 국력에 대한 과학적 판단에 기반을 두었기 때문에 튼튼한 현실적 토대를 갖고 있다고 볼 수 있다.

조화세계 이념은 평화발전관에 대한 승화라고 할 수 있다. 글로벌화가 급속히 진행되고 있는 오늘, 인류의 상호 의존도는 날로 심화되고 있다. 이에 대해 후진타오는 다음과 같이 말했다. "인류의 기나긴 발전 역사에서 세계 각국 인민들의 운명이 오늘날처럼 서로 밀접히 연결되고 동고동락한 적은 없었다. 공동한 목표는 우리를 하나로 연결시켰고 공동으로 직면한 도전은 우리들이 하나로 단합될 것을 요구하고 있다."[114] 이러한 인식은 마르크스주의 이론, 더욱이 개혁개방 이래 중국의 외교 경험 축적의 토대 위에 형성된 것으로서 마르크스 주의의 중국화가 외교 이론 면에서 이룬 최신 성과라고 볼 수 있다.

조화세계 이론은 중국공산당의 원대한 글로벌적 시야를 반영한 것이며 인류의 운명과 미래에 대한 전반적인 사고를 반영한 것이다. 조화세계 이념은 인류의 운명에 대한 관심에서 출발하여 협애한 민족 의식과 국익 추구를 초월한, 그리고 권력과 이익에 바탕을 둔 현실주의적 사유를 초월한 이념이라 할 수 있다. 글로벌화가 대세인 오늘, 고립적으로 중국의 국익을 운운하는 것은 더 이상 의미가 없다. 중국의 발전은 전 세계의 발전과 갈라놓을 수 없으며 중국의 운명은 전 인류의 운명과 연결되어 있다.

조화세계 이론은 중국공산당의 미래 지향적 의식의 반영이라고 할 수 있다. 비록 "인류가 보편적 평화와 공동 발전의 이상을 실현하려면 갈 길이 아직 멀다"[115] 하지만 조화세계 이론이 인류의 공동 분투 목표와 중국 외교가 나아갈 방향을 제시했다는 점에서 매우 큰 의미를 가지고 있다. 그리고 조화세계는 환상이 아니며 현실적으로 실현이 가능한 것이다. 그 구체적인 실천적 요소들로는, 정치적 측면에서 다자주의를 견지하고 유엔의 권위를 존중하며 평등 협조를 강화하는 것이다. 안보 측면에서는 상호 신뢰, 호혜 평등, 상호 협력의 새로운 안보관을 수립하며 공평하고 효과적인 집단 안보 메커니즘을 구축하여 보편적이고 지속적인 평화를 이룩하는 것이다. 경제적 측면에서는 상호 이익을 도모하며 공평하고 합리적인 국제 무역과 금융 체계를 구축하여 보편적 발전과 공동

---

114 胡錦濤의 聯合國成立60周年首腦會議 講話, 2005년9월15일.
115 胡錦濤의 聯合國成立60周年首腦會議 講話, 2005년9월15일.

번영을 실현하는 것이다. 문화적 측면에서는 포용적인 자세로 문명의 다양성을 존중하는 것이다.

(2) 조화세계 이념은 전체주의 시각의 반영, 국가 중심주의에 대한 수정, 중국공산당 초기 세계관에로의 회귀

조화세계 이념의 제기는 중국 외교가 전통 외교에서 글로벌 외교에로의 인식상의 변화를 보여준다. 이러한 변화는 무형적인 것으로 일종의 세계관과 방법론의 변화이다. 조화세계 이념은 단지 중국의 시각에서만 출발한 것이 아니며, 중국의 국익을 유일한 목표로 삼은 것도 아니며 중국과 세계의 조화로운 발전을 이루고자 하는 것이다. 또한 중국의 발전이 국제체계의 발전을 이끌 수 있다는 점만 강조한 것이 아니며 중국의 발전 역시 국제체계의 발전임을 인정한 것이다. 조화세계 이론의 제기는 중국공산당의 발전관發展觀이 과거 협애하게 자국의 발전만을 추구하던 데에서 세계와의 공동 발전을 추구하는 데로 한단계 승화하였음을 보여준다. 이와 같이 중국은 점차 '소아小我'를 약화시키고 국제체계 속의 '대아大我'를 부각시킴으로써 중국의 미래를 국제체계의 미래와 연결시키기 시작한 것이다.

이러한 이념의 변화는 중국으로 하여금 과거의 전통적인 국가 관계를 초월하여 국제 문제를 이해하고 처리하게 했으며 보다 넓은 시야와 장기적인 안목으로 21세기의 중국 외교를 계획하고 운영하게 했다. 이러한 이념 하에 중국은 국가 단위의 다자 외교를 지속적으로 펼치는 동시에 다자주의를 기반으로 한 다자간 메커니즘의 구축을 더 적극적이고 주동적으로 추진했는데 특히 중국의 주변 지역에서 더욱 그러했다. 이를테면, 2006년 6월 상하이협력기구sco 정상회의에서 후진타오는 SCO지역을 "항구적 평화와 공동번영의 조화로운 지역"으로 조성해 갈 것을 제의함으로써 처음 공식적으로 '조화지역和谐地区' 이념을 제시했다. 그 뒤를 이어 2007년 1월, 원자바오溫家寶 총리는 제2회 동아시아정상회의 연설에서 "각국이 함께 조화로운 아시아를 건설하자"는 제안을 내놓았다. 그리고 2007년 8월 상하이협력기구 비슈케크 정상회의에서는 '상하이 협력기구 성원국의 장기적 선린우호 협력조약'을 체결함으로써 처음으로 '조화지역 구축'의 이념이 법적 효력을 가진 문서에 등장하게 되었다. 조화지역의 이념 하에 중국과 주변국의 협력의 메커니즘화 수준은 갈수록 향상되고 있으며, 주변 지역의 조화를 촉진할 수 있는 다자간 메커니즘 네트워크가 점차 형성되어 가면서 아시아 지역주의의 발전을 유력하게 추동하고 있다.

조화세계 이념에서 평화, 발전 및 협력의 관계는 불가분리의 관계이다. 이와 관련하여 중국공산당 제17대 회의 보고문에서는 다음과 같이 강조했다. "평화와 발전은 여전히 현시대의 주제이다. 평화를 추구하고 발전을 도모하며 협력을 추진하는 것은 이미 막을 수 없는 시대적 추세로 되었다."[116] 글로벌 시대에는 그 어떤 국가도 당면한 세계적 도전을 독자적으로 해결할 수 없다. 조화세계 이념은 전체주의의 세계관에서 출발하여 협력의 역할을 특별히 강조했다. 후진타오는 「항구적 평화와 공동번영의 조화세계를 구축하자」는 제목의 연설에서 '공동'이란 단어를 총 32번 사용했는데 이는 '조화세계' 구축에서 협력이 얼마나 중요한지를 충분히 보여준다. 중국은 국제 다자주의의 주창자로 적극 나서서 각국이 호혜 평등의 협력을 통해 공동 이익을 최대한 도모함으로써 상호 원원과 최대 이익 실현의 목적에 도달할 것을 주장하고 있다.

(3) 조화세계 이념은 전통적 정치 경제 이념을 초월하여 다원적 문명 공존의 시대적 특징을 반영

1990년대 말부터 중국공산당은 국제 관계에서 문화 경쟁이 가지는 중요한 의미를 의식하기 시작했다. 장쩌민은 2001년에 다음과 같이 말한 바 있다. "오

---

116 『中國共産黨第十七次全國代表大會文件匯編』, 人民出版社, 2007년, p.44.

늘날 세계적으로 치열하게 벌어지고 있는 종합 국력의 경쟁에는 경제력, 과학기술력, 국방력의 경쟁 뿐만 아니라 문화적 경쟁도 포함된다. 세계의 다극화와 경제의 글로벌화 추세가 심화됨에 따라 세계의 다양한 사상 문화, 즉 역사적인 것과 현실적인 것, 외래적인 것과 본토적인 것, 진보적인 것과 낙후한 것, 적극적인 것과 퇴폐적인 것이 서로 격돌하면서 이들 간에 수용과 배척, 융합과 투쟁, 침투와 저항이 이어지고 있다. 현재, 전반적으로 열세에 처해 있는 개도국들은 경제 발전 뿐만 아니라 문화 발전에서도 심각한 도전에 직면하고 있다."[117] 이러한 관념은 조화세계 이론에서 한 단계 발전을 가져왔다. 이에 대해 후진타오는 "문명의 다양성은 인류 사회의 기본 특징이자 인류 문명이 진보할 수 있는 중요한 동력이다……세계 각국의 문명은 역사가 길고 짧은 구별이 있을 뿐 우세와 열세의 구별은 없다. 역사 문화, 사회 제도와 발전 모델의 차이는 각국 간의 교류에서 장애로 되어서는 안 되며 상호 대항의 이유가 되어서는 더욱 안 된다"[118] 며 이같이 말했다.

중국은 경제력의 성장과 함께 세계에 미치는 영향력도 갈수록 커지고 있다. 그러나 이러한 영향력이 만약 물질적 차원에만 머물러 있다면 지속되기 어려울 것이다. 따라서 중국은 국력과 지위의 상승을 무형의 문화적 감화력과 구심력으로 전환시킬 필요가 있다. 현재 중국은 이미 스스로 세계에 영향을 줄 수 있는 역사적 단계에 서 있으며, 또한 자신의 문화적 가치관에 기여해야 한다는 의식과 자각성도 따라서 높아지고 있다. 중국의 경제적 성공으로 중화 문화의 부흥이 촉진되었고 중국의 문화적 자신감도 회복되고 있으며 대외에 문화를 전파하려는 의지도 점점 강해지고 있다. 당과 국가의 지도자들도 갈수록 대외 문화 교류를 중요시하고 있는데 이를테면, 후진타오는 제17차 당대회 보고

---

117 『江澤民文選』, 第3卷, 人民出版社, 2006년, pp.399-400.
118 胡錦濤의 聯合國成立60周年首腦會議 講話, 2005년 9월 15일.

에서 "대외 문화 교류를 강화하여 각국의 우수한 문명을 흡수하며 중화문화의 국제적 영향력을 증대시킬 것"[119]을 제안했으며, 2009년 7월 20일에 소집된 제 11회 재외 공관장회의에서는 "공공외교와 인문외교를 강화하고 다양한 형태의 대외 문화교류 활동을 펼쳐 우수한 중화문화를 대외에 전파해야 한다"[120]고 재차 강조했다. 미래 발전적 견지에서 보면 중국은 궁극적으로 자아 가치를 실현하여 새로운 도약을 이루어야 하며 중국의 발전 모델이 주류적 발전 모델 중 하나가 되어야 하고 중국의 문화가 세계로 나아가야 한다. 중국은 국력이 상승하면서 국제 사회에 공공재를 내놓기 시작했다. 그러나 단지 공공재를 내놓는 차원에만 머물게 된다면 그 영향력이 제한적이고 표면적일 수밖에 없으므로 중국 자체의 소프트파워를 세계에 제공함으로써 미래 국제체계의 가치 경쟁에서 중국의 입지를 확보하는 것이 매우 중요하다. "중국은 지난 30년 동안 세계에 수많은 공공재를 제공해 왔고 앞으로도 더 많이 제공해야 한다……중국 외교가 수행해야 할 과업의 하나는 바로 국제 사회가 보편적으로 관심을 갖는 의제를 제안하는 것이며 또 이에 대처하고 해결하기 위한 원칙과 이념을 제시하는 것이다. 그래야만 중국 외교가 국제 사회의 민심과 민의를 반영할 수 있고 주도권을 잡을 수 있으며 성공을 이룰 수 있다."[121] 오늘날 국제체계는 전환의 관건적인 시기에 직면해 있다. 글로벌화는 인류에게 비할 바 없는 혜택을 가져다 줌과 동시에 많은 세계적인 문제도 유발하고 있으며 심지어 인류의 생존을 위협하는 도전으로 다가오고 있다. 과거 서방 국가가 주도하던 가치관으로는 더 이상 이런 도전에 맞서기 어려우므로 새로운 역사 시기에 걸맞는 가치관과 사유 방식이 필요하게 되었다. 이러한 시점에서 조화세계 이론의 제시는 중국 자아가치

119 胡錦濤:『高擧中國特色社會主義偉大旗幟,爲奪取全面建設小康社會新勝利而奮鬪-在中國共産黨第十七次全國代表大會上的報告』, 人民出版社,2007년, p.36.
120 「胡錦濤等中央領導出席第十一次駐外使節會議」, 新華社, 2009년7月20日, 新華罔 참조.
121 楊潔勉:: 「全球化中的奧運會和中國外交的新任務」, 『國濟問題研究』, 2008년 第4期, p.16.

실현에 가능성을 제공했을 뿐만 아니라 중국 외교의 진일보 발전에 광활한 무대를 펼쳐 주었다.

제2장 국제체계관과 중국 외교

국제체계란 국제 관계의 전체적인 발전 상황에 관한 하나의 개념으로 다양한 행위체들의 상호 작용 방식과 규칙에 대한 체계적인 관찰이라 할 수 있다. 세계 역사상, 국제체계는 상호 독립적인 형태로 병존한 적이 있었으나 근대 이후부터는 통합화, 세계화의 추세를 보였다. 유럽에서 발원한 국제체계는 지속적인 확장과 변화, 발전을 거쳐 점차 전 세계를 망라한 국제체계로 자리잡게 되었으며 각 국가들은 궁극적으로 그 속에 말려들게 되었다. 근대 이후, 중국과 세계의 관계는 사실상 중국과 국제체계의 관계로서 이 관계는 선후하여 아래와 같은 다섯 차례의 중대한 변화를 겪었다. 즉, 근대에 들어서면서 중국은 고대 국제체계의 중심 국가에서 반半 변두리 국가로 전락했으며, 1, 2차 세계대전 기간에는 평등을 추구하는 국가로 등장했고, 신중국 초창기에는 분극화된 국제체계의 중요한 성원국이였으며, 1960년대 이후에는 국제체계에서 유리遊離되었다가 개혁개방 이후에는 국제체계에 전방위적으로 참여함과 동시에 다시 중심화의 방향으로 나아가는 등 우여곡절을 겪었다. 중국공산당은 창립된 그날부터 국제적인 시각으로 중국과 국제체계의 관계를 끊임없이 탐색해 왔으며 국제체계에 대한 인식도 따라서 부단히 심화되었다. 이 과정에서 중국과 국제체계의 위치 및 상호 관계에 대한 인식이 끊임없이 조정되고 수정되면서 중국은 국제체계의 혁명자, 적극적인 참여자, 유리자遊離者에서 참여자와 건설자로의 역할 전환을 이루었고 중국과 국제체계 관계상의 역사적 변화를 실현했다. 중국공산당의 국제체계관國際體系觀은 시대와 더불어 혁신과 발전을 거듭해 왔으며 중국 외교를 이끌어 중국으로 하여금 성장과 동시에 국제체계와의 상호 조화를 이루며 안정적인 전환의 길에 들어서게 하였고 국제체계의 책임성 있는 참여자, 건설자, 기여자로 자리매김할 수 있게 했다. 이러한 입지에서 현재 중국은 세력 구도, 제도 구축 및 가치관의 공유 등 여러 면에서 국제체계의 변화 발전과 구축을 위해 갈수록 많은 공공재를 제공하고 있다.

제1절 신중국 창건 이전의 국제체계관과 대외 관계

중국과 국제체계의 관계에 대한 기존 연구는 그 범위가 대부분 신중국 건국 이후부터이며 관계에 대한 해석도 대체로 세 개 단계와 세 가지 역할로 나뉘어 있다. 이른바 세 개 단계란 마오쩌둥 시대, 덩샤오핑 시대, 후後덩샤오핑 시대이며, 세 가지 역할이란 '혁명자' 또는 '도전자', '참여자' 또는 '융합자融入者', '건설자' 또는 '수호자'이다. 이 같은 연구는 신중국 창립 이후 국제체계와의 관계 발전 과정에 대해 비교적 명확히 이해할 수 있는 장점이 있지만 반면에 아래와 같은 두 가지 중대한 결함도 존재한다. 첫째, 기존 연구는 중국공산당 창당부터 건국에 이르기까지의 국제체계관과 국제체계와의 상호 관계에 대해 거의 다루지 않았다. 물론 이 시기 중국공산당은 집권당이 아니었고, 국제 체계관도 단순히 시국에 대한 분석 차원에 머물러 있었으며 대외 관계도 반쪽 외교에 불과했다. 그러나 이 시기 역시 중국공산당이 국제체계에 대해 적극적으로 탐색하고 국 제체계에 적극적으로 참여해 온 중요한 시기였다는 점을 간과해서는 안 된다. 이른바 국제체계관이란 어느 한 시기의 국제체계의 특징, 발전 단계, 발전 추세 그리고 자국이 처한 위치에 대한 국가의 전반적인 견해로서 이는 국가와 국제체계 간의 상호 작용 방식을 규범화하고 지도하게 된다. 중국공산당은 출범한 그날부터 세계 정세에 대한 거시적이고 전반적인 분석을 매우 중요시해 왔으며 또한 이에 의거해 중국 혁명의 실천을 지도해 왔으므로 이 부분에 대해서는 우리들이 반드시 주목해야 할 점이다. 이 시기, 중국공산당은 혁명 투쟁 실천속에서 자기의 근거지와 군대를 창설했을 뿐만 아니라 쏘비에트정부도 창설했고 또 외교부도 설립하여 초보적이나마 집정 경험을 쌓게 되었다. 또한 외부 세계에 대해 면밀히 관찰하고 깊히 이해하고 있었을 뿐만 아니라 코민테른과의 접촉, 특히 세계 반파시스트전쟁 기간 외부 세계와의 많은 접촉을 통해 대외 교류의 경험을 쌓아가게 되었다. 이 모든 것들은 신중국 건립 후 중국공산당의 국제체계관의 형성과 본격적인 외교의 전개를 위해 토대를 마련한 것이라고 할 수 있다.

둘째로, 기존 연구는 중국과 국제체계 관계의 단계별 구분과 중국의 역할에 대한 규정에서 지나치게 단순화한 경향을 보였다. '혁명자' 또는 '도전자', '참여자' 또는 '융합자', '수호자' 또는 '건설자' 등 라벨식의 해석은 중국과 국제체계 관계의 주요 특징을 이해하는데 어느 정도 도움은 되지만 다양한 국제, 국내 환경의 영향으로 인한 양자 간의 동적인 변화 과정에 대해서는 간과했던 것이다. 하물며 이런 방식의 해석은 현재 학리적으로도 매우 큰 의견 차이를 보이고 있는 상황이다. 국제체계의 변화와 발전 과정이 굴곡적인 만큼 중국과 국제체계의 관계도 마찬가지로 복잡한 상호 작용의 과정을 겪어왔다. 국제체계에서 중국의 역할은 시기마다 다를 뿐만 아니라 설령 같은 시기라 해도 여러 가지 역할이 있을 수 있으며 심지어 같은 역할이라 해도 국제체계의 차원과 분야에 따 라 다양한 모습을 보였을 수도 있다.

1. 국제체계의 개념 및 변화 과정과 중국의 반(半) 변두리화

(1) 국제체계 개념 정의

국제체계는 국제관계 상황을 반영한 중요한 개념으로 1675년 독일의 법학자 푸펜 도르프가 쓴 「국가체계를 논함」이란 책에 처음으로 등장했다, 그는 국가체계를 "구성원들이 서로 긴밀히 연결되어 하나의 통합체를 이루고 있으나 모두 자기의 주권을 유지하고 있는 국가"라고 정의했다.[122] '국제체계'가 서방의 국제관계 이론 연구에서 하나의 중요한 개념으로 자리잡게 된 것은 20세기 중반 이후이며, 1960년대에 특히 성행했다. 과학적 행동주의의 확산과 함께 '체계 분석'은 국제체계 이론 연구의 가장 주되고 중요한 방법이 되었으며 체계 이론도 국제관계 이론 연구에서 가장 핵심적인 내용 중 하나가 되어 "국제관계 이론 분야를 폭넓게 지배했다."[123] 현재 서방 국제관계 이론의 주요한 유파들인 구조적 현실주의, 신자유 제도주의, 구성주의 그리고 영국 학파와 세계 체계 이론 등은 모두 근본적으로 국제체계 이론에 속한다고 할 수 있다.[124]

국제관계 학계의 국제체계에 대한 연구는 비록 오랜 유래를 가지고 있으나 국제체계에 대한 정의는 아직까지 명확하게 내려지지 않았고 다양한 주장들이 나와 있는 상황이다. 이를테면, 구조적 현실주의는 국제체계를 구조적 차원에서 설명했는데 그 대표적 인물은 스탠리호프만과 케네스 왈츠이며[125] 신자유 제도주의의 대표적 인물은 제도와 규칙을 강조한 로버트 코헤인과 조지프 나이이다.[126] 구성주의의 대표적 학자인 알렉산더 웬트는 주로 관념과 문화에 관심을 가졌고[127] 헤들리 불을 비롯한 영국 학파는 국제사회에 대해 특별히 주목했으며

122 Martin Wight, Systems of States (London: Leicester University Press and London School of Economics, 1977), p.21; [英] 赫德利·布尔著, 张小明译: 『無政府社會-世界政治秩序研究』(第二版), 世界知識出版社 2003년, p.9; [英] 巴里·布贊, 理查德·利特爾著, 劉德斌主譯: 『世界歷史中的國際體系-國際關係研究的再構建』, 高等教育出版社, 2004년, p.25 참조.

123 Robert Lieber, Theory and World Politics (London: Winthrop Publishers, 1972), p.120; 倪世斌 等: 『当代西方国际关系理论』, 复旦大学出版社, 2001년, p.327 재인용.

124 국제체계이론연구 개설에 관해 楊潔勉等: 『大體系-多極多體的新組合』, 天津人民出版社, 2008년, pp.72-108.

125 Stanley Hoffmann, The State of War; Essays on the Theory and Practice of International Politics (New York: Prager, 1965), p.90; [美] 肯尼斯·華爾兹著, 信强譯: 『國際政治理論』, 上海人民出版社, 2003년.

126 [美] 羅伯特·基歐漢, 約瑟夫·奈著, 門洪華譯: 『權力與相互依賴』, 北京大學出版社, 2002년.

127 [美] 亞歷山大·溫特著, 秦亞青譯: 『國際政治的社會理論』, 上海人民出版社, 2000년.

¹²⁸ 세계체계 이론의 주창자인 이매뉴얼 월러스틴은 경제의 역할을 강조했다.¹²⁹
국제체계 개념에 대해 중국의 학자들도 다양한 주장을 내놓았는데 그중 일부
학자들의 주장에 따르면 국제체계란 "국제사회 여러 행위체 간의 상호 작용에
의해 형성된 대립적이면서도 통일된 통합체로서 체계 구성의 기본 요건은 구성
부분 간의 불가분리의 관계와 상호 작용이다."¹³⁰ 또 다른 학자는 국제체계에 대
해 다음과 같은 정의를 내렸다. 즉 국제체계란 특정 역사 시기에 주권 국가, 국
가 집단, 국제 조직과 같은 국제 행위 주체들이 힘과 이익에 따라 서열을 정한
기초 위에서 일련의 원칙과 규범 그리고 도구에 의해 조합과 상호 작용을 거쳐
형성한, 비교적 안정적이고 체계적인 국제 사회 운영 메커니즘과 권력 구조를
말한다.¹³¹ 또 다른 학자의 견해에 따르면 국제체계란 본질적으로 말하면 국제
정치체계로서 민족 주권 국가로 구성된, 국제 법과 국제 제도에 의해 규제되는
추상적인 실체이며, 국제적 영역 내의 다양한 행위체(주로 국가)들의 상호 작용
에 의해 형성된 고정적 관계의 조합이다.¹³²

국제체계 개념에 대한 다양한 정의는 비록 치중점이 서로 다르나 비슷한 점
도 분명히 존재하는데 그것은 바로 거시적 시각에서 국제 관계의 총체적 흐름
에 대한 파악을 중시하고 정체성, 연결성, 단계성, 안정성과 메커니즘성을 강조
한 점이다. 이에 따라 국제체계의 개념을 다음과 같이 정리할 수 있다. 즉, 국제
체계란 국제 관계의 전반적인 상황에 대한 일종의 추상적인 개괄로서, 일정한
시기 국제 사회의 여러 행위체 간의 상호 작용에 의해 형성된 대립적이면서도

---

128 [美] 赫德利·布爾著, 張小明譯:『無政府社會—世界政治秩序硏究』(第二版), 世界知識出版社, 2003년.

129 [美] 伊曼紐爾·沃勒斯坦 著, 尤來寅, 路愛國等譯:『現代世界體系』,第1卷, 高等敎育出版社, 1998년.

130 劉金質, 梁守德,, 楊準生主編:『國際政治大辭典』, 中國社會科學出版社, 1994년, p.24.

131 黃仁偉:『國際體系轉型與中國和平發展道路』, 上海社科院世界經濟與政治硏究院編,:『國際體系與中國的軟力量』, 時事出版社, 2006년, p.3.

132 劉鳴:『國際體系歷史演進與理論的解讀』, 中共中央黨校出版社 2006년, p.1.

통일된 통합체이며, 규칙적이고 메커니즘적이며 공통의 가치와 방향을 공유하는 일종의 안정적인 태세이다.[133]

여기에서 주목할 점은 국제체계는 개념 자체가 모호하여 국제 구도(혹은 세계 구도), 국제 질서, 국제 사회 등 개념과 혼동할 수 있다는 점이다. 따라서 학계, 정계에서는 위 개념들을 의미적으로 혼용하는 경우가 매우 보편적이다. 그러나 학술적 견지에서 볼 때 위 개념들은 서로 다른 의미를 가지고 있다. 국제 구도(혹은 세계 구도)는 완전히 중국식 개념으로 중국 정계와 학계에서 상당히 선호하는 용어이자 중국 국제관계 연구 분야에서 "연구 역사가 가장 길고 저술이 가장 많으며, 논쟁도 가장 많은" 문제이기도 하다.[134] 이 개념에 따르면 국제 구도란 국가 또는 국가 집단이 힘의 강약 관계에 기반하여 형성한 상대적으로 안정적인 상호 작용의 구조와 상태로서 현실주의 권력 정치 및 체계 구조와 유사하다는 것인데 이는 중국 특색이 짙은 개념이라 할 수 있다. 국제질서란 주요 국가 행위 주체가 평화적 또는 비평화적인 방식으로 달성한 행위 준칙 그리고 이러한 준칙의 실행, 수정 및 유지와 관련한 조치를 말한다. 국제 사회에서 공인하는 행위 준칙과 국제질서의 원칙을 보장하는 운영 메커니즘은 국제질서의 필수 불가결의 양대 요소이다.[135] 이 개념에서는 규칙, 규범과 메커니즘의 배치를 특별히 강조했다. 국제사회 개념에 대한 주장은 영국학파 학자들에 의해 제기되고 발전한 것으로서 이 개념이 강조한 것은 공동 이익, 가치 관념[136]과 '공동

133 楊潔勉: 「中美應對國際體系轉型的戰略與擧措」, 『國際問題研究』, 2007年 第3期, p.23; 楊潔勉 等: 『大體系-多極多體的新組合』, 天津人民出版社, 2008년, p.81

134 全國哲學社會科學規劃办公室編: 『哲學社會科學各學科研究狀況與發展趨勢』, 學習出版社, 1997년, p.381.

135 楊潔勉: 「試論國際秩序的運行機制」, 中國現代國際關係研究所編: 『國際政治新秩序問題』, 時事出版社, 1992년, p.388.

136 [英] 赫德利·布爾著, 張小明 譯: 『無政府社會世界政治秩序研究』(第二版), 世界知識出版社, 2003년, p.10-11. Hedley Bull and Adam Watson eds. The Expansion of International Society (Oxford: University Press, 1984), p.1.

신분'[137]이며 이는 국제 사회를 구성하는 필요한 조건이고 국제체계의 보다 높은 단계로의 발전이며, 국제체계의 장기적인 발전과 진보의 필연적인 결과이고 귀착점이라는 것이다. 이는 보다 뚜렷한 가치 판단과 정치적 색채를 띠고 있는 개념이므로 마땅히 신중하게 사용해야 하며 사용 시에는 전제적 조건을 미리 설정해 놓을 필요가 있다.[138]

이와 같이 서로 뚜렷한 차이가 있는 개념임에도 불구하고 실제 사용 시, 특히 중국의 언어 체계에서는 국제구도(혹은 세계구도), 국제질서, 국제사회 등 개념이 종종 국제 체계개념과 유사한 국제 관계에 대한 거시적이고 전반적인 묘사로 등장한다. 국제체계란 개념이 중국 학계와 정계에서 빈번하게 사용되는 것이 비록 근래에 나타난 현상이라고 하지만 그렇다고 중국이 최근에 와서야 비로소 국제체계관과 국제체계 이론을 확립한 것은 아니다. 사실상 중국공산당은 창당 이래 거시적이고 전면적인 시각으로 세계 정세와 시국에 대해 끊임없이 분석해 왔고 이를 근거로 중국 혁명과 건설 그리고 대외 관계와 중국 외교를 이끌어 왔는 바, 이것은 또 다른 언어 체계에서 보여주는 중국 특색의 국제체계관과 국제체계 이론이라고 할 수 있다.

(2) 글로벌 국제체계의 형성과 중국의 반변두리화

국제 관계 행위체들의 빈번하고 규칙적인 상호 작용을 전제로 한 국제체계는 세계 역사 진전의 결과로서 초기의 국지적이고 우발적인 상호 왕래, 상호 영향을 전제로 한 고대 지역적 국제체계에서 점차 왕래와 영향이 날로 빈번해진 근대 민족 국가 국제체계에로, 나아갈수록 융합되고 상호 의존적인 글로벌 국

---

137 Barry Buzan, "From International System to International Society: Structural Realism and Regime Theory Meet the English School," International Organization, Vol. 47, No. 3, summer 1993, pp.327-352.

138 劉鳴: 「國際社會與國際體系概念的辯析及評價」, 『現代國濟關係』, 2003년 第12期, p.61

제체계에로의 발전 과정을 거쳐 왔다.

배리 부잔에 따르면 "인류 사회는 이미 5000년 동안 국제체계에서 운영되어 왔으며" 역사적 발전을 거쳐 19세 중반에 이르러 마침내 단일적이고 완전하며 전 세계적인 국제 체계가 확립되었다.[139] 글로벌 국제체계는 자본주의 생산방식의 발전과 서방 강대국들의 식민지 확장과 함께 완성되었다. 마르크스, 엥겔스는 일찍이 "아메리카 대륙의 발견과 아프리카를 우회한 항해는 신흥 부르주아지에게 신천지를 열어 주었다"[140]고 말한 바 있다. 부르주아지는 태생적 본성인 식민지 확장과 자본 수출, 상품 수출을 통해 세계 시장을 개척함으로써 지역과 민족의 자급자족, 폐관쇄국의 벽을 무너뜨렸으며 세계로 하여금 상호 왕래하고 상호 의존하는 하나의 유기적인 통합체가 되게 했다. 17세기 유럽에서 발원한 웨스트팔리아Westphalia 근대 민족국가체계는 아메리카에 이어 아프리카에로, 19세기에는 동아시아에 이르기까지 전 세계로 확장되면서 독립적이고 상호 대등하던 고대 국제체계를 대체하게 되었고 마침내 글로벌적인 국제체계가 형성되었다.

근대 국제체계가 유럽에서 전 세계에로 확장된 과정에서 우리는 이 체계가 매우 불균형적인 체계임을 볼 수 있다. 이 체계 하에서 서방 강대국들은 중심과 주도국의 지위를 차지했고 기타 유럽 회원국들은 이른바 주권 평등의 기본 단위가 되었으며 체계 밖의 국가들은 '융합'과 '변두리화' 과정을 거쳐 점차적으로 체계에 가입했으나[141] 하층 또는 종속적인 지위에 머물러 있었다. 이 체계를 유지하는 제도적 원칙은 체계 주도국이 다양한 전쟁, 평화회의와 비밀 외교를

---

139 [英] 巴里·布贊, 理查德·利特爾著, 劉德斌主譯:『世界歷史中的國際體系-國際關係硏究的 再構建』, 高等敎育出版社, 2004년, p.101,215.

140 『馬克思恩格斯選集』, 第1卷, 人民出版社, 1972년, p.252.

141 융합은 국제체계 밖의 국가나 지역이 국제체계에 끊임없이 진입하는 과정을 말하고, 변두리화는 국제체계가 새로운 나라와 지역을 끊임없이 포용하는 과정을 말한다. 王正毅著:『世界體系論與 中國』, 商務印書館, 2000년, p.126 참조 .

통해 달성한 일련의 합의, 평화조약, 비밀조약 등이며 이 체계가 신봉하는 가치 관은 강권정치, 패권, 세력 균형 원칙이었다. 이것은 강력한 민족/국가 또는 민 족/국가집단이 정치적, 경제적, 문화적으로 기타 약소한 민족/국가를 지배하는 권력지배체계로서 이 지배는 하나의 단일한 문명 중심과 단일한 지역 국제 체 계에 의한 지배라고 할 수 있다.[142]

국제체계의 변천 과정과 불평등 특성에 의해 국가가 국제체계와 접촉하고 관계를 발생시키는 방식, 체계 내에서의 국가의 지위와 신분 그리고 체계에 대 한 국가의 입장과 행위 방식이 결정되었다. 서방의 국제관계 이론에 따르면, 체 계속의 국가는 '현상 유지 국가status quo power'와 '수정주의 국가revisionist'로 나눌 수 있다. 현상 유지 국가는 국제체계에서의 지위와 권력 분배 상황에 대해 만족하 는 국가를 말하는데 이들은 권력 관계에 변화가 발생하는 것에 반대한다.[143] 그 러나 수정주의 국가는 국가체계에서의 자국의 위치와 권력 분배에 불만을 품고 현 상태에 도전함으로써 권력의 재분배 목적을 이루려고 한다.[144] 미국 학자 제 프리 레그로Jeffrey W. Legro는 국가가 국제체계와 접촉하고 관계를 발생하는 방식을 세 가지 유형으로 나누었다. 첫째는 참여형으로 이 유형의 국가들은 국제 주도 의 원칙, 규칙과 규범을 수용하며 "현 상태에 안주하고", "만족하고", "보수적이 며" 국제체계의 범위 내에서 활동하기를 원한다. 둘째는 수정형으로 이 유형의 국가들은 국제체계를 수정하려고 노력하며 "현 상태에 만족하지 않", "혁명

142 [英] 巴里·布贊,理査德·利特爾著, 劉德斌主譯:『世界歷史中的國際體系-國際關係研究的再構建』 高等教育出版社, 2004년, p.212.

143 Hans J. Morgenthau, Politics among Nations: The Struggle for Power and Peace, 5th ed. (New York: Alfred A. Knopf. 1978), p.46.

144 서방 국제관계 이론에 대해 "保持現狀國"와 "修正主義國家" 관련 이론 참조. Alastair Iain Johnston, "Is China a Status Quo Power?" International Security, Vol. 27, No.4, 2003, pp.8-10. 英國學者巴里·布贊 則對"修正主義國家"進行 了 更 細緻 的 區分, 將 其 劃分 爲"革命的修正主 義國家"(revolutionary revisionist),"正統的修正主義國家"(orthodox revisionist)和"改良的修 正主義國家"(reformist revisionist), Barry Buzan, "China in International Society, Is 'Peaceful Rise' Possible?" The Chinese Journal of International Politics, Vol.3, 2010, pp. 17-18.

적이고", "수정주의적이며" 또한 그 방식이 종종 다른 국가와의 충돌을 초래한다. 셋째는 분리형으로 이 유형의 국가들은 스스로 국제 규범과 국제 관행의 궤도에서 이탈하거나 그 관계를 끊으려고 노력한다.[145] 레그로는 이 같은 분류를 기반으로 근대 이래 중국의 국제체계와의 관계는 분리주의에서 참여주의로의 변화 과정을 거쳤다는 주장을 내놓았다.(도표1 참조)

<도표1> 국제 질서에 대응하는 중국의 목표

시대	정통 주도
청조 말기 (1800-1860)	분리주의자
청조 말기부터 민국 초기까지 (1896-1939)	참여주의자
모택동 시대 (1949-1976)	수정주의자
덩샤오핑 시대 (1976-1996)	참여주의자
후 덩샤오핑 시대 (1997-)	참여주의자

資料來源: Jeffrey W. Legro: 『義圖轉變-中國的崛起與美國的應對』朱鋒,[美] 羅伯特·羅斯 主編: 『中國崛起理論與政策的視角』上海人民出版社, 2008년, p.167.

중국과 국제체계 간의 복잡한 왕래의 역사는 중국이 고대 국제체계의 중심 국가와 주도 국가에서 근대 국제체계에의 강제 편입과 점차적인 반변두리화와 함께 시작되었다. 중국은 일찍 고대 국가체계의 중심국이였다. 진한秦漢시기로부터 아편전쟁이 발발할 때 까지 중국은 국토 면적이나 인구 그리고 경제와 문화의 발전 정도 등 모든 면에서 우월한 세계적인 '단극單極체계 중심'이였다.[146] 중국은 중심 국가이자 주도국으로서 주변에 이른바 '조공朝貢체계'라 불리는 국제체계를 구축했다. 이 체계는 중국 대륙을 중심으로 동북아와 동남아시아에 부챗살 모양으로 확장되었다. 중국의 유교 윤리를 핵심으로 한 정치 모델, 중농억

---

145 [美] 杰弗里·勒格羅: 『義圖轉變-中國的崛起與美國的應對』, 朱鋒,[美] 羅伯特·羅斯主編:『中 國崛起理論與政策的視角』, 上海人民出版社, 2008년, p.166.

146 葉自成: 「超越多極化思惟, 促進大國合作對中國多極化戰略的歷史與理論的反思」, 秦亞靑主編: 『中國學者看世界國際秩序卷』, 新世界出版社, 2007년, pp.65-67.

상重農抑商의 농경 문명, 한자 쓰기와 인쇄 문화 등이 중국 주변 의 원시적 및 반원시적인 경제 지역에 전파되면서 조공무역과 책봉을 특징으로 한 중화제국 중심의 동아시아 세계체계가 형성된 것이다. 이러한 체계는 중심과 주변의 느슨한 종속 관계로 인해 비록 여러 차례 심각한 도전에 직면했으나 반복되는 쇠퇴와 부흥 속에서 19세기 중반까지 독립적인 발전을 지속함으로써 매우 강력한 안정성과 연속성을 보여 주었다.[147] 중국은 스스로 세계의 중심으로 자처하면서 체계 밖의 세상에는 전혀 관심을 두지 않았다. 물론 중국도 다른 체계와 왕래를 하였는데 이를테면 실크로드, 정화鄭和의 항해 등과 같은 것이다. 그러나 이러한 왕래는 모두 저차원적이고 우발적인 것일 뿐 중국과 세계의 보다 밀접한 왕래에로 이어지지는 못했다. 그러다가 서방의 대외 확장과 식민지 활동이 시작되면서 '조공체계'의 안정성이 깨지게 되었고 중국의 반변두리화, 즉 반식민지화가 시작되었다. 따라서 중국의 기존 체계의 발전은 중단되었고 서구 자본주의를 중심으로 한 새로운 세계 경제체계에 편입되면서 차츰 식민지로 전락하게 된 것이다.[148]

중국은 고대 국제체계의 중심 국가에서 근대 국제체계의 반변두리 국가로 전락함으로써 전후 위치가 현저한 대조를 이루게 되었다. 국제체계가 재구축되면서 중국은 대국으로서의 지위를 박탈당하게 되었다. 중국은 국제적으로 중요한 역할을 하는 대국으로 거듭날 수 있기를 갈망했으나 수차례의 좌절만 겪었을 뿐 국제체계에서 줄곧 자국의 마땅한 위치를 찾지 못했다. 이러한 상황 속에서 국제체계에 대한 중국의 관념, 태도와 행위가 결정지어 졌고, 어떻게 하면 국제체계와의 관계를 바로 잡을 수 있겠는가 하는 것은 중국이 해결해야 할 세기적인 난제로 남게 되었다.

---

147 羅榮渠 : 『現代化新論續編-東亞與中國的現代化進程』, 北京大學出版社, 1997년, pp.67-68.
148 羅榮渠 : 『現代化新論-世界與中國的現代化進程』, 北京大學出版社, 1993년, p.240.

2. 신중국 건립 전 중국공산당의 국제체계관과 대외 관계

중국의 근대 국제체계에서의 침몰과 반변두리화 과정은 한편으로는 자강, 자립을 위한 분투 과정이기도 하다. 중국은 국제체계의 평등한 일원이 되기를 갈망했고 민족의 자립을 갈망했으나 이러한 갈망은 여러 가지 이유로 인해 줄곧 실현되지 못했다. "어떤 측면에서 보면, 중국 근대사는 중화민족이 민족의 평등과 국가의 지위를 쟁취하기 위해 싸워온 역사였다고 할 수 있다."[149] 중국공산당은 창당 이래 중국에 대한 개조와 중화민족의 진흥을 당의 사명으로 삼았으며 이 과정에서 점차 자기의 국제체계관이 형성되었고 이를 바탕으로 중국 혁명의 실천을 지도했으며 중국공산당으로 하여금 국제체계의 혁명자에서 적극적인 참여자로의 중대한 전환을 이루게 했다. 이 시기 국제체계 자체에도 중대한 변화가 발생했는데 그것은 바로 두 차례의 반체계 운동과 세계대전의 발발이며 이로 인한 국제체계의 두 차례의 재구성이다. 이러한 변화는 중국과 국제체계의 관계에 중대한 영향을 미침과 동시에 중국공산당의 국제체계관, 신분 확증과 대외 관계에 대한 탐색에 결정적인 작용을 했다.

(1) 세계 프롤레타리아 혁명의 일부분 그리고 국제체계의 혁명자

중국공산당은 창당 시기부터 세계를 압박 민족과 피압박 민족으로 나누고, 자신을 세계 피압박 민족의 일부로, 중국 혁명을 세계 프롤레타리아 혁명의 일부로 간주했으며 중국 혁명이 나아갈 길은 바로 전 세계 프롤레타리아와 연합하여 무장 투쟁으로 세계 자본주의와 제국주의를 뒤엎는 것이라고 여겼다. 중국공산당이 이처럼 국제체계의 혁명자가 된 것은 중국공산당 창당의 시대적 배경 그리고 중국의 당시 상황과 밀접히 연관되어 있다.

---

149 秦亞靑等:『國際體系與中國外交』, 世界知識出版社 2009년, p.5.

근대 이래, 중국은 민족의 독립을 쟁취하고 국제체계에서 평등한 일원이 되기 위해 노력해 왔으나 실패만 거듭했다. 양무운동洋務運動에서 무술변법戊戌變法, 신해혁명辛亥革命에 이르기까지 민족의 존엄을 회복하려는 중국의 염원은 번마다 치명적인 타격을 받았다. 그 후, 제1차 세계대전은 중국에 천재일우의 기회를 제공해 주었다. 전쟁이 발발한 직후 북양정부北洋政府는 유럽 협약국에 노동자를 파견하는 등 간접적으로 제1차 세계대전에 참전했으며 1917년 8월 14일에는 정식으로 협약국에 가입하여 독일, 오스트리아에 선전포고를 함으로써 이 기회를 빌어 중국이 굴욕적인 지위에서 벗어나 주권, 독립과 평화를 쟁취할 수 있기를 바랐다. 협약국과 미국은 중국의 대독일, 오스트리아 선전포고 후 "중국이 국제적으로 대국으로서의 지위와 혜택을 누리도록 후원하겠다"고 중국 정부에 약속했다. 미국 대통령 윌슨이 발표한 '민족자결', '비밀 외교 반대', '공정하고 항구적인 평화' 구축을 주장한 '14개조 원칙'도 중국에 희망을 안겨주었다. 그러나 파리강화회의에서 중국은 전승국 신분으로 전후 국제 협정에 참여할 기회도 얻었고 국제연맹 창설 회원국이 되었음에도 불구하고 중국 대표단이 제기한 독일의 산둥山東에서의 이권 반환, 일본이 중국에 강요한 '21조' 취소, 중국내 외국인의 특권(영사 재판권, 협정 관세) 폐지 등 요구는 받아들여지지 않았다. 이처럼 중국의 주권이 또 한번 강권 정치에 의해 난폭하게 짓밟히고 주권 독립과 평등을 얻으려던 중국의 기대가 다시 한번 물거품이 되자 마침내 중국 역사상 유명한 5·4 애국운동이 발발하게 된 것이다.

　　이와 함께 제1차 세계대전 기간 국제체계 사상 최초로 대규모 반체계 운동이 일어났는데 그것이 바로 러시아 10월 혁명이다. 러시아 10월 혁명이 자본주의와의 연결 고리를 끊고 사회주의 길로 들어선 것은 사실상 미래 국제체계 발전 방향에 대한 일종의 새로운 탐색이었다. 러시아 10월 혁명의 승리와 그 영향 하에 중국의 진보적 지식인들은 중국을 개조하고 민족의 해방과 독립을 쟁취할 수 있는 희망을 찾게 되었고 10월 혁명은 "세계의 새로운 문명의 서광이며",

"미래의 세계는 반드시 붉은 깃발이 휘날리는 세계가 될 것"이라고 확신했다.[150] 그들은 중국의 사회 문제를 해결하려면 반드시 대규모 개조의 방식을 취해야 하고, 중국 문제는 본질적으로 세계 문제이므로 중국을 개조할 뿐만 아니라 세계도 개조해야 하며 러시아 혁명의 길은 중국에서 "모든 길이 다 통하지 않는 상황에서 새로 발견한 한 갈래의 길"[151]이라고 여겼다.

중국공산당의 창립은 5·4 운동과 그 이후 중국 노동운동의 발전의 결과이고 중국 근대 역사 발전의 결과이며 10월 혁명의 선도와 도움의 결과이기도 하다. 이러한 시대적 배경은 필연적으로 중국공산당의 국제체계관 형성에 중대한 영향을 미치게 되었다. 중국공산당이 공식 출범 전에 초안한 「중국공산당 선언」에서 명시한 바와 같이, 중국의 초기 공산주의자들은 새로운 사회를 만들려면 우선 자본주의 제도를 뿌리 뽑아야 하고 그러자면 반드시 강력한 힘으로 자본가의 나라를 뒤엎고 러시아처럼 프롤레타리아 독재를 실현해야 하며, 러시아의 프롤레타리아 독재 방식은 "우연히 나타난 것이 아니라 인류 사회 발전 중에 나타난 자연적인 결과"[152]라는 인식을 가지게 되었다.

워싱턴회의와 「9개국공약」의 체결은 당시 중국에 제국주의 공동 침략의 '문호개방'이라는 새로운 국면을 열어놓았다. 이러한 상황은 중국공산당으로 하여금 제국주의 시대의 세계 구도는 이미 '피압박 민족'과 '압박 민족'으로 나뉘어졌고, 중국 혁명은 세계 프롤레타리아 혁명 운동의 일부분이 되었으므로 "중국의 반제국주의 운동도 전 세계 피압박 민족혁명의 조류에 합류하고 더 나아가 세계 프롤레타리아 혁명 운동과 연대해 야만 공동의 압박자인 국제 자본 제국주의를 신속하게 타도할 수 있으며 또 오직 이 길만이 중국의 근로 대중

---

150 李大釗:「Bolshevism的勝利」,『中國共產黨歷史』第1卷(1921-1949), 中共黨史出版社, 2011년, p.46 재인용.

151 『毛澤東文集』, 第1卷, 人民出版社 ,1993년, p.1.

152 『中國共產黨宣言』(1920년 11월), 人民网 ,中國共產黨歷次全國代表大會數据庫 참조.

112   中國共產黨의 중국 특색 외교 이론과 실천

이 제국주의 압박에서 벗어나 자신을 해방할 수 있는 유일한 길"[153]이라는 인식을 한층 굳히게 했다. 1923년 6월에 소집된 중국공산당 제3차 전국대표대회 선언서에서는 "우리의 사명은 국민 혁명으로 피압박 민족을 해방시키고, 나아가 세계 혁명에 합류하여 전 세계 피압박 민족과 피압박 계급을 해방시키는 것이다"[154]라고 밝혔다. 이러한 인식은 장기간에 걸쳐 중국공산당의 세계를 바라보는 시각에 심각한 영향을 주게 되었다.

이 시기 중국공산당의 대외 관계는 혁명자의 특징이 뚜렷했는데 그것은 주로 소련과 밀접한 관계를 유지하며 코민테른에 가입하고 소련과 코민테른의 지도와 원조를 받았기 때문이다. 중국 공산당이 제1차 전국대표대회에서 채택한 최초의 당 강령에는 "코민테른과 연락할 것"이라고 명확히 규정해 놓았다. 또한 당의 최초 결의에는 "당중앙위원회는 반드시 매달 코민테른에 업무 보고를 해야 한다."고 규정했다. 중국공산당 제2차 전국대표대회에서 당중앙은 정식으로 코민테른에 가입하고, "코민테른이 결의한 가입 조건 제21조를 전부 수용하며, 중국공산당이 코민테른 산하의 중국 지부"로 편성되었음을 승인하는 결의를 채택했다.[155] 소련과 코민테른의 지도와 원조 하에 중국 공산당은 국내에서 노동운동의 열조를 일으켰고 거세찬 대혁명 과정을 겪으면서 홍군과 혁명 근거지를 창설했는데 그 목적은 국내 전쟁으로 세계 혁명을 추진하여 세계 제국주의의 통치를 뒤엎음으로써 궁극적으로 민족 자결을 실현하고 세계의 항구적인 평화를 실현하자는 것이었다.

(2) 세계 반파시스트 전쟁의 일부분 그리고 국제체계의 적극적인 참여자

항일전쟁이 발발한 후, 특히 전면적인 제2차 세계대전의 발발은 중국과 세

---

153 「中國共產黨第二次全國代表大會宣言」(1922년 7월), 『中國中央文件選集 (1921-1925)』, 第1冊.

154 「中國共產黨第三次全國代表大會宣言」(1923년 6월), 『中國中央文件選集 (1921-1925)』 第1冊.

155 「中國共產黨加入第三國際決議案」(1922년 7월), 『中國中央文件選集 (1921-1925)』 第1冊.

계의 관계를 철저히 개변시켰다. 중국의 운명이 세계 운명과 전례 없이 밀접히 연결되면서 중국공산당의 국제체계관이 근본적인 변화를 가져왔다. 중국 혁명이 세계 혁명의 일부분에서 세계 반파시스트 전쟁의 일부분으로 전환되었고 중국공산당은 국제체계의 적극적 참여자로 등장하기 시작했다.

1929년부터 1933년까지의 세계 경제 대공황은 자본주의 세계의 정치적 대공황을 유발시켰고 따라서 국제체계 내에서 제2차 대규모 반체계운동이 발생하게 되었다. 독일과 일본은 대내로는 파시스트 독재 정치체제를 수립하고 대외로는 침략 확장의 길을 선택함으로써 유럽과 아시아에 두 개의 전쟁 발원지가 형성되어 국제체계에 새로운 위기가 형성되었다. 독일, 이탈리아, 일본 파시스트 그룹은 미국, 영국, 프랑스 등 체계 주도 국가들 뿐만 아니라 세계 각국과 세계 평화의 주요 위협 요인으로 등장했다. 국제체계의 새로운 발전 추세에 직면하여 중국공산당은 국제체계관과 대외관계에 대한 중대한 조정이 필요했다.

1935년 일본의 대중국 침략에 맞서 중국 소비에트정부와 중국공산당 중앙위원회는 「항일구국을 위해 전체 동포에게 고함爲抗日救國告全國同胞書」(즉 유명한 「8.1선언」)을 발표하여 국내에서 내전을 중단하고 단결하여 항일하며 민족통일전선을 구축할 것을 제의했다. 아울러 "제국주의를 반대하는 모든 민중(일본 국내 노동 대중, 고려, 대만 등 민족)들과 연합하고, 중국의 민족해방 운동을 동정하는 모든 민족, 나라들과 연합하며 중국 민중의 반일해방전쟁에 대해 선의적인 중립을 지키는 민족, 국가들과 친선 관계를 맺는"데 대한 새로운 외교 주장을 제기했다.[156] 당해 12월, 중공중앙은 와야오바오瓦窯堡에서 정치국 확대회의를 소집하여 제국주의 내부 모순에 대한 분석을 통해 "일본제국주의가 단독으로 중국을 병탄하려는 행동은 제국주의 내부의 모순으로 하여금 전례없는 긴장 상태에 이르게 했다"는 결론을 내렸다. 또한 미국은 "일본과 공존할 수 없는 존

---

156 「中國蘇維埃政府, 中國共産黨中央爲抗日救國告全體同胞書(8.1宣言)」(1935년 8월 1일), 『中國中央文件選集 (1934-1935)』, 第10冊.

재이고 태평양 전쟁은 그 필연적인 결과"이며 가장 광범위한 통일전선을 결성하여 "일본 제국주의 및 그 추종자, 매국적을 반대하는 모든 국가, 당파, 심지어 개인들과도 양해와 타협이 필요하며 수교와 동맹 조약을 체결하는 관계를 수립 해야 한다"[157]는 인식을 가졌다. 마오쩌둥은 미국 기자 스노와의 담화에서 다음과 같이 피력했다. "중국의 미래와 운명은 세계의 미래와 운명과 밀접하게 연결되어 있다. 일본의 침략은 중국을 위협할 뿐만 아니라 세계 평화, 특히 태평양 지역의 평화도 위협하고 있다. 일본 제국주의는 중국의 적일 뿐만 아니라 평화를 사랑하는 세계 각국 인민들의 적이며, 특히 태평양 지역에 이해 관계가 있는 미, 영, 불, 소 등 여러 나라 인민들의 공공의 적이기도 하다. 일본의 대륙 정책과 해양 정책은 비단 중국을 공격 목표로 할 뿐만 아니라 상술한 나라들도 공격 대상으로 하고 있다. 중국 문제에 대해 세계 각국은 두 가지 선택이 가능하다. 그 하나는 중국을 도와 침략자와 저항하여 중국으로 하여금 하나의 주권 국가가 되게 하는 것이고, 다른 하나는 중국을 완전히 식민지화가 되도록 방치해 두는 것이다. 전자의 경우, 외국과 중국의 협력 기회는 많아질 수밖에 없다. 왜냐하면 중국이 자유를 얻게 되면 중국 인민은 독립적인 인민이 되고 독립적인 경제, 문화와 정치기구를 갖게 된다. 이와 반대로 후자의 경우, 만약 중국이 완전히 식민지화가 되도록 내버려 둔다면 태평양 지역의 미래는 암담해질 수 밖에 없다. 이는 중국 독립의 파멸을 의미할 뿐만 아니라 또한 태평양 연안 여러 나라 인민과 문화가 파멸적인 위협에 직면하게 됨을 의미하며, 이는 결국 길고 끔찍한 어리석은 전쟁의 시작이 될 것이다."[158]

　이 시기 중국공산당은 미, 영 등 서방 국가들에 대한 인식에 있어서 과거를 반복하고 또 미, 영이 극동에서 '뮌헨' 음모를 꾸민다고 여겨 경계심을 가졌으

---

157 「中央關於當前政治形勢與黨的任務決議(瓦窯堡會議)」(1935년 12월 25일), 『中國中央文件選集(1934-1935)』, 第10冊.

158 『毛澤東文集』, 第1卷, 人民出版社, 1993년, pp.391-399.

나 1941년 12월 태평양전쟁이 발발한 후에는 국제 정세에 대한 판단이 명확해 졌다. 즉, 중공중앙이 발표한 「태평양 전쟁을 위한 중국공산당의 선언」과 「태평양 반일 통일전선에 관한 중공중앙의 지시」에서는 "태평양전쟁은 일본 파시스트가 미국, 영국 그리고 기타 여러 나라를 침략하기 위해 발동한 비정의적인 약탈 전쟁이다. 미국과 영국 그리고 기타 여러 나라들이 함께 벌이고 있는 저항은 독립, 자유와 민주를 쟁취하기 위한 정의적인 해방 전쟁이다."[159] "영국과 미국 그리고 태평양 여러 나라의 항일 전쟁은 정의적인 해방 전쟁이며, 영국과 미국의 승리는 바로 민주와 자유의 승리이다."[160] "이로써 세계전쟁의 진영이 마침내 분명해졌고, 침략과 반침략 전선이 최종적으로 형성되었다"[161]라는 판단을 내린 것이다.

중국공산당의 국제 구도에 대한 인식이 변화함에 따라 중국공산당과 국제 체계 간의 상호관계도 잇따라 변하게 되었다. 중국공산당은 코민테른의 테두리에서 벗어나 진정으로 세계로 나아가기 시작했으며, 국제 반파시스트 통일전선의 결성을 적극 호소하고 추진하는 동시에 자신의 모든 역량을 동원하여 항일전쟁과 반파시스트 전쟁에 투입함으로써 마침내 국제체계의 적극적인 참여자로 등장하게 된 것이다.

중국공산당이 지휘하는 군대는 애초부터 전면적인 인민전쟁 노선을 집행했다. 그들은 유격전을 통해 적후에 항일근거지와 유격지역을 구축했으며 인민대중을 광범위하게 동원, 조직하고 무장시키는 등 다양한 방식으로 일본 침략군을 소멸하고 견제했다. 민족 해방을 위한 이 전쟁 중에서 중국공산당이 이끄는 인민 항일무장대는 연인원 12만 5000명에 달하는 적군과 작전을 펼쳤고 일본

---

159 「中國共産黨太平洋戰爭的宣言」(1941년 12월 9일), 『中國中央文件選集 (1941-1942)』, 第13冊.
160 「中共中央關於太平洋反日統一戰線的指示」(1941년 12월 9일), 『中國中央文件選集 (1941-1942)』, 第13冊.
161 周恩來: 「太平洋戰爭與世界戰局」(1941년 12월 13일), 『新華日報』, 1941년 12월 14일.

군, 괴뢰군 도합 171만 1000여 명을 소멸했는데, 그중 일본군이 52만 7000여 명에 달했다.[162] 인민 항일무장대가 반격한 일본군과 괴뢰 군의 숫자, 그리고 전장의 범위와 전투력, 작전에 배합한 광범위한 대중들, 정치적 수준과 내부 결속력 등 여러 측면에서 살펴볼 때, 그들은 중국 항일전쟁의 주력군이 되었음을 알 수 있다.[163]

특히 주목할 것은 중국공산당이 세계 반파시스트 전쟁에 중대한 기여를 했을 뿐만 아니라 세계 반파시스트 전쟁의 전체적인 국면에서 당시의 형세를 객관적으로 분석한 후 반파시스트 동맹의 '선 유럽 후 아시아' 전략에 대해 충분히 긍정함으로써 고귀한 국제주의적 자세를 보여 주었다는 점이다. 1943년 7월 2일, 중국공산당 중앙위원회는 「항일전쟁 6주년 기념 선언」에서 '선 아시아 후 유럽'론을 비판하면서 다음과 같이 언급했다. "소·영·미 연대의 견고함 그리고 파시스트 독일 및 이탈리아에 대해 결전 단계에 돌입한 현실은 독일, 이탈리아 파시스트의 실패일 뿐만 아니라 또한 일본 파시스트의 실패이기도 하다. 왜냐면 침략국의 우두머리는 히틀러이고, 히틀러의 실패가 바로 모든 파시스트의 실패와 같기 때문이다." "서방 파시스트에 대한 여러 동맹국들의 최후 결정타가 실현되는 날이면 바로 모든 파시스트가 실패하고 세계 여러 민족의 해방이 대부분 실현되는 날이다. 그때가 되면 동방 파시스트의 실패와 동방 여러 민족의 해방은 잇따라 실현될 것이다."[164]

이 시기 전쟁 환경은 비록 매우 열악했지만 중국공산당은 서방 민주 국가와의 연대를 위해 노력을 아끼지 않았으며, 또한 이 기회를 빌어 신민주주의 중국의 건립과 국제 통일전선의 결성에 관한 중국공산당의 방침 정책을 적극 홍보

162　中共中央黨史研究室: 『中國共産黨歷史』第1卷 (1921-1949) 下冊, 中共黨史出版社, 2011년 第二版, p.668.

163　『毛澤東選集』, 第3卷, 人民出版社 ,1991년, p.1039.

164　「中國共産黨中央委員會爲抗戰六周年紀念宣言」(1943년 7월), 『中國中央文件選集 (1943-1944)』, 第14冊.

하여 대외 영향력을 확대하는 한편 국제 협력의 실현을 위해 적극 노력했다. 마오쩌둥은 미국 기자 스노와의 담화에서 다음과 같이 말했다. 세계상에는 미국, 영국, 프랑스와 같은 전쟁을 반대하는 국가들이 존재하는가 하면, 식민지, 반식민지 국가 그리고 소련과 같은 사회주의 국가도 존재한다. 이런 국가들은 하나로 뭉쳐 반침략, 반전, 반파시스트 세계 연맹을 결성할 수 있다. "무릇 이 공동전선에 참가하기를 원하는 나라에 대해서는 그들의 공동전선에의 기여 여하를 불문하고 모두 친선 국가로 인정되어 중국의 환영을 받을 것이다."[165]

항일전쟁 후기에 세계 기자단과 미군 대표단이 옌안을 방문한 적이 있었는데 중공 중앙은 이와 관련하여 특별히『외교 업무에 관한 중앙의 지시』를 발표해 이를 국제통 일전선과 외교 분야 간부들에게 하달했다. 지시에서는 외교의 성격, 중심 내용, 지켜야 할 원칙 등에 대해 다음과 같이 명확히 규정했다. 즉, 외국 기자와 미군 요원들의 옌안 방문은 비록 반독립적인 성격의 외교이나, 이것은 실질적인 접촉의 시작이며 "우리가 국제적으로 통일전선을 펼쳐가는 과정이고 우리 외교의 시작이다." 국제통일전선의 중심 내용은 공동 항일과 민주적 협력이다. 국가로 말하면 미, 소, 영 3국이 중국과 관련이 많으며 그중에서도 "미국과의 상호 관련이 가장 밀접하다." 상호 간 협력에 있어서 우선 군사 협력을 기초로 하고 다음으로 문화 협력을 추진하며 아울러 정치와 경제 협력을 실현하는 것이다. 외교정책이나 정치적으로는 동맹국들이 우리 변구(邊區-민주혁명시기 중국 공산당이 적의 통치 세력이 약하고 군중 기반이 비교적 든든하며 지형 조건이 유리한 몇 개 성省의 변두리 지역에 건립한 농촌혁명근거지. 예하면 샹간湘贛변구, 어위완鄂豫皖변구, 산간닝陝甘寧변구 등이 있다.-역자 주) 및 주요 항일근거지에 외교사절을 파견하거나 외교기관을 설립하는 것을 환영한다. 문화홍보 면에서는 동맹국과의 문화협력을 환영하며, 동맹국 통신사 또는 그 정부의

---

165 『毛澤東文集』, 第1卷, 人民出版社, 1993년, pp.391-399.

통신사가 옌안에 지사를 설립하거나 또는 특약 통신원이나 기자를 옌안에 파견하는 것을 환영하며 그들이 각 지방을 방문할 때 편의를 도모해 준다. 종교 면에서는 외국의 목사, 신부가 변구나 적후 근거지에서 종교 활동을 하는 것을 허용하며 마땅히 되돌려야 하는 교회 부동산은 반환한다. 의료지원 분야에서는 미국, 영국, 캐나다 등 나라가 우리에게 의료 기자재나 금전적 지원을 하는 것을 환영한다. 경제면에서는 호혜의 원칙 하에 국제 투자나 기술협력을 환영한다. 외교원칙 면에서는 민족 자존심과 자신감은 지키되 배타적이어서는 안 되며, 외국의 장점을 배우고 상호협력을 도모하되 그들에 맹종하거나 아첨해서는 안 되며 올바른 민족적 자주 입장을 지켜야 한다"[166]는 것이다.

(3) 국제체계에 대한 새로운 탐색과 격변 속의 대외관계

세계 반파시스트 전쟁의 승리는 중국과 세계의 관계를 새로운 역사 단계에 들어서게 했다. 중국은 거국적인 항쟁을 통해 항일전쟁을 세계 반파시스트 전쟁의 동부 주전장이 되게 함으로써 세계 반파시스트 전쟁의 승리에 큰 기여를 했으며 따라서 국제적 위상이 크게 향상되었다. 전후 국제체계의 재편 과정에서 중국은 처음 전승국 자격으로 제2차 세계대전 후 국제 질서의 재편에 참여하게 되었으며 아울러 유엔 상임이사국 반열에 들어서게 되었다. 그러나 다른 상임이사국에 비해 중국은 여전히 불평등한 대우를 받았고 전후 문제를 위한 얄타체제의 조치는 여전히 중국의 주권을 손상시키는 부분이 있었다. 따라서 중국을 세계 열강과 대등한 지위, 대등한 관계에 있는 나라로 만들기 위해서는 전후 국가 건설에 의존해야 했다. 그러나 어떤 국가를 건설하느냐는 문제에 있어서 국민당과 공산당은 각기 다른 운명과 각기 다른 미래를 주장하면서 서로 논쟁을 벌이게 되었고 결국 상호 간의 무력 대결을 피할 수 없게 되었다. 중

---

166 「中央關於外交工作指示」(1944년 8월 18일), 『中國中央文件選集(1943-1944)』, 第14冊.

국 내부의 이 같은 역사 발전 과정은 제2차 세계대전 후 국제체계의 양극 분화 과정과 밀착되어 서로 영향을 주면서 중국공산당으로 하여금 국제체계관과 대외관계에 대해 새로운 탐색을 시작하게 했다.

초기에 중국공산당 지도자들은 미·소협력의 국제적 환경 속에서 국공이 협력하여 중국에서 평화적으로 신민주주의를 실현하려는 구상을 했었다. 이는 제2차 세계대전 후 초기의 국제 정세에 대한 중국공산당의 판단에서 비롯된 것이었다. 중국공산당은 항일전쟁의 승리를 중국과 세계의 새로운 평화 건설 시기의 시작이라고 판단했으며 이러한 판단에 의해 중국이 직면한 임무는 국내 단결과 평화를 보장하며 민주를 실현하고 민생을 개선하여 평화, 민주, 단결의 토대 위에서 전국의 통일을 실현하는 것이며 아울러 영국, 미국, 소련 및 모든 동맹국들과 협력하여 국제적으로 항구적인 평화를 정착시키는 것이라고 인식했던 것이다.[167] 중국공산당은 제2차 세계대전 이후의 국제 정세에 대한 총체적 판단에 있어서 전후 세계의 미래는 밝을 것이며 "이것은 전반적인 추세"라는 낙관적인 태도를 가지고 있었다. 또한 제3차세계대전은 일어나지 않을 것이며 "많은 국제 문제에서 자본주의 국가와 사회주의 국가 간에 여전히 서로 타협이 이루어 질 것이다. 왜냐하면 타협은 상호 간 이점이 있기 때문이다"[168]라는 인식을 가지고 있었다. 1946년에 이르러서도 중국공산당 지도자들의 이와 같은 인식은 바뀌지 않았다. 그들은 "세계 반동 세력이 확실히 제3차 세계대전을 준비하고 있으므로 전쟁 위험은 존재하고 있다. 그러나 세계 민중의 힘, 민주의 힘은 세계 반동 세력을 추월하였고 또한 계속 발전해 가고 있기 때문에 전쟁 위험을 반드시 극복해야 하고 또 기필코 극복할 수 있을 것이다. 따라서 미국, 영국, 프랑스와 소련의 관계는 타협이냐 아니면 파열이냐의 문제가 아니라, 좀 일찍이

---

167 「中共中央對目前時局宣言」(1945년 8월 25일), 『中國中央文件選集(1945년)』, 第15冊.
168 『毛澤東選集』, 第4卷, 人民出版社, 1991년, pp.1161-1162.

타협하느냐 아니면 좀 늦게 타협하느냐의 문제일 뿐"[169]이라고 여겼다. 바로 이런 이유로 마오쩌둥은 친히 중경에 가서 담판을 벌였고 담판 기간에는 미국, 영국, 프랑스, 캐나다 등 서방의 각국 사절들과 널리 접촉하면서 중국공산당의 주장을 반복적으로 홍보하고 국제적 이해와 지지를 얻기 위해 노력했다. 그리고 국공 관계에 갈등이 발생했을 때에도 중국공산당은 마셜의 중재를 받아들였으며 한때는 미국이 중립을 지키도록 유도하는 전략을 취하기도 했다. 그러다가 나중에 미국이 국민당을 도와 전면적 내전을 도발하자 중국공산당은 그때에야 비로소 환상을 버리고 국제 정세에 대해 새롭게 분석하기 시작했으며 따라서 '중간지대 혁명이론'이 초보적으로 형성되었고 결국에는 '일변도' 전략 방침을 최종 확정하기에 이르렀다.

1946년 8월, 마오쩌둥은 미국 기자 안나 루이스 스트롱과의 회견 시 처음으로 '중간 지대 혁명' 이론을 언급하면서 다음과 같이 말했다. "미국과 소련의 중간에 극히 광활한 지대가 있는데 여기에는 유럽, 아시아, 아프리카 3대주의 많은 자본주의 국가와 식민지, 반식민지 국가들이 있다." '중간지대' 국가의 민중 투쟁, 식민지, 반식민지 국가의 민중 투쟁, 그리고 미국 민중의 투쟁은 모두 세계 정세의 발전에 지극히 중요한 역할을 하며, 제3차 세계대전의 폭발을 저지시키는 관건적인 요소가 되고 있다. 바로 이 담화에서 마오쩌둥은 미국과 일체의 반동파는 모두 '종이 호랑이'라는 명론을 내놓았다.[170] 그러나 미·소냉전이 시작된 후 마오쩌둥은 1947년 12월에 소집된 중공중앙 양자구거우楊家溝회의에서 『당면한 형세와 우리의 과업』이라는 주제로 보고를 했는데, 이 보고에서 그는 처음으로 '양대진영兩大陣營'의 개념을 제시하면서 다음과 같이 말했다. 지금 세계는 이미 미국을 위시한 "제국주의 및 반민주주의 진영"과 소련을 위시한

169 『毛澤東選集』, 第4卷, 人民出版社, 1991년, p.1184.
170 『毛澤東選集』, 第4卷, 人民出版社, 1991년, p.1194.

'반제국주 의 진영'으로 나뉘어졌다. "지금의 시대는 전 세계 자본주의와 제국 주의가 멸망의 길로 나아가고, 사회주의와 민주주의가 승리에로 나아가는 역사 적 시대이다."[171]

대외관계 측면에서, 이 시기 중국공산당의 대외정책은 서방과의 관계 정상 화 도모에서 '일변도' 전략의 확립이라는 변화를 겪었다. 일찍이 1936년에 마 오쩌둥은 미국 기자 스노와의 담화에서 중국이 독립 후 취하게 될 외교 정책을 언급하면서 다음과 같이 말한 바 있다. "만약 중국이 독립하게 되면 외국인들의 합법적인 무역 이익은 과거에 비해 더 많아질 것이다. 중국은 우호 국가들과 상 호 동의 하에 서로 돕고 상호 이익을 도모하는 조약을 체결할 것이다. 또한 외 국 자본의 투자를 환영하고 합법적인 외채를 승인할 것이다. 그리고 외국 전도 사의 재산권을 인정하고 그들이 계속 선교하고, 글을 가르치고, 토지를 소유하 고 학교 및 기타 사업을 운영하는 권리를 누릴 수 있도록 허용할 것이다."[172]

국공내전의 3대 전역이 끝나고 공산당의 승리가 확실시 될 무렵, 중국공산 당은 이미 신중국 건립 후 여러 국가들과 정상 관계를 맺을 계획을 구상했다. 1948년 2월 7일, 중공중앙은 『재중국 외국인 대우 정책에 관한 지시』를 발표 하여 다음과 같이 명확히 규정했다. "외국 영사관이 있는 곳에서는 그 영사관의 영사나 직원이 아군이 도착한 후에도 여전히 떠나지 않고 남아 있을 경우 그 영 사관 건물이나 직원들을 반드시 보호해 주어야 한다. 그리고 그들의 재물, 서류 를 압수하거나 훼손해서는 안 되며 함부로 건물에 들어가 검사해서는 안 된다." 『지시』에서는 또 외국인들이 세운 교회당, 학교, 병원, 보육 시설, 양로원과 외국 인이 투자하여 설립하고 운영하는 공장, 광산, 기업과 외국 은행 및 그 대리점과

---

171 『毛澤東選集』,第4卷, 人民出版社, 1991년, pp.1259-1260.
172 『毛澤東文集』,第1卷, 人民出版社, 1993년, pp.391.

외국 교민의 보호에 대해서도 상세한 규정을 세웠다.[173] 1949년 4월 30일, 마오쩌둥이 초안을 작성한 「영국 군함의 폭행에 대한 중국인민해방군 총사령부 대변인 성명」에서도 중국인민혁명군사위원회와 인민정부는 평등, 호혜, 주권과 영토 완정에 대한 상호 존중의 토대 위에서 여러 나라들과 외교 관계를 맺는 데 대해 고려할 용의가 있다는 입장을 제시했다.[174]

그러나 중국공산당은 사실상 1948년 말에 이미 '일변도' 전략을 초보적으로 형성하였고 소련이 주도하는 반제국주의 진영에 가입했다. 그해 11월, 류사오치劉少奇는 『신화일보』에 「민족주의와 국제주의를 논함」이란 글을 발표하여 "제국주의 반혁명진영과 제국주의 및 각국의 추종자들을 반대하는 혁명진영 사이에 끼어 있는 이른바 '중간진영', '제3의 길'이란 허위적인 것이고 철저히 파산"되었음을 논증하고 양대진영 간의 투쟁에서 "사람들은 이쪽에 서지 않으면 저쪽에 서게 되며, 중립을 지킨다는 것은 불가능한 일"이라고 주장했다.[175] 마오쩌둥도 1949년에 발표한 「인민민주독재를 논함」이란 글에서 중국공산당의 소련 '일변도' 외교방침을 공개적으로 대외에 선포했다. 그는 다음과 같이 말했다. "일변도는 손중산의 40년 경험과 공산당의 28년 경험이 우리에게 가르쳐 준 것이다. 우리는 경험을 통해 승리를 달성하고 승리를 공고히 하려면 반드시 일변도를 취해야 한다는 것을 깊이 깨닫게 되었다." "중국인민은 제국주의 편에 서지 않으면 사회주의 편에 설 것이며 결코 예외는 없을 것이다. 양다리를 걸쳐서는 안 되며, 제3의 길이란 있을 수 없다."[176] 바로 이와 같은 전략적 지침 하에 중국은 서방 국가와의 상호 승인과 수교를 "전국적 승리를 쟁취한 후 오랜 시일이

173 「中央關於對待在華外國人的政策的指示」(1948년 2월 7일), 『中國中央文件選集(1948)』, 第17冊.

174 『毛澤東選集』, 第4卷, 人民出版社, 1991년, p.1461.

175 劉少奇: 「論民族主義與國際主義」, 『新華日報』(太行版) 1948년 11월 7일, 8일, 唐洲雁著: 『毛澤東的美國觀』, 陝西人民出版社, 2009년, p.203 재인용.

176 『毛澤東選集』, 第4卷, 人民出版社, 1991년, p.1473.

지나도 급급히 해결할 필요가 없는" 문제[177]로 미루어 두었다.

이 시기 중국공산당의 국제체계관과 대외관계는 과도기적 성격을 뚜렷하게 보여주었다. 즉 서방 국가의 이해와 지지, 특히 미국의 중립을 기대했던 기본 입장에서 미 제국주의와 일체의 반동파는 모두 '종이 호랑이'라고 선언하기에 이르렀고, 서방 국가와 정상적 외교 관계를 수립하려던 계획에서 초보적으로 '일변도' 전략을 형성하기에 이르렀다. 이는 당시 국제체계의 대변동 그리고 국내전쟁의 진행 과정과 밀접한 연관이 있는 바, 이러한 점은 신중국 창건 초기 중국공산당의 국제체계관의 형성과 중국 외교에 불가피적으로 중대한 영향을 끼치게 되었다.

제2절 신중국 건립부터 개혁개방까지의 국제체계관과 외교실천

1949년 중화인민공화국의 건립은 중국과 국제체계와의 관계를 근본적으로 개변시켰으며 중국으로 하여금 한 세기에 가까운 국운의 쇠락과 변두리화 과정을 깨끗이 종말 짓고 세계 민족의 행렬에 당당히 나서게 했다. 이는 중국이 새로운 역사 시기에 들어섰음을 의미하는 사건으로 중국 역사상의 하나의 전환점이자 "세계 역사상의 하나의 전환점이기도 하다."[178] 중국공산당은 과거의 혁명당으로부터 대중을 인솔하여 국가 정권을 장악하고 사회주의 혁명과 건설을 추진하는 장기 집권당으로 탈바꿈했다. 따라서 중국공산당의 국제체계관은 곧 신중국 외교의 지도사상과 행동지침이 되어 신중국의 외교를 이끌어 나가게 되었다.

---

177 『毛澤東選集』, 第4卷, 人民出版社, 1991년, p.1435.

178 [美] 斯塔夫里阿諾斯著, 吳象嬰, 梁赤民 譯: 『全球通史-1500년 以後的世界』, 上海社會科學院出版社, 1992년, p.803.

국내외 학자들은 이 시기의 중국과 국제체계의 관계에 대해 논급할 때 견해상 놀라울 정도의 일치를 보여 주었다. 대부분 학자들은 이 시기에 중국은 혁명자의 역할을 담당하여 국제체계와 대항하고 모든 기존 질서에 도전하면서 충돌과 호전적 정서로 가득차 있었다고 보고 있다. 심지어 일부 학자들은 이런 현상을 중국 특유의 전략문화에 귀결시키면서 중국은 명조 이래로 현실주의정책hard realpolitik의 전략문화를 신봉하고 공격적 행위를 취하는 것을 선호했다고 주장하고 있다.[179] 물론 이 시기에 중국은 국제기구에 거의 참여하지 않았고 미국과 소련을 적으로 대해 왔으며 심지어 전쟁과 무력 충돌까지 감수하면서 대항을 일관해 왔다. 이뿐만 아니라 중국공산당과 지도자의 문헌이나 연설문에는 혁명, 전쟁, 투쟁과 같은 단어들이 넘쳐나 혁명적 특징이 한층 더 부각될 수밖에 없었다.[180] 그러나 이러한 해석은 복잡하고 동태적인 역사를 단순하고 정태적인 관점으로 해석한 것으로서 일정한 한계를 보이고 있다. 즉, 이 시기 국제체계 자체 변화와 세계 정세의 변화가 중국공산당의 국제체계관과 외교 행위의에 준 영향을 간과했을 뿐만 아니라 중국공산당의 국제체계관과 행위 자체의 변화를 홀시했다는 점이다. 사실상 신중국 건립부터 1970년대 말까지 중국공산당의 국제체계관과 외교 실천 과정은 "시종일관 서로 다른 두 가지 관념이 상호 교차하면서 발전을 이루어 왔다고 보아야 할 것이다." 우선 관념적인 측면에서, 중국의 경제 건설을 위해 유리한 국제적 환경을 조성해야 한다는 시각과 세계 각국의 인민혁명 지원을 강조하는 두 가지 서로 다른 관점이 존재했음을 볼 수 있으며, 세계 여러 나라와의 관계를 처리함에 있어서 평화공존을 강조하는 주장과 이와 반대로 "제국주의, 수정주의, 반동파"와 견결히 투쟁해야 한다는 과격한 주장도

---

179 Alastair Lain Johnston, "Cultural Realism and Strategy in Maoist China," in peter J. katzenstein ed., The Culture of National Security: Norms and identity in World Politics (New York: Columbia University Press, 1996), pp. 216-268.

180 安衛, 李東燕:『十字路口上的世界: 中國 著名學者 探討21世紀 的 國際焦點』, 中國人民大學出版社, 2000년, p.257-258. 秦亞靑等著:『國際體系與中國外交』, 世界知識出版社, 2009년, p.85.

볼 수 있다. 그리고 자아 인식 측면에서는 중국을 제3세계의 일원으로 인정함과 동시에 "세계 혁명의 중심"이 되고자 하는 충동적인 면도 엿볼 수 있다. 이와 같은 맥락에서 우리는 이 시기 중국공산당의 국제체계관과 중국 외교의 실천 과정을 아래와 같이 세 단계로 나누어 살펴볼 필요가 있다.

1. '일변도' 전략과 국제체계의 주요 참여자 그리고 추진자

건국 초기 중국은 사회적으로나 정치적으로나 매우 취약한 국가로서 조속히 세계 각국과 정상적인 관계를 구축하고 사회주의 건설을 진행하여 세계 무대에서 입지를 다지는 것이 필요했다. 그러나 이것은 당시 이루어지기 힘든 바람일 뿐이였다. 왜냐하면 제2차 세계대전 후 구축된 얄타체계가 정치, 경제, 이데올로기 및 사회문화가 전면적으로 대립하는 양극체계에 의해 빠르게 대체되었기 때문이다. 국제체계의 양극 분화에 직면한 중국은 선택할 중간 도로가 사실상 존재하지 않았으므로 양자택일을 하지 않으면 안 되었다. 당시 형국에 대해 『대국의 흥망성쇠』의 작자 폴 케네디Paul Michael Kennedy는 이렇게 말했다. "한 나라가 미국이 리드하는 진영 내에 있지 않으면 소련이 리드하는 진영에 있을 것이고, 중간 도로란 존재하지 않는다. 스탈린과 죠지프 매카시 시대에 중간 도로로 가려는 생각은 너무나 현명하지 못한 선택이다. 이것이 바로 새로운 전략적 현실이다. 이미 분열된 유럽 여러 나라 민중들은 이에 적응해야 할 뿐만 아니라 아시아, 중동, 아프리카, 라틴아메리카 그리고 기타 지역의 민중들도 반드시 조정을 해야 했고 또한 거기에 적응하도록 노력해야 했다."[181] 미국의 유명한 중국 문제 전문가 리칸루李侃如도 자신의 저서 『중국을 다스리다』에서 이렇게 썼다. "중국이 1949년에 직면한 현실은 냉전이 이미 기성 사실이 된 양극 세계였다.

---

181 [美] 保羅·肯尼迪著, 王保存,陳景彪等譯: 『大國的興衰: 1500-2000年 的 經濟變遷與軍事沖突』, 求實出版社 ,1988년, pp.455-456.

미국과 소련은 모두 이런 국제체계 속에서의 중립을 인정하지 않았다."[182] 양자택일을 해야 하는 갈림길에서 중국 지도자들은 '일변도' 전략을 취하기로 결정하여 마침내 소련과 결맹했다. 게다가 미국의 신중국에 대한 억제와 봉쇄는 중국으로 하여금 더욱 확고하게 사회주의 진영 편에 기울게 했다.

중국이 사회주의 진영에 가입한 것은 당시 유일한 현실적 선택이였다. 전면적 대결의 양극체계로 인해 전략적 선택 공간이 크게 압축된 객관적 정세 하에서는 그렇게 할 수밖에 없었다. 그러나 다른 한편으로 이는 중국의 자발적인 선택이기도 했다. 전면적 대결의 양극체계는 강력한 이데올로기적 색채를 띠고 있었는데 그것은 바로 자본주의와 공산주의 이념 그리고 어느 길로 가느냐 하는 싸움이였다. 당시 사회주의 길로 가는 것은 중국의 역사적 선택이였고 사회주의 진영을 선택한 것 역시 중국이 반드시 거쳐야 할 길이였다. 더욱 중요한 것은 이러한 선택이 신중국의 국익에 부합될 뿐만 아니라 중국 최초의 외교 목표, 즉 국제 사회의 승인을 받고, 국가 안보를 지키며, 외부의 원조를 얻어내는 등 목표를 기본적으로 실현할 수 있었다는 점이다.[183] 중국의 사회주의 진영에의 합류는 극동의 국제구도에 획기적인 변화를 일으킴과 동시에 전반 세계 구도에도 큰 변화를 일으켰으며 사회주의 진영의 힘이 크게 강화되는 결과를 낳았다. 중국은 사회주의 진영 내에서도 국제적 책임의 이행에 적극 나서서 "아시아 여러 피압박 민족 중의 공산당과 대중들이 그들의 해방을 쟁위할 수 있도록 모든 가능한 방법으로 지원했으며", 또한 이를 국제적 범위 내에서 중국 혁명의 승리를 공고히 하는 가장 중요한 방법 중 하나로 간주했다.[184] 바로 이런 관념 하에 신중국은 건국 후 얼마 안 되어 항미원조抗美援朝와 원월항불援越抗法 전쟁에 참가했

182 [美] 李侃如著, 胡國成,趙梅譯:『治理中國從革命到改革』, 中國社會科學出版社, 2010년, p.98.

183 章百家, 「中國外交成長歷程中的觀念變遷-從革命的, 民族的視角到發展的, 全球的視野」, 『外交評論』 2009년 제3기, p.2.

184 『劉少奇年譜 1889-1969』下卷, 中央文獻出版社 ,1996년, p.245.

고, 국가 재정이 어렵고 물자가 상당히 부족한 상황에서도 대외적으로 경제기술 원조를 제공하기 시작했으며 점차 지원 범위를 확대해 사회주의 국가와 식민지, 반식민지 민족해방투쟁을 전폭적으로 지지해 주었다. 이런 의미에서 보면, 중국은 제2차 세계대전 이후 양극형 국제체계의 중요한 참여자임과 동시에 양극체계 최종 형성의 중요한 추진자이기도 하다.[185]

이 시기 중국공산당과 국가 지도자들의 문헌에 대해 연구해 보면 그들의 세계 정세에 대한 분석과 관찰은 끊임없이 변화, 발전해 왔으며 결코 시종일관 혁명적이고 호전적이지는 않았다는 사실을 발견할 수 있다. 물론 이시기에 '국제계급투쟁國際階級鬪爭'이라든가 "동풍이 서풍을 압도한다東風壓倒西風"든가 등 도전적인 슬로건과 심지어 "유고슬라비아의 기세를 납작하게 만들어 사회주의를 공고히 하고, 미국을 타격하여 제국주의를 무너뜨리며, 일본을 고립시켜 민족주의를 쟁취하자"는 등의 과격한 슬로건 들이 등장했으나,[186] 한편으로 세계 평화를 쟁취하고 양호한 국제 환경을 조성하기 위한 노력 또한 무시할 수 없는 것이다.

앞에서 이미 서술한 바와 같이, 일찍 해방전쟁 초기에 중국공산당은 국제 정세의 전반 적 발전 추세에 대해 비교적 낙관적이였는데 이러한 인식은 신중국 창건 이후에도 변함이 없었다. 1950년 6월 마오쩌둥은 당중앙 제7기 제3차 전체회의에서 다음과 같이 말했다. "제국주의 진영에 의한 전쟁 위협은 여전히 존재하며 제3차 세계대전의 가능성도 여전하다. 그러나 전쟁 위험을 억제하고 제3차 세계대전의 발발을 막으려는 투쟁 세력도 빠르게 발전하고 있으며 세계 대부분 민중들의 각성 수준도 향상되고 있다. 전 세계 공산당이 지속적으로 가능한 모든 평화 민주 세력과 단합하여 더욱 큰 발전을 이룬 다면 새로운 세계

---

185 代兵, 孫健: 「論中國與國際體系的關係」, 『現代國濟關係』, 2000년 第12期, p.31.

186 國際戰略硏究基金會編: 『环球同此凉熱—— 一代領袖們的國際戰略思想』, 中央文獻出版社, 1993년; 章百家: 「目標與選澤中國對外關係演進的歷史經驗及啓示」, 『現代關係』 2010년 慶典 特刊, P35, 재인용.

전쟁은 저지시킬 수 있다."[187] 1954년에 마오쩌둥은 또 다음과 같이 말했다. "국제적 긴장이 완화되면 제도가 서로 다른 나라들도 평화적으로 공존할 수 있다. 이것은 소련이 제시한 구호이고 또한 우리의 구호이기도 하다."[188] 1956년 9월 중공 제8차 전국대표대회에서 한 마오쩌둥의 개회사와 류사오치의 『정치보고』에서는 국제 정세가 이미 완화되기 시작했고 세계의 항구적 평화가 실현될 가능성이 보인다고 했다. 마오쩌둥은 1954년 영국 노동당 대표단 회견 시, 1960년 중남미의 칠레 사절단 회 견시에도 중국은 평화를 원하며 또 지속적으로 평화로운 국제 환경을 조성하기 위해 노력할 것이라고 재차 표명했다. 이러한 주장은 당시 중국이 이미 사회주의 전면적 건설 시기에 진입했으므로 평화로운 국제 환경의 보장이 필요한 시점에서 제기된 것이라고 볼 수 있다. 특히 마오쩌둥은 「10대 관계를 논함論+大關係」이란 논문에서 "외국을 따라 배우자"는 구호를 제기하면서 다음과 같이 강조했다. "우리의 방침은 모든 민족, 모든 국가의 장점을 배우고 정치, 경제, 과학, 기술, 문학, 예술에 관한 모든 좋은 것들을 배우는 것이다." 그리고 "자본주의 국가의 선진 과학기술과 기업 경영 방법 중 과학적인 부분도 배워야 한다. 배움에 있어서는 분석적으로, 비판적으로 배워야 하며 맹목적으로 배우거나 그대로 모방하거나 기계적으로 옮겨서는 안 된다."[189] 저우언라이도 이와 같은 견지에서 "자본주의 국가의 제도를 우리는 배울 수 없다……그러나 서방 국가의 회의 일부 형식과 방법은 배울 필요가 있다. 이런 것들은 우리로 하여금 또 다른 측면에서 문제를 발견할 수 있게 한다"[190]라고 말한 바 있다.

바로 이러한 세계관의 지도 아래 중국은 제네바회의, 반둥회의 등 일련의

187 毛澤東:「爲爭取國家財政經濟狀況的基本好轉而鬪爭」(1950년 6월 6일), 『建國以來重要文獻 選編』, 第1冊.
188 『毛澤東文集』, 第6卷, 人民出版社, 1999년, p.334.
189 『毛澤東文集』, 第7卷, 人民出版社, 1999년, pp.41-43.
190 『周恩來選集』, 下卷, 人民出版社, 1984년, p.208.

중대한 외교 활동에 참석했고, '평화공존 5항원칙'을 제시했으며, 중·미 대사급 회의도 개최했다. 평화공존 5항원칙의 제시는 신중국의 자주독립 외교정책의 실행 과정에 있어서 하나의 중요한 절차이며, 신중국이 전후 국제 정세 발전의 새로운 상황, 새로운 경험에 비추어 창의적으로 제시한 참신한 국제행위 준칙으로서 국제체계 속의 국가 간의 상호 왕래를 위해 관념적인 공공재를 제공한 것이라고 볼 수 있다. 평화공존 5항원칙에 따라 중국은 주변 환경 개선에 주력함과 동시에 외교 공간을 보다 넓게 개척해 나아갔다. 이 시기 중국은 이미 사실상 외교적으로 '일변도' 전략의 틀에서 벗어나 노르웨이, 덴마크, 이스라엘, 핀란드, 스웨덴, 스위스 등 유럽 국가들의 승인을 받았을 뿐만 아니라 자본주의 국가와 무역 거래도 했다. 이러한 외교적 실천을 토대로 20세기 50년대 중반에 중국은 기본적인 외교원칙을 제정하기에 이르렀는데 그 내용은 다음과 같다. (1) 모든 외교 활동의 취지는 "양호한 국제 환경을 조성해 우리 나라 인민의 사회주의 건설에 이롭게 하는 것이다." (2) 모든 국가와 민족의 상호평등 원칙을 견지하며 대국주의 사상과 행위에 견결히 반대한다. (3) 상호내정 불간섭 원칙을 고수하며 "혁명을 절대 수출하지 않는다. 혁명을 하느냐? 어떻게 하느냐의 문제는 각국 민중들 자신의 선택에 맡긴다." (4) 외교 활동에서 구동존이求同存異의 원칙에 따라 이념이 다른 국가, 사람들과도 교류를 통해 이념상의 접합점과 공통점을 찾도록 노력하며 특히 통치집단 내부의 여러 파벌 인사들과 널리 교류해야 한다.[191] 이러한 기본 원칙은 신중국이 양극화의 열악한 환경 속에서도 끊임없이 외교 공간을 개척해 나아갈 수 있었던 기반으로 되었다. 그러나 아쉽게도 1956년 폴란드, 헝가리 사건이 발생함에 따라, 특히 20세기 60년대 초반에 이르러 중·소관계의 파열, 그리고 당시 국내 정치상의 이상 기류로 인해 이러

---

191 張聞天:「關於執行我國和平外交政策中的一些問題」(1956년 3월),「對亞非形勢中若干問題的看法」(1956년 3월 31일),「論和平共處」(1956년 8월),『張聞天文集』, 第4卷, 中共黨史出版 社 ,1995년, pp.191-193, 206-208, 239-241.

한 양호한 발전 추세는 더 지속되기 어려웠으며, 결국 중국은 세계 정세에 대한 판단과 외교적 실천에서 심각한 오류를 범해 최악의 사태를 초래하게 되었다.

2. '세계 혁명의 중심'과 국제체계의 혁명자

1956년 폴란드와 헝가리 사건 이후 국제 정세의 긴장이 고조됨에 따라 중국공산당 지도자의 세계 정세에 대한 인식과 판단에는 편차가 나타나기 시작했고 잇따라 '국제적 계급투쟁'을 중시해야 한다는 주장을 제기하기에 이르렀다. 1959년 1월 1일 『인민일보』 사설에서는 당시의 국제 형세에 대해 "제국주의 세계는 나날이 썩어가고, 사회주의 세계는 나날이 좋아지고 있다"고 평했다.[192] 중국의 국가안보 정세의 새로운 변화와 '문화 대혁명'의 발발로 이러한 인식의 편차는 더욱 심화되었다.

1960년대 초반, 중국의 국가안보 정세에는 새로운 변화가 나타났다. 미국은 대만과의 '공동방어조약' 체결과 베트남전 개입을 통해 중국에 대한 전략적 억제를 가중화했고, 중국 주변의 안보 정세에도 중대한 변수가 생겨 중국과 인도 국경 지대에서 군사 충돌이 빈번히 발생했다. 더욱 중요한 것은 이 시기 중·소 양국 간 50년대의 '밀월기'가 사라지고 이데올로기, 국익 등 여러 면에서 심각한 갈등이 발생해 서로 대립의 관계로 치닫게 되었다는 점이다. 이러한 국가 관계의 대립으로 양국의 이데올로기적 갈등은 한층 심화되었고 이는 결국 중·소 간의 공개적인 대논쟁을 야기시켰다. 쌍방은 당시 세계의 시대와 형태, 전쟁과 평화, 혁명과 건설, 그리고 사회주의 국가 간의 관계, 각국 공산당 간의 관계를 어떻게 처리할 것인가 등의 문제를 둘러싸고 근 1년간 열띤 이념 논쟁을 벌였다. 대논쟁은 결국 중·소 양당의 공개적인 결별로 이어졌고, 국제공산주의운

---

192 「迎接新的更大的勝利」, 『人民日報』, 1959년 1월 1일 社論.

동의 분화와 분열을 초래하게 되었으며 나아가서는 사회주의 진영의 전반적 해체를 선고하기에 이르렀다.

이와 같은 심각한 안보 위기 속에서 중국공산당의 국제 정세에 대한 판단은 점점 냉혹해질 수밖에 없었다. 1964년 10월 22일, 마오쩌둥은 한 편의 지시문에서 "전쟁에 입각해 크게 싸우고, 일찍 싸울 준비를 적극적으로 해야 한다. 일찍 싸우고 크게 싸울 준비 뿐만 아니라 핵전쟁도 준비해야 한다. 그리고 시간과 속도를 다투어야 한다. 시간 문제는 역시 전략 문제이다"라고 말했다. 이같은 적극적인 전쟁 준비는 당시 당중앙의 지도 사상으로 굳혀져 중국의 정치와 외교에 막대한 영향을 끼치게 되었다.[193]

'문화대혁명'이 시작된 후 당중앙의 국제 정세에 대한 판단은 더욱 극단적인 방향으로 나아갔다. 1966년 8월에 소집된 중공중앙 제8기 제1차 전체회의 공문에서는 "현재 우리는 세계 혁명의 새로운 시대에 처해 있으며", 전반 국제 정세의 발전 추세는 "제국주의가 전면적으로 붕괴되고 사회주의가 세계적인 승리에로 나아가고 있다"고 주장했다.[194] 또 이 같은 견지에서 "제국주의를 타도하자, 현대 수정주의를 타도하자, 각국 반동파를 타도하자", "제국주의가 없고 자본주의가 없고 착취와 압박이 없는 신세계"를 건설하자는 등 일련의 과격한 슬로건들도 잇따라 등장하게 되었다. 이와 같은 '좌' 편향적인 지도 이념 하에 중국의 외교 업무는 큰 충격에 빠지게 되었다. 이를테면 중국이 '세계 혁명의 중심'이 되기 위해서는 외교부가 "마오쩌둥 주석의 사상을 세계에 전파하고 중국의 국제적 영향력을 확대하여 세계 혁명을 추진"해야 한다는 주장에 따라 외교 활동 중에서 '홍보서紅寶書-문화대혁명 기간, 마오쩌둥 어록이나 선집을 가리킨 말·역자 주'를 강제로 배포하여 일련의 외교적 분쟁을 일으켰는가 하면 심지어 베이징에서는 주중 외국

---

193 『中國共産黨歷史』, 第2卷 (1949-1978) 下冊, 中共黨史出版社, 2011년, pp .714-717.
194 「中國共産黨第八期中央委員會第十一次全體會議公報」(1966년 8월 12일通過), 『人民日報』, 1966년 8월 14일.

공관을 습격하는 이른바 '삼잡일소三砸一燒(1967년에 베이징의 홍위병과 반란파들이 인도, 미얀마, 인도네시아의 주중 대사관을 습격하여 부수고, 주중 영국대표부를 불태워 버린 사건-역자 주)라는 어처구니 없는 사건이 발생하기도 했다. 따라서 이 시기 중국 외교는 심각한 위기에 빠지게 되었고 정치, 경제, 문화 분야에서의 대외 교류와 협력은 거의 중단된 상태에 처하게 되었다. 이 시기 중국은 사실상 거의 모든 국제기구에서 탈퇴하고 국제회의에도 참석하지 않았으며, 또 이미 수교했거나 수교 중에 있던 40여 개 국가 중 근 30개 국가와 외교적 마찰이 생겼으며, 부분적 국가들과의 외교 관계는 점점 악화되어 강등 또는 단교라는 심각한 상황에까지 이르렀다.[195] 이 뿐만 아니라 당시 중국은 반미, 반소 입장을 고수하고 반제국주의, 반수정주의를 표방하면서 사면 출격四面出擊식의 외교 노선을 고집하여 국제적 고립을 자초함으로써 국제체계에서 소외된 국가로 전락했고 자국의 안보 환경과 생존 환경에 심각한 위기를 초래하게 되었다.

3. 중국의 전략적 재사고와 국제체계와의 관계 개선

중·소 관계가 악화된 후, 1960년대 중반부터 70년대 말까지 소련은 일련의 조치를 취해 중국에 대한 전략적 포위를 실시했다. 중·소 간의 전바오다오珍寶島 유혈충돌 사건을 계기로 소련은 중·소 접경 지대에 100만 명의 병력을 배치함로써 중국의 안보에 심각한 위협을 조성했다. 한편 이 무렵, 미국은 닉슨 대통령 취임 이후 대중국 관계에서 새로운 움직임을 보였다. 이런 정세에 직면한 중국공산당 지도자들은 기존 외교 전략에 대해 재고하고 조정하기 시작했다. 당시 국제 정세를 보다 정확히 판단하기 위해 마오쩌둥은 예젠잉葉劍英, 천이陳毅, 쉬상첸徐向前, 녜룽전聶榮臻 등 네 명의 원수元帥에게 국제 정세와 전략 문제에 대한 연

---

195 『中國共産黨歷史』, 第2卷 (1949-1978) 下冊, 中共黨史出版社 ,2011년, pp.880-881.

구를 위탁했다. 저우언라이는 외교 부서에 지시를 내려 미국의 정책 동향에 대한 연구를 강화하고, 미국의 전략적 의도를 정확히 파악하며 미국과의 접촉 가능성을 검토하도록 했다.

4대 원수가 당중앙에 올린 두 편의 보고서 「전쟁 형세에 대한 초보적인 예측」과 「당면한 정세에 대한 견해」에서는 중국, 미국, 소련 3국의 동향에 대해 비교적 전면적으로 분석하고 나서 다음과 같은 결론을 내렸다. "현시점에서 국제적 대항은 집중적으로 중, 미, 소 3대 세력 간의 투쟁으로 나타난다. 미·소의 갈등은 본질적인 것이고 현실적인 것 이며, 또한 경상적이고 첨예한 것이다. 중국은 다만 미국의 '잠재적인 적수'일 뿐 현실적인 위협이 되지 않는다. 소련은 중국을 주적으로 삼고 있기에 우리 나라 안보에 대한 위협은 미국보다 크다고 할 수 있다. 소련은 비록 중국에 침략 전쟁을 발동해 속전 속결을 꾀하고 있으나 중·미 연합을 우려해 중국에 대한 전면전을 주저하고 있다. 그러므로 미·소 갈등을 이용해 중·미 관계를 타개할 필요가 있으며 반드시 적절한 책략을 취해야 한다."

이 두 보고서의 전략적 가치는 아래와 같은 두가지 중요한 전략적 판단을 제시한 데 있다. 하나는, 당시 유행하고 있었던 전면적인 대중국 침략 전쟁이 임박했다는 견해에 초점을 맞추어 내려진, "예상 가능한 시기 내에 미 제국주의와 소련 수정주의가 단독 또는 연합으로 전면적인 대중국 침략 전쟁을 도발할 가능성이 희박하다"는 판단이고, 다른 하나는 세밀한 논증을 거쳐 내려진, 미국과 소련 중 소련이 중국의 국가안보에 주요 위협이 된다는 판단이다. 이 두 가지 판단은 중국의 외교전략 조정에 기본적인 근거를 제공해 주었다.[196] 여기에서 주목할 점은 네 원수에게 국제문제 연구를 위탁한 것은 마오쩌둥이 먼저 제안한 것이고 또 여러 차례 독촉이 있었다는 점이다. 이것은 중·미 관계 조정에 대한 사상의 시발은 마오쩌둥에게서 비롯된 것으로서 수동적이 아니었음을 보여

---

196 『中國共産黨歷史』, 第2卷 (1949-1978) 下冊, 中共黨史出版社, 2011년, pp.884-886.

준다.[197]

　국제정세에 대한 심층 분석과 연구를 통해 마오쩌둥, 저우언라이 등 지도자들은 외교 전략의 조정 목표를 명확히 설정할 수 있었으며 중·미 관계 개선 전략에 결정적 근거를 마련하게 되었다. 그리하여 키신저와 닉슨의 연이은 중국 방문을 성사시켜 마침내 중·미 관계 정상화가 초보적으로 이루어졌고 또한 이로부터 중국의 대외관계는 새로운 국면으로 접어들게 되었다. 그중 가장 중대한 전환은 바로 1971년 10월에 유엔 제26차 총회에서 중화인민공화국이 유엔에서의 모든 합법적 권리를 회복한 것인데 이것은 중국과 국제체계의 관계에서 기념비적 의미가 있는 전환점이라 할 수 있다. 그 후 중국과 세계 여러 국가들 간에 수교의 붐이 일어났고 70년대 초반에 중국은 미국을 제외한 자본주의 선진국들과의 수교 과정을 거의 마무리하고 중·일 국교 정상화도 실현하게 되었다. 70년대 상반기에 이르러 중국은 아시아, 아프리카, 중남미의 40여 개 국가들과 잇따라 외교 관계를 수립했다.

　이와 같이 70년대 상반기는 중국 외교에 있어서 획기적인 발전을 이룩한 시기였다. 이러한 발전은 중·미관계, 중·일관계 그리고 중국과 기타 나라들과의 관계에서 나타났을 뿐만 아니라 중국공산당 외교 이론의 창의적인 발전에서도 나타났는데 그것은 바로 '일조선—條線' 전략과 두 개의 중간지대론兩個中間地帶論 그리고 3개 세계三個世界 사상의 제시이다. '일조선'이란 동쪽에서 서쪽에 이르기까지 소련 패권주의를 반대하는 한 갈래의 통일전선을 결성하는 것이다. 두 개의 중간 지대론은 해방전쟁 시기에 제시한 중간 지대론에 대한 계승과 발전으로 이 주장에 따르면 미·소 양대국 사이에는 두 개의 중간 지대가 존재하는데, 하나는 아시아, 아프리카와 중남미의 경제가 낙후한 국가들이고, 다른 하나는 유럽을 비롯한 제국주의 국가와 자본주의 선진국들이며 이 두 부류의 국가들은

197　李愼明: 『中國和平發展與國際戰略』, 中國社會科學出版社, 2007년, p.9.

모두 미국의 통제를 반대하고 동유럽 국가들은 소련의 통제를 반대한다는 것이다. 이와 같은 주장은 국제 구도의 변화에 대한 마오쩌둥의 인식에 획기적인 전환을 가져왔음을 의미하며 이것은 또한 3개 세계 사상이 형성된 기반이기도 하다. 마오쩌둥은 3개 세계론에서 중국은 제3세계에 속하는 나라로서 광범위한 제3세계 국가들과 단결을 강화하고 제2세계 국가들을 포섭하여 초강대국의 통제와 압박에 공동으로 대항해야 한다고 주장했다. 1974년 유엔 제6차 특별회의에서 중국 대표단 단장 덩샤오핑은 마오쩌둥의 3개 세계 사상과 중국의 대외정책을 전면적으로 논술하면서 다음과 같이 강조했다. "중국은 사회주의 국가이고 또한 개도국으로서 제3세계에 속한다. 중국정부와 중국인민은 모든 피압박 인민과 피압박 민족의 독립을 쟁취하고 수호하며, 민족경제를 발전시키기 위한 투쟁과 식민주의, 제국주의, 패권주의에 반대하는 투쟁을 견결히 지지한다. 중국은 현재에도, 장래에도 초강대국이 되지 않을 것이다."[198] 덩샤오핑은 유엔 총회에서 3개 세계 사상을 상세하게 해석함으로써 국제체계에 대한 중국의 시각을 국제 사회에 알리고 중국 외교의 새로운 길을 열어 놓았다.

신중국이 건립된 이래 중국공산당의 국제체계관과 중국의 외교를 살펴보면 시종일관 두 가지 노선이 병존해 왔음을 알 수 있다. 하나는 명시적인 것으로, 전쟁과 혁명의 시각으로 세계와 국제 정세를 관찰함으로써 결과적으로 국제체계에 도전적이고 혁명적인 외교를 펼쳐온 것이다. 이러한 경향은 '문화대혁명' 기간에 고조에 이르렀다가 그 이후에는 점차 묵시화, 약화되는 방향으로 나아갔다. 다른 하나는 묵시적인 것으로, 전쟁과 평화의 시각으로 세계를 관찰함으로써 결과적으로 국제체계에의 평화적인 참여와 평화로운 국제 환경의 조성을 위해 노력해 온 것이다. 이러한 경향은 '문화대혁명' 기간에 크게 위축되었다가 그 이후에는 점차 명시화되었고 이것은 또한 이후 중국이 전략 조정과 외교 방

---

198 『人民日報』, 1974년 4월 11일.

향의 전환을 실현할 수 있은 토대가 되었다. 이처럼 두 가지 노선이 서로 교차하면서 병존하게 된 근본적인 원인은 한편으로는 당시 복잡한 국제 정세에 적응하기 위한 부득이한 선택이었고 다른 한편으로는 전쟁시기에 형성된 혁명에 대한 관성적인 사고 방식 때문이라고 할 수 있다. 이에 대해 덩샤오핑은 다음과 같이 말한 바 있다. "우리는 건국 이래 오랫동안 세계와 담을 쌓고 국정 운영을 해왔다. 이러한 국면이 형성된 것은 단지 우리 자체의 문제 때문만은 아니다. 국제적으로 중국을 반대하고 중국의 사회주의를 반대하는 세력이 우리를 외부와 격리시켜 고립 상태에 처하게 했다. 60년 대에 이르러 우리에게는 국제 교류와 협력을 강화할 수 있는 여건이 생겼지만 우리는 도리어 스스로 고립을 자초했다."[199] 이 때문에 중국은 경제 발전의 중요한 전략적 기회를 잃게 되었던 것이다.

그리고 중국의 외교 노선이 전쟁과 혁명에서 점차 평화공존에로 전환한 것은 당시의 냉엄한 객관적 정세에 따른 선택이기도 하지만, 다른 한편으로는 중국공산당과 국가 지도자들의 자발적인 조정에 따른 것이기도 하다. 또한 외교 분야에 미친 '문화대혁명'의 '좌' 편향적 영향도 빠르게 제거함으로써 외교상 돌이킬 수 없는 더 큰 손실의 발생을 미연에 막아냈다는 점도 간과할 수 없다. 덩샤오핑도 이 점을 높이 평가하면서 다음과 같이 말했다. '문화대혁명' 기간 중국은 외교 분야에서 큰 성과를 거두었다. 국내의 혼란에도 불구하고 중국의 대국으로서의 위상은 국제적으로 인정을 받았고 따라서 중국의 국제적 지위가 향상되었다.……이 모든 것은 사실이다.[200] 중국의 국제체계관과 외교 전략의 전환은 이후 중국공산당의 전략 중심의 이동과 개혁개방, 그리고 중국의 국제체계에의 전방위적인 참여에 든든한 토대와 필요한 전제 조건을 마련하는 과도기적 역할을 하였다는 점에서 매우 중요한 의미를 가진다.

---

199 『鄧小平文選』, 第2卷, 人民出版社, 1994년, p.232.
200 『鄧小平文選』, 第2卷, 人民出版社, 1994년, p.305.

제3절 개혁개방 이후의 국제체계관과 외교 실천

중국과 국제체계 관계의 근본적인 변화는1970년대 말 개혁개방과 함께 시작되었다. 이 시기 중국공산당은 시대의 흐름을 따르는 국제체계관으로 중국 외교를 이끌어 국제 체계에의 선택적 참여에서 전방위적인 참여에로, 나아가 공동구축에 참여하는 점진적인 과정을 거쳤다. 그리고 국제체계에서 중국의 역할도 참여자에서 수호자로, 더 나아가 건설자로의 승화를 실현함으로써 중국의 굴기와 함께 국제체계와 어울려 조화롭고 안정적으로 나아갈 수 있는 새로운 길을 개척하게 되었다. 이 시기 중국의 국제체계에의 참여는 과거에 비해 확연한 차이를 보였는데 그것은 바로 외부 압력에 의한 책략적 참여에서 내부 변혁에 의한 전략적 참여에로, 정치적 참여에서 전방위적인 참여에로, 국제체계의 종속적 또는 반종속적인 지위에서 국제체계의 건설자, 기여자로의 변화이다. 비록 이 시기에 중국과 서방 국가 간의 관계를 긴장시키는 여러 가지 사건들 이를테면 1989년 국내 정치파동 후 서방국가의 대중국 제재, 양극 구도의 해체, 1999년 유고슬라비아 주재 중국대사관의 피폭 사건, 2001년 중·미 정찰기 충돌 사건 등 사건들이 발생했지만 중국의 국제체계에의 참여 의지는 결코 동요되지 않았다. 오히려 중국은 이러한 사건을 계기로 서방 국가들과의 관계를 점차 조정하고 개선해 나아갔을 뿐만 아니라 2001년 12월 11일에는 WTO에 정식 가입함으로써 중국의 국제체계 참여도와 범위가 전례없이 확대되었다. 따라서 중국의 국제체계에의 전방위적인 참여가 시작되었고 국제체계에서의 재중심화를 위한 토대가 마련되었다.

1. 국제체계관의 역사적 전환과 국제체계의 참여자

　　1978년의 개혁개방으로부터 2001년 중국의 WTO 가입에 이르기까지 이 시기는 중국공산당이 국제체계관의 역사적 전환을 실현하고 국제체계의 참여를 가속화한 단계였다. 1978년 말에 소집된 중앙업무회의와 중국공산당 제11기 3차 전원회의에서는 당과 국가의 업무 중점을 경제 건설에 두고 개혁개방정책을 실행한다는 중대한 전략적 선택을 함으로써 신중국 건립 이래 중국공산당 역사상의 위대한 전환을 실현하게 되었다. 이러한 선택은 중국공산당으로 하여금 보다 현실적인 태도로 국제체계를 이해하게 했으며 아울러 대외개방을 추진하는 과정에서 인식을 한층 심화시키고 외교적 구도를 끊임없이 조정함으로써 중국이 국제체계에 보다 깊이 지속적으로 참여할 수 있었던 것이다.

　　이 시기 중국공산당의 국제체계관의 변화는 주로 다음과 같은 몇 가지 측면에서 나타났다.

　　첫째, 시대적 주제에 대한 인식을 새롭게 하고 세계의 흐름을 명확히 파악했다. 중국의 개혁개방은 세계 정세에 대한 새로운 인식을 토대로 시작된 것이다. 덩샤오핑은 일찍이 1977년 중앙군사위원회 전체회의에서 "지금 국제 정세도 좋은 편이다. 우리는 좀 더 시간을 벌어서 전쟁을 피할 수도 있다"[201]라고 말한데 이어 1980년에는 "만약 반패권주의 운동이 효과적으로 진행된다면 전쟁의 발발을 지연시킬 수 있으며 좀 더 긴 시간의 평화를 얻을 수 있다."[202] "평화는 발전과 밀접히 연관되어 있으며 중국을 포함한 세계가 만족스러운 발전을 이루었을 때 만이 전쟁 위협이 제거될 수 있다"라고 말한 바 있다. 80년대 중반에 이르러 덩샤오핑은 "오늘날 세계에서 가장 큰 글로벌 전략 문제는 평화문제

---

201 『鄧小平文選』, 第2卷, 人民出版社, 1994년, p.27.
202 『鄧小平文選』, 第2卷, 人民出版社, 1994년, p.241.

와 경제문제 또는 발전문제이다. 평화문제는 동서문제이고, 발전문제는 남북문 제이며 그중 핵심문제는 발전문제이다"[203]라는 한층 더 명확한 판단을 내렸다. 덩샤오핑의 이와 같은 판단에 따라 평화와 발전 문제는 중국공산당이 개혁개방 이후 세계를 인식하고 정세를 판단하는 출발점이 되었으며 따라서 발전이 시대적 주제로 등장하게 되었다. 이와 관련하여 중공 제13차 대표대회에서는 "평화와 발전이라는 양대 주제에 초점을 맞춰 외교 구도와 당의 대외관계를 조정하고 자주독립적이며, 패권주의를 반대하고, 세계평화를 수호하는 외교정책을 펼쳐나갈 것"[204]이라고 밝혔다. 그 후 중공 제14차 대표대회 보고에서도 "평화와 발전은 여전히 오늘날 세계의 양대 주제"라고 분명히 밝혔고, 중공 제15차 대표대회 보고에서도 "평화와 발전은 이미 현시대의 주제가 되었다." "평화를 원하고, 협력을 도모하며, 발전을 촉진하는 것이 시대의 주류가 되었다"고 재차 강조했다. 바로 세계 정세에 대한 이와 같은 새로운 판단이 있었기에 중국은 1985년에 백만 병력 감축 결정을 과감하게 내려 평화 외교를 실천하려는 의지를 전 세계에 알릴 수 있었고, 국제체계와의 교류도 지속적으로 확대해 나갈 수 있었던 것이다.

둘째, 대외개방을 견지하고 경제의 글로벌화 추세에 순응했다. 일찍이 1978년에 덩샤오핑은 "중국의 과학기술 수준과 경제력을 선진국에 비교하면 매우 큰 격차가 있으므로 우리는 빠른 시일 내에 네 가지 현대화를 실현해야 한다. 그러자면 "잘 배워야 하고, 국제적인 도움을 많이 받아야 하며, 세계 선진 기술과 선진 장비를 도입해야 한다"[205]고 말한 바 있다. 그 후 시간이 흐름에 따라 대외개방은 중국이 세계와의 관계를 처리하는 장기적인 전략으로 자리잡게 되

---

203 『鄧小平文選』, 第3卷, 人民出版社, 1994년, p.105.
204 본 문에서 인용한 중국공산당 역대 대표대회 보고 내용은 특별한 설명이 없는 한, 모두 중국공산당뉴스 사이트의 역사 문헌집과 당대문헌집에서 가져온 것입니다. 자세한 내용은 인민망 사이트를 참조하시기 바랍니다.
205 『鄧小平文選』, 第2卷, 人民出版社, 1994년, pp.132-133.

었다. 이와 관련하여 중공 제12차 대표대회 보고에서는 "중국의 미래는 세계의 미래와 밀접히 연결되어 있다." "호혜평등의 원칙에 따라 대외 경제기술 교류를 확대하는 것은 중국의 확고부동한 전략방침이다"라고 밝혔으며, 중공 제13차 대표대회 보고에서는 "반드시 대외개방을 견지해야 한다. 오늘날 국제 경제 관계가 갈수록 밀접해지고 있는 상황에서 어떤 나라도 폐쇄 상태에서 발전을 도모할 수 없다"고 강조했다. 이와 같은 맥락에서 중공 제14차 대표대회 보고에서는 한 걸음 더 나아가 사상을 해방하고, 개혁개방을 가속화하며, 대외개방을 더 확대할 것을 제시했으 며 중공 제15차 대표대회 보고에서는 대외 개혁개방을 국가의 장기적인 기본 국책으로 격상시켜 "대외개방 수준을 더욱 향상시켜야 한다." "대외개방은 장기적인 기본 국책이다"라고 명시했다. 보고에서는 또 처음으로 "경제, 과학기술의 글로벌화 추세에 따라 보다 적극적인 자세로 세계에 진출하여 전방위적이고, 다층적이며, 폭넓은 대외개방 구도를 구축하며 개방형 경제를 발전시키고 국제 경쟁력을 강화하여 경제구조 최적화와 국민경제의 질적 향상을 촉진해야 한다"는 한층 높은 목표를 제시했다. 한마디로, 중국은 세계를 떠나서는 발전을 운운할수 없으며, 오로지 경제의 글로벌화 과정에 적극 참여해야만 자국의 발전을 이룰 수 있다는 점을 강조함으로써 중국과 국제체계간 상호 교류의 문을 활짝 열어놓았다.

셋째, 평화공존 5항원칙을 기반으로 각국과의 우호 관계를 지속적으로 발전시킴과 동시에 중국은 제3세계에 속하며, 영원히 패권을 추구하지 않을 것이라는 점을 분명히 했다. 덩샤오핑은 일찍이 1974년 제6차 유엔특별회의 연설에서 중국은 사회주의 국가이자 개발도상국으로 영원히 제3세계의 편에 설 것이며, 영원히 초강대국이 되지 않을 것이고, 영원히 패권을 추구하지 않을 것이며, 영원히 세계에 군림하지 않을 것임을 명확히 표명했다.[206] 그 후 덩샤오핑은

---

206 『鄧小平文選』, 第3卷, 人民出版社, 1993년, pp.363.

이같은 입장을 여러 차례 되풀이해 왔었고 당의 역대 대표대회 문헌에서도 자주독립, 반패권주의, 세계평화 수호라는 중국의 대외정책에 대해 자세한 설명을 했다. 중국은 대외관계에서 더 이상 이데올로기로 선을 긋지 않았고 혁명을 수출하지 않았으며, 자국의 전략적 이익에서 출발하여 비동맹정책을 실시하고, 균형적이고 전방위적인 대외관계를 구축해 나아감으로써 중국과 국제체계 간의 양호한 상호작용 관계를 형성하게 되었다.

넷째, 새로운 국제정치경제질서의 수립을 주장하고 국제 구도의 다극화를 추진했다. 1970년대에 개도국들은 기존 국제경제질서를 새롭게 바꿀 것을 제안하면서 모든 국가는 세계 경제문제 해결에 평등하게 참여할 권리가 있으며, 천연자원과 자국 내의 일체 경제활동에 대해 영구적인 주권을 행사할 권리가 있으며, 개도국은 원료와 일차 제품 생산국 연합기구를 세울 권리가 있다는 등의 주장들을 제기했고 중국은 이에 대해 전폭적인 지지를 표명했다. 1980년대 말에 이르러 국제구도의 변화가 가속화되면서 중국은 국제 정치경제질서를 새롭게 구축해야 한다는 주장을 내놓았다. 1988년 12월, 덩샤오핑은 인도 총리 라지프 간디를 만난 자리에서 다음과 같이 말했다. "오늘날 세계에는 동시에 해야 할 일이 두 가지가 있는데 하나는 새로운 국제정치질서를 세우는 것이고 다른 하 나는 새로운 국제경제질서를 세우는 것이다." 그리고 이 일은 반드시 평화공존 5항원칙을 기반으로 추진해야 한다.[207] 1990년 12월, 그는 한 걸음 더 나아가 중국은 국제무대에서 무언가를 해야 한다. 그렇다면 "무엇을 할 것인가? 내가 보기에는 새로운 국제 정치경 제질서의 구축을 적극 추진하는 것이다"[208]라고 말했다.

국제 정세의 변화와 관련하여 덩샤오핑은 세계 구도가 다극화에로 이행되

207 『鄧小平文選』, 第3卷, 人民出版社, 1993년, pp.282-283.
208 『鄧小平文選』, 第3卷, 人民出版社, 1993년, p.353.

고 있음을 감지하고 다음과 같이 말했다. "이른바 다극이라면 중국도 하나의 극이라 할 수 있다. 중국은 스스로 자국을 비하할 필요는 없다. 어찌 보아도 중국은 하나의 극이다." 국제 구도의 변화에 대한 인식에 있어서 중공 제12차 대표대회 보고에서는 "전후 국제 무대에서 제3세계가 부상하는 것이 우리 시대의 최우선 과제"라고 밝혔으며 중공제14차 대표대회 보고에서는 "오늘날의 세계는 역사적인 대변화의 시기에 처해있다. 양극 구도는 이미 종결되었고 세계는 다양한 세력들의 분화와 재조합 속에서 바야흐로 다극화 방향으로 나아가고 있다"라고 밝혔다. 보고에서는 또 새로운 구도의 형성 과정에서 "어떤 국제질서를 수립하느냐 하는 문제가 당면 국제 사회의 중대한 관심사"라고 밝히고 새로운 국제 정치경제질서를 수립하는 원칙, 경로와 지켜야 할 국제법칙 등에 대해 자세히 논술했다. 중공 제15차 대표대회 보고에서는 공정하고 합리적인 새로운 국제 정치경제 질서를 구축하는 데 주력해야 한다는 점을 재천명함과 동시에 국제구도의 다극화에 대해 "다극화가 전 세계적으로나 또는 지역적으로 정치, 경제 등 분야에서 새로운 진전을 보이고 있다. 세계적으로 다양한 세력들의 분화와 재조합이 이루어지고 있으며 대국 간의 관계는 중대한 조정기에 들어섰다. 다양한 지역 및 대륙 간의 협력기구가 전례없이 활성화되고 개도국들의 전반적인 실력도 증강 추세를 보이고 있다. 다극화 추세의 발전은 세계의 평화와 안정 및 번영에 도움이 된다"라고 보다 명확한 설명을 했다. 특히 중공 제15차 대표대회에서는 처음으로 "다자 외교활동에 적극 참여하고 유엔과 기타 국제기구에서 중국의 역할을 충분히 발휘해야 한다"고 제기했다.

중국공산당의 국제체계관의 역사적 전환은 오랜 기간 '좌' 편향적 이념이 외교 업무를 방해해 오던 국면을 개변시켰고, 오랜 기간 중국을 괴롭히던 국제체계와의 강성強性 관계를 해소시켰으며 중국의 주동적이고 전방위적인 국제체계 참여의 막을 열어 놓았다. 새로운 국제체계관 하에 중국은 대국과의 관계에서 결맹이 아니면 대립이라는 흑백논리에서 벗어나 중·미 수교와 중·소 관계

정상화를 실현했고 일본과 '중일평화우호조약'을 체결했으며 유럽과의 관계도 비교적 빠른 발전을 가져오게 되었다. 중국과 대국의 관계는 국내 정치풍파, 서방의 대중국 제재, 동유럽의 격변, 걸프전쟁, 구소련의 붕괴 등 일련의 중대한 사건의 충격 속에서도 안정성과 연속성을 유지했다. 중국과 대국의 관계는 과거 외력에 의한 피동적 협력에서 내적 추동에 의한 주동적 협력에로 격상되었으며, 중국은 경제무역을 앞세워 대국과 상호 의존적 공생관계를 형성하고 이러한 공생관계 또한 상호 관계의 안전 장치로 작용하게 되었다. 따라서 상호 간의 전략적 협력도 끊임없이 확대되고 협력의 범위도 갈수록 넓어졌다.

중국은 주변국들과도 선린외교를 펼쳐 싱가포르, 브루나이, 한국, 사우디아라비아, 이스라엘 등 국가들과 잇따라 외교관계를 수립했으며 인도네시아와 외교관계를 회복하고 베트남, 인도와의 관계도 개선하여 양호한 주변 환경을 조성했다. 중국은 주변국들과의 관계에서 "주권은 우리의 것이고, 논쟁은 보류하며, 공동으로 개발한다主權屬我, 搁置爭端, 共同開發"는 원칙 하에 영해 분쟁에 적절히 대처함으로써 남해 정세의 기본적인 안정을 유지했다.

중국과 제3세계 국가들과의 관계도 발전했다. 중국은 개도국들과 양호한 정치 관계를 유지함과 동시에 "호혜 평등하고, 형식을 다양화하며, 실효성을 추구하고, 공동발전을 도모平等互利, 形式多樣, 講求實效, 共同發展"하는 새로운 경제 협력 패턴을 모색하고 있다. 다자외교 분야에서 중국은 유엔을 주무대로 지역과 글로벌 사무에 적극 참여하는 동시에 지역적 다자외교도 활발히 펼쳤다. 이를테면, 1996년에 중국은 동남아시아국가연합과 선린우호와 상호신뢰에 기반한 동반자 관계를 수립했고, 1997년에는 '아세안-중일한ASEAN+3'체제에 가입해 동아시아 국가와의 지역 협력을 가속화했다. 중국은 또한 러시아, 카자흐스탄, 키르키스스탄, 타지키스탄 등 국가들과 함께 5개국 정상회담체제를 구축했고 이를 토대로 2001년 6월에는 '상하이협력기구sco'를 출범시켰다. 이는 중국이 창시국 자격으로 참여하고, 중국의 도시 이름으로 명명된 최초의 국제다자 협력기구이다.

중국은 이 시기에 국제통화기금, 세계은행, 국제군축기구 등 세계 및 지역을 포함한 다양한 국제기구에 참여했는데 그 참여도가 놀라울 정도였다. 미국 학자 장이언江憶恩의 통계에 따르면 중국이 1960년대부터 가입한 국제기구의 수는 거의 제로에 가까 웠으나 1997년에 이르러서는 그 수가 미국과 인도에 근접할 정도로 증가했는데 "이는 중국이 이미 '국제사회'에 진입했음"[209]을 보여준다. 뿐만 아니라 중국은 대국으로서의 책임도 담당하기 시작했는데 이 점은 1997년 동남아금융위기에서 가장 잘 보여주었다.

2. 조화세계 이념과 국제체계의 구축자

중국은 15년간의 힘든 협상 끝에 2001년 12월 11일에 정식으로 WTO에 가입했다. 이는 중국이 경제의 글로벌화 과정에 참여하고 융합되어 가는 또 하나의 기념비적인 사건이며 중국이 국제체계의 중심에 진입하는 시발점이기도 하다. 중국은 국제체계에서 점차적으로 '구축자'와 '공헌자'의 역할을 담당하게 되었다. 그 후 10년간, 중국은 급속한 성장과 굴기로 국제적 위상과 정치, 경제 영향력이 날로 커지게 되었고 한편, 세계는 대발전, 대변혁, 대조정의 과정을 겪었다. 이 시기, 개도국들은 새롭게 부상했고 반면, 선진국들은 상대적으로 쇠락했으며 전통적 위협이 여전히 존재하는 한편, 비전통적 위협이 갈수록 두드러져 세계 평화와 지역 안정에 새로운 위협으로 등장했다. 특히 중국의 급부상은 외부 세계로부터 큰 주목을 받게 되었고 따라서 '중국 위협론', '중국 책임론', 나아가 '중국 오만론'에 이르기까지 온갖 평판이 끊이질 않았다. 이 시기 중국공산당의 국제체계관은 바로 이러한 배경 하에서 형성된 것이다.

중국공산당 16차 대표대회와 17차 대표대회 보고서를 분석해 보면 이 시기

---

209 [美] 江憶恩:「中國參與國際體制的若干思考」,『世界經濟與政治』, 1999년 第7期, p.7.

중국공산당의 국제체계관은 주로 아래와 같은 몇 가지 면에서 체현되었다고 할 수 있다.

첫째, 평화와 발전이란 시대적 주제관을 견지하고 확고부동하게 평화적 발전의 길을 걸었다. 이와 관련하여 중공 16차 대표대회 보고에서는 "평화와 발전은 여전히 현시대의 주제이다. 평화를 수호하고 발전을 촉진하는 것은 막을 수 없는 역사적 추세이다." "중국 외교 정책의 취지는 세계 평화를 수호하고 공동 발전을 추진하는 것이다"라고 밝혔다. 중공 17차 대표대회 보고에서도 "평화와 발전은 여전히 시대적 주제이다. 평화를 추구하고 발전을 도모하며 협력을 추진하는 것은 이미 막을 수 없는 시대적 추세로 되었다." "중국은 세계평화를 수호하고 공동발전을 추진하는 외교정책의 취지를 지켜 시종일관 평화 발전의 길로 나아갈 것"이라고 거듭 천명했다.

둘째, 인류의 공동이익을 부각시켰다. 중공 16차 대표대회 보고에서는 전 인류의 공동 이익을 수호해야 한다고 강조했고, 17차 대표대회 보고에서는 성장의 기회를 공유하고 다양한 도전에 공동으로 대응해야 한다고 주장했다.

셋째, 호혜상생을 강조했다. 중공 16차 대표대회 보고에서는 경제의 글로벌화를 공동 번영에 유리한 방향으로 발전시켜 나아가야 한다고 주장했고, 17차대표대회 보고에서는 한 걸음 나아가 경제의 글로벌화가 균형적이고, 보편적으로 혜택을 누릴 수 있으며, 모두가 함께 상생할 수 있는 방향으로 나아가도록 추진해야 한다고 주장했다.

넷째, 신국제 정치경제질서와 관련하여 중공 16차 대표대회 보고에서는 공정하고 합리적인 새로운 국제정치경제 질서를 세울 것을 주장했고, 17차 대표대회 보고에서는 국제 질서가 보다 공정하고 합리적인 방향으로 나아가도록 힘을 모아야 한다고 주장했다. 그리고 17차 대표대회 보고에서는 환경보호에 관한 내용을 추가하여 "환경보호 분야에서 서로 돕고 협력하여 인류의 삶의 터전인 지구를 함께 보호하자"라고 호소함으로써 중국공산당의 환경 문제에 대한 관심과 인본주의적 배려를 보여 주었다.

특히 주목할 만한 것은 이 시기에 중국공산당이 조화세계라는 이념을 제시하여 국제체계의 발전 방향과 전망에 대해 자기의 주장을 내놓았다는 점이다. 2005년 4월, 후진타오는 자카르타에서 열린 아시아-아프리카 정상회의 연설에서 아시아 아프리카 국가들이 "서로 다른 문명의 우호적 공존과 평등한 대화, 그리고 공동 번영과 발전에 기반한 조화 세계를 함께 구축해 나가갈 것"을 제시했다. 같은 해 7월, 후진타오가 러시아 방문 시 체결한 "21세기 국제질서에 관한 중-러 공동성명"에는 처음으로 '조화세계' 이념이 채택되어 국가 간 공감대가 형성되고 국제 사회의 주목을 받게 되었다. 같은 해 9 월, 후진타오는 유엔 본부에서 "항구적인 평화와 공동번영의 조화세계를 구축하기 위해 노력하자"는 연설을 통해 '조화세계'의 깊은 의미를 전면적으로 논술했다. 2006년 8월, 후진타오는 중앙외사업무회의에서 "조화세계 건설을 추진하는 것은 우리가 평화발전의 길로 나아가는 필연적인 요구이자 평화발전을 실현하기 위한 중요한 조건"이라고 강조했다.

조화세계 이념은 인본주의에 뿌리를 둔 인류사회의 화해和諧사상에서 과학적 자양분을 섭취함과 동시에 창조적인 발상으로 이를 한 단계 업그레이드 시킴으로써 보다 깊고 풍부한 의미를 가지고 있다. 한 학자는 조화세계 이념의 제시는 중국의 대외전략이 이데올로기화에서 탈이데올로기에로 전환했음을 의미한다고 평가한 바 있다.[210] 중국공산당이 주장한 조화세계 이념은 세계적으로 공유할 수 있는 이데올로기이고 인류사회가 공동으로 추구하는 목표로서 세계성이 체현된 이념이라고도 말할 수 있다. 조화세계 이념의 제시에 대해 양제몐楊潔勉은 "중국이 이미 수동적 대외관계의 틀에서 벗어나 바야흐로 국제 사회와 함께, 국제 사회가 보편적으로 인정하는 이념으로 새로운 국제 체계와 국제

---

210 蔡拓:「和諧世界理念與中國對外戰略的轉型」,『吉林大學社會科學學報』, 2006년 第5期, p.53.

질서를 구축하고 있음을 보여주는 것"[211]이라고 평가했고, 스인훙時殷宏은 조화세계 이념에 더욱 거대한 역사적 의미를 부여하면서 조화세계 이념은 세계 정치의 기본적 성격이 지금 겪고 있는 변천을 정확하게 반영한 것으로 결코 "단순한 공상이나 이상이 아닌, 세계정치의 기본적 성격에서 일어나고 있는 하나의 큰 움직임"이라고 평가 했다. 그는 또 후진타오가 예일대에서 한 조화세계 이념에 관한 연설에 대해 "미래의 역사학자들은 이 연설과 다른 한두 편의 유사한 문헌을 우드로 윌슨의 '민주주의를 세계에 정착시켜야 한다'는 연설 및 『대서양 헌장』과 유사한 문헌, 즉 다시 말해서 도덕적으로 좋은 세계는 어떤 성격을 가져야 하는가(나중에 이러한 성격을 대체로 갖추게 됨)에 대한 부상하는 세계 강국의 역사적 선언으로 치부할 수도 있다"고 평가했다.[212] 조화세계 이념에는 다양, 공존, 존중, 평등, 호혜, 협조協調, 포용, 협력, 상생 등 풍부한 내용들이 포함되어 있으며 국가와 국가 간, 사람과 사람 간, 사람과 마음, 사람과 자연 간의 화합도 포함되어 있다. 조화세계 이념의 제기는 중국이 국제체계의 구축자와 공헌자로 변모했음을 보여주는 징표라고 할 수 있다.

끊임없이 성숙해 가는 중국공산당의 국제체계관의 지도 아래 중국 외교는 국제체계에의 다층적이고, 광범위적이며, 전방위적인 분야에서 큰 성과를 거두었다. 전 세계적인 측면에서 보면, 중국은 유엔의 주도적 역할 수행, 유엔기구 개혁의 추진, 유엔 밀레니엄 발전 목표의 실현, 유엔 국제평화유지활동에의 참여, 글로벌 및 국제 이슈의 해결 등 분야에서 적극적이고 건설적인 역할을 수행했으며, 중국이 주창한 '조화세계' 이념은 국제체계의 미래 발전에 새로운 비전을 제시했다. 지역과 분야별 측면에서 보면, 중국은 상하이협력기구의 설립을 제안했고, 아세안 지역포럼, 아시아 교류 및 신뢰구축회의CICA, 중국-아프리카협

211 楊潔勉:「和諧世界理念與中國國際戰略」, 『國濟問題研究』, 2009년 第5期, p.10.
212 時殷弘:「當代中國的對外戰略思想意識形態根本戰略黨今挑戰和中國特性」, 『世界經濟與政治』, 2009년 第9期.

력포럼에 적극 참여했으며, 북핵문제 6자 회담을 추진하고, 다층적인 아태지역 다자안보협력체제의 구축을 추진하는 등 리더와 구축자의 역할을 충분히 수행했다. 경제발전 측면에서, 중국경제는 SARS, 지진, 글로벌 금융위기의 충격에도 불구하고 여전히 고속 성장을 지속하여 세계 제2 경제대국, 세계 제1 외환보유국, 세계 경제의 가장 중요한 엔진 중 하나가 되었다. 대국과의 관계에서 중국은 미국, 유럽, 일본 그리고 일부 신흥 경제 대국들과 전략적 대화와 협상체제를 구축함으로써 상호 이해와 신뢰를 증진하고 전략적 공감대를 모색하여 공동이익의 극대화를 실현했다. 국제평화와 안보 유지 측면에서도 중국의 움직임은 갈수록 활발해졌다. 북핵문제, 이란 핵문제, 그리고 아프가니스탄과 이라크의 재건, 미얀마 위기, 중동위기 등의 문제에서 중국의 적극적인 중재 역할도 줄곧 국제 사회의 주목을 끌었다. 기후 변화에 대응함에 있어서도 중국은 대외적으로 "기후 변화에 대응하기 위한 중국의 국가 방안"을 발표하고 GDP 단위당 에너지 소모 구속성 지표를 제정하는 등 많은 노력을 기울였다. 2008년의 베이징올림픽과 2010년 상하이엑스포의 성공적인 개최로 중국과 국제 사회 간의 공공외교와 인문교류가 강화되었으며 중국의 문명하고, 민주적이고, 개방적이고, 진보적이고, 책임성 있는 대국 이미지가 한층 부각되었다. 글로벌 금융위기 이후 중국은 글로벌 경제 거버넌스에 참여하고 개혁을 추진하는 데서 역할이 날로 커지고 있으며 중국의 우월한 제도적 모델도 갈수록 주목 받고 있다. 중국은 이미 국제체계의 재중심화 과정에 진입했는 바, 이는 인간의 의지에 의해 전이되지 않는 필연적인 추세라고 할 수 있다.

중공 제17차 대표대회 보고에서는, 중국은 앞으로도 계속 적극적인 자세로 다자간 사무에 참여하고 이에 상응한 국제 의무를 담당하며 건설적인 역할을 수행함으로써 국제질서가 보다 공정하고 합리적인 방향으로 나아도록 노력할 것이라고 밝혔다. 후진타오는 2010년 5월 중·미 제2차 전략·경제대화 개막식 축사에서 중국과 미국은 국제사회와 더불어 국제체계를 보다 공정하고 합리적인 방향으로 발전시켜야 한다[213]고 강조했다. 중국이 "현행 국제체계는 완전무결한 것이 아니므로 시대와 보조를 맞춰 공정하게 합리적으로 개혁하고 보완해야 한다"[214]고 주장하는 것은 국제체계 내에서 협상과 협력, 개방과 포용을 통해 기존 체계를 개혁, 보완하자는 것이지 결코 기존 체계를 뒤엎고 새로운 체계를 구축하자는 것이 아니다. 중국공산당의 90여 년간의 국제체계관과 국제체계와의 관계를 살펴보면, 매번 중국이 국제체계에 대한 정확한 파악으로 올바른 국제체계관을 수립하여 국제체계에 적극 참여하고 국제체계와 양호한 관계를 형성했을 때마다 중국은 국제체계에서 자신의 능력과 지위를 지속적으로 향상시키고 국제체계의 혜택을 누릴 수 있었다. 반면 중국이 국제체계에 대한 오판으로 국제체계와 대립, 갈등이 발생했을 때마다 중국은 안보와 생존의 위협을 받게 되었다. 따라서 국제체계를 개혁하고 보완하려면 우선 현 국제체계의 발전 추세에 대한 정확한 인식과 판단을 전제로 그에 상응하는 조치를 취해야만 국제체계 개혁을 실현할 수 있고 동시에 중국의 능력과 위상도 끌어올릴 수 있다.

현재 국제체계는 변화를 겪고 있으며 이런 변화는 과거와 다른, 아래와 같은 특징을 보이고 있다. 첫째, 국제체계의 전반적인 발전은 역전시킬 수 없는 추세가 되었다. 오늘날의 국제체계는 근대 민족국가체계에서 발전해 왔으며 그 발전 과정에서 세 번의 대규모 반체계운동을 겪었는데 이를테면 소련 10월 혁명, 독·이·일 파시스트 집단, 제2차 세계대전 후의 사회주의 진영에 의한 반체계운동이다. 이 세 차례의 반체계운동은 사실상 체계 발전 방향에 대한 정쟁과 연관되었는데 결과적으로는 모두 실패로 끝났다. 이것은 중국에게 체계 개혁과 보완은 외부가 아닌 내부에서, 대결이 아닌 평화의 길을 택해야 한다는 점을 깨우쳐 준다. 아울러 냉전적 국제체계의 평화적 전환은 중국에 국제체계에 대한

---

213 胡錦濤: 「努力推動建設21世紀積極合作的中美關係」, 제2차 중미 전략및경제 대화 폐회식에서의 축사, 2010년 5월 24일.

214 戴秉國: 『堅持走和平發展道路』, 中國外交部罔站 참조.

평화적 개혁과 보완의 가능성도 열어 주었다.

둘째, 국제체계 발전의 진보성이다. 국제체계는 하나의 권력 구조인 만큼 평등할 수도 없고 평등한 적도 없었다. 국제체계는 일단 확립되면 매우 강한 안정성을 가지게 되므로 일반적으로 전쟁이 발발하지 않는 한 쉽게 돌변이 발생하지 않는다. 그러나 그렇다고 해서 안정된 적도 없었다. 국제체계는 권력의 불균형으로 인해 번번이 충격을 받았고 때로는 그 합법성 마저도 타격을 받았다. 따라서 국제체계는 권력 변화에 따른 충격을 흡수하기 위해 지속적으로 수정, 보충을 함으로써 어느 정도 유연성과 진보성을 가지고 있으며 그만큼 국제체계의 개혁과 보완은 점진적이고 장기적일 수밖에 없다. 따라서 중국에 필요한 것은 국제체계에 대한 변혁이 양적 변혁인지 아니면 질적 변혁인지를 정확히 파악하여 그에 따른 적절한 대응책을 마련하는 것이다.

셋째, 국제체계의 균형적 발전 추세가 갈수록 뚜렷해 지고 있다. 국제체계는 서구에서 발전해 왔으므로 주도국이 모두 서방 국가일 수밖에 없었다. 그러나 이런 현상은 20세기 말에 이르러 근본적인 변화를 보이기 시작했다. 즉 개도국들이 집단적으로 부상하면서 국제체계 발전에 새로운 추세가 나타났는 바, 이것은 앞으로 권력 구조가 더욱 균형을 이루고 체계를 유지하는 제도적 장치와 문화적 가치가 비 서방적 요소를 더 많 이 갖게 될 것이라는 점이다. 따라서 중국도 체계가 수용할 수 있는 제도적 공공재와 문 화적 가치관을 더 많이 제공할 필요가 있게 되었다.

넷째, 국제체계의 지역적 발전과 분야별 발전은 이미 국제체계의 전반적인 발전과 병진하는 양상을 보이고 있다. 다양한 세력들은 이미 지역과 분야를 둘러싸고 서로 다른 그룹을 형성하여 지역과 분야 간의 협력을 강화하고 심화시킴과 동시에 전반적인 분야에서의 자신의 역할과 능력을 확대해 가고 있다. 따라서 중국은 지역 협력과 분야 간 협력에 더욱 큰 관심을 기울일 필요가 있다.

다섯째, 국제체계의 사회적 발전 추세는 계속 강화되고 있으며 국가는 여전히 국제 체계의 가장 중요한 행위체이지만 동시에 권력 분산의 충격을 피할 수 없게 되었다. 각종 비정부기구와 기업, 단체, 심지어 개인까지도 국제체계에 참여하여 일정 수준의 어젠다 설정 능력을 장악하고 있어 국제체계에서 상호 작용의 복잡화와 다원화가 초래되고 있다. 따라서 중국은 이러한 현실에 적응하고, 다원적이고 복잡한 행위체와 상호 작용할 수 있는 능력을 키울 필요가 있다.

중국은 이미 국제체계의 재중심화 과정에 있지만 이것은 단지 시작에 불과하다. 중국은 국제체계의 변화 규칙과 특징을 정확히 인식하여 기회를 포착하고, 적절하게 대응하며, 이익을 좇고 해를 피해야만 이 과정을 현실화할 수 있으며 국제체계의 끊임없는 진보와 평화적 전환에 기여할 수 있다.

제3장 국익관과 중국 외교

국가 이익은 국제 관계의 핵심적인 개념으로 대체로 정치이익, 안전이익, 경제이익, 문화이익 등으로 구분된다. 국가의 정치적 이익은 다양한 국가 이익의 집중적 체현으로 그 핵심은 국가 주권이고 가장 기본적인 국익은 국가 안보이다. 국익관國益觀이란 국가 이익의 내용 및 그 중요도, 목적, 가치의 구현, 실현 경로 등에 대한 근본적인 인지를 말한다. 국익관은 전략적 사유의 중요한 내용 중 하나로 일단 형성되면 국가 전략의 수립과 시행에 큰 영향을 주게 된다. 주관적 인지의 시각으로 보면 국익관은 사유 방식, 문화 전통, 가치관, 이데올로기 등 주체성 특질의 영향을 크게 받는다. 각이한 민족, 국가, 계급은 각이한 역사 시기에 따라 각이한 국익관을 확립하게 된다. 중국은 중국공산당이 집정하는 사회주의 국가이므로 중국공산당의 국익관이 중국 외교 전략의 수립과 시행에 어느 정도 영향을 미칠지에 대해서는 가히 짐작할 수 있다. 그렇다면, 서로 다른 역사적 단계에서 중국공산당의 국익관은 어떠했고, 또 그것이 어떻게 형성되었으며, 당시 중국 외교에 어떤 영향을 끼쳤는지 살펴보기로 한다.

중국공산당이 걸어온 90년의 역사를 돌이켜 보면, 중국공산당의 국가 이익에 대한 인지와 실현 방식은 애매모호함에서 명확함에로, 단순화에서 다양화에로 발전해 왔음을 알 수 있다. 이 과정에서 애국주의와 국제주의 간의 균형 관계를 어떻게 유지하느냐, 즉 국가 이익과 이데올로기 간의 관계를 어떻게 처리하느냐 하는 문제가 중국공산당의 국익관 형성에 중요한 요인으로 작용했다. 중국공산당의 국익관의 발전 과정은 국가 이익의 내용 및 그 목표에 대한 인지, 가치 구현에 대한 판단 및 실현 방법에 따라 대체로 아래와 같은 4단계로 나눌 수 있다. 제1단계는 중국공산당의 창당으로부터 1936년 항일민족통일전선抗日民族統一戰線이 결성되기까지이다. 이 단계에서 중공중앙中國共産黨中央委員會 내부에는 일부 문제를 둘러싸고 서로 다른 의견이 있었으나 자주성의 한계와 이데올로기의 영향으로 중국의 국익이 코민테른의 이익, 심지어 소련의 이익과도 일치하다는데 의견을 모았다. 그 후 일본 제국주의의 침략으로 이와 같은 상황이 개변되기 시작했다. 제2단계는 1936년부터 중화인민공화국이 건립되기까지이다. 이 단계에서 중국공산당은 점차적으로 자주독립을 실현했고 국가이익 및 그 실현 경로에 대해 보다 객관적이고 유연한 인식을 가지게 되었다. 따라서 항일전쟁에서 승리를 취득했으며 최종적으로 국민당 반동파의 통치를 뒤엎고 중화인민공화국을 건립하게 되었다. 제3단계는 신중국의 건립으로부터 개혁개방의 시작까지이다. 이 단계에서 중국공산당의 국익관은 이데올로기의 영향을 크게 받았다. 사회주의 진영을 공고히 하고 발전시키며 프롤레타리아 세계혁명의 완전한 승리를 거두는 것이 중국공산당의 국익관의 일부분이 되었고 혁 명투쟁이 국가이익을 실현하는 주요 수단이 되었다. 그러나 1969년의 전바오섬珍寶島사건 이후, 중국공산당의 국익관에서 이데올로기 색채는 점점 사라지기 시작했다. 제4단계는 개혁개방 이후부터 현재까지이다. 이 단계에서 중국공산당은 국가이익을 중국외교의 핵심적인 위치에 올려 놓았다. 평화롭고 안정된 국제 환경을 조성하는 것이 대외정책의 주요한 목표였고 이데올로기의 영향도 갈수록 약화되었으며 협력위주의 방식이 점차 중국공산당이 중국의 국익을 실현하는 주요 수단으로 되었다.

90년간 중국공산당의 국익관의 발전, 변화 과정을 살펴보면 아래와 같은 세 가지 경향적 특징이 있다. 첫째, 내용상 비교적 뚜렷한 '내향성內向性'을 가지고 있다. 즉 중국 국내의 정치, 경제, 사회 발전의 수요에 따라 국가이익에 대한 정의가 내려지고 이에 따라 평화적이고 방어적인 중국의 대외정책이 결정지어진 것이다. 중국의 해외 이익이 빠르게 확장되고 있는 오늘날에도 중국공산당은 여전히 평화 협력의 방식으로 해외 이익을 보호할 것을 주장하고 있다. 둘째, 가치관에서 이데올로기적인 색채를 제거하려는 추세가 비교적 뚜렷하게 나타났다. 그리고 중국의 국가 이익과 전 인류의 이익 간의 조화로운 통일을 시종일관하게 추구해 왔고 국제적인 정의를 주장하고 패권주의를 반대했다. 셋째, 국가이익의 실현 과정에서도 평화적인 경향이 뚜렷하게 나타났다. 즉, 중국공산당은 시종일관 평화적인 외교노선을 견지해 왔고 평화적인 발전을 추구해 왔으며 '조화세계' 건설을 위해 힘써왔다.

중국공산당의 국익관은 끊임없이 발전, 변화하고 있다. 우선, 중국사회가 갈수록 다원화되어 감에 따라 중국공산당은 다각적인 이익과 다각적인 사고 및 표현에 대해 감별을 거쳐야 하고 국가이익을 지켜 나가야 한다. 중국은 어느 한 집단이나 어느 한 부문의 이익으로 인해 국가 전체의 이익에 손해를 주는 일이 없도록 해야 한다. 이를 위해 중국은 총괄적이고 고차원적인 외교체제를 구축할 필요가 있다. 그리고 외교에 대한 대중의 지지를 얻어내는 것도 앞으로 외교 영역에서 짊어져야 할 중임이 될 것이다. 세계화의 발전과 인류 사회의 융합이 날로 가속화되고 있는 오늘날, 중국공산당의 국익관이 주장하는 원칙은 바로 가치관에 더욱 큰 호환성을 부여하여 세계 각국 인민들과 함께 법치, 민주, 인권, 선치善治, 투명 등 가치 관념을 더 광범위하게 공유하고 실천하는 것이다.

제1절 코민테른 영향 하의 국익관(1921-1936)

1921년 중국공산당 창립 당시, 중국은 반식민지반봉건半殖民地半封建 상태에 처해 있었으며 형식적으로는 자주독립국이었으나 실질상 제국주의의 간접적인 통치를 받았고 따라서 국가 주권이 심각히 훼손되었다. 경제적으로는 자본주의 세계시장에 휘말려 자본주의 국가의 원료산지와 상품판매시장으로 전락되었고 전통적인 자연경제가 점차 해체되어 가고 있었다. 사회적으로는 군벌 혼전으로 백성들이 곤경에 빠져 있었고, 연해에서 내륙에 이르기까지 도처에 조계지가 설치되어 제국주의자들이 횡행하고 있었다. 이 같은 상황에서 중국 프롤레타리라 선봉대로서의 중국공산당의 최대 국익은 곧 국가의 정치적 독립, 주권과 영토의 완정完整이었다. 중국공산당 제2차 전국대표대회에서 제정한 민주혁명단 계의 주요강령은 "내란을 평정하고 군벌을 타도하여 국내 평화를 이루며, 제국주의의 압박을 물리치고 중화민족의 완전한 독립을 쟁취하며, 중국을 통일하여 진정한 민주공화국을 건립하는 것"이었다. 준의회의遵義會議가 소집되기 전, 중국공산당과 왕래가 있었던 나라는 사실상 소련뿐이었고 또 소련과의 왕래는 대부분 코민테른을 통해 이루어졌다. 그러므로 엄격히 말하면 이 단계에서 중국공산당은 진정한 의미에서의 외교 활동이 없었다고 해도 과언이 아니다. 이 시기에 중국공산당은 비록 민족의 독립과 국가의 통일이 가장 중요한 국익임을 절실히 느꼈지만 이를 어떻게 실현하느냐 하는 문제에 대해서는 명확하고 통일된 인식이 없었다. 당시 중공중앙은 이데올로기적 영향으로 중국의 국가이익이 코민테른의 이익, 심지어 소련의 이익과도 일치하다고 여겼고 이 목표를 실현하기 위해서는 반드시 폭력적 혁명의 방식으로 국내 반동파의 통치를 뒤엎어야 한다는 인식을 가지고 있었다. 그러나 그 후 일본제국주의가 중국을 침략하면서 이러한 상황이 개변되었다.

1. 창당 초기의 곤혹

중국공산당 창당 초기에 코민테른은 중국공산당의 혁명 활동을 면밀하게 지도했다. 레닌과 코민테른 지도자들은 동방국가의 모든 혁명운동과 해방운동은 세계혁명의 일부분으로 반드시 국제프롤레타리아 정당 즉 코민테른의 지도를 받아야 하며 국제프롤레타리아의 근본적인 이익에 복종해야 한다고 주장했다.[215] 따라서 "중국민족혁명운동"도 "광대한 세계 혁명의 일부분"이며, "세계자본주의를 뒤엎고 공산주의를 건설하는 운동과 연결되어 있다."[216]고 했다. 이 같은 인식 하에 중국의 초기 공산주의자들은 중국 본토의 '무인武人', '관료官僚', '부자', '자본가' 뿐만 아니라 국제자본주의까지도 공격의 대상으로 삼았다. 그들은 국제자본주의제도를 뒤엎어야만 중국이 진정한 독립을 이룰 수 있고 인민들이 해방될 수 있다고 확신했다.[217] 이 단계에서 중국공산당은 국가의 정치적 독립, 주권과 영토의 완정을 국제공산주의 운동과 밀접히 연결시켰다. 그러나 코민테른의 일부 정책 조정과 변화는 사실상 그가 지도하는 국가의 혁명 진행 과정이나 현실 수요와는 직접적인 인과 관계가 없으며, 허다한 경우는 단지 소련의 내외정책 조정과 변화에 적응하기 위해서였다. 중국공산당이 중국에서 사명을 완수하려면 다른 나라나 국제 중심의 지휘를 받을 것이 아니라 본국의 프롤레타리아와 인민대중에 의거해야 하며 마르크스-레닌주의 기본원리를 중국혁명의 구체적인 실천과 결합하여 중국 상황에 적합한 혁명의 길을 모색해야 한다. 그러나 코민테른에 가입한 중국공산당은 코민테른 대표대회와 집행위원회의 모든 결의를 반드시 집행해야 했다. 이러한 상황은 당시 중국혁명에 적극적인 영

---

215 杨奎松: 『'中間地帶'的革命: 國際大背景下看中共成功之道』, 山西人民出版社, 2010년, p.36.

216 『中國共産黨歷史』第1卷(1921-1949), 中共黨史出版社, 2002년, p.154.

217 杨奎松: 『'中間地帶'的革命: 國際大背景下看中共成功之道』, 山西人民出版社, 2010년, p.34.

향을 준 반면 불가피적으로 소극적인 영향도 끼치게 되었다.[218]

중국공산당은 제2차 전국대표대회의 각종 결의에서 레닌의 민족자결民族自決에 관한 관념을 수용하여 몽골 등 변방 민족의 귀속 문제를 해결하려 시도했다. 즉 우선 "몽골, 티베트, 후이장回疆 세 개의 자치방自治邦을 설립한 후 다시 연합하여 중화연방공화국中華聯邦共和國을 설립하는 것"이었다. 그러나 이런 시도가 외몽골의 독립을 바라는 소련의 욕구와 어긋나자 천두슈陳獨秀는 부득이하게 태도를 바꾸어 외몽골의 독립을 주장할 수밖에 없었다. 우리는 천두슈 등 당의 지도자들이 민족주의적 심리가 없었다고 보기는 어렵다. 몽골이 독립을 선포한 후 그들은 서둘러 소련에 부화뇌동하려 하지 않았으며 외몽골이 고도의 자치를 토대로 중화연방에 귀환되기를 기대했다. 이로부터 그들의 마음 속에는 여전히 중화연방공화국에 대한 환상이 남아 있었음을 알 수 있다.[219]

소련은 중·소 외교관계 문제에서도 중국공산당이 소련과 같은 입장을 취하길 바랐다. 따라서 1924년 국·공 제1차 합작國共第1次合作시기, 공산당은 중·소 양국 정부 간의 현안 해결을 위한 외교담판과 관련하여 베이징정부北京政府의 대소對蘇외교에 대해 가차없는 비평을 가했으며 국민당 내의 민족주의 분자들과도 치열한 논쟁을 벌렸다. 그들은 중국 정부는 소련군대가 외몽골에서 철거해야 한다는 주장을 고집할 필요가 없으며, 외몽골 인민들이 민족자결의 신성한 권리를 반드시 향유할 것임을 믿는다고 주장했다. 국·공합작이 파열된 후인 1929년 봄, 난징국민정부南京國民政府는 '혁명외교' 정책을 펼치기 시작하여 각 열강국들과 담판을 통해 불평등조약을 수정함으로써 대외 관계에서 중국의 불평등 지위를 최대한 개변시켰다. 장쉐량張學良은 난징정부의 지지 하에 중동철로中東鐵路를 탈취하는 일련의 작전을 벌려 강제적으로 중동철로를 인수했다. 소련은 이

---

218 『中國共産黨歷史』第1卷(1921-1949), 中共黨史出版社, 2002년, p.82.

219 杨奎松:『"中間地帶"的革命:國際大背景下看中共成功之道』, 山西人民出版社, 2010년, pp.44-45.

에 즉각 대응해 나섰으며 심지어 당시 소련에서 군사를 배우고 있던 중국공산당원 신분의 학생과 간부들을 중·소 국경지대에 파견해 장쉐량의 동북군東北軍과 맞서는 군사행동에 참가시킬 준비까지 했다. 코민테른 원동국遠東局 대표는 코민테른 6차 대표대회에서 제출한, "무장으로 소련을 보위할 임무와 현 정세"에 근거해 즉시 "소련을 옹호"하고 제국주의 주구인 국민당을 반대하는 선전 활동을 벌이며, 특히 '8.1 반제일反帝日'에는 국민당을 반대하고 소련을 옹호하는 대규모 데모를 벌일 것을 중국공산당에 요구했다. 코민테른 6차 대표대회에서는 소련의 이익이 위협을 받을 경우 각국의 공산당이 반드시 취해야 할 입장을 다음과 같이 명문으로 규정했다. 즉, 소련에 전쟁 위협을 주는 국가의 프롤레타리아는 마땅히 추호의 주저함 없이 "본국의 정부가 그 전쟁에서 패배하게끔 노력해야 한다." 프롤레타리아의 진정한 조국은 오직 소련뿐이므로 "부르주아지가 반역 죄를 들씌운다 해도 두려워하지 말라." 의심할 여지없이 이것은 당시 중국공산당이 취해야 할 입장이기도 했다. 7월 22일, 중공중앙은 정치국회의를 소집하여 "무장으로 소련을 보위하자"는 슬로건을 공개적으로 내세우는 데 대한 결정을 짓고 통고, 선언, 고지서 등에서 "소련을 반대하는 전쟁을 소련을 옹호하는 전쟁으로 바꾸자"고 호소했다. 코민테른은 중공중앙의 이런 행동에 대해 비교적 만족스러워 했으나 당시 중공 당 내에는 이에 대한 반대 의견도 분명히 존재했다.[220]

2. 중·일 민족 모순 격화 후의 점진적 변화

코민테른은 중국공산당의 혁명운동을 지도함에 있어서 중국 사회 실정을 전혀 고려 하지 않았다. "9.18 사변" 후, 중국이 일본제국주의의 침략 위협에 직

---

220 杨奎松:『'中間地帶'的革命:國際大背景下看中共成功之道』,山西人民出版社, 2010년,pp.206-208.

면하고, 중일 민족모순이 중국 사회의 주요 모순으로 부각된 상황에서도 중공 임시중앙의 일부 지도자들은 중국을 구하고 항일을 하려면 우선 국민당부터 뒤 엎어야 한다는 주장을 굽히지 않았다. 1932년 1월 28일 '1.28 사변' 발생 시, 그 들은 러시아 '10월 혁명'과 유사한 상황이 중국에도 나타나기 시작했고 외국의 침략이 국민당 정권을 뒤엎고 당의 혁명 목표를 실현할 수 있는 더 없이 좋은 기회라고 여겼다. 그들은 국민당과 지주, 부르죠아 출신인 반동군관들의 항일 은 도저히 믿을 수 없었으며 설령 그들이 '항일'을 한다 해도 기껏해야 "근로 대 중을 우롱하기 위한 수작"에 불과하다고 여겼다.[221]

그 후, 1933년 1월에 이르러서야 코민테른은 소련의 안전과 이익을 보호하 기 위한 차원에서 중공중앙의 명의로 통일전선의 의미를 가지고 있는, '항전구 국抗戰救國'과 관련한 일부 정책 주장들을 제기했는데 이를테면 「일본제국주의의 화북華北 침략을 반대하기 위한 중화소베트공화국임시중앙정부공농홍군혁명위 원회中華蘇維埃共和國臨時中央政府工農紅軍革命委員會와 전국 각 군부대의 세 가지 조건 하에서 의 공동항일선언」, 「만주滿洲 각급 당부黨部 및 전체 당원들에게 보내는 중앙의 편 지—만주의 상황과 중국공산당의 임무를 논함」 등에서 볼 수 있다. 이어서 중국 공산당은 '반제통일전선反帝統一戰線'의 결성에 대해 공개적으로 표명했다. 이는 현 실에 대한 중국공산당의 인식이 한 단계 발전하여 이미 정책조정에 나서기 시 작했고 전 민족적인 항일통일전선의 결성을 향해 한 걸음 매진하였음을 보여준 다.[222] 그 전까지 당은 대체로 고립적인 정책을 취해 왔으며 모든 가능한 동맹자 와 일시적인 동맹을 결성하여 공동의 적과 맞서 싸우는 데 대해 찬성하지 않았 다.[223] 이것은 1934년에 중국공산당이 이끄는 중앙홍군中央紅軍이 반反'포위토벌'에

---

221 杨奎松:『'中間地帶'的革命:國際大背景下看中共成功之道』, 山西人民出版社, 2010년, pp.268-270.

222 『中國共産黨歷史』第1卷(1921-1949), 中共黨史出版社, 2002년, p.341.

223 杨奎松:『'中間地帶'的革命:國際大背景下看中共成功之道』, 山西人民出版社, 2010년, pp.283-285

160   中國共産黨의 중국 특색 외교 이론과 실천

서 실패를 겪게 된 원인 중 하나이다. 반'포위토벌' 전쟁의 실패로 1935년에 중공중앙과 중앙홍군은 장정長征의 길에 오를 수밖에 없었다.

3. 항일민족통일전선 결성 과정에서의 점진적 성숙

중국공산당이 항일민족통일전선의 결성을 주장한 것은 코민테른의 전략 변화와 직접 적인 연관이 있다.[224] 당시 소련의 대중국 정책의 출발점은 중국을 항일의 길로 나아가게 하고 소련이 전쟁에 끌려들어가지 않도록 하는 것이었다. 그 당시에는 소련의 이익이 무엇보다도 중요했기 때문에 중공중앙은 반드시 소련과 코민테른의 수요에 따라 자신의 결정을 수정해야 했으며 심지어는 자신의 이익마저도 희생해야 했다. 1936년 봄부터 소련의 대중국 정책은 갈수록 명확해졌는 바 그것은 바로 장제스蔣介石와 난징南京 정부를 항일로 끌어들이는 것이었다.[225] 따라서 1935년 8월 1일, 코민테른 주재 중국 공산당대표단은 「중국 소베트정부와 중국공산당중앙이 항일구국을 위해 전체동포에게 알리는 글」(즉 「8.1 선언」)을 작성하여 중화민족은 이미 생사존망의 위기에 직면했으며 항일구국은 전 국민의 앞에 놓인 가장 큰 선결 과제로서 상층을 포함한 통일전선을 결성하여 항일민족 전선의 범위를 확대해야 한다고 주장했다. 8월 25일부터 27일까지 코민테른 주재 중국공산당대표단은 회의를 소집하여 중국에서의 반제통일전선 결성에 대한 문제를 토의했다. 회의에서는 장제스가 진정으로 반홍군전쟁을 멈추고 총부리를 돌려 일본 제국주의에 대항한다면 그와 통일전선을 결성할 가능성도 배제하지 않는다고 밝혔다. 「8.1 선언」과 코민테른 주재 중국공산당대표단의 이번 회의는 중일 민족모순을 우선시하여 항일구국의 정치

---

224 『中國共産黨歷史』第1卷(1921-1949), 中共黨史出版社, 2002년, p.411.

225 楊奎松:『'中間地帶'的革命:國際大背景下看中共成功之道』, 山西人民出版社, 2010년, pp.338-339.

적 주장을 제기함으로써 '좌'경관문주의左傾關門主義를 초보적으로 시정하고 항일 민족통일전선의 진영 범위를 확대했는 바, 이는 당시 중국공산당의 정치책략에 새로운 변화가 나타나기 시작하였음을 보여준다.[226]

1935년 10월, 중공중앙과 중앙홍군은 승리적으로 섬북陝北에 도착하여 코민테른과 재차 연락을 취했다. 연락이 두절된 1년 사이에 중공중앙은 준의遵義에서 정치국확대회의를 소집하여 왕밍王明의 '좌'경모험주의가 중공중앙을 지배하던 국면을 종말짓고 새로운 중앙기관을 확립했다. 준의회의는 중국공산당이 처음 자주독립적으로 마르크스-레닌주의 기본원리를 응용하여 당의 노선, 방침 정책을 채택하고 당과 홍군을 위기에서 벗어나게 한 회의로, 당의 역사에서 생사존망과 관련된 전환점이며 중국공산당이 유년기를 벗어나 성숙기에 들어선 상징이기도 하다. 12월 25일, 중공중앙은 섬북 와요보陝北瓦窯堡에서 소집된 회의에서 코민테른 7차 대표대회의 통일전선 신정책 시행방침에 따라 당의 제반 정책을 변경하고 국내외 정세 및 계급 관계에 대해 새롭게 평가했다. 중공중앙은 일본제국주의가 노골적으로 "중국 본토를 병탄하고", 화북사변華北事變 도발해 전 중국이 이미 "나라와 민족의 멸망이라는 큰 재앙"에 직면한 상황에서 "전국 인민들은 다시 각성하고 일어날 것"이라고 확신했다. 와요보회의에서는 중국공산당은 마땅히 "유연한 외교정책을 펼쳐야 하며" 관문주의에서 벗어나 광범위한 항일민족통일전선을 결성해야 한다. 즉 "일본제국주의 및 그 앞잡이 매국역적을 반대하는 모든 국가, 당파, 심지어는 개인과도 필요에 따라 서로 양해를 구하고, 타협점을 찾고 국교를 수립하며 동맹조약을 체결해야 한다"[227]고 명확히 제시했다. 1936년 12월, 장쉐량, 양후청楊虎城 두 장군이 시안사변西安事變을 일으키자 중공중앙은 평화적인 해결 방안을 추진해 성사시켰고 이를 계기로 전국적

---

226 『中國共産黨歷史』第1卷(1921-1949), 中共黨史出版社, 2002년,pp.411-412.

227 李東朗:「中國共産黨在延安時期的外交活動」,『人文雜志』2002년 제1기.『中國共産黨歷史』第1卷 (1921-1949), 中共黨史出版社, 2002년, p.416.

범위에서 항일민족통일전선이 결성되었다.[228]

제2절 자주독립적인 국익관의 형성(1936-1949)

장정 이후부터 신중국의 건립에 이르기까지 중국공산당의 국익관은 현저한 변화를 가져왔는 바, 그것은 곧 중국공산당이 갈수록 중국의 국가이익을 중요시하고 자신을 단지 코민테른에 소속된 하나의 지부支部로만 여기지 않았다는 점이다. 중국공산당의 외교가 옌안에서부터 세계에로 나아갔다고 하는 것은, 중국의 미래 운명을 결정할 하나의 정치세력인 중국공산당이 이미 독자적으로 새로운 대외관계를 발전시켜 나아가기 시작했고, 최종적으로 중화민족을 이끌어 독립과 해방을 쟁취했을 뿐만 아니라 십여 년간 대외관계를 인식하고, 다루고, 외래 침략과 간섭을 반대하는 과정에서 대외정책 제정과 대외관계를 다루는 일련의 지도적인 원칙을 제시했기 때문이다. 이 원칙은 당시 매우 중요한 의미를 가지고 있었을 뿐만 아니라 그 이후의 중국 외교에도 매우 큰 영향을 미쳤다. 이 원칙은 대체로 "자주독립, 자력갱생을 위주로 하고, 외부 원조 쟁취를 부차적으로 하며", "모순을 이용하여 각개격파各個擊破한다"는 세 가지 내용을 포함한다.[229] 이러한 원칙에서 우리는 중국공산당의 국가이익에 대한 이해가 한층 깊어졌음을 엿볼 수 있다.

---

228 서안사변의 평화적 해결은 코민테른의 지시와 일치된다. 단, 코민테른의 지시는 중공중앙이 이미 서안사변의 평화적 해결에 대한 공개 전보를 발송한 후에야 옌안에 전달되었다. 『中國共産黨歷史』第1卷 (1921-1949), 中共黨史出版社, 2002년, p.444.

229 牛軍:『從延安走向世界:中國共産黨對外關系的起源』,中共黨史出版社,2008년, pp.341-342.

1. 항일구국과 중국혁명의 이익을 지키기 위한 투쟁(1936-1945)

이 단계에서 중국이 당면한 가장 큰 문제는 중화민족과 일본제국주의 간의 모순이었다. 일본제국주의의 침략으로 중화민족은 생사존망의 위기에 직면했으며 따라서 민족의 생존과 독립은 이 시기 중국의 가장 큰 국익이었다. 그러나 "국내 계급 간의 모순과 정치집단 간의 모순이 여전히 존재했고 결코 감소되거나 소멸되지 않았으며" 다만 "부차적인 위치로 격하"되었을 뿐이다. 중국공산당은 점차적으로 코민테른과 소련의 영향에서 벗어나 독자적으로 항일민족통일전선 정책과 국제 반파시즘 통일전선 정책을 수행하고, 자신의 이익 발전에 유리한 선에서 대외교류를 펼치기 시작했다.

(1) 상대적 독립외교의 모색

중국공산당의 상대적 독립외교에 대한 모색은 중국의 전면적 항일전쟁의 발발이 그 시점이라 할 수 있다. 1927년 7월 7일, 일본제국주의는 루거우차오사변蘆溝橋事變을 일으켜 전 중국을 멸망시키는 침략전쟁을 도발했다. 마오쩌둥은 7월 23일에 발표한 「일본의 공격을 반대하는 방침, 방법 및 전망」이란 글에서 '항일외교'를 주장하면서 다음과 같이 밝혔다. "일본제국주의자들에게 어떠한 이익이나 편리도 제공해서는 아니되며 반대로 그들의 재산을 몰수하고, 채권을 폐지하며, 그들의 앞잡이를 숙청하고, 그들의 밀정들을 추방해야 한다. 그리고 가장 힘있고 가장 믿을 만하며 중국의 항일을 도와줄 수 있는 소련과 긴밀히 연합하여 군사정치동맹을 체결해야 한다. 이와 동시에 영국, 미국, 프랑스로부터 중국의 항일에 대한 동정을 얻어내고, 영토 주권을 상실하지 않는 전제 하에서 그들의 원조를 얻어내야 한다. 왜놈과 싸워 이기려면 주로 자신의 힘에 의지해야 하지만 외부의 원조도 없어서는 아니된다. 고립적인 정책은 오히려 적에게 도움이 된다." 중국공산당이 이처럼 자기의 외교 입장을 전면적이고 공개

적으로 밝힌 것은 이번이 처음이었다.[230]

1937년 8월 10일, 코민테른 집행위원회 서기처書記處는 전문회의를 소집하여 중국의 항전 정세와 새로운 임무에 대해 토론했다. 디미트로프Georgi Mikhail ovich Dimi trov는 중국공산당이 새로운 환경과 새로운 임무에 적응할 수 있을지 염려하면서 "국제 정세에 정통한 신진 요원들을 파견해 중국공산당 중앙위원회에 협조해야 한다"고 주장했다. 따라서 왕밍王明이 파견을 받고 귀국했으며 목적은 코민테른의 신정책을 관철하기 위한 데 있었다.[231] 그러나 "항일이 무엇보다 중요하다抗日高于一切"는 소련과 코민테른의 지도 방침을 관철하는 과정에서 마오쩌둥과 왕밍은 의견 차이가 있었다. 중공중앙은 장원톈張聞天, 마오쩌둥 등의 의견에 따라 코민테른에 제출한 정치 보고에서 "항일이 무엇보다 중요하다", "모든 것은 항일에 복종한다"는 코민테른의 원칙에 동의를 표명함과 동시에 공산당의 지도적 역할에 대한 주장도 제기했다. 즉, "최대의 노력으로" "항일전쟁 중에서의 공산당의 지도력을 강화함으로써", "당과 팔로군八路軍이 항일 전쟁에서 군사적으로 더 큰 추진 역할과 지도적 역할을 할 수 있도록 하며", "필요한 비판과 투쟁을 통해 국민당이 진보할 수 있도록 도와준다"는 것이다. 코민테른 지도자는 "중국공산당의 정치 노선이 정확하다"고 인정하면서 중공의 주장에 대해 지지를 표명했다. 코민테른과 마오쩌둥의 이와 같은 사상적 교류는 마오쩌둥의 당 내에서의 지위를 급속히 상승시켰다. 코민테른 지도자 디미트로프는 왕밍과 마오쩌둥의 정치적 갈등과 관련해, 중국공산당은 마땅히 "마오쩌둥 동지를 수반으로 하는 당중앙의 지도 하에" "당 내 단결 문제를 해결"해야 한다는 입장을 밝혔다. 이는 사실상 마오쩌둥이 중국공산당의 최고 지도자가 되는데 대해 코

---

230 馮建玟:「中國共産黨延安時期外交活動的特点」,『理論月刊』2004년, 第9期.

231 『中國共産黨歷史』第1卷(1921-1949), 中共黨史出版社, 2002년, p. 514.

민테른이 공개적인 지지를 표명한 것이라고 볼 수 있다.[232]

　그 후, 1938년 9월 11일, 코민테른의 지시를 관철하기 위해 소집된 중공중앙 제6기 6중전회第六屆六中全會에서는 마오쩌둥의 중국공산당 내에서의 지도자 지위를 명확히 인정했으며 "장기항전長期抗戰, 장기합작長期合作", "항일이 무엇보다 중요하다"는 사상을 재강조했다. 그러나 이와 동시에 중공중앙은 "마르크스주의의 중국화中國化와 민족화民族化" 문제도 지극히 중요함을 깨달았고, 회의에서 처음으로 코민테른의 부분적 지시에 대해 구체적으로 분석하고 나아가서는 대담하게 의혹도 제기했으며 자주독립적으로 문제를 분석, 인식하기 시작했다. 마오쩌둥은 '원수근화遠水近火: 먼 데 있는 물은 가까운 데의 불을 끄는 데는 도움이 안 된다' 관점을 제기하면서 중국의 항일전쟁은 마땅히 장기적인 항전과 미래의 국제 변화에 입각점을 두어야 한다고 주장했다. 그는 단기간에 승리를 거둔다는 것은 불가능하며 또 현재 상황에서는 국제적 범위의 반파시즘 통일전선의 결성과 대규모 원조를 기대할 수 없으므로 현 단계에서의 항전방침은 "자력갱생하며, 모든 노력을 다해 외부의 원조를 얻어내며" 지속적인 항전을 준비하는 것이라고 강조했다. 마오쩌둥은 항전이 진정한 승리를 거두려면 반드시 두 가지 조건을 기반으로 해야 하는 바, 첫째는 중국공산당이 장차 전쟁의 결정적 요인이 되는 것, 둘째는 앞으로 국제관계에 중대한 변화가 발생해 영국, 프랑스, 미국 등 민주 국가들이 소련과 함께 독일, 이탈리아, 일본 파시즘과 전쟁을 하는 것이라고 굳게 믿었다. 그는 이 모든 일은 조만간에 발생할 것이며, 이는 또한 중국공산당이 자신의 노력으로 반드시 쟁취해야 할 과제라고 주장했다. 마오쩌둥이 중국공산당의 최고 지도자로 등장하기 시작하면서부터 중국공산당과 소련 및 코민테른의 사이는

232　杨奎松: 『"中間地帶"的革命: 國際大背景下看中共成功之道』, 山西人民出版社, 2010년, pp.368-369.

벌어지기 시작했다.[233] 마오쩌둥이 『신민주주의론』을 발표한 후 중국공산당 당원들은 공산당은 이미 중국의 프롤레타리아, 농민 계급, 지식인 및 기타 프티부르주아지를 지도하는 "하나의 독립적인 정치세력으로 형성되었고", 공산당은 반드시 "국가의 운명을 결정하는 주요한 세력"이 되어야 하며 "중화민주공화국 국가 구성 및 정권 구성의 주요한 일부분이 되어야 한다"는 인식을 가지게 되었다. 또한 부르주아를 대표한 국민당은 역사 무대에서 물러나지 않는다 해도 앞으로는 기필코 현재의 '지도적 지위'에서 물러나게 될 것이며 따라서 중국혁명과 중국의 미래 운명에 대해 발언권을 잃게 될 것이라고 확신했다.[234] 중공중앙과 마오쩌둥의 '적후항전총방침敵後抗戰總方針'도 이미 확정되었는 바, 그것은 바로 "참고 견디며 힘을 비축熱時間, 儲力量"해[235] 장래에 국민당의 수중에서 중국의 주권을 쟁탈하기 위한 준비를 하는 것이었다.

그러나 소련은 중국 국내의 일부 문제에서 중공중앙과 다른 견해를 가지고 있었다. 소련은 국민당정부를 이용해 일본제국주의를 견제함으로써 일본과의 전쟁을 지연시키려는 목적에서, 중국공산당이 국민당과 공개적으로 주도권을 쟁탈하고 장제스와 정면 충돌을 하는데 대해 찬성하지 않았다. 1940년 가을, 중공중앙과 소련은 이 문제를 둘러싸고 의견 차이가 생겼다.

독·소전쟁이 발발한 후, 중공중앙은 전체 당원들에게 알리는 글에서 다음과 같이 밝혔다. "현재의 상황에서, 제국주의국가든 부르주아든 무릇 독일, 이탈리아, 일본 파시스트를 반대하고 소련과 중국을 지원한다면 모두 좋은 것이고 유익한 것이며 정의적인 것이다. 반대로 독일, 이탈리아, 일본 파시스트를 지원하고 소련과 중국을 반대한다면 모두 나쁜 것이고 유해한 것이며 비정의적인 것

233 杨奎松:『"中間地帶"的革命: 國際大背景下看中共成功之道』, 山西人民出版社, 2010년, pp.370-372.
234 杨奎松:『"中間地帶"的革命: 國際大背景下看中共成功之道』, 山西人民出版社, 2010년, p.394.
235 杨奎松:『"中間地帶"的革命: 國際大背景下看中共成功之道』, 山西人民出版社, 2010년, p. 420.

이다. 이 기준으로 보면 영국의 대독일 전쟁, 미국의 소련, 중국, 영국에 대한 지원 활동, 그리고 가능하게 발생할 수 있는 미국의 반일, 반독 전쟁은 모두 제국주의 성격의 전쟁이 아니라 정의적인 전쟁이므로 중국은 이에 대해 환영과 지지를 표시해야 하며, 그들과 연합하여 공동의 적을 반대해야 한다. 중국의 각 당파, 각 계층에 대해서도 이와 같은 기준에 따라 무릇 항일을 지지하고 독일, 이탈리아, 일본을 반대하며 소련을 지원하는 자는 모두 환영하며 친일, 친독, 친이 분자 및 반소反蘇 분자는 모두 반대해야 한다." 중공중앙은 영, 미 양국이 발표한 <대서양헌장>에 대해서도 즉시 긍정적인 반응을 보였다. 그러나 팔로군의 대규모 작전으로 일본군의 진공을 견제하려는 소련의 의도와 이와 관련한 각종 지시는 중공중앙의 적극적인 호응을 얻어내지 못했다. 이로부터 마오쩌둥은 과거의 중공중앙 지도자들과는 분명히 다르다는 점을 볼 수 있다. 그는 소련을 중국 혁명의 존재와 성공의 전제 조건으로 보지 않았으며 소련을 유일한 조국이라고는 더더욱 인정하지 않았다.[236] 1944년 7월, 마오쩌둥은 영국 기자 스타인 Marc Aurel Stein과의 담화 시, 중국공산당은 "중국을 최우선"으로 여기는가 아니면 "공산당을 최우선"으로 여기는가라는 질문에 "중화민족이 없으면 중국공산당도 있을 수 없다"고 대답했다.[237]

1940년 가을 이후, 중공중앙이 코민테른과 의견 차이가 생기고 잇따라 완난사변皖南事變이 발생하고, 또한 독·소전쟁 발발 후 소련에 대한 지원 문제를 둘러싸고 소련과 갈등이 생기자 마오쩌둥은 결심을 내리고 당 내 노선문제를 해결하려 하였고, 이를 통해 중공중앙과 코민테른 및 소련공산당 간의 관계를 조정하려 했다. 따라서 중공중앙은 옌안에서 정풍운동整風運動을 통해 당 내에서 왕밍의 '좌' 경기회주의를 철저히 청산했으며 이때로부터 자주독립적 사상노선을

---

236 杨奎松:『'中間地帶'的革命:國際大背景下看中共成功之道』, 山西人民出版社, 2010년, pp. 417-421.

237 『毛澤東選集』 제3권, 人民出版社, 1996년, p.191.

강조하기 시작했다. 1943년 코민테른이 해체되면서 중국공산당은 더욱 자주독립적으로 자국 혁명 투쟁의 수요에 따라 '한층 더 민족화'하고, 민족 특성과 자국의 실정에 적합한 혁명의 길을 찾을 수 있는 자유를 얻게 되었다.

(2) 중국 혁명의 이익 유지

중공중앙 남방국南方局은 1939년에 설립된 이후, 저우언라이周恩来 등의 지도하에 국민당 통치구라는 어렵고 복잡한 환경 속에서 항일 민족통일전선의 기치를 높이 들고 '항전, 단결, 진보'의 방침을 관철하면서 각종 업무를 수행하여 탁월한 성과를 거두었다. 남방국의 지도자와 실무 요원들은 중국에 주재한 외교사절, 중국지원기관 요원 및 신문 기자들과 자주 만남을 가지고 외국인 벗들과 널리 사귀면서 대량의 사실과 문자 자료를 근거로 공산당의 항전 중에서의 공헌을 설명하고, 국민당 보수파들의 반공내전反共內戰 음모를 폭로했다. 또한 중국의 항일전쟁에 대한 국제 여론의 지지를 얻어내고 국제 반파시스트통일전선을 확대 발전시키기 위해 모든 노력을 다했다.[238] 중국공산당은 의도적으로 미국정부와 여론의 동정도 얻어냈다. 이를테면 당시 조지프 스틸웰Jiseph Warren Stilwell 장군과 중국 주재 미국의 일부 젊은 외교관들은 공산당에 대해 호감을 갖고 있었으며 스틸웰 장군은 국민당에게 그들이 가지고 있는 무기 중에서 일부분을 공산당이 거느리는 군대에 넘겨줄 것을 요구한 적도 있었다. 1943년 12월 영·미·중 카이로회담 기간 프랭클린 루스벨트Roosevelt, Franklin Delano 대통령은 심지어 장제스에게 국민당과 공산당이 공동으로 연합정부를 구성하는 데 대한 희망도 표시한 바 있다. 1944년 7, 8월 기간 중국, 미얀마, 인도 전역의 미군사령부는 중국공산당과 적후 항일근거지의 상황을 좀 더 파악하고자 연이어 두 차례 18명으로 구성된 미군관찰팀을 옌안에 파견했는데 그들은 중국공산당 지도자들의 지

---

238 『中國共産黨歷史』第1卷(1921-1949), 中共黨史出版社, 2002년, pp.600-602.

이론편　**169**

극한 대접을 받았다.

대외교류 확대의 필요성이 대두됨에 따라 중공중앙은 1944년 8월 18일, 외교업무에 관한 지시를 내려 당의 외교업무의 성격, 내용 및 원칙과 입장에 대해 다음과 같이 규정했다. "외국 인사들의 방문을 일반적인 행동으로 보아서는 아니되며 이를 국제통일전선 사업으로, 우리 당의 외교업무의 시작으로 보아야 한다. 우리 당의 외교정책은 국제통일 전선 사상의 지도 하에 공동항일, 민주쟁취, 우리 당의 영향력 확대를 중심 내용으로 한다. 현재 우리 당의 외교는 여전히 '반半독립적 외교'이다. 우리 당의 허다한 외교적 왕래는 아직도 충칭국민정부重慶國民政府의 승인을 얻어야 하며, 국민당은 우리 당의 단독적인 외교 활동을 원하지 않는다. 우리 당과 동맹국 간의 외교적 왕래는 국민당의 각종 금지령과 단속을 뚫고 나가야만 이루어질 수 있다." 지시문에서는 또 다음과 같이 강조했다. "우리 당은 외교 업무를 처리할 때 반드시 민족적 입장을 확고히 해야 한다. 과거 수년간 민족 문제에 존재해 왔던 외세를 배척하거나 두려워하거나 아첨하는 잘못된 관념을 버려야 한다. 한편으로는 민족 자존심과 자신감을 키우고 다른 한편으로는 외국의 장점을 배우고 그들과의 협력을 잘 이끌어내야 한다."[239]

이 시기 중국공산당은 이미 책략과 수법을 능수능란하게 활용할 줄 알았고 모든 정책을 자신의 이익에 맞게 제정함으로써 이데올로기적 속박에서 완전히 벗어났다. 중국 공산당은 무릇 자신이 지도하는 중국혁명의 이익에 부합하거나 또는 그 요구 조건에 맞는다면 모두 좋은 것이고, 그렇지 않을 경우는 모두 나쁜 것이라고 인정했다. 영, 미와 소련의 연합 그리고 미국정부 외교관의 중국의 민주화 발전에 대한 관심과 국민당 통치 하의 군사, 정치 상황에 대한 불만 표출은 중국공산당으로 하여금 영국의 원조를 받는 유럽의 유고슬라비아 공산당과 마찬가지로 중국공산당도 미, 영정부의 승인과 지원을 받을 가능성이 있다

---

239 『中國共産黨歷史』第1卷(1921-1949), 中共黨史出版社, 2002년, p. 644.

는 점을 깊이 느끼게 했다.[240]

그러나 미국은 태평양전쟁에서 승리를 거두고 일본 기지를 직접 공격할 수 있게 되자 대일작전 중의 중국 역할에 대해 더는 중시하지 않았으며 대중국 정책의 기본 출발점도 점차적으로 2차 세계대전 이후의 대소對蘇관계와 이데올로기 투쟁으로 바뀌어졌다. 따라서 미국은 국·공관계 문제에서도 갈수록 뚜렷한 편향성을 보였다. 2차 세계대전 이후 미국정부는 세계패권 전략을 추진하고 일본을 대신해 중국을 통제하려면 반드시 장제스의 통치적 지위를 더 공고히 하고 장제스를 도와 "중국을 통일"해야 한다고 인정했다. 당시 미국정부는 국·공합작에 대해 찬성을 표명하면서 패트릭 제이 헐리Patrick Jay Hurley에게 국·공관계를 조정하도록 지시했다. 그러나 그들의 진정한 의도는 장제스가 좀 더 민주적으로 공산당과 각 민주당파를 수용하여 통일된 합작정부合作政府를 구성한 후 공산당으로 하여금 군대를 내놓게 하는 것, 즉 정치적 수단으로 국·공 분쟁을 해결하는 것이었다.[241] 따라서 중국 내정을 간섭하려는 미국의 야심은 점점 노골화되었고 심지어 주중 미국대사 헐리는 중국공산당을 중국 통일의 장애라고 공개적으로 비난했다. 반면에 소련정부는 「소·일중립조약」의 파기를 선언했고 또 전쟁 후 중국이 전적으로 미국의 지배를 받는 것을 원치 않아 중국공산당과 군대에 일정한 지원을 제공했다. 이 같은 상황에서 중공중앙은 소련에 의존하려는 입장을 더욱 굳히게 되었다.

항일전쟁 시기 중국공산당이 취한 자세는 지금도 타이완의 일부 학자들로부터 비난을 받고 있다. 그들이 집중적으로 비난하는 문제는 항일전쟁 시기 중국공산당의 '유이불격遊而不擊' 즉 중국공산당은 적후에서 게릴라전을 벌인다고 했으나 사실상 실력 보존을 위해 일본군과 싸우지 않았다는 것, 그리고 반대 세

---

240 楊奎松:『中間地帶'的革命: 國際大背景下看中共成功之道』, 山西人民出版社, 2010년, pp.440-458.

241 『中國共産黨歷史』第1卷(1921-1949), 中共黨史出版社 2002년, p.645.

력을 제거했다는 것이다. 일부 학자들은 또 중국공산당이 민족 국가의 이익도 서슴없이 '팔아먹었다'고 비난의 수위를 높였다. 이를테면, 1941년 4월 13일 소련은 일본과 「소·일중립조약」을 체결했는데 이는 사실상 소련이 위만주국僞滿洲國을 승인한 것으로 당시 충칭국민정부의 강한 불만을 자아냈다. 그러나 중국공산당은 도리어 이 조약에 대해 지지 입장을 표명했다. 이와 유사한 상황으로 1945년 8월 14일 소련은 중국 동북에 출병한 기회를 이용하여 국민당정부를 강요해 외몽골의 독립을 승인하고, 뤼순旅順항구를 임대하는 등 중국의 주권과 영토의 완전성에 손상을 주는 「중·소우호동맹조약」을 체결했다. 당시 중국공산당은 이 조약에 대해서도 긍정적인 태도를 보였다. 만약 우리가 국민당이 통치하던 당시의 중국을 오늘 우리가 말하는 그어떤 당파적 색채도 띠지 않은 조국이라고 믿는다면 공산당의 이 같은 태도를 '애국'적인 행동이라고 보기는 어려울 것이다. 그러나 당시 공산당의 입장에서 본다면, 다시 말하면 공산당 통치 하의 미래의 중국만이 진정으로 자기 조국의 이익을 대표할 수 있다고 믿는다면 공산당의 이 같은 태도에 대해 이해 하기 어렵지 않을 것이다. 왜냐하면 공산당이 자기 조상의 나라를 사랑하지 않을 수 없다는 것은 명백한 사실이기 때문이다. 바로 그렇기 때문에 중공중앙은 건국 초기 소련 정부에 외몽골을 반환하는데 대한 요구를 제기한 바 있다. 비록 이 시도는 좌절되나 중공중앙의 꾸준한 외교적인 노력으로 국민당정부가 임대를 주었던 뤼순군항과 중·소가 공동으로 관리하던 중동철로는 빠른 시일에 회수하는데 성공했다. 그 후, 동일한 이데올로기를 신봉하는 중국과 소련 간에 갈등과 마찰이 갈수록 빈번해지면서 마침내 양국 관계가 결렬에 이르게 되었다. 물론 이러한 상황이 발생하게 된 데는 여러가지 원인이 있지만 그중 중요한 원인이 바로 공산당이 '애국'을 견지했기 때문이다. 즉, 공산당은 이렇게 하지 않으면 중국의 국가 권익을 지킬 수 없다고

믿었기 때문이다.[242]

2. 중국혁명의 승리를 쟁취하기 위한 투쟁(1945-1949)

이 단계에서 중국공산당의 가장 큰 국익은 바로 중국혁명의 승리를 취득하는 것이었다. 미·소냉전의 시작은 중국공산당이 전국의 정권을 탈취할 수 있는 좋은 기회가 되었다. 중국공산당은 자주독립의 외교정책을 확립하고 소련과 미국의 방해에서 벗어나 혁명 전쟁의 승리를 취득하였으며 건국 후의 '일변도_一邊倒' 대외 전략을 위해 토대를 마련했다.

(1) 자주독립 외교정책의 확립

항일전쟁 승리 후, 중국공산당의 정책은 비교적 복잡한 변화 과정을 거쳤다. 항일전쟁 의 갑작스러운 종결은 마오쩌둥과 중공중앙이 모두 예상치 못했던 상황이었다. 그들은 당초에 국민당과의 정권 쟁탈을 위해 2년이란 준비 기간을 더 얻을 수 있을 것으로 예상했던 것이다. 극동지역 및 중국 동북에서의 소련의 기득 이익을 지키기 위해 중국공 산당이 '프랑스식 길'을 걷기를 원했던 스탈린은 마오쩌둥에게 중경에 가서 장제스와 평화담판을 하도록 압박을 가했다. '쌍십협정雙+協定' 체결 후, 중국공산당 지도자들은 국민당정부에 대한 미국의 통제력을 과대 평가했다. 그들은 국제적인 압력, 특히 미국의 압력이 장제스와 국민당정부로 하여금 내전을 중지하고 민주개혁을 추진하게 한 중요한 요소라고 인정했다. 1946년 초에 마오쩌둥은 심지어 공개성명을 발표하여 중국에 민주 평화가 나타나게 된 최초의 '추진력'은 국제상의 미·소 타협에서 온 것이며 조지 마셜George Catlett Marshall의 중국의 평화와 민주에 대한 공헌도 부정할 수 없

---

242 「1924年中共爲何贊洞蘇聯在外蒙古長期駐軍」,『鳳凰網』, 2010년 12월 26일.

다고 말했다. 그러나 1946년 4월 11일, 미·소냉전이 시작되고 국내 정세에 변화가 생기면서 중국공산당 지도자들은 앞으로 국제 정세가 어떻게 변화하든 외부의 힘이 더는 중국의 장래에 근본적인 영향을 미칠 수 없다는 점을 깨닫게 되었다. 그들은 국제상의 미·소 대립이 중국의 정세에 결정적인 영향을 주지 않을 것이라고 단정했다. 마오쩌둥은 "모든 반동파들은 모두 종이 호랑이다", "장제스와 그의 지지자인 미국 반동파 역시 모두 종이 호랑이"이며 미국은 중국 혁명에 대해 무장 간섭을 할 능력이 없다고 지적했다. 중국 공산당의 대외정책은 이로 인해 한 차례 큰 변화를 겪었다. 중공중앙은 이때로부터 주로 국·공 양당의 역량 비교를 근거로 혁명 전략을 재조정하고 전쟁을 통해 정권을 탈환하기에 이르렀다.

중국공산당의 대외정책의 변화는 이후의 중국 외교에 중대하고 결정적인 영향을 주었다. 항일전쟁이 종결된 후 중국공산당의 전략전술은 미·소관계의 변화에 따라 변동될 수밖에 없었다. 중국공산당은 미·소 대립을 전 세계 모든 갈등의 핵심으로 여기고 소련의 전략적 이익의 수호를 당의 전략전술의 중요한 출발점으로 삼았으며 공산당과 국민당 간의 투쟁도 미·소투쟁의 일부분이라고 여겼다. 따라서 진정한 자주독립적인 전략전술을 확립할 수 없었다. 그러나 마오쩌둥은 종내에는 중국공산당의 이러한 본유적인 사상 관념을 타파하고 처음으로 제2차 세계대전 이후의 대국 체계의 굴레에서 벗어나 자주 독립적인 대미對美전략을 확립하고, 더는 소련의 태도와 소련의 이익에 대한 고려를 중요시하지 않았다.[243] 사실상, 항일전쟁 종결 후 국, 공 양당의 대외정책의 실질은 국내의 정치투쟁 중에서 외부의 힘을 최대한 이용하는 것이었다. 다만 중국공산당 지도자들이 장제스 국민당과 근본적으로 다른 점은 외부세력의 중국 내정 간섭 의향과 능력에는 상당한 한계가 있으므로 스스로 힘을 키워 혁명의 승리를 쟁

---

243 杨奎松:『"中間地帶'的革命: 國際大背景下看中共成功之道』, 山西人民出版社 2010년 출판, pp.515- 517.

취해야 한다는 것을 빨리 깨달았다는 점이다. 중국공산당 지도자들이 최종적으로 중국 정치무대의 주역으로 등장하면서부터 이러한 의식은 자연스럽게 그들의 외교정책에 반영되었다.[244]

중국 혁명이 한 걸음 발전하면서 중국 공산당은 외부의 간섭을 더는 허용할 수 없었다. 그러나 소련은 중국인민해방군이 장강長江을 건너기 전까지 지속적으로 중국공산당에게 국민당과의 평화담판을 권고했고 이는 결국 마오쩌둥의 큰 불만을 자아냈다. 그러나 마오쩌둥이 중국 내전 문제에 대한 소련의 태도에 불만이 있다 하더라도 그것은 결코 중국공산당이 모스크바의 승인과 지지가 더는 필요치 않다는 것은 아니었다. 1947년 3월 옌안이 국민당에 의해 점령된 후 마오쩌둥은 비밀리에 모스크바를 방문하려고 계획했다. 그는 스탈린에게 일련의 문제들을 보고하고 지시를 요청함으로써 공산주의 운동의 최고 지도자인 그의 인정과 지도를 받으려 했다. 마오쩌둥이 이와 같이 한편으로는 자신의 방식대로 혁명을 진행함과 동시에 다른 한편으로는 스탈린을 여전히 '빅보스'로 떠받들고 적극적으로 소련의 편에 서서 소련의 승인과 원조를 얻어 내려고 한 이유는 중국 혁명의 현실적 이익과 관련되는 이외 또 다른 하나의 중요한 이유가 있었다. 그것은 바로 마오쩌둥이 줄곧 자신을 공산당이라 믿었고 또 자신의 혁명 이론, 관념, 경험과 방법이 모두 소련에서 온 것이라고 믿었기 때문이다.[245] 1948년에 이르러 스탈린은 자신이 과거 중국공산당의 능력에 대해 과소 평가했음을 느끼게 되었으며 이때로부터 소련은 사실상 중국공산당에 대한 지지를 반半 공개화했다. 스탈린은 "중국공산당을 원조하기 위해 우리는 힘과 돈을 아껴서는 안 된다"고 명확히 밝혔다. 소련이 중국공산당의 동북 근거지에 대해 아낌없이 지원하고 중국공산당의 혁명에 적극 참여함으로써 중국공산당의 정책

244 牛軍: 「論1945年至1955年中國外交的'內向性'」, 『國際政治研究』, 1999년 제4기.
245 楊奎松: 『'中間地帶'的革命: 國際大背景下看中共成功之道』, 山西人民出版社 2010년 출판, pp.520-525.

에 대한 그들의 발언권도 따라서 강화되었다.

반면, 미국의 대중국 정책에는 문제가 발생했다. 12월 초, 중공중앙은 중국 공산당 신화사_{新華社} 홍콩지사에서 보내온 한 편의 보고서를 접수했다. 보고서에 의하면 마셜 및 미국 국무원과 밀접한 관계를 가지고 있는 미국 기자 레이븐 Raven이 홍콩 민주 인사와 빈번한 접촉을 가지고 있는데 그가 흘린 소식에 따르면, 미국의 대중국 정책의 중심은 어떻게 하면 신정권 내부에 "유용한 반대파가 형성되게 할 것"인가 하는 문제이며, 미국이 신정권을 승인하는 조건은 곧 신정부 내부에 미국이 인정하는 반대파가 있어야 한다는 것, 그리고 미군의 칭다오 靑島 주둔을 허용해야 한다는 것이다. 중국공산당 지도자들은 이에 강경 반응을 보였으며 미국의 이러한 음모를 분쇄하는 것이 한동안 그들의 상당한 관심사로 되었다. 당시 동구라파 일부 국가의 정세가 불안하고 중국 국내의 일부 정치 세력이 여전히 미국의 간섭을 이용하려 시도하고 있는 점을 감안하면 중국공산당 지도자들이 미국에 대해 경계심을 가지는 이유와 그 정도에 대해 쉽게 이해할 수 있다. 바로 이런 배경하에 중공중앙은 1949년 3월 5일에 소집된 7기 2중전회에서 "우리 나라에 대한 제국주의의 승인 문제와 관련하여 지금 급급히 해결하려 해서는 아니되며 전국에서 승리를 거둔 후 상당히 긴 기간 내에도 급히 해결할 필요가 없다"는 '불승인' 원칙을 정식으로 확정했다.[246]

(2) '일변도' 외교 전략의 확립

중공이 7기 2중전회에서 확정한 또 다른 중요한 원칙은 바로 '일변도' 원칙이다. 미·소가 서로 대치하는 국제 냉전 구도 속에서 중국공산당이 소련의 편에 서게 된 것은 그들의 일종 뿌리 깊은 이론적 인식 때문이다. 이를테면, 소련과 유고슬라비아 간에 충돌이 발생한 후 중공중앙은 당 내 지시에서 "중국이 소

---

246 牛軍: 「論1945年至1955年中國外交的'內向性'」, 『國際政治硏究』, 1999년 제4기.

련과 굳건한 동맹을 맺어야만 중국 혁명이 확실한 승리를 거둘 수 있다. 어떠한 맹목적인 반소사상反蘇思想이나 감정적 잔재라도 남김없이 깨끗이 제거하고 방지해야 한다."라고 강조했다. 그리고 류 사오치劉少奇의 명의로 공개 발표한 「국제주의와 민족주의를 논함」이란 문장에서는 유고슬라비아 공산당의 부르주아민족주의 입장을 날카롭게 비판하고 프롤레타리아 국제주의와 애국주의의 결합의 중대한 의의에 대해 높이 찬양했다. 문장에서는 또 소련의 편에 서느냐 서지 않느냐 하는 것은 곧 "애국과 매국, 혁명과 반혁명을 가르는 기준"[247]이라고 했다.

중공 7기 2중전회에서 마오쩌둥이 소련과의 결맹을 선포하게끔 한 결정적인 사건은 스탈린의 특사인 미코얀Mikoyan, Anastas Ivanovich의 시바이포西柏坡 방문이다. 이 비밀 방문은 중공중앙과 소련의 관계를 조율함에 있어서 지극히 중요한 역할을 했다. 중공중앙이 극력 소련의 이해를 얻고자 한 것은 대부분 중국공산당의 국내 정책으로 그중에는 신중국 정권의 성격과 경제건설 계획, 중국공산당의 당내 노선투쟁, 중국의 정치 통일 등 문제들이 포함된다. 만약 당시 소련이 중공중앙의 주요한 국내정책을 지지하지 않았다면 마오쩌둥이 중공 7기 2중전회에서 중국공산당은 "소련과 동일한 전선에 서야 하며 중국과 소련은 동맹자"라고 선포한 것은 불가능한 일이였을 것이다.[248]

1949년 6월 8일, 류사오치의 모스크바 방문은 신중국 외교에 중대한 영향을 끼쳤다. 최근 몇 년간 새로 공개한 자료들은 류사오치가 소련지도자로 하여금 중공중앙의 신중국 건립과 관련한 모든 중요한 정책을 지지하며, 중국공산당의 국가 통일의 완성과 경제건설에 재정적, 기술적, 군사적 지원을 하며, 중국의 신정부 건립 후 소련 및 동구라파 각 사회주의 국가들이 최대한 빨리 승인하도록 보증하게 한 사실을 증명해 준다. 이에 대해 중국공산당이 지불하는 대가

247 牛軍:「論1945年至1955年中國外交的'內向性'」,『國際政治研究』,1999년 제4기.
248 牛軍:「論1945年至1955年中國外交的'內向性'」,『國際政治研究』, 1999년 제4기.

는 국제 사무에서 소련의 대외 정책을 협조하는 것이었다. 당시 중국공산당 지도자들은 적어도 이 같은 대가는 치를만 하다고 여겼다. 이 밖에도 류사오치는 소련과 국민당정부가 1945년에 체결한 「중소우호동맹조약」의 처리와 관련 하여 소련 지도자와 의견을 교환했다. 류사오치의 이번 방문으로 중·소 간 신형의 국가 관계를 건립하기 위한 토대가 마련되었다.[249]

이로부터, 해방전쟁 기간 중국공산당의 국익관은 주로 국가의 안보이익 즉, 국가 주권 및 영토의 독립과 완정을 중시하던 데에서 국가의 정치이익 즉, 어떻게 하면 국내의 정치적 안정을 촉진할 것인가, 신중국 건립 후 어떻게 하면 국제 사회의 승인을 얻고 국제적 위상을 높일 것인가 하는 방향으로 사고 범위가 넓어졌음을 알 수 있다.

---

249 『中國共産黨歷史』第2卷(1949-1978), 中共黨史出版社, 2011년, pp.24-25.

제3절 이데올로기 영향 하의 국익관(1949-1979)

중화인민공화국의 건립과 함께 중국공산당은 혁명당에서 집권당으로 탈바꿈했다. 중국공산당의 신분 변화 그리고 당시 신중국이 당면한 시대적 과제와 현실 상황에 대한 중국공산당 지도자들의 인식, 중국공산당 최고 지도자인 마오쩌둥의 이데올로기와 계급 투쟁에 대한 이해 및 운용 그리고 그의 독특한 사고 방식과 민족 심리는 함께 어우러져 이 시기의 중국공산당의 국익관을 형성시켰다.

이 시기 중국공산당의 국익관에서 이데올로기와 국가이익은 서로 밀접하면서도 매우 복잡한 관계를 가지고 있었다. 관계가 밀접하다고 하는 것은 이데올로기가 국가이익의 일부분이고 국가이익을 위해 봉사하며, 국가이익은 역으로 이데올로기를 유지해 주었기 때문이다. 관계가 복잡하다고 하는 것은 이데올로기와 국가이익이 때로는 일치되고 중합되지만 때로는 서로 모순되고 또 때로는 이데올로기가 주요 역할을 하고 때로는 국가 이익이 주요 역할을 했기 때문이다. '일변도' 전략 시기, 이데올로기는 국가이익과 일치되었으므로 이데올로기에 대한 강조는 국가이익을 든든히 지킬 수 있었다. 그러나 1960년대의 '일조선—條線' 전략 시기, 이데올로기에 대한 지나친 강조, '세계전쟁'과 '세계 혁명'의 가능성에 대한 과장된 인식으로 매우 극단적인 외교 행위가 초래되었으며 중국의 평화 이미지는 혁명 수출로 인해 제3세계의 일부 국가에 부정적인 영향을 끼치게 되었다.[250] 1969년 '전바오섬사건' 이후부터 중국공산당은 국가이익을 중국외교의 핵심적 위치에 올려 놓기 시작했으나 이데올로기가 국익관에 끼치는 영향은 크게 감소되지 않았다. '전바오섬사건' 이후 중국의 외교전략은 미, 소 양국과의 대립에서 소련과의 대립에로 바뀌어졌다.

---

[250] 牛軍,「中國外交60年的經驗和啓示」,『外交評論』, 2009년 제3기.

총체적으로, 마오쩌둥 집권시기 중국의 외교 전략은 연소항미聯蘇抗美: 소련과 연합
하여 미국에 대항로부터 반제반수反帝反修: 제국주의를 반대하고 수정주의를 반대, 그리고 다시 연미항소
聯美抗蘇: 미국과 연합하여 소련에 대항라는 어려운 과정을 거쳐 왔으며 이 과정에서 이데올로
기적 색채가 짙게 작용했다. 특히 외부의 위협에 대한 인식과 판단에서 늘 이데
올로기와 사회제도의 차이를 지나치게 중시했다. 반면에 국가 전체 이익에 대
한 인식이 부족했고 양측의 객관적 이익 갈등의 변화에 대한 예측은 더욱 부족
해 중국의 국익이 어느 정도 손해를 보게 되었다. 이데올로기의 작용을 지나 치
게 강조하면 국가 간의 긴장 관계만 고조시키게 되고 결국 중국의 국익에 손해
를 끼치게 된다는 점이 실천을 통해 증명되었다. 다만 중국 지도자가 이 시기에
자주독립을 견지하고, 국가주권과 영토 완정을 수호하기 위해 벌려온 투쟁에
대해서는 긍정적으로 보아야 한다. 그들은 투쟁의 방식으로 국가주권과 독립을
수호했던 것이다. 이와 같이 중국이 미, 소 두 대국과 대담하게 맞서 싸웠기 때
문에 미·소냉전 구도 속에서 완전히 독립적인 역량으로 성장할 수 있었고, 이것
은 또 1970년대에 중국이 대국의 위상을 회복하고 국제적으로 비교적 큰 명성
을 얻는데 든든한 토대로 작용하게 된 것이다.

1. '일변도' 전략 시기

제2차 세계대전으로 인한 영국, 프랑스 등 옛 제국주의 국가들의 쇠약과 제
3세계 민족주의에 대한 자극, 그리고 사회주의 소련이 보여준 뛰어난 성과는
전쟁 후 제3세계의 민족독립혁명과 공산당이 지도하는 프롤레타리아 혁명을
급속히 확산시켰다. 그러나 쇠약해진 제국주의는 제3세계의 기득 이익을 쉽게
포기하려 하지 않았고 더욱이 사회주의의 흥기興起에 대해서는 극도로 적대시했
다. 따라서 아시아, 아프리카대륙에서 제국주의와 제3세계의 민족주의, 사회주
의 간의 전쟁이 불가피하게 되었다. 인도차이나전쟁, 알제리전쟁 등은 1950년

대 전쟁과 혁명의 주제가 가장 잘 반영된 사건이라 할 수 있다. 이러한 전쟁과 혁명의 시대에 갓 탄생한 신중국으로서는 당시 안전한 국제환경을 유지하는 것이 외교의 가장 중요한 관심사였다. 동시에 외부의 원조를 가급적이면 많이 얻어내어 곧 시작하게 될 현대화 건설을 위해 준비하는 것이 안보 문제 버금으로 가는 외교 임무였다. 이밖에 국제 사회의 승인과 존중을 얻는 것은 100년의 굴욕의 역사와 수천 년의 문명의 역사를 가지고 있는 대국으로서는 더욱 특별한 의미를 가지고 있었다.[251] 안보이익, 경제이익, 외교이익은 '일변도' 외교정책의 형성 과정에서 중국공산당이 중점적으로 고려한 요소이며 이데올로기는 이 과정에서 추진 역할을 했다. 국가안보가 기본적으로 보장된 후 중국공산당은 평화외교를 시도해 보았으나 국내외 정세의 변화로 인해 오래 관철되지 못했다.

(1) 이데올로기, 국가이익과 '일변도' 외교 전략

중국공산당 지도자인 마오쩌둥은 외교에 대한 이데올로기의 역할을 매우 중요시했다. 그는 건국 초기부터 외교 업무에 이데올로기를 도입했다. 1963년 6월 14일 중국 공산당이 소련 공산당에게 보낸 회신에는 다음과 같은 내용이 적혀 있다. "전 세계 프롤레타리아는 연합하여, 전 세계 프롤레타리아는 피압박 인민, 피압박 민족과 연합하여 제국주의와 각국 반동파를 반대하며, 세계 평화와 민족의 해방 및 인민민주와 사회주의를 쟁취하며, 사회주의 진영을 공고히 하고 강대해지게 하며, 점진적으로 프롤레타리아 세계혁명의 완전한 승리를 거둠으로써 제국주의가 없고, 자본주의가 없고, 착취제도가 없는 신세계를 건설할 것이다." 이 한 단락의 글에서 당시 마오쩌둥의 외교사상을 엿볼 수 있다. 신중국 건립 전야에 마오쩌둥은 세계상 두 개의 진영이라는 표현 방식을 받아들였다. 1949년에 그는 "40년과 28년 누적된 경험으로 본다면 중국은 제국주의

---

251 李優坤:「國家利益視角下的毛澤東外交」,『環球視野』, 제325기.

편에 기울거나 아니면 사회주의 편에 기울어야 한다. 양다리 걸치기는 안 된다. 제3의 길은 존재하지 않는다"고 명확한 태도를 보였다. 신중국의 3대 외교 방침인 '일변도', '집안을 깨끗이 청소하고 나서 손님 초대하기打掃干淨屋子再請客', '새 살림 차리기另起爐灶'는 곧 중국이 사회주의 진영 편에 확고히 서서 제국주의가 중국에 끼친 영향을 철저히 제거하며 제국주의 진영과 단호하게 선을 긋겠다는 신중국의 입장과 결심을 표명한 것이다.[252]

마오쩌둥은 신중국에 대한 각국의 승인을 얻어 내는 문제에서도 이데올로기를 내세웠다. 중국에 대한 승인 문제에서 당시 소련과 동구라파 등 사회주의 국가들은 승인을 표시하는 전보문만 발표하면 되었다. 그러나 제국주의 국가에 대해 마오쩌둥은 그들과의 수교를 서두를 필요가 없다고 주장하면서 다음과 같이 말했다. "우리 나라에 대한 제국주의 국가의 승인 문제와 관련하여 지금 급급히 해결하려고 나설 필요가 없을 뿐만 아니라 전국적 승리를 거둔 후 상당한 시간이 지난 후에도 서둘러 해결할 필요가 없다." 왜냐하면 "지금까지 중국 인민을 적대시해 온 제국주의가 그렇게 빨리 평등한 자세로 우리를 대한다는 것은 절대 불가능한 일이기 때문이다. 그들이 단 하루라도 적대적인 태도를 개변하지 않는다면 우리는 그들에게 중국에서의 합법적 지위를 단 하루도 부여하지 않을 것이다." 수교 문제에서도 마오쩌둥은 자본주의 국가에 "중국과 수교하려면 반드시 협의를 거쳐야 한다"는 요구를 제기했다.[253]

이 시기, 외교에 대한 이데올로기의 역할을 강조하는 것과 중국의 국익을 지키는 것은 서로 일치되었다. 제2차 세계대전 이후, 미, 소 두 진영은 서로 치열한 대립 양상을 보였다. 아시아에서 국토 면적이 제일 크고 전략적으로도 중요한 위치에 있는 중국은 지정학적으로나 역사적으로나 중간 길을 걷기는 어려

---

252 李才義:「論毛澤東外交思想中的意識形態與國家利益」,『黨史研究與教學』, 2003년 제6기.

253 李才義:「論毛澤東外交思想中的意識形態與國家利益」,『黨史研究與教學』, 2003년 제6기.

웠다. 장제스 통치시기부터 미국은 줄곧 중국을 극동정책의 핵심 대상으로 여겨왔으며 '중국을 잃고' 나서야 부득이하게 '일본을 부축'하는 정책을 펼쳐 사회주의 중국과 대항했다. 독립을 전후하여 신중국이 미국과의 관계에서 우선적으로 고려한 문제는 양국 관계의 정상화가 아니라 눈앞에 임박한 미국의 직접적인 안보위협에 어떻게 대응하느냐 하는 문제였다. 중국혁명의 역사에서 보면 소련은 줄곧 중국공산당과 그가 지도하는 중국혁명을 지지해 왔으나 미국은 장제스를 지지하고 공산당을 반대하는 정책을 고수해 왔다. 신중국 건립을 앞두고 중공중앙은 일찍이 미, 영 등 국가와의 정상적인 관계 수립을 위해 힘쓴 바도 있다. 마오쩌둥은 "만약 미국과 영국이 국민당과 관계를 끊는다면 그들과의 수교 문제를 고려할 수 있다"고 지시했다. 중국공산당은 자발적으로 미국 대사에게 '일변도'는 정치용어이며 남에게 의존하는 것으로 오해해서는 아니되며 미국과의 합작에도 영향을 주지 않는다고 해석했다. 그러나 미국은 장제스를 지지하고 공산당을 반대하는 정책을 포기하려 하지 않았고 심지어 1949년 6월에는 중국 대륙을 봉쇄했다. 이는 신중국으로 하여금 '일변도' 의지를 더욱 확고히 다지게 하는 결과를 낳았다. 이에 대해 미국의 학자들도 "미국이 '장제스를 지지하고 공산당을 반대'하는 정책을 포기하려 하지 않았기 때문에 마오쩌둥이 결국 소련 측에 기울어지게 되었고 따라서 미국은 신중국과 화해할 수 있는 기회를 잃게 되었다"고 보고 있다.[254]

만약 당시 중국이 중간노선中間路線을 걷는다 하더라도 그 원가와 수익은 소련에 대한 '일변도' 전략보다 별로 나을 것이 없었다. 안보와 발전적인 이익에서 볼 때, 만약 중국이 중간노선을 걷는다면 미국을 비롯한 서방 국가의 경제원조와 외교적 승인을 얻을 수도 있고 또 미국으로부터 오는 안보위협을 감소할 수 있어 국가의 영토와 안보를 더 잘 지킬 수도 있다. 그러나 중간노선을 걷는다는

---

254 李優坤:「國家利益視角下的毛澤東外交」,『環球視野』, 제325기.

것은 곧 중국의 '유고슬라비아화'에 대한 소련의 우려가 현실이 됨을 의미하며 소련으로부터 오는 정치적, 경제적 지원을 곧 상실하게 된다는 것을 의미한다. 그렇게 되면 미국으로부터 오는 정치적, 경제적 지원은 상당 부분 상쇄되는 것이고 더 중요한 것은 중국의 독특한 전략적 지위 및 소련과 수천 킬로미터에 달하는 국경선을 공유하고 있는 지정학적 현실로 인해 중국은 소련으로부터 유고슬라비아가 당한 것보다 더 직접적이고 강한 안보적 압력을 받게 될 것이다.[255]

그러므로 국가 안보와 발전적 이익을 지키는 면에서 본다면 '일변도'와 중간노선의 효과는 별반 차이가 없으며 안보면에서 '일변도'는 오히려 더 큰 전략적 수익을 가져올 수 있으나 중간노선의 전략적 원가는 중국이 감당할 수 있는 능력을 훨씬 초과한다. 뿐만 아니라 여기에는 또 국가 존엄과 명예 훼손도 뒤따르게 된다. 이런 까닭에 미국 학술 계에서조차 "'일변도'는 당시 실정에 상대적으로 적합한 현실주의적이고 이성적인 선택이었다"는 견해가 주류를 이루고 있다. 훗날 덩샤오핑도 '일변도'의 실행은 빨리하면 할수록 우리에게 더 유리했다고 말한 바 있다.[256]

그러나 이러한 '일변도' 외교전략은 동시에 또 일종의 '외장력外張力'을 산생시켰다. 이 '외장력'이란 곧 국제 문제에 대한 중국의 관심과 간섭을 말한다. '외장력'의 산생 배경은 두 가지 측면에서 찾아볼 수 있다. 하나는 부분적으로 중국 혁명운동의 발전 과정 에서 동반된 내재적 충동 즉, 중국 혁명의 승리가 전 세계에, 적어도 중국 주변 지역에 지대한 영향이 미쳐지기를 갈망한데서 온 것이다. 다른 하나는 신중국의 대외관계의 발전과 주변 정세의 변화가 곧 '외장력'을 산생, 강화시킨 중요한 요소이다. 1950년의 중·소결맹으로부터 1954년까지의 중국 외교의 발전 과정은 어떤 의미에서 보면 '내향성' 외교가 '외장력'에 의

255 李優坤:「國家利益視角下的毛澤東外交」,『環球視野』, 제325기.
256 李優坤:「國家利益視角下的毛澤東外交」,『環球視野』, 제325기.

해 끌려간 과정과 '외장력'을 억제해 온 과정이라고 할 수 있다. 1950년 3월 류사오치가 중공중앙을 위해 작성한 한부의 당 내 지시서가 바로 이런 충동력을 보여주는 대표적인 사례이다. 류사오치는 지시서에서 다음과 같이 말했다. 중국 혁명이 승리한 후, "모든 가능한 방법을 총동원해 아시아 피압박 민족 중의 공산당과 인민들이 해방을 얻을 수 있도록 지원하는 것은 중국공산당과 중국 인민들이 짊어져야 할 국제적 책임이며, 국제적인 범위 내에서 중국혁명의 승리를 공고히 하는 가장 중요한 방법 중의 하나이다." 이런 관념에 입각하여 신중국은 건국 후 북한과 베트남 공산당에 대해 지원정책을 펼쳤다. 그 실례로 1950년 1월에 해방군에 소속된 조선국적 병사들이 북조선에 돌아가는데 대해 허락한 것과 그해 4월부터 베트남에 군수물자를 지원하고 군사고문을 파견한 것 등이다.[257] 중국혁명의 승리의 성과를 공고히 하기 위한 것이 근본 목적인 대외전략은 곧 국가이익의 수요이자 이데올로기적 수요이기도 했다.

　　중국의 항미원조抗美援朝도 역시 중국의 국익과 이데올로기적인 요인에 기반하여 내린 결정이었다. 즉 "만약 조선 전체가 미국에 의해 점령된다면 조선혁명이 근본적인 실 패를 가져오게 될 것이고 미국 침략자는 더욱 제멋대로 날뛰게 될 것이며 따라서 동양 전반에 불리한 결과를 가져오게 될 것이다"는 관념에 따른 것이었다. 그러나 마오쩌둥이 항미원조 결정을 내린데는 국익이 더 큰 요인으로 작용했다고 볼 수 있다. 이에 대해 그는 다음과 같이 말했다. 만약 "우리가 출병하지 않는다면 적들이 압록강까지 밀고 들어올 것이고 국내외적으로 반동기세가 고조되어 여러 면에서 모두 불리한 상황에 처하게 될 것이다. 우선 동북이 가장 불리하게 될 것이다. 동북의 국경 수비대 전체가 발이 묶이게 되고 남만전력南滿電力이 통제될 것이다." 마오쩌둥은 애국주의와 국제주의 정신을 발양하여 절정에 이르게 하였는데 이는 곧 이데올로기와 국가이익의 결합을 충분히 보

257　牛軍:「論1945年至1955年中國外交的'內向性'」,『國際政治研究』,1999년 제4기.

여준다. 이 밖에도 중국은 소련에 앞서 베트남에 대해 외교적 승인을 해주었다.

마오쩌둥을 수반으로 한 중국공산당은 국가안보 이익과 정치적 이익을 고려해 '일변도' 대외정책을 시행했지만 중국의 대외정책이 정치적 독립성을 상실해서는 안된다는 원칙을 견지하면서 대외정책상 소련의 뜻에 맹종하지 않았다. 1949년 7월 류사오 치는 모스크바 방문 기간 스탈린에게 중·소조약을 처리하는 세가지 방법을 제안했다. 즉, 첫째, 기성 조약을 유지하며 신중국을 승인한다. 둘째, 새로운 조약을 체결하여 낡은 조약을 대체한다. 셋째, 양국 정부는 잠시 현상태를 유지한다는 설명문건을 서로 교환한 다는 것이다. 류사오치는 스탈린에게 소련군의 뤼순 주둔, 외몽골의 독립, 소련의 동북 공장, 광산에서의 설비 철거 등 문제에 대해 중국 국민들이 강한 불만을 가지고 있음을 완곡하면서도 분명하게 알려주었다. 그러나 스탈린은 이에 대해 태도를 밝히지 않았다. 1950년 저우언라이는 마오쩌둥의 지시를 받고 모스크바에 가서 소련과 신조약을 체결 하는 담판에 참가했다. 담판 석상에서 저우언라이는 중국의 국익을 지키려는 확고한 입장을 보여주어 소련 대표를 "깜짝 놀라게 했다." 소련대표는 심지어 저우언라이에게 중국과 소련이 "동맹국이 맞냐?"라는 질문까지 했다.[258] 마오쩌둥을 수반으로한 중국공 산당은 스탈린이 중국의 동북과 신장新疆에서 세력 범위를 조성하고 합영기업을 설립 하는 등 중국의 주권을 훼손하는 행위에 대해 강한 불만을 표시했다.

(2) 평화외교의 정책적 시도

중국의 국가안보와 국제적 위상에 대한 보장이 초보적으로 이루어진 후 중국공산당의 국익에 대한 인식에는 새로운 변화가 나타나기 시작했다. 이는 1952년부터 구상하기 시작해 1954년에 이르러 기본적으로 형성된 새로운 대

---

258 牛軍: 「論1945年至1955年中國外交的'內向性'」, 『國際政治研究』, 1999년 제4기.

외정책인 '평화통일전선정책平和統一戰線政策'에서 볼 수 있다. 평화공존 5항원칙은 곧 이 정책에 대한 경전적인 개괄이다. 새로운 대외정책은 중국 국내 정세의 발전을 기반으로 산생되었다. 당시 중공중앙은 정권의 공고화와 경제 회복 임무는 이미 기본적으로 완수했으므로 앞으로의 임무는 경제 발전과 사회주의적 개조의 추진이며 이를 위해서는 평화적이고 안정적인 주변 환경을 조성하고 장기적으로 유지해 나가는 것이 필요하다고 여겼다. 1950년대 후기에 들어 '일변도' 외교정책이 점차적으로 평화공존 5항원칙에 의해 대체되면서 중국의 대외정책에는 뚜렷한 변화가 나타났다. '평화통일전선정책'의 주요한 목표는 두 가지인데 첫째는 '평화, 중립의 추세를 확대'하는 것, 둘째는 '평화, 중립 지대를 넓혀' 가는 것으로 우선 중국의 주변 지역에서 이를 실현해 나가는 것이다. 이것은 중국정부가 1953년 여름, 조선정전협정을 수용한 데 이어 1954년 제네바회의에서 평화담판을 통해 인도차이나 전쟁을 결속짓는 데 대한 입장을 고수하게 된 핵심 배경이다. 제네바회의에서 저우언라이는 미국의 간섭정책과 프랑스의 식민지 이익을 유지하려는 의도를 견결히 반대했을 뿐만 아니라 소련의 경직된 입장에 대해서도 찬성하지 않았다. 그리고 인도차이나 3국은 '하나의 통일체'라고 주장하면서 라오스와 캄보디아에서 군대 철수를 거부하고 임시 경계선 문제에서도 비현실적인 요구를 제기하는 베트남을 설복했다. 저우언라이는 제네바회의에서 동맹국과의 관계 처리상 중국이 조선전쟁에서 얻은 교훈을 살려 절대로 동맹국에 의해 미국과의 또 다른 전쟁에 끌려 들어가지 않을 것임을 분명히 밝혔다.

중국은 주변 지역의 전쟁을 끝냄과 동시에 전력을 다해 아시아에서 선린외교 정책을 추진했다. 즉, 중국은 주변 비사회주의 국가와의 관계 개선을 위해 일련의 정책들을 연이어 제시했는데 이를테면 인접 국가와의 경계선 문제 해결 정책, 일부 동남아 국가 화교의 이중국적 관련 정책, 아시아 비사회주의 국가의 내부 사무 불간섭정책 등등이다. 중국은 이러한 정책들을 시행하여 실제로 큰 성과를 거두었으며 아시아 지역에서 영향력이 빠르게 확산되어 1955년 반둥회의 때 최고조에 이르렀다.[259]

당시, 중국의 경제이익은 주로 외국의 선진기술과 자본을 이용해 중국의 경제 건설을 부축하는 데서 체현되었다. 이밖에도 미국의 대중국 금수조치의 타파 그리고 세계 각국의 민족해방운동에 대한 실질적인 후원에서도 나타났다. 미국의 대중국 금수조치에 대응하여 마오쩌둥을 수반으로 한 중국공산당은 자력갱생을 위주로 하고 외부 원조의 쟁취를 부차적으로 할 것을 주장했으며 제국주의 간의 갈등을 충분히 이용해 미국의 대중국 금수조치를 파탄시켰다. 마오쩌둥은 일찍 건국 초기부터 중국은 세계 각국과 무역거래를 해야 한다고 주장했으며 특히 민간을 통해 자본주의 국가와 경제 관계를 발전시킬 것을 주장했다. 1952년에 중국과 실론('스리랑카'의 옛 이름-역자 주)이 체결한 고무무역 협정은 미국의 대중국 전략물자 금수규정을 깨뜨렸다. 중국은 또 영국의 홍콩에서의 이익을 이용해 미국과 영국 간의 대중국 금수조치에 대한 입장 차이를 조성함으로써 미국의 대중국 금수조치가 실패로 돌아가게 했다.

2. '두 주먹으로 치는(兩個拳斗打人)' 전략 시기

1960년대에 들어 세계 정세는 '대혼란, 대분열, 대개편'의 위기에 직면하게 되었다. 사회주의 진영과 제국주의 진영이 서로 대립하던 국제구도는 점차 미, 소 두 초강대국의 패권 다툼으로 바뀌었다. 이러한 국제 체계의 시각에서 보면 중국과 미국의 대립, 중국과 소련의 결렬은 모두 중국이 부상하고 있는 대국이고 점차적으로 국제사회의 한 극으로 성장하고 있는 현실 때문이라는 것을 알 수 있다. 그러나 중국의 지도자는 비교적 긴 시간 동안 세계 평화가 유지될 가

---

259 牛軍: 「論1945年至1955年中國外交的'內向性'」, 『國際政治研究』, 1999년 제4기.

능성에 대해 완전히 무시하고 이데올로기적, 투쟁적인 사고로 당시 세계는 "자본주의와 제국주의가 멸망되어 가고 사회주의와 공산주의가 승리로 나아가는 시대"라고 판단했다. 심지어 '문화대혁명文化大革命' 기간에는 "세계는 이미 마오쩌둥의 새로운 시대에 진입했다"는 주장을 제기했고 외교적으로는 아시아, 아프리카, 라틴아메리카의 '광대한 농촌'으로부터 자본주의 '세계도시'를 포위하자는 주장까지 제기했는 바, 이 역시 중국이 소련, 미국 두 나라와 동시에 심각한 대립을 이루게 된 주요 원인이었다. 이데올로기와 국익을 둘러싸고 벌어진 중국과 소련의 갈등은 두 나라를 전쟁의 변두리까지 몰아갔다. 물론 중국의 지도자는 원칙을 견지하는 전제 하에 줄곧 신중한 태도로 미국과 직접적인 대항이 재발할 수 있는 상황을 회피함으로써 앞으로 양국 관계의 회복을 위해 여지를 남겼다. 그러나 다른 한편으로 중국은 이 시기에 원가를 따지지 않고 제3세계 국가를 지원했는데 그 주요 목적은 미, 소 두 초강대국에 대항하려는데 있었다.

(1) 이데올로기와 국익을 둘러싸고 벌어진 중·소 충돌

중국은 수천 년 문명의 역사를 가진 대국으로 민족의 부흥과 국제무대에서의 자주독립적인 지위의 확보는 전 중화민족의 염원이었고 가장 어려운 시기에도 이 염원을 포기하지 않았다. "외교 문제에서 중국의 기본 입장은 곧 중화민족의 독립적인 입장이며 자주 독립 자력갱생의 입장이다"라는 저우언라이의 이 말은 '일변도' 전략의 실행 조건에 대한 중국 지도자의 견해를 대표한 것이다. 신중국의 소련에 대한 '일변도'는 마오쩌둥이 낡은 불평등조약의 폐지를 강하게 요구함에 따라 쌍방이 상호존중과 평등의 원칙 하에 「중·소우호호조조약中蘇友好互助條約」을 체결하면서부터 시작되었고, 마오쩌둥을 수반으로 한 중국공산당 1세대 지도자들이 중국의 주권을 침해하는 소련의 제의 즉, 장파방송국과 잠수함 함대를 '공동 구축'할 데 대한 제의를 단호히 거절하면서 종료되었다. 이 전반 과정은 사실상 중국이 대국으로서 자주독립과 민족부흥의 꿈을 실현하기 위해 펼친 노력과 중국을 동유럽의 작은 나라들과 마찬가지로 자기의 전략적 궤도에 끌어올리려는 소련의 대중정책이 서로 충돌되는 과정이었다. 이런 측면에서 볼때 중·소 간의 결별과 대립은 불가피한 것이었다. 1950년대에 들어 중국은 조선전쟁, 항미원월抗美援越, 아시아-아프리카회의 등 중대한 사건들을 경과하면서 국제적 위상이 크게 향상되었고 대국의 위용을 남김 없이 과시했다. 이런 상황에서 소련의 강제적인 행동, 특히 소련이 군사적 우위를 이용해 중국을 자국의 전략적 궤도에 끌어올리려는 움직임은 중·소 관계를 대립의 국면으로 치닫게 했고 군사적 충돌 직전까지 이르게 했다.[260]

중국과 소련의 충돌은 주로 이데올로기에서 시작되었다. 소련공산당 20차 대회 이후, 폴란드-헝가리 사건이 터지고 서구에서 반공 분위기가 고조되자 마오쩌둥은 소련을 전폭 지지하는 입장을 취했다. 그는 비록 스탈린을 전면 부정한 흐루쇼프Khrushchyov, Nikita Sergeevich의 착오에 대해 비판을 가했으나 대외적으로는 소련의 이미지 및 사회주의 진영의 단결과 통일의 유지를 위해 노력했다. 1957년의 모스크바회의에서 마오쩌둥은 동유럽 일부 국가들이 소련에 불만을 가지고 있는데 대해 애써 설득했다. 그는 "세계적으로 누가 이기고 지느냐의 문제가 아직 해결되지 않았으며 아직도 준엄한 투쟁이 있고 전쟁의 위험이 있다"고 주장했다. 그는 모스크바회의에 대해서도 매우 긍정적으로 평가하면서 다음과 같이 말했다. 모스크바회의는 "사회주의 국가가 소련을 중심으로 일치 단결되고 전 세계 공산당과 노동당이 일치 단결되었음을 보여준다. 사회주의 진영에는 반드시 보스가 있어야 하는데 그 보스가 바로 소련이다. 각국의 공산당과 노동당도 반드시 보스가 있어야 하는데 그 보스가 바로 소련공산당이다. 국제공산주의 운동의 일치 단결, 소련의 두 차례 인공위성 발사의 성공은 양대 진영의 힘겨루기에서 나타난 새로운 전환점이다." 따라서 "현 정세의 특징은 동풍이 서풍

260 李優坤:「國家利益視角下的毛澤東外交」,『環球視野』, 제325기.

을 압도하는 것이다. 즉 사회 주의 세력이 제국주의 세력에 비해 압도적 우세를 점하고 있다."[261]

마오쩌둥은 소련공산당 20차 대회에서 제출한 '평화적 공존, 평화적 경쟁, 평화적 이행'이란 국제공산주의 운동의 총노선에 대해서는 찬성하지 않았다. 중·소 양국의 이데올로기 갈등은 주로 동서양 국가 간의 관계 처리, 세계 혁명과 전쟁에 대한 예측, 사회주의가 나아갈 길 등 문제를 둘러싸고 벌어졌다. 1957년의 모스크바회의에서 중·소 양당은 '세 가지 평화 노선'을 둘러싸고 치열한 논쟁을 벌였으며 최후로 채택한 <모스크바 선언>도 이 문제에 대한 의견 차이를 해소하지 못한채 절충안을 택했다. <모스크바 선언>에서는 평화적 이행의 가능성을 밝힌 동시에 비평화적 이행의 길도 제시했으며, '의회에서 안정적 다수'를 확보하는 데 대해 언급함과 동시에 의회 밖에서 민중투쟁을 광범위하게 벌려 반동세력의 반항을 제거해야 한다는 점도 강조했다. 마오쩌둥은 민족국가의 해방운동의 권리를 끝까지 지키려했으나 이것은 동서 양측 관계의 완화를 시도하는 소련의 노력과 충돌을 일으켰다. 마오쩌둥은 중·소 간에는 "결국 논쟁이 벌어지기 마련이다. 공산당 간에는 논쟁이 없을 것이라는 상상을 버려야 한다"고 말했다. 그러나 소련이 중국-인도 충돌사건 발생 시 인도 편을 들어주고 또 미국에 대해 긴장완화 외교를 펼치자 마오쩌둥은 소련은 이미 마르크스-레닌주의를 위배하고 '미국과 협력하여 세계를 지배'하는 노선을 추진하려 시도하고 있으며 소련공산당의 최고 권력은 이미 수정주의 집단에 의해 찬탈되었다고 판단했다.[262]

중·소 충돌의 발생에는 국익도 하나의 중요한 요소로 작용했다. 마오쩌둥은 소련이 장파방송국과 잠수함 함대의 '공동 구축' 등 중국의 국가주권과 관련

261 李才義: 「論毛澤東外交思想中的意識形態與國家利益」, 『黨史研究與教學』, 2003年 제6기.

262 李才義: <論毛澤東外交思想中的意識形態與國家利益>, 『黨史研究與教學』, 2003年 제6기.

된 요구를 제기한 데 대해 강한 불만을 나타냈으며 소련이 중국 혁명의 역사과정에서 보여준 소극적인 태도와 대국 쇼비니즘에 대해 거세게 비난했다. 그는 사회주의 국가의 외교는 소련 외교에 복종해야 하며, 중국이 핵개발 계획을 포기하는 대신 소련이 핵 우산을 제공한다는 등 소련의 요구와 제안은 중국의 국익에 손해를 끼친다고 인정했다.

(2) 중·미 대립

미국을 포함한 제국주의 국가들은 중국의 백 년 치욕의 역사를 만든 주요 장본인이다. 그리고 장제스를 도와 공산당에 반대하는 미국의 대중정책도 결국 중국을 저들의 전후 세계 패권체제의 궤도에 끌어들이려는 데 목적이 있었다. 이런 점들은 중국인들의 미국에 대한 적개심을 조장시켜 중·미 대립의 근본적 원인으로 작용했다. 마오쩌둥은 신 정치협상회의新政治協商會議 준비회의에서 다음과 같이 역설했다. "중국의 일은 중국 인민들이 스스로 결정하고 처리해야 한다. 그 어떤 제국주의 국가의 털끝 만한 간섭이라도 더는 허용치 않는다" 신중국이 건립된 후 미국의 중국에 대한 봉쇄정책과 조선전쟁, 베트남전쟁, 대만 침점 등 일련의 사건들은 미국에 대한 중국의 적개심을 한층 더 심화시켰다. 이런 상황에서는 누가 집정하든 세계 구도에 큰 변화가 없는 한, 중·미관계의 큰 개선을 기대하기는 어려웠다. 미국이 중국을 저들의 전후 세계 패권체제의 궤도에 끌어들이려는 의도와 사회주의 중국에 대한 봉쇄 및 억제정책은 민족의 부흥과 독립을 갈망하는 중국의 염원과 정면 배치되는 것이었다. 따라서 중국이 대국의 지위와 민족부흥의 염원을 포기하지 않는 한, 중·미관계의 진정한 완화는 불가능한 것이었다.

(3) 중국과 제3세계 국가들 간의 관계 발전

중국이 미·소 양국과 심각한 대립 속에 처해 있는 상황에서 제3세계 국가에 지원을 아끼지 않은 점은 쉽게 이해할 수 있는 일이다. 1960년대, 중국의 국력은 미, 소에 비할 바가 못되었다. 이런 상황에서, 신중국이 두 초강대국과 맞서려면 세력 균형에 의존할 수밖에 없었다. 즉, "동맹관계와 기타 방법을 통해 국제적 힘의 균형을 이루는 것이다." 중국은 미국과 소련으로부터 오는 강한 안보 및 정치적 압력을 감수해야 했기 때문에 작은 나라들과 동맹관계를 맺는 것이 매우 필요했다. 이런 상황에서 중국은 작은 나라들에 가급적 많은 지원을 함으로써 그들이 이득이 적다는 이유로 동맹에서 퇴출하는 일이 없도록 해야 했다. 다시 말하면, 중국이 이처럼 제3세계 국가에 지원을 아끼지 않은 것은 그들과 정치적 동맹관계를 유지함으로써 그들의 정치적 지지를 얻어내기 위한 일종의 부득이한 외교적 조치였다. 물론 제3세계 국가에 대한 아낌없는 지원으로 중국은 국제적 신망을 얻어냈고 이는 또 1970년대에 중국이 국제사회가 공인하는 국가로 될 수 있었던 주요한 원인이였다. 돌이켜 보면, 중국이 유엔 의석을 회복했을 때 제3세계 국가의 대표가 너무 기쁜 나머지 춤까지 추었던 그 장면에서 우리는 당시 중국이 제3세계 국가에서 위상이 얼마나 높았는지를 알 수 있다. 또 중국이 유엔 의석 회복 표결에서 얻은 76표 중 아프리카 국가가 26표를 차지한 사실에서도 제3세계 국가의 지지가 중국의 대국 지위 확립에 얼마나 중요한 역할을 했는지를 알 수 있다.

3. '일조선', '일대편' 전략 시기

중·소 국경 충돌 발생 후, 중국공산당 지도자들은 전쟁에 대한 강한 위기감을 느꼈다. 이런 위기감은 그들로 하여금 미국이 중국과의 전략적 협력을 준비하고 있다는 사실을 확인한 후 결연히 연미항소의 길을 걷게 했고 따라서 중국 외교에는 한 차례 혁명적인 변화가 일어났다. 이것을 혁명적인 변화라고 일컫는 이유는, 기존의 외교 패턴이 철저히 바뀌어졌을 뿐만 아니라 이 변화가 중국공산당 지도자들이 국익을 외교의 중심에 두기 시작했음을 의미하기 때문이다.[263] 이데올로기는 당의 국익관에서 어느 정도 사라졌고 중국은 서방국가들과의 교류 시에도 더는 이데올로기의 속박을 받지 않았다. 그러나 소련과의 이념적 차이는 여전히 좁혀지지 않았다.

(1) 이데올로기적 성향의 감퇴와 '일조선' 전략의 영향

'일조선' 전략의 시행으로 꽁꽁 얼어 붙었던 중·미관계는 해빙기를 맞게 되었고 중국과 서방국가들 간의 관계도 잇따라 개선되기 시작했으며 따라서 중국은 심각한 외교적 궁지에서 벗어날 수 있게 되었다. 특히 소련의 위협이 날이 갈수록 고조되는 상황에서 국가 안보를 지킬 수 있었고 국가 관계가 이념의 속박에서 벗어나게 되었다. 이 점은 중국의 학자들이 보편적으로 인정하는 부분이다. 그러나 당시 중국 외교는 소련과의 관계를 기준으로 기타 국가에 대한 정책을 결정하는 등 심각한 문제가 존재했으며 또 미국의 패권 야심을 조장시키고 대만 문제 해결에 어려움을 가중시키는 결과도 낳았다. 더욱 심각한 것은 서방국가들과의 관계 개선이 경제 분야에까지 미치지 못했고 또 소련 문제로 인해 중국이 국제 정세에 대해 그릇된 판단을 내림으로써 극좌 경향이 조장되었고 그것이 국내외 정책에 반영되었다는 점이다.[264]

그러나 국익 차원에서 보면 '일조선' 외교는 전반적으로 이성적인 외교라고 할 수 있다. 물론 소련의 위협에 대해 과대 추측한 점도 있지만, 소련의 고도로 집중된 정치 경제체제와 중국 및 기타 사회주의 국가와의 왕래 중에서 보여준 패권주의적 행태, 심지어 무력까지 동원하는 상황에서 소련이 중국의 안보를 위협하는 가장 큰 적이라는 사실은 의심할 여지가 없었다. 소련은 1960년대

---

263 牛軍: 「1969年中蘇邊界沖突與中國外交戰略的調整」, 『當代中國史研究』, 1999年 제1기.
264 李優坤: 「國家利益視角下的毛澤東外交」, 『環球視野』, 제325기.

중기부터 중·소 국경지대에 백만 명의 병력을 배치하고 끊임없이 도발 사건을 일으켜 결국 1969년에 중·소 국경충돌을 유발하게 되었다. 이 역시 의심할 여지가 없는 사실이다. 소련은 일찍이 여러 경로를 통해 중국에 대한 각종 군사적 타격, 심지어 핵타격의 가능성까지도 시탐했다. 다만 미국이 미·소 간의 힘의 균형이 깨지는 것을 고려해 견결히 반대해 나섬으로써 소련의 음모는 결국 파탄되었다. 이런 상황에서 마오쩌둥을 수반으로 한 중국공산당 1세대 지도자들은 이념적 차이를 떠나 중·미관계를 개선함으로써 가장 기본적인 국익인 나라의 안보를 우선적으로 지켜냈다. 또한 중국과 서방국가의 관계 개선으로 수교가 잇따라 이루어짐으로써 국제사회의 인정을 받고 세계 무대에서 신중국의 입지를 다지게 되었다. 이를 토대로 중국은 유엔의 합법적 의석의 회복을 추진했고 또 중·미·소 삼각 관계가 형성되면서 국제사회에서 중국의 위상이 크게 향상되었다. 이런 원인으로, 서방 학자들이 말한 바와 같이 1971년부터 1989년까지의 국제사회 구도는 자주 중·미·소의 전략적 삼각 관계로 묘사되곤 했다. 물론 이런 묘사에서 중국의 역할이 과대 평가되었을 수도 있으나 다른 한편으로는 중국이 미·소 관계를 주도하는 중요한 요소로 작용하기 시작했음을 보여주기도 한다.[265]

또 하나의 중요한 점은, 중·미 정치관계의 개선은 중국의 발전 및 서방국가들과의 경제관계 수립에 든든한 토대를 마련했으며 더 나아가 국익의 실현에 중대한 역할을 했다는 점이다. 이에 대해 덩샤오핑은 다음과 같이 평가했다. 마오쩌둥은 "중·미관계와 중·일관계의 새로운 국면을 개척함으로써 세계 반패권 투쟁과 정치적 미래를 위해 새로운 발전 여건을 마련했다. 중국이 오늘과 같은 국제 환경 속에서 4개 현대화 건설에 매진할 수 있는 것은 마오쩌둥의 공적임

---

265 李優坤: 「國家利益視角下的毛澤東外交」, 『環球視野』, 제325기.

을 잊지 말아야 한다."[266]

그러나 소련의 위협에 대한 과대 추측과 극좌 경향의 만연으로 중국은 국제 정세에 대해 그릇된 판단을 내렸고 따라서 지나칠 정도로 전쟁 준비와 세계혁명을 전략의 중점에 두고 밀어부쳤다. 그 결과 중국의 국익이 비교적 큰 손실을 입게 되었으며 더욱 중요한 것은 그중 일부가 불필요한 손실이라는 점이다. 이를테면, 1970년대에 중국의 세계평화운동에 대한 소극적인 태도, 제3세계 여러 국가의 공산주의혁명에 대한 지지 및 혁명적인 언사들은 중국의 평화적 이미지를 손상시켰고 외국 국적을 가진 중국계 학자들마저도 아세안ASEAN의 중국에 대한 우려를 의논하면서 "중국의 이미지가 좋지 않은 부분적인 원인은 중국의 국제 냉전정치에 대한 왜곡과 중국에서 만들어낸 혁명적 문구에 대한 아세안의 오해에서 비롯되었다"고 지적한 바 있다.[267]

근본적으로 말하면, '일조선' 전략은 국가안보를 지키는 면에서는 성공적이었다. 특히 소련군이 국경까지 쳐들어온 상황에서는 더욱 그러했다. 국제적 명성을 얻고 국제적 이익을 실현하는 면에서도 이 전략은 비교적 원만하게 실행되었다. 비록 국제 정세에 대한 그릇된 판단으로 국익이 어느 정도 손실을 입었으나 중국 외교의 주체는 이성적이라는 평가를 받기에는 무리가 없었다.[268]

(2) 마오쩌둥의 '3개세계론' 전략사상의 제시

'일조선, 일대편' 전략의 시행으로 중국의 대외관계는 급속도로 발전했다. 마오쩌둥은 한동안의 관찰과 사고를 거쳐 1974년 2월, 잠비아 대통령 케네스 카운다Kenneth David Kaunda와의 담화 시 처음으로 세계 3분론에 관한 전략적 사상을 내놓았다. 이 사상의 요점은 미국과 소련이 제1세계이고, 아시아, 아프리카,

---

266 李優坤:「國家利益視角下的毛澤東外交」, 『環球視野』, 제325기.
267 李優坤:「國家利益視角下的毛澤東外交」, 『環球視野』, 제325기.
268 李優坤:「國家利益視角下的毛澤東外交」, 『環球視野』, 제325기.

라틴아메리카 및 기타 지역의 개발도상국은 제3세계이며, 두 세계 사이에 있는 선진국은 제2세계이다. 중국은 제3세계의 일원으로 제3세계 국가들과 단결하고 제2세계 국가들의 신임을 얻어내어 공동으로 초강대국의 통제와 억압에 대항한다는 것이다. 그리고 제1세계인 미, 소 두 초강대국의 패권주의를 반대하는 투쟁에서는 위협이 비교적 적은 미국과 연합해 위협이 더 큰 소련의 패권주의와 맞서야 한다는 것이다. 마오쩌둥의 '3개 세계론'의 전략적 사상은 '문화대혁명' 후기에 중국이 안정적인 대외정책을 펼 수 있도록 보장해 주었다. 당시의 역사적 조건 하에서 이 사상은 중국의 외교업무를 지도하고, 초강대국의 패권주의와 전쟁의 위협에 맞서 싸우며, 중·미 양국 관계의 정상화 추진을 포함해 제3세계 국가 및 기타 유형의 국가들과 우호적인 관계를 구축하고 유지해 나아감에 있어서 중요한 역할을 했다.[269]

---

269 『中國共産黨歷史』,第2卷, 中共黨史出版社, 2011年, pp.896-898.

제4절 개혁개방 하의 국익관(1979-2011)

신중국이 건립된 후, 중국공산당은 상당히 오랜 기간 동안 사회제도와 이데올로기를 적과 친구를 구분하는 기준으로 삼았다. 따라서 외교술에서 보여준 것은 일종의 결맹에 가까운 방식이었다. 이러한 냉전적 사고를 바탕으로 계급투쟁과 이데올로기를 지나치게 강조한 데서 이데올로기 갈등이란 외재화된 현상이 내면의 심층적인 이익 갈등을 덮어 버렸고 중국의 대외정책이 짙은 이데올로기적 성향을 띠게 되었으며 때로는 심지어 국익이 이데올로기적 요구에 따르기도 했다. 그 결과 중국은 상당 기간 동안 매우 불리한 국제 환경과 주변 환경에 처하게 되었고 나라 발전이 큰 제약을 받게 되었다.

개혁개방 후 중국공산당의 국익관은 개혁개방 전과 비교해볼 때 계승된 면도 있고 발전한 면도 있다. 국가 주권과 안보를 기본으로 하고 애국주의와 국제주의를 통일화하는 것은 개혁 전과 일치되고 달라진 것은 국익관인데 이는 주로 국익에 대한 순위 매김, 대외정책의 근본적 목표, 이데올로기가 외교에 미치는 영향, 국익 실현의 수단 등에서 반영되었다.

1. 덩샤오핑을 핵심으로 한 당중앙 제2세대 지도부의 국익관과 중국 외교

중공 11기 3중전회 이후, 덩샤오핑을 수반으로 한 중국공산당은 새롭게 변화하는 국제, 국내 정세에 직면하여 냉전적 사고를 버리고 국제평화와 국내 발전의 차원에서 문제를 사고하고 분석하기 시작했으며 평화와 발전이 시대의 주요 과제임을 제시했다. 그들은 건국 이래 당이 국제관계를 처리함에 있어서 긍정적인 면과 부정적인 면을 분석하고 그 경험과 교훈을 바탕으로 국익을 수호하고, 국제적으로 자국에 유리한 지위를 확보하며, 국제 사회에서 자국의 생존과 발전을 도모하는 것이 외교정책 제정의 기본 출발점임을 명확히 제시했다.

덩샤오핑은 국익을 중국 외교의 출발점으로 삼아야 한다고 제기한 최초의 중국 지도자였다. 일찍이 1981년 초에 덩샤오핑은 중국을 방문한 미국인에게 다음과 같이 말한 바 있다. "중국 정부가 신봉하는 이데올로기는 미국과 같은 정부를 뒤엎는데 그 목적이 있다는 견해는 적어도 80년대의 견해가 아니고 70년대의 견해도 아니며 60년대 이전의 낡은 견해이다."[270] 이것은 개혁개방 이후의 중국은 나라 간의 관계 처리에서 더는 이데올로기와 사회제도를 기준으로 삼지 않는다는 것을 전 세계에 표명한 것이다. 1980년대 말, 덩샤오핑은 국익을 국제 관계 처리의 최고 준칙으로 삼는다고 명확히 제시했다. 1989년 10월, 그는 미국의 리처드 닉슨Richard Nixon 전 대통령 회견 시 다음과 같이 밝혔다. "나라와 나라 간의 관계를 고려함에 있어서 주로 국가의 전략적 이익에 출발점을 두어야 한다. 자국의 장기적인 전략적 이익에 초점을 맞춤과 동시에 상대방의 이익도 존중해야 한다. 과거를 묻지 말고 사회제도와 이념적인 차별을 따지지 말며, 대소 강약을 막론하고 나라 간 상호 존중하고 평등하게 대해야 한다."[271] 평화와 발전이 기반이 되면서 국익을 수호하는 수단이 이에 상응하는 변화를 가져온 것이다. 혁명 투쟁은 더 이상 주요 수단이 아니었다.

(1) 국가 주권과 안보는 국익의 가장 기본적인 요소

덩샤오핑은 마오쩌둥의 국가주권과 안보에 대한 사상을 계승하여 "국가주권과 안보는 항상 최우선으로 생각해야 한다"[272]고 주장했다. 덩샤오핑은 확고부동하게 국가 주권과 안보를 국익의 최우선에 두었다. 그는 전 세계에 다음과 같이 선고했다. 자주독립은 중국 외교의 기본적인 출발점이다. 중국은 세계 각국과의 관계 발전을 희망하며 각국 및 각국 인민들과의 우정과 협력을 소중히

---

270 『鄧小平文選』, 第2券, 人民出版社, 1994年, p.378.
271 『鄧小平文選』, 第3券, 人民出版社, 1993年, p.330.
272 『鄧小平文選』, 第3券, 人民出版社, 1993年, p.347.

여긴다. 하지만 "중국은 오랜 투쟁으로 얻은 중국의 자주독립 주권을 더욱 소중히 여긴다. 그 어떤 나라도 중국이 저들의 종속국이 되기를 기대하지 말아야 할 것이며, 중국이 자국의 이익에 해를 끼치는 쓴 열매를 삼킬 것이라고 기대하지 말아야 할 것이다."[273]

국가가 외부의 간섭 없이 자국의 영토를 독립적으로 관할하는 권리는 국가주권의 중요한 요소이다. 덩샤오핑의 홍콩, 마카오 조국 복귀 및 양안兩岸 통일문제에 대한 입장과 태도는 국가의 근본 이익에 대한 그의 인식과 처리 방식을 집중적으로 보여준다. 1982년 9월, 영국이 1997년 이후에도 홍콩에 대한 통치를 유지하려는 의도를 보이자 덩샤오핑은 마가렛 대처Margaret Thatcher에게 다음과 같이 단호하게 말했다. "주권 문제와 관련해 중국은 더 이상 양보할 여지가 없다. 솔직히 말해서 주권 문제는 토론할 문제가 아니다. ……만약 15년 후에도 회수하지 못한다면 인민들은 우리 정부를 믿지 않을 것이고 어떠한 정권이라도 모두 물러나야 할 것이고 스스로 정치무대에서 퇴출해야 할 것이다."[274] 이밖에 중·미관계의 처리에서도 중국공산당은 국가주권과 영토 완정을 고수하는 토대 위에서 미국과 이유가 있고, 이익이 있으며, 절제가 있는 투쟁을 진행함으로써 미국으로 하여금 '하나의 중국'을 인정하는 전제 하에 중국과 외교관계를 수립해 공식적으로 '하나의 중국' 원칙을 지지하는 입장을 지키게 했다. 그러나 미국이 대만 문제에서 겉으로는 평화적 통일을 인정하지만 뒤로는 도처에 장애를 설치하는 비열한 행위에 대해 덩샤오핑은 다음과 같이 강경한 입장을 보였다. 중국은 평화통일을 주장하지만 국가의 통일을 위해서라면 절대로 무력 사용을 포기한다는 약속을 하지 않는다. 중국은 중·미관계가 발전되기를 바라지만 "일단 어떤 사건의 발생으로 양국 관계가 퇴보한다면 우리는 현실을 직시할 수밖

---

273 『鄧小平文選』, 第3券, 人民出版社, 1993年, p.3.
274 『鄧小平文選』, 第3券, 人民出版社, 1993年, pp.12-13.

에 없다."[275] 이 같은 강경한 어조는 국가 주권을 국익 중 가장 중요한 위치에 둔 덩샤오핑의 확고한 입장을 충분히 보여주었다. 1982년에 소련 지도자는 중국과의 관계 개선을 원하는 메시지를 전달했다. 이에 대해 덩샤오핑은 말로 만이 아니라 실제 행동으로 보여 주어야 한다고 했다. 그는 소련이 중국과의 관계를 개선하려면 '세 가지 주요 장애'를 제거해야 하는데 우선 수년간 지속된 중국의 안보에 대한 위협을 해제하고 실제 행동으로 양국 관계를 개선해야 한다고 제기했다. 이것은 덩샤오핑이 중·소관계 개선 담판을 위해 정해 놓은 반드시 지켜야 할 기본 원칙과 주요 내용이었다. 1989년에 세 가지 주요 장애가 제거되자 양국 관계가 곧 정상화의 길에 들어서게 되었다.

(2) 사회주의 현대화 건설은 현재의 가장 큰 국익

1970년대 후기부터 국제 정세에는 점차 중대한 변화가 발생하기 시작했다. 미, 소를 중심으로 한 국제적 대립 구도가 점차 완화되는 조짐을 보였고, 중·미 수교와 중·소 관계의 점차적 개선으로 중국에 대한 외부의 직접적인 군사 위협이 크게 감소되었다. 이 같은 변화에 대해 덩샤오핑은 "비교적 오랜 기간 동안 대규모의 세계 전쟁이 일어 나지 않을 가능성이 있어 세계 평화의 유지가 희망이 있게 되었다"[276]고 판단했고 이러한 인식을 바탕으로 중공 11기 3중전회 이후, 국가의 업무 중점을 경제 건설에 옮길 것을 제기했다. 이와 관련하여 1979년에 그는 "현재 중국의 가장 큰 정치 과제는 사회주의 현대화 건설이다. 왜냐하면 사회주의 현대화 건설은 인민들의 가장 큰 이익과 가장 근본적인 이익을 대표하기 때문이다"[277]라고 말했다. 1980년에는 「현재의 형세와 임무」라는 글에서 현대화 건설의 임무는 다양하다. 그러나 우리는 "경제건설을 중심으로 해

---

275 『鄧小平文選』, 第2券, 人民出版社, 1994年, p.377.

276 『鄧小平文選』, 第2券, 人民出版社, 1993年, p.127.

277 『鄧小平文選』, 第2券, 人民出版社, 1994年, p.163.

야 한다. 경제 건설이란 이 중심을 떠나면 물질적 기반을 상실할 위험에 처하게 된다. 기타의 모든 임무는 이 중심을 둘러싸고 그에 복종해야 하며 이는 절대 방해해서는 안 되고 충격을 가해도 안 된다."[278] "오직 발전만이 확고한 도리이다"[279]라고 재차 강조했다.

덩샤오핑의 이 같은 사상의 지도 아래 중국공산당은 국정 운영의 중점을 사회주의 현대화 건설에 옮기게 되었다. 사회주의 현대화는 전방위적인 웅대한 목표로 중국 사회주의 건설의 각 분야가 포괄된다. 각 분야 간에는 유기적인 의존 관계가 존재하며 각 분야의 역할과 발전은 서로 어우러져 공동으로 중국 사회주의 현대화 건설을 추진해 나아가게 된다. 덩샤오핑은 현재 중국의 가장 큰 국익인 사회주의 현대화 실현은 장기적이고 어려운 과제임을 충분히 인지하고 다음과 같은 판단을 내렸다. 즉, 중국이 사회주의 현대화 건설을 지속적으로 추진하여 예정된 목표에 도달하려면 첫째, 국내적으로 안정, 단합되고 조화로운 정치적, 사회적 환경이 필요하며 둘째, 시종일관 경제건설을 중심으로 해야 하며 셋째, 평화롭고 안정된 국제 환경과 양호한 주변 환경을 조성해야 하며 넷째, 국가안보에 튼튼한 장벽이 될 수 있도록 국방과 군대 건설을 강화해야 한다.

덩샤오핑의 이와 같은 국익사상은 외교정책 제정에 있어서 하나의 중요한 기반이었다. 중국의 자주독립적 평화외교정책의 최종 목표는 바로 현재 중국의 가장 큰 국익을 실현하는 것이다. 덩샤오핑은 사회주의 현대화 건설이 현재 중국의 가장 큰 국익이며 동시에 "우리의 외교정책은 자국의 입장에서 본다면 4개 현대화 실현을 위해 평화적 환경을 조성하는 것"[280]이라고 명확히 제시했다. 후에도 그는 이 관점을 누차 강조한 바 있는 데, 특히 1984년 5월 브라질 대통령과의 담화에서 "중국의 대외정책의 목표는 세계 평화를 쟁취하는 것이며 이

『鄧小平文選』, 第2券, 人民出版社, 1994年, p.250.
279 『鄧小平文選』, 第3券, 人民出版社, 1993年, p.377.
280 『鄧小平文選』, 第2券, 人民出版社, 1994年, p.241.

中國共産黨의 중국 특색 외교 이론과 실천

러한 전제 하에서 한마음 한뜻으로 현대화 건설에 매진해 나라를 발전시키고 중국특색의 사회주의를 건설하는 것'[281]이라고 한층 명확히 밝혔다. 이를 통해 알 수 있는 바, 중국이 자주독립적인 평화외교정책을 고수하는 것은 세계적 의미에서는 세계평화를 유지하기 위한 것이고, 자국의 입장에서는 사회주의 현대화 건설을 위해 평화적이고 유리한 국제 환경을 조성하기 위한 것이다. 중국이 국제사회에서 자주독립을 주장하고 비동맹정책을 고수하며, 패권주의를 반대하고 무력 행사 또는 무력 위협으로 국제 분쟁을 해결하는 것에 반대하며 국가 간의 갈등과 충돌을 평화적인 방법으로 해결할 것을 주장함은 세계 평화와 지역의 안정을 유지하려는 데 그 목적이 있다. 중국이 대외 관계를 다룸에 있어서 사회제도와 이데올로기를 기준으로 삼지 않고 평화공존 5항원칙을 준칙으로 모든 나라와의 관계 발전을 추진하고자 함은 세계 여러 나라들과 사이좋게 지내면서 우호적인 협력을 통해 공동발전을 이루려는 데 그 목적이 있다. 중국 이 대외개방 정책을 펼쳐 세계 모든 나라를 향해 문호를 개방한 것은 첫째, 경제 건설 속도를 가속화하고 둘째, 세계 각국과의 교류를 통해 서로 간의 이해를 증진하며 공동의 이익을 위해 우호적 협력을 강화하려는 데 그 목적이 있다. 중국이 평화공존 5항원칙을 토대로 한 공정하고 합리적인 새로운 국제 질서의 구축을 제창하고 적극적으로 추진해 나아가는 것은 남북 국가 간의 발전 격차가 커지는 문제를 가능한 빨리 해결하며 호혜 평등의 원칙 하에 각국 경제의 균형 발전과 지속 가능한 발전을 이룩하려는 데 그 목적이 있다. 중국이 제3세계 국가와의 단결과 협력을 강화함은 패권을 반대하는 국제적 세력을 보강하고, 국제관계의 민주화를 추진하며, 세계 평화를 유지하고, 새로운 국제질서를 구축하여 제3세계 국가의 발전을 촉진하려는데 그 목적이 있다.

---

281 『鄧小平文選』, 第3券, 人民出版社, 1993年, p.57.

(3) 유연하고 실용적인 외교책략으로 국익을 실현

개혁개방 이후, 중국공산당의 국익관이 개혁개방 전에 비해 가장 크게 달라진 점의 하나는 국익을 실현하는 방법이다. 마오쩌둥 시대에 중국은 외교 분야에서 투쟁 철학을 숭상했으나 개혁개방 이후에는 이러한 상황이 근본적으로 개변되었다.

덩샤오핑은 국가 간의 충돌은 불가피한 것이지만 그렇다고 해서 충돌을 해결할 수 없는 것은 아니며 또 반드시 무력으로만 해결할 수 있는 것도 아니라고 했다. 그는 국가 간의 이익 충돌을 처리하는 비교적 좋은 방법은 서로의 공통점을 찾는 것인 바, 양측은 공동 이익을 찾고 우호적 협상을 함으로써 평화적인 방법으로 이익 충돌을 해결하고 상호협력을 도모해야 한다고 주장했다. 그는 또 평화적 해결 방안은 서로 간의 배려와 양해, 양보, 호혜평 등을 기반으로 해야만 공정하고 합리적인 해결책을 찾을 수 있으며 국가 간의 이익 갈등과 분쟁이 비로소 평화적으로 해결될 수 있다고 거듭 강조했다.

상기 인식을 바탕으로 덩샤오핑은 외교 문제의 개별 사례에 대해 자신의 의견을 밝힌 바 있다. 이를테면 중·일관계에 대해 그는 "중·일관계는 장기적인 시각에서 고민하고 발전시켜야 한다." "협력은 한 측에만 유리해서는 안 되며 반드시 양측, 양국, 양국 국민 모두에게 모두 유리해야 한다'[282]고 말했다. 1988년 중국과 인도 간의 갈등 해결과 관련해서는 "중·인관계는 사실상 매우 간단하다. 양측의 이익을 존중하고 일방적인 이익을 추구하지 않으면"[283] 해결될 수 있다고 말한 바 있다. 중·미 관계에 대해서는 "주로 자국의 전략적 이익에서 출발해야 한다. 그러나 장기적인 전략에 초점을 맞추고 상대방의 이익도 존중해야 하며 과거를 묻지 말고 사회제도와 이념적 차별을 따지지 말아야 한다"[284]고 주

---

282 『鄧小平文選』, 第3券, 人民出版社, 1993年, p.53.

283 高金鈿:『鄧小平國家戰略思想研究』, 國防大學出版社, 1992年, p.85.

284 『鄧小平文選』, 第3券, 人民出版社, 1993年, p.330.

장했다. 중·소관계의 정상화 실현 과정에 덩샤오핑은 국가 안보이익 보호 차원에서 소련 측이 우선 세 가지 주요 장애를 제거해야 한다는 입장을 견지하는 한편, 양국이 함께 "과거를 청산하고 미래를 개척"해야 한다는 주장을 펼치기도 했다. 그가 말한 '과거 청산'은 중·소 간의 과거를 묻지 않겠다는 의미뿐만 아니라 지난 시기 양국 관계가 악화된 주요 원인이 소련이 중국을 평등하게 대하지 않은 데 있으므로 소련이 과거의 착오를 시정하고 양국이 호혜평등의 토대 위에서 선린우호, 상호협력 관계를 적극 발전시켜 나아가자는 의미도 포함하고 있다.

덩샤오핑은 정치가로서의 예리한 사고력으로 새로운 시기에 국제 분쟁을 해결하는 효과적인 방법을 적극 모색했다. 대만, 홍콩, 마카오 문제와 관련하여 그는 '일국양제―國兩制'를 주장하면서 다음과 같이 말했다. "하나의 중국, 두 가지 제도…… 세계상의 많은 분쟁은 이와 비슷한 방법으로 해결된다. 나는 이 방법이 타당하다고 본다"[285] 중국과 일부 주변국 간의 영토 분쟁에 대해 그는 양측이 모두 받아들일 수 있는 조건을 전제로 분쟁을 해결하기 위해 노력하는 한편 난사군도南沙郡島와 댜오위다오釣魚島의 영유권 분쟁 해결에 있어서는 잠시 "영유권 문제를 보류하고 공동으로 개발"하는 방법을 취할 수도 있다는 주장을 제기했다. 이는 덩샤오핑의 영토 분쟁 해결에 대한 대담한 발상이고 최초의 시도였다. "영유권 문제를 보류"한다는 것은 절대로 "영유권을 논하지 않는다"는 뜻이 아니며 "영유권을 논할" 시기를 올바르게 선택해야 한다는 것이다. 따라서 "영유권을 보류하고 공동으로 개발"한다는 것은 분쟁 해결 조건이 갖춰지지 않은 상황에서 양측은 영유권 귀속 문제를 잠시 논하지 않으며 현실에 입각해 분쟁 지역에서의 기존 이익을 서로 존중하고 갈등의 확대를 피하며 양측의 정상적인 협력관계를 유지하면서 분쟁 해결의 최적의 시기를 기다린다는 것이다.

---

285 『鄧小平文選』第3券, 人民出版社1993年版, p.49.

(4) 중국의 국익과 세계 인민의 기본 이익의 일치성

덩샤오핑은 애국주의와 국제주의 통일화에 대한 마오쩌둥의 사상을 한걸음 더 발전시켰다. 즉 그는 애국주의와 국제주의를 대하는 문제에서 마오쩌둥에 비해 보다 현실적이었다.

우선, 덩샤오핑은 중국의 국제주의적 공헌은 더 이상 국가 간의 정치적 지지와 무상원조에만 국한되지 않으며, 자국의 발전과 안정적인 환경 조성 자체가 곧 세계인민들에 대한 가장 큰 공헌이라고 주장하면서 다음과 같이 말했다. "중국은 지금 매우 가난하다. 그러므로 무산계급 국제주의 의무 이행에서 많은 일을 한다는 것은 불가능하며 지금까지 큰 기여를 하지 못했다. 중국이 4개현대화를 실현하고 국민경제가 발전하면 인류에 대해, 특히 제3세계에 대해 더 큰 기여를 하게 될 것이다." "만약 중국을 평화 세력, 전쟁 억제 세력이라 한다면 현재는 그 세력이 너무 약하다. 중국이 발전하면 전쟁을 억제하고 평화를 지킬 수 있는 힘이 크게 강화될 것이다……그때가 되면 중국은 세계평화와 국제 정세의 안정을 위해 더 중요한 역할을 하게 될 것이다."[286]

다음으로, 덩샤오핑은 중국의 이익과 제3세계 국가의 이익은 일치하며 중국은 영원히 제3세계에 속한다고 주장했다. 중국과 많은 개발도상국들은 모두 불우한 역사를 겪어왔고 현재는 동일한 과제에 직면하고 있기 때문에 많은 문제에 대해 공감대가 형성되어 있다. 중국은 제3세계 국가의 지지가 없다면 국익을 지켜내기 어렵다. 1971년에 중국이 유엔 안보리 상임이사국 지위를 회복하게 된 것도 기타 개발도상 국가들과의 협력과 공동 노력의 결과라고 할 수 있다. 1984년에 덩샤오핑은 브라질 대통령 주앙 피게이레두João Figueiredo와의 담화에서 "중국은 현재 제3세계에 속하며 앞으로 더 발전하고 부강해져도 여전히

---

286 『鄧小平文選』, 第3券, 人民出版社, 1993年, p.105.

제3세계에 속할 것이다. 중국과 제3세계의 모든 국가는 운명공동체이다"[287]라고 강조한 바 있다.

(5) 신국제정치경제 질서의 구축과 세계 각국 이익의 보호

국가이익은 일종의 평등한 이익이다. 자국의 이익을 실현하는 전제 조건의 하나는 다른 국가의 합법적인 국익을 인정하는 것이다. 다른 국가의 이익을 희생하는 대가로 자국의 이익을 실현해서는 안 된다. 이것은 덩샤오핑의 시종일관한 주장이다. 일찍 1974년에 덩샤오핑은 유엔총회 발언에서 새로운 국제 질서를 수립하는 데 대한 건의를 제기 했다. 1988년에 그는 이 주장을 재천명하면서 다음과 같이 말했다. "세계정세는 전반적으로 변화하고 있으며 각국은 이에 상응하는 새로운 정책과 새로운 국제질서의 수립을 고민하고 있다. 패권주의, 정치집단, 조약기구는 더 이상 통하지 않는다……지금 세계에 는 동시에 해야 할 두 가지 일이 있는데 하나는 신국제정치질서의 구축이고 다른 하나는 신국제경제질서의 구축이다."[288] 그는 또 "중국은 국제관계를 다룸에 있어서 평화공존 5항원칙을 준칙으로 삼아야 한다."[289]고 재차 강조했다. 덩샤오핑이 제창한, 평화공존 5항원칙을 기반으로 평화롭고, 안정적이고, 공정하고, 합리적인 새로운 국제질서를 구축하는 전략적 내용은 아래와 같다. ㄱ)불공평, 불평등한 국제경제 관계를 공정하고 합리적이며 호혜평등한 관계로 개변시켜 공동 발전과 번영을 도모한다. ㄴ)세계 모든 나라는 대소와 강약, 빈부를 불문하고 모두 국제사회의 평등한 성원이며 국제사무와 협상에 참여할 권리가 있다. 강대국이 약소국을 깔보고, 부유국이 빈곤국을 억압하며, 한두 개의 대국 또는 몇 개의 대국이 국제 사무를 독점하는 폐단을 없애야 한다. ㄷ)각국은 모두 자국의 실정에

---

287 『鄧小平文選』, 第3券, 人民出版社,1993年, p.56.

288 『鄧小平文選』, 第3券, 人民出版社,1993年, p.282.

289 『鄧小平文選』, 第3券, 人民出版社,1993年, p.282.

맞게 사회제도, 이데올로기, 경제모델과 발전 방식을 선택할 권리가 있다. 타국의 내정을 간섭하며 어떤 특정적인 모델을 타국에 강요하는 것에 반대한다. ㄹ) 각국의 주권과 영토 완정을 존중하며 국제 분쟁은 담판을 통해 합리적으로 해결해야 한다. 무력 사용을 반대하며 무장 침입과 전쟁 수단으로 국제 분쟁을 해결하는 것에 반대한다. 덩샤오핑이 제창한, 평화공존 5항원칙을 기반으로 새로운 국제 정치·경제 질서를 구축하는 데 대한 구상은 비록 당장 현실화되기는 어렵지만 평화와 발전의 시대적 조류에 적응해 세계 각국의 이익, 특히 개발도상국의 이익을 대변했다는 점에서 큰 의미를 가진다.

2. 장쩌민을 핵심으로 한 당중앙 제3세대 지도부의 국익관의 발전

냉전이 종식된 후, 미·소 양극 대립구도가 사라지고 미국은 세계 유일의 초강대국이 되었다. 그러나 세계정치는 아직도 냉전적 사고 방식에서 벗어나지 못했으며 패권주의와 강권정치는 여전히 세계평화와 안전을 위협하는 주요 근원이 되고 있다. 한편 글로벌화가 지속적으로 추진되면서 세계경제는 활기띤 양상을 보이고 있다. 국제구도는 분화와 재조합을 거치면서 다극화 방향으로 나아가고 있으며 평화와 발전은 여전히 시대의 주제로 등장하고 있다. 장쩌민江澤民을 대표로 한 중국공산당은 국제정세의 변화와 중국의 발전 요인에 따라 덩샤오핑의 국익관을 토대로 중국의 주권과 안보이익을 더 굳건히 지키고, 중국의 경제발전에 더 평화적이고 안정적인 국제환경을 조성하려는 취지에서 '강8점江八点: 1995년에 장쩌민이 제기한 양안 관계를 발전시키고 평화통일을 실현하기 위한 8가지 주장', '신안보관', '해외진출走出去' 전략 등 정치, 안보, 경제 관련 정책을 제시하고 시행했다. 또한 국제관계의 민주화, 신형의 국제경제협력 관계의 구축, 세계문명의 다양화 등을 적극 제창하면서 중국의 평화발전 전략이 윤곽을 나타내기 시작했다.

(1) 국가 주권과 영토 완정은 여전히 가장 기본적인 국익

패권주의와 강권정치의 위협에 직면해 있는 상황에서 국가주권과 영토완정은 여전히 가장 기본적인 국익이다. 이와 관련하여 장쩌민은 유엔 밀레니엄 정상회의에서 다음과 같이 정중하게 재천명했다. "세계상에 국경선이 존재하고 사람들이 각기 자기 나라에서 생활하는 한, 국가의 독립과 주권은 모든 국가의 정부와 인민들이 지켜야 할 최고의 이익"[290]이며 "주권이 인권보다 우선시되어야 한다." 패권국가는 인권보호의 명목 하에 타국의 이익을 침범해서는 안 된다. 장쩌민은 또 국가주권과 영토완정을 수호하는 원칙에 입각해 양안 관계를 발전시키는 데 대한 '여덟 가지 주장'을 제기함으로써 '하나의 중국' 원칙을 더 확고히 했으며, 일부 국가와 대만 분열 세력의 '대만독립' 시도를 수차례 물리치고 조국통일 대업을 촉진했다. 이밖에 중국공산당은 '일국양제'의 토대 위에서 홍콩, 마카오를 순조롭게 회수함으로써 중화민족의 백 년의 꿈을 현실화했다.

(2) 국내 경제 건설과 개혁개방 추진을 위한 평화적 국제 환경의 조성

개혁개방 이후 현재, 중국의 가장 중요한 국익은 국내 경제를 발전시키는 것이다. 국내의 경제 발전과 개혁개방의 추진에 평화적인 국제 환경을 조성하기 위해 장쩌민을 핵심으로 한 당중앙 제3세대 지도부는 상호신뢰를 전제로, 호혜를 바탕으로, 평등을 담보로, 협력을 버팀목으로 하는 새로운 안보관을 제창했다. 장쩌민은 "안보는 군비의 증가나 군사동맹에 의지해서는 안 된다. 안보는 반드시 상호 간의 신뢰와 공동이익 관계에 의지해야 한다"[291]고 강조했다. 중국과 러시아의 '전략협력 동반자관계', 중국과 아세안의 '21세기를 향한 선린과 상호신뢰의 동반자 관계', 중국과 일본의 '21세기를 향한 중·일 선린우호 협력

---

290 『江澤民在聯合國千年首腦會義上的講話』, 2000年 9月 6日.

291 「中國對亞太形勢的立場和觀点」, 『人民日報』, 1997年 7月 18日.

관계', 중국과 미국의 '건설적인 전략 동반자 관계', 특히 중국, 러시아, 카자흐스탄, 키르기스스탄, 타지키스탄 등 5개국이 공동 발의한 '상하이협력기구'의 구축으로 국가 간의 신뢰와 호혜를 증진하고 지역과 세계평화를 유지하는 새로운 길이 열리게 되었다.

(3) 국제 관계의 민주화를 견지하고 패권주의와 강권정치를 반대

냉전이 종식된 후에도 "패권주의와 강권정치는 여전히 존재하고 세계 곳곳에서는 영토, 민족, 종교, 자원 등 원인으로 인한 무장충돌과 국부전쟁이 끊이지 않고 있다." 이런 상황으로 인해 세계와 지역의 평화가 파괴되고 중국의 주권 완정과 경제 사회 발전이 영향을 받고 있다. 1990년대에 들어 장쩌민을 대표로 한 중국공산당은 국제관계 민주화를 주장하면서 다음과 같이 제기했다. 각국의 사항은 해당국 국민들이 주도하여 해결하고 국제적인 사항은 각국이 평등한 협상을 거쳐 해결해야 한다. 세계 및 지역 평화와 관련한 중대 사항은 마땅히 유엔헌장의 취지와 원칙 및 공인된 국제관계의 기본 준칙에 따라 협상과 담판을 거쳐 평화적으로 해결해야 하며 세계적인 도전에 대해서는 각국이 협력하여 대처해야 한다. 이와 같은 맥락에서 장쩌민은 한층 더 강조하여 다음과 같이 말했다. 국제관계의 민주화를 견지하려면 입장이 분명하게 패권주의와 강권정치를 반대해야 한다. 왜냐하면 "패권주의와 강권정치의 존재는 시종 평화와 발전 문제 해결의 장애물이기 때문이다." "패권주의와 강권정치는 여전히 세계 평화와 안전을 위협하는 주요 근원이다."[292] 오직 세계 각국 인민들이 단결하여 국제문제를 처리함에 있어서 세계 문화의 다양성을 적극 수호하고, 국제관계의 민주화와 발전 패턴의 다양화를 촉진해야만 패권주의와 강권정치를 약화시키고 억제할 수 있다.

---

292 「中國是維護世界和平和地區穩定的堅定力量」, 『人民日報』, 1997年 9月14日.

(4) '해외진출' 전략의 시행 및 호리호보(互利互補), 공동발전을 전제로 한 신형의 국제 경제 관계의 구축

냉전이 종식된 후, 경제의 글로벌화는 막을 수 없는 추세가 되었다. "상품, 기술, 정보, 특히 세계적 범위에서 자본의 자유적인 흐름과 배치로 선진국과 개도국을 포함한 각국의 경제는 서로 얽히고설킨 복잡한 관계에 처하게 되었다." 따라서 어느 나라든 이 큰 배경을 떠나서는 자국의 이익을 실현할 수 없게 되었다. 이에 대해 장쩌민은 다음과 같이 말했다. "경제적 요소의 역할이 지속적으로 강화되고 있으며 과학기술과 경제실력을 바탕으로 하는 종합 국력이 점차 국가의 국제적 위상을 결정하는 주요한 요인이 되고 있다." "경제 우선은 이미 세계적인 추세로 되었는 바 이것은 시대의 진보이고 역사 발전의 필연적 결과이다. 현재 각 나라마다 직면하고 있는 많고 많은 과제 중에서도 경제 발전이 가장 큰 과제이다. 실제로 오늘날의 국제관계에서 경제는 갈수록 더 중요한, 관건적인 요소가 되고 있다."[293] "경제의 글로벌화는 양날의 검과도 같아 각국의 경제 발전에 일련의 유리한 조건과 기회를 제공해 주는 반면, 크고 작은 위험과 안보 문제를 야기시킬 수도 있다. 국제경제의 낡은 질서는 아직 근본적인 변화를 가져오지 못했다. 선진국은 경제 글로벌화의 최대 수익자이지만 개도국은 총체적으로 불리한 지위에 처해 있는 것이 현실이다. 이러한 난제에 직면하여 장쩌민은 '해외진출' 전략의 시행과 상호 보완 상호이익 추구, 공동발전을 전제로 한 신형의 국제경제 관계를 구축하는데 대한 구상을 제기하면서 다음과 같이 강조했다. 국제시장의 협력과 경쟁에 적극 참여하고 국제 경제기술협력의 분야와 경로를 확대하며 국내 및 해외시장을 충분히 이용해 글로 벌 자원의 최적화 배치를 실현해야 한다. "기회를 놓치지 말고 '해외로 진출'하여 중국 기업들이 국제경제 무대에서 마음껏 경쟁력을 발휘하게 해야 한다. 이렇게 하는 것

---

293 「江澤民主席在亞太經合會議上發表講話」, 人民罔, 1994年 11月 15日.

은 중국 경제 발전의 원동력과 뒷심을 강화하여 장기적인 발전을 이끌어내는 데 매우 중요한 의미를 가진다."[294]

(5) 중국 특색 사회주의 문화 방향의 견지와 세계 문화 다양성 주창 및 중국 선진 문화의 적극적인 구축

문화는 국가와 민족의 결집력을 키우고 동기를 부여하는 주요한 원동력이며 한 나라의 종합 국력의 상징이자 중요한 구성 요소이다. 이와 관련하여 장쩌민은 다음과 같이 말한 바 있다. "오늘의 세계에서 문화는 경제, 정치와 서로 어우러져 종합국력 경쟁에서 그 지위와 역할이 갈수록 두드러지고 있다. 문화의 힘은 민족의 생명력, 창조력, 결집력 속에 깊이 뿌리내려 있다. 전 당의 동지들은 문화 구축의 전략적 의의에 대해 충분히 인식하고 사회주의 문화의 번영과 발전을 추진해 나가야 한다. 선진적인 문화는 민족의 혼과 맥으로서 인민들을 단결시켜 공동분투하게 하는 정신적 유대이다."[295] 장쩌민은 시대의 발전 추세에 부응하여 "중국 특색의 사회주의 문화 방향을 견지하고 세계 문화의 다양성을 주창하며 중국의 선진 문화 구축"을 핵심으로 한 국가 문화이익관을 창조적으로 제시했다. 중국 특색의 사회주의 문화 방향을 견지한다는 것은 곧 마르크스-레닌주의, 마오쩌둥 사상, 덩샤오핑 이론과 '3개대표' 사상을 지도사상으로 하며, 사회주의 이념으로 모든 사상 문화 분야를 통솔하고, 중화민족의 우수한 전통 문화를 계승 발전시키며, 민족 정신을 고양하고, 건전하고 유익한 문화를 지지하며, 퇴폐적인 서구 사조의 침투에 철저히 저항한다는 것이다. 중국 특색의 사회주의 문화 방향을 견지함과 동시에 세계 문화의 다양성을 적극 주창하는 것과 관련하여 장쩌민은 다음과 같이 강조했다. "세상은 그야말로 다채롭다.

---

294 中共中央文獻研究室:『江澤民論有中國特色社會主義』, 人民出版社, 2002年, p.194.

295 江澤民:「全面建設小康社會,開創中國特色社會主義事業新局面-在中國共産黨第16次全國代表大會上的報告」, 2002年 11月 7日.

각국 문화의 다양성은 인류 사회의 기본 특징이며 인류 문명이 진보할 수 있는 동력이다." "타민족의 문화를 배척할 것이 아니라 서로 교류하면서 공동 번영을 이끌어야 한다."[296] 세계 문화의 다양성에 대한 장쩌민의 주장은 단순한 문화적 관념에서 벗어나 대외 문화 전략으로 승화했다. 문화의 상호 교류는 세계 문화와 문명의 공동 번영에 이로우며, 다극화를 추진하고 세계 평화와 안정을 유지하는 데 이롭다.

3. 후진타오를 총서기로 한 당중앙 국익관의 새로운 발전과 중국 외교

21세기에 들어서면서 국제, 국내 정세에는 일련의 변화가 나타났다. 국제적으로는 9.11 테러의 발생으로 미국과 서방 국가들이 끊임없는 테러와의 전쟁 속에 빠져들게 되었고 미국의 힘이 견제되면서 국제 질서의 다극화가 가속화되었다. 아울러 글로벌화의 일부 부작용도 드러나기 시작했고, 국지적인 충돌이 끊임없이 되풀이되고 있으며, 지역 이슈가 서로 복잡하게 얽히는 양상을 보이고 있다. 남북 격차도 더욱 벌어지고 있으며, 일부 국가의 국민들은 기본적인 권리인 생명과 안전마저 보장받지 못하고 있다. 국제테러주의, 민족분리주의, 극단적인 종교주의 세력들이 여러 지역에서 활발한 움직임을 보이고 있고 환경오염, 마약 밀수, 다국적 범죄, 심각한 전염성 질병 등 다국적인 문제가 날로 두드러지게 나타나고 있다. 2007년에는 글로벌 금융위기의 충격으로 세계경제가 침체에 빠지게 되었다. 국내적으로 중국은 중국공산당의 리드 하에 '전략적 기회의 시기'를 맞이하여 경제상 급성장을 이룩했다. 글로벌 금융위기의 충격 속에서도 중국의 경제 성장 속도는 크게 둔화되지 않았다. 그러나 경제 성장과 함께 중국 사회에는 빈부 격차가 커지고 대중의 수요가 갈수록 다양해지는 추세

---

296 江澤民:「全面建設小康社會,開創中國特色社會主義事業新局面——在中國共産黨第16次全國代表大會上的報告」, 2002年 11月 7日.

가 나타났다. 중국은 WTO 가입 후 세계 경제와의 관계가 크게 강화되었다. 중국의 해외 이익과 중국의 국제체계 및 글로벌 거버넌스에 대한 요구가 갈수록 커지고 서방 국가의 '중국위협론'과 '중국책임론'의 목소리도 나날이 높아지고 있다. 국제문제와 국내문제의 상호 교차와 상호 영향으로 단순한 국내 정책이나 외교정책으로는 중국의 경제와 사회의 건전한 발전을 보장하기 어려워졌다. 이런 형세에 직면하여 후진타오를 총서기로 한 중국공산당은 날로 증가하는 각종 위험 과 도전 앞에서 평화와 발전을 도모하고 협력을 강화하는 것은 현시대의 막을 수 없는 추세라고 판단하고 이에 따라 중국의 핵심 이익에 대해 명확한 정의를 내리고 종합적인 안보 관념을 정립했으며 다자간 협력 플랫폼의 역할을 더 중요시하여 이를 외교 수단으로 활용할 것을 제안했다. 또한 국제와 국내 두 큰 국면에 대한 총괄적인 계획을 토대로 평화발전의 외교전략을 수립했으며 중국의 국익과 전인류의 이익에 대한 합리한 조정을 전제로 조화세계를 건설하는 데 대한 주장을 내놓았다.

(1) 중국의 핵심 이익에 대한 침해는 용납 불가

글로벌화가 심화되고 중국의 경제력이 증강함에 따라 중국과 주변국 및 세계 각국과의 접촉이 갈수록 빈번해졌다. 이 과정에서 국가 간의 마찰이 뒤따라 발생했고 국내의 많은 부서들이 국익에 대한 정의를 일반화하는 경향도 나타났다. 이와 같을 상황에서 국익에 대한 정확한 정의를 내리는 것이 필요했다. 그래야만 무엇을 하고 무엇을 하지 말아야 하는지를 명확히 구분하고 복잡한 국제 정치, 경제 환경 속에서 판단력을 잃지 않고 능숙하게 일을 처리할 수 있다. 중국의 핵심이익에는 크게 다음과 같은 세 가지가 포함된다. 첫째는 중국의 국가체제, 정치체제 및 정치적 안정이다. 여기에는 공산당의 영도, 사회주의 제도, 중국 특색의 사회주의 노선이 포함된다. 둘째는 국가주권의 보호와 영토불가침 그리고 국토의 통일이며, 셋째는 중국 경제사회의 지속가능한 발전을 기본적으로 보장하는 것이다.[297] 이러한 이익은 절대로 침해를 받거나 파괴되어서는 아니된다. 중국의 외교 업무는 반드시 "국가주권, 안보 및 발전적 이익을 위해 봉사해야 한다."

개혁개방 이후 중국이 성과를 내고 발전을 이룩할 수 있었던 근본 원인은 바로 중국 특색의 사회주의 길을 개척하고 중국 특색의 사회주의 이론 체계를 수립했기 때문이다. 중국특색의 사회주의는 개혁개방의 가장 큰 성과이자 기타 모든 성과를 이룩할 수 있게 된 가장 근본적인 원인이기도 하다. 중국의 국가체제, 정치체제와 정치적 안정은 국가 발전의 초석으로 이에 대한 파괴는 절대 용납할 수 없다. 금융안보, 에너지안보, 수출시 장안보, 산업안보, 수자원안보 등은 중국의 지속가능한 발전의 기본적인 보장이다. 만약 어느 한 부분이라도 문제가 생긴다면 중화민족의 생존과 발전에 영향을 미치게 되므로 중국공산당은 또한 그것을 보호하기 위해 최선을 다할 것이다. 중국의 많은 국제관계 학자들은 주권과 영토 완정을 여전히 중국의 핵심적인 국익으로 보고있다. 대만, 티베트, 신장 등 문제는 중국의 주권 및 영토 완정과 관련된 문제로 13억 중국인민의 민족 감정을 자극할 수 있는 민감한 문제이다. 중화민족 이익의 충실한 대표자인 중국공산당과 그 지도자는 이 문제에서는 결코 어떠한 타협도 하지 않을 것이다. 대만 문제에서 중국공산당은 '평화통일, 일국양제'의 기본 방침을 일관되게 시행해 왔다. 일부 '대만독립' 분자들의 행위에 대해 중국공산당은 대만을 중국으로부터 분리시키는 것은 절대 허용할 수 없으며 무력 사용의 포기를 절대 승낙할 수 없다는 강경 입장을 고수해 왔다. 최근 몇 년간, 중국공산당과 대만의 '남색진영藍營' 인사들의 노력으로 양안 관계가 긍정적이고 중대한 진전을 보이고 있다. 양측은 경제협력의 기본 협정을 체결함으로써 양안 관계의 평화적인 발전을 위한 폭넓은 가능성을 열어놓았다. 현재 중국은 티벳과 신장 문제

---

297 戴秉國: 「中國的核心利益有三個範疇」, 外交部門站, 2010년 12월 8일.

에 대한 평화적인 해결 방법을 계속 모색하고 있다.

(2) 포괄적인 안보관(安保觀)으로 전통 및 비전통적 안보 문제에 대응 주변 안정 확보

중국의 부상과 함께 일부 주변 국가와 세계체계의 주도 국가들의 대중국 태도에 변화가 생겼다. 그들은 중국의 내부와 주변에서 사단을 일으켜 중국을 견제하려고 시도하고 있다. 중국 국내의 경제사회 발전과 세계화 간의 서로 얽히고설킨 관계와 상호 충돌은 당과 정부의 국가안보 강화에 어려움을 더해주고 있다. 이를테면, 군사 분야에서 일부 국가에서 발생할 수 있는 전통적 군사 위협 외에도 테러, 해적 행위 등 초국적 위협에 대처해야 하며, 유엔의 평화유지 등 협력적 임무 수행에 참여하는 문제도 고려해야 한다. 글로벌 금융시장의 안정성 유지면에서는 중국이 반드시 다른 국가들과 협력 관계를 맺어야만 자국의 경제안보를 지킬 수 있다. 이 모든 것은 중국이 기본적으로 적과 벗을 명확히 구분하기 어렵다는 것을 의미한다. 전통적인 정치적, 군사적 관심 사항과 현재 끊임없이 확장되어 가는 사회적, 경제적 이익 간의 서로 다른 성향을 조절해 간다는 것은 매우 어려운 일이다. 이 문제에 대한 중국공산당의 최선의 선택은 경제적 및 비전통적 안보 문제에 대한 관심을 전통적인 군사, 정치적 이익과 융합시키는 포괄적인 안보관을 수립하며 기타 강대국과의 경제적 유대를 강화하는 한편, 최선을 다해 그들과의 군사적, 정치적 대립의 가능성을 줄이는 것이다.

지난 1년간, 중국의 주변에서 여러가지 사건이 빈번히 발생하여 세계의 주목을 끌었다. 주변 국가에 대한 중국의 외교정책은 '목린睦隣: 이웃과 화목하게 지낸다, 안린安 隣: 이웃을 안정시킨다, 부린富隣: 이웃을 부유하게 한다'으로 여전히 변함이 없으며, 아시아·태평양 전략의 출발점과 지향점은 자국의 발전을 위해 안정적이고 양호한 주변 환경을 조성하는 것이다. 중국과 아시아 국가 간에 체결된 양자 및 다자협정에는 어떠한 배타적 조항도 추가되지 않았다. 중국은 지역 협력에 대해 열린 자세를 보이고 모든 관련국과 상호이익을 도모하고 공동번영을 목표로 하며 영원히 아세안 및 아시아 각국의 좋은 친구, 좋은 이웃, 좋은 파트너가 되기를 원한다. 중국은 지속적으로 상하이협력기구, '10+3' 등 주변 협력체계의 구축 및 강화를 힘써 추진하며 평화적 협력, 상호이익과 윈윈의 방법으로 역사가 남긴 영토 분쟁을 해결함으로써 주변 환경의 안정을 확보할 것이다.

(3) 다자간 플랫폼을 적극 활용, 기능적 문제에 더 많은 관심을 기울이며 국제적 책임을 짊어지고 글로벌 거버넌스 체제의 변혁을 점진적으로 추진

중국공산당은 개혁개방 초기부터 세계평화의 수호와 공동발전의 추진을 중국의 3대 역사적 과제의 하나로 삼았으며 근년에 들어서는 국제 문제와 지역 문제에 대한 관심과 투입이 한층 증대되었다. 구체적으로 말하면 우선, 에너지, 식량, 기후 변화, 테러, 자연 재해, 전염성 질병, 금융위기 등 세계적인 문제에 적극 대응하고 북핵, 이란 핵문제, 아랍-이스라엘 분쟁, 수단 다르푸르 등 지역 문제의 해결에 적극 동참했다. 둘째, 국제체계 구축에 적극 참여했다. 중국은 국제체계의 책임 있는 참여자, 수익자인 동시에 건설자, 공헌자이기도 하다. 현행 국제체계는 완전무결한 것이 아니므로 시대에 맞게 개혁, 개선을 함으로써 더욱 공정하고 합리적인 방향으로 발전시켜 나가야 한다. 중국은 앞으로 보다 적극적인 자세로 이 과정에 참여할 용의가 있다. 즉 국제금융시스템의 개혁, G20등 국제기구의 발전, 보완 사업에 참여하는 것을 포함해 국력에 걸맞는 국제적 책임과 의무를 계속 이행할 것이다. 셋째, 개발 사업을 적극 추진한다. 중국은 역량을 집중해 중국의 발전 문제를 해결하고 있다. 중국의 발전은 세계 발전의 중요한 일부분으로 중국이 발전할수록 세계도 그만큼 혜택을 보게 될 것이다. 중국은 또한 글로벌 개발사업의 중요한 참여자이자 추진자로서 전 세계 모든 국가들과 협력하여 유엔밀레니엄 개발목표를 추진하며 세계의 번영과 발전을 추진하고자 한다.

(4) 사람 중심을 기본으로 중국의 해외 이익 보호 역량 강화

중국과 세계 각국 간의 교류가 활발해짐에 따라 중국의 해외이익이 지속적으로 확대되고 있다. 한 나라의 해외이익에는 해외 거주자 및 교포의 재산과 교민 안전, 해외에 있는 자국의 정치·경제·군사이익, 재외공관 및 해외 진출 기업의 안전, 해외 운송노선 및 운송수단의 안전 등이 포함된다. 후진타오 총서기는 제10차 외교관 회의에서 다음과 같이 강조했다. "중국의 해외 이익을 보호할 수 있도록 역량을 강화하고 관련 법규를 보완하며 조기 경보 및 신속 대응 체제를 강화해야 한다. 근무 기풍을 개선하고 적극적으로 해외에 거주하는 중국 공민 및 해외 진출 기업에 봉사해야 한다." 지난 몇 년 동안 중국정부는 사람 중심과 대민외교를 견지하면서 해외 진출 기업 및 해외 거주자의 합법적 권익을 지키기 위해 노력해 왔다. 이를테면, 일부 국가에서 동란이 발생하자 중국정 부는 수차례에 걸쳐 교민 철수 작업을 펼침으로써 국내외 언론의 호평을 받았다. 글로벌금융 위기 발생 후, 중국 지도자는 미국 등 국가에 중국의 자산을 효과적으로 보호해 줄 것을 수차례 요구했다. 중국 해군은 해적을 물리치고 인도양 항로의 안전을 지키기 위해 선박 호송을 중단하지 않음으로써 중국 상선 뿐만 아니라 기타 국가 상선의 안전 운항도 보장해 주었다.

(5) 평화발전의 길을 견지하며 조화세계를 구축

평화발전의 길을 견지하는 것은 후진타오를 총서기로 한 중앙 지도부가 시대적 특징 및 중국 국정에 대한 정확한 파악, 국내 및 국제 정세에 대한 전반적인 고려를 바탕으로, 그리고 기타 대국의 발전 과정에서 얻은 경험과 교훈을 거울 삼아 제시한 새로운 발전의 길이다. 이것은 중국의 발전전략에 대한 중대한 선택이자 중국의 대외전략에 대한 중대한 선언서이기도 하다.[298]

---

298 戴秉國:「中國的核心利益有三個範疇」, 外交部罔站, 2010년 12월 8일. 中華人民共和國國務院 新聞 辦公室:『中國的和平發展道路』, 2005년 12월.

중국의 평화발전의 길은 아래의 다섯 가지로 그 특징을 개괄할 수 있다.[299] 첫째, 평화적 발전을 강조한다. 즉 중국은 서구 열강들처럼 침략, 약탈, 전쟁, 확장과 같은 행위를 절대 하지 않으며, 자국의 역량을 세계 평화 유지에 이바지하여 발전과 평화의 유기적 통일을 도모한다. 둘째, 자주적 발전을 강조한다. 자주독립은 중국 외교의 기본 특징이고 자력갱생은 중국의 우수한 전통이다. 30여 년간, 중국은 줄곧 국내 발전에 중점을 두고 개혁개방 그리고 중국의 지혜와 근면, 지속적인 내수 확대, 경제발전 방식의 전환 등을 통해 자국의 발전을 도모해 왔다. 셋째, 과학적인 발전을 강조한다. 즉 사람 중심 및 전면적이고 균형적인 지속 가능한 과학적 발전관의 요구에 따라 건전하고 신속한 국가 경제 발전과 조화사회和諧社會 구축을 적극 추진한다. 넷째, 협력적 발전을 강조한다. 중국은 국제 사회의 일원으로서 세계 각국과 함께 역경을 헤쳐나가고, 이익을 공유하며 책임을 분담해야만 자국과 타국의 이익을 지킬 수 있다. 중국은 대외적으로 우호 관계의 유지를 주장한다. 즉 서로 적대시하지 않고 협력하며, 서로 대항하지 않고 신뢰하며, 서로 의심하지 않고 평등하게 대하며 상대방에게 강요하지 말것을 주장한다. 다섯째, 공동발전을 강조한다. 중국은 국익과 인류의 공동이익의 일치성을 줄곧 주장해 왔다. 중국은 자국의 발전을 도모함과 동시에 세계 각국과의 공동발전을 위해 힘쓸 것이며 절대로 남에게 피해를 주거나 이기적인 일을 하지 않을 것이다.

평화발전의 길을 견지한다는 것은 중국이 발전과 진흥을 어떻게 이룩할 것인가를 세계에 선언한 것으로 이는 사실상 중국공산당의 국가 발전 경로와 전략에 대한 선택이다. 조화세계를 구축한다는 것은 중국이 어떤 세계, 어떤 국제질서의 구축에 주력할 것인가를 표명한 것으로 이는 사실상 중국공산당의 국제 질서에 대한 주장과 행동 준칙이다. 평화발전의 길을 견지하는 것은 조화세

---

299 戴秉國: 「中國的核心利益有三個範疇」, 外交部罔站, 2010년 12월 8일. 中華人民共和國國務院 新聞 辦公室: 『中國的和平發展道路』, 2005년 12월.

계 구축의 기본 토대이고 전제 조건이며, 조화세계를 구축하는 것은 평화 발전의 필연적 요구이다. 중국은 이 양자 간의 유기적 결합을 견지하면서 애국주의자이자 국제주의자로 될 것이다. 중국이 평화발전의 길을 견지하면서 세계 인구의 5분의 1을 차지하는 사람들로 하여금 더 좋은 생활을 누릴 수 있게 하는 것은 인류에 대한 큰 기여이며, 이러한 중국의 존재로 인해 세계는 더 조화롭게 될 것이다. 중국이 세계에 향해 평화 발전의 길을 견지함을 선언하고 이를 재삼 강조하는 이유는 평화 발전에 대한 중국의 성의를 보여줌과 동시에 더 많은 국가들이 평화 발전의 행렬에 동참하기를 바라기 때문이다. 만약 이렇게 된다면 지속적인 평화와 공동 번영의 조화세계는 머지않아 이룩될 것이며, 만약 세계가 조화롭게 되면 중국의 평화적 발전은 보다 평온하고 순조롭게 지속될 수 있을 것이다. 이런 의미에서, 평화 발전의 길과 조화세계의 구축은 상호 의존, 상호 촉진의 관계이며 인위적으로 분리할 수 없는 관계라고 할 수 있다.

제4장 과학적 발전관과 중국 외교

　과학적 발전관科學發展觀은 중국공산당이 중국에 입각하여 세계를 향해, 중국 인민의 근본 이익에서 출발하여 발전을 도모하고 촉진하기 위해 제기한 이론이다. 과학적 발전관은 3대에 걸친 중공중앙지도부의 발전에 관한 사상에 대한 계승이고 발전이며, 발전에 관한 마르크스주의의 세계관과 방법론의 집중적인 체현이다. 마르크스-레닌주의, 마오쩌둥 사상, 덩샤오핑 이론, "3개 대표" 사상 등과 일맥상통한 과학적 발전관은 시대의 흐름에 부합하는 과학적인 이론으로 중국 경제 사회 발전의 중요한 지도 방침이자 중국 특색 사회주의를 발전시키기 위해 반드시 지키고 관철해야 하는 중대한 전략적 사상이다.[300] 과학적 발전관의 혁신적 의식과 관념은 평화와 발전이라는 시대적 주제를 한층 보완했을 뿐만 아니라 중국의 평화 외교 내용도 한층 풍부히 했다.

　개혁개방 이래, 중국은 덩샤오핑 사상의 지도 하에 과학적 발전관을 창조적으로 활용해 자국의 외교 이론 체계를 초보적으로 확립하고, '조화세계'라는 원대한 목표를 제시 했으며 국제협력관, 국가이익관, 국제체계관, 내외통합관内外統籌觀: 국내 발전과 대외 개방을 통일적으로 기획하고 동시에 고려함-역자 주, 외교가치관 등의 내용을 보완했다.[301] 과학적 발전관이 중국 외교에 미친 영향은 다음과 같은 두 가지로 요약할 수 있다. 하나는 새로운 시기 중국 외교의 전반적인 과제와 목표, 즉 중국 외교는 국내의 과학적 발전을 위해 봉사해야 한다는 점을 명확히 한 것이고, 다른 하나는 중국 외교의 과학적 발전을 위해 이론적 지침과 실천적 근거를 제공한

300　胡錦濤가 중국공산당 17차 전국대표대회에서 한 보고. 「高擧中國特色社會主義偉大旗幟, 為奪取全面建設小康社會新勝利而奮斗」, 『人民日報』, 2007년 10월 25일.

301　楊潔勉: 「改革開放30年中國外交和理論政策」, 張德廣主編,: 『全球金融危機與中國外交』, 世界知識出版社, 2009년, p.85.

것이다. 중국은 과학적 발전관의 지도 아래 확고부동하게 평화적 발전의 길로 나아가면서 개방적 발전, 협력적 발전을 실현하기 위해 노력했다. 또한 중국 특색의 사회주의 외교 노선을 확립해 개발도상 중에 있는 대국의 외교 기품을 보여주었고 현대 국제관계 이론과 실천에 새로운 사상과 활력을 주입했다.

제1절 도전 속에서 형성된 과학적 발전관

반￦식민지, 반￦봉건적인 근대 중국에서 탄생한 중국공산당은 도탄에 빠진 중화 민족을 구원하고 국가의 독립과 발전을 실현하는 것을 자신이 짊어져야 할 중대한 역사적 사명으로 간주했다. 신중국 건립 후에도 독립 자주적인 발전을 실현하는 것은 중국 공산당의 일관된 핵심 과제와 목표였다. 21세기에 들어 글로벌화, 정보화, 공업화, 도시화, 시장화가 끊임없이 심화됨에 따라 중국의 발전은 역동적인 모습을 보였으며 경제 총량과 실력이 꾸준히 상승해 2010년에 이르러서는 세계 2위 경제 대국으로 부상하면서 세계의 주목을 끌었다. 그러나 이와 함께 중국은 갈수록 많은 도전과 새로운 기회에 직면하게 되었다. 중국공산당 16차 대표대회 이래 후진타오를 총서기로 한 중공중앙 지도부는 사회주의 초급 단계라는 기본적인 국정과 국내외 정세에 입각해 중국의 발전 과정 의 단계적 특징과 수요에 대한 과학적인 분석을 바탕으로, 소강사회小康社會(의식주 문제가 해결되는 수준 단계에서 부유한 단계로 나아가는 중간 단계 즉, 의식주 걱정 없는 비교적 풍족한 사회를 지칭-역자 주)의 전면적인 건설과 사회주의 현대화의 신속한 추진이라는 새로운 요구에 따라 과학적 발전관이라는 전략사상을 제시했다.

1. 과학적 발전관의 제시

　과학적 발전관은 중국의 개혁개방 실천 경험에 대한 총화이며 중국공산당의 발전에 대한 새로운 인식과 소강사회 건설에 대한 절박한 요구를 반영한 것으로 시대의 발전 추세와 중국의 현 실정에 부합된다.[302] 과학적 발전관은 사회주의 초급 단계라는 기본 국정에 입각해 중국의 발전 과정을 살펴보고, 외국의 발전 경험을 참고해 새로운 발전 수요에 부응하기 위해 제시한 것이다.

　과학적 발전관은 개념의 제시에서 최종 형성에 이르기까지 점진적인 심화, 발전 과정을 거쳤다. 2003년에 소집된 중공 제16기 3중 전회 제2차 전체회의에서 후진타오는 처음으로 '과학적 발전관'이라는 개념을 제시하고, 과학적 발전관의 사상을 논술하면서 다음과 같이 천명했다. "전면적 발전, 조화로운 발전과 지속 가능한 발전을 지향하는 과학적 발전관을 수립하고 실천하는 것은 우리가 '발전만이 진정한 진리发展才是硬道理'라는 전략사상을 견지해 나감에 있어서 중대한 의의를 가진다. 과학적 발전관의 수립과 실천은 20여 년의 개혁개방 실천 경험의 총결이며, 사스sars 전염병을 성공적으로 퇴치한 경험이 우리에게 준 중요한 시사점이자 전면적 소강사회 건설을 추진하기 위한 절박한 요구이기도 하다. 전면적 소강사회 건설의 웅대한 목표란 경제를 더욱 발전시키고, 민주화를 더욱 건전히 하며, 과학과 교육을 더욱 발전시키고, 문화를 더욱 번창시키며, 사회를 더욱 조화롭게 하고, 인민들의 생활을 더욱 풍요롭게 하는 것이다. 이러한 목표를 전면적으로 실현하기 위해서는 반드시 사회주의 물질문명, 정치문명과 정신문명의 조화로운 발전을 촉진해야 한다. 아울러 경제 발전을 토대로 사회의 전면적 진보와 인간의 전면적 발전을 지속적으로 추진하고, 자연을 개발, 이용하는 과정에서 인류와 자연의 조화로운 공존을 이루어 내며 경제와 사회의

302　中共中央黨史硏究室,『中國共產黨新時期簡史』, 中共黨史出版社, 2009년, p.168.

지속 가능한 발전을 실현해야 한다. 이러한 발전 관념은 사회 발전의 객관 법칙에 부합되는 것이다."[303]

과학적 발전관은 현 단계 중국의 발전과 실천적 수요에 따라 제시된 것이다. 새로운 세기, 새로운 단계에 진입하면서 중국의 발전은 새로운 문제에 직면해 고유의 발전 단계적 특징을 나타냈는데 이는 다음과 같은 몇 가지 측면에서 찾아 볼 수 있다.

첫째, 국가의 경제실력은 현저히 향상되었으나 생산력은 여전히 낮은 수준에 머물러 있으며, 자주적인 혁신 능력이 부족하고, 장기간에 걸쳐 형성된 구조적 갈등과 조방형粗放型 성장 패턴이 아직 근본적으로 개변되지 못하고 있다. 글로벌 금융위기에 직면하면서 중국은 경제 성장 패턴 전환의 필요성이 더욱 절박해졌고 장기간 지속된 저가 가공무역 수출 구조도 시급히 조정과 전환을 해야 하는 압력에 직면하고 있다.

둘째, 사회주의 시장 경제 체제가 이미 초보적으로 수립되었지만 발전에 장애 요인이 되는 제도와 메커니즘이 여전히 존재한다. 또한 개혁의 심화와 함께 심층적인 모순과 문제들이 대두되면서 개혁의 난이도가 갈수록 높아지고 있으며 특히 경제체제와 정치체제 개혁을 균형적으로 추진해야 할 필요성이 더욱 절박해지고 있다.

셋째, 개혁개방 이후 30여 년의 노력을 통해 국민들의 생활은 전반적으로 소강小康 수준에 도달했으나 소득 분배 격차의 확대 추세를 아직 근본적으로 돌려세우지 못했으며 도시와 농촌의 빈곤층, 저소득층이 여전히 상당수를 차지하고 있다. 삼농三農: 농업, 농촌, 농민을 말함-역자 주문제 또한 중국의 장기적인 난제로서 농업 기반이 약하고 농촌의 낙후 상태가 아직도 개변되지 못하고 있다. 따라서 어떻게 하면 도시와 농촌 간, 지역 간의 발전 격차를 줄이고 경제 사회의 조화로운

---

303 『十六大以來重要文獻選編』(상), 中央文獻出版社2005년판, 제483페이지.

발전을 실현할 것인가 하는 문제가 앞으로 중국이 장기적으로 풀어 나아가야 할 어려운 과제로 남아 있다.

넷째, 사회주의 민주 정치가 지속적으로 발전하고 이법치국依法治國(법으로 나라를 다스림-역자 주)의 기본 방침도 관철되어 가고 있으나, 민주적 법치 건설이 여전히 인민 민주주의의 확대와 경제 사회 발전의 수요에 부응하지 못하고 있다. 또한 정치체제 개혁도 보다 심층적이고 지속적으로 추진해야 하는 바, 이는 중국공산당의 집권 능력에 대한 중대한 시련이 아닐 수 없다.

다섯째, 국민들의 나날이 증가하는 정신 문화적 욕구와 사회주의 문화 발전이 서로 균형을 이룰 수 있도록 강화와 개선이 필요해졌다. 따라서 문화의 다양화를 추진함과 동시에 정세에 따라 유리한 방향으로 이끌어 문화의 정수를 섭취하고 불순물을 제거해 사회주의 문화의 새로운 기풍이 수립되도록 많은 노력을 기울여야 할 시점에 이르렀다.

여섯째, 국제 정세와 요인이 국내 발전에 미치는 영향과 연동 효과가 날이 갈수록 뚜렷해지고 있으며, 따라서 어떻게 국내외 정세와 발전의 수요를 동시에 고려하면서 중국 경제 사회의 양호한 발전 추세를 유지해 나아갈 것인가 하는 문제가 많은 불확정 요소의 도전에 직면하고 있다. 결론적으로, 양호한 발전 추세를 어떻게 유지하느냐가 모든 문제 해결의 열쇠가 된다.

중국 문제는 발전을 통해 해결해야 하고 국제 문제도 발전을 통해 해결해야 함으로 발전은 인류 사회의 공통된 주제라고 할 수 있다. 현재 중국의 경제 사회 발전 과정에서 나타난 여러 가지 문제들을 해결하려면 우선 과학적 발전관념이 수립되어야 한다. 과학적 발전관이 중국 경제 사회를 빠르고 건전한 발전에로 이끌어 갈 수 있는 관념이라고 하는 이유는 마르크스주의 유물론적 역사관을 철학적 근거로 하기 때문이다.[304] 과학적 발전관은 변증법적 유물론과 역

---

304 王偉光:『科學發展觀基本問題』, 人民出版社, 2007년, p.29.

사적 유물론의 입장, 관점, 방법에 입각해 어떠한 발전을 도모하며, 또 어떻게 발전할 것인가 하는 중대한 문제에 대해 심층적인 해답을 제시함으로써 집권 법칙, 사회주의 건설 법칙, 인류 사회 발전 법칙에 대한 중국공산당의 새로운 인식을 보여주었다. 따라서 과학적 발전관은 새로운 세기, 새로운 단계에서 중국의 발전에 대해 보편적인 지도적 의의를 가진다.

과학적 발전관의 제시는 결코 우연한 것이 아니며 심각한 현실적 문제에 대한 겨냥성을 가지고 있다. 과학적 발전관은 중국 특색의 사회주의 과업이라는 전반적인 구도에서 출발해 부강하고, 민주적이며, 문명하고, 조화로운 사회주의 현대화 국가를 건설하는 데 목표를 두고 있다. 과학적 발전관은 우리에게 경제, 정치, 문화, 사회 등 모든 분야에서 건설을 전면적으로 추진해 나아갈 것을 요구함과 동시에 중국 특색 사회주의의 발전 경로, 발전 모델, 발전 전략을 한층 완벽화했다. 이런 점에서 과학적 발전관은 우리가 중국 특색 사회주의를 건설하는 과정에서 반드시 지속적으로 관철해 나가야 하는, 지도적 의의를 가진 전략 사상이라 할 수 있다.

과학적 발전관은 중국의 발전 과정에서 나타난 지역 간, 분야 간의 불균형적인 발전 문제를 조준해, 경제 사회의 빠르고도 건전한 발전에 착안점을 두고 도시와 농촌의 발전, 지역 발전, 경제 사회 발전, 인류와 자연의 조화로운 발전, 국내 발전과 대외개방 등 다방면의 통합적이고 균형적인 발전을 추진하는데 대한 새로운 사고 방향을 제시함으로써 중국 경제사회가 올바른 방향에로 발전할 수 있게 했다. 이런 점에서 과학적 발전관은 중국 경제사회 발전의 지도적 방침이라 할 수 있다.

과학적 발전관은 또한 국외의 발전 경험을 거울 삼아 제시한 것이다. 현대 세계의 발전 과정을 통해 알 수 있듯이 발전은 단지 경제 성장 뿐만이 아닌 정치, 문화, 사회 등을 포함한 각 분야의 전면적이고 조화로운 발전, 그리고 인류와 자연이 조화를 이루는 지속 가능한 발전이어야 한다. 중국은 세계 최대의 개발도상국으로서 산업화와 현대화의 실현이란 이중 과제를 완수해야 하고, 또 경제성장의 가속화와 자원 환경 보호라는 이중 압력에도 직면해 있다. 중국은 다른 나라가 걸어온 선오염先汚染, 후관리后治理의 전철을 밟아서는 안되며 반드시 중국 특색의 새로운 발전의 길을 걸어야 한다. 과학적 발전관은 세계 각국의 발전 경험과 교훈을 깊이 있게 분석하고 심사숙고하여 제시한 것으로 현 세계의 최신 발전 이념을 반영한 것이라 할 수 있다.

과학적 발전관은 우리에게 경제 개혁과 발전을 더 깊이 있게 추진하는 사고 방향과 전략을 명확히 제시함과 동시에 과학적 발전관이 경제 사회 발전의 기본적인 지도 사상임을 분명히 했다. 과학적 발전관의 제시는 사회주의 건설 법칙, 사회 발전 법칙, 집권 법칙에 대한 중국공산당의 인식이 새로운 고도에 도달했음을 보여준다. 또한 마르크스주의를 중국화한 최신 성과로서 마르크스주의와 중국 국정의 결합이 새로운 단계에 이르렀음을 보여준다. 과학적 발전관은 중국공산당이 지난 90년 동안 얻은 역사적 경험 에 대한 총결이자 미래 중국의 발전을 이끌어 나갈 기본적인 지도 사상으로 새로운 시기 중국 외교에도 필연적으로 큰 영향을 미치게 될 것이다.

2. 과학적 발전관의 내적 함의

2007년 10월 15일에 소집된 중공 제17차 전국대표대회 보고에서 후진타오는 과학적 발전관에 대해 전면적이고 체계적으로 천명했다. 과학적 발전관의 요지는 발전이고, 핵심은 사람 중심以人为本이며, 기본적인 요구는 전면적이고 조화로운 지속 가능한 발전을 이루는 것이고, 이를 실현하는 기본적인 방법은 통주겸고統籌兼顧(여러 방면의 일을 통일적으로 계획하고 돌보다-역자 주)이다. 이 몇 가지 요소는 상호 연결과 유기적인 통일을 이루고 있는데 그 실질은 바로 경제 사회의 빠르고 건전한 발전을 실현하는 것이다. 과학적 발전관은 발전에 대한 중국공산당의 새로운 인식을 반영한 것이고 오늘날 세계 경제, 정치, 문화 발전의 새로운 추세를 반영한 것이며 관건적 시기에 들어선 중국 경제 사회 발전의 새로운 요구를 반영한 것이다.

과학적 발전관의 핵심은 사람 중심과 인민을 위해 봉사하는 것이다. 즉, 발전은 인민을 위한 발전이고, 발전 목표는 전 인민의 복지를 향상시키는 것이다. 모든 것은 인민을 위하고, 모든 것을 인민에 의지하는 것은 마르크스주의 유물사관唯物史觀과 가치관에 의해 결정된 것으로서 이것은 중국공산당의 힘의 원천이기도 하다. 과학적 발전관의 이론적 기초는 마르크스주의 유물론적 변증법에 의한 과학적 방법론이다. 과학적 발전관의 구체적인 내용은 발전 과정의 모든 문제를 유물변증법의 과학적 방법론에 따라 시대의 요구에 맞게 실사구시實事求是적으로 분석하고 대처함으로써 생산력 및 사회 모든 분야의 조화로운 발전과 지속 가능한 발전을 최대한 촉진하는 것이다. 과학적 발전관의 궁극적 목표는 생산력과 사회 각 분야의 발전을 촉진하고, 인민 대중의 근본적 이익을 위해 봉사하며, 조화사회와 소강사회를 건설하는 것이다.

과학적 발전관의 본질은 마르크스주의 발전관이다. 마르크스주의 발전관의 진수는 변증법적 역사관과 세계관으로 경제 발전을 강조함과 동시에 정치, 문화 발전도 강조하는 체계적이고 전면적인 발전관이다. 과학적 발전관은 마르크스주의 발전관과 방법론을 적용해 이론과 실천의 결합 측면에서 사회주의의 발전은 어떠한 발전이고, 왜 발전해야 하며, 어떻게 발전할 것인가 하는 등 기본적인 문제에 대해 전면적이고 체계적으로 천명했다. 또한 중국의 경제, 정치, 문화, 사회 등을 포함한 여러 분야의 현대화 발전 경로, 발전 모델, 발전 전략, 발전 목표, 발전 방법 등의 법칙과 특징도 심도있게 제시했다. 따라서 과학적 발전관은 인류 사회의 전면적 발전과 조화로운 발전 그리고 지속 가능한 발전의 기본 법칙을 제시한 전면적인 발전관이라 할 수 있다.

세계 각국의 발전 역사와 현실에 비추어 볼 때, 지속 가능한 발전은 반드시 세 가지 자원의 지속 가능성에 중점을 두어야 하는데[305] 그것은 바로 물질자원, 인문자원, 정치자원이며 이 세 가지 자원 중 어느 하나라도 없어서는 안 된다. 물질자원은 사회 경제 발전의 기본적인 물질적 토대이며 조건이다. 따라서 에너지, 자원, 환경 요소의 소모는 눈앞의 이익 뿐만 아니라 자원을 지속 가능하게 이용할 수 있는 장기적인 이익까지 고려해야 한다. 중국이 산업화, 도시화로 전환하는 중요한 시점에서 효율적이고 과학적으로 에너지 자원을 이용하는 것은 중화민족과 전 인류 사회의 지속 가능한 발전을 위한 전략적 선택이다. 인문자원은 문명을 계승하고 사회 발전을 이어가는 중요한 요소이며, 생산력의 혁신과 사회 발전을 촉진하는 동력이기도 하다. 인문자원을 계승, 육성하고 발전시키는 것은 국가의 장기적인 경쟁력과 연관된 중요한 과제이다. 정치자원의 지속 가능성은 과학적 발전의 제도적 보장이다. 안정적인 국가 정치체제와 제도의 뒷받침이 없이는 발전에 필요한 기본적인 환경이 마련될 수 없다. 이런 의미에서 제도 자체도 생산력이라 할 수 있다.

결론적으로, 과학적 발전관은 중국공산당의 당헌에 명시된 당의 지도사상으로, 후진타오를 총서기로 한 중공중앙지도부의 마르크스주의, 마오쩌둥사상에 대한 발전이며, 중국 특색 사회주의 이론 체계의 중요한 구성 요소이다.

3. 과학적 발전관의 의의

과학적 발전관과 사회주의 조화사회 이론은 후진타오를 총서기로 한 중국공산당 제16기 중앙위원회가 덩샤오핑 이론과 '3개 대표'론을 지도사상으로 새로운 세기, 새로운 단계에 있어서의 중국 특색 사회주의 건설 수요에 부응하기 위해 제시한 중요한 전략 사상이다. 과학적 발전관은 덩샤오핑 이론, '3개 대표'

---

305 王偉光:『科學發展觀基本問題』, 人民出版社, 2007년, pp.17-18.

사상과 마찬가지로 마르크스주를 중국화한 최신 성과로 볼 수 있다.[306] 중국 특색 사회주의 이론 체계 중 과학적 발전관의 새로운 공헌은 바로 사회주의란 무엇이고 어떻게 사회주의를 건설할 것인가, 집권당이란 무엇이고 어떻게 집권당을 건설할 것인가, 어떤 발전을 이룩해야 하고 또 어떻게 발전할 것인가 하는 세 가지 기본 문제에 대해 새롭게 탐구하고 해답을 제시함으로써 삼대 기본 법칙인 사회주의 발전 법칙, 공산당의 집권 법칙과 인류 사회 발전 법칙에 대한 인식을 한층 심화시킨 점이다. 따라서 과학적 발전관은 총괄적인 것이며 사회주의 조화사회를 구축하는 기본적인 전략지침이라 할 수 있다. 과학적 발전관의 중대한 의의를 구체적으로 살펴보면 다음과 같다.

첫째, 과학적 발전관은 마르크스주의 세계관과 방법론에 의거해 중국 현대화 건설의 성공적인 경험에 대한 분석, 세계 각국의 발전 과정에서 나타난 선진적인 사례의 참조, 전통적 발전관의 병폐에 대한 심층적인 분석을 통해 발전의 내적 함의를 천명으로써 중국공산당 제3세대 지도집단의 발전에 관한 사상을 한층 풍부히 했다.

둘째, 당의 지도 이념이 시대에 발맞춰야 한다는 원칙 하에 발전적인 마르크스주의 이론으로 새로운 실천을 지도하게 된 점이다. 이는 중국공산당이 60여 년의 집권 과정에서 얻은 가장 기본적인 경험이라 할 수 있다.

셋째, 발전은 현 세계의 주제일 뿐만 아니라 현 중국의 주제이기도 하다. 인류 사회의 시각에서 볼 때, 발전은 세계적으로 현대화를 실현하는 과정이고, 중국의 국정에서 볼 때 발전은 사회주의 현대화를 실현하는 과정이라고 할 수 있다.

넷째, 과학적 발전관은 세계에 책임을 지는 발전관이다. 과학적 발전관의 제시는 중국 이 자국의 지속 가능한 발전을 외부 조건에 의존하지 않고 자국의 힘

---

306 王偉光:『科學發展觀基本問題』, 人民出版社, 2007년, p.1.

에 의존해 실현할 것이라는 점을 분명히 보여주었다. 사실상 중국은 자국의 지속 가능한 발전을 타국의 지속 가능한 발전, 더 나아가 전 세계의 지속 가능한 발전과도 연결시켜 도모하고 있다. 이와 같이 세계적 책임을 다하려는 대국 다운 자세와 태도는 세계 역사상 전례가 없었다. 특히 중국은 자국의 발전이 아직 높은 단계에 이르지 못했고 또 시급히 해결해야 할 어려운 과제들을 눈앞에 두고 있는 상황에서 전 세계와 함께하는 지속 가능한 발전을 강조한다는 것은 쉬운 일이 아니며, 이는 중국이 세계와 상생하려는 책임감에서 온 것이 라 할 수 있다.[307] 이러한 상생과 협력의 발전 이념은 시종일관 중국의 외교정책과 실천 과정에서 관철되어 왔고, 이것은 또한 새로운 역사 시기 중국 외교의 지도 사상이기도 하다.

결론적으로, 과학적 발전관은 중국공산당이 덩샤오핑 이론과 '3개 대표'론을 지도사상으로 세계 발전 추세를 정확히 파악하고, 중국의 발전 과정에서 얻은 경험을 진지하게 분석하고, 중국의 발전 단계별 특징에 대해 심층적으로 분석한 토대 위에서 제시한 중대한 전략사상이다. 과학적 발전관은 경제 사회 발전의 보편적 법칙에 대한 중국공산당의 심화된 인식과 발전에 관한 마르크스주의 세계관, 방법론이 집중적으로 체현된 이론으로 중국의 사회주의 경제, 정치, 문화, 사회의 전면적인 발전을 위해 반드시 견지해야 할 지도방침이다.

---

307 張幼文等著:『探索開放戰略的升級』, 上海科學出版社, 2008년, p.19.

제2절 실천 속에서 보완된 과학적 발전관과 새로운 시기의 중국 외교

실천을 통해 형성된 이론만이 실천을 지도할 수 있는 법이다. 과학적 발전관이 중국의 전반 분야에서 국민을 이끌어 경제 사회를 빠르고 건전하게 발전시킬 수 있은 것은 이 이론이 중국 특색의 사회주의 건설이라는 실천을 통해 형성된 것으로서 중국공산당이 인민 대중을 이끌어 중국 특색 사회주의를 건설하기 위해 기울인 심혈이 깃들어 있기 때문이며, 중국공산당이 사회주의 시장경제 체제를 구축하고 보완하는 창조적인 실천 과정에서 얻은 성과에 대한 총결이고 세계 각국이 수년간의 발전 과정에서 얻은 경험과 교훈이 반영되었기 때문이다.[308] 과학적 발전관은 새로운 시기 중국의 발전을 리드하는 전략적 강령이자 지도사상인 동시에 중국외교의 실천을 지도하는 이론적 근거이기도 하다. 따라서 전면적 발전, 조화로운 발전, 지속 가능한 발전을 지향하는 과학적 발전관을 수립하고 실행는 것은 발전만이 진정한 진리라는 전략사상을 견지해 나감에 있어서 중대한 의의를 가진다.

1. 실천 속에서 형성된 과학적 발전관

과학적 발전관은 마르크스주의의 발전에 관한 세계관, 방법론과 일맥상통하며 시대적 흐름에도 부합된다. 중국공산당 제8차 대표대회에서 '역량을 집중하여 생산력을 발전시켜야 한다'고 강조한 데 이어 덩샤오핑은 '발전만이 진정한 진리'라는 중대한 논단을 내렸다. 그 뒤를 이어 장쩌민은 '발전은 당의 집정흥국執政興國의 최우선 과제'라고 재차 강조했으며, 중국공산당 16차 3중전회에

---

308 李君如,: 「科學發展觀:實踐中形成的重大戰略思想」, 『光明日報』, 2006년 1월 24일.

서는 "'사람 중심'을 기본으로 전면적이고 조화롭고 지속 가능한 발전을 견지해 경제사회와 인간의 전면적 발전을 이룩해야 한다'고 강조했다. 이와 같은 맥락에서 살펴볼 때, 과학적 발전관은 선인들의 지혜를 계승함과 동시에 시대적 요구도 반영했으며 마오쩌둥 사상, 덩샤오핑 이론과 '3개 대표' 사상 중 발전에 관한 과학적 이론을 견지함과 동시에 국내외 발전 과정에서 얻은 경험과 교훈도 받아들였으며, 특히 개혁개방 30년의 실천 경험을 통해 우리에게 미래의 발전 방향과 나아갈 길을 제시했다. 과학적 발전관 이론은 앞으로 실천의 심화와 더불어 끊임없이 발전하고 더욱 완벽해질 것이다.[309]

오늘날 중국공산당의 과학적 발전에 관한 기본 사상은 덩샤오핑 이론의 지도 하에서 형성된 것이다. 장쩌민을 수반으로 한 중국공산당은 '3개 대표' 사상을 창안하는 과정에서 덩샤오핑의 발전에 관한 이론을 흔들림 없이 견지했을 뿐만 아니라 실천 과정에서 시대적 특징을 지닌 새로운 관점과 사상을 끊임없이 제시함으로써 덩샤오핑의 발전에 관한 이론을 더욱 풍부히 했다.

바로 이러한 역사적 실천과 그 과정에서 축적된 풍부한 경험을 토대로, 후진타오를 총 서기로 한 중공중앙지도부는 '사람 중심을 기본으로 전면적이고, 조화롭고, 지속 가능한 발전을 견지'하는 것을 주요 내용으로 하고, '빠르고도 건전한 발전의 실현'을 실질적 목표로 하는 과학적 발전관을 제시함으로써 사회주의 현대화 건설을 위한 당의 지도사상이 시대와 보조를 맞출 수 있게 되었다. 후진타오를 총서기로 한 당중앙은 과학적 발전관 형성의 실천적 기반에 대한 논술에서 항상 '중국의 장기간의 경제 건설 과정에서 얻은 경험과 교훈에 대한 심층적인 분석'과 '전 인류의 진보적인 현대 문명과 새로운 성과의 수용'을 함께 언급했다. 과학적 이론의 창립에 있어서 이와 같은 국내외 경험의 상호 보완적인 특징은 앞으로 날이 갈수록 뚜렷해질 것이며, 이러한 특징으로 인해 과

---

309 李錫炎: 「科學發展觀的理論創新」, 『光明日報』, 2006년 1월 24일.

학적 발전관의 과학성 또한 한층 부각되었다.

2. 과학적 발전관의 관건은 실천과 관철

과학적 발전관은 중국 경제 사회 발전의 중요한 지도방침이며 중국 특색 사회주의 건설 과정에서 반드시 견지하고 관철해야 하는 중대한 전략사상이다. 실천적 견지에서 보면, 과학적 발전관은 중국이 대외 개방과 함께 평화적 발전 노선을 견지하며, 소강사회를 전면적으로 건설하고, 중국 특색 사회주의를 발전시키는 데 있어서 중요한 지도적 의의를 가진다.[310] 신중국 건립 이래, 특히 개혁개방 이래의 끊임없는 노력으로 중국은 전 세계가 주목할 만한 발전을 이루었으며 생산력에서 생산관계, 경제기반에서 상부구조에 이르기까지 여러 측면에서 중대한 변화가 일어났다. 그러나 사회주의 초급 단계라는 기본 국정은 아직 변하지 않았고 또 앞으로도 장기간 변하지 않을 것이며, 사회의 주요 모순인 날로 늘어나는 국민들의 물질 문화적 수요와 낙후된 사회 생산 간의 모순도 아직 해소되지 않았다. 현재 중국이 직면한 문제와 새로운 도전은 사회주의 초급 단계라는 기본 국정이 새로운 세기, 새로운 단계에서의 구체적인 표현이라 할 수 있다. 따라서 사회주의 초급 단계라는 기본 국정에 대한 정확한 인식을 바탕으로 과학적 발전관에 의거해 개혁을 추진하고 발전을 도모하는 것은 중국의 현 발전 단계의 수요에 부합하는 것이다.

과학적 발전관의 관건은 실천과 관철이다. 과학적 발전관은 중국공산당의 사회주의 현대화 건설에 대한 지도사상의 새로운 발전을 의미한다. 과학적 발전관은 발전만이 진정한 진리라는 점을 한층 명확히 했으며, 경제 건설을 중심으로 하되 경제 성장의 질과 효익을 향상시키는 데 중점을 두어야 한다고 강조

---

310 陳占安主編, 『黨的十六大以來馬克思主義中國化的新進展』北京大學出版社, 2008년, p.65.

했다. 그리고 사람 중심을 기본으로 하며 '다섯 가지 전반적인 발전 계획五個統籌'에 중점을 두고 경제 사회의 전면적이고, 조화롭고 지속 가능한 발전을 실현해야 한다고 강조했다. 오늘날, 경제 건설 과정에서 나타나는 모순과 문제에 대한 해결이나 소강사회의 전면적 건설이나를 막론하고 모두 과학적 발전관의 지도 하에 진행되어야 한다.[311]

과학적 발전관을 실천하고 관철하는 것은 하나의 체계적인 과정으로 사회 모든 하위 시스템의 공동 노력을 필요로 하며 안정적이고 평화적인 국내외 환경을 필요로 한다. 이를 위해 국내적으로는 사회주의 민주를 발양하고 사회의 안정을 지키는 '생명선生命線'을 구축하며, 국제적으로는 '평화공존 5항원칙'을 견지하고 이데올로기로 선을 긋지 않으며, 벗을 널리 사귀고, '조화세계'를 이념으로 세계 평화를 유지하고 촉진하기 위해 더 큰 기여를 해야 한다. 또한 국제 정세의 새로운 변화를 정확히 파악하고, 국내와 국제, 두 큰 국면을 전반적으로 고려하며, 기회를 포착하고, 도전에 대처하며, 진취적인 자세로 발전을 도모하고, 국가 발전을 위해 양호한 국제적 환경을 조성함으로써 국가 이익을 확실하게 지키고 확대해 나갈 수 있도록 해야 한다.

3. 과학적 발전관과 새로운 시기 중국 외교

신중국 건국 이래, 중국 외교는 놀라운 성과를 이룩했으며 신중국 건설과 사회주의 현대화 건설에 그 어떤 분야도 대체할 수 없는 공헌을 했다. 신중국 외교가 걸어온 60여 년의 여정을 돌이켜 보면 그 궤적이 줄곧 "국정에 입각하여 국가 발전을 위해 봉사한다"는 주요 노선에 기반을 두었음을 쉽게 발견할 수 있다. 특히 개혁개방 이후 30여 년 동안 덩샤오핑, 장쩌민과 후진타오를 위

---

311 人民日報評論員: 「堅持用科學發展觀統領全局」, 人民日報, 2005년 3월 21일.

시한 중공중앙지도부는 세계에 대한 깊이 있는 관찰을 통해 세계의 변화 추세와 특징을 과학적으로 파악하고 국제 정세의 발전과 변화 속에서 중국이 옳바른 길로 나아갈 수 있도록 방향을 제시해 주었다. 또한 국내와 국제, 두 큰 국면을 전반적으로 고려하면서 중국 외교의 지속적인 발전을 이끌어 옴과 동시에, 전통을 계승하는 토대 위에서 외교 분야에 대해 전면적인 개혁을 단행했다.

중국 외교의 변혁 과정을 살펴보면, 새로운 시기 중국 외교에 다음과 같은 뚜렷한 변화와 특징들이 나타났음을 알 수 있다. 첫째, 외교의 총적 전략 목표가 혁명과 전쟁에서 평화와 발전에로 전환하는 질적 변화가 나타난 것, 둘째, 외교 책략과 방식이 투쟁 위주에서 협력과 협상에로 바뀐 것, 셋째, '정치로 선을 긋기'식 사고 방식과 전략을 수정하여 전방위적 외교를 펼친 것, 넷째, 외교적 태세가 수동적 대응에서 능동적 참여에로 바뀐 것, 다섯째, 감정적 외교에서 이성적 외교에로 발전한 것 등이다.[312] 과학적 발전관은 중국 외교에 새로운 시대관을 부여했다. 글로벌화가 진전됨에 따라 평화와 발전이라는 세계적 주제는 변하지 않았지만 새로운 시기 중국 외교가 직면한 새로운 문제의 해결에 있어서는 새로운 사고 방식이 필요한 실정이다. 역사 발전의 흐름에 순응하여 제시한 과학적 발전관은 중국 외교가 국내, 국제 정세를 정확히 파악하고 전반적으로 고려하며, 글로벌 시야를 더욱 넓혀갈 수 있도록 방향을 가리켜 주고 있다.

(1) 과학적 발전관은 국제 정세를 정확히 파악하는 세계관이며 방법론

국제 정세와 중국의 외부 상황을 과학적으로 판단하는 것은 외교 업무를 잘 수행하기 위한 기본 전제이다. 따라서 중국 외교는 변증법적 유물론과 역사적 유물론의 입장, 관점, 방법으로 세계를 관찰해 국제 정세의 발전과 변화를 과학적으로 파악하고, 국제 정세의 발전 법칙을 터득해 외교 업무의 전략성과 미래

---

312 馬振崗:「中國外交30年的偉大變革」, 張德廣主編:『全球金融危機與中國外交』, 世界知識出版社 2009년, p100-102.

지향성을 강화할 필요가 있다.[313] 마르크스주의 세계관과 방법론이 집중적으로 체현된 과학적 발전관을 지도사상으로 국제 정세와 중국의 외부 상황을 정확하게 진단하는 것은 외교 업무를 훌륭히 수행하기 위한 중요한 전제 조건이다. 과학적 발전관은 국제 정세의 새로운 동향, 새로운 문제, 새로운 도전에 대해 전면적이고, 연관적이며, 발전적인 관점으로 분석하고 인식한 토대 위에서 국제 정세의 발전 변화의 본질과 추세를 정확히 파악하고, 중국이 직면한 외부 상황을 과학적으로 판단하며, 중대한 사건과 동향에 대한 예견성을 높여야 한다는 점을 명확히 알려주었다. 급변하는 국제 정세 속에서 중국 외교는 유리한 입지를 선점할 수 있어야 하며 특히 복잡한 국면과 돌발 사태에 대처하는 능력을 키워 나가야 한다. 또한 기회를 잡을 줄 알아야 하며 위기를 기회로 역전시키는 지혜와 능력도 겸비되어야 한다.

과학적 발전관은 넓은 안목으로 세계를 관찰하고, 과학적으로 국제 정세를 판단하며, 전략적 사고력을 한층 높은 수준으로 끌어올릴 것을 강조했다. 따라서 중국 외교는 국내와 국제 정세, 내정과 외교의 긴밀한 관계에 대해 깊이 있게 인식하고 세계의 변화와 그 특징을 과학적으로 파악하여 평화를 유지하고 발전을 촉진하는 시대의 흐름에 능동적으로 순응해 나가야 한다. 그리고 세계의 다극화, 경제의 글로벌화와 과학 기술의 발전 추세에 적절히 대처하며, 시기와 형세를 정확히 파악하고 국제, 국내 상황을 전반적으로 고려하면서 이익이 되는 것은 추구하고 해가 되는 것은 피해야 한다. 또한 국제 정세와 국제적 여건의 발전, 변화 속에서 발전 방향을 바르게 잡고, 발전의 기회를 충분히 활용하며, 발전할 수 있는 여건을 만들어 가면서 발전의 전반적인 국면을 장악해 나가야 한다.[314] 오늘날, 국제구도에 대변화, 대조정이 일어나는 새로운 시기, 그리고 중

---

313 楊潔篪: 「改革開放30年中國外交三個重要歷史時期」, 中國日報網, 2008년 10월 30일 참조.
314 『十六大以來重要文獻選編』, (中), 中央文獻出版社, 2006년, p.288.

국의 경제, 사회 체제, 이익 구도, 사상 관념에도 심각한 변화가 일어나고 있는 새로운 형세 하에서 오직 마르크스주의 입장, 관점, 방법으로 인류 사회의 발전 법칙을 인식해야만 경제 사회의 발전 추세를 파악할 수 있다. 또한 발전하는 마르크스주의 이론으로 실천을 지도해야만 문제의 본질을 꿰뚫어 볼 수 있고 발전 방향을 명확히 할 수 있으며 중국 외교의 예견성과 능동성을 지속적으로 높여 갈 수 있다.

오늘날, 국제 정세가 변화하면서 중국 외교는 새로운 상황, 새로운 문제에 직면하게 되었다. 중국과 세계의 관계가 역사적인 변화를 가져 왔고, 또 그 관계가 갈수록 밀접해짐에 따라 외교 업무가 과학적 발전을 위해 봉사함에 있어서 그 요구도 갈수록 높아지고 있다. 우선, 중국의 발전과 세계 발전의 연관성이 전례없이 높아졌고, 또 중국의 대외 교류가 끊임없이 확대됨에 따라 수많은 기업과 대량의 인력이 해외로 진출해 중국의 국익이 해외로 한걸음 더 뻗어나가게 되었다. 이러한 상황 속에서 중국 외교는 중국의 외교 노선, 방침, 정책을 관철 집행하는 사명을 계속 짊어져야 할 뿐만 아니라, 국내 발전을 위해 보다 직접적인 봉사도 해야 한다. 과학적 발전관의 기본 입장을 견지하는 것은 중국의 국정과 국제적 입지를 정학히 파악하는 데 도움이 되며, 이것은 또한 외교 과업을 잘 수행하기 위한 기본 출발점이자 지향점이기도 하다. 따라서 중국 외교는 국내 정세를 정확히 파악하고 국내 대세에 발을 맞춰야만 보다 효과적이고 목표성 있게 중국의 과학적 발전을 위해 봉사할 수 있는 것이다.

개괄적으로, 지난 30여 년간 중국 외교의 가장 큰 성과는 바로 국제 정세를 정확히 파악하고 개혁개방이라는 전략적 기회를 포착해 중국의 발전에 유리한 외부적 환경을 조성한 것이다. 경제적 측면에서 보면, 중국은 경제 외교를 적극적으로 펼쳐 대국, 주변 국가, 개도국들과의 경제무역 관계를 전면적으로 발전시켰으며 양자, 다자 등 경로를 통해 중국의 '외자유치', '해외진출'이라는 경제 발전 전략의 시행을 적극적이고 유력하게 지지하고 협조했다. 중국 경제가 글로벌 경제에 참여하는 과정에서도 중국 외교의 공헌은 매우 컸다. 이를테면 2007년 글로벌 금융위기 이후 G20을 축으로 하는 글로벌 다자간 경제 외교는 위기에 대응하고 각국의 정책을 조율하는 주요한 플랫폼이 되었으며 중국 외교는 이 플랫폼을 이용해 중국의 경제 발전을 보호했을 뿐만 아니라 세계 경제의 안정적인 발전에도 기여했다. 정치적 측면에서 보면, 중국은 국제 체계에 융합되는 과정에서 원칙성과 유연성이 결합된 외교적 입장을 견지하면서 국가 주권의 수호와 국제 관계의 민주화, 다극화 발전의 추진을 위해 적극적이고 효과적인 역할을 함으로써 세계 평화를 수호하는 중요한 역량이 되었다. 안보적 측면에서 보면, 중국 외교는 국가 주권과 영토 완정을 수호하고 국가의 통일을 촉진하는 데 큰 기여를 했다. 이를 테면, '대만 독립', '티벳 독립', '신장 독립'을 시도하는 분열 세력에 맞서 싸우는 과정에서 중국 외교는 다양한 플랫폼을 유연하게 활용해 극단주의 세력과 분열 세력을 효과적으로 억제하고 퇴치함으로써 국가 주권을 수호하는 데 중대한 기여를 했다. 또한 대만 해협, 양안 정세의 안정과 통일 대업의 실현에 유리한 국제적 환경을 조성함으로써 양안의 평화적 발전과 평화적 통일을 추진함에 있어서 대체불가의 역할을 했다.

(2) 과학적 발전관은 새로운 시기 중국 외교를 지도하는 이론적 근거

중국의 외교를 과학적으로 계획하고 운영하려면 정확한 이론의 지도가 필요하다. 선도적이고 미래 지향적인 과학적 발전관은 중국 외교가 새로운 시대에 부응하는 새로운 사고 방식과 새로운 대응 방식을 탐구하는 데 필요한 이론적 지침을 제공했다.

ㄱ. 과학적 발전관은 새로운 시기 중국공산당이 외교를 이끌어 가는 지도 이념이다

새로운 정세 하에서 외사 업무를 잘 처리하기 위해서는 중국공산당의 영도가 관건이다. 따라서 공산당의 집권 능력과 선진성을 제고하는 전략적 차원

에서, 어떻게 하면 복잡하게 변화하는 국제 정세와 중국의 전방위적인 대외개방 속에서 국가 주권, 안보와 발전 이익을 수호하는 능력을 제고할 것인가에 착안점을 두고 외사 업무에 대한 당의 영도를 실질적으로 강화하고 개선해야 한다.[315]

양제츠楊潔箎 외교부장은 개혁개방 이후 30여 년간 중국 외교가 걸어온 빛나는 여정을 정리하면서 열 가지 소중한 경험을 제시했는데, 그중 첫 번째 경험이 바로 "외교 업무에 대한 중국공산당의 집중적이고 통일적인 영도를 견지"하는 것이었다. 외교 분야에서 이룩한 모든 업적은 역대 중공중앙지도부의 현명한 결책과 리더십의 결과라고 할 수 있다. 외교 업무에서 당의 영도를 견지한다는 것은 마오쩌둥 사상, 덩샤오핑 이론과 '3개 대표' 이론을 지도 사상으로 과학적 발전관을 관철하고 수행한다는 것이다. 즉, 당중앙의 국제 정세에 대한 판단 그리고 당중앙이 제정한 대외 방침, 정책과 전략적 배치에 따라 사상, 인식을 통일한 전제 하에 그것을 철저히 관철하고 이행하는 것이다.[316] 새로운 시기 중국 외교가 직면하게 되는 새로운 상황, 새로운 문제들은 선례가 없는 경우가 많으므로 과감하게 탐색하고 실천하면서 외교의 새로운 국면을 지속적으로 개척해 나아가야 한다. 과학적 발전관은 중국공산당이 사상을 해방하고 실사구시적인 태도로 시대에 발맞춰 나아가는 것을 견지하여 얻은 결과물로서 새로운 시대 중국의 발전을 지도하는 새로운 사상이자 중국의 외교를 지도하는 기본 이념이기도 하다.

새로운 시기, 중국 외교가 짊어져야 할 과업은 과학적 발전관의 지도 아래, 소강사회의 전면적 실현을 위해 봉사한다는 취지를 받들고, 국내 국제 국면을 전반적으로 고려하면서, 당과 국가의 중점 사업을 기본으로 국내 건설과 발전

---

315 「中央外事工作會議在京擧行 胡錦濤作重要講話」, 新華網 참조, 2006년 8월 23일.
316 楊潔箎:「改革開放30年中國外交三個重要歷史詩期」, 中國日報網, 2008년 10월 20일 참조.

의 수요에 따라 외교 활동을 펼침으로써 평화롭고 안정적인 국제 환경, 선린우호적인 주변 환경, 평등하고 호혜적인 협력 환경, 상호 협력적인 안보 환경과 객관적이고 우호적인 여론 환경을 조성해 가는 것이다. 새로운 시기의 새로운 과제는 외교 업무를 추진함에 있어서 여러 국면을 전반적으로 고려하는 데 대해 다음과 같은 요구를 제기하고 있다. 첫째, 국내와 국제 국면을 전반적으로 고려해야 한다. 즉, 국내와 국제 요인의 상호 작용 속에서 주도권을 잡을 줄 알아야 하며, 대외와 대내 문제에 대한 조율을 강화하여 국익을 수호해야 한다. 대책을 세우고 정책을 수행함에 있어서 국내의 안정과 발전의 수요에 부응해야 할 뿐만 아니라 국제 관례도 따라야 하고 국제적 영향도 고려해야 한다. 둘째, 다양한 측면을 전반적으로 고려하고 조율하면서 국익을 수호해야 한다. 즉, 중국의 안보와 발전 이익을 수호해야 할 뿐만 아니라 관련국과의 관계 문제도 적절하게 처리해야 한다. 국가 간 허심탄회한 대화와 소통을 통해 중국의 정당한 권익을 확고히 지킴과 동시에 관련국과의 관계에 방해를 끼치는 일이 없도록 방지해야 하며 중국에 대한 터무니없는 비난에 대해서는 반박해야 한다. 셋째, 서로 다른 국가들과의 이해 관계를 전반적으로 고려하고 조율해야 한다. 외교는 타협을 모색하는 예술로서, 상호 윈윈의 방침에 따라 각국의 이익 접합점과 합당한 접근 방식을 찾는 것은 종종 국제 난제의 해결에서 결정적인 역할을 한다. 따라서 과학적 발전관은 새로운 시기 중국 외교가 국내, 국제 국면을 전반적으로 고려하고 계획하는 지도적 이념이다.

ㄴ. 과학적 발전관은 전방위적으로 외교를 확장하고 향상시키는 이론적 근거이다

과학적 발전관은 중국이 국내, 국제 국면을 전반적으로 고려하고 정치, 경제, 안보, 문화 등 요소를 종합적으로 고려하면서 전방위적으로 외교를 확장하고 향상시키기 위한 이론적 근거이고 방법론이다. 2006년 8월에 소집된 중앙외사업무회의에서는 처음으로 "국내와 국제 두 개 큰 국면을 전반적으로 고려

하고 통일적으로 계획해야 한다"고 명확히 제시했다. 국내, 국외를 전반적으로 고려하는 관념의 확립은 중국 외교가 전방위적이고 복합적인 방향으로 나아가고 있음을 보여준다. 중국의 국제체계에의 참여, 특히 다자 외교에 대한 인식은 이미 질적인 변화를 가져왔다. 따라서 중국은 국제체계와 국제 규범의 구축에 적극적으로 참여함과 동시에 보다 적극적인 자세로 국제체계에서 신흥 개발도상 대국으로서의 책임을 다하고 있다. 중국은 과학적 발전관의 지도 아래 전방위적 외교 이론을 근거로 대국 외교, 주변국 외교, 개도국 외교를 활발하게 펼쳐 실질적인 진전과 성과를 이룩했는데 구체적으로 살펴보면 다음과 같다. 첫째, 중국은 대국 외교를 적극적으로 추진하여 미국, 유럽, 일본, 러시아와의 전략적 동반자 관계를 전면적으로 격상시켰으며 대국 간의 조율, 협력과 발전을 촉진했다. 특히 이번 글로벌 금융위기 발생 이후, 중국은 양자 및 다자 채널을 적극 활용해 대국 간의 조율과 협력을 추진함으로써 세계 경제의 회복과 안정을 위해 적극적인 역할을 했다. 둘째, 주변국과 조화로운 외교 관계를 구축하기 위해 노력했다. 중국은 줄곧 개방적인 지역 주의를 표방해 왔으며 동남아시아국가연합ASEAN, 아시아·태평양경제협력체APEC, 아시아·유럽정상회의ASEM, 상하이협력기구SCO 등 국제기구를 통해 주변국과의 안보 및 경제 협력을 적극 추진했다. 셋째, 개도국 외교를 적극적으로 펼쳤다. 중국은 개도국들과의 경제 무역 관계를 적극 확대했을 뿐만 아니라 개도국에 경제, 기술, 의료, 인력 양성 등 다양한 형태의 지원을 아낌없이 제공했다. 넷째, 다자간 플랫폼을 적극적으로 활용했다. 국제 질서를 유지하고 글로벌 거버넌스 체계 개혁을 추진하기 위해 중국은 북핵문제, 이란 핵문제의 해결에 적극 개입하여 적절한 해결책을 모색하고 제시했다. 글로벌 금융위기 발생 이후, 중국은 G20정상회의에 적극 참여했으며 이 다자간 플랫폼을 통해 글로벌 경제 거버넌스 체계에 대한 개혁을 추동했고 개도국을 위해 더 많은 발언권을 쟁취했다. 다섯째, 경제 외교를 확대함으로써 국내 발전에 기여했다. 글로벌 금융위기 발생 이후, 중국 외교부는 중공중앙의 영도 하에 국내 관련 부서와 손잡고 국제 경제 협력 강화 및 중대한 경제 문제와 관련한 협상, 협력 분야에서 실질적인 외교적 성과를 거두었다. 따라서 세계 주요 경제 기구에서 중국의 발언권이 높아졌고 주요 경제 파트너들과의 전략적 협력도 획기적인 진전을 이루어 중국 경제의 영향력이 크게 향상되었다. 글로벌 금융위기 이후, 중국 외교부는 관계국과의 대화, 소통과 정책 조율을 강화하고 국제 및 지역의 경제 금융 협력에 건설적으로 참여하는 한편, 무역과 투자 분야의 보호주의에 대해서는 단호히 반대함으로써 외교가 국가의 과학적 발전을 위해 봉사한다는 근본 취지를 실제적으로 구현해 나아갔다.

　ㄷ. 과학적 발전관은 새로운 시기 중국 외교에 더 넓은 무대를 제공했다

　과학적 발전관은 정치, 경제, 문화, 생태 등 다양한 분야의 조화로운 발전에 대한 총제적인 구상으로서 새로운 시기 중국 외교에 더 넓은 활동 무대를 펼쳐주었다. 중국의 평화 외교는 주목할 만한 성과를 이룩했고 국제적 영향력도 갈수록 커지고 있다. 중국은 이미 전방위적이고, 다층적이며, 다분야적인 대외 개방 구도가 형성되었고 국제 경제, 정치, 안보 등 사무에 갈수록 깊이 관여하고 있으며 따라서 국제적 요인이 중국의 발전과 안보에 미치는 영향도 갈수록 커지고 있다. 중국 외교는 앞으로도 과학적 발전관의 지도 아래 평화적 외교 노선을 견지하면서 대내적으로는 국가 발전을 위해 봉사함을 기본으로 하고, 대외적으로는 국제 관계의 민주화를 추진하며 국제 사회의 공동 발전과 조화세계 건설을 위해 노력할 것이다. 중국 외교가 과학적 발전관의 지도 하에 확고부동하게 평화 발전의 길을 걷는 것은 역사의 필연이라 할 수 있다. 중국의 발전은 세계의 발전과 갈라 놓을 수 없으며 발전의 전제는 반드시 과학적이고, 평화적이고, 개방적이고, 협력적이며, 각국과 조화롭게 공존하고, 상호 이익과 상생을 실현하는 것이어야 한다.

　중국의 국력과 국제적 영향력이 향상됨에 따라 중국 외교는 국제 정세의 흐름을 감안하면서 지리적 지역과 분쟁 지역에서 활동 무대를 한층 넓혀나갔다.

앞으로도 중국 외교는 끊임없이 변화하는 국제 정세에 적응하기 위해 전략적 사고력을 한층 강화하고, 중국의 실정에 입각해 지속적으로 새로운 무대를 개척해 나아갈 것이다. 즉, 한편으로는 강대국들과의 호혜협력을 강화하고, 선린 우호 정책을 지속적으로 추진하며, 개도국의 지위를 든든히 다지고, 다자 외교 무대를 적극 활용함과 동시에 다른 한편으로는 다양한 외교 분야 간의 조율을 강화해 인문 외교, 경제 외교와 안보 외교를 더욱 활발하게 펼쳐 나아갈 것이다. 현재, 중국공산당과 국가의 가장 중요한 과제는 경제를 안정적이고 빠르게 발전시키는 것이며, 중국 외교의 가장 중요한 과제는 중국 경제의 빠르고 안정적인 발전을 위해 다양한 측면에서 가능한 많은 유리한 여건을 조성하는 것이다. 앞으로 중국 외교는 과학적 발전관의 지도 아래 더 큰 업적을 이룰 것으로 전망된다.

(3) 과학적 발전관의 가치관과 정신을 체현한 새로운 시기 중국의 외교 실천

중국 외교는 건국 초기의 '약소국 무외교' 국면에서 현재의 전방위적이고 다층적인 외교 국면에 이르기까지 반세기에 걸친 굴곡진 여정을 걸어왔다. 이 과정에서 중국 외교를 뒷받침하고 힘을 실어준 정신적 기둥은 사회주의 가치관이며, 그 이상理想, 목표, 정신 및 시대적 특색을 망라한 중국적 가치관을 집약적으로 구현한 것이 곧 과학적 발전관이다.

핵심가치 체계는 사회 의식의 본질적인 발현으로 사회 의식의 성격과 방향을 결정하며, 모든 사회는 자체의 핵심가치 체계를 가지고 있다. 사회주의 핵심가치 체계는 사회주의 제도에 내재된 정신적 영혼으로 모든 사회주의 가치 목표 중에서 통섭적이고 지배적인 위치에 있으며 그 기본 내용은 마르크스주의 지도 사상, 중국 특색 사회주의 공동이상共同理想, 애국주의를 핵심으로 하는 민족 정신, 개혁과 혁신을 핵심으로 하는 시대적 정신, 사회주의 영욕관榮辱觀(영예와

치욕에 대한 관념) 등을 포함한다.[317] 한 민족이 생존하고 발전하려면 반드시 강력한 정신적 기둥과 동력이 필요하다. 이상은 인간의 더 나은 삶에 대한 동경과 추구를 반영한 것으로 국가와 민족이 힘차게 나아갈 목표이다. 만약 한 민족이 공통된 이념적 토대가 없고, 공통의 분투 목표가 없다면 그 민족은 결집력을 잃게 되고, 국가는 발전 동력을 상실하게 된다. 중국의 공통된 이상은 바로 중국 공산당의 영도 아래 중국 특색의 사회주의 길을 걸으며 중화민족의 위대한 부흥을 실현하는 것이다. 중화민족은 5천여 년의 발전 과정에서 애국주의를 핵심으로 하는 통일 단결, 평화 애호, 근면성과 용기, 자강불식의 위대한 민족 정신을 키워 왔으며 이는 중화민족의 정신적 기둥으로 자리잡았다. 이러한 민족 정신과 시대 정신은 중화민족이 발전하고 성장할 수 있은 근본 원인이며, 개척과 혁신을 이어온 힘의 원천이며, 세계 여러 민족 속에서 당당히 자립할 수 있은 특유의 정신적 기질이라 할 수 있다. 사회주의 영욕관은 사회 풍조를 선도하는 기치로서 사회주의 시장경제 체제 하에서 무엇을 고수하고 권장해야 하는지, 무엇을 반대하고 배척해야 하는지를 명확히 제시했으며 사회 구성원 모두가 행위 득실을 판단하고, 시비곡직을 가려내며, 선악미추를 분별하고, 도덕적 선택을 하며, 가치 지향을 결정할 수 있도록 기준을 제시해 주었다.

중국 외교는 과학적 발전관의 지도 이래 앞으로도 계속 평화적 발전의 길로 나아갈 것이다. 이러한 선택은 중국의 국정과 문화 전통, 그리고 중국의 세계 발전 추세에 대한 적응에 의해 결정된 것이며, 궁극적으로는 중국공산당이 영도하는 사회주의 국가의 성격과 사회주의 현대화의 실현이라는 목표에 의해 결정된 것이다. 중국의 평화적 발전 노선의 핵심은 바로 평화적인 국제 환경을 조성하여 자국의 발전을 추진하며 또한 자국의 발전을 통해 세계 평화를 추진하는 것이다. 중국은 항구적인 평화와 공동 번영의 조화세계 건설을 계속 추진해 나

---

317 李長峰:「什么是社會主義核心價體系-學習黨的16中全會(決定)系列談」,『人民日報』2007년 2월 7일.

아갈 것이며 유엔 헌장의 취지와 원칙에 따라 국제법과 공인된 국제 관계 규범을 엄격히 준수하고, 국제 사무의 집행에서 민주, 화목, 협력, 상생의 정신을 고양해 나아갈 것이다. 아울러 국가 간, 정치적 측면에서는 상호 존중과 평등한 협상, 경제적 측면에서는 상호 협력과 상호 보완의 원칙을 지키고, 문화적 측면에서는 서로 배우고 구동존이하며, 안보적 측면에서는 상호 신뢰와 협력을 강화하고, 환경보호 측면에서는 상호 지원과 협력을 추진해 갈 것이다. 중국 외교가 보여주는 것은 중국 문화와 민족 정신의 진수이며 중국공산당의 과학적 발전관에 대한 가장 좋은 해석이기도 하다.

제3절 과학적 발전관의 이론적 정립과 중국 외교 혁신

과학적 발전관은 전통을 계승하고 미래를 이끌어 가는 혁신적 이론이다. 과학적 발전관은 중국공산당의 집정이념, 집정방략, 집정조치에 대한 새로운 이론적 개괄이며 빠른 발전, 과학적 발전, 조화로운 발전의 법칙과 본질에 대한 탐색과 정리이기도 하다. 또한 누구를 위해 발전하고 누구에 의해 발전할 것인가에 대한 세계관 이론인 동시에 어떻게 하면 더 빠르고 더 좋은 발전을 이룰 수 있는지에 대한 방법론이기도 하다. 과학적 발전관은 과학적인 이론 체계로서 중국공산당이 이론 분야에서 이룩한 혁신적인 성과라고 할 수 있다. 과학적 발전관의 중국 외교에서의 체현은 주로 두 가지 측면에서 볼 수 있는데 하나는 외교가 국가의 과학적 발전을 위해 봉사하는 것이고 다른 하나는 외교 자체가 과학적인 발전을 이룩하는 것이다.[318] 중국 외교는 과학적 발전관의 지도 아래 외교 실천 과정에서 중국 특색의 외교 이론을 한층 풍부히 하고 외교 이론의 혁신을 새로운 단계에로 끌어올렸다.

---

318 楊潔篪:『學習實踐科學發展觀做好新形勢下的工作』, 중화인민공화국 중앙인민정부 웹사이트 참조, 2008년 12월 26일.

중국 외교 이론의 혁신은 개혁개방 30여 년간 외교 분야에서 이룩한 발전을 토대로 이루어진 것이다. 개혁개방 이래 30여 년은 국제 정세에 근본적인 변화가 일어나고, 국제 체계가 중요한 전환기에 들어선 시기였다. 또한 중국 사회가 급속한 발전을 이룩한 시기였으며 따라서 외교 이론에 대한 혁신의 필요성이 그 어느 때 보다 절실한 시기였다. 중국 외교는 국내외 발전의 수요에 따라 적시적으로 관념 갱신을 추진함과 동시에 시대적 추세에 따라 기회를 포착해 중국과 외부 세계의 관계에서 중대한 전환을 실현했으며 세계가 주목할 만한 큰 성과를 거두었다. 지난 30여 년간, 외교 실천 과정에서 중국은 세계 각국과의 관계를 처리함에 있어서 '대국은 관건이고, 주변국은 최우선이며, 개도국은 기본이고, 다자간은 중요한 무대'라는 외교 전략을 점차적으로 확립했다. 대국 관계, 주변국 관계 그리고 개도국 관계는 또 서로 유기적으로 연결되어 상호 작용하고 영향을 주기도 한다. 중국은 지난 30여 년간 이와 같은 외교 전략을 기반으로 많은 국가들과 전략적 동반자, 전략적 대화 관계를 수립하고 다자간 대화 메커니즘의 구축을 적극 추진하여 권역, 지역 및 초지역적 기구의 발전을 촉진함으로써 세계 평화와 발전 및 협력을 이끌어 내는데 큰 공헌을 했다.

　　개혁개방 이래 첫 10년 동안, 중국 외교는 전략적 조정을 통해 자주독립의 평화적 외교 정책을 확립했다. 1982년 8월 21일, 덩샤오핑은 유엔 사무총장 데케야르와의 회견 시, 개혁개방과 현대화 건설에 유리한 국제적 환경을 조성하기 위한 차원에서 새로운 시기 중국의 외교 정책의 기조에 대해 설명하면서 중국의 대외 정책의 세 가지 원칙은 첫째 패권주의를 반대하고, 둘째 세계평화를 수호하며, 셋째 제3세계 국가들과의 단결 및 협력 또는 연합 및 협력을 강화하는 것[319]이라고 밝혔다. 그후 1985년 6월 4일에 소집된 중앙군사위원회 확대회의에서 덩샤오핑은 중국의 외교 방침 정책의 두 가지 전략적 전환에 대해 다음

---

319 『鄧小平文選』,第2卷, 人民出版社, 1994년, p.415.

과 같이 천명했다. 첫째, 전쟁과 평화에 대한 인식 전환이 필요하다. 우리는 세계 정세와 중국 주변 환경에 대한 분석을 통해 전쟁은 불가피적이고 이미 눈앞에 임박했다는 과거의 인식이 그릇된 것임을 알 수 있다. 비록 전쟁 발발의 위험은 여전히 존재하나 세계 평화 세력의 성장이 전쟁 세력의 성장을 능가하는 추세여서 앞으로 비교적 오랜 기간 동안 대규모 세계 전쟁이 일어나지 않을 것이므로 세계 평화의 유지는 희망적이라 할 수 있다. 둘째, 대외정책의 전환이다. 즉 과거 소련의 패권주의 위협에 맞서 취했던 '일조선' 전략에서 탈피해 자주독립적인 외교정책과 대외정책을 실행하며 반패권주의와 세계 평화 수호의 기치 아래 평화 세력의 편에 굳건히 서는 것이다. 1986년 3월에 열린 제6기 전국인민대표회 4차 회의에서는 처음으로 중국의 외교 정책을 '자주독립적인 평화외교 정책'으로 요약하고 그 내용과 기본 원칙을 제시했다. 이것은 중국의 외교정책 조정이 이미 완성 단계에 들어섰고 중국이 대외 관계에서 전방위적인 발전이라는 새로운 목표를 추구하기 시작했음을 보여 준다.[320]

개혁개방 실행 후 두 번째 10년 동안 중국 외교는 큰 발전을 이루었고 국제사회에서의 영향력도 실질적으로 향상되었다. 1990년대 이후 중국 외교는 세 가지 과제에 직면했는데 첫째는 세계 다극화 추세와 국제 관계의 새로운 변화에 대처하는 것, 둘째는 패권 주의와 강권정치를 계속 반대하고 세계 평화와 발전을 수호하며 공정하고 합리적인 국제 정치 경제 질서의 확립을 추진하는 것, 셋째는 경제의 글로벌화와 과학 기술의 급속한 발전에 따른 영향과 도전에 대응하는 것이였다. 새로운 세기를 맞는 시점에서 중국 외교는 아래와 같은 세 가지 특징을 보였다. 첫째, 전례없이 활발하게 펼쳐진 정상 외교가 대체 불가한 중요한 역할을 한 것이다. 중국 지도자는 각국 정상들과의 대화와 소통을 강화해 양자 및 다자 관계를 원활하게 발전시킴으로써 중국의 국제적 지위가 향상 되

320 『中國共產黨新時期簡史』, 中共黨史出版社, 2009년, pp.54-55.

고 영향력도 확대되었다. 둘째, 세계 각국 및 국제 기구와 다양한 협력 및 동반자 관계를 구축하고 다차원의 협의체와 정례 회동 체제를 형성한 것이다. 이러한 제도화된 협상 방식은 양자 또는 다자간 협력의 효율을 높였을 뿐만 아니라 중국과 각국의 관계를 안정적으로 발전시키는 데 큰 도움이 되었다. 셋째, '자주독립, 완전평등, 상호존중, 상호 내정 불간섭'이라는 '정당 관계의 네 가지 원칙'을 기반으로, 정당 외교가 국가 발전 전략과 외교 전반을 위해 봉사한다는 취지 하에 세계 각국 정당들과의 광범위한 협력, 경험 교류 등을 통해 중국의 대외 관계를 전방위적인 발전 단계에로 끌어올린 것이다.[321]

개혁개방 실행 후 세 번째 10년 동안, 특히 21세기에 들어 중국 외교는 글로벌 금융 위기, 기후 변화, 보호무역주의, 위안화 환율, 지역 이슈 등 다양한 문제들에 직면했다. 이러한 문제들은 전략적 차원의 문제로 상승해 국제 정세 뿐만 아니라 국내 발전에도 큰 영향을 미쳤으며 따라서 외교적 민감성, 취약성과 영향력이 크게 증대되었다. 중국에서 발생한 모든 일, 이를테면 원촨汶川 대지진, 싼루三鹿 멜라민 분유 사건 등은 국제 사회의 큰 관심사로 이어질 수 있으며, 마찬가지로 국제적인 중대 사건도 중국에 큰 영향을 미칠 수 있다. 이런 상황에서 중국 외교는 국내와 국제 국면을 전반적으로 고려하여 조율하고 총괄할 수 있는 능력을 제고하는 것이 절실히 필요했다. 중국의 굴기는 이미 기존의 점진적 적응 단계에서 '스퍼트' 단계에 들어섰으며, 이 단계의 주요 특징은 중국이 굴기와 함께 과거 주목 받지 못했던 대상에서 주목 받는 대상으로 전환되어 강대국의 견제와 압박이 갈수록 심해지기 시작했다는 점이다. 따라서 중국은 기존의 대외 전략을 시급히 조정하고 자국의 국제적 위상과 입지에 부응하는 전략적 포석을 고려함으로써 국제적 지위의 변화에 따른 새로운 현실에 신속히 적응해

---

321 『中國共產黨新時期簡史』, 中共黨史出版社, 2009년, pp.54-55.

야 하는 시점에 이르게 되었다.[322]

2009년에 소집된 제11차 해외주재사절회의와 신중국 외교가 걸어온 60여 년의 노정에 대한 체계적인 분석을 계기로 양제츠 외교부장은 중국의 외교 이론 혁신 과정을 정리하면서 다음과 같이 말했다. "우리는 새로운 정세 하에서 우리의 외교 업무를 중국의 발전과 밀접히 연결시켜야 한다고 제기했다. 즉 발전에 의존하고, 발전을 위해 봉사하고, 발전을 촉진하는 데 착안점을 두고 전방위적인 대외개방 하에서 중국의 발전 이익을 확실히 지켜나가야 한다는 것이다. 우리는 또 세계 구도의 변화에 적응해 전방위적이고 다차원적으로 외교 활동을 추진하며 대국, 주변국, 개도국 외교와 다자외교를 강화함과 동시에 다양한 분야에서 외교 업무를 적극 펼쳐나갈 것을 제기함으로써 전방위적 외교 구도를 더욱 충실히 하고 보완했다. 우리는 또 중국의 정치적 영향력, 경제적 경쟁력, 친화적인 이미지, 도의적 감화력을 한층 제고하며, 소강사회의 전면적 건설과 사회주의 현대화 건설을 가속화하기 위한 양호한 국제적 환경과 외부 여건을 조성해 나갈 것을 제기함으로써 새로운 정세 하에서의 외교 업무에 대한 총체적인 요구 사항을 한층 명확히 했다. 우리는 또 국내, 국제 국면을 전반적으로 고려하고 조율해 나갈 것을 제기함으로써 새로운 정세 하에서 외교 업무를 원활하게 수행할 수 있는 기본 방법을 한층 명확히 했다. 이러한 이론적 혁신은 외교의 새로운 국면을 개척해 나아감에 있어서 중요한 의의를 가진다."[323]

개혁개방 30여 년간, 중국 외교는 이론적 측면에서 중대한 혁신을 이루었고 중국 특색의 외교 이론이 점차적으로 형성되었으며 갈수록 완벽해졌다. 후진타오를 총서기로 한 중공중앙지도부는 덩샤오핑 이론과 '3개 대표' 이론을 지도 사상으로 과학적 발전관을 관철시켰고 3대에 걸친 당중앙지도부의 외교 사상

---

322 趙可金:『中國共產黨新時期簡史』, 學習時報, 2010년 8월 30일.

323 「亮點突出, 成果顯著─外交部長楊潔篪談2009年中國外交」,『人民日報』, 2009년, 12월 14일.

을 계승하고, 풍부히 하고, 발전시켰다. 또한 세계적 변화와 특징에 대해 과학적으로 판단하고 다극화 추세에 적절하게 대응함으로써 외교 이론의 혁신에서 큰 성과를 이룩했다. 총체적으로, 중국의 외교 이론은 개혁개방 이전과 비교해 보면 자국의 정체성에 대한 인식이 개변되었고 국제체계에의 전방위적인 참여와 융합이 강조되었으며, 서방 국가들과 비교해 보면 이익과 도덕의 균형, 자주독립적인 평화외교가 강조되었음을 알 수 있다. 중국 특색을 지닌 외교 이론의 혁신을 요약한다면 첫째, 시대에 걸맞는 국제협력관, 둘째, 이익 균형의 국가이익관, 셋째, 적극적이고 능동적인 국제체계관, 넷째, 전반적인 시야를 갖춘 내·외 총괄관, 다섯째, 사람 중심의 외교 가치관이다.[324] 이러한 외교 이론의 혁신은 주로 아래와 같은 여섯 가지 측면에서 체현되었다.

(1) 평화·발전·협력·상생을 핵심으로 하는 외교 이론 체계의 형성

과학적 발전은 평화적 발전, 조화로운 발전과 동일한 맥락으로서 중국 외교 사상과 이념의 핵심이기도 하다. 1980년대에 들어 덩샤오핑을 수반으로 한 중국 지도부는 평화와 발전은 현 세계의 두 가지 중대한 전략적 과제라는 과학적 판단을 내렸다. 평화는 발전을 보장해 주며, 발전은 평화의 실현을 위해 조건을 제공해 준다. 평화적 발전이란 평화로운 국제 환경을 조성하여 자국의 발전을 추진하고 또 자국의 발전을 통해 세계 평화를 촉진하는 것이다. 개방적 발전이란 자국의 힘에 의존하여 발전을 이룸과 동시에 지속적으로 대외 개방 전략을 펼쳐 개혁과 발전을 촉진하는 것이다. 협력적 발전이란 중국이 세계 각국과의 폭넓은 교류와 협력을 통해 상호 이익과 상생을 실현하는 것이다. 평화와 발전을 추구하는 것은 중국의 발전 전략에 있어서 지극히 올바른 선택이라 할 수 있으며 이 또한 과학적 발전관의 중요한 내용이기도 하다. 이로부터 과학적 발

---

324 楊潔勉:「改革開放30年的中國外交和理論創新」, 張德廣主編: 『全球金融危機與中國外交』, 世界知識出版社, 2009년, pp.87-90.

전관은 개방성, 미래 지향성, 전략성 등 특징을 지닌 이론 체계로서 중국의 외교 혁신을 이끄는 지도적 이론임을 알 수 있다.

새로운 시기의 중국 외교 이론 체계에서 자주독립적인 평화외교 정책은 기본 방침이고, 평화·발전·협력은 중국 외교가 내세우는 기치이며, 항구적인 평화와 공동 번영의 조화세계를 건설하는 것은 장기적인 목표이고, 평화적 발전은 중국이 나아갈 길이며, 상호 이익과 상생은 중국이 평화적 발전과 조화세계 건설 목표를 실현하는 기본 경로이다. 평화적 발전을 주축으로 한 이 이론 체계에는 평화, 협력, 화해의 철학적 이념과 과학적 발전관의 기본 내용 및 사상의 정수가 반영되었다. 중국의 평화적 발전은 세계의 평화, 안정과 공동 발전을 떠날 수 없으며, 세계의 항구적인 평화와 공동 번영 역시 중국의 평화적 발전을 떠날 수 없다. 평화를 추구하고 발전을 촉진하며 협력을 도모하는 것은 세계 각국의 공통된 염원이며 막을 수 없는 역사적 추세이다. 세계의 다극화와 경제의 글로벌화 추세가 심화됨에 따라 국가 간의 상호 의존도가 갈수록 높아지고 이해 관계가 갈수록 복잡하게 얽혀지고 있으며 따라서 각국 간의 협력과 경쟁도 새로운 특징을 보이고 있다. 국가와 세계, 국가와 국가 간의 발전은 서로 밀접히 연결되어 있으므로 모든 국가는 대소 강약을 막론하고 상호 이익과 상생의 토대 위에서 국제 경제 협력과 경쟁에 적극 참여해야만 자국의 발전과 성장을 이룰 수 있다.

중국과 세계의 상호 작용 관계에서 볼 때, 만약 평화적이고 안정적이며 호혜평등한 국제 환경이 보장되지 않는다면 중국의 전면적이고 지속 가능한 발전은 기대하기 어려울 것 이며, 마찬가지로 중국의 평화적 발전이 이루어지지 않는다면 세계의 평화와 지속 가능한 발전 역시 기대하기 어려울 것이다. 개혁개방 이후, 중국은 자발적으로 국제체계에 가입하기 시작했으며 특히 1990년대 중반에 이르러서는 국제체계의 변화가 단순히 낡은 것이 새것으로 교체되는 투쟁이 아니라는 점을 깨닫게 되었다. 중국은 국제체계에 건설적으로 참여해 규칙 제정의 기회를 얻어 내며 이를 통해 체계 내의 기타 국가들과 관계를 조정, 조절하고 제약하면서 상호 협력과 상생을 도모할 필요가 있다. 원자바오 총리가 말한 바와 같이 "중국은 확고하게 세계 평화를 수호하면서 국제 체계의 참여자, 수호자, 건설자"로 등장한 것이다. 중국공산당 17차 대회 보고에서는 과학적 발전관의 기본 방법은 통주겸고統籌兼顧(여러 측면을 고려해 통일적으로 대책을 세우는 것)이며 이것은 대외관계 측면에서 호혜상생互利共贏으로 체현된다고 강조했다. 평화적 발전 노선을 견지하는 것은 호혜상생을 실현하기 위한 필수적 요건이자 중요한 담보이며, 호혜상생은 평화적 발전의 논리적 연장선이자 중요한 실현 방식이기도 하다. 중국 정부와 인민은 평화 이념을 굳게 지키면서 시종일관 평화적 발전의 길을 걸어 왔으며 나라의 부강과 민족의 부흥을 위해 힘써왔다. 아울러 세계를 마음에 품고, 호혜상생의 개방 전략을 일관되게 실행해 왔으며 항구적 평화와 공동번영의 조화세계 건설을 적극 추진해 왔다. 평화적 발전과 호혜상생의 개방 전략은 중국의 이익과 세계 각국의 공동 이익을 유기적으로 연결시켜 놓았다.

평화적 발전과 호혜상생은 새로운 시기 중국의 외교 이론 체계의 정수이다. 오늘날 세계에는 여러가지 심각하고 복잡한 갈등이 여전히 존재함으로 조화세계 목표를 실현하는길은 아직 멀고도 험난하다. 그러나 중국은 평화적 발전의 길로 굳건히 나아갈 것이며 조화세계 목표의 실현을 위해 끊임없이 노력할 것이다. 최근 몇 년간, 국제사회의 다분야, 다차원, 다채널의 협력은 갈수록 많은 국가들의 현실적인 선택으로 되고 있으며 각국의 평화, 발전, 협력에 대한 추구는 이미 시대적 추세로 되었다.

(2) 사람 중심의 외교 사상과 기본 원칙의 수립

과학적 발전관의 외교적 측면에서의 집중적인 체현은 사람중심 사상의 수립이라 할 수 있다. 사람중심의 외교 사상의 제시는 중국의 국내 통치 패턴과 집권 이념의 변혁이 외교 측면에 반영된 것으로 이것은 중국의 외교 철학이 전체의 이익을 지키는 국가 중심주의에서 국민 개개의 권익을 배려하는 전략으로 바뀌었음을 의미한다. 사람중심의 외교 사상은 외교의 기본 목적과 정책 중점을 재인식하는 데 계시적 의미가 있으며 구체적인 외교 업무를 수행함에 있어서도 중요한 지도적 역할을 한다.[325] 일심전력으로 인민을 위해 봉사하는 것은 중국 공산당의 일관된 취지이고 기본 원칙이며, 사람중심은 새로운 시기에 어떻게 인민을 위해 더 잘 봉사할 것인가 하는 명제에 대한 새로운 해석 이다. '외교는 인민을 위한다'는 사상은 과학적 발전관이 제창한 사람중심 사상에 대한 구체적인 실행이며 새로운 시기 중국 외교가 인민을 위해 더 잘 봉사할 수 있도록 이끌어 주는 기본 원칙이다.

사람중심의 외교 사상은 중국 외교의 가치관을 확실하게 체현했다. 인권 문제에서 중국과 서방 국가는 뚜렷한 시각 차이를 보이고 있다. 중국은 사람중심의 외교 이념을 제시함으로써 중국에 대한 서방 국가의 허위적인 공격을 강력하게 반격하고 보편적인 언어로 중국적 가치관을 세계에 효과적으로 알렸으며 수많은 개도국, 나아가 선진국들과도 실질적인 공감대를 형성했다. 중국의 사람중심 사상은 유엔과 일부 국가들이 주장하는 인류의 안보관과도 기본적으로 일치하다. 중국이 제시한, 중국 특색이 있고 중국 국정에 적합한 외교 가치관은 중국의 외교 실천과 이론의 탐색에 도움이 될 뿐만 아니라 외교 가치관에 대한 서방 국가의 주도권과 해설권의 독점을 무너뜨리는 데도 도움이 된다.[326]

사람중심과 인민을 위한 외교를 견지하는 것은 과학적 발전관의 필연적인

---

325 金燦榮,「以人為本的中國外交思想」, 趙進軍主編: 『新中國外交60年』, 北京大學出版社, 2010년, p.71.

326 楊潔勉,「改革開放30年的中國外交和理論創新」, 張德廣主編:『全球金融危機與中國外交』, 世界知識出版社, 2009년, p.90.

요구임과 동시에 대내적으로는 중국공산당의 집권 능력을 보여주고, 대외적으로는 책임감 있는 대국 이미지를 수립하는 중요한 정치적 임무이다.[327] 중국의 기업과 국민들이 대거 해외로 진출함에 따라 중국의 해외 주재 기관과 재외 국민의 안전 및 합법적 권익에 대한 보호가 갈수록 절실해졌다. 중국 외교는 '사람중심'과 '인민을 위한 외교'를 견지하여 중국의 해외 이익과 대다수 인민들의 근본 이익을 보호함으로써 외교 업무의 성과가 전체 인민에게 혜택으로 돌아가게 했다. 일심전력으로 인민을 위해 봉사하는 것은 중국공산당의 근본 취지이며, 당의 모든 분투 목표와 임무는 시종 인민의 행복이라는 이 기본 요구를 둘러싸고 설정되었다. 중국공산당은 시종일관 대다수 인민의 근본 이익을 실현하고, 보호하고, 발전시키는 것을 모든 업무의 출발점과 지향점으로 삼아왔다. 최근 몇 년간 중국 외교는 재외 국민과 법인의 합법적 권익을 보호하고, 재외 국민의 안전 문제, 노무 분쟁 등을 적시적으로 해결하여 중국 국민의 재산과 안전을 보호하는데서 실제적인 공헌을 했다. 이를테면, 2011년 튀니지 사태의 영향을 받아 이집트와 리비아 국세가 혼란에 빠지자 중국 대사관은 당지에 체류 중인 중국 국민들이 안전하게 귀국할 수 있도록 많은 세부적인 작업을 펼쳐 철수를 성공적으로 이루어 냈다. 특히 리비아 철수는 신중국 건국 이래 가장 규모가 큰 조직적인 재외 국민 철수 작전이었다. 중국은 이 철수 작전에서 12개 국가에서 온 2100여 명의 외국인의 리비아 철수도 최선을 다해 협조했다. 이러한 사실은 중국이 '인민을 위한 집권, 인민을 위한 외교'라는 취지를 충실히 이행하고 있음을 보여준다. 사람중심과 인민을 위하는 외교를 취지로 하는 중국의 외교적 이미지는 국내외적으로 널리 호평 받았으며, 중국 외교는 인민의 이익을 최우선시하는 핵심 이념을 실제적인 행동으로 보여 주었다.

---

327 趙進軍主編:『新中國外交60年』, 北京大學出版社, 2010년, p.12.

(3) 문명 간 대화와 협력을 제창하고 '조화세계' 이념을 제시

2005년에 중국은 처음으로 '조화세계' 이념을 제시했다. 후진타오는 자카르타에서 열린 아시아-아프리카 정상회의 연설에서 '서로 다른 문명의 우호적 공존과 평등한 대화, 그리고 공동 번영과 발전에 기반한 조화세계를 함께 구축해 나갈 것'을 제기했고 같은 해 7월, 러시아 방문 시 체결한 「21세기 국제 질서에 관한 중-러 공동 성명」에는 처음으로 '조화세계' 이념이 채택되어 국가 간 공감대가 형성되고 국제사회의 주목을 받게 되었다. 그리고 같은 해 9월, 후진타오는 유엔 설립 60주년 기념 정상회의에서 「항구적인 평화와 공동 번영의 조화세계를 건설하기 위해 노력하자」는 주제의 연설을 통해 '조화세계'의 깊은 의미를 전면적으로 논술했다. 선명한 중국적 특색을 띤 '조화세계' 이념은 중국 외교의 세계에 대한 공헌이라 할 수 있다.[328] 중국은 '조화세계' 이념의 제시를 통해 중국이 최근 국제 사회에서 제창하고 있는 새로운 질서관秩序觀, 새로운 안보관, 새로운 발전관 發展觀, 새로운 문명관文明觀 등을 유기적으로 연결시켜 국가 간의 평화, 사람 간 의 화목, 사람과 자연 간의 조화를 강조하면서 세계 발전의 미래에 대한 중국의 비전과 주장을 천명함으로써 국제 질서의 발전에 더욱 많은 중국적 요소를 주입시켰다.

'조화세계'는 중국의 평화적 발전 노선의 이상적인 목표이다. 조화세계 이념은 세계의 상호 의존성, 즉 세계의 공통성을 부각시킴으로써 공동 이익과 공동 번영에 대한 국제 사회의 이성적 접근과 실천적 노력에 촉진적 역할을 하게 되었다. 중국은 앞으로 세계에 풍부한 물적 제품을 지속적으로 제공할 뿐만 아니라 더 많은 진보적 사상도 제공할 것이다. 조화세계 이념의 제시는 세계 평화적 발전 세력의 연합과 평화적 발전이란 장기적인 목표의 실현에도 도움을 줄 것

---

328 「2005年胡錦濤提出和諧世界理念」, 人民網, 2009년 9월 23일.

이다.[329] 중국은 '조화세계'의 제시를 통해 전 세계에 다음과 같은 의지를 표명했다. 첫째, 중국은 평화적 발전의 길을 확고히 걸을 것이며 다른 나라를 방해하거나 위협하지 않을 것이다. 그리고 현재 뿐만 아니라 앞으로 더 강대해 지더라도 영원히 패권을 추구하지 않을 것이다. 따라서 중국의 발전은 세계에 위협이 아니라 기회를, 충돌이 아니라 평화를 가져다 줄 것이다. 둘째, 중국은 자국의 발전과 더불어 더 많은 국제적 책임을 짊어질 것이며 세계 평화와 발전을 위해 더 큰 기여를 할 것이다.

'조화세계'의 제시는 중국이 이미 국제체계의 변화 과정에서 중화 문명이 깊이 반영된 이념, 관념과 발전 패턴을 제시하기 시작했음을 보여준다. 중국 정부는 새로운 문명관을 지침으로 다문화 공존을 제창하고 문명 간의 대화를 폭넓게 추진했다. 이를테면, 중국은 다양한 국제 포럼과 문화 축제를 여러 차례 개최해 다문화의 발전과 문명 간 대화를 촉진함에 있어서 긍정적인 역할을 했다. 중국은 또 관련국과의 수교 60주년을 계기로 다양한 경축 행사를 개최하고 문화 교류를 확대해 관련국과의 양자 관계를 더욱 내실화했다. 중국의 시각에서 본 "세계는 매우 풍부하고 다채롭다. 문명의 다양성은 인류 사회의 기본 특징이며 인류 문명의 발전을 이끄는 원동력이기도 하다. 그러므로 우리는 각국의 역사 문화, 사회 제도와 발전 패턴을 존중하고 세계의 다양성을 인정해야 한다. 그리고 세계 각국의 문명과 사회 제도는 장기적으로 공존하면서 경쟁과 비교를 통해 서로의 장점을 취하고 구동존이求同存異: 같은 점은 취하고 다른 점은 보류-역자 주하면서 공동 발전을 이룩해야 한다."[330] 세계의 다양한 문명은 서로 존중하고, 서로 포용하고, 서로 장 점을 취하고 단점을 보완하며, 소통과 대화, 협력을 강화해야

---

329 楊潔勉:「中國和平發展道路的探索和拓展」, 趙進軍主編,『新中國外交60年』, 北京大學出版社, 2010년, p.21.

330 江泽民:《在庆祝中国共产党成立八十周年大会上的讲话》, 新華網, 2001년7月1일.
李肇星: <和平,發展,合作—李肇星外長談新時期中國外交的旗幟>, 中華人民共和國外交部 웹사이트 참조, 검색일:2001년, 7월 1일.

만 스스로의 발전을 이룰 수 있고 인류의 공동 진보에도 기여할 수 있다. 서로 다른 문명의 조화로운 공존을 추진하려면 협력이 필요하다. 정보화 시대에 들어서면서 인류의 생활 패턴과 생산 방식에는 새로운 변화가 일어났고 국가 간, 문명 간의 관계도 한층 복잡해졌다. 이러한 상황에서 중국은 문명의 다양성 존중을 특징으로 하는 새로운 문명관을 주장하고 있다. 즉, 인류 문명의 다양성은 인류 사회의 공동 유산이자 번영을 이끌어 가는 소중한 원천이므로 잘 지켜 나아가야 하며, 각국은 자국의 실정에 맞는 발전 노선을 선택할 권리가 있으며 이를 반드시 존중해 주어야 한다는 것이다. 각국은 평등을 기반으로 하는 '문명 대화' 속에서 서로 장점을 취하고 단점을 보완하면서 함께 조화로운 세계를 만들어 나아 가야 할 것이다."[331]

국제체계의 변화와 함께 각국은 모두 새로운 국제체계관의 가치 관념에 자국의 이념을 주입하려 시도하고 있다. 현재 서방 국가들은 이른바 '민주적 가치관 외교'를 극력 제창하고 서구식 민주 인권 관념을 강조하고 있으며 따라서 도의와 가치관이 새로운 이념 경쟁의 초점으로 떠오르고 있다. 중국이 제시한, 중국만의 특색이 있고 중국 국정에 적합한 외교 가치관은 중국의 외교 실천과 이론적 탐색에 도움이 될 뿐만 아니라 외교 가치관에 대한 서방 국가의 주도권, 해석권의 독점을 무너뜨리는 데도 도움이 된다. 후진타오가 연설에서 말했듯이 "문명의 다양성은 인류 사회의 기본 특징이자 인류 문명 진보의 중요한 동력이기도 하다. 인류 역사상, 다양한 문명은 모두 나름의 방식으로 인류 문명의 진보에 적극적인 기여를 했다. 문명에 차이가 있음으로 하여 다양한 문명이 서로 배우고 함께 발전할 수 있는 것이다. 만약 문명에 일률성을 강요한다면 인류 문명은 발전 동력을 잃게 되고 경직과 쇠퇴를 초래하게 될 것이다. 다양한 문명은 역사적으로 길고 짧음의 차이가 있을뿐 고저와 우열의 차이는 없다. 역사 문화,

---

331 李肇星: <和平,發展,合作─李肇星外長談新時期中國外交的旗幟>, 中華人民共和國外交部 원사이트 참조, 검색일:2001년, 7월 1일.

사회 제도 그리고 발전 패턴의 차이가 국가 간 교류의 장애가 되어서는 안 되며, 서로 대립하는 이유가 되어서는 더욱 안 된다. 우리는 각국이 자주적으로 사회 제도와 발전 노선을 선택할 권리를 존중해야 하며, 각국은 자국의 실정에 따라 진흥과 발전을 추진해야 한다. 다른 문명을 의도적으로 배척하거나 문명에 유일한 기준을 내세울 것이 아니라 서로 다른 문명 간 대화와 교류를 강화하고, 경쟁과 비교 속에서 서로 장점을 배우고 단점을 보완하며, 같은 점을 취하고 다른 점을 보류하며, 상호 의심의 장벽을 없앰으로써 인류 사회를 더욱 화목하게, 세계 문화를 더욱 다채롭게 만들어 가야 한다. 평등하고 개방적인 자세로 문명의 다양성을 지키고, 국제 관계의 민주화를 촉진하며, 모든 문명을 포용하는 조화세계를 함께 구축해 나가야 한다."[332] '조화세계' 이념은 중국의 대외 전략에 더 높은 목표를 제시했고 또한 이 목표를 실행하고 실현하도록 이끌어 가고 있다. 중국과 같은 대국이 제시한 이념과 그에 따른 행위는 물론 국제관계의 흐름에도 상당한 영향을 미치게 될 것이다.[333] '조화세계' 이념의 제시는 서양 문명에 의해 좌우지되던 국제관계 이론의 가치관 기반이 흔들리기 시작했음을 의미한다. 이 기반은 앞으로 중화 문명, 이슬람 문명, 인도 문명 등 다양한 문명에 의해 실질적인 변혁이 이루어질 것이다.

(4) 이익과 책임의 균형에 초점을 맞춘 새로운 책임 외교 이념

중국의 외교 이론은 이익과 책임의 균형, 그리고 자주독립적인 평화 외교 노선을 강조한다. 개혁개방 이후 중국은 외교 정책에서의 국익의 지위를 재정립하고 신중국 건국 초기의 '일변도' 전략에서 완전히 탈피했다. 중국의 국익에 대한 중시와 관련하여 덩샤오핑은 "국가 간의 관계를 고려할 때 자국의 전략적

---

332 胡錦濤:「努力建設持久和平,共同繁榮的和諧世界─在聯合國成立60周年首腦會議上的講話」, 『人民日報』, 2005년 9월 16일.

333 俞新天等著:『國際體系中的中國角色』,中國大百科全書出版社, 2008년, p.295.

이익에서 출발해야 하며", "자국의 국익을 최고의 준칙으로 삼고 문제를 논의하고 처리해야 한다"[334]고 여러 차례 언급한 바 있다. 중국의 국익관은 이익 균형을 강조하는 방향으로 변화하고 있다. 특히 물질적, 정신적 가치의 국익, 그리고 자국과 타국의 이익, 인류의 공동 이익 등 문제를 대함에 있어서 긍정적 변화를 보이고 있다. 개혁개방의 추진과 함께 중국의 국익에 대한 인식도 갈수록 균형을 이루고 있다. 즉 중국은 한편으로 개혁개방을 통해 자국의 물질적 역량의 향상에 주력하고 또한 이를 가장 기본적인 국익으로 삼고 있으며 다른 한편으로 국익의 가치적 측면이나 국제 정의 문제에 대해서도 상당히 중요시하고 있다.[335]

국가 주권과 안보 및 발전 이익을 수호하는 것은 현대 국가가 생존하고 발전할 수 있는 기본 전제로서 어떠한 국가의 집권당이든 반드시 수행해야 할 기본 사명이고 각국이 외교 분야에서 다뤄야 할 최우선 과제이다. 이 점은 중국도 예외는 아니다. 중국은 국제적 정의를 실현함에 있어서 정치적으로 개도국과 함께 패권주의를 반대하고 새로운 국제 정치, 경제 질서의 구축을 주장한다. 중국은 북핵 위기, 이란 핵위기, 다르푸르 분쟁, 에너지 안보, 기후 변화 등 많은 국제적 이슈의 해결에서 건설적인 역할을 수행해 왔다. 특히 1997년의 아시아 금융위기 당시 중국은 약속을 지키고 책임감 있는 대국의 모습을 보여줌으로써 세계의 호평을 받았다. 중국공산당 17차 대회 보고에서는 "우리는 중국 인민의 이익을 세계 각국 인민의 이익과 결합시키며 공정과 정의를 지켜 나아갈 것"이라고 밝혔다. 중국이 세계 각국과 함께 역사적 흐름에 부응하는 새로운 공동 가치관을 구축하기 위한 노력도 성과를 보이기 시작했다. '조화세계', '평화적 발전의 길', '공동 발전' 등 이념은 '이익 우선', '자기 이익 극대화' 등 관념과 관행을 균형있게 바로잡아 가고 있다.

---

334 『鄧小平選』, 第3卷, 人民出版社, 1993년, p.330.

335 俞新天等著:『國際體系中的中國角色』, 中國大百科全書出版社, 2008년, p.295.

중국의 발전은 자국의 이익 뿐만 아니라 다른 나라들과 협력할 수 있는 더욱 큰 공간도 창출하고 있다. 중국은 역사적 원인과 현실적인 요인으로 인해 경쟁에서 상대적으로 불리한 개도국에 도움의 손길을 내밀어 그들이 자국의 경쟁력을 향상시키고 지속 가능한 발전을 이룰 수 있도록 지원해 주고 있다. 특히 최근 몇년 동안 중국은 아프리카 국가들과 많은 협력 사업을 추진하고 있다. 이를테면 중국은 아프리카의 인프라 구축을 지원하여 현재까지 이미 2200여 km에 달하는 철도와 3400여 km에 달하는 도로를 건설함으로써[336] 해당 지역의 지속 가능한 발전에 힘을 실어 주었다. 이밖에도 아이티 대지진, 파키스탄 수해 등 국제 재난 사태에 직면하여 중국 외교부는 인도주의적 긴급 구호 지원에 적극 동참함으로써 중국의 국제적 이미지를 향상시켰다. 이와 같이 중국이 고수하고 있는 이익책임관利盆責任觀은 중국의 발전 실태에 바탕을 둔 것으로 중국의 자국에 대한 책임이자 세계에 대한 책임이기도 하다.

(5) 공공외교를 적극 펼쳐 발전하고 있는 중국의 새로운 이미지를 수립

공공외교는 중국 외교의 새로운 성장점이자 하이라이트이다. 중국의 공공외교는 중국 특색 사회주의 이론의 지도 하에 외교 이론과 실천 영역을 새롭게 확장해 나아가고 있다. 후진타오 총서기는 2009년에 소집된 제11차 해외 주재 외교관회의 연설에서 공공외교의 중요성과 역할에 대해 강조하면서 다음과 같이 말했다. "공공외교는 전반적인 외교 활동의 중요한 구성 요소로서 중국이 새로운 정세 하에서 외교 구도를 개선하기 위한 객관적인 수요이자 외교 분야의 중요한 개척 방향이기도 하다. 공공외교를 잘 수행하는 것은 중국의 국제적 이미지 향상과 직접적으로 연관되어 있다. 우리는 외교 활동을 통해 중국의 정치적 영향력, 경제적 경쟁력, 친화적 이미지, 도의적 감화력을 한층 제고하며, 소강

---

336 「楊潔篪就中國外交政策和對外關系答中外記者問摘要」, 中華人民共和國外交部 웹사이트,검색일: 2011년 3월 7일.

사회의 전면적 건설과 사회주의 현대화 건설을 가속화하기 위한 양호한 국제적 환경과 외부 여건을 조성해 나아가야 한다."[337]

현단계에서 중국 공공외교의 전략적 목표는 우선 각국의 대중들이 중국의 현실과 내외 정책 및 미래의 발전 추세에 대해 이해하도록 함으로써 국면을 전환시키는 것이다. 중국 공공외교의 장기적인 전략 목표는 국제 사회가 중국의 평화적 굴기에 대해 믿고, 받아들이고, 지지하도록 하며, 중국이 '부강하면 반드시 패권을 추구'할 것이라는 우려와 두려움을 불식시키는 것이다. 좀 더 심층적으로 보면, 중국은 개혁개방을 추진하는 사회주의 국가, 급속히 부상하는 개발도상 대국, 세속화된 윤리 문화를 가진 사회라는 이 세 가지 특징을 동시에 가지고 있다. 따라서 중국 공공외교의 심층적인 전략 목표는 세계 각국의 대중들로 하여금 중국에 대한 '악마화'의 그릇된 시각에서 벗어나 중국과 상생 협력할 수 있을 뿐만 아니라 중국 인민들과 마음도 나눌 수 있으며 더 나은 조화세계를 함께 만들어 갈 수 있다는 점을 인식시키는 것이다.[338] 덩샤오핑 이론, '3개 대표' 사상, 과학적 발전관 등 중요한 전략 사상 그리고 항구적 평화와 공동번영의 조화세계를 건설하자는 중국 특색의 외교 이념은 중국 공공외교의 지도 사상으로서 공공외교의 성격, 방향과 준칙을 제정함에 있어서 중요한 지도적 의미를 가진다.

새로운 정세 하에서 중국의 공공 외교는 상기 지도 사상을 적극 실천하며 솔직하고 개방적인 태도와 행동으로 중국의 이미지를 부각시키고 중국과 외국 간의 상호 이해와 우의를 증진시키기 위해 노력하고 있다. 중국 특색의 공공외교는 중국과 세계의 공동 발전과 공동 번영의 촉진을 목표로 하고 있다. 중국의 공공외교는 당과 국가의 중점 사업에 초점을 맞추고, 국내의 개혁과 발전, 안정

---

337 「胡錦濤等中央領導出席第十一次駐外使節會議并發表講話」, 新華社, 2009년 7월 20일.

338 俞新天: 「構筑中國公共外交理論的思考」, 『國際問題研究』, 2011년 6기.

적인 정세 유지를 위해 봉사함을 기본 출발점으로 하며, 국가의 전반적인 이익의 수호와 증진을 최고의 준칙으로 삼는다. 따라서 중국은 이데올로기와 가치관을 수출할 의향이 없으며 타국의 발전 노선과 내외 정책을 간섭할 의향도 없다. 중국의 공공 외교 활동의 취지는 중국과 세계 간의 간격을 좁히고 진실한 중국 그리고 세계 평화 유지와 공동 번영에 힘쓰는 중국을 외부 세계에 알림으로써 중국에 대한 편견과 오해, 의구심을 불식시킴과 동시에 각국 국민 간의 우호 협력, 상호 이해와 신뢰를 증진시켜 세계 평화와 발전에 기여하려는 데 있다.[339]

공공외교는 중국의 외교 방식과 활동 분야를 한층 넓혀 놓았다. 중국은 정부와 외국 시민 사회 간의 교류를 통해 외교 활동 범위를 정부 대 국민의 차원으로 확장하여 외국 국민들을 외교의 대상으로 삼았는 바, 이것은 중국 외교의 혁신적인 시도라고 볼 수 있다. 중국 공공외교의 상징인 공자학원의 운영에서 볼 수 있듯이 중국은 공공외교 수단인 대외 교류가 보다 유연해졌으며, 공공외교에서 정치를 주도로 하고 문화 전파와 상업적 운영을 결합하는 방식도 시도하기 시작했다.

(6) 과학적 발전관은 새로운 시기 외교에 참신한 발전 이념을 주입

발전관이란 국가가 발전하는 과정에서 제기되는 발전 그리고 어떻게 발전할 것인가에 대한 체계적인 견해이다. 개혁개방 이후 경제 건설을 중심으로 경제 발전을 위해 양호한 국제 환경을 조성하는 것은 줄곧 중국 외교의 주요 과제이자 목표였다. 중국은 세계와의 관계가 갈수록 가까워짐에 따라 중국의 발전이 세계와 분리될 수 없다는 점을 절실히 느끼게 되었으며 실천 과정에서 점차적으로 호혜평등을 핵심으로 하는 새로운 발전관을 형성하게 되었다.[340]

339 楊潔篪,:「努力開拓中國特色公共外交新局面」,『求是』, 2011년 제4기.

340 秦亞靑, 高飛等:「構建中國特色外交理論的初步思考」, 趙進軍主編:『新中國外交60年』, 北京大學出版社, 2010년, p.36.

과학적 발전관은 곧 평화적 발전관으로 평화적이고, 개방적이며, 협력적인 발전을 주장한다. 과학적 발전관은 시대에 발 맞추는 마르크스주의의 발전에 관한 세계관과 방법론을 집중적으로 체현한 혁신적인 관념으로서 사람 중심의 발전, 전면적인 발전, 조화로운 발전, 문명적인 발전, 평화적인 발전, 개방적인 발전, 지속 가능한 발전 등 다양한 내용들이 포함되어 있다. 2010년 4월, 후진타오 국가 주석은 제2차 브릭스 정상회의에서 <협력, 개방, 호혜, 상생>이라는 제목의 연설을 발표하여 중국의 발전관에 대해 상세히 설명했다. 그는 연설에서 중국의 발전은 아직 갈 길이 멀었고, 중국의 발전은 평화적인 발전일 수밖에 없으며, 중국의 발전은 개방적이고, 상생을 추구하며, 책임을 지는 발전이라고 설명했는데 그 자세한 내용은 다음과 같다.

첫째, 중국의 발전은 아직 갈 길이 멀다. 중국은 여전히 세계에서 가장 큰 개도국으로 인구가 많고, 기반이 약하며, 발전이 불균형적이다. 따라서 중국의 발전은 필연적으로 평화적인 발전일 수밖에 없다. 중국은 13억 인구를 가지고 있는 인구 대국이고 1인당 GDP는 3000달러를 겨우 넘어 세계 100위권 밖에 머물러 있는 수준이다. 그리고 유엔의 기준에 따르면 중국에는 아직도 1억에 달하는 인구가 빈곤선 아래에서 생활하고 있다. 현재 중국은 경제를 발전시키고 민생을 개선해야 하는 막중한 임무를 짊어지고 있다. 중국이 발전 과정에서 겪고 있는 갈등과 부딪히는 문제들은 그 규모나 난이도가 오늘날 세계에서 유례가 없으며 역사적으로도 보기 드물다. 중국이 현대화를 실현하고, 전 국민들이 모두 편안하고 풍족하고 행복한 생활을 누릴 수 있게 하려면 장기간에 걸친 상당한 노력이 필요하다. 따라서 어떻게 하면 더 나은 발전을 이룰 것인가 하는 문제는 중국이 장기간 직면해야 할 과제이며 또한 중국 공산당이 짊어져야 할 역사적 사명이기도 하다.

둘째, 중국의 발전은 필연적으로 평화적인 발전일 수밖에 없다. "중국은 확고부동하게 평화 발전의 길을 걸으며, 영원히 패권을 추구하지 않으며, 세계 평화를 유지하여 자국의 발전을 이루고 또한 자국의 발전을 통해 세계 평화를 촉진하며, 평화적 발전, 개방적 발전, 협력적 발전, 조화로운 발전을 실현하기 위해 노력할 것이다. 평화적 발전 노선을 견지하는 것은 중국 특색 사회주의의 본질적인 요구이며 중국이 자주독립적인 평화 외교정책으로 마땅히 지켜나가야 할 도리이다. 이는 또한 중국과 중국공산당이 일관되게 견지해 온 대외 정책 방침과 중국 인민의 근본 이익에 부합하고, 평화를 사랑하는 중화 민족의 역사 문화적 전통과 인류의 진보를 추구하는 시대의 흐름에 부합한다. 중국은 세계 각국과의 평화공존, 호혜협력을 강화하고 평화공존 5항원칙을 엄수하며 평화롭고 안정적인 국제 환경, 선린 우호적인 주변 환경, 평등 호혜적인 협력 환경, 상호 신뢰와 협력적인 안보 환경, 객관적이고 우호적인 언론 환경을 적극 조성해 나아갈 것이다. 또한 중국 인민의 근본 이익을 세계 각국 인민의 공동 이익과 결합시키고 중국의 대외 정책과 주장을 세계 각국 인민의 진보적인 염원과 결합시키며 협력을 통해 평화를 도모 하고 발전을 촉진하고 분쟁을 해소하고자 한다."[341] 예로부터 평화를 사랑해 온 중화민족은 화위귀和爲貴(화합을 중히 여기다), 친인선린親仁善隣,(이웃과 우호적으로 지내다)이 라는 전통을 가지고 있다. 중국은 발전을 추구하면서 결코 남에게 해를 끼치거나 남을 위협하지 않는다. 중국은 근대에 들어 재난을 빈번하게 겪어왔기 때문에 평화, 안녕, 화합, 자유를 가장 소중히 여긴다. 따라서 중국은 평화 발전의 길을 변함없이 고수해 나아 갈 것이다. 번영 발전하는 중국, 평화롭고 협력적인 중국은 앞으로 자국의 발전과 함께 인류의 평화와 발전에 더 큰 기여를 할 것이다.

셋째, 중국의 발전은 개방적이고 상생을 추구하는 발전이다. 중국은 호혜협력과 공동 번영을 제창하고 이를 일관되게 견지해 왔다. 발전은 각국 국민들의 직접적인 이익과 연결되어 있으며 글로벌 안보 위협의 근원 제거와도 연결되어

---

341 「中央外事工作會議在京舉行 胡錦濤作重要講話」, 新華網, 검색일: 2006년 8월 23일.

있다. 전면적인 발전과 공동번영이 없다면 태평 세계를 이루기 어렵다. 경제의 글로벌화가 심화됨에 따라 각국의 이익이 서로 얽히고설키면서 국가의 발전과 세계 발전은 불가분의 관계에 놓이게 되었다. 경제의 글로벌화는 모든 국가, 특히 많은 개도국에 이익을 가져다 주어야 하며 빈익빈 부익부의 양극화로 이어져서는 안 된다. 유엔은 실질적인 조치를 취해 밀레니엄 개발 목표를 실현해야 하며 특히 개도국의 발전을 가속화함으로써 21세기를 진정으로 '사람마다 발전의 결과를 향유할 수 있는 세기'[342]가 되도록 노력해야 한다. 중국은 호혜 상생의 대외개방 전략 하에 시종일관하게 호혜협력을 통해 각국과 함께 공동 발전을 추진해 갈 것이다. 중국은 대외개방이라는 기본 국책을 견지하여 개방형 경제를 발전시키고, 수입을 확대하며, 외국 자본을 적극 활용해 경제, 기술 발전을 가속화할 것이다. 또한 자유무역구 전략의 시행에 박차를 가하고, 지역 경제의 일체화를 추진해 시장 확대와 분업의 심화에 따른 이익을 각국과 함께 공유해 나아갈 것이다.

넷째, 중국의 발전은 책임지는 발전이다. 글로벌 금융위기의 영향으로 중국은 수출이 대폭 감소되고 대량의 실업자가 발생하면서 경제성장 속도가 하락세를 보이고 있다. 글로벌 금융위기를 대처함에 있어서 중국은 안정적이고 빠른 경제 성장을 최우선 과제로 삼고, 일련의 대응 정책과 방안을 전면적으로 시행하고 지속적으로 보완함으로써 세계 경제의 회복에 중요한 기여를 했다.

중국은 경제 발전 방식의 전변과 구조 조정을 안정적이고 빠른 경제 발전을 촉진하기 위한 중요한 과제로 삼고 소비, 수출, 투자의 균형적인 성장, 특히 내수를 확대하고 소비를 증대하는 데 주력하고 있다. 중국은 의도적으로 무역 흑자를 추구한 적이 없으며 시종일관 국제수지의 균형 달성을 거시경제 안정을 유지하는 중요한 과제로 간주해 왔다. 글로벌 금융위기의 발발로 중국은 큰 어

---

342 胡錦濤:「努力建設持久和平, 共同繁榮的和諧世界—在聯合國成立60周年首腦會議上的講話」, 『人民日報』, 2005년 9월 26일.

려움을 겪었지만 위안화 환율이 기본적으로 안정세를 유지함으로써 국제 경제 금융 시스템의 안정을 촉진하는 데 긍정적인 역할을 했다.[343]

　총괄적으로, 평화적 발전과 과학적 발전을 실현하는 것은 중국의 영원한 전략적 선택이다. 중국은 확고부동하게 평화적 발전의 길을 걸을 것이며 과학적 발전관의 요구에 따라 평화적 발전을 실현할 것이다. 이것은 중국이 세계를 향해 다지는 엄숙한 약속이다. 중국의 발전은 다른 나라에 위협이 아니라 기회이며, 중국은 국제 사회의 파괴자가 아니라 중요한 건설자이다. 중국은 시종일관 평화적 발전의 길을 고수할 것이다. 과학적 발전관은 사람 중심과 인민의 행복을 근본 목적으로 하는 가치 성향을 가지고 있기에 중국 인민 뿐만 아니라 세계 인민들에게도 이익이 될 것이다. 과학적 발전관이 보여준 세계적인 시각과 통주統籌(통일적으로 계획하고 총괄하다)사상은 중국이 세계 평화가 자국의 발전에 좋은 기회가 되기를 바랄 뿐만 아니라 자국의 발전을 통해 세계 평화를 더 잘 유지하고 세계의 공동 번영을 촉진하기 위해 노력하고 있음을 보여준다.

---

343 「金磚四國領導人第二次會晤 胡錦濤發表重要講話」, 新華網, 검색일: 2010년 4월 16일.

실천편

제5장 중국 외교의 전통적 구도

　중국공산당의 중국 외교에 대한 실질적인 지도와 구체적인 실천은 행위체의 시각에서 전개되는 전통적인 외교 또는 외교 전략의 수립, 문제 분야에서 전개되는 비전통 외교 또는 의제외교議題外交, 당이 직접 펼치는 정당외교 이 세 가지 측면을 포함한다. 본 장에서는 행위체의 시각에서 중국공산당이 이끄는 중국 특색의 전통적인 외교와 외교 전략 구도에 대해 살펴보기로 한다.

　중국공산당과 신중국의 발전 과정 그리고 현재의 발전 수준을 감안하여, 중국공산당이 이끄는 중국 외교는 여전히 전통적인 외교 즉, 민족 국가가 주도하는 상위정치high poltics 영역에서 펼치는 대외 교류를 더 중요시하고 있다. 이를테면, 1949년에 제정한 '중국인민정치협상회의 공동강령'이나, 1954년의 '중화인민공화국 헌법'이나, 1982년 제정한 현행 '중화인민공화국 헌법'은 모두 외교의 목적에 대해 두 가지를 강조했는데 그것은 바로 세계 평화의 유지와 인류의 발전을 촉진하는 것이다.[344] 이러한 지도 이념을 바탕으로 중국은 '강대국은 관건이고, 주변국은 최우선이며, 개도국은 기반이고, 다자간은 중요한 무대'라는 총체적인 외교 전략을 구축했다. 중국공산당 창당 이래, 90여 년간의 전통 외교의 발전 과정을 살펴보면 지극히 중국적인 특색을 띠고 있는데 이것은 주로 다음과 같은 세 가지 측면에서 나타난다.

　첫째, 중국 공산당과 신중국의 발전, 성장과 더불어 중국과 국제체계의 관계에는 수단이나 내용상 모두 큰 변화가 나타났다. 즉, 수단상 중국의 전통외교는 당의 지도 아래 과거의 소극적이고 수동적인 자세에서 적극적이고 능동적인

---

[344] 「中國人民政治協商會義共同剛領」 참조, 『人民日報』, 1949년 9월 30일. 『中話人民共和國 憲法』 (1954년 8월 20일 제1기 전국인민대표대회 1차회의 통과), 『人民日報』, 1954년 9월 21일. 『中話人民共和國 憲法』(1982년 12월4일 제5기 전국인민대표대회 5차 회의 통과, 그 후 여러 차례 수정).

자세로 바뀌었으며 내용상 단일하고 편향적인 데에서 입체적이고 종합적인 데에로 발전했다. 둘째, 중국공산당은 90여 년간 중국의 외교를 이끌어 오면서 평화와 발전, 경제의 글로벌화, 국제정치의 민주화라는 이 세 가지 주요한 역사적 추세를 확실하게 파악하고 이에 적응하기 위해 노력해 왔다.[345] 이를테면, 중국공산당이 이끄는 중국 특색의 전통외교는 평화와 발전이라는 시대적 주제에 맞춰 평화와 조화 외교를 추구함과 동시에 경제의 글로벌화라는 역사적 추세에 따라 개방적이고 포용적인 외교를 펼쳤으며 국제정치의 민주화라는 공동의 염원에 부응하여 자주 독립적인 외교를 수행했다. 셋째, 이와 같이 역사적 추세에 대한 정확한 파악을 기반으로, 당이 이끄는 중국의 전통 외교는 물질적 이익과 보편적 가치 간의 균형을 잡아가는 데 주력했다. 여기에는 중국의 국익과 전 인류의 이익 간의 균형, 물질적 이익을 중요시하는 강대국 외교와 주변국 외교, 가치관을 중요시하는 개도국과의 관계와 다자외교 등이 포함된다.

오늘날, 중국의 전통외교는 전방위적이고 입체적인 전략 구도를 형성함으로써 평화적 발전의 길로 굳건히 나아갈 수 있는 유리한 외적 환경을 마련했다. 즉, 중국은 이미 주요 강대국들과 전략적 동반자 관계를 맺었으며, 주변국들과는 선린우호 관계를 구축했고, 개도국들과는 지속적으로 관계를 발전시키고 있으며, 다자 외교의 개척과 혁신을 실현했다.

제1절 강대국 외교와 전략적 동반자

중국의 강대국 외교는 주변국 외교, 개도국 외교, 다자 외교 등과 비교하면 다음과 같은 특징이 있다. 첫째, 역사가 더 길다는 점이다. 주변국 외교, 개도국 외교, 다자 외교는 대체로 신중국 건립 이후에 이루어 졌지만 강대국과의 관계

---

345 章百家: 「百年回顧—變動的世界與中國」, 『世界知識』, 2000년, 제4기, p.10.

는 이미 중국공산당 창당 시기부터 시작되었다. 둘째, 더 많은 우여곡절을 겪었다는 점이다. 중국공산당은 전 인류의 이익에 대한 관심과 이념적인 견지에서 구 소련이 주도하는 코민테른과 긴밀한 관계를 유지했으며 또한 중국의 평화적 해방에 대한 강대국의 외교적 지지를 얻기 위한 시도로 제2차 세계대전 기간 미국과 직접 교섭도 한 바 있다. 평화해방 외교의 이와 같은 경험과 실패는 신중국과 강대국 간의 관계에 직접적인 영향을 미쳐 신중국으로 하여금 강대국과의 관계에서 처음부터 '동맹' 전략을 선택하게 했다.

총체적으로, 중국의 강대국 외교는 국제체계 또는 국제구도의 변화 및 중국의 참여와 밀접히 연관되어 있다. 지난 90여 년간 국제구도의 끊임없는 변화, 특히 제2차 세계대전 후의 양극 구도에서 냉전 이후의 다극 구도로 변화함에 따라 중국의 강대국 외교도 점차 비동맹으로 바뀌었고 더 나아가 동반자와 전략적 동반자 관계로 발전했다. 또한 강대국 외교의 대상과 영역이 과거의 소수 강대국에서 신흥 대국에로, 외교의 시야가 상위정치 영역에서 하위정치 영역에로 확대되었다.

1. 평화해방 외교와 상대적 독립의 유지

신중국 건립 이전, 중국 공산당은 대외 관계에서 자주독립의 원칙을 줄곧 유지했으나 여전히 외부 강대국 특히 소련과 미국의 영향을 크게 받았다. 소련은 중국공산당 창당 초기에 코민테른의 명의로 중국공산당의 혁명 실천을 지도했으며 또 이 과정에서 중국 혁명에 많은 어려움을 가져다 주기도 했다. 반면 미국은 제2차 세계대전 후반에 중국을 강대국으로 일으켜 세우려는 시도 하에 중국공산당과 관계를 맺으려 했으나 여러 가지 이유, 특히 냉전의 시작으로 인해 결국 장제스 집단을 선택했다. 이러한 요인들은 신중국 건립 후 중국공산당의 동맹전략의 선택에 직접적인 영향을 끼쳤다.

중국공산당 창당으로부터 신중국 건립에 이르기까지 중국공산당의 소련과의 관계는 의존적이면서 상대적으로 독립적인 미묘한 상태에 처해 있었다. 코민테른은 중국공산당 창당 초기에 사심 없는 도움과 올바른 지침을 제공했다. 이를테면, 중국공산당의 창립을 협조, 추진했고, 철저한 반제, 반봉건 민주혁명 강령을 제정했으며, 제1차 국공합작을 성사시켰다. 그러나 코민테른은 중국공산당과 관계를 맺으면서 국민당을 과대 평가하고 공산당을 과소 평가하는 과오를 범했다. 코민테른 극동지부 대표인 헨드리퀴스 마링Hendricus Maring은 코민테른에 제출한 보고서에서 국민당의 힘을 과대 평가하는 반면 공산당은 아직 세력이 약소한 '공산주의 소그룹'에 불과하므로 중국 혁명을 이끄는 중책을 감당하기에는 자격이 충분치 않다고 주장했다.[346] 이러한 착오적인 인식은 대혁명 시기 코민테른의 국·공 양당 관계의 처리에 부정적인 영향을 미치게 되었다.

중국 혁명이 토지혁명전쟁 단계에 진입한 후, 코민테른은 중국공산당을 도와 천두슈陳獨秀의 우경기회주의 오류를 바로잡고 무력으로 국민당에 저항하는 방침을 제정했으며 중국공산당이 이끄는 토지 혁명에 대해 지지와 성원을 보냄으로써 중국공산당이 발전하고 성장할 수 있게 했다. 그러나 코민테른은 장제스와 왕징웨이汪精衛 집단의 배반을 모든 민족 부르주아지와 소부르주아지의 혁명에 대한 배반으로 오인하여 프롤레타리아의 동맹자는 오직 농민과 도시빈민 뿐이라고 주장했고, 중국 혁명이 이미 고조기에 들어섰으므로 프롤레타리아와 농민 정권의 건립을 위한 더 높은 투쟁 단계에 돌입해야 한다고 주장했다. 따라서 시대 착오적인 '제3시기' 이론을 제시하고 일련의 좌 편향적인 지시를 내림으로써 중국공산당의 정치적 좌 편향성향은 갈수록 심각해 졌고 당 내부에서는 취추바이瞿秋白, 리리싼李立三, 왕밍王明을 대표로 한 좌 편향파에 의해 세 차례의 오류가 발생하여 중국 혁명이 심각한 피해를 입게 되었다.

---

346 『共產國際─中國革命資料選輯(1919─1924)』, 人民出版社, 1985년, p.167.

1937년 7월 7일에 발생한 루거우차오盧溝橋사변을 계기로 전면적인 항일전쟁이 발발하면서 중·일 민족 갈등이 전체 중화민족이 직면한 주요 문제로 대두되었다. 중국공산당은 중화민족의 이익과 세계 반파시스트 전쟁의 전반적인 이익을 우선시하여 대외 정책 이론과 실천에서 일본제국주의 침략에 반대하는 통일전선의 구축을 총체적인 정책으로 간주했다. 이 정책의 기본 원칙은 가능한 모든 세력과 연합하여 중국과 아시아 기타 국가들에 대한 일본제국주의 침략에 저항하는 것이었다. 중국공산당은 항일통일전선 내에서 자주독립적인 지위를 고수하면서 외교상 국민당 정부의 정책적 제한이나 타국의 구애를 받지 않고 정세의 변화에 따라 당의 정책을 수시로 조정하는 외교적 유연성과 독립적인 지위를 유지했다. 중국공산당의 미국, 영국, 소련 등 국가들과의 유연한 외교는 바로 이를 바탕으로 형성된 것이다.

이 시기 중국공산당의 외교 초점은 소련과 코민테른과의 관계였으며 주요 내용은 그들에 대한 의존과 독립적인 투쟁이었다. 소련과 코민테른은 중국공산당에 대해 적극적인 지도와 도움을 제공했는데 이는 주로 항일민족통일전선의 구축, 중국의 항일전쟁에 대한 도의적, 경제적인 지원, 중국공산당의 게릴라전에 대한 지지 등에서 볼 수 있다. 코민테른의 반파시스트 통일전선 전략의 지도 하에 중국공산당은 점차적으로 좌 편향적인 폐쇄주의 정책에서 벗어나 항일민족통일전선을 성공적으로 구축했다. 항일전쟁이 발발하자 코민테른 집행위원회 주석단은 즉시 국제 프롤레타리아에게 알리는 선언을 발표하여 "중국 인민의 해방전쟁은 세계 프롤레타리아와 모든 인류가 야만적인 파시즘의 억압에 반대하는 전반적인 투쟁에 있어서 가장 중요한 구성 부분"[347]이라고 강조하면서 각국의 프롤레타리아 및 민주와 평화를 지지하는 모든 인사들은 최선을 다해 중국인민을 지원할 것을 호소했다. 경제적으로도 코멘테른과 소련은 게릴라전

---

347 向青,『共産國際與中國革命關系史稿』, 北京大學出版社, 1988년, p.223.

을 포함해 중국공산당에 많은 지원을 제공했다.

그러나 다른 한편으로 중국공산당과 소련의 관계는 그다지 원활하지 않았다. 양측은 항일 민족통일전선 정책의 시행 문제를 둘러싸고 거듭되는 의견 차이를 보였으며 양측의 관계를 유지하는 이데올로기적 유대감도 약화되었다. 스탈린의 관점에서 볼 때, 중국공산당은 갈수록 농민과 소부르주아를 대표하는, 민족의 이익과 사회 복지만을 추구하는 정당으로 변해 갔다. 이러한 견지에서 스탈린은 1942년에 장제스의 군사 고문으로 부임 받게 되는 소련 장군 추이코프Chuikov에게 중국 문제를 언급하면서 "중국공산당은 민족주의 경향이 매우 심하고 국제주의를 지향함에 있어서 부족점이 있는 정당이다"[348]라고 말한 바 있다. 항일전쟁의 승리를 앞두고 소련은 전쟁 후 중국에서의 이익 확보를 위해 장제스에게 공산당을 지지하지 않고 국민정부만 지지할 것이라고 약속했다. 이것은 중국공산당 지도자들의 자존심을 크게 손상시켰다. 게다가 소련과 국민당 정부가 체결한 '중소우호동맹조약'은 중국공산당 지도부에 큰 실망을 안겨주었고 이로 인해의 항전 승리에 대한 희열도 재빨리 식어 버렸다.[349] 저우언라이는 미국 기자와의 대화에서 '중소우호동맹조약'은 장제스로 하여금 "자신이 반공 내전을 일으킬 힘이 있다고 믿게 했다"고 지적했다.

중국공산당은 더 많은 국제적 지지를 얻기 위해 미국 등 국가와 외교관계를 발전시키려고 노력했다. 일본이 대중국 침략 전쟁을 발동한 후, 중국공산당은 항일민족통일전선의 구축에 대한 정책을 제시하고 발전시켰으며 대외정책상 '모든 제국주의를 타도하자'라는 슬로건을 포기하고 제국주의 국가에 대한 차별화 정책을 재정립했다. 따라서 "일본제국주의 및 그 앞잡이와 매국노를 반대하는 국가와 당파 그리고 개인들까지도 필요하다면 그들의 이해를 구하고, 그

348 Chuikov著, 萬成才譯: 『在華使命──一個軍事顧問的筆記』, 新華出版社, 1980년, p.34.
349 費正清主編, 黃建剛等譯: 『劍橋中華民國史』(第2部), 上海人民出版社, 1992년, pp.783-784.

들과 타협하고, 국교를 수립하고, 동맹조약을 체결"[350]할 준비까지 했다. 1941년 6월 독·소전쟁 발발 후, 마오쩌둥은 중국공산당 중앙위원회에 보낸 내부 지시문에서 "외교적으로 영국, 미국 및 기타 국가의 독·이·일 파시스트 통치자들을 반대하는 모든 사람들과 연합하여 공동의 적에 대항하자"[351]라고 밝혔다. 즉, 중국공산당은 소련 뿐만 아니라 파시스트 침략을 반대하는 미국, 영국 등 제국주의 국가들과도 관계를 맺고 공동으로 일본제국주의에 대항할 용의가 있다는 것이다.

항일전쟁 승리 후, 미국과 소련은 중국의 이익을 희생한 대가로 상호 타협을 이뤄냈고 장제스 정부는 이를 수락했다. 이에 따라 미국은 장제스를 지지하고 공산당과 연합하는 정책에서 장제스를 지지하고 공산당을 반대하는 정책에로 방향을 바꾸었다. 이러한 상황에서 중국공산당은 '날카롭게 맞서 싸우고, 한 치의 땅도 양보하지 않으며, 자위적 전쟁으로 전후의 평화적 통일을 쟁취한다'는 기본 원칙을 제정했으며 이 원칙에 따라 대미 정책을 다음과 같이 조정했다. 즉, 제국주의의 '호언好言'을 믿지 않으며, 중국을 자국에 부속시키려는 미국의 정책에 경각심을 가진다. 제국주의의 협박에 두려워하지 않으며, 미국의 중국 내정 간섭에 대해 엄정히 비판하고 단호히 저항한다. 그리고 다른 한편으로는 가능한 한 미국이 중국 내전에 직접 관여하는 일이 발생하지 않도록 하고, 도발의 빌미를 줄임으로써 일시적인, 심지어 형식적인 중립이라도 유도해 낸다는 것이다. 당시 『신화일보新華日報』 사설에서는 이렇게 밝혔다. "중국 인민들은 다음과 같은 몇 가지 구별점을 알고 있다. 즉, 미국, 영국 정부와 국민들은 서로 구별되며 미국, 영국 정부의 정책 결정자와 실무자들도 서로 구별된다. 그리고 오늘의 정책과 변화의 가능성이 있는 내일의 정책도 서로 구별된다. 이를테면 최근

---

350 『中共中央文件選集』, (第10冊), 中共中央黨校出版社, 1991년, pp.598-617.
351 『毛澤東選集』, (第3卷), 人民出版社, 1991년, p.806.

반년 동안 미국의 대중국 정책에 대해 우리는 단호히 반대했지만 언젠가 정책이 바뀐다면 우리는 끝까지 반대하지 않을 것이다."[352]

1947년 3월 트루먼 독트린이 발표되면서 냉전이 본격적으로 시작되었다. 7~8월에 이르러 중국공산당은 마침내 전략적으로 미국과의 협력 정책을 완전히 포기함과 동시에 미국을 반대하고 장제스 정부를 뒤엎는 전략을 채택했다. 이때로부터 미제국주의 세력을 중국에서 철저히 몰아내고 미국에 종속된 장제스 국민당 정부를 무너뜨리는 것이 중국공산당의 기본 전략 방침과 분투 목표가 되었다. 1948년에 이르러 소련은 과거 중국공산당을 지지하는 과정에서 범한 실책을 깨닫게 되었고 또 중국이 '제2유고슬라비아'가 될 것을 우려해 중국공산당과 더 적극적으로 접촉했으며 이것은 나아가 중국공산당이 신중국 건립 후 신속히 '일변도' 동맹전략을 선택한 결과로 이어지게 되었다.

2. '일변도' 전략과 중·소동맹의 결성

역사상 많은 강대국들 간의 대립과 마찬가지로 미·소 냉전은 뚜렷한 정치적, 전략적, 지정학적인 의미를 가지고 있다. "양극 구도란 가장 강대한 두 개 국가가 서로 대립하면서 나타난 상호 견제의 상태를 말한다……양측은 모두 상대방의 수익에 대해 매우 민감한 반응을 보인다."[353] 미·소 양국은 냉전 기간 내내 세계 각 해당 지역의 전략적 가치와 전략적 상황을 끊임없이 평가해 왔다. 당시 중국은 세계 양대 진영의 교차점에 위치한 유일한 대국으로서 광활한 영토와 중요한 지리적 위치로 인해 미·소 두 초강대국의 쟁탈 초점이 되었다. 냉전이라는 국제 환경 속에서 소련은 동부 국경 지대의 안전을 보장하고 미국과 대결할

---

352 「紀念抗戰八周年」, 『新華日報』社論, 1945년 7월 7일.

353 James Daugherty저, 閻學通陳寒溪等譯: 『爭論中的國際關系理論』, 世界知識出版社, 2003년, p.137

수 있는 힘을 강화하기 위해 중국과의 동맹 결성이 필요했으며, 반면 미국은 소련과 '공산주의의 확장'을 억제하기 위해 중국이 그의 세력권에 남아 자기들의 전략적 이익을 위해 봉사하기를 간절히 바랐다. 이러한 상황에서 신중국은 평화적 외교의 원칙에 상당 부분 위배되지만 부득이하게 '일변도'라는 일시적인 외교 전략을 선택할 수밖에 없었다.

제2차 세계대전이 끝난 후, 중국공산당 지도자들은 미·소 간의 갈등이 점점 표면화되고 있는 점에 주목했지만 그들 간의 협력이나 상호 타협의 상황이 곧 끝날 것이라고 생각하지 않았으며 전 세계가 평화적 건설 시기에 들어섰다고 믿었다. 이러한 인식은 1945년에 마오쩌둥이 친히 충칭重慶에 가서 담판에 참여한 중요한 이유 중 하나라고 할 수 있다. 비록 충칭담판의 실질적 성과는 제한적이었지만 마오쩌둥은 옌안延安에 돌아간 뒤에도 미국과 소련은 "많은 국제문제에서 여전히 타협을 이룰 것"이며 중국의 불안정한 상황도 반년 후에는 끝나고 '평화적 건설 시기'가 곧 도래할 것이라고 거듭 표명했다.[354] 그러나 냉전이 시작되고 갈수록 심화됨에 따라 중국공산당 지도자들은 미·소 "양대 집단 간의 충돌은 근본적인 충돌이고 그들 간의 투쟁은 생사를 건 투쟁"[355]이라는 점을 점차 깨닫게 되었다. 따라서 "오늘날의 세계에서는 어느 민족이든 소련과 연합하느냐 아니면 제국주의와 연합하느냐는 갈림길에서 반드시 한쪽을 선택해야 한다. 이것은 애국이냐 매국이냐, 혁명이냐 반혁명이냐, 진보냐 퇴보냐를 가르는 경계선이다."[356] 양대 진영 사이에서 '중립'을 지킨다는 것은 불가능하며 설사 중립을 지킨다고 해도 그것은 거짓말일 뿐이라는 인식을 가지게 되었다. 이것은 중국공산당이 이미 동맹전략과 소련을 중심으로 한 사회주의 진영 편에 기울어지는 '일변도' 정책을 채택하기로 결정했음을 의미한다.

354 『毛澤東選集』(第4卷), 人民出版社, 1991년, pp. 1161-1162
355 牛軍:『新中國外交的形成及主要特徵』,『歷史研究』1999년 제5기.
356 劉少奇:「論國際主義與民族主義」,『人民日報』, 1948년 11월 1일.

'일변도'는 신중국의 외교정책으로서 특정한 국제 환경과 역사적 조건 하의 산물이라 할 수 있다. 외교적 관점에서 보면 '일변도'는 양대 진영이 대립하는 세계 정치구도 속에서 신중국이 어느 편에 서느냐는 문제에 대한 답이기도 하다. 마오쩌둥의 논리에 따르면 중국은 국제 투쟁 속에서 소련을 중심으로 한 민주주의, 사회주의 진영 편에 선 것이다. 마오쩌둥은 중국 인민이 얻은 경험을 바탕으로 "우리는 대외적으로 우리를 평등하게 대하는 민족 및 각국 인민들과 연합하여 함께 분투해야 한다. 즉 소련과 각 인민민주 국가 그리고 각국의 프롤레타리아 및 광범한 인민대중들과 연합하여 국제통일전선을 결성해야 한다"[357]고 주장했다. 구체적으로 살펴보면 '일변도' 전략은 다음과 같은 네 가지 중요한 의미를 담고 있다.

  첫째, '일변도'는 결코 자주독립 원칙의 상실을 의미하는 것이 아니다. 반대로 자주독립 원칙 하의 '일변도'인 것이다. 중국이 국제상에서 사회주의 및 민주와 평화 진영 편에 섰다고 해서 소련에 전적으로 의존하고 독립성을 잃은 것은 아니다. 신중국 건립 전야에 중공중앙은 자주독립을 중국 외교의 기본 원칙으로 정했다. 마오쩌둥도 신정치협상회의 준비회의에서 "중국은 반드시 독립해야 하고, 중국은 반드시 해방되어야 하며, 중국의 문제는 반드시 중국 인민이 스스로 결정하고 해결해야 하며 그 어떤 제국주의 국가의 간섭도 허용해서는 안 된다"[358]고 강조했다. 저우언라이는 더 나아가 "우리는 외교 문제에 있어서 중화민족의 독립과 자주독립, 자력갱생을 기본 입장으로 한다"고 명확이 밝혔다.[359] 중국은 이러한 자주독립의 원칙을 바탕으로 1953년에 처음으로 평화공존 5항원칙을 제의했고 1954년에는 인도, 미얀마 지도자들과 함께 공동으로 이 원칙을 발의했다. 평화공존 5항원칙은 '일변도' 전략에 대한 보완이 아니라 중국이 국

357 『毛澤東選集』(第4卷), 人民出版社, 1991년, p. 1133.
358 『毛澤東選集』(第4卷), 人民出版社, 1991년, p. 1465.
359 『周恩來選集』(上卷), 人民出版社, 1980년, p. 321.

가 간의 관계를 다루는 기본 준칙으로 보아야 한다. 사실상, 중국공산당은 '일변도'와 함께 자주독립의 원칙을 유지함으로써 훗날 중국 외교정책의 전환과 중·소 관계의 변화에 복선을 깔아 두었다.

둘째, 중국의 외교정책은 소련을 중심으로 한 사회주의 진영을 우선시했다. 당시의 냉전 상황으로 볼 때, 신중국이 선택할 수 있는 외교정책은 '일변도'를 하느냐 마느냐가 아니라 어느 쪽에 기울어지느냐 하는 것이였다. 미국을 중심으로 한 자본주의 국가들은 신중국을 승인하지 않았고 중국에 불공평한 대우를 했다. 이러한 상황에서 중국은 소련을 중심으로 한 사회주의 진영에 가입할 수밖에 없었다. 마오쩌둥은 1949년에 『인민민주 독재를 논함論人民民主專政』이라는 글에서 "일변도는 손중산의 40여 년의 경험과 공산당의 28년의 경험이 우리에게 가르쳐 준 것이다. 우리는 승리를 취득하고 승리를 공고히 하려면 반드시 일변도를 해야 한다는 점을 깊이 알고 있다. 40년과 28년 누적된 경험으로 본다면 중국은 제국주의 편에 기울거나 아니면 사회주의 편에 기울어야 한다. 양다리 걸치기는 안 된다. 제3의 길은 존재하지 않는다. 우리는 제국주의 편에 선 장제스 반동파를 반대하며 제3의 길에 환상을 품는 것도 반대한다"[360]고 명확한 태도를 보였다. 1949년 9월에 채택되어 임시 헌법의 의미를 가진 「중국인민정치협상회의 공동강령」에서는 전 세계 인민들을 향해 이렇게 선포했다. "중화인민공화국은 세계상의 평화와 자유를 사랑하는 모든 국가와 인민, 즉 우선 소련 그리고 각 인민민주국가 및 피압박민족과 연합하며, 국제 평화와 민주주의 진영에 서서 공동으로 제국주의 침략에 반대하여 세계의 항구적 평화를 지켜나갈 것이다."[361]

셋째, 자주독립의 원칙 하에 '일변도'는 서방 국가와의 외교 관계, 특히 경제

---

360 『毛澤東選集』,(第4卷), 人民出版社, 1991년, pp. 1472-11473.

361 『新華月報』(創刊號), 1949년 11월 15일, p.8.

관계의 수립 가능성을 완전히 배제하지 않았다. 1949년 12월 22일, 소련 방문 중인 마오쩌둥은 중국공산당 중앙위원회에 "소련과의 무역 조약을 준비할 때 반드시 전반적인 관점에서 출발해야 한다. 소련은 당연히 최우선이지만 프랑스, 체코, 독일, 영국, 일본, 미국 등 국가들과의 경제적 거래도 함께 준비해야 한다"[362]는 내용의 전문을 보냈다. 1950년 1월 7일에 마오쩌둥은 소련에서 재차 저우언라이와 당중앙에 전보를 보내 "수출입 무역과 관련하여 소련, 폴란드, 체코, 독일, 헝가리, 영국, 프랑스, 네덜란드, 벨기에, 인도, 미얀마, 베트남, 루마니아, 호주, 캐나다, 일본, 미국 등 국가들의 1950년 한 해 동안의 수출입 품목과 수량을 총괄하여 참조하기 바란다. 그러지 않으면 무역에서 수동적인 상황에 빠지게 될 것이다"[363]라고 당부했다. 중국은 한편으로 서방 국가들 간의 갈등을 이용해 홍콩을 거점으로 삼고 영국 및 서유럽 국가들과 무역거래를 함으로써 홍콩을 신중국과 자본주의 국가 간의 무역 통로로 만드는 데 성공했다. 통계에 따르면, 1950년대 중국과 홍콩, 마카오의 총 무역액은 해마다 2억 달러 이상을 유지했으며 가장 높은 1951년에 는 6.2억 달러에 달했다.[364] 다른 한편으로 중국은 모스크바 국제경제회의를 통해 서유럽 자본주의 국가들과 거액의 무역협정을 체결하여 1953년에 중국과 영국, 프랑스, 연방 독일과의 총 무역액을 1.5억 달러로 늘렸는데 이것은 1952년 총 무역액인 0.3억 달러의 5배에 달한다.

넷째, 중국은 평화공존 5항원칙을 기반으로 각국과 정상적인 외교 관계를 수립하기 위해 노력했으며 새로 독립한 아시아 아프리카 국가들과의 관계 수립과 발전, 특히 주변 국가들과의 선린우호 관계의 구축에 큰 중요성을 부여했다.

결론적으로, '일변도' 전략은 특정 환경 하의 특정 선택으로서 당시 신중국의 성장에 중요한 공헌을 했다는 점을 간과할 수 없다. '일변도' 전략을 실행함

---

362 『薄一波若干重大決策與事件的回顧』(上冊), 中共中央黨校出版社, 1991년, p.40.

363 『建國以來毛澤東文稿』(第1冊), 中央文獻出版社, 1987년, p.218.

364 『中國統計年鑒(1981)』, 中國統計出版社, 1982년, p.356.

으로써 중국은 국제적인 고립에서 신속히 벗어나 정권을 공고히 할 수 있게 되었고, 소련을 중심으로 하는 사회주의 진영과 동맹을 결성해 건국 초기에 지극히 적시적인 재정적, 경제적 지원을 얻어 냄으로써 국력을 강화할 수 있게 되었던 것이다.

3. 자주독립과 비동맹 전략에로의 전환

자주독립은 중국 공산당과 중국 외교정책의 일관된 지도 원칙 중 하나이다. 그러나 국제, 국내 정세의 변화 그리고 중국의 외교전략과 정책에 대한 인식이 변화하면서 중국은 한때 동맹전략과 준동맹전략을 채택했다. 1950년대에는 신생 사회주의 국가의 주권과 독립을 공고히 하기 위해 소련과 동맹을 결성하여 미국에 대항했고 70년대 중반에는 중국에 대한 소련의 안보 위협을 완화하기 위해 "미국과 연합하여 소련에 대항"하는 중·미 준동맹 전략 관계를 형성했다. 80년대에 이르러 중국공산당은 국제 정세의 변화를 고려하여 특히 소련과의 동맹, 미국과의 준동맹에서 얻은 경험과 교훈을 바탕으로 어떤 대국이나 국가 집단과도 동맹을 맺지 않는다는 전방위적인 외교전략을 제시함으로써 진정한 의미에서의 자주독립적인 외교정책을 실천하기 시작했다.

중·소동맹, 중·미준동맹과 비동맹은 중국의 자주독립적인 외교전략이 각기 다른 역사 시기에서의 구현으로서 중국공산당과 정부가 국제 국내 정세와 발전 추세, 국제 전략 구도 그리고 중국의 근본 이익에 비추어 제정한 올바른 외교전략이라 할 수 있다. 이러한 외교전략의 제정과 실행은 중국의 국제적 지위와 국제 관계에 커다란 영향을 미쳤다.

앞에서 언급했듯이 건국 초기에 실행한 '일변도' 전략은 신중국에 큰 이익을 가져다 주었으나 반면에 부정적인 영향도 미쳤다. 당시 스탈린은 소련의 지도자일 뿐만 아니라 세계 사회주의 국가가 인정하는 지도자였기 때문에 마오쩌등은 많은 문제의 처리에서 스탈린과 소련의 의견을 존중할 수밖에 없었고 이 것은 중국이 내정과 외교상에서 자주성과 유연성을 발휘하는 데 부정적인 영향을 미치게 되었던 것이다. 중·소동맹은 중국으로 하여금 국내 사무의 처리에서 소련에 어느 정도 의뢰성이 생기게 했다. 이를테면, 건국 초기에 신중국은 정치, 경제, 문화, 군사 등 면에서 소련식 모델을 거의 그대로 모방했기에 창의성과 자주독립적인 능력이 결여되어 있었다. 마오쩌둥은 국민경제계획의 제정, 중앙정치국과 서기처의 관계 등 많은 문제에서 소련의 의견을 구했고 이데올로기상에서는 레닌, 스탈린의 저서를 중요시했다. 국제 사무의 처리에서도 중국은 소련에 어느 정도 의뢰적이었다. 이를테면, 중국의 6.25 전쟁과 관련한 많은 결정들은 모두 소련의 의견을 고려한 후 내려진 것이었다. 1952년 9월 유엔총회에서 논의된 한반도 문제, 멕시코의 세 가지 제안 등 의제에 대해 중국은 어떤 입장을 표명해야 하는지, 중국이 인도, 미얀마와 상호불가침협정을 체결할 것인지 등 사항에 대해서도 소련과 의논하고 그들의 의견을 경청해야 했으며 '친미국가'들과 정상적인 관계를 발전시킬 수 없게 되었다.

1950년대 후반 중, 소 간의 갈등과 분쟁으로 인해 중·소동맹은 위기를 맞게 되었다. 60년대에 들어 중국은 '일변도' 정책을 포기하고 반미, 반소 외교정책을 채택함으로써 국제적으로 고립되고, 피동적이고, 불리한 상황에 빠지게 되었다. 험악한 국제 환경에 직면한 중국은 70년대 초반에 이르러 중, 미 관계 개선의 문을 열고 '미국과 연합하여 소련에 대항'하는 전략으로 전환했다. 중·미 준동맹의 결성으로 인해 중국 외교는 새로운 국면을 맞이하게 되었다. 중국은 미국, 유럽, 일본 등 선진국들과 관계를 개선하고 국제 반패권연합을 형성했으며 소련의 공격적인 확장세를 억제하고 중국이 직면한 심각한 안보 위협을 완화할 수 있게 되었다. 그러나 이와 동시에 중·미준동맹의 결성은 중국에 적지 않은 폐단도 가져왔다. 즉, 이로 인해 중국과 소련, 동유럽 국가들 간의 적대 관계가 더 부각되어 이들과의 관계 개선이 어렵게 되었다. 그리고 미국과의 준동맹 관계에서 중국은 사실상 반종속적인 지위에 있었으며 미국의 패권의 영향과 전략 관계의 제약으로 중국의 자주독립성이 크게 제한을 받게 되었다.

국제 정세에 대한 새로운 판단과 과거의 동맹과 준동맹 외교에 대한 반성을 거쳐 중국은 1980년대 초에 이르러 중·미준동맹을 비동맹으로 외교 전략을 조정했다. 중국공산당의 비동맹 외교전략 사상은 1970년대 말, 80년대 초반에 형성되었으며 이후 국내외 정세의 변화에 따라 끊임없이 풍부해지고 발전되어 새로운 시기 중국 대외 관계의 비교적 완전한 과학적인 이론 체계로 형성되었는데 그 주요 내용은 다음과 같다.

첫째, 비동맹 사상은 자주독립과 반패권 원칙을 기본으로 한다. 구체적으로, ㄱ. 중국은 어떤 나라와도 동맹을 맺지 않는다. "중국의 대외정책은 자주적이고 독립적이며 진정한 비동맹이다." "중국은 어떤 나라와도 동맹 관계가 없으며,"[365] "어떤 나라와도 전략적 관계를 맺지 않으며"[366] 또 어떤 강대국에도 종속되지 않고 어떤 강대국 집단에도 가입하지 않는다. ㄴ. 중국은 국제 문제에서 자신의 원칙을 고수하며, 절대로 원칙을 버리고 거래하지 않는다. 중국은 "미국이나 소련을 카드로 이용하지 않으며 마찬가지로 다른 나라가 중국을 카드로 이용하는 것을 허용하지 않는다."[367] ㄷ. 중국은 절대로 패권을 추구하지 않으며 또 어떤 나라라도 패권국이 되는 것을 반대한다. 이와 관련하여 덩샤오핑은 이같이 밝힌 바 있다. "솔직히 말해서, 지금 우리와 같은 후진국이 무슨 자격으로 패권을 추구하겠는가? 문제는 30년, 50년 후에 우리도 선진국이 되면 그때에 패권을 추구하느냐 하는 것이다."[368] "중화인민공화국은 지금 이미 정치 대국이며 머지않아 경제대국이 될 것이다…우리는 기회를 이용하여 발전을 도모해야

365 鄧小平,『建設有中國特色社會主義』(增訂本), 人民出版社, 1987년,p.44.

366 鄧小平: 「會見日本自民黨總裁二階堂進時的談話」,『人民日報』,1985년3월29일.

367 『鄧小平文選』第3卷, 人民出版社, 1993년, p.57.

368 『鄧小平思想年譜』, 中央文獻出版社, 1998년, p.6.

하며, 남의 일에 관여하지 말아야 하며, 제재를 두려워하지 말아야 한다. 중국은 패권주의를 반대하며 영원히 패권 국가가 되지 않을 것이다."[369] ㄹ. 중국은 제3세계 편에 서서 제3세계 국가들과 함께 패권주의를 반대할 것이다.

둘째, 비동맹 외교전략을 바탕으로, 해야 할 일에 적극 참여한다는 '유소작위有所作爲' 노선에 따라 세계 평화를 도모한다. 세계 평화는 적극적인 외교 활동을 통해 이루어지는 것이지 결코 소극적인 기다림이나 굴욕적인 양보와 중립을 통해 이루어지는 것이 아니다. 중국은 반드시 국제 사무에 적극 참여해 필요한 역할을 함으로써 세계 평화를 적극 쟁취해야 한다. 중국이 추구하는 비동맹은 중립이 아니라 패권주의를 반대하고 세계 평화를 유지하는 것이다. 중국은 자국의 경제, 정치 실력에 걸맞게 적극적이고 능동적으로 외교 활동을 펼침으로써 중국의 경제 건설에 유리한 평화로운 국제 환경을 조성해야 하며 국제 문제와 관련한 중국의 주장에 대해 가능한 한 많은 국가와 국제 세력의 지지를 얻어내야 한다. 이에 따라 중국은 세계 각국과 교류를 강화하고, '평화공존 5항원칙'을 토대로 세계 모든 국가와 외교, 경제, 문화적 관계를 수립하고 발전시켜야 한다.'[370] 아울러 남북대화를 추진하고, 제3세계와 협력하여 공동으로 세계 평화를 쟁취야 한다. "중국은 현재 제3세계에 속해 있으며 앞으로 발전하여 부강해지더라도 여전히 제3세계에 속한다. 중국은 제3세계의 모든 국가와 운명을 같이 할 것이며 …… 영원히 제3세계의 편에 설 것이다."[371]

셋째, 국가 이익을 최고 준칙으로 삼고 국제 관계를 처리하는 것은 비동맹 사상의 전반적 원칙이다. 중국은 국제 관계와 국제 문제에서 사회 제도나 이데올로기를 기준으로 어느 나라와 관계를 발전시키고 어느 나라와 관계를 발전시키지 않을 것인지를 결정해서는 안 된다. 마땅히 사물 자체의 시비곡직, 중국

---

369 『鄧小平文選』, 第3卷, 人民出版社, 1993년, p.358.
370 『鄧小平文選』, 第3卷, 人民出版社, 1993년, p.70.
371 『鄧小平文選』, 第3卷, 人民出版社, 1993년, p.56.

인민과 세계 인민의 근본 이익 그리고 세계 평화의 유지 및 각국과의 우호 관계 발전과 공동 발전에 도움이 되는지 그 여부에 따라 자주독립적으로 자국의 대내외 정책과 국제 문제에 대한 입장, 정책을 결정해야 한다. "국가 간의 관계를 고려할 때 주로 자국의 전략적 이익에서 출발하여 장기적인 이익에 초점을 맞추는 동시에 상대국의 이익도 존중해야 한다. 그리고 역사적인 은원과 사회제도, 이데올로기를 따지지 말아야 하며 대소강약을 불문하고 모든 국가와 상호 존중하고 평등하게 대해야 한다."[372]

1980년대 초부터 90년대 말까지 덩샤오핑을 핵심으로 한 중공지도부의 비동맹 전략 사상이 관철되면서 중국의 국제 관계는 크게 개선되었고 국내의 개혁개방도 대폭 추진되었으며 강대국과의 동반자 관계도 점차 발전해 갔다. 이런 국면은 1990년대에 들어 서면서 갈수록 뚜렷해졌고 중요해졌다.

4. 적극적인 대국의 자세와 동반자 관계의 구축

냉전 종식 이후, 세계 각국, 특히 세계 다극화 추진과 새로운 국제 질서의 구축에서 중요한 역할을 담당하는 강대국들은 국제 구도의 새로운 변화에 직면하여 대외 정책을 조정하고, 자국의 이익을 수호하고 도모하는 전제 하에 상호 간의 공동 이익을 찾아 호혜 협력을 추구하는 동반자 관계를 형성해 갔다.[373] 이러한 추세에 따라 중국도 점점 더 적극적이고 활발하게 외교 활동을 펼쳐 나아가면서 다른 나라들과 다양한 형태의 동반자 관계를 구축했으며 국제체계에서 더 큰 역할을 발휘할 수 있도록 노력했다.

2000년대에 들어 세계 각국, 특히 많은 신흥 대국들과 폭넓은 '전략적 협력

---

372 『鄧小平文選』,第3卷, 人民出版社, 1993년, p.330.

373 寧騷: 「選擇伙伴戰略營造伙伴關系—跨入21世紀的中國外交」, 『中國外交』, 2000년 제6기, p.2.

286   中國共産黨의 중국 특색 외교 이론과 실천

동반자 관계'를 맺는 것이 중국의 새로운 외교 전략으로 등장했다. 중국과 대국 간의 동반자 관계는 양측의 자발적인 의지를 출발점으로, 공약의 채택을 관계 형성의 상징으로, 정상 외교를 관계 구축의 경로로, 다층적 대화를 협력 메커니즘으로 삼았다. 중국이 적극적으로 구축하고자 하는 동반자 관계의 본질은 협상과 협력으로서 국가 간의 평화적인 협상, 우호적인 협력과 평등한 대화를 통해 궁극적으로 자국의 이익을 수호하기 위한 데 있다. 공산당이 이끄는 중국과 대국 간의 동반자 관계 외교의 기본 내용과 특징은 다음과 같은 몇 가지를 포함한다.

첫째, 동맹을 맺지 않고, 대항하지 않으며, 제3국을 겨냥하거나 해치지 않는다. 중국이 각국과 동반자 관계를 맺는 것은 연맹을 맺는 것이 아니며 제3국을 반대하기 위한 것은 더욱 아니다. 중국의 외교 전략 목표는 세계 평화와 발전을 위한 데 있으므로 각국과의 동반자 관계는 절대로 군사 동맹이 아니며 제3국을 타깃으로 삼기 위해 맺는 것도 아니다. 이것은 중국의 외교 전략 목표가 요구하는 것이며 중국 특색 사회주의 건설의 기본 목표와도 일치한다.

둘째, 중국의 동반자 관계 외교에서 동반자 관계란 상호존중하고, 구동존이 하는 관계를 말한다. 다원화된 오늘날의 세계에서 각국은 모두 고유의 역사 그리고 서로 다른 국내 사정과 가치관을 가지고 있으므로 일부 문제에서 불가피하게 의견 차이가 있을 수 있지만 동시에 공동이익도 존재함으로 어떤 측면에서는 서로 협력할 수 있는 가능성도 존재한다. 중국의 동반자 관계 외교는 상호존중과 구동존이를 제창한다. 양측은 공동이익을 강조하고 협력을 모색하는 한편 일부 문제에 대한 의견 차이를 솔직하게 인정해야 한다. 서로의 의견 불일치로 인해 긴장 관계에 이르렀을 때 양측은 공동이익을 무시한 채 서둘러 대항할 것이 아니라 공동이익을 추구하는 토대 위에서 대화와 협상을 통해 갈등과 이견을 조정함으로써 부분적 이견으로 인해 양국 관계에 영향을 미치는 상황을 방지해야 한다.

셋째, 중국의 동반자 관계 외교는 장기적인 전략적 외교이다. 각 관련국들은 세기를 뛰어넘는 전략적 차원에서 장기적인 이익과 종합적인 안보에 중점을 두고 상호 대립과 적대적인 냉전 사고에서 벗어나 접촉과 대화, 협상 등 경로를 통해 국가 간의 관계를 평등하고, 호혜적이며, 협력적인 관계에로 발전시켜 나아가야 한다. 따라서 중국은 내정을 간섭하는 강권 정치와 관계를 단절하지 않고 장기적인 이익에 초점을 맞추고 구동존이하면서 갈등과 이견에 대해 유연하고 실용적인 태도를 취함으로써 성숙된 대외 관계를 보여주었다.

중국의 동반자 관계 외교는 냉전 종식 이후 중, 러 양국 관계의 발전에서 비롯된 것이다. 1992년 12월, 옐친 러시아 대통령 중국 방문 시, 양국이 체결한 『중화인민공화국과 러시아연방의 상호 관계 기반에 관한 공동성명』에서는 "각국 인민들이 자국의 발전 노선을 자유롭게 선택할 수 있는 권리는 마땅히 존중받아야 하며 사회 제도와 이데올로기의 차이로 인해 국가 간의 정상적인 발전이 저해를 받아서는 안 된다"[374]고 밝혔다. 1994년 9월 장쩌민의 러시아 방문시 양국은 두 번째로 『중·러공동성명』을 발표하여 "양국은 이미 새로운 유형의 건설적인 동반자 관계 즉, 평화공존 5항원칙을 기반으로 완전히 평등한 선린우호, 호혜협력의 관계를 형성했다. 이것은 동맹 관계가 아니며 제3국을 겨냥하는 것도 아니다"[375]라고 표명했다. 이어서 1996년 4월 옐친 러시아 대통령의 중국 방문 시 양국은 세 번째로 『중·러공동성명』을 체결하여 양국이 평등과 신뢰를 토대로 21세기를 향한 전략적 협력동반자 관계를 구축하고 발전시킬 것임을 선언했다.

21세기에 들어 중, 러 양국은 "21세기를 향한 전략적 협력동반자 관계'라는 새로운 유형의 전략 관계를 구축하여 전 세계에 새로운 국가 관계 모델을 보여

---

374 「關于中華人民共和國和俄羅斯聯邦相互關系基礎的聯合聲明」, 『人民日報』1992년 12월 19일.
375 「中俄聯合聲明」, 『人民日報』, 1994년 9월 4일.

주었다. 2003년 5월, 중국 국가 주석 후진타오의 러시아 방문 시 양국 정상은 국제 정세의 변화와 상관 없이 중·러 간의 선린우호, 호혜협력과 전략적 협력동반자 관계를 심화시키는 것은 양국 외교 정책의 우선적 전략이 될 것임을 공동으로 표명했다. 2006년에 중·러 전략적 협력동반자 관계 수립 10주년과 '중·러 선린우호협력조약' 체결 5주년을 맞으며 양국 정상의 공동 제안으로 중국에서 '러시아의 해' 행사를 개최했고 이듬해에는 러시아에서 '중국의 해' 행사를 개최했다. 이것은 중·러 양국 정상이 양국 관계가 새로운 발전의 기회를 맞고 있는 가운데 내린 중대한 전략적 결정이자 중·러 양국 관계사상 독창적인 시도로서 중·러 전략적 협력동반자 관계를 한층 심화시킬 수 있는 전망을 열어 놓았다. 중, 러 지도자들은 양국의 전략적 협력동반자 관계의 지속적이고, 건전하고, 안정적인 발전은 세계 평화와 안정을 지키는 중요한 버팀목임을 깊이 인식하고 있었다. 중국 정부는 앞으로 국제 정세가 어떻게 변화하든 "전략적이고 장기적인 관점에서 중·러 관계를 지속적으로 발전시키고 양국 간의 전략적 협력과 호혜협력을 확고하게 추진해 나아 갈 것이다"[376].

중·러 관계의 파격적인 진전과 함께 중국 외교계는 냉전 구도의 변화를 의식하기 시작했고 외교 혁신의 중요한 기회가 도래하였음을 깨닫게 되었다. 따라서 1990년대 후반부터 중국의 대외정책 결정자들은 중·러 동반자 관계 구축에서 얻은 경험을 토대로 서방 강대국들과의 동반자 관계 구축을 점진적으로 추진하는 한편 국제기구의 다자간 메커니즘 형성에도 적극 기여했는데 그중 대표적인 사례가 중·미 '건설적 협력동반자' 관계의 구축이다. 1997년 10월 장쩌민은 미국을 방문해 클린턴 대통령과 '건설적 전략동반자 관계'를 구축하기 위해 함께 노력하기로 합의를 보았다. 이후 중·미 관계는 다소 우여곡절을 겪었지만 여전히 발전을 이어왔다. 후진타오는 미국 대통령의 초청으로 2006년 4

---

376 葉江: 「略論改革開放以來中國全方位外交中的大國戰略調整」, 『毛澤東鄧小平理論研究』, 2008년 제8기, pp.38-44.

월 18일부터 21일까지 미국을 공식 방문했다. 방문 기간 후진타오는 중·미 관계를 발전시키는 것은 양국과 양국 국민의 공동이익을 보호하기 위해, 그리고 아시아 태평양 지역과 세계의 평화, 안정 및 번영을 촉진하기 위해 필요한 것이며, 따라서 중국과 미국은 '이익 관계자'일 뿐만 아니라 '건설적 협력자'여야 한다고 강조했다. 부시 미국 대통령도 국제체계 안정은 중·미 양국 모두의 이익과 밀접히 연관된다고 공감했다. '책임지는 이익 관계자'와 '건설적 협력동반자'라는 이중적 정의는 중·미 관계를 새로운 단계로 끌어올렸다. 중국이 국제체계에서 중요한 대국으로 부상하면서 중국과 미국은 세계적인 활동에서 회합과 중첩이 이루어지게 되었고 '공동의 전략적 이익'이 존재하게 되었다. 따라서 중국과 미국은 새로운 안보관을 수립하고 국제관계 민주화를 추진하여 장기적이고 안정적인 협력 관계를 수립할 필요가 있게 되었다.[377]

중국은 미국, 러시아와 동반자 관계를 발전시키는 것 외에도 1997년 5월 프랑스와 21세기를 향한 '전면적이고 전략적인 동반자 관계'의 수립을 선포함으로써 중·불 관계가 급속히 발전할 수 있는 길이 열리게 되었다. 1998년 10월 블레어 영국 총리의 중국 방문 시 양국은 공동성명을 발표하여 '전면적 동반자 관계'의 수립을 공식 선언함으로써 중·영 관계의 발전을 위한 기본적인 틀을 마련했다. 2006년 10월, 아베 신조 일본 총리의 중국 방문 시, 중·일 양국은 공동의 전략적 이익을 바탕으로 호혜 관계를 구축하며 양국의 평화공존과 대대손손 우호 관계의 유지, 호혜협력과 공동발전이라는 숭고한 목표를 실현하기 위해 함께 노력하기로 합의했다. 이것은 중·일 관계사상 양국의 전략적 호혜 관계의 수립에 관한 첫 공식적인 제안이었다. 2005년 원자바오 총리는 인도를 방문했고 양국은 평화와 번영을 위한 전략적 동반자 관계의 수립을 선언했다. 1998년 4월 2일에 열린 제1차 중국-유럽연합 정상회의에서 양측은 공동성명을 발표하

---

377 葉江:「略論改革開放以來中國全方位外交中的大國戰略調整」,『毛澤東鄧小平理論研究』, 2008년 제8기, pp.38-44.

여 21세기를 향한 '장기적이고 안정적인 건설적 동반자 관계'를 구축할 용의가 있음을 표명했다. 이를 토대로 2001년에 중국과 유럽연합은 '전면적 동반자 관계'를 선언했고, 2003년에는 양측의 관계를 '전면적이고 전략적인 동반자 관계'로 격상시켰다. 2004년 5월 원자바오 총리의 유럽 방문 시 유럽 각국은 중국과 전략적 동반자 관계임을 분명히 표명했다.

제2절 주변외교와 선린우호

주변 국가는 중국의 평화적 발전에 있어서 중요한 전략적 버팀목이며 주변 국가와의 관계는 곧 중국의 평화적 발전을 위한 외부의 물질적, 정신적 환경과 직결된다. 신중국 건립 이후 60여 년의 외교 역사를 돌이켜 보면 선린외교 전략은 중국 외교에서 줄곧 중 요한 위치를 차지해 왔음을 알 수 있다. 비록 이데올로기적 영향으로 인해 지도사상, 노선방침과 시행상 일부 착오가 있었으나 평화공존의 추구와 선린우호의 유지라는 총체적인 목표는 잘 지켜져 왔다고 볼 수 있다. 특히 개혁 개방 이후 중국은 사상 분야의 그릇된 관념을 바로잡고 빠른 속도로 국제사회와 융합했으며 선린외교 사상과 이론 체계에 대한 인식, 이해, 시행 능력도 크게 향상되어 과거 보수적인 평화공존의 추구에서 오늘날의 적극적인 '조화지역'의 구축에 이르게 되었다. 이 과정에서 중국공산당 지도 하의 중국 외교는 주변 국가와의 양자 관계 뿐만 아니라 주변 국가를 기반으로 한 국제기구와의 다자 관계에도 주안점을 두었다.

1. 선린외교와 평화공존의 견지

선린외교 사상은 중국의 역사와 문화 속에 깊은 뿌리를 두고 있다. 중국공산당 창당과 신중국 건국 후 중국 외교는 선린외교의 연속성을 줄곧 유지해 왔다. 신중국 건국 초기 가장 중요한 외교적 과제는 중국의 국가 주권과 영토완정을 충분히 보장하고 공고히 하는 것이었다. 미·소 양극의 치열한 대결 구도 속에서 중국공산당은 평화롭고 우호적인 주변 환경이 중국 신생 정권의 성장에 지극히 중요하다는 점을 인식하게 되었다. 이러한 인식 하에 마오쩌둥과 저우언라이를 위시한 신중국 제1세대 지도부는 중국의 선린외교 사상과 전통에 대한 진지한 분석과 정리를 바탕으로 평화공존 5항원칙을 핵심으로 하는 선린외교에 대한 새로운 주장을 제시했다.

신중국의 선린외교정책은 이론과 현실에 기반한 것이다. 중국 신민주주의 혁명의 지도자로서 마오쩌둥, 저우언라이 등 당의 제1세대 지도자들은 신중국의 선린외교정책에 올바른 이론적 지침을 제시했다. 마오쩌둥은 신중국의 선린외교에 대해 다음과 같이 해석했다. 첫째, 프롤레타리아 입장에서 구 중국의 '천조상국天朝上國' 사상과 그 행위를 비판, 반성하고 모든 국가의 일률적 평등을 견지하며 대국주의와 패권주의에 반대한다. 둘째, 민족 독립의 입장에서 부당한 침략 전쟁과 영토 확장을 단호히 반대한다. 셋째, 이웃 국가에 대한 내정 간섭과 혁명 수출을 반대한다. 넷째, 호혜협력을 제창하며 이웃 국가의 이익을 해치는 행위에 반대한다. 다섯째, 사실을 존중하고 이웃 국가와의 역사적 문제와 분쟁을 평화적으로 해결하며 강자가 약자를 괴롭히는 힘의 논리를 강력히 반대한다. 여섯째, 국가 간에 상호신뢰를 구축하며 사소한 것에 매달리지 않고 전반적인 국면을 고려하면서 우호 관계를 함께 유지해 나아간다. 일곱째, "선린우호 원칙을 고수하면서 자국에 대한 어떠한 형태의 침략이나 외부의 간섭도 단호히 반대하며 자국의 주권과 안보를 확고히 지킨다." 저우언라이 총리도 신중국의 선린외교에는 반드시 중대한 시대적 요소가 포함되어야 한다고 강조하면서 다음과 같이 제시했다. 신중국의 선린외교는 구동존이 원칙을 준수해야 하며, 국제주의를 견지하고 편협한 민족주의를 반대하며 이웃 국가의 반침략 투쟁을 전폭 지지해야 한다. 이웃 국가와 교류를 통해 서로 이해하고 양보하고 평등하게 대우하며 대국주의에 반대해야 한다. 지역의 단결과 안정을 훼손하는 외부 세력의 간섭에 반대하며 지역에서 선린외교를 펼쳐 나가야 한다.

신중국의 선린외교는 당시 국제 정세 하에서의 필수적인 선택이기도 한 바, 그 이유는 다음과 같다. 첫째, 신중국 출범 초기, 신생 정권을 공고히 하고 대규모 경제 건설을 추진하며 국민경제를 회복하는 것이 급선무였기 때문에 평화로운 주변 환경이 절실히 필요했다. 둘째, 막대한 재력, 물력과 인력을 소모한 6.25 전쟁이 1953년에 막 끝난 상황에서 만약 1954년에 인도차이나 전쟁의 확대를 막지 못한다면 신중국의 재정이 설상 가상으로 더 악화될 수 있기 때문이다. 셋째, 신중국은 주변 안보 환경이 악화될 위험에 직면했다. 그 이유는 미국이 아시아·태평양 지역에 대한 군사적 배치를 점차 강화하고 있는 데다 일부 주변 국가들이 신중국의 홍색정권紅色政權에 대한 두려움으로 아시아 지역에서의 미국의 군사적 존재가 확대되기를 원했기 때문이다. 이것은 중국의 안보와 국방에 큰 부담을 가져다 주었다. 넷째, 신중국은 건국 초기에 12개 국가와 국경을 맞대고 있었으며 육상 국경선이 약 21,108킬로미터에 달했고 해상 경계선도 수만 킬로미터에 달했다. 그런데 여러가지 이유로 인해 중국의 기나긴 육해상 경계선은 과거 불평등 조약에 의해 규정되었거나, 역대에 걸쳐 형성된 전통적인 관습선慣習線이거나, 당시 중국의 실제 통제선으로서 어느 한 구간도 국경선이 명확히 획분되지 않은 상태였다. 하지만 건국 초기에 지체되었던 많은 일들이 다 손보기를 기다리는 상황에서 국경 문제를 의제로 올리기는 현실적으로 어려웠다. 이와 관련하여 저우언라이 총리는 "만약 국경 문제로 인해 이웃 국가와 긴장 관계가 조성된다면 차라리 국경 문제를 거론하거나 해결하려 하지 말고 적절한 시기를 기다리는 편이 더 낫다"[378]고 말한 바 있다. 그러나 신중국이 국경 문제의 해결을 서두르지 않는다 하더라도 인접 국가들은 이 문제의 해결

---

[378] 郭力: 「邊界談判五十年」, 『信息導刊』, 2005년 제18기 재인용.

과 그 방법에 대해 여전히 큰 관심을 두고 있는 것은 분명했다. 이런 상황에서, 중국공산당은 국경 문제를 효과적으로 해결하고 신중국의 발전에 유리하면서 외부 환경도 보장할 수 있는 외교 노선을 제시해야 했는데 그 외교 노선이 바로 평화공존 5항원칙이다.

위에서 언급한 이론 및 현실적인 수요를 바탕으로 중국공산당은 주변국과 '평화공존'이라는 외교방침을 제시했다. 물론 '평화공존'사상은 레닌이 처음 제시한 것으로 주요 목적은 신생 소비에트정권을 대내외적 위기로부터 보호하려는 데 있었다. 레닌은 "소비에트러시아는 각국 인민들과 평화롭게 공존하기를 희망하며 국내 건설에 전력을 다할 것"[379]이라고 말했다. 그러나 그의 '평화공존' 외교정책은 당시 복잡한 국제 정세의 압력 하에 제시된 임시 대책이었으며 내우외환에 처한 신생 소비에트정권의 어쩔 수 없는 선택이라고도 할 수 있다. 이와 대조적으로 중국공산당이 평화공존 5항원칙을 내세운 것은 인접 국가와의 분쟁을 어떻게 보류하고 해결해야만 중국의 건설과 발전에 유리한 평화롭고 우호적인 주변 환경을 보장할 수 있을 것인가라는 사고에서 비롯된 것이다. 이러한 의미에서 중국공산당은 '주도적'으로 '평화공존'을 지도 이념으로 삼아 중국의 평화외교를 발전시켜 왔다고 볼 수 있다.

실제로, 신중국 건국 초기의 선린외교는 주로 '평화공존 5항원칙'에서 체현되었다. 평화공존 5항원칙은 중국과 인도 간의 분쟁 해결 방안을 논의하는 과정에서 처음 제시된 것이다. 1953년 12월 말, 인도 정부 대표단은 중국을 방문해 영국 식민통치가 남긴 티베트에서의 인도의 특권 문제를 해결하기 위해 중국정부와 협상을 벌였다. 저우언라이 총리는 인도 정부 대표단 회견 시 중국 지도자로서 처음 평화공존 5항원칙을 언급하면서 다음과 같이 말했다. "우리는 중국과 인도의 관계가 나날이 좋아질 것이라고 믿는다. 양국 관계에서 지켜야

---

379 路本龍: 「和平共處五項原則與中國外交」, 『長白學刊』, 2004년 제1기, p.29.

할 기본원칙은 신중국 출범 당시 이미 확립되었는데 그것은 바로 영토 주권에 대한 상호 존중과 상호 불가침, 상호 내정 불간섭, 평등호혜와 평화공존의 원칙이다." 양국은 4개월간의 협상을 거쳐 1954년 4월 29일 베이징에서 「중국 티베트지역과 인도 간의 통상 및 교통에 관한 중·인 협정」을 정식 체결하고 협정 서문에 다음과 같이 명시했다. '중화인민공화국 중앙인민정부와 인도공화국 정부는 중국 티베트 지역과 인도 간의 통상 무역과 문화 교류를 촉진하고 양국 인민들이 서로 성지 순례를 할 수 있도록 (1)영토 주권에 대한 상호 존중, (2)상호 불가침, (3)상호 내정 불간섭, (4)평등호혜, (5)평화공존의 원칙에 입각하여 본 협정을 체결하기로 합의했다'. 평화공존 5항원칙이 외교 문서에 공식 등장한 것은 이것이 처음이었다.

1954년 6월 25일부터 27일까지 저우언라이 총리는 뉴델리를 방문했다. 방문 후 열린 기자 회견에서 저우언라이는 "대국과 소국이 어떻게 하면 평화롭게 공존할 수 있느냐"는 질문에 이렇게 답했다. "중국과 인도의 티베트 관련 협정서문에 명시한 5항원칙을 따른다면 세계 각국은 대소 강약이나, 사회 체제와 상관없이 평화롭게 공존할 수 있다고 우리는 믿는다. 각국 인민들은 자국의 체제와 생활 방식을 선택할 권리가 있으며 타국은 이를 간섭해서는 안 된다." "혁명을 수출해서는 안 되며 한 나라 국민들의 공동 의지도 외부 세력의 간섭을 받아서는 안 된다. 만약 세계 각국이 모두 이 원칙에 따라 상호 관계를 다룬다면 국가 간 위협과 침략이 발생하지 않을 것이며 세계 각국의 평화공존 가능성이 현실이 될 것이다." 중국과 인도 양국 총리는 제6차 회담에서 양국 공동성명서 초안에 대한 검토를 마친 후, 6월 28일 오전 저우언라이가 미얀마 방문을 위해 뉴델리를 떠나기 전, 중·인 양국 총리 공동성명을 발표하여 평화공존 5항원칙이 양국 관계를 다루는 준칙임을 엄숙히 선포했다.

6월 29일, 저우언라이 총리와 우누 미얀마 총리는 「중국 미얀마 양국 총리 공동성명」을 발표하여 평화공존 5항원칙은 "중국과 미얀마의 관계를 다루는 원칙이기도 하다"고 선포했다. 그리고 표현 방식상 중국·인도, 중국·미얀마 공동성명 중의 '평등호혜平等互惠'를 '평등과 상호이익平等互利'으로 변경했다. 같은 해 10월, 저우언라이는 국경절 행사 참석차로 중국을 방문한 소련 대표단과의 회담과 뒤이어 발표한 '공동선언'에서 '영토 주권에 대한 상호 존중'을 '주권과 영토 완정에 대한 상호 존중'으로 변경했다. 이로써 평화공존 5항원칙에 대한 표현이 보다 과학적이고 완벽해졌다.

그 후 중국, 인도, 미얀마 3국의 적극적인 제안과 공동 추진 하에 평화공존 5항원칙은 이듬해에 열린 반둥회의 그리고 개도국 다자회의와 비동맹운동에 의해 수용되는 등 국제사회의 폭넓은 지지와 인정을 받게 되었으며 그 기본 내용은 유엔이 채택한 일부 선언에 포함되어 국가 간 우호 협력 관계의 수립과 발전을 위한 공인된 준칙으로 자리 잡게 되었다. 중국은 평화공존 5항원칙을 바탕으로 미얀마, 네팔, 파키스탄 등 국가와 역사가 남긴 국경 문제를 평화적으로 해결하고 「중국·미얀마 국경조약」, 「중국·네팔 국경조약」, 「중국·몽골 국경조약」, 「중국·파키스탄 국경조약」, 「중국·아프가니스탄 국경조약」을 잇따라 체결했다. 평화적 협상을 통한 국경 문제의 해결은 신중국에 대한 광범위한 찬사로 이어졌고 주변 적대국 수도 크게 감소되었다. 이것은 신중국의 국가 안보 지수를 향상시켰을 뿐만 아니라 평화와 선린우호를 지켜 가려는 신중국의 성의와 의지도 보여주었다. 이 시기, 동남아시아 화교의 이중 국적 문제도 선린외교의 틀 안에서 적절히 해결되었다.

서방 자본주의 국가와의 평화공존 사상은 레닌이 처음 제안했지만 그것은 당시에 있어서 일종의 책략일 뿐이이었다. 중국공산당은 이 사상을 계승, 발전시켜 이데올로기와 사회 체제를 초월한 평화공존 5항원칙을 제시했고 이를 중국의 국제관계에 대한 기본 주장과 대외정책의 기본 원칙으로 격상시켰다. 그리고 이 원칙 하에 선린외교를 펼쳐 전 세계에 보여줌으로써 중국에 대한 존중과 광범위한 지지를 얻을 수 있게 되었다.

2. 평화발전 및 상호 이익과 상생 추구

1970년대 후반 개혁개방 정책이 시행되면서 중국 외교의 최우선 과제는 국내의 정치적 수요에 부응하던 데에서 점차 경제 건설 수요에 부응하는 데에로 바뀌었다. 따라서 중국의 주변외교도 과거에 비교적 보수적인 자세로 주변국과 평화공존을 추구하던 데에서 보다 적극적으로 주변국과 평화적 발전 및 상호 이익과 상생을 추구하는 데에로 발전했다. 덩샤오핑은 양호한 국제적 환경, 특히 양호한 주변 환경을 유지하여 개혁개방을 차질없이 추진시키는 것은 새로운 시기 중국의 핵심적인 전략적 이익이라고 거듭 강조하면서 "평화로운 국제적 환경을 조성려면 우선 평화로운 주변 환경을 조성해야 한다. 중국은 아시아의 개도국으로서 주변국과 선린우호적 협력 관계를 발전시켜야만 평화롭고 양호한 주변 환경이 이루어질 수 있다"[380]며 이같이 말했다.

주변국과의 평화적 발전 및 상호 이익과 상생을 실현하기 위해 중국은 "아시아 국가들과 우호 관계를 발전시켜 더 좋은 친구가 되는 것"을 "장기적인 전략"으로 삼고[381] 주변의 대국이나 선진국 뿐만 아니라 약소국, 개도국들과도 교류를 이어왔으며 사회주의 국가 뿐만 아니라 자본주의 국가와도 교류를 추진했다. 이에 대해 구체적으로 살펴보면 다음과 같다.

첫째, 중국은 우선 주변 대국 특히 소련, 일본, 인도와의 관계 안정화에 중점을 두었다. 소련(또는 러시아)은 중국 주변의 안보 환경에 큰 영향을 미치는 중요한 국가이므로 중국은 소련의 변화와 상관없이 침착하게 양국 관계를 발전시켜야 했다. 1960년대 초반부터 1980년대 초반까지 중국과 소련은 전면적인 대립 상태에 처해 있었다. 1980년대 초에 덩샤오핑은 중국의 외교 전략을 크

---

380 梁守德主編:『鄧小平理與中國國際關系』, 黑龍江教育出版社, 2003년, p.342.
381 『人民日報』, 1988년 4월 11일.

게 조정하여 자주 독립적인 평화 외교 전략을 실행하고 어떤 강대국과도 동맹을 결성하지 않으며 전략적 관계를 수립하지 않기로 결정했다. 이에 따라 덩샤오핑은 소련과의 관계를 점진적으로 개선할 것을 주장하면서 다음과 같이 말했다. "우리의 정책은 패권주의에 반대하고 세계 평화를 유지하는 것이다. 이 정책 하에 우리는 미국 및 소련과의 관계를 개선해야 한다. 현재 우리는 미국과의 관계 개선 측면에서 실질적인 진전을 이루었다. 마찬가지로 우리는 원칙을 지키는 전제 하에 소련과의 관계도 발전시켜야 한다."[382] 이와 같이 주변국과의 평화적 발전이라는 실용적인 전략적 사고에 의해 중국과 소련 및 이후의 러시아와의 관계는 정상적인 발전을 가져올 수 있게 되었다.

중·일관계에 대해서도 중국은 비록 양국 간에 풀어야 할 큰 '매듭'이 있지만 "영원히 우호적으로 지내야 한다"는 입장을 일관되게 견지해 왔다. 중국공산당은 유연하고 실용적인 외교 방침을 줄곧 이어오면서, 국익 수호를 전략 목표로 삼고 장기적인 안목에서 중·일 관계의 발전에 대해 고려해 왔다. 중국은 우선 일본과의 우호적 협력에 큰 중요성을 부여했다. 덩샤오핑은 "'중·일 양국 인민들은 대대손손 우호적으로 지내자'는 슬로건은 우리 모두의 염원을 대변한 것"이라고 하면서 "중·일 관계는 장기적인 관점에서 고려하고 발전시켜야 한다. 21세기에 첫 발을 떼고 이후 22, 23세기에도 계속 발전시켜 나아 가며 영원히 우호적으로 지내야 한다."[383] "양국의 문제 중에서 가장 중요한 문제는 우호 관계이다"[384]라고 말했다. 다른 한편으로, 중국공산당은 중일 관계에서 직시해야 할 문제에 대해 실사구시적으로 접근하고 양국 간의 신구新舊 갈등에 대해 냉정하게 대처해야 한다고 주장했다. 덩샤오핑은 1987년 5월 5일 일본 사절들과 만난 자리에서 "중·일 관계에 문제가 있다면 그것은 바로 극소수의 일본인들이

---

382 『鄧小平文選』,第3卷, 人民出版社, 1993년, p.82.
383 『鄧小平文選』,第3卷, 人民出版社, 1993년, p.231.
384 『鄧小平文選』,第3卷, 人民出版社, 1993년, p.53.

군국주의를 부활시키려는 경향을 가지고 있으며 그중에는 정치적 영향력을 가진 사람도 있다는 점이다. 우리가 걱정하는 것은 단지 이 점 뿐이다"[385]라고 말했다.

강대국을 꿈꾸는 남아시아의 대국 인도는 지정학적 그리고 역사적 원인으로 인해 강한 '중국 콤플렉스'를 가지고 있다. 그러나 중·인 양국 간 근본적인 이해충돌은 존재하지 않는다. 인도는 중국을 주요 경쟁 상대로 간주하고 중국의 굴기에 대해 회의적이고 경계적인 태도를 보이면서 중국이 인도의 남아시아 '세력범위'에 영향을 미치지 않을까 우려하고 있다.[386] 따라서 인도와의 관계를 잘 처리하는 것은 중국 외교의 중요한 일환이 되었다. 덩샤오핑은 인도와 중국 사이에는 근본적인 이해 충돌이 없으므로 양국은 정상적이고 우호적인 관계를 수립할 수 있도록 방법을 강구해야 한다고 주장하면서 "중국과 인도는 개발도상국이지만 모두 세계에서 주목 받는 국가이다. 중국과 인도는 인구가 가장 많은 나라로써 총 17억에 달하며 세계 인구의 3분의 1 이상을 차지한다. 양국은 또한 가까운 이웃이기 때문에 서로 이해하고 우정을 쌓지 않으면 안 된다"[387]며 이같이 말했다.

둘째, 주변 약소국들을 평등하게 대했다. 중국은 몇몇 대국 외에도 많은 국가 및 지역과 인접해 있는데 그 수가 많고 경제 발전 수준이 서로 다르며 복잡성과 다양성 또한 뚜렷하다. 그중 일부 국가는 중국과 영토 또는 영해 분쟁을 겪고 있으며, 심지어 중국과 베트남 사이에는 1979년에 심각한 군사 충돌까지 발생했고, 일부 인접 국가는 여전히 중국에 대해 불신과 두려움을 갖고 있다. 이런 상황에서 중국이 안정적이고 양호한 주변 환경을 유지하려면 러시아, 일본, 인도 등 대국과의 관계를 안정시켜야 할 뿐만 아니라 다른 인접국들과도 평화

---

385 『鄧小平文選』,第3卷, 人民出版社, 1993년, p.230.

386 顔聲毅:『當代中國外交』, 復旦大學出版社, 2004년, p.335.

387 『鄧小平文選』,第3卷, 人民出版社, 1993년, p.19.

롭게 공존해야 한다.

덩샤오핑은 국제 정세에 대한 새로운 판단을 바탕으로 마오쩌둥 시대의 주변국에 대한 정책을 개변시켜 중국과 주변국 관계에 대해 전략적 의의가 있는 다음의 두 가지 조치를 제시했다. 첫째, 혁명 수출을 반대함으로써 혁명적 수단으로 기존의 국제 질서를 무너뜨리는 이상주의 충동에서 벗어나는 것이다. '문화대혁명'이 끝난 후 중국은 "아시아와 기타 지역의 혁명 운동에 대한 원조를 철회했다. 따라서 태국, 필리핀, 인도네시아, 미얀마와 인도의 공산당은 중국이 한때 제공했던 보조금, 무기, 혁명가의 육성과 홍보 등에 대한 지원을 잃게 되었다."[388] 중국은 1982년에 열린 중국공산당 제12차 대표대회 보고에서 평화공존 5항원칙을 기반으로 각국과의 관계를 발전시키고 혁명 수출을 단호히 반대한다고 명확히 밝혔으며 이에 따라 중국과 주변국 특히 동남아시아 국가들과의 관계가 크게 완화되었다. 둘째, 주변 외교에서 이데올로기적 요소를 제거하고, 소련이나 미국을 각 나라와의 관계 구축의 잣대로 삼아오던 관행을 바꾸어 중국의 국익을 기준으로 주변국과의 관계를 다루는 것이다. 이 원칙에 따라 중국공산당 제2세대 지도부는 "소련과 동맹을 맺으면서 중국과의 관계가 악화되고 냉랭해졌던 주변국과의 관계를 적극 개선해 나아갔다. 그 결과 베트남, 라오스, 몽골 등 국가들과의 관계가 정상화로 이어졌고 인도네시아와의 관계도 정상을 회복했으며 한때 적대적이였던 중·인, 중·한 관계도 개선을 가져왔다. 1980년대 후반에 이르러 중국의 주변에는 더 이상 공개적인 적대국이 존재하지 않았으며 사회주의 현대화 건설을 위한 양호한 주변 안보 환경이 조성되었다."[389]

셋째, 인접국과의 분쟁을 해결하기 위한 새로운 방법을 제시했다. 덩샤오핑은 실사구시의 정신과 실효성에 입각하여 국제 분쟁을 해결하는 새로운 길을

388 威廉奧弗霍尔特著, 達洲譯, 『中國的崛起──經濟改革正在如何造就一個新的超級大國』, 中央編譯出版社, p.231.

389 顏聲毅: 『當代中國外交』, 復旦大學出版社, 2004년, p.316.

창의적으로 제시했는데 그것은 바로 "분쟁을 보류하고 공동으로 개발을 추진한다"는 것이다. 중국과 일부 인접국 간의 국경 문제는 오랫동안 해결되지 못하고 있으며 이것은 불가피적으로 중국과 이들 국가 간의 관계에 악영향을 미치게 되었다. 이런 상황은 결국 일부 강대국들이 양자의 다툼에 제삼자가 이익을 얻는 '휼방상쟁鷸蚌相爭' 책략을 펴는 데 편의를 제공하게 되었고 이로 인해 중국은 의도치 않게 엄청난 외교 자원을 낭비하게 되었다. 따라서 인접국과의 영토 분쟁을 어떻게 해결해야만 중국의 국익도 지키고 분쟁국과도 사이좋게 지낼 수 있겠는가 하는 것은 중국 지도자들이 풀어나가야 할 중대하고 어려운 과제였다.

덩샤오핑은 중·일 간의 댜오위다오 문제, 중국과 아시안 국가들 간의 남사군도 문제와 관련하여 다음과 같이 표명했다. "국제상의 일부 영토 분쟁에서 주권 문제 논쟁은 뒤로 하고 먼저 공동개발을 추진해야 한다. 이런 문제는 현실적으로 접근하여 새로운 해결책을 찾아야 한다."[390] "분쟁을 보류하고, 공동으로 개발을 추진"하는 것은 "새로운 사상으로 매우 큰 의미가 있다."[391] 이른바 분쟁을 보류한다는 것은 분쟁 중인 주권 문제를 '잠시 거론하지 않고 놓아 둠'으로써 분쟁 당사국 간의 갈등이 격화되지 않도록 하는 것이다. 공동으로 개발을 추진한다는 것은 경제적 이익이라는 공통의 유대로 분쟁 중인 각 당사국을 연결시켜 각 측이 모두 이익을 얻게 함으로써 분쟁의 합리적 해결을 위한 조화롭고 유리한 분위기를 조성하여 궁극적으로 분쟁 해소의 목적에 도달하는 것이다. 댜오위다오 문제와 남사군도 문제에 대한 덩샤오핑의 주장은 이성적이고 현실주의적이라는 점이 특징이다. 그는 영토 분쟁에서 사활을 걸었던 과거의 방식을 버리고 분쟁 당사국 각 측이 모두 이익을 얻을 수 있는 새로운 방식을 내

---

390 『鄧小平文選』,第3卷, 人民出版社, 1993년, p.49.
391 『鄧小平文選』,第3卷, 人民出版社, 1993년, pp. 87-88.

놓았다.[392] "분쟁과 잠재적 충돌을 협력으로 전환하는 이러한 전략적 발상은 분쟁 당사국의 전략적 이익에 부합하므로 어느 정도 관련국들의 호응을 얻었으며 중국에 대한 그들의 우려와 적대감이 해소됨으로써 분쟁 해결에 도움이 되었다."[393]

'분쟁을 보류하고, 공동으로 개발을 추진'하는 것은 덩샤오핑의 선린외교 전략사상의 새로운 조치로서 새로운 지도부에 의해 계승되었다. 이를테면, 중국과 베트남 간의 통킹만 경계선 협상에서 통킹만의 '중간섬'인 백룡미도白龍尾島의 귀속 문제는 가장 민감한 사안이었는데 양국은 공동어업구역이라는 개념을 설정하여 이 민감한 문제를 보류해 두었다. 통킹만 백룡미도 문제의 해결은 덩샤오핑의 '분쟁 보류, 공동 개발'이라는 전략사상의 성공적인 실천으로 덩샤오핑의 선린외교 전략사상의 유연성, 실용성, 미래지향성과 과학성을 충분히 보여주었다.

3. 이웃 국가와 친선 도모, 조화로운 주변 환경의 구축

냉전 종식 이후 중국의 주변외교는 보다 긍정적인 방향으로 발전해 왔다. 중국은 우선 "이웃을 동반자로 삼고, 이웃과 친선을 도모한다"는 주변 정책을 제시했고 잇따라 이 정책을 "이웃과 화목하게 지내고목린·睦鄰, 이웃과 함께 부강해지며부린·富鄰, 이웃과 안정적으로 지낸다안린·安鄰"는 정책으로 한층 심화시켰다. 또한 중국은 조화세계 구축 이념을 제시한 후, 조화로운 주변 환경 구축 정책을 구현하기 위해 더 많은 노력을 기울여 왔다. 사실상 '목린, 부린, 안린'은 중국의 주변 외교정책 이념의 발전 과정에 대한 개괄이기도 하다. 앞서 언급한 바와

---

392 張植榮:『中國邊疆與民族問題—當代中國的挑戰及其歷史由來』, 北京大學出版社, 2003년, p.146.
393 王朝文:『當代世界經濟與政治』, 經濟科學出版社, p.276.

같이 신중국 건립 이후 1970년대까지 중국의 주변 외교정책은 줄곧 목린, 즉 이웃과 화목하게 지내는 것을 위주로 하면서 평화공존을 추구하는 것이었다. 1980, 90년대에는 부린, 즉 이웃 국가와 함께 부강해지는 것을 위주로 하면서 평화적 발전을 추구하는 것이였으며, 1990년대 후반과 21세기에 들어서는 보다 높은 목표인 안린, 즉 이웃과 안정적으로 지내면서 조화로운 주변 환경을 구축하고 나아가 조화세계 구축에 기여한다는 것이었다.

2003년 10월 7일, 원자바오 총리는 아시안 비즈니스투자 정상회의에 참석하여 「중국의 발전과 아시아의 부흥」이라는 제목으로 연설을 했다. 그는 연설에서 "이웃 국가와 친선을 도모하고 이웃 국가를 동반자로 삼으며, 선린우호 관계와 지역 협력을 강화하여 주변국과의 교류, 협력을 새로운 수준으로 끌어올릴 것이다. '목린', '안린', '부린'은 중국이 자국의 발전 전략을 실현하는 하나의 중요한 부분이다"[394]라고 말했다. 이것은 '이웃을 동반자로 삼고, 이웃과 친선을 도모'하는 외교 방침을 처음 구체적으로 설명한 것으로 최근 몇 년간 중국이 펼쳐온 주변외교에 대한 새로운 개괄이고 총결로서 중국의 선린외교정책의 함의를 한층 풍부히 했다. '목린', '안린', '부린'의 함의를 구체적으로 살펴보면 다음과 같다.

첫째, 목린睦鄰이란 "중화민족의 친인선린親仁善鄰(어진이를 가까이 하고 이웃 나라와 사이좋게 지내다)과 이화위귀以和為貴(화목을 으뜸으로 생각하다)의 철학사상을 계승, 고양하여 주변국과 화목하게 지내는 원칙 하에 본 지역에서 안정적이고 조화로운 국가 관계를 함께 구축해 나아가는 것이다."[395] 선린외교를 펼치는 것은 중국에 매우 중요한 의미가 있다. 왜냐하면 중국의 주변에는 경제 대국, 군사 대국, 지역 대국 뿐만 아니라 최빈국도 있으며 각국의 사회 제도, 이데

394 溫家寶: 「中國的發展和亞洲的振興」, 『人民日報』, 2003년 10월 8일.

395 溫家寶: 「中國的發展和亞洲的振興」, 『人民日報』, 2003년 10월 8일.

올로기, 경제 발전 수준과 대내외 정책도 서로 다르므로 상호 이해와 신뢰를 바탕으로 화목하게 공존하는 것이 매우 중요하기 때문이다. 이웃 국가와 서로 이해하고 신뢰하면서 화목하게 공존하려면 반드시 다음의 두 가지를 기본 출발점으로 해야 한다. 첫째는, 대·소국을 막론하고 모두 평등하게 대하고 화목하게 공존하는 것이다. 중국과 주변 대국 간 관계의 좋고 나쁨은 중국의 주변외교 전략의 실현에 직접적인 영향을 미치게 된다. 따라서 중국은 지역 강대국과의 관계를 잘 다루어 가면서 중국의 발전에 보다 넓은 공간을 제공하기 위해 노력해 왔다. 이를테면, 러시아는 중국의 가장 큰 인접국이자 국제적으로도 중요한 영향력을 가진 강대국이므로 중국은 러시아와의 관계 발전을 매우 중요시 여겼다. 중국은 또한 주변의 소국에 대해서도 대국주의 성향이 전혀 없이 진심으로 대하고 그들의 발전에 도움을 최대한 제공했다. 둘째는, 각국의 선택을 존중하고 타국의 내정에 간섭하지 않는 것이다. 이 같은 입장은 중국이 중앙아시아 국가들과의 관계를 다루는 데서 집중적으로 체현되었으며 중앙아시아 각국으로부터 환영을 받았다.

지역 협력을 추진하는 것은 중국의 선린정책의 또 다른 출발점이다. 동남아 지역에서 중국의 '선린'정책은 지역 협력을 추진하는 데 큰 역할을 함으로써 '정치 촉매제'로 불리우기도 했다. 국제체계는 주로 주요 국가들의 국력과 국가 관계의 변화에 따라 형성되고 변화한다. 이와 달리 현재 동아시아 지역에는 새로운 동아시아 국제체계가 형성되는 과정에서 두 가지 추세를 보이고 있다. 하나는 전통적인, 대국 관계가 주도하는 추세(미국, 일본, 러시아, 인도, 중국 등 대국들의 동남아시아에 대한 전략적 투자의 확대)이고, 다른 하나는 아세안이 중소 국가 그룹의 특유한 기능을 능동적으로 발휘해 대국 균형전략을 펼치면서 본 지역에서 윤활유와 조정자 역할을 하는 추세이다. 중국과 아시안 관계의 진전은 이 두 가지 추세의 건전한 발전에 촉진적 역할을 하고 있다. 즉, 경제적으로 동아시아 지역에서는 중국의 추동 하에 아시안을 핵심으로 하는 10+3(아시안+중, 일, 한)이 공동으로 동아시아 협력을 추진하는 태세가 형성되고 있으며, 외교적으로는 중국과 아시안 정상회담에서 공식적으로 수립한 '전략 동반자 관계'가 다른 강대국과 아시안의 관계도 강화하는 촉매제 역할을 하고 있다.

둘째, 안린安鄰이란 "본 지역의 평화와 안정을 적극 수호하고, 대화와 협력을 통해 상호 신뢰를 증진하며, 평화 협상을 통해 갈등을 해결하고, 아시아의 발전을 위해 평화롭고 안정적인 지역 환경을 조성"하는 것이다.[396] 중국의 '안린' 정책은 두 가지 측면을 포함하는데 하나는 안보 협력을 강화하여 공동으로 평화와 안정을 수호하는 것이고, 다른 하나는 구동존이하면서 갈등과 분쟁을 적절하게 처리하는 것이다.

2001년 9.11테러 이후, 중국은 주변 국가들과 대테러 협력을 적극 추진하여 국제 테러 활동에 공동으로 대처했으며 러시아, 인도, 파키스탄 등 국가들과 다양한 차원에서 대테러 관련 협의를 가졌다. 2001년 6월, 중국 정부의 추진 하에 상하이협력기구 6개국 정상은 상하이에서 「테러리즘, 극단주의와 분리주의 퇴치에 관한 상하이협약」을 체결했다. 이어 2002년 6월에는 「지역 대테러기구 설립에 관한 협정」에 공동 서명함으로써 중앙아시아와 중국의 북부, 서부 지역의 안보와 안정을 유지하고 테러리즘, 극단주의와 분리주의 퇴치를 위한 효과적인 보장을 마련했다.

이견과 분쟁을 적절하게 처리하기 위해 일치하는 점은 취하고 의견이 서로 다른 점은 잠시 보류求大同,存小異하며, 역사와 현실을 존중하는 전제 하에 장기적이고 전체적인 시각으로 무력 충돌을 피하고 협상과 담판을 통해 합리적인 해결책을 모색해야 한다. 일시적으로 해결할 수 없는 문제는 잠시 뒤로 제쳐둘 필요가 있으며 이로 인해 국가 간의 정상적인 외교와 경제 무역 관계의 발전이 영향을 받는 것은 아니다. 중국은 이 같은 주장과 사고 방식에 따라 중·러 간의 모

396 溫家寶: 「中國的發展和亞洲的振興」, 『人民日報』, 2003년 10월 8일.

든 국경 문제를 평화적으로 해결했으며 중국과 베트남 간의 육상 경계 협상도 성공적으로 마무리하고 통킹만 경계협정을 체결했다. 그리고 2002년에는 중국-아세안 「남중국해 각국 행위선언」을 체결함으로써 세계를 향해 양측은 남중국해 지역의 평화와 안정을 공동으로 수호하기 위해 협력할 용의가 있으며 본 지역 분쟁을 평화적으로 해결한다는 긍정적인 신호를 보냈다. 2003년 6월 중순, 인도 바지파이 총리는 중국을 방문하여 원자바오 총리와 함께 「중·인 관계 원칙과 전면적 협력선언」에 서명했다. 이로써 양국은 역사적으로 남겨진 국경 문제에 대해 평등한 협상, 상호 양해와 양보, 상호 조정의 원칙에 입각해 공정하고 합리적이며 상호 수용이 가능한 해결책을 모색하려는 의지를 재확인했다. 본 지역의 안정 유지를 일관되게 중요시해 온 중국은 지역의 안보 대화와 협력에 적극 참여하고, 지역의 안보와 안정에 건설적인 역할을 하기 위해 노력해 왔다. 이를테면 중국은 북핵문제, 인도-파키스탄 분쟁, 아프가니스탄 문제 등 지역 이슈에서 화해를 촉구하고 담판을 권고하는 중요한 역할을 했으며 중국의 관련 입장과 제안은 국제사회로부터 존중과 호평을 받았다. 아세안 안보포럼, 상하이협력기구 등 지역 안보협력기구에서 중국은 상호신뢰, 상호이익, 상호평등, 상호협력을 핵심으로 하는 새로운 안보관의 확립에 대해 적극 주창하고 있다. 동남아 지역에서 중국의 '안린' 정책은 '안보 안정 장치'로 불리는데 그것은 중국이 「동남아시아 우호협력조약」에 최초로 가입한 역외 대국이라는 점에서이다. 아시안의 핵심 문서 중 하나인 이 조약은 아시안 10개국이 지역 내외 관계를 다루는 준칙을 규범화한 것으로 그 취지는 지역의 평화와 안정을 유지하고 분쟁과 갈등을 평화적으로 해결하려는 데 있다. 중국은 이 조약에 가입함으로써 중국과 아시안 간 분쟁 발생 시 무력 행사를 피할 수 있는 법적 보장이 제공되었다.

셋째, 부린富鄰이란 "이웃 국가와 호혜 협력을 강화하고 지역과 소지역 간의 협력을 심화시키며 지역 경제 통합을 적극 추진해 아시아 국가들과 더불어 공동 발전을 이루는 것이다."[397] '부린'이란 주로 경제상의 호리호혜互利互惠와 공동 발전을 의미한다. 최근 몇 년간 경제의 글로벌화와 지역 경제의 블록화 추세가 심화됨에 따라 중국과 주변국 간의 경제적 상호 의존도가 갈수록 높아지고 공동이익도 점점 늘어나고 있다. 중국은 이 유리한 기회를 포착하여 주변국과의 호혜적인 협력을 한층 강화해 나갔다. 우선, 중국은 무역 교류의 확대에 나섰는데 이를 위해 일본, 한국 등 국가들과 긴밀한 경제무역 관계를 맺고 경제 무역 교류를 지속적으로 증가시켰다. 둘째, 이익 공유에 관심을 기울였다. 중국은 국내 경제의 빠르고 안정적인 성장을 확보함과 동시에 주변 국가들도 이런 경제 발전 과정에 참여하게 함으로써 그에 따른 혜택을 공유할 수 있게 했다. 셋째, 지역 협력을 강화했다. 이를테면, 중국의 주도 하에 2002년부터 중국-아세안 자유 무역지대 10년 계획이 전면 가동되었고, 2002년 11월에는 양측이 「중국과 아세안의 전면적 경제 협력에 관한 기본 협정」을 체결함으로써 자유무역 지대의 법적 기반을 마련했다. 2004년 1월에는 첫 무관세 계획을 가동했는데 그 최종 목표는 지역 내 무역에 대한 무관세를 실현하는 것이다. 중국-아세안 자유 무역지대가 조성되면 개도국으로 구성된, 인구 20억, GDP가 3조 달러를 넘는 규모의 자유무역지대가 아시아에서 형성될 것이며 이는 중국과 아세안의 경제 발전은 물론 동아시아 경제 통합에도 큰 영향을 미치게 될 것이다. 중국의 '부린'정책은 아세안에 혜택을 주었기에 아세안의 존중을 받게 되었고 동남아 지역에서 '경제 엔진'으로 불리게 되었다.

'목린, 안린, 부린' 정책은 새로운 시기 중국의 대외 개방과 발전 전략의 원활한 실행에 새로운 환경, 새로운 구상과 새로운 공간을 제공했을 뿐만 아니라 중국이 조화세계 건설 전략방침 채택 후 조화로운 주변 환경의 구축에도 유리한 조건을 마련했다. 후진타오는 2005년 9월에 조화세계 이념을 제시한데 이

---

[397] 溫家寶:「中國的發展和亞洲的振興」,『人民日報』, 2003년 10월 8일.

어 2006년 5월에 개최된 상하이협력기구 정상이사회 제6차 회의에서 조화지역 이념을 공식적으로 제시했다. '조화지역'이란 상호신뢰, 상호이익, 상호평등, 상호협력의 방식을 통해 다양한 형태의 지역 협력 메커니즘을 구축하며 궁극적으로 전 지역의 항구적인 평화와 공동 번영을 실현하는 것이다. 이외에도 중국은 아세안과 협력하여 중국-아세안 자유무역지대를 조성하고, 남아시아지역협력연합SAARC에도 적극 참여했으며 북핵위기, 동아시아 지역 안보와 평화 메커니즘 구축에도 적극 참여하는 등 조화지역 이념을 적극 실천해 가고 있다.

제3절 개도국 외교의 계승 발전

개도국이란 '경제가 상대적으로 낙후되어 있는, 전통 경제에서 현대화 경제로의 발전 단계에 있는 국가'[398]를 가리키는데 주로 아시아, 아프리카, 중남미 지역에 분포되어 있다. 개도국은 패권주의와 강권정치를 반대하고 세계 평화와 발전을 촉진하는 기본 세력이며 공정하고 합리적인 새로운 국제 질서의 수립을 촉진하는 주력군이다. 중국은 시종일관 개도국과의 우호 협력 관계를 발전시켜 왔으며 개도국을 신중국 '평화외교' 구축의 전략적 거점으로 삼아 왔다. 이 과정에서 중국의 개도국 외교는 국내외 정세의 변화에 따라 단계별로 서로 다른 특징을 보였다. 즉, 1970년대 이전에는 아시아, 아프리카, 중남미의 민족 해방 운동에 대한 지지가 주선율이었고, 1970년대에 들어서는 제3세계 국가와의 전반적인 관계 발전에 초점을 돌리기 시작했으며, 냉전 종식 이후에는 많은 개도국과의 관계 메커니즘화에 중점을 두고 공정하고 합리적인 국제 정치, 경제 신질서를 구축하기 위해 노력을 기울였다.

---

398 錢其琛主編:『世界外交大辭典』, 世界知識出版社, 2005년, p.560.

1. 아시아 아프리카 중남미 민족해방운동에 대한 지지

중국공산당은 항상 시대적 흐름의 선두에 서 있었고 또 그 자체가 민족 자결주의의 시대적 산물이기 때문에 제2차 세계대전 후의 아시아, 아프리카, 중남미 식민지 지역의 민족해방운동에 대해 깊은 동정심을 품고 있었다. 따라서 1949년 신중국 건립부터 세계 식민지 체계가 완전히 붕괴되는 1970년대에 이르기까지 중국의 개도국 외교는 주로 아시아, 아프리카, 중남미의 민족해방운동에 대한 지원과 제국주의, 식민주의에 대항하는 국제통일전선의 구축을 둘러싸고 전개되었다. 이에 대해 구체적인 내용을 살펴보면 다음과 같다.

첫째, 중국공산당의 지도 하에 중국은 아시아, 아프리카, 중남미 국가의 민족해방운동에 대해 정치적, 도의적 지지를 보냈다.

중국은 아시아, 아프리카, 중남미 국가와 인민들의 식민 통치에서 벗어나 국가 독립을 쟁취하기 위한 투쟁을 전폭적으로 지지하고 민족주의 국가들과 단결하여 제국주의 국가의 전쟁 정책과 침략 정책에 공동으로 반대하며 이러한 정의적인 투쟁을 벌이고 있는 국가와 인민들에게 사심없는 지원을 제공했다. 이를테면, 신중국 출범 초기 국가가 아직 안정을 이루지 못한 상황에서도 중국은 북한과 베트남이 각각 미국과 프랑스의 침략을 물리칠 수 있도록 지원의 손길을 보냈다. 1956년 제2차 중동전쟁 발발 시 중국은 "이집트의 주권을 침해하는 어떤 행동도 묵과하지 않을 것"[399]이며 "이집트를 돕기 위해 아무런 조건 없이 최선을 다할 용의가 있다"[400]고 표명했다.

특히 지적할 것은 민족해방운동에 대한 중국의 지지가 무조건적이고 비타협적이라는 점이다. 이 점은 알제리 민족해방운동에 대한 중국의 지지를 예로

---

[399] 曲星:『中國外交50年』, 江蘇人民出版社, 2000년, p.273.
[400] 『毛澤東外交文選』, 中央文獻出版社, 1994년, p.249.

들 수 있다. 즉, 1954년 알제리 민족해방전쟁의 첫 총성이 울린 시기 중국은 제네바회의를 통해 프랑스와 접촉하면서 양국의 관계 개선을 추진하던 중이었다. 그러나 중국은 프랑스와의 관계 개선을 위해 알제리 인민들의 정의로운 투쟁에 대한 지지를 결코 포기하지는 않았다. 1958년 9월 알제리 민족독립임시정부가 수립되자 중국은 즉시 승인을 표시했고 양국은 신속히 외교 관계를 확립했다. 이로써 중국은 비아랍권 국가 중 최초로 알제리 민족독립임시정부와 수교를 맺은 국가가 되었다. 그러나 이로 인해 중국과 프랑스의 관계 정상화는 영향을 받게 되었고 양국은 수년이 지난 1964년에 이르러서야 비로서 수교를 맺게 되었다.

둘째, 중국은 아시아, 아프리카, 중남미의 민족해방운동과 신생 민족국가에 대해 때론 자국의 실제 능력을 초월하는 경제적 원조도 아끼지 않았다. 1950년대 중국의 대외 원조의 주요 대상은 북한과 베트남이었으며 중국은 원조를 통해 그들의 반제·반식민주의 투쟁을 지지했다. 중국은 제3세계 국가에 대한 효과적인 지원을 위해 1961년 3월 1일에 대외경제연락총국을 출범하여 아시아, 아프리카, 중남미 국가에 대한 경제 원조와 경제기술 협력 업무를 전담하게 했다. 그 후 대외 원조 업무가 점차 증가함에 따라 1964년에는 대외경제연락총국을 기반으로 인력과 기구를 한층 더 충실히 하고 조절하여 대외경제연락위원회를 출범시켰으며 1970년에는 이를 대외경제연락부로 개칭했다. 1965년부터 중국은 항미원월抗美援越미국에 대항하고 베트남을 돕는다을 위해 베트남에 막대한 규모의 원조를 제공함과 동시에 아시아, 아프리카 국가들에 대한 원조도 지속적으로 늘려왔다. 1970년부터 1978년 사이에 중국은 대외경제연락부의 주도 하에 37개 국가를 도와 470개에 달하는 프로젝트를 완수했는데 이것은 그 이전에 완수한 전체 프로젝트 수보다 더 많으며 지출액은 신중국 건립 이후 21년간 대외 원조 총액의 159%[401]에 달했다.

---

401 石林:『當代中國的對外經濟合作』, 中國社會科學出版社, 1989년, pp.60-61, 69.

1960년대에 들어 민족주의 운동이 한층 고조됨에 따라 중국은 다음과 같은 대외원조 8항 원칙을 제시했다. (1)중국 정부는 시종일관 평등과 상호 이익의 원칙에 따라 대외 원조를 제공한다. (2)수원국受援國의 주권을 절대적으로 존중하며 어떠한 조건도 부가하지 않고 어떠한 특권도 요구하지 않는다. (3)무이자 또는 저리대출 방식으로 경제 원조를 제공하며 필요시 수원국의 부담을 줄여줄 수 있다. (4)원조의 목적은 중국 경제에 대한 수원국의 의존도를 높이기 위한 데 있는 것이 아니라 수원국으로 하여금 점차 자력갱생, 독립 발전의 길로 나아가게 하려는 데 있다. (5)건설 지원 프로젝트는 적은 투자와 빠른 효과로 수원국이 수입을 늘리고 자금을 축적할 수 있도록 한다. (6)중국 정부는 생산이 가능한 최고 품질의 설비와 물자를 수원국에 제공하며 가격 협상은 국제 시장 가격에 따른다. 사양이나 품질이 합의 기준에 미달하는 경우에는 반품을 보장한다. (7)대외에 기술 원조 제공 시 수원국 인력이 관련 기술을 충분히 습득할 수 있도록 보장한다. (8)중국에서 파견된 전문가는 수원국 전문가들과 동등한 물질적 대우를 받으며 어떤 특혜도 받아서는 안 된다. 이 원칙은 "아프리카 국가 뿐만 아니라 아시아와 기타 신흥 국가에 대한 원조에도 적용되었다."[402]

　　이 시기 중국의 대외원조는 어느 정도 이데올로기가 주도하는 경향을 띠고 있는데 이 외에 다음과 같은 세 가지 특징을 보였다. 첫째, 중국이 원조하는 민족주의 국가는 그 수가 많고 범위도 넓었다. 동남아시아, 남아시아 국가들 중 미국과 소련의 동맹국을 제외한 미얀마, 파키스탄, 아프가니스탄, 네팔, 실론, 라오스, 캄보디아 등 거의 모든 나라들이 중국의 원조 대상에 포함되었고 아프리카에 대한 원조는 이보다 더 광범위하게 이뤄졌다. 둘째, 중국의 국가 경제 총량에서 대외원조가 차지하는 비중이 매우 높았다. 상당 기간 동안 중국의 대외원조액은 GDP의 7%에 달했는데 이는 분명히 당시 중국의 국력을 넘어서는 무

402　石林『當代中國的對外經濟合作』, 中國社會科學出版社, 1989년, p.43.

리수였으며 일부 선진국들과 비교해도 훨씬 높은 비중이었다. 셋째, 중국의 대외원조는 일부 국가에 대한 인프라 건설 지원 등 제3세계 국가가 독립적인 민족 경제를 구축할 수 있도록 도움을 주는 데 그 취지를 두었다. 그러나 제3세계 국가에 대한 원조가 대부분 '수혈'식으로 이루어짐으로써 일부 국가들의 중국에 대한 경제적 의존도가 커지는 부작용도 낳았다.

셋째, '구동존이'를 견지하고 반제·반식민주의 국제통일전선의 수립을 제창했다.

당시 많은 신생 독립국가들은 중국과 유사한 역사적 경험을 가지고 있었으나 사회주의 중국에 대해 여전히 의구심과 두려움을 품고 있었다. 따라서 중국은 '구동존이'의 방침에 입각해 제1차 아시아·아프리카회의에서 참석국들과 함께 식민주의에 반대하고, 민족 독립을 수호하며, 세계 평화를 유지하고, 우호 협력을 촉진하는 데 대해 깊은 공감대를 이루어 냈다. 아시아·아프리카회의의 성공적 개최는 민족주의 국가들이 국제관계에서 독립적인 행위 주체가 되었음을 의미한다. 중국은 아시아, 아프리카 민족 독립 국가들과 연대하여 제국주의, 식민주의에 반대하고, 제3세계가 하나가 되어 국제 관계의 무대에 등장할 수 있도록 추진적인 역할을 했다.

소련의 평화적 공존, 평화적 경쟁, 평화적 이행이라는 '삼화三和' 노선의 제시를 계기로 중·소 양국 간에는 국제 문제를 둘러싼 치열한 논쟁이 벌어졌고 양국의 의견 차이는 갈수록 심해졌다. 이런 상황에서 중국은 전 세계에 자신의 올바른 입장을 밝히고 정의로운 투쟁을 벌이고 있는 모든 국가와 인민들에 대한 지지를 표명할 필요가 있었다. 1950년대 후반부터 60년대 초에 마오쩌둥은 아시아, 아프리카, 중남미 국가와 지역에서 방문온 인사들을 빈번히 접견하면서 제3세계 국가들이 단합하여 반미국제통일전선을 구축할 데 대해 제창했다. 마오쩌둥은 "제국주의 반동 통치와의 대결에서 승리하려면 반드시 광범위한 통일전선이 구축되어야 하며 적을 제외한 모든 역량을 결집하여 어려운 투쟁을 이어

나가야 한다"면서 "6억 5천만 중국 인민은 세계 각국 인민들의 정의로운 투쟁을 계속 지지해 갈 것"이라고 말했다. 그는 "제국주의가 가장 두려워하는 것은 아시아, 아프리카, 중남미 인민들의 각성과 세계 인민들의 각성이다. 우리는 반드시 단합하여 미 제국주의를 아시아, 아프리카, 중남미에서 몰아내야 한다"[403]고 강조했다.

「제네바협정」 체결 후 중국 정부와 인민들은 서구 식민주의 세력의 침입에 맞서 민족의 독립과 통일을 이룩하려는 베트남 인민들의 정의로운 투쟁을 변함없이 지지했다. 미국이 베트남 남부에 대한 '특수전' 규모를 계속 확대하는 양상을 보이자 마오쩌둥은 1963년 8월 29일에 「미국—응오딘지엠 집단의 베트남 남부 침공과 베트남 남부 인민들에 대한 학살에 반대하는 성명」을 발표했다. 그는 성명에서 "전 세계 프롤레타리아, 혁명적 인민과 진보적 인사들은 모두 베트남 남부 인민들의 편에 서서 호찌민 주석의 호소에 호응해 용감한 베트남 남부 인민들의 정의로운 투쟁을 지원하며 미국과 응오 딘지엠 반혁명 집단의 침략과 탄압에 반대함으로써 베트남 남부 인민들을 학살로부터 구원하고 그들이 완전한 해방을 얻도록 해야 한다"[404]고 호소했다.

항미원월 문제와 민족독립국가에 대해 중국은 시종일관 단결할 수 있는 모든 역량을 단결하여 미국에 공동으로 대항하는 노선을 취했다. 1965년 3월 미국이 베트남 전장에 직접 파병을 시작하면서 남부에 대한 공격과 북부에 대한 폭격이 이루어졌고 베트남 침략 전쟁을 확대하려는 미국의 의도가 확연히 드러나게 되었다. 이런 상황에서 중국은 다양한 채널을 통해 베트남의 항미구국 전쟁에 대한 지원을 국제주의 의무로 간주하고, 베트남과 인도차이나 인민들이 미국의 침략에 반대하는 투쟁을 '끝까지 진행'하도록 '단호히, 아낌없이' 지지할

403 谢益显主编:『中国当代外交史(1949—2001)』, 中国青年出版社, 2002년, pp.222-223.
404 谢益显主编:『中国当代外交史(1949—2001)』, 中国青年出版社, 2002년, p.228.

것임을 수차례 표명했다. 또한 '중국 인민은 말한 대로 행동하며 약속한 국제적 의무를 반드시 이행할 것"[405]이라고 강조했다. 항미원월의 전 과정에 서 중국은 약속 대로 베트남에 물적 지원은 물론 필요한 인적 지원도 서슴없이 제공함으로써 베트남 인민들의 항미구국 전쟁의 승리와 베트남의 통일에 큰 기여를 했다.

이외에도 중국은 1970년 미국의 캄보디아 침략과 1971년의 라오스 침략에 대해 강력히 항의하고 규탄했으며 위기에 처한 시아누크 친왕에게 큰 도움을 주었다. 세계 기타 민족독립국가의 반미운동에 대해서도 중국은 성원과 지지를 아끼지 않았다. 예를 들면, 1964년 콩고(브라자빌) 반미투쟁에 대한 지지, 파나마 반미운동에 대한 성원, 1965년 미국의 무력 침공에 반대한 도미니카 인민들에 대한 지지 성명, 1967년 '6.5 전쟁(제3차 중동전쟁)' 시 이스라엘 확장주의에 반대한 아랍권 국가와 인민들에 대한 지지 및 쿠바의 반미투쟁에 대한 지속적인 지원 등이 있다.

물론 이 시기 중국은 개도국과의 관계에서 지나치게 이데올로기를 강조한 측면도 있었다. 특히 1950년대 후반과 60년대 초에 벌어진 국제공산주의운동의 대논쟁은 중국과 제3세계 국가 간의 정당 교류에 큰 영향을 미쳤다. 이 논쟁으로 말미암아 국제공산주의운동은 큰 타격을 입게 되었고 사회주의 진영이 유명무실하게 되었으며 심지어 중국과 일부 사회주의 진영 국가 간의 정당 교류는 상호 비방과 모독으로 인해 퇴보를 가져 오게 되었다.

2. 제3세계와의 우호 관계 발전

아시아, 아프리카, 중남미의 민족해방운동이 대부분 승리를 취득함에 따라 마오쩌둥은 '3개 세계' 이론을 제시했다. 특히 중국이 개혁개방 정책을 실시하

---

405 谢益显主编, 『中国当代外交史(1949—2001)』, 中国青年出版社, 2002년, p.230.

면서 중국과 개도국의 관계는 2단계로 접어들게 되었다. 이 단계에서 관계의 초점은 더 이상 아시아, 아프리카 중남미의 민족해방운동에 대한 지지가 아니라 제3세계 국가들과의 정치, 경제 관계의 전반적인 발전을 추진하는 것이었다. 이러한 변화는 다음과 같은 몇 가지 측면에서 찾아볼 수 있다.

첫째, 제3세계 국가들에 대한 중국의 경제 정책의 변화이다. 1970년대 중반부터 '3개 세계' 사상은 점차 중국 외교의 지도 사상으로 자리잡았다. 중국은 제3세계에 대한 새로운 인식을 바탕으로 제3세계 국가들과의 경제 관계를 점차적으로 조절함으로써 기존의 주도적 지위를 차지하던 대외원조 정책이 점차 평등과 상호이익에 기반한 쌍방향 경제 협력으로 대체되었다. 따라서 중국의 대외원조에는 새로운 변화가 나타났는데 이는 다음의 두 가지 측면에서 볼 수 있다. 첫째, 중국의 대외원조는 전반적으로 감소 추세를 보였으나 개도국에 대한 능력 범위 내에서의 원조는 끊어지지 않았으며 특히 각국에 따른 맞춤형 원조에 주의를 기울였다. 1980년대 이후 중국은 기존의 64개 수원국 외에 24개 수원국을 추가했으며 특히 최빈국에 대한 경제원조를 강화했다. 둘째, 중국의 대외원조 방식에 뚜렷한 변화가 일어났는데 그것은 바로 기존의 일방적인 원조에서 원조와 상호 이익을 추구하는 협력을 결합하여 공동의 발전을 추진하는 방식에로 변화한 것이다. 이와 관련하여 덩샤오핑은 "과거 제3세계에 대한 우리의 원조가 옳았다고 인정해야 한다.……원조 문제에서 방침은 반드시 지키되 구체적인 방법은 수정해 수원국이 실제로 이익을 얻을 수 있도록 해야 한다"[406]고 말했다. 따라서 중국은 1983년에 '평등과 상호 이익, 실효성 중시, 다양한 방식, 공동 발전'이라는 네 가지 기본 원칙을 제시하여 이를 제3세계 국가와의 경제기술 협력을 지도하는 방침으로 삼았다.

경제 관계가 일방적 원조에서 양자 간의 경제무역협력으로 전환하면서 중

---

406 王泰平主編·『新中國外交50年』, 北京出版社, 1999년, pp.721-722.

국과 제3세계 국가 간의 무역액은 해마다 증가세를 보였으며, 국제 시장을 통한 경제 교류의 강화와 무역 발전의 촉진이 점차 중국과 제3세계 국가 간 경제 관계의 주류로 자리 잡았다. 그리고 대외 원조 방식의 다양화와 원조 자금 공급원의 다원화는 중국의 기업과 제3세계 국가 간의 직접적인 협력도 촉진시켰다. 중국은 주로 원조의 성격을 띤 정부 보조 저이자 대출과 지원 프로젝트에 대한 공동 출자 방식으로 수원국 현지에서 수요되는, 자원 우위가 있는 건설 프로젝트에 대해 지원을 제공해 왔다. 또한 자본을 연결 고리로 대외 원조, 공사 수주, 노무 협력과 대외무역 수출을 결합하는 방식으로 중국 기업과 수원국 기업 간의 장기 협력을 추진함으로써 중국과 제3세계 국가 간의 경제무역협력이 상당한 진전을 이루게 되었다. 그 일례로 아프리카의 경우, 1970년 중국-아프리카 무역액은 1.77억 달러에 불과했으나 1980년에는 11.31억 달러에 이르게 되었다.[407]

둘째, 중국과 제3세계의 정치 관계가 새로운 발전을 가져왔다. '3개 세계' 지도 사상이 확립된 후 중국의 개도국과의 관계에 대한 인식에는 뚜렷한 변화가 나타났다. 즉, 중국은 제3세계 국가의 주요 목표는 민족 경제의 발전과 국제적 영향력의 확대이고, 제3세계 국가에 의존해 자국의 안보를 보장하려 해서는 안 되며, 제3세계 국가와의 접근에서 일률적인 방법을 적용해서는 안 된다는 점을 깨달았다. 이러한 인식을 바탕으로 중국은 제3세계 모든 국가와의 관계를 조정하여 보다 적극적이고 실용적이고 효과적인 관계를 형성했는데 이 점은 다음의 세 가지 측면에서 볼 수 있다. 첫째, 중국과 제3세계 국가의 교류 범위가 지속적으로 확대되었다. 1970년대 중반, 특히 중국공산당 제11차 3중전회 이후 중국은 제3세계 모든 국가와의 관계 발전에 주력했으며 한 나라와 외교 관계를 발전시키느냐 않느냐 하는 기준을 더 이상 그 나라와 강대국과의 관계 여

---

407 中國現代國際關系研究所主編:『中國與第三世界』, 時事出版社, 1990년, p.224.

하에 두지 않았다. 중국은 강대국 요소를 제거하고 제3세계 국가의 독자적인 대·내외정책 결정권을 충분히 존중함으로써 제3세계 대다수 수교국과의 관계가 개선되었으며, 중국과 직접적인 이해 충돌이 없는 제3세계 국가들과도 외교 관계를 수립하고 발전시킴으로써 국제적으로 폭넓게 친구를 사귀는 양상을 보였다. 둘째, 중국의 제3세계 정책이 점차 다양해졌다. 1970년대 중, 후반부터 중국은 각국 간의 이해 관계와 갈등 그리고 이런 갈등이 중국의 국익에 미치는 영향에 대한 분석을 통해 자국에 유리한 판단을 내리는 데 초점을 두었다. 이 원칙에 따라 중국은 제3세계의 자본주의 국가와 사회주의 국가, 신흥 공업 국가와 개발도상국, 주변국과 비주변국에 대해 각기 다른 맞춤형 정책을 펼침으로써 제3세계에서 국익의 실현을 극대화할 수 있었다. 셋째, 중국과 제3세계 국가의 공통 이익이 뚜렷하게 증가했다. 중국은 "일부 국가가 소련과 친하거나 미국과 친한 것은 이상한 일이 아니므로 그들의 입장을 이해하고 그들의 정책과 방법을 존중해야 한다"[408]는 인식 하에 미국이나 소련을 각국과의 관계 구축의 잣대로 삼아오던 기존 관행을 바꾸었다. 중국과 제3세계 국가의 관계가 더 이상 중국과 미, 소 관계의 영향을 받지 않음으로 하여 국제 무대에서 중국의 활동 범위가 넓어지고 유연성이 증가되었으며 중국과 개도국의 이익 공감대도 눈에 띄게 증가했다.

셋째, 개도국과의 정당 관계가 회복되고 발전을 가져왔다. '3개 세계' 전략 사상이 확립된 후 중국의 제3세계 국가에 대한 인식은 기존의 반제, 반패권 동맹군에서 경제 협력의 대상과 국제 정치경제 신질서의 공동 구축자로 바뀌었다. 이러한 변화 과정에서 중국의 전체 국익 중 이념적 측면의 이익이 차지하는 비중이 크게 감소되었고 중국공산당과 제3세계 국가 정당 간의 교류도 이데올로기의 속박에서 점차 벗어났다. 당의 제11차 3중전회 이후 중국 공산당은 국

408 田增佩主編:『改革開放以來的中國外交』, 世界知識出版社, 1993년. p.6.

제 정세의 변화에 따라, 국제공산주의운동의 경험과 교훈을 바탕으로 당의 대외 업무의 지도 사상과 방침 정책을 다음과 같이 조정했다. 첫째, 사회주의 현대화 건설에 유리한 국제 환경의 조성과 세계 평화와 발전에 대한 기여를 당의 대외 업무의 전략 목표로 재정립한다. 둘째, 당은 대외 교류에서 이데올로기를 전제로 하지 않고, 잣대로 사용하지 않으며 구동존이의 원칙에 따른다. 셋째, 외국 정당과의 교류에서 과거 유일하게 공산당과 교류해 오던 상황에서 벗어나 세계 각국의 다양한 정당과 폭넓게 교류한다. 넷째, 외국 정당과의 관계 발전은 '자주독립, 완전 평등, 상호 존중, 상호 내정 불간섭'이라는 네 가지 원칙을 기반으로 한다. 이와 같은 중대한 조정을 거쳐 중국공산당과 제3세계 국가 정당 간의 교류에는 일련의 실질적인 변화가 나타났는데 이는 주로 다음의 두 가지 측면에서 볼 수 있다.

하나는, 사회주의 진영 국가의 공산당과 관계를 회복했다. 1960년대 국제공산주의운동 대논쟁 시 중국공산당과 많은 사회주의 국가의 공산당, 노동자당 간의 관계는 이념적 차이로 인해 큰 손상을 입었으며 당 간 교류가 장기간 중단된 상태에 처해 있었다. 중국공산당은 이념적 이익이 국익에서 차지하는 비중을 조정한 후 사회주의 진영 국가의 공산당, 노동자당과의 관계를 개선하기로 결정했다. 이에 따라 1980년대부터 중국공산당은 과거를 따지지 않고 현재와 미래에 착안점을 둔다는 태도로 그들과의 관계 회복에 나섰다. 1985년 5월, 덩 샤오핑은 한 차례의 담화에서 정당 간의 관계를 어떻게 다룰 것인가에 대해 다음과 같이 말한 바 있다. "한 나라의 정당이 외국 형제당의 옳고 그름을 논할 때 종종 기존의 합의나 고정적인 방안을 근거로 판단하는 경우가 많은데 이 방법이 통하지 않는다는 것은 이미 사실적으로 증명되었다. 각 나라 정당의 국내 방침과 노선의 옳고 그름은 그 나라 정당과 인민들이 판단해야 한다. ……우리는 타국이 우리에게 명령을 내리는 것에 반대하며 마찬가지로 우리도 타국에 명령을 내려서는 안 된다. 이것을 중요한 원칙으로 삼아야 한다."[409]

다른 하나는, 일부 민족주의 정당과 우호 협력 관계를 수립하고 발전시켰다. 제3세계 국가의 민족주의 정당과 관계를 발전시킨 것은 중국과 제3세계의 단결과 협력을 강화함에 있어서 의의가 매우 컸다. 이로 인해 중국과 제3세계 국가의 관계에 새로운 영역이 개척된 것이다. 1977년 12월 중공중앙위원회는 아프리카 등 지역의 일부 민족주의 국가 집권당이 중국공산당과의 관계 수립을 요청한 것과 관련하여 중련부中聯部와 외교부가 공동으로 올린 제안에 대해 비준 동의했다. 이에 따라 1978년부터 중국공산당은 아프리카와 중남미 지역 개도국의 다양한 민족 정당과 우호적인 관계를 수립하고 발전시키기 시작했다. 개도국의 다양한 정당들과 우호 협력 관계를 발전시키는 것은 중국과 개도국의 관계 발전을 추진하고, 국민 간의 우의를 증진하며, 남남협력을 발전시키고, 세계 평화의 수호와 인류의 진보를 촉진하는 데 매우 큰 의미가 있다.

3. 호혜상생 관계의 메커니즘화

냉전 종식 후 중국과 제3세계의 관계는 질적인 변화를 가져왔다. 이런 변화는 양측 간 정치, 경제, 문화 등 다양한 분야에서 교류가 갈수록 밀접해지고 양측의 관계가 점차 메커니즘화와 전략화의 방향으로 발전해 가는데서 체현되었다. 개도국과의 호혜상생 관계를 메커니즘화함으로써 중국과 개도국의 관계는 한층 공고해지고 업그레이드 되었다. 중국과 개도국의 관계를 두 가지 측면에서 구체적으로 살펴보면 다음과 같다.

먼저, 정치적 측면에서, 많은 개도국들은 중국의 평화적 발전과 새로운 국제 정치경제질서 구축의 중요한 지지 세력이다. 우선, 개도국은 국제 사무에서

---

409 『邓小平外交思想学习纲要』, 世界知识出版社, 2000年, p.118.

중국의 주요한 의존 세력이다. 중국의 국제적 지위의 상승은 제3세계의 지지와 밀접히 연관되어 있다. 유엔의 표결 방식에 의하면 "모든 회원국은 국력에 관계 없이 동등하게 1개의 투표권을 행사"할 수 있다. 따라서 각 나라의 태도는 모두 결정적 의미를 가지게 된다. 개도국은 인권, 대만 문제에서 중국에 가장 소중한 지지와 이해, 성원을 보냄으로써 중국이 서방의 정치적 압력에 대항할 수 있는 유력한 보장을 제공해 주었다. 두 번째로, 개도국은 단극화를 반대하고 다극화를 추진하는 주요 세력이다. 단극 세계를 구축하려는 미국 등 국가의 시도는 제3세계에서 거센 반발을 불러일으켰으며 특히 일부 제3세계 지역 대국의 반미적 태도는 매우 단호했다. 따라서 중국은 제3세계의 힘을 빌어 외교적 활동 공간을 넓히고 세계 다극화 추세를 진전시킬 수 있게 되었다. 세 번째로, 개도국은 중국의 외교적 공간 확장의 주요 대상 지역이며, 이 지역에서 중국은 주로 통일 문제와 국가 이미지 구축, 이 두 가지 측면에 역점을 두고 있다.

다음, 경제적 측면에서, 개도국은 중국이 평화적 발전을 실현함에 있어서 중요한 버팀목이다. 우선, 개도국은 중국의 대외 시장의 중요한 구성 부분이다. 제3세계는 160여 개 국가와 50억 인구를 가진 거대 규모의 잠재력을 갖춘 시장이다. 그러나 중국과 제3세계 국가의 무역 총량은 여전히 낮은 수준에 머물러 있는 상황으로 양측의 정치 관계와 경제 규모에 어울리지 않는다. 이것은 역으로 양측이 경제 무역 분야에서 협력할 수 있는 잠재력이 매우 크다는 점을 시사한다. 둘째, 개도국은 중국에 중요한 해외 자원, 특히 중국의 경제 발전 과정에서 수요량이 지속적으로 증가하고 있는 석유를 제공해 주는 공급원이다. 석유 공급이 갈수록 부족해지는 상황에서 중국은 에너지 부족을 완화하기 위해 석유 수입에 의존할 수밖에 없으며 석유 수출국은 대부분 중동, 아프리카와 중남미의 개도국들이다. 셋째, 개도국은 새로운 국제 경제 질서를 구축하는 데 있어서 중국의 천연적인 동맹군이다. 개도국들은 낡은 국제 경제 질서를 바꾸고 새로운 국제 규범의 제정에 참여해 보다 합리적이고 공정한 국제 경제 새 질서를 확립할 것을 강력히 요구하고 있다. 넷째, 개도국에 대한 적절하고 필요한 경제 지원은 중국과 개도국 간 관계의 일부분이다. 개도국 중에는 아직도 저개발 국가가 많으며 이런 나라는 국민 생활 수준이 극히 낮아 일정한 외부 원조가 있어야 낙후한 경제 상황에서 벗어날 수 있다. 중국은 개혁개방 이후 경제 분야에서 큰 발전을 이루었으므로 후진국의 경제 발전에 필요한 원조를 제공할 수 있는 능력을 갖추었다. 또한 이런 원조를 통해 결과적으로 중국 제품이 제3세계 시장에 진출할 수 있으며, 원자재를 수입해 국내 시장의 수요를 충족시키는 데 큰 도움을 줄 수 있다.

중국과 개도국 간의 관계는 전면적인 발전과 함께 메커니즘화라는 새로운 단계에 접어들었다. 이를테면 중국-아프리카협력포럼, 중국-아랍포럼, 중국-중남미포럼 등의 창립이다. 아래에 중국-아프리카협력포럼의 발전 과정 및 중국과 개도국 관계의 메커니즘화를 추진함에 있어서 그 역할에 대해 간략히 소개하고자 한다.

냉전 종식 이후, 국제 정세에 거대한 변화가 발생하면서 중국과 아프리카의 관계는 새로운 기회와 도전에 직면하게 되었다. 중국-아프리카협력포럼(이하 '포럼'이라고 약칭함)은 양측이 새로운 정세 하에서 창립한 새로운 협력 모델이며 중국-아프리카 관계사상 처음 있는 일이다. 이로써 중국과 아프리카 간의 대화와 협력, 그리고 공동 관심 사항과 새로운 문제의 해결을 위한 플랫폼이 구축된 것이다.[410] 포럼 출범 이후 10여 년간, 중국과 아프리카의 공동 발전이 효과적으로 추진되었고, 중국의 국제적 영향력과 아프리카에서의 소프트파워가 확대되었으며, 아프리카의 국제적 위상도 높아지고, 중국과 아프리카의 관계가 새로운 차원으로 업그레이드 되었다.

구체적으로 살펴본다면 첫째, 포럼은 중국과 아프리카의 공동 발전과 상호

---

410 Kafim Bathily: 「中國對非洲的文化戰略:重要性,前景與挑戰」,『西亞非洲』, 2009년, 제5기, p.25.

윈윈의 국면을 열어 놓았다. 포럼은 창립 때부터 양측의 공동 발전을 취지로 삼았다. 아프리카는 수년간 중국의 평화적 발전을 위해 정치적 측면에서 적극적인 지지를 보내 왔고 중국은 아프리카의 자원과 시장을 활용해 급속한 경제 성장을 이룩했다. 중국은 자국의 발전에 주력함과 동시에 능력 범위 내에서 아프리카에 대한 지원을 아끼지 않았다. 이를테면, 중국은 제1차 포럼에서 아프리카의 중채무빈국과 저개발국의 채무 100억 위안을 감면한다고 선포했으며, 제2차 장관급회의에서는 인적자원 개발을 강화하고 아프리카를 위해 다양한 분야의 전문가 1만 명을 양성하기로 제안했다. 제3차 포럼과 베이징 정상회의에서는 중국과 아프리카 간 실무 협력을 위한 8가지 방안을 제시했고, 제4차 장관급회의에서는 8가지 추가 방안을 제시해 아프리카에 대한 특혜 대출을 100억 달러로 늘리고, 중국과 수교한 아프리카 최빈국에서 수입하는 95%의 제품에 대해 점진적으로 관세 제로화를 실현하며 아프리카에 대한 원조를 한층 강화하기로 했다.[411]

포럼 창립 이래 일련의 조치들은 아프리카 경제 발전에 중대한 기여를 했다. 포럼이라는 엔진을 통해 중국은 아프리카 경제 발전의 새로운 원동력이 되었다. 최근 몇 년간 아프리카 경제는 연평균 5% 이상의 성장률을 유지하면서 비교적 빠른 속도로 발전하고 있는데 그 중요한 이유는 중국-아프리카 경제무역 협력이 강력하게 추진되었기 때문이라고 볼 수 있다. 포럼이 창립된 후 10여 년 동안, 중국-아프리카 무역액은 2000년의 106억 달러 수준에서 2008년에는 1,068억 달러, 2010년에는 1,150억 달러로 상승했다. 이밖에, 2007년 2월 잠비아에서 최초의 중국-아프리카 경제무역협력구가 열린 이후 현재까지 중국은 잠비아, 이집트, 모리셔스, 나이지리아, 에티오피아 등 5개국에 6개의 경제무역 협력단지를 조성했는데 그중의 일부는 이미 일정한 규모를 갖추고 경제 효익을

---

411 「中國商務部長陳德銘就中非經貿問題答記者問」, 中非合作論壇 싸이트 참조, 2010고 1월 22일.

창출하기 시작했다. 중국-아프리카 무역은 아프리카 일차 제품의 가격을 상승시켰고, 중국의 아프리카 국가에 대한 시장 개방은 아프리카의 수출을 촉진시켰으며, 중국의 아프리카에 대한 투자와 인프라 건설은 아프리카 경제의 도약을 이끌어 냈다. 지금까지 아프리카에 진출한 중국 기업은 1600개를 넘어서며 직접 투자 누적액은 78억 달러에 달한다. 서방국가들은 2009년 금융위기를 겪으면서 아프리카에 대한 직접 투자를 대거 삭감했고 심지어 일부 국가는 아프리카에 대한 원조 계획 마저 취소했다. 이와 반대로 중국의 아프리카에 대한 직접 투자는 지속적으로 증가하여 2008년 대비 36% 증가한 13.6억 달러에 이르렀다.

둘째, 포럼은 중국의 글로벌 영향력과 아프리카의 국제적 지위를 격상시켰다. 중국이 글로벌 대국으로 부상하는 과정에서 아프리카는 중국의 중요한 파트너가 되었다. 중국은 국제 사무에 갈수록 많이 참여하면서 파트너의 필요성을 느끼게 되었고 아프리카가 가장 좋은 파트너라는 것을 알게 되었다. 포럼의 창립과 성공은 전통적인 우호 협력을 기반으로 한 중국과 아프리카의 관계가 제도화, 메커니즘화의 방향으로 지속 가능한 발전을 이룰 수 있게 했으며, 중국의 영향력을 아프리카 나아가서는 세계에까지 확산시켰다. 중국과 아프리카 관계의 급속한 발전은 이미 국제사회로부터 큰 주목을 받고 있다. 아프리카에서의 중국의 발전에 대해 터무니 없는 의혹을 제기하던 일부 서방 강대국들도 태도를 바꾸어 아프리카에서의 중국의 활동이 중국과 아프리카 뿐만 아니라 서방국가를 포함한 세계 기타 국가에도 유리하다는 점을 인정하고[412] 아프리카 사무에서 중국과의 협력을 시도하고 있다.

포럼은 또한 아프리카의 국제적 지위의 향상과 아프리카 일체화 프로세스의 추진에 중요한 기여를 했는데 이 점은 다음의 두 가지 측면에서 볼 수 있다.

---

412 이것은 2010년 3월 24-25일 상하이국제문제연구원에서 개최한 '경제무역협력과 지속 가능한 중국 아프리카 관계' 국제심포지엄에서 한 영국 관리가 발표한 관점이다.

우선, 중국-아프리카협력포럼은 국제사회에서 아프리카와의 협력 모델로 떠올라 기타 국가들의 관심을 불러 일으켰으며 강대국의 대아프리카 정책에 대한 조정을 이끌어 냈다. 유럽연합은 2007년 12월에 6년간 지연된 제2차 유럽-아프리카 정상회의를 소집하여 평등한 동반자 관계의 구축을 제안했고, 일본은 2008년 5월 제4차 아프리카개발회의를 개최하여 향후 5년간 아프리카에 대한 원조액을 배로 늘리기로 약속했다. 미국 오바마 대통령은 2009년 7월에 가나를 방문해 미국과 아프리카 간 '상호 책임, 상호 존중'의 동반자 관계를 구축할 것을 선언했다. 신흥 대국들도 잇따라 아프리카와의 협력에 박차를 가했다. 인도는 2008년에 제1차 인도-아프리카 정상회의를 개최했으며 러시아, 브라질, 한국 등 국가들도 아프리카와의 협력을 확대하기 위한 적극적인 움직임을 보였다. 결론적으로, 중국-아프리카협력포럼은 강대국(신흥 대국을 포함)의 아프리카에 대한 관심과 정책 조정을 이끌어 냈고 아프리카로 하여금 글로벌 남북대화에서 더 나은 협상 공간을 확보할 수 있게 했으며 남남협력의 확대를 통해 아프리카의 국제적 지위를 전반적으로 격상시켰다. 다음으로, 포럼은 아프리카의 집단 정체성에 대한 인식을 높여 주었다. 아프리카 국가들은 중국-아프리카정상회의에 참가하는 과정에서 다른 나라들이 완전하고 전면적인 대아프리카 정책을 가지고 있는 반면 자신들은 아직 이에 대응할 수 있는 통일된 정책이 부족하다는 사실을 깨달았으며 따라서 아프리카의 공동 입장과 정책을 강화할 필요가 있다는 점을 인식하게 되었다. 이러한 인식은 아프리카 각국 간의 연대를 강화하고, 연합과 자강, 공동 발전을 추구하는 공동체 의식을 높이고, 아프리카의 일체화 발전을 추진하는 데 도움이 되었다.

셋째, 포럼은 중국의 대아프리카 정책 체계를 보완하고 중국과 아프리카의 관계를 새로운 차원으로 끌어올렸다. 중국-아프리카협력포럼은 중국이 대아프리카 정책을 조절, 보완하고 자원을 통합함에 있어서에 긍정적인 역할을 했다. 포럼은 창립된 이래 시대의 흐름에 보조를 맞추는 데 중점을 두었으며 이에 따라 매차 회의마다 자체의 특징을 보였다. 이를테면, 2003년 제2차 포럼 장관급 회의를 시작으로 중국-아프리카 기업인 대회가 추가됨으로써 포럼이 양 지역 기업인들의 협력의 장이 되었으며 제3차 기업인대회에는 중국과 아프리카의 천 명에 달하는 기업인들이 참석하기도 했다. 2006년 제3차 포럼 장관급회의와 베이징정상회의에서는 협력 메커니즘을 한 단계 격상시켜 중국과 아프리카 외무장관이 유엔총회 기간 개최하는 외교장관급 정치협상에 대해서도 메커니즘화를 실현했다. 이밖에도 고위급회의, 중국 후속행동위원회비서실과 주중아프리카 사절단의 협상 등 메커니즘과 프로세스를 구축했다. 제4차 포럼에서는 양측이 모두 적절한 시기에 중국-아프리카문화포럼을 개최하고 문화부서 간 정례적인 협상을 강화할 데 대한 제안을 내놓았다.

상술한 일련의 메커니즘들이 효과적으로 작동함에 따라 중국과 아프리카의 협력은 점차 양자에서 양자와 다자를 동일하게 중요시하는 방향으로 발전하게 되었고 중국과 아프리카의 관계는 새로운 수준으로 한 단계 격상되었다. 2000년 포럼에서 중국과 아프리카가 '장기적 안정, 호혜평등의 신형 동반자 관계'를 수립한 데 이어, 2003년 포럼에서 '장기적 안정, 호혜평등, 전면적 협력의 신형 동반자 관계'를, 2006년의 베이징 정상회의에서 만장일치의 동의로 '정치적 평등과 상호 신뢰, 경제적 협력과 상호 원원, 문화적 교류와 상호 배움의 신형의 전략적 동반자 관계'를 수립한 데 이르기까지 양측의 관계가 갈수록 깊어지고 지속적으로 발전되어 왔음을 알 수 있다.

제4절 다자외교의 개척과 혁신

다자외교는 중국의 전체외교와 전방위외교의 중요한 일부분이다. 중국의 다자외교는 외교 전략의 선택과 대외 관계의 발전, 그리고 중국의 외교 이념과 외부 세계에 대한 인식과 밀접히 연관되어 있다. 신중국 출범부터 오늘에 이르기까지 중국의 다자외교는 건국 초기 국제 다자외교 활동에서 유리된 수동적인 참여에서 유엔 의석 회복 후 초보적이고 능동적인 참여, 냉전 종식 후 전면적이고 적극적인 참여에 이르는 과정을 거쳐왔다. 중국의 다자외교는 중국공산당과 중국 외교의 가치관 전파에 큰 관심을 두었으며 물질적 가치보다 정신적 가치에 더 큰 관심을 두었는데 이 점에서 개도국과의 관계와 상당 부분 유사하다고 볼 수 있다.

1. 수동적 참여 시기

중국은 건국 이후 1960년대 말까지 국제사회에서 줄곧 혁명자의 역할을 담당했으며 국제 다자외교에 대해 강한 부정적 태도를 보였다. 따라서 중국은 장기간 각종 다자외교 활동에서 유리되어 있었고 비록 일부 중요한 다자외교 활동에 참여하기는 했으나 여전히 수동적인 참여에 불과했다.

중국은 건국 이후부터 1971년에 유엔 의석을 회복하기 전까지 다자외교에 큰 관심을 돌리지 않았으며 일부 다자외교 활동에 참여했다 하더라도 그 범위가 개도국, 사회주의 진영 또는 국제공산주의 운동권에 국한되었다. 총체적으로 보면, 이 시기 다자외교에 대한 중국의 태도는 소극적이고 수동적이었는데 이는 당시의 국내 국제 정세와 무관하지 않다고 볼 수 있다.

우선, 냉전적 대결 구도는 중국의 다자외교의 전개를 극도로 어렵게 만들었다. 당시 세계에서 중요한 다자외교의 장, 특히 유엔은 미국과 소련 또는 자본주의와 사회주의 진영 간의 대결의 장이였으며 양측 진영 내에서의 다자 협력도 냉전적 대결의 수요에 따라야 했다. 이러한 배경 하에서 사회주의 대국인 중국은 불가피적으로 냉전의 소용돌이에 휘말리게 되었고 미국을 비롯한 서방 진영의 봉쇄 대상이 될 수밖에 없었다. 중국공산당의 '일변도' 외교전략은 이런 상황에서 비롯된 현실적인 선택이었다. '일변도' 전략은 건축 초기 중국으로 하여금 국제적 고립에서 벗어날 수 있게 했으나 뚜렷한 이데올로기적 색채와 진영 대결의 특징을 띠고 있어 다자외교의 전개가 큰 제약을 받게 되었다.

다음으로, 신중국 출범 초기의 혁명 열정이 아직 식지 않았고, 또 다자외교에 대한 현실적인 인식이 결여되어 있는데다 대만이 부정한 수단으로 유엔 의석을 차지한 데 따른 현실적인 좌절감 때문에 중국은 국제체계에서 상당 부분 '혁명자'의 자세로 등장하게 되었다. 국제체계에 대한 중국의 이상주의적인 인식은 특히 '문화대혁명' 기간에 더욱 확연히 드러나면서 다자외교에 대해 지극히 부정적인 태도를 취했는데 이는 사회주의 진영 내의 다자외교 활동에서도 마찬가지였다. 사실상, 중국은 중·소 밀월 시기에도 경제상호원조회의CMEA와 바르샤바조약기구에 가입하지 않았고 세계 공산당과 노동자 당대회 등 다자간 교류에만 참가했다. 그러나 이런 회의에서 유고슬라비아 공산당에 이어 중국공산당도 집중 공격을 받아 왔던 탓에 이 같은 제한적인 다자교류 마저도 중국 인들에게 그다지 좋은 인상을 남기지 못했다. 이밖에도 중국은 개도국의 일원으로서 제2차 세계대전 후 형성된 세계 정치, 경제 질서는 선진국에 의해 지배되고 있기 때문에 선진국의 개도국에 대한 착취에 유리하며 심각한 불평등 관계가 존재한다고 줄곧 주장해 왔다. 현실적으로도, 대만의 유엔 의석 차지와 6.25 전쟁 등은 유엔을 중국의 대립면으로 몰아갔다. 당시 신중국 정부는 유엔이 "미국을 비롯한 제국주의 집단이 침략 전쟁을 확대하는 도구로 전락했다"[413]고 주

---

413 「外交部發言人斥責美國操縱聯合國大會非法通過對中朝禁運案的談話」, 『中華人民共和國對外關系文件集』(第2卷), 世界知識出版社, 1958년, p.27.

장해 중국인들의 유엔에 대한 시각은 상당 기간 부정적이었다.

그럼에도 불구하고 신중국은 출범 이후 자주독립적인 평화외교정책을 실행하면서 다자외교의 실천 분야에서도 일부 진전을 이룩했는데 그중 가장 대표적인 것이 제네바회의와 반둥회의에의 참석이다.

1954년 4월의 제네바회의는 신중국이 건국 이후 처음 참여한 중요한 다자외교 활동이였다. 건국 초기 '일변도' 외교전략의 실행으로 인해 중국은 다자외교를 전개할 기회가 상대적으로 적었고 따라서 신중국을 세계에 알리고 세계도 중국을 알 수 있는 루트가 부족해 중국 외교의 전면적인 발전이 어느 정도 제약을 받았다. 이런 상황에서 제네바회의는 신중국을 세계에 알릴 수 있는 좋은 기회였다. 그러나 당시 외교 경험이 부족한 신중국으로서는 국제 무대에 처음 등장하는 것이 하나의 어려운 도전이 되었다. 왜냐하면 이것은 신중국의 국제적 이미지 뿐만 아니라 생존, 발전과도 관계되기 때문이었다.

중국은 이 회의를 매우 중요시 여겨 저우언라이를 단장으로 하고 장원톈張聞天, 왕자샹王稼祥, 리커눙李克農을 일행으로 한 대표단을 파견했다. 중국이 이 회의에 참가하는 기본 방침은 외교 활동을 강화해 미국의 봉쇄와 금수 및 군비확장정책을 타파하고, 국제적 긴장 정세의 완화를 촉진하며, 최선을 다해 일부 합의를 달성함으로써 대국 협상을 통한 국제 분쟁 해결의 대문을 여는 데 유리하도록 하는 것이었다. 중국은 회의에서 북한, 소련과 함께 북한 문제를 해결하기 위한 합리적인 방안을 제기했으나 미국의 방해로 결국 이와 관련한 아무런 합의도 이루어 내지 못했다. 인도차이나 문제를 논의할 때 중국은 소련, 베트남과 함께 동시적인 완전한 휴전과 지역 조정에 대한 원칙, 그리고 3국의 상황에 따른 여섯 가지 부동한 실행 방안을 제기했다. 논의 끝에 회의에서는 인도차이나 3국의 완전한 휴전 원칙이 통과되었고 7월 21일에는 「제네바회의 최종선언」이 채택되었다. 중국의 노력으로 제네바회의는 인도차이나의 평화를 되찾고 8년간 지속된 프랑스 식민지 전쟁을 종식시켰다. 제네바회의 기간 중국은 국제 안보와 세계 평화를 위해 많은 노력을 기울임으로써 국제무대에 이제 막 등장한 중화인민공화국이 세계 평화를 수호하는 중요한 힘이 되었음을 보여주었다.

제네바회의를 통한 다자외교의 실천은 신중국 외교도 대아지당大雅之堂·우아한 자리에 오를 수 있을 뿐만 아니라 뜻한 바도 이루어 낼 수 있다는 점을 증명해 주었다. 특히 회의 기간 중국 정부가 강력하게 주장한 평화공존 5항원칙은 신중국이 국제 사회에 진정으로 융합되는 역사 과정의 시작이라고도 볼 수 있다.

반둥회의(아시아·아프리카회의)는 1955년 4월 18일, 인도네시아, 미얀마 등 5개국의 개최 하에 인도네시아 반둥에서 개막되였으며 중국 등 29개 국가가 참석했다. 이 회의는 서방 식민주의 국가의 참여 없이 아시아·아프리카 국가들이 자체적으로 개최한 최초의 국제회의였다. 신중국 출범 후 중국의 다자외교 무대는 주로 아시아, 아프리카의 민족주의 국가와 사회주의권 국가였다. 중국도 민족해방투쟁을 거쳐 반식민지 운명에서 벗어난 국가이자 사회주의 국가이므로 이런 국가들과 동질감을 가지고 있었다. 건국 초기 중국은 아시아, 아프리카, 중남미 국가들과 적기적으로 교류 관계를 이루지 못했다. 그 이유는 주관적인 측면에서 볼 때, 중국은 당시 외교의 역점을 대소對蘇외교에 두었고 '일변도'라는 이념적 틀에 갇혀 많은 민족주의 국가들을 제국주의 진영의 구성원으로 간주했기 때문이다. 특히 대만의 국민당 정권이 그들과 관계를 유지하고 있는 상황에서 중국 대륙이 마음 놓고 그들과 관계를 발전시키기는 어려웠다. 객관적인 측면에서 볼 때, 당시 아시아, 아프리카, 중남미의 대부분 민족주의 국가들은 식민지 통치에서 금방 벗어 났고, 또 독립 후에도 여전히 옛 종주국의 통제를 많이 받고 있는데다가 제2차 세계대전 기간과 전후 초기 국제공산주의 운동이 발전하면서 일부 국가의 공산당 세력이 강화되어 통치 집단의 이익에 위협을 조성하고 있으므로 이들 국가가 중국과의 교류를 꺼렸기 때문이다. 건국 초기 몇 년 동안 외교 분야에서 상대적인 어려움을 겪은 후, 중국의 지도자들은 당시의 국제체계에서 기존의 사고 방식으로는 외교 공간을 확장할 수 있는 가능성이 크지 않다는 점을 깨닫고 아시아, 아프리카, 중남미 국가들과의 관계 발전에 주력하기 시작했다. 이런 의미에서 1955년의 아시아·아프리카회의는 중국이 다자외교를 전개하는 한 차례의 중요한 실천이었으며, 중국과 아시아, 아프리카, 중남미 민족주의 국가들과의 관계 발전을 고조에 이르게 했다고 볼 수 있다.

1955년 4월 17일 저우언라이를 단장으로 하고 천이陳毅, 예지좡葉季壯, 장한푸章漢夫, 황전黃鎭을 일행으로 한 중국 대표단이 반둥에 도착했다. 이 회의에서 중국 의 기본 방침은 평화통일전선을 확대하고 민족독립운동을 촉진한다는 정신에 입각해 일부 아시아, 아프리카 국가와의 관계 구축을 위해 조건을 마련하며, 회의를 원만하게 마칠 수 있도록 최선을 다하는 것이었다. 중국은 회의에 참석한 두 사회주의 국가 중 하나로서(다른 하나는 베트남) 회의에서 갈등의 초점이 되었다. 이라크 등 국가의 대표들은 공산주의는 일종의 전복적인 종교이고 신식 식민주의라고 공격했으며 파키스탄, 필리핀 대표는 공산주의는 일종의 위협적인 존재로서 아시아, 아프리카 국가들은 연합하여 공동으로 공산주의 위협에 대비해야 한다고 주장했다. 이에 대해 저우언라이는 다음과 같이 표명했다. "중국 대표단은 단결을 위해 온 것이지 싸우러 온 것이 아니다. 우리 공산당은 공산주의에 대한 믿음과 사회주의가 좋은 제도라는 입장을 종래로 번복하지 않았다. 비록 우리들 사이에 차이가 분명히 존재하지만 이 회의에서 개인의 사상과 각국의 정치 제도를 홍보할 필요는 없다고 본다." 저우언라이는 전후 아시아의 독립 국가는 두 부류로 나뉘는데 하나는 공산당이 이끄는 국가이고 다른 하나는 민족주의가 이끄는 국가라고 주장하면서 이렇게 말했다. "우리는 아시아, 아프리카 국가에는 서로 다른 사상 의식과 사회 제도가 존재한다는 것을 인정하지만 이것이 결코 우리가 공통점과 단결을 추구하는 데 방해가 되는 것은 아니다." 중국과 이들 국가의 공통점은 "바로 아시아, 아프리카의 절대다수 국가와 인민들은 근대 이래 식민주의로 인한 재난과 고통을 겪었고 지금도 여전히 겪고 있다는 것이다.……식민주의의 고통과 재난을 해소하는 데서 기본적 인 공통점을 찾는다면 우리는 상호 의심과 두려움, 상호 배척과 고립이 아니라 상호 이해와 존중, 상호 동정과 지지를 얻을 수 있을 것이다." "우리의 회의는 구동존이 즉, 같은 점을 추구하고 다름 점은 잠시 보류해야 한다."[414] 저우언라이가 제시한 '구동존이' 원칙은 회의에 참석한 각국 대표들의 광범위한 찬사를 받았다. 마지막으로 회의에서는 평화공존 5항원칙에 기반한 세계 평화와 협력 추진에 관한 선언을 채택했다. 선언에서는 각국이 평화롭게 지내고 우호적으로 협력하는 10대 원칙, 즉 반둥정신을 제시했다.

회의 기간 중국 대표단은 '회의 밖 외교會外交'를 적극적으로 펼쳤다. 그 결과 4월 22일 중국은 인도네시아와 화교의 이중 국적 문제에 관한 조약을 체결함으로써 양국의 오랜 현안이 불과 20분 만에 이뤄진 조인식을 통해 해결되었다. 이와 관련하여 저우언라이는 "아시아·아프리카회의 기간에 이 문제가 해결된 것은 매우 큰 의미가 있다. 이것은 아시아, 아프리카 국가들 간에 우호적인 협상 정신으로 복잡하고 어려운 문제를 해결한 또 하나의 좋은 사례이다"[415]라고 말했다. 4월 23일 저우언라이는 8개국 대표단 단장회의에서 대만 문제와 관련하여 다음과 같이 성명을 발표했다. "중국 인민과 미국 인민은 우호적이다. 중국 인민은 미국과의 전쟁을 원하지 않는다. 중국 정부는 극동 지역의 긴장 완화, 특히 대만 지역의 긴장 완화를 위해 미국 정부와 마주 앉아 논의하고 담판지을 용의가 있다."[416] 중문으로 69자 밖에 안 되는 이 짧은 성명은 서방 기자들에 의해 "반둥회의 기간 중 가장 센세이셔널한 뉴스"로 알려졌으며, 참석자들도 이를 한 차례 중대한 평화적 행동으로 보았다. 아시아·아프리카 회의 후, 중국 대표단은 인도네시아를 방문함으로써 양국 관계의 발전을 한층 촉진했다.

414 『周恩來文選』, 中央文獻出版社, 1990년, pp.121-122.

415 王繩祖:『國際關系史』(第八卷), 世界知識出版社, p.256.

416 『周恩來文選』, 中央文獻出版社, 1990년, p.134.

저우언라이 총리의 뛰어난 외교적 재능과 중국의 올바른 정책으로 중국은 아세아·아프리카회의에서 큰 성공을 거두었다. 회의를 통해 "중국은 외교적 능력을 충분히 보여주었고, 국제적 지위와 명망을 얻게 되었다."[417] 아시아·아프리카회의에서 얻은 성공은 이후 중국의 다자외교의 전개에 중요한 경험으로 제공되었다.

제네바회의와 아시아·아프리카회의 외에도 중국은 여러 차례의 다자외교 활동에 참여했다. 이를테면, 1949년 11월 16일부터 12월 2일까지 중국 정부는 베이징에서 아시아·호주노조대표회의를 개최했는데 도합 10여 개국의 117명 대표가 참석했다. 이 회의는 신중국이 참여한 최초의 국제회의였다. 같은 해 12월 10일부터 16일까지 베이징에서 아시아여성대표회의가 열렸는데 도합 14개국의 165명 대표가 참석했다. 1950년 5월에 중국은 만국우편연합UPU에의 가입을 선언했는데 이는 신중국이 가입한 최초의 국제기구였다. 1952년에 중국은 「질식성, 독성 또는 기타 가스 및 세균학적 전쟁 수단의 의전시 사용 금지에 관한 의정서」에의 가입을 선언했는데 이는 신중국이 가입한 최초의 국제공약이었다. 같은 해 10월 쑹칭링宋慶齡, 궈모뤄郭沫若 등 유명 사회 활동가들의 제안으로 베이징에서 아시아 및 태평양 지역 평화회의가 열렸는데 37개국의 대표들이 참석했다. 이러한 회의, 조약, 기구와 공약은 비록 규모가 크지 않지만 이를 통해 신중국이 양자외교와 다자외교를 동시에 펼쳤음을 알 수 있다.

2. 능동적 참여 시기

중국은 1971년 유엔 의석 회복 이후부터 냉전이 종식되기까지의 기간, 다자외교 실천을 점차 강화해 적극적이고 능동적으로 각종 다자외교 활동에 참여

---

417 裴堅章:『中華人民共和國外交史1949—1956』, 世界知識出版社, p.253.

함으로써 냉전 이후 다자외교 및 국제체계와 국제 신질서 구축에 보다 적극적이고 전면적으로 참여할 수 있는 발판을 마련했다.

중국의 다자외교 방침의 전환에는 복잡한 국내, 국제적 배경이 깔려 있다. 구체적으로 살펴보면 첫째, 개혁개방 이후 경제건설이 제반 정책의 핵심으로 부각되면서 중국은 국제체계와 국제 메커니즘에 더 많이 융합되고 더 적극적이고 능동적으로 다자외교에 참여하는 것이 필요했다. 이와 관련하여 덩샤오핑은 "네 개 현대화를 실현하려면 잘 배우고, 많은 국제적 도움을 받아야 한다. 세계의 선진 기술과 장비를 도입해 우리 발전의 발판으로 삼아야 한다"[418]고 말한 바 있다. 세계와의 연계가 강화됨에 따라 중국은 현재의 국제 정치, 경제 질서는 여전히 서방 국가에 의해 지배되고 다양한 불평등 요소가 존재하지만, 기존의 국제 질서에 동참해야만 건설적인 자세로 그것을 점차 개조해 공정하고, 합리적이고, 민주적인 방향으로 발전시킬 수 있다는 것을 깨달았다. 이 같은 인식 하에 중국은 국제 체계의 도전자에서 참여자로 전환하게 되었다. 1980년대에 들어 중국은 대외 개방의 범위를 꾸준히 확대함과 동시에 다자협력을 통해 경제, 무역거래를 활성화시키고 유무상통을 실천함으로써 다자간 협력을 국제 경제, 기술 자원을 획득하는 중요한 경로로 만들었다.

둘째, 국제 정세와 시대적 주제에 대한 중국의 근본적인 인식 변화, 특히 시대적 주제에 대한 인식이 '전쟁과 혁명'에서 '평화와 발전'에로 바뀌면서 중국의 다자외교는 새로운 발전을 가져오게 되었다. 1980년대에 들어서면서 중국은 기존 관념에서 벗어나 평화와 발전은 현 세계의 양대 주제이며, 평화 세력이 지속적으로 성장하고 평화가 유지될 가능성이 있는 상황에서 다자간 협력은 교류를 촉진하고 평화를 유지하는 효과적인 경로이며 중국도 다자외교를 통해 뜻한 바를 이룰 수 있다는 인식을 가지게 되었다. 1970년대와 80년대 이래, 글로벌

---

418 『鄧小平文選』, (第2 卷), 人民出版社, 1994년, p.133.

화가 급속히 발전하면서 전 세계는 더 밀접히 연결되었고 어떤 국가도 기존의 국제체계와 국제제도 밖에서 고립적으로 존재할 수 없게 되었으며 반드시 협력을 통해야만 자국의 발전을 도모할 수 있게 되었다. 글로벌화는 또 다른 한편으로, 환경 오염, 국제테러리즘, 다국적 범죄 등과 같은 세계적인 문제들을 부각시켰다. 이런 문제들은 한두 나라의 힘으로 해결할 수 있는 문제가 아니므로 세계적인 협력이 필요했다. 이러한 배경 하에 중국의 다자외교는 갈수록 활기를 띠게 된 것이다.

셋째, 중국 국력의 급속한 성장은 중국이 다자외교를 통해 더 큰 역할을 발휘할 수 있는 든든한 기반을 마련했다. 80년대에 들어 중국 경제는 연간 성장률 10%를 유지함으로써 60년대의 일본과 70년대 아시아의 네 마리 작은 용亞洲四小龍에 이어 아시아에서 급부상하는 또 하나의 경제체로 등장했다. 이는 객관적으로 국제사회에서의 중국의 입지를 한층 넓혀 주었고 중국의 다자외교의 전개에 더 좋은 여건을 마련해 주었다.

이 시기 중국의 다자외교는 두 단계로 나누어 살펴볼 필요가 있는데 그 첫 단계는 개혁개방 정책을 실행하기 이전인 70년대 전반이다. 1971년 유엔 안보리 복귀 이후에도 중국은 다자외교 활동에서 "실제적인 참여보다 원칙에 대한 추상적인 담론과 방관이 더 많았다." 1971년 11월 24일부터 1976년 12월 22일까지 안보리 표결에서 중국이 기권했거나 불참한 횟수는 39%에 달했다.[419] 이 단계에서 중국의 다자외교의 핵심은 유엔의 합법 의석을 회복한 후 방대하고 복잡한 유엔의 기구, 회의, 조직 중에서 어떤 것을 선택하느냐 하는 것이었다. 당시 유엔 주재 중국대표단은 국내 지표에 대한 상세한 검토를 바탕으로 유엔에서의 업무 수행 방침과 이념을 다음과 같이 제시했다. (ㄱ) 유엔은 하나의 강연장과 같아 그 역할이 매우 중요하다. 왜냐하면 베이징에서 한 말은 세계 가

---

419 Samuel S. Kim, *The United Nations and World Order* (Princeton; Princeton University Press, 1979), p. 209

다 들을 수 있다고 단언하기 어렵지만 유엔에서 한 말은 세계가 다 들을 수 있기 때문이다. (ㄴ) 제3세계의 반제국주의, 반식민주의, 반종족주의, 반패권주의 투쟁을 확고히 지지한다. (ㄷ) 미, 소 패권을 반대하고 소련 수정주의를 타격하는 데 역점을 둔다. (ㄹ) 유엔 내에서 중국이 주장하는 원칙에 부합하지 않거나 저촉되는 부분, 이를테면 인권, 평화유지 등 문제에 대해 초연한 태도를 유지한다.[420] 이 같은 방침 하에 중국은 유엔 체계 내 기타 전문 기구의 다자외교 활동을 신속히 재개했다.

유엔을 중심으로 한 다자외교 활동에서 중국은 다음과 같은 특징을 보였다.

첫째, 중국은 줄곧 제3세계 국가의 이익 대변자 이미지로 각종 다자외교의 장에 등장했다. 중국은 제3세계와 관련된 평화, 안보 등 문제에서 단호히 제3세계 국가의 편에 섰을 뿐만 아니라 새로운 국제경제질서를 수립하기 위한 제3세계 국가의 투쟁에 대해서도 전폭적으로 지지했다. 중국은 제국주의, 식민주의, 종족주의와 패권주의를 반대하는 제3세계 국가의 투쟁을 확고히 지지한다는 당시의 지도사상 하에 비식민지화위원회(24개국위원회)와 해저위원회에 참가했다. 그러나 중국은 당시 국력이 아직 약하다는 점을 스스로 인지하고 있었기 때문에 다자외교에서 도의적 지지의 방식을 더 많이 취했고 그 역할에 대해서도 과대 평가하지 않았다.

둘째, 중국은 다자외교 활동 중 정치, 안보 문제에서 도의적인 원칙을 강조했다. 인권위원회의 경우, 중국 정부는 서방 세계의 인권 관념과 마르크스주의 인권 관념은 물과 불처럼 서로 용납될 수 없으므로 참가할 필요가 없다고 여겼다. 그리고 유엔의 평화유지행동은 중국이 일관되게 주장해 온 내정 불간섭 원칙에 저촉되는 것이었다. 평화유지행동 경비는 유엔 예산에 포함되므로 회원국은 회비를 납부할 때 납부 비율에 따라 평화유지행동 비용을 부담해야 했다. 이

---

420 吳健民:「多邊外交是構建和諧世界的平臺」,『外交評論』, 2006년 제4기.

에 대해 중국 정부는 유엔의 평화유지행동이 중국이 주장하는 원칙에 어긋나므로 참여하지 않을 뿐만 아니라 중국이 부담하는 비용 지불도 거부한다는 입장을 취했다. 따라서 중국대표단은 유엔 안보리가 평화유지행동 기한 연장에 관한 결의를 채택할 때 불참하는 경우가 많았고 표결 시에도 "투표에 참여하지 않았다."

셋째, 중국은 사회, 문화 분야의 다자외교 활동에는 적극 참여했으나 경제 분야의 활동에는 참여가 제한적이었는데 이는 당시 중국의 국내 정책과 관계된다. 중국 정부는 당시 "외채도 없고 내채도 없다"고 자부하면서 유엔이 중국에 제공하는 무상 원조는 받아들였으나 차관은 받지 않았다. 따라서 1977년까지 중국은 유엔 산하 또는 관련 국제기구를 망라한 21개 국제기구에 가입했으나 경제 분야의 중요한 국제기구인 세계은행, 국제통화기금IMF, 관세무역일반협정 GATT에는 가입하지 않았다.

이 시기 다자외교의 두 번째 단계는 개혁개방 정책 실행 이후인 80년대 전반이다. 중국공산당 11기 3중전회에서 당의 중점 과제를 경제 건설로 전환한 후 중국은 적극적이고 능동적으로 다자외교 활동에 참여하기 시작했고 유엔 사무에도 전면적으로 참여하기 시작했다. 1986년 제6기 전국인민대표대회 제4차 회의에서 채택된 정부사업보고서에서는 다음과 같이 밝혔다. "중국은 유엔 헌장의 취지와 원칙에 따라 유엔이 헌장 정신에 의해 진행하는 모든 업무를 지지하며, 유엔 및 전문 기구가 전개하는 세계 평화와 발전에 유리한 활동에 적극 참여한다. 중국은 각종 국제기구에 폭넓게 참여하여 다자외교를 적극적으로 펼쳐 나아가며 다양한 분야에서 국가 간 협력을 증진하기 위해 노력한다."[421] 80년대에 접어들면서 중국의 다자외교는 국내 정책의 조정과 함께 빠르게 발전했다. 1989년에 이르러 중국은 이미 16개의 정부 간 국제기구와 600여 개의 비정

---

421 韓念龍: 『當代中國外交中國』, 社會科學出版社, 1987년, p.384.

부 간 국제기구에 새로 가입했으며, 80여 개의 중요한 국제공약[422]에 가입했다. 이를테면, 중국은 세계은행, 국제통화기금, 아시아개발은행에 가입했고, 1986년에는 관세무역일 반협정 회원국 복귀 신청을 제출했으며, 1978년부터 1982년까지 개최된 해양법회의에도 적극 참가했다.

총괄적으로, 개혁개방 이후 중국의 다자외교 영역은 다양한 분야에로 확대되었고, 다자간 협력도 더 효과적으로 진행되었으며, 국제기구에서의 중국의 지위도 상승하고, 국제회의 개최와 같은 다자외교 활동도 눈에 띄게 증가했다. 이 시기 중국의 다자외교 성과는 주로 다음과 같은 면에서 볼 수 있있다.

첫째, 경제 분야의 다자외교에 더 큰 관심을 기울였다. 즉 다자 협력을 통해 자금, 기술 등을 획득하여 국내 경제 건설을 지원하는 데 역점을 두었다. 1980년에 중국은 세계 은행과 국제통화기금에 가입한 후 비록 발언권은 별로 없었지만 이 두 기구로부터 많은 차관을 받아 냈다.

둘째, 제3세계와의 단결과 협력 강화를 외교 업무의 기본 출발점으로 한 전제 하에 과거 제3세계에 무조건적으로 '주기만' 하던 관행을 바꾸어 '평화호혜, 실효성 추구, 다양한 형식, 공동 발전'이란 네 가지 원칙을 기반으로 한 새로운 호혜협력의 관계를 구축했다. 중국은 국익이 다자외교 발전의 기준임을 강조함과 동시에 유엔 등 다자외교의 장에서 제3세계에 대한 도의적 지지를 견지함으로써 다자외교에서의 중국의 일관된 이미지를 잃지 않았다.

셋째, 다자외교는 더 이상 양자외교에 대한 보완이나 중국의 입장 표명을 위한 강연장이 아닌 중국 외교의 중요한 일부분이 되었다. 중국은 1982년의 외교 개혁 이후 유엔 및 유엔 산하 전문기구와 기타 국제기구의 활동에 더 적극적으로 참여했으며 중국의 지위와 역할도 각국의 주목을 받기 시작했다.

---

[422] 謝益顯: 『中國外交史(1949-1999)』, 河南人民出版社, 1996년, p.217.

3. 능동적 구축 시기

1990년대에 들어, 다자외교를 적극적으로 펼칠 수 있는 주관적, 객관적 여건이 점차 조성됨에 따라 중국의 다자외교는 새로운 국면을 맞이하게 되었다. 이 시기 중국 다자 외교의 주요 특징은 첫째, 세계적, 지역적인 중대한 문제에서 중국은 중요한 참여자였으며 중국의 태도와 입장이 중요한 영향을 미쳤다. 둘째, 중국의 지도자들이 국내외 다자외교 활동에 빈번히 참여하고 각국의 지도자들과 함께 국제 현안을 논의하는 등 다자 협력 강화에 적극 나섰다. 셋째, 중국이 참여하는 다자외교 활동 분야가 정치, 안보에서 점차 경제, 군축과 군비통제, 인권, 환경, 사회 발전 등 다양한 분야에로 확대되었으며, 중국과 다자기구의 협력이 성과를 보이기 시작했고 갈수록 많은 중국인들이 국제 기구에서 주석, 부주석, 부비서장, 대법관 등 요직을 담당하게 되었다. 넷째, 중요한 국제회의와 국제 활동이 중국에서 빈번히 개최되었다.

이 시기 중국이 국제사회에 전면적으로 융합되고 다자외교도 활발하게 펼치게 된 것은 당시 중국이 처한 국제적 환경과 밀접한 연관이 있는데 구체적으로 살펴보면 다음과 같다.

첫째, 냉전과 양극 구도의 종식은 중국의 다자외교의 실천에 넓은 공간을 제공했다. 냉전 질서의 종말은 자다주의 유엔의 지위를 크게 격상시켰고 유엔은 세계 무대의 중심이나 다름없게 되었다. 이는 최근 몇 년간 유엔 개혁에 대한 국제 사회의 전례 없는 관심과 이를 둘러싸고 펼쳐진 각국 간의 경쟁과 수싸움에서 알 수 있다. 이밖에 냉전과 양극 구도의 종식은 국제 정치 환경에 큰 변화를 일으켰고 이러한 변화는 중국의 다자외교의 발전에 유리한 여건이 되었다.

둘째, 양극 구도가 해체된 가장 직접적인 결과인 세계 구도의 다극화이다. 양극 구도의 종식은 다자주의와 다자외교가 진정으로 '다자'의 의무와 기능을 이행할 수 있는 조건을 마련했다. 비록 냉전이 끝난 후 미국이 유일한 초강대국이 되었지만 유럽연합, 러시아, 중국과 일본은 여전히 무시할 수 없는 세력이였다. 다양화된 세계는 바야흐로 몇 개의 지역경제협력체로 결집되고 있으며, 세계의 다극화는 막을 수 없는 추세가 되었다. 중국은 '다극' 중의 '일극'으로써 종합 국력이 끊임없이 상승함에 따라 더 전면적으로 국제 사회에 융합될 것이며 마땅한 국제적 역할을 행사할 것이다.

셋째, 글로벌화와 이로 인한 세계적인 문제의 부각이다. 1970년대에 시작된 글로벌화의 새로운 고조는 냉전의 종식과 함께 더 큰 발전을 가져왔다. 글로벌화의 발전은 평행선을 달리던 두 개의 세계 시장을 하나로 통일시켰으며 국가 간의 상호 의존도와 공동 이익을 증대시켰다. 국가 간의 상호 의존과 공동 이익은 다자주의가 존재할 수 있는 토대이며, 글로벌 경제 협력은 다자외교를 통한 조율을 필요로 한다. 세계무역기구wto의 설립과 그 규칙의 제정은 바로 이러한 조율의 결과이다. 그러나 글로벌화 과정에서 환경문제, 자원문제, 지역 갈등, 국제범죄 등과 같은 세계적인 문제도 함께 대두되었다. 이런 문제들은 세계 각국이 다자외교를 통해 공감대를 형성하고 힘을 합쳐야만 해결할 수 있는 것이다. 이러한 시대적 특징은 세계 정치, 경제 구도를 바꿔 놓았을 뿐만 아니라 모든 국가의 대외 정책 환경도 바꿔 놓았다. 개도국인 중국도 마찬가지로 글로벌화로 인한 충격과 도전에 직면하게 되었고 책임을 짊어지는 국가로서 다자국제 기구와 조약에 적극 참여해 세계적 문제의 해결에 기여해야 했다.

냉전 이후 새로운 국제 환경에 직면한 중국은 "확고부동하게 대외개방 정책을 실행하면서 경제의 글로벌화 추세에 발을 맞춰 국제적 경제 협력과 경쟁에 적극 참여했다. 또한 경제의 글로벌화가 가져오는 유리한 조건과 기회를 충분히 이용함과 동시에 그에 따른 위험에 대해서도 명확한 인식을 유지해 왔다."[423] 이 시기 중국은 더 많은 국제기구와 메커니즘에 참여하고 외교 영역을

---

[423] 「江澤民接見使節會議代表發表重要講話」, 『人民日報』, 1998년 8월 29일.

전반적으로 확대하면서 국제사회에 진일보 융합하여 세계가 주목할 만한 성과를 거두었다.

우선, 중국이 참여한 다자 국제기구의 수로 볼 때, 개혁개방 이전인 1977년에 중국이 가입한 정부 간 국제기구는 21개였으나, 냉전이 종식되기 전인 1989년에는 37개로 늘어났고 비정부 국제기구는 71개에서 677개로 늘어 났으며 1997년에 이르러서는 각각 52개, 1163개[424]로 늘어 났다. 이밖에 중국이 서명 또는 승인을 선포한 다자간 국제 조약, 공약, 협정, 의정서가 2003년 말까지 273개에 달했는데, 그중 신중국 건국부터 1979년 대외개방 실행 이전까지 45개, 개혁개방 이후부터 냉전 종식까지 112개, 냉전 종식 이후부터 2003년까지 116개이다. 관련 분야가 다양하고 관련 지역이 넓은 이러한 조약과 협정에의 가입은 중국의 다자 메커니즘 참여 상황을 단적으로 보여준다. 이와 같이 수많은 국제기구들 중 중국의 역할을 가장 잘 보여줄 수 있는 국제기구는 유엔이다. 유엔은 현재 세계에서 가장 큰 다자기구로서 냉전 후로는 그 역할과 활동 영역이 정치, 경제, 안보, 인권과 기타 사회생활 등 다양한 분야에 걸쳐 있다. 더욱 중요한 것은 유엔에서 통과된 수많은 결의나 협약이 오늘날 국제 사회의 활동 규범으로 간주되고 있다는 것이다. 중국은 유엔의 역할을 중요시하여 다양한 분야의 유엔 업무에 적극 참여함으로써 유엔이 국제사회에서 마땅한 역할을 할 수 있도록 지지를 아끼지 않았다. 또한 유엔이 발의한 세계적 행동에 적극 참여했으며 합리적인 건의도 적시적으로 제기했다. 중국은 유엔 안보리 상임이사국으로서 거부권 행사 권한을 가지고 있다. 안보리 상임이사국의 거부권 행사 제도는 제2차 세계대전 기간 5개국의 세계 평화 유지에 대한 기여와 전후의 국제 정세를 바탕으로 5개국의 세계 평화 유지에 대한 책임을 부각시키고 그들 간의 일치를 유지하기 위해 확립한 제도이다. 국제적인 중대 현안에 대한 결의에

---

424 張清敏:「冷戰后中國參與多邊外交的特點分」,『析國際論壇』, 2006년 제2기.

서 5개국의 의견 일치는 결의의 순조로운 집행에 유리하다는 것은 이미 실천적으로도 증명되었다. 이 제도는 5개국이 최대한 협상을 통해 일치된 집단적 결정을 내리도록 함으로써 안보리의 분열을 방지하는 데 도움이 될 뿐만 아니라 초강대국이 상임이사국 직권을 남용해 세계 각국의 이익을 해치거나 독립 주권을 침해하는 결정을 내리지 못하도록 억제하는 데 도움이 된다. 1990년대에 중국은 이 거부권을 이용해 대만의 '국제공간' 확장 시도에 수차례 효과적인 타격을 가함으로써 국가의 주권과 존엄을 지켰다. 중국은 이미 유엔 각 전문 기구의 업무에 광범위하게 참여하고 있다. 중국은 식량, 환경, 범죄 예방, 마약 퇴치, 난민, 부녀 등 다양한 분야의 관련 국제회의와 문건 초안 작성 및 관련 협상에 적극 참여해 인류가 직면한 중대 국제 현안을 해결하는 데 기여했다.

중국은 「핵확산금지조약」, 「미사일기술통제체제」, 「포괄적핵실험금지조약」 등 유엔 군축체제가 주도하는 국제 핵통제 메커니즘에 적극 가입, 또는 유보적 입장을 취했으며 1996년 7월 29일에는 핵무기 폭발 실험 잠정 중단을 선언했다. 이러한 행동들은 국제 군축사업과 세계 평화를 촉진시켰을 뿐만 아니라 더 중요한 것은 장원한 견지에서 중국의 주변 안보를 잠재적인 핵 위협으로부터 지켜 낼 수 있게 되었으며, 미국 등 강대국과의 전략적 동질성도 증가시켰다. 중국은 또 유엔이 구축한 국제인권 메커니즘에도 적극 접근해 1989년 10월까지 19개의 국제인권공약에 서명했다. 이와 같이 중국은 집단적 인권, 경제권과 발전권을 고수하는 전제 하에 국제인권의 보편성 원칙을 존중함으로써 미국 등 서방 국가와의 외교 유연성을 증대시켜 중국의 국제적 이미지를 크게 향상시켰다. 장쩌민은 유엔 밀레니엄 정상회의에서 "우리는 유엔헌장의 취지와 원칙을 확고히 지켜 나가야 하며, 유엔 및 안보리는 국제사무의 처리와 세계 평화의 유지에서 적극적인 역할을 지속적으로 수행해야 하며, 모든 회원국이 평등하게 국제사무에 참여할 수 있는 권리가 보장되어야 한다"[425]고 역설했다. 중국의 제의 하에 유엔 안보리 5개 상임이사국은 정상회담을 가졌으며 회담 후 발표한 문건에는 중국의 제안에 따라 5개 상임이사국은 「유엔헌장」의 취지와 원칙을 지키고, 유엔의 권위를 수호하며, 유엔의 역할을 강화할 것을 약속한다는 내용을 포함시켰다.

둘째, 중국이 참여한 국제기구와 활동 범위로 볼 때, 중국은 유엔과 그 산하의 안보리, 평화유지, 군축, 인권, 국제사법재판소 등 국제 안보, 정치 메커니즘에 참여했을 뿐만 아니라 국제통화기금, 세계은행, 세계무역기구 등 국제 경제 메커니즘에도 참여했다. 이밖에도 아세아·태평양경제협력체, 아세안+3협력체제 등 지역적 다자협력 메커니즘과 아시아·유럽회의, 동아시아·중남미협력포럼 등 다지역적 다자협력 메커니즘에도 적극 참여했다. 이와 같이 중국의 국제 다자 협력 메커니즘에의 참여는 전방위적이고 다층적인 특징을 보였다. 지역적 다자협력 메커니즘은 주로 안보로부터 시작되어 점차 기타 분야로 확대되었으며, 다지역적 다자협력 메커니즘은 정치, 경제 분야의 대화와 협력에서 점차 안보, 문화 등 분야의 대화와 협력에로 확대되었다. 이 과정에서 중국은 다자협력 메커니즘의 소극적, 수동적인 참여자에서 점차 능동적인 참여자 또는 주도자로 전환해 기존의 다자협력 메커니즘에 적극 참여했을 뿐만 아니라 새로운 다자협력 메커니즘의 구축과 회의 개최를 적극 추진했다. 특히 국제기구와 다자외교의 장에서 중국은 기존의 규칙을 수동적으로 받아들이던 관례를 바꾸어 글로벌 문제와 세계 발전 전망에 대한 유용하고 건설적인 제안들을 많이 내놓았다. 이를테면, 새로운 국제 정치, 경제 질서의 수립, 세계 다양성의 유지, 국제 정치 민주화의 실현, 상호신뢰, 상호이익, 평등, 협력을 내용으로 하는 종합적 안보관의 확립, 인권 문제 처리에서 균형적인 시각의 확보, 조화 세계의 구축 등에 관한

---

425 「江澤民主席在安理會首腦會議上發表重要講話」, 『人民日報』, 2000년 9월 8일.

제안과 주장들이다. 이러한 주장의 제의는 국제사회에서 중국의 이미지와 지위가 향상되고, 국제체계와 메커니즘 구축 과정에서 중국의 역할이 증대되었음을 보여준다.

제6장 중국의 비전통 외교

오늘날 세계는 에너지 자원의 가격 상승과 금융위기, 생태계 파괴, 환경 오염, 인구 보건, 기아와 빈곤, 남북격차, 자연재난, 기후변화 등 심각한 문제에 직면하고 있으며 세계평화와 지역, 국가 및 공공안전도 새로운 위협에 직면하고 있다. 앞 장에서 언급한 전통외교와는 달리 비전통외교는 '하위정치low politics문제'가 더 많은 비중을 차지하는 바, 그 시행 주체와 영향이 미치는 범위는 작게는 지역 사회와 개인, 크게는 다국적 조직, 국가, 더 나아가서는 전 세계이다. 비전통 외교의 분야는 그 범위가 매우 넓은 바, 과학기술의 발전과 글로벌화로 인한 인류 및 자연계의 지속 가능한 발전 문제 그리고 국제 질서나 국제 안정에 대한 비국가 행위자의 위협과 도전도 포함된다.[426] 비전통 외교는 다양한 비정부 기구와 광범위한 분야 및 학제적 역량의 가입을 포함한 다자간 메커니즘과 국제사회의 도움이 많이 필요된다. 상술한 문제의 최종 해결은 반드시 표본 겸치標本兼治(지엽적인 것과 근본적인 것을 동시에 다스리는)의 관리 방식에 의존해야 한다. 왜냐하면 이러한 문제는 대부분 국가 간에 발생하는 것이 아니라 돌발적, 자연적, 제도적, 구조적인 근원을 가진 인간과 자연의 관계 또는 사회 체제와 국가 내부에서 발생하기 때문이다.

중국은 사회주의 신흥 개발도상 대국이다. 중국은 유엔 안보리 상임이사국으로서 글로벌 환경 보호와 질병 퇴치, 국제안보, 국제무역, 금융리스크 대비, 새로운 발전관과 안보 관의 확립 등 분야에서 막중한 책무를 지니고 있다. 21세기는 중국에 있어서 중화민족의 진흥, 발전과 더불어 전방위적으로 세계에 진출해 책임 있는 대국의 모습을 보여주는 새로운 세기이다. 중국의 종합 국력이

---

426 朱鋒:「非傳統安全解析」,『中國社會科學』, 2004年 第4期.

부단히 증강하면서 비전통 분야의 문제가 점차 국제사회의 최우선 과제로 떠오르고, 따라서 중국은 국제 무대에서의 자신의 이익과 정체성에 대한 대조정 시기에 진입하게 되었다.[427] 즉, 중국은 비전통 분야에 더 적극 참여함과 동시에 글로벌 거버넌스와 국제적 사무에서 역할을 수행하고 자신의 국익을 실현하며, 또한 공공외교를 중심으로 외교 활동을 벌이고 새로운 안보관을 수립할 것이 요구되었다. 이는 다양한 '중국위협론'에 대한 효과적인 대응과 책임감 있는 대국의 이미지 형성에 도움이 되며, 글로벌 거버넌스에의 적극적인 참여를 통해 중국과 서방의 이데올로기 차이로 인한 부정적 영향을 제거하는 데도 도움이 된다.[428] 비전통 분야의 문제는 국가의 정치, 경제 및 사회 현실과 더 밀접히 연관되어 있다. 사실상 중국정부는 일찍부터 이 점을 예의주시해 왔다.[429] 원자바오溫家寶는 중국이 비전통 안보 분야에서 협력하는 태도를 보일 것이며, 과학적인 발전을 통해 세계 평화와 번영에 큰 공헌을 할 것이라고 밝혔다.[430] 글로벌 거버넌스는 비전통 분야에서 중국 외교의 중요한 과제로 떠올랐다. 양제츠楊潔篪는 다음과 같이 말했다. '글로벌 거버넌스'는 마땅히 평등협상과 상생협력을 주요한 방식으로 하고, 유엔을 대표로 하는 다자간 메커니즘을 주요 공론의 장으로 하며, 공인된 국제법과 국제관계 준칙 및 관례를 의거로 해야 한다. 중국의 비전통 외교의 핵심은 국제사회의 모든 당사자가 전면적으로 참여하고, 혜택을 누리도록 하며 많은 개도국들이 계속 발전할 수 있도록 유리한 조건과 환경을 만들어 가는 것이다.[431]

427 참조 趙克金,:「中國崛起與對外戰略調整」, 『社會科學』, 2010年第9期; 肖晞, 周旭亮, 「中國國際角色與結構性認知」, 『求索』, 2010年 第8期.

428 孫英春:「中國國家形象的文化建構」, 『教學與研究』, 2010年 第11期.

429 崔立如:「全球化時代與多極化世界」, 『現代國際關係』, 2010年院慶30周年特刊.

430 「溫家寶從十個方面闡述中國和平發展道路」, 『新華社中文新聞』, 2006年3月14日.

431 「中國外交部部長楊潔篪在十一屆全國人大四次會議記者會的發言」, 新華網參조, 2011年 3月.

제1절 비전통 외교의 발전 토대

중국공산당 제17차 대회 보고에서 밝힌 바와 같이 오늘날 세계는 '전통적 안보 위협과 비전통적 안보 위협이 서로 얽혀 있고, 세계 평화와 발전이 수많은 난제와 도전에 직면하고 있다.' 경제, 과학기술 및 글로벌화의 발전에 따라 인류의 상호 의존 관계가 갈수록 정치, 경제, 군사적 범위를 초월하고 있다. 세계 각국의 비전통 안보 위기가 날이 갈수록 글로벌화되어 가고 글로벌 거버넌스는 세계 각국 및 국제 기구에 끊임없이 적응해 가는 추세를 보이고 있다.[432] 비전통 분야에서 적극적으로 협력을 추진하는 것은 이미 중국 외교의 중요한 일부분이 되었다. 중국공산당 제17차 대회 보고에서는 중국의 세계에 대한 공헌을 네 차례 논술하면서 다음과 같이 밝혔다. "중국의 발전은 중국 인민들로 하여금 안정적이고 부유하고 평화로운 길로 나아가게 했을 뿐만 아니라 세계경제 발전과 인류 문명의 진보에도 큰 기여를 했다", 2020년의 중국은 "인류 문명에 더 큰 기여를 하는 국가"가 될 것이다.

이러한 배경 하에서 중국 외교는 생태환경, 보건방역, 재해완화, 초국적 범죄의 저지 등 새로운 비전통 분야의 문제에 대해 갈수록 관심을 보이기 시작했다. 이 같은 분야의 외교 업무는 일반적으로 전문직 외교관 뿐만 아니라 정부, 기업 및 비정부 기관을 포함한 다양한 행위체들에 의해 완성된다. 외교 행위체가 다양해지면서 비전통 외교의 방식 으로 공공외교와 문화외교가 점차 중요시되었고 따라서 중국 외교는 "상호 이해와 우의 증진을 주요 내용으로 풍부하고 다채로운 공공외교와 문화외교 활동을 활발히 펼침으로써 국가 간 관계 발전을 위한 민의적 토대를 마련했다."[433] 비전통 외교는 세계 각국과 인류 사회의

---

432 徐華炳:「以危機機制應對中國的非傳統安全問題」,『求索』, 2005년 2월.

433 楊潔篪:「維護世界和平促進共同發展─紀念新中國外交60週年」,『求索』, 2009년 제19기.

공동 이익의 보장에 도움이 될 뿐만 아니라 중국의 안보와 발전, 국익 및 국가 이미지와도 직접적으로 연관되어 있다.[434]

1. 비전통 외교에 대한 중국의 인식 변화

2001년 7월 장쩌민은 중국공산당 창당 80주년 경축대회 연설에서 다음과 같이 말했다. "중국공산당 지도자들의 국제 정세에 대한 판단은 시기와 배경에 따라 달라지는데 이러한 시대관은 곧 시대와 보조를 맞추는 마르크스주의 이론 특징을 반영한다." 중국공산당은 시대에 따라 비전통 안보 분야에 서로 다른 특징과 내용을 부여했다.

1949년 이전, 세계 자본주의 열강들이 중국에 대한 상품 및 자본 수출에 박차를 가함에 따라 외국 자본이 점차 중국의 경제 명맥을 장악하게 되었다. 1920년부터 1936년 사이에 중국의 외국 자본은 2.88배로 증가했는데 그중 산업자본이 3.3배 증가해 외국 자본이 중국의 주요 산업 분야에서 지배적 위치를 차지하고 중국의 경제 명맥을 독점하 게 되었다.[435] 이러한 독점 현상은 철강, 에너지 자원, 일부 경공업, 보험, 대외무역, 해운, 항공운송과 철도 등 주요 산업 분야에서 나타났다. 반식민지 중국에서 비전통 외교는 사실상 불가능한 일이었다. 오직 중국공산당의 지도 하에 신중국이 건립되면서 중국은 비로소 비전통 외교를 펼칠 수 있게 되었다.

중화인민공화국 건립 이후 중국공산당의 사회주의에 대한 이해는, 국내에서 생산력을 발전시키고 국외에서 평화를 주장하는 것이었다. 중국공산당이 인정하는 중국의 역사 문화 전통은 '화위귀和为贵', '화이부동和而不同' 즉, 신용을 지키

434 「和平發展與互利共贏—外交部長楊潔篪解讀中國外交」,『世界知識』, 2008년 제2기.
435 宋福,徐世華:『中國現代史』上, 中日檔案出版社, 1995년, p.244.

고 화목을 도모하며, 이웃 나라와 우호적으로 지내고, 자기가 싫은 것을 남에게 강요하지 않는다는 것이다. 중국공산당은 전 국민과 민족의 소망은 곧 낙후와 빈곤에서 탈출해 부강한 나라, 민족의 진흥, 사회의 화합, 국민의 행복을 실현하는 것임을 깊이 인지하고 있었다.[436] 종합 국력이 점차 향상됨에 따라 중국의 국제적 위상도 우여곡절 속에서 부단히 상승하는 추세를 보였다. 그러나 중국은 외부 세계와의 관계에서 뚜렷한 선택성과 한계성을 지니고 있었고 이것은 결국 중국의 강대국 실현을 저해하는 요소로 되었다.

신중국 건립 후, 중국은 종전의 반식민지적 외교관계를 철저히 단절하고 "집안을 깨끗이 청소하고 나서 손님을 맞이한다打掃干淨屋子再請客", "다른 살림을 차린다另起 爐灶"는 기조 위에서 새로운 외교 관계를 수립했다. 1950년대에 중국은 냉전과 서방 국가의 봉쇄 및 견제 속에서 '일변도' 대외 정책을 펼쳤으며 1960년 대에는 중·소 결별로 중국 외교가 외적인 제약에서 벗어나 자주독립의 길에 들어서게 되었다. 1970년대에 중국은 유엔 안보리 상임이사국 지위를 회복하고 서방 국가들과의 관계를 조정하면서 글로벌 대국의 목표를 향해 발걸음을 내딛기 시작했다.

중국공산당 제11기 3중전회 이래, 당은 대외 업무의 목표를 국제관계의 건전한 발전을 촉진하고, 중국의 개혁개방과 사회주의 현대화 건설에 유익한 국제 환경을 조성하며, 패권주의를 반대하고, 세계 평화와 인류의 발전에 기여하는 것이라고 명확히 제시했다. 덩샤오핑은 중국 특색의 사회주의 이론을 제기함과 동시에 중국의 새로운 사회주의 건설 시기의 국제전략과 외교노선을 확정했다. 중국은 전국적인 사업 중점을 경제 건설에 두고 대외개방의 기본 국책을 제정하면서 자원, 환경 등 비전통 안보 분야에 눈길을 돌리기 시작했다.

탈냉전 이후, 중국은 대외전략에 대해 중대한 조정을 시행했고 평화와 발전

---

436 鄭必聖:「中國共産黨在21世紀的走向」,『人民日報』, 2005년 11월 22일.

348　　中國共産黨의 중국 특색 외교 이론과 실천

이란 시대적 주제에도 새로운 변화가 생겼다. 장쩌민은 "세계는 평화를 원하고, 인류는 협력을 원하고, 국가는 발전을 원하며, 사회는 진보를 원한다. 이것이 바로 시대의 조류이다."[437] "평화와 발전의 핵심 문제는 남북문제이다. 만약 선진국이 평등호혜의 원칙에 입각하여 개도국의 경제, 문화 발전에 도움을 주어 그들이 하루 빨리 낙후와 빈곤에서 벗어나게 한다면 세계평화와 발전 문제의 해결에 든든한 기반이 될 것"[438]라고 말했다. 중국은 종합국력이 상승하면서 글로벌 무대의 많은 비전통 외교 분야에서 책임감 있는 대국의 역할을 발휘하기 시작했다. 현재 중국과 세계경제 간의 상호 의존도는 갈수록 높아지고 있으며 중국의 국제적 위상도 근본적으로 향상되었다. 중국은 대국 기질과 뛰어난 실적으로 글로벌 비전통 분야의 관리에서 핵심적인 역할을 담당하고 있다.

21세기 이후, 다양하고 복잡한 국제 문제에 직면하여 후진타오는 2005년 9월 유엔에서 '조화세계' 이념을 제시했다. 『중국의 평화 발전의 길』백서 제5절 "지속적인 평화와 번영의 조화세계 건설" 부분에서는 정치, 안보, 경제, 문화 등 네 개 측면에서 조화세계 이념의 의미를 체계적으로 설명하고, 조화세계는 마땅히 "민주적인 세계, 화목한 세계, 공정한 세계, 포용적인 세계"여야 한다고 강조했다. 조화세계 이론은 중국 특색의 사회주의 외교 이론을 한층 풍부히 하고 발전시켰다. 중국이 공공외교와 끊임 없는 대화 및 협력을 통해 조화세계의 건설을 극력 제창하는 것은 궁극적으로 중국 특색의 사회주의 건설을 위해 양호한 국제 환경을 조성하는 데 그 목적이 있다.

437 「江澤民在慶祝建黨八十週年大會上的講話」, 人民網 참조, 2001년 7월 2일.
438 『江澤民輪有中國特色社會主義』, 中央文獻出版社, 2002년, p.543.

2. 전통 외교에서 비전통 외교에로의 의식 변화

중국의 비전통 외교는 시대적 문제에 대한 인식면에서 전쟁과 혁명, 평화와 발전, 평화 및 발전과 협력을 시대적 주제로 한 세 단계의 변화를 겪었다.[439] 전쟁과 혁명이란 시대적 관념 하에서 비전통 외교는 사실상 불가능했다. '중·미·소 삼각 전략'과 '3개 세계론' 단계에서는 군사력과 전통 외교가 중요시되었다. 그러나 중국공산당제14차대회 이후, "신질서관, 신발전관, 신안보관, 신문명관"에 입각한 조화세계 이론이 제기되면서[440] 중국의 외교는 비전통 분야에서 새로운 진전을 이룩하게 되었다.

<도표1> 중국공산당 역대 대회 보고서의 비전통 외교에 대한 관점

시기	주요 관점
제8대(1956)	중국혁명은 국제 프롤레타리아 혁명 과업의 일부분이다.
제9대(1969)	중국공산당과 중국인민은 자국의 프롤레타리아 국제주의 의무를 이행하고, 세계인민들과 함께 제국주의, 현대수정주의 및 각국 반동파를 반대하는 위대한 투쟁을 끝까지 진행한다.
제10대(1973)	당대 세계에는 네 가지 모순 즉, 피압박 민족과 제국주의 및 사회제국주의 간의 모순, 자본주의 및 수정주의 국가 내부의 프롤레타리아와 부르주아계급 간의 모순, 제국주의 국가와 사회제국주의 국가 간 및 제국주의 국가간의 모순, 사회주의 국가와 제국주의 및 사회제국주의 국가 간의 모순이 존재한다. 이러한 모순의 존재와 확대는 필연적으로 혁명을 불러 일으키게 된다.
제11대(1977)	혁명 요인이 계속 증가하면 전쟁 요인도 따라서 증가한다. 전 세계 인민은 평화를 희망하며, 중국인민도 평화로운 세계를 희망한다. 가능한 모든 역량을 결집하여 광범위한 통일전선을 결성하며 주요한 적과 대항해야 한다.

439 葉自成:「在新形勢下鄧小平外交思想的繼承, 發展和思考」,『世界經濟與政治』, 2004년 제 11기; 熊光楷:「和平發展道路決定中國的發展是和平, 開放, 合作的發展」,『學習時報』, 2005년12월28일;梁守德:『鄧小平理論與當代中國國際關係學』, 北京大學出版社, 2003년. 梁守德:「中國的國家觀和外交戰略新思維」,『世界經濟與政治論壇』, 2004년 제3기;『鄧小平外交思想學習剛要』, 世界知識出版社, 2002년.

440 李肇星:「和平發展合作—新時期中國外交的旗幟」,『人民日報』, 2005년 8월 22일.

시기	주요 관점
제12대(1982)	대외개방을 실행하고, 호혜평등의 원칙에 입각하여 대외 경제 기술 교류를 확대하는 것은 중국의 확고부동한 전략방침이다. 우리는 국내 제품의 세계 시장 진출을 촉진하고 대외무역을 대대적으로 확대해야 한다.
제13대(1987)	중국은 독립자주적인 평화외교정책을 확고히 시행하며, 평화공존 5항원칙을 기반으로 세계 각국과의 우호적인 협력 관계를 발전시킨다. 우리는 평화를 사랑하는 전 세계의 국가 및 인민들과 함께 국제 정세가 세계 인민 및 세계 평화에 유리한 방향으로 나아가도록 노력할 것이다.
제14대(1993)	평화와 발전은 여전히 오늘날 세계의 양대 주제이다. 새로운 국제 정세에 직면하여, 중국공산당과 중국정부 그리고 중국인민은 지속적으로 대외관계를 발전시키고 중국의 개혁개방과 현대화 건설을 위해 양호한 국제 환경을 조성하며 세계평화와 발전에 기여할 것이다.
제15대(1998)	평화와 발전은 현시대의 주제이다. 전 세계 또는 지역의 정치, 경제 등 분야에서 다극화의 추세가 점차 강화되고, 세계적으로 다양한 세력들의 분화와 재결집이 이루어지고 있다.
제16대(2002)	평화와 발전은 여전히 현시대의 주제이다. 평화를 유지하고 발전을 촉진시키는 것은 세계 각국 국민의 복지와 연관된다. 이것은 세계 각국 국민의 공통된 소원이며 막을 수 없는 역사적 추세이다. 전통적인 안보 위협과 비전통적 안보 위협의 요소가 서로 얽혀 있고 테러리즘의 위협과 이로 인한 피해가 상승하고 있다.
제17대(2007)	오늘날의 세계는 대변혁, 대조정의 시기에 처해 있으며, 평화와 발전은 여전히 시대의 주제이다. 평화를 추구하고 발전을 도모하며 협력을 추진 하는 것은 이미 막을 수 없는 시대적 추세가 되었다. 국내와 국제의 전반적 정세를 감안하고 세계적인 안목을 갖추며, 전략적 사고력을 향상시키고, 국제 정세의 발전과 변화 속에서 능숙하게 기회를 포착하고 위험에 대처하며, 양호한 국제적 환경을 조성해 나아가야 한다. 발전의 기회를 공유하고 각종 도전에 공동으로 대처하며, 인류의 평화와 발전을 위한 숭고한 사업을 지속적으로 추진하는 것은 각 나라 국민들의 근본 이익과 연관되며 각 나라 국민들의 공통된 소원이기도 하다. 우리의 주장은, 각 나라 국민들이 함께 손잡고 노력하여 항구적 평화와 공동번영의 조화세계를 건설하는 것이다. 우리는 환경 분야에서 서로 돕고 협력하면서 인류의 삶의 터전인 지구촌을 함께 지켜 나갈 것이다.

출처: 중국공산당 역대 전국대표대회 보고서

    중국공산당의 시대관이 끊임없이 발전 변화해도 실사구시적으로 평화발전의 환경을 판단하는 것은 여전히 중국 외교의 '전략기우기戰略機遇期'(전략적 기회의 시기)이론의 출발점이자 기초이다.[441] 1950년대부터 70년대 중반까지 중국 공산당은 민족해방운동과 혁명투쟁을 시대의 주제로 여겨왔으며 1977년에 이르러서도 여전히 "혁명 요소가 지속적으로 증가함과 동시에 전쟁 요소도 현저히 증가하고 있다"고 여겼다. 그러나 70년대 말부터 덩샤오핑은 국제 정세의 변화를 직시하고 이에 대해 새로운 분석과 판단을 내렸다. 그 후, 장쩌민을 핵심으로 한 제3세대 중앙지도부는 세계 다극화, 경제의 글로벌화 등 발전 추세를 정확히 파악하고 국제 교류와 협력 사업을 적극 추진했으며 전방위적이고 다차원적인 외교구도를 확립했다. 중국공산당 제16차 대표대회 이후, 후진타오를 총서기로 한 당중앙은 평화와 발전, 협력의 기치를 높이들고 평화 발전의 길, 상호 원원의 개방 전략, 항구적 평화와 공동번영의 조화세계 건설 등 중대한 전략 사상을 제시했으며 따라서 중국의 전방위적 외교도 새로운 진전을 이룩하게 되었다.[442]

덩샤오핑은 비전통 외교 분야에서 과학기술과 경제의 지위를 대폭 상승시켰다. 그는 평화와 발전이 시대의 주제인 오늘, 경제와 과학기술의 중요성이 글로벌 경쟁 속에서 날로 부각되고 있음을 인지했고[443] 나아가 "평화와 발전은 오늘날 세계의 양대 주제"라는 과학적인 논단을 내렸다.[444] 덩샤오핑 이론을 토대로 중국은 비전통 외교 분야에서 큰 진전을 이룩했다. 중국의 외교사상은 점차 이데올로기적 구속에서 벗어났고 국익관이 중국 외교사상의 근본적인 핵심이 되었다. 중국은 '사람 중심'의 외교를 펼치기 시작해 국가 이익을 국민의 이익으로 전환시키고 국제적인 측면에서는 공통이익의 합류점을 최대로 확대시켰다.

441 于洪君:「冷戰後時代的中國外交 - 戰略·策略與成就」,『北京聯合大學學報』, 2003년 9월. 王福春:「十六大與21世紀初的中國外交戰略」,『國際政治研究』,2003年第1期. 曲星:「堅持韜光養晦·有所作為的外交戰略」,『中國人民大學學報』,2001年第5期.

442 楊潔篪:「新中國外交在黨的領導下不斷勝利前進」,『黨建研究』, 2009年第10期.

443 『鄧小平文選』第3卷, 人民出版社, 1993년, p.279.

444 『鄧小平文選』第3卷, 人民出版社, 1993년, p.353.

탈냉전 이후, 비전통 안보 분야의 중요성이 갈수록 부각되었다. 장쩌민은 중국공산당 창당 80주년 경축대회에서 국제사회는 마땅히 상호 신뢰와 호혜, 평등, 협력을 기반으로 한 새로운 안보관을 수립해야 한다고 주장했다. 탈냉전 이후 직면한 비전통 안보 도전에 대해 그는 인류의 생존과 발전을 위협하는 문제를 해결하기 위해 국제 사회가 함께 노력해야 한다고 강조했다. 역사가 반복적으로 증명하듯이, 세계적 문제는 각국이 함께 해결해야 하며, 글로벌 도전에는 각국이 협력하여 공동으로 대처해 나가야 한다. 어떠한 국가나 세력도 독자적으로 이 임무를 완수한다는 것은 불가능한 일이다. 오직 각국의 민주적인 참여를 통해서만이 글로벌 문제를 적절하게 해결해 나갈 수 있다.[445]

후진타오를 총서기로 한 당중앙은 덩샤오핑 이론과 '3개 대표' 사상을 지침으로, 사회주의 초급 단계에 있는 중국의 기본 국정에 입각하여 중국의 발전 과정을 분석, 평가하고 타국의 발전 경험을 거울로 삼아 새로운 발전의 수요에 걸맞는 전략사상 즉, 과학적 발전관을 제시했다. 후진타오는 사람중심의 전면적, 협조적, 지속 가능한 발전관을 수립하여 경제사회와 인류의 전면적 발전을 추진해야 한다고 강조했다. 과학적 발전관은 중국의 비전통 외교 분야의 발전에 큰 영향을 주었다. 후진타오는 2005년 9월 15일 유엔 창설 60주년 특별 정상회의에서 「지속적인 평화와 공동번영의 조화세계를 구축하자」는 주제의 연설을 통해 영구적인 평화와 공동 번영의 '조화세계' 건설에 대한 이념을 제시했다. 후진타오가 제시한 '조화세계' 이념은 지속 가능한 국제 사회를 건설하여 인류와 지구가 화목하게 공존할 것을 요구하고 있다. 즉, 국제적 협력을 통해 지구의 자연 생태 환경을 보호하고 글로벌 자원을 합리적으로 개발, 이용하는 등 자연과 친근하게 접근해 지속 가능한 발전을 이루며, "기후 변화 대응 능력을 강화

445 『江澤民文選』第1卷, 人民出版社, 2006년, pp.476-482.

하고, 글로벌 기후 보호에 기여하자"는 것이다.[446]

중국의 외교 이념에는 공공외교 내용이 끊임없이 주입되었다. 탕자쉬안唐家璇은 정당교류, 민간교류, 경제교류 이 세 개 측면에서 총제적인 외교 업무를 중점적으로 추진해야 한다고 강조했다.[447] 비전통 외교가 발전하면서 중국은 글로벌 거버넌스 체제의 개선, 보완과 새로운 체제 구축에 더욱 큰 관심을 가지게 되었다. 즉, 기본 규칙으로부터 시작해 체제 구축을 통해 글로벌 거버넌스와 중국의 이미지 구축을 추진하며 나아가 합리적이고, 공정하고, 전 인류에 적합한 조화 세계를 건설한다는 것이다.

3. 비전통 외교의 외적 추진력과 그 의미

(1) 비전통 외교의 외적 추진력-국제규칙 및 상호 의존

글로벌화, 자유화와 상호 의존은 이미 국제관계의 주요한 특징이 되었다. 상호 의존도가 갈수록 심화되는 오늘날의 세계에서 글로벌화와 자유화 과정은 경제 성장과 발전에 큰 영향을 미치고 있다. 국제 사회는 상호 협력을 도모하고 개발을 활성화하는 새로운 도전적 단계에 들어섰다. 글로벌화, 자유화 및 상호 의존도가 갈수록 심화되면서 국제협력을 통해 발전을 촉진할 필요성이 점차 커지고 있다. 중국은 1970년대 말부터 시작된 개혁개방으로 세계와의 상호 의존도가 이미 상당히 높아졌으며 따라서 국제사회의 기존 규범과 제도가 중국의 비전통 외교에 미치는 영향도 갈수록 커지고 있다. 이러한 국제규범과 제도는 대체로 세 가지로 분류할 수 있는데 첫째는, 가장 일반적인 기술성 규칙이다. 이는 모든 국가의 기술적 교류와 관련된 규칙으로 항공, 우정 등이 포함된다. 둘

---

446 「胡锦濤在黨的十七大上的報告」, 新華網참조, 2007년 10월 24일.

447 唐家璇:「不斷提高應對國際局勢和處理國際事務的能力」, 『求是』, 2004年 第23期.

째는, 문화적 규칙으로 이는 인권, 여성의 권리, 소수 민족의 권리 등 인간의 사회적 권리와 관련된 규칙이다. 셋째는, 경제 또는 권력성 규칙이다. 이는 국가 간 이익과 관련된 제도적 장치로 유엔, WTO, IMF 등이 포함된다. 1970년대 이래 국제사회는 비전통 분야에서 많은 규칙과 규범들을 제정했고 중국도 그 과정에 대부분 동참했으며 이러한 규칙들은 또 중국의 비전통 외교의 발전에 추진적인 역할을 했다. 이를테면, 「유엔 인간환경회의UNCHE선언」에서는 인류의 공동이익을 지키기 위해 국제 기구의 조치와 국가 간의 광범위한 협력이 필요하다고 강조했고 회의에서는 각국 정부와 국민들에게 전 인류와 자손만대의 이익을 위해 공동의 노력을 기울일 것을 촉구 했다. 「환경과 개발에 관한 리우선언」에서는 "평화, 발전과 환경 보호는 상호 의존적이며 불가분의 관계"로, 세계 각국은 마땅히 환경과 개발 분야에서 국제적 협력을 강화해야 하며 "새롭고 공평한 글로벌 동반자 관계의 건립"을 위해 공동으로 노력해야 한다고 강조했다. 「글로벌 금융 및 경제 위기가 발전에 미치는 영향에 대한 회의 성과」에서는 평화와 안정, 번영은 서로 갈라놓을 수 없는 관계임을 천명했다. 경제가 글로벌화된 오늘날, 세계 모든 국가 간에는 그 어느 때보다 더 긴밀한 관계가 이루어져 있다. 이번 위기가 가지고 있는 글로벌 속성은 우리에게 보다 신속하고, 단호하고 일치한 행동을 취할 것을 요구하며, 위기의 근원을 찾고 영향을 최소화하며, 향후 유사한 위기의 재발을 방지하는 데 필요한 제도적 장치를 강화 또는 구축할 것을 요구하고 있다.

(2) 비전통 외교의 전략적 의미

비전통 안보 분야는 국가 발전전략의 중요한 구성 부분으로 '조화세계'를 건설하는 국제적 기반이다. 중국공산당 17차 대표대회에서는 2020년까지 전면적 소강사회를 건설하자는 분투 목표에 새로운 과제를 부여했는데 그중 에너지와 환경 외교는 지속 가능한 발전, 경제발전 전략, 생태문명, 소강사회 등 측

면과 직접적으로 연관되어 있으며 "빠르고 건전하게 발전할 수 있는" 외적 조
건이다. 1992년 이후, 중국공산당 제14차 대회부터 17차 대회의 보고서 등 중
요 문헌을 살펴보면, 중국공산당이 비전통 분야의 문제에 대해 날이 갈수록 중
요시해 왔음을 알 수 있다. 중국공산당은 "상호신뢰, 상호원윈, 상호평등, 상호
협력"을 핵심으로 한 새로운 안보관을 제시했으며 "전통적 안보 위협과 비전
통적 안보 위협이 서로 얽혀 있는 새로운 상황"에 대해 충분히 의식하고 있었
다. 중국공산당 17차 대회 보고에서는 "통주겸고統籌兼顧 즉, 여러 방면의 일을 통
일적으로 계획하여 두루 돌보고", "국내와 국제정세에 대해 전반적으로 고려하
며" 전통과 비전통 두 분야의 안보 문제를 고루 돌봐야 한다고 강조했다.[448]

글로벌 거버넌스 체제 개선과 중국의 비전통 안보 분야는 서로 긴밀히 연결
되어 있다. "기후 변화, 에너지 확보, 식량 확보, 공중위생 안전 등 세계적인 문
제들이 점점 두드러지면서 그 어느 나라도 이 문제에 단독으로 대응할 수 없게
되었다. 갈수록 많은 나라들이 냉전 사고나 제로섬게임 등은 이미 시대에 뒤떨
어진 사고 방식이며 오직 한마음으로 협력을 통해 함께 곤경을 헤쳐나가고 상
호 원윈을 추구해야만 생존과 발전의 길로 나아갈 수 있다는 점을 깨닫게 되었
으며 경쟁 속에서 서로 협력하고 또 협력을 통해 공동의 발전을 추구해야 한다
는 보편적인 공감대가 형성되었다."[449]

글로벌 자원 공급의 불균형과 금융 리스크의 증가 그리고 기후 변화의 영향
이 날로 심각해지고 있는 상황에서 글로벌 거버넌스에 대한 보완은 주요 대국
외교의 주된 관심사로 떠올랐다. 다자간 대화와 메커니즘을 통한 협상은 언제
나 최우선 방식이였으며 이 과정에서 종종 비전통 안보 분야의 문제 해결에서
지켜야 할 원칙, 규칙과 제도가 확립되었다. 중국은 과거 글로벌 거버넌스를 배

448 張沱生:「中國的國際安全失序觀」,『國際政治研究』, 2009年 第4期.
449 楊潔篪:「深化理解共識促進合作發展」,『中國發展觀』, 2010년 제10기.

우고 적응하던 방식에서 진취적이고 유소 작위有所作爲(어떤 일에 적극적으로 개입해 자신의 뜻을 관철시킨다-역자 주)적이며 주도적인 방식으로 전환했다. 원자바오가 말한 바와 같이 "중국은 국제체계의 참여자이자 수호자"[450]로서 입지를 굳혔다. 중국은 현 국제체제에 적극 참여했을 뿐만 아니라 글로벌 거버넌스 분야에 대량의 공공재도 제공했다. 중국은 기타 국가들과 함께 "서로 돕고 협력하면서 인류가 생존해 나가는 지구를 보호하기 위해 노력해 왔다."

이를테면, 2005년부터 2009년까지 후진타오, 원자바오 등 중국공산당 주요 지도자들은 국제사회에 기후보호를 중요시할 것을 여러 차례 호소했으며 마침내 기후보호를 위한 국제회의가 코펜하겐에서 성공적으로 개최되었다.

<도표2> 기후보호와 국제협력에 관한 입장을 체계적으로 논술한 중국 지도자들의 중요 연설

시간	회의	발표자	연설 제목
2005년 7월	8개국 그룹 및 5개 개발도상국 지도자 회의	후진타오	함께 미래를 개척하며 협력과 상호 원원을 추진하자
2007년 9월	APEC 제15차 비공식정상 회의	후진타오	APEC 제15차 비공식 정상회의에서의 연설
2007년 11월	제3차 동아시아정상회의	원자바오	함께 손잡고 지속 가능한 미래를 만들어 나가자
2008년 7월	에너지안보 및 기후변화에 관한 주요국 회의	후진타오	에너지안보 및 기후변화에 관한 주요국 회의에서의 연설
2008년 11월	기후변화 대처 관련 기술 개발 및 양도 관련 고위급 세미나	원자바오	국제기술협력을 강화하고 기후 변화에 적극 대응하자
2009년 9월	유엔 기후변화 정상회의	후진타오	기후변화의 도전에 공동으로 대응 하자
2009년 12월	코펜하겐기후변화대회 지도자 회의	원자바오	공감대를 모으고 협력을 강화하여 기후변화 대응을 효과적으로 추진하자

글로벌화된 상호 의존적 세계에서 서로의 공통점을 취하고 차이점은 보류하면서 상생 협력의 방안을 모색해 가는 것은 오늘날 중국외교의 불가피한 선

---

450 溫家寶總理在十屆全國人民四次會議記者會上的發言, 中國政府網참조, 2006년 3월 14일.

택이 되었다. 비전통 외교 분야의 문제를 해결하려면 상호 이해와 협력이 필수적이다. 대립이 아닌 협력, 비난이 아닌 대화의 국면을 만들어 나아가야 하며 서로 이해가 깊을수록 더 큰 공동의 이익을 추구할 수 있다. 국제적으로 대두되고 있는 '중국위협론'에 맞서 중국정부는 적극적인 대응에 나섰다. 중국정부는 공공외교, 문화외교 등 다양한 경로를 통해 자국의 발전을 글로벌 거버넌스 체계의 구축과 융합시키고 '중국공헌론'으로 '중국위협론'에 맞서 그 기세를 누그러뜨렸으며, 인류와 각국의 공동 이익을 출발점으로 소통과 교류를 강화하고 상호 이해와 협력을 도모하면서 상생협력의 목표를 적극 실천해 나아가고 있다. 중국정부는 공공외교, 문화외교 등 교류를 통해 서로의 오해를 해소하고 국제사회의 책임 있는 일원으로 국제적인 공동 대응 등 분야에서 '중국 공헌론'을 적극 실천해 가고 있다.

제2절 자원외교

풍부한 천연 자원은 한 나라의 정치, 경제 발전의 중요한 요소로 그 나라 경제 발전의 든든한 밑바탕이 될 뿐만 아니라 종합국력을 향상시켜 독립적인 외교를 펼칠 수 있게 하고 국제사회에서 정치적 영향력을 행사할 수 있게 한다. 오늘날, 국제 정치 및 경제적 환경 속에서 천연 자원의 중요한 일부분인 에너지 자원의 지위와 역할이 크게 부각되면서 외교에 대한 영향력도 갈수록 커지고 있다. 현시대 경제사회 발전의 기반인 에너지는 그 특수적 지위와 역할로 인해 상품으로서의 속성과 함께 정치적 속성도 갈수록 짙어가고 있다. 1970년대에 발생한 두 차례의 에너지 위기를 통해 세계의 모든 국가들은 에너지 자원의 전략적 속성을 알게 되었고 에너지 자원의 안정적인 공급이 없다면 경제가 어떤 영향을 받게 되는지도 알게 되었다. 탈냉전 시대에 들어선 후, 국가 안보에서 군사의 지위는 상대적으로 하락되고 반면 경제 안보와 에너지 안보의 지위는 지속적으로 상승하고 있다. 국제상에서 무릇 에너지와 관련한 문제에 대해 각국은 갈수록 민감한 반응을 보이고 있으며 에너지 자원을 둘러싸고 벌어지는 싸움도 갈수록 치열해지고 있다.

중국공산당 제15차, 제16차 대회에서는 21세기 첫 10년의 국민총생산량 GNP을 2000년의 배로 늘이고 2020년에는 두 배로 늘린다는 목표를 제시했다. 16차 당대회 이후, 중국 경제의 지속적인 고속 성장으로 '배로 증가'의 목표는 2006년에 앞당겨 달성했다. 따라서 17차 당대회의 보고에서는 '두 배로 증가'의 목표를 'GNP'가 아닌 '1인당 GDP'로 변경했다. 보고에서는 다음과 같이 제시했다. "구조를 최적화하고 효율성을 향상하며, 소모를 최소화하고, 환경을 보호하는 전제 하에 2020년의 1인당 GDP를 2000년의 2배 증가시킨다."[451] 이 목표는 중국의 경제사회 발전과 전면적 소강사회 건설에 대해 새롭고 더 높은 요구를 제기했다. 구조의 최적화, 효율성 향상 그리고 소모의 최소화와 환경 보호는 모두 국제 에너지 협력 및 외교와 밀접히 연관되어 있다. 자원외교는 1인당 GDP를 2배 증가하는 핵심 문제와 관련되는 외부적 환경이다. 중국의 자원 외교와 대외협력은 주로 아래 네 가지 분야에서 이루어지는데 첫째는, 에너지 지정학적 면에서 산유와 송유 지역의 안보와 안정성을 유지하며, 둘째, 국제 에너지 시장의 질서 있는 운영 속에서 에너지 협력을 통해 유가 안정을 유도하며, 셋째, 에너지 기술 분야에서 석유 탐사기술, 에너지 절약과 효율성 증대기술, 에너지 관련 환경보호관리 등 면에서의 협력을 도모하며, 넷째, 에너지 체제에 지속적으로 참여하는 것이다.

---

451 胡錦濤在黨的十七大上的報告, 新華網참조, 2007년 10월 24일.

1. 중국이 직면한 대내외적인 에너지 위기

중국의 에너지 소비는 줄곧 석탄이 위주였다. 개혁개방 이후, 특히 1990년대 이후 중국의 에너지 자원 구조는 총제적으로 양질화한 방향으로 발전했다(도표 참조). 그러나 중국의 에너지 이용 효율과 에너지 문제는 여전히 심각한 상황에 처해 있다. 중국의 에너지 이용 효율은 미국의 1/3, 유럽의 1/5, 일본의 1/9이며 에너지 자원 매장량도 점점 줄어들고 대외 의존도가 지속적으로 상승하고 있다. 2030년에 이르러 중국의 에너지 자원 대외 의존도는 석유 75%, 천연가스 40%, 석탄은 10%에 이를 것으로 추정된다.

세계 2위의 에너지 소비 대국인 중국은 현재 "중국이 국제 유가를 상승시킨다", "중국은 세계 에너지 시스템에 변혁적인 역할을 하고 있다"는 등의 에너지 위협론에 직면해 큰 압력을 받고 있다. 향후 20년에 중국은 선진국의 에너지 수요 증가로 인한 경쟁 압력에 직면해야 할 뿐만 아니라 인도와 같은 신흥 경제국의 외부 에너지의 대량 수요로부터 오는 압력에도 직면해야 한다. 기존의 국제 에너지 자원 독점 현상으로 인해 중국은 해외에서 에너지 자원을 획득하는 데 큰 어려움을 겪고 있다. 에너지 자원의 불균형적인 분포와 서방 선진국의 에너지 자원 및 공급에 대한 독점, 그리고 복잡한 정치적, 지정학적 요인들로 인해 중국의 해외 에너지 자원 획득은 결코 쉽지 않은 상황이다. 선진국 주도로 구축된 에너지 시장 메커니즘은 미래의 국제 에너지 시장을 더욱 불확실하게 만들고 있으며 중국은 더 높은 에너지 비용과 개발 비용을 치러야 할 상황에 처해 있다.[452] 그러나 이와 동시에 중국은 경제가 급속도로 성장하고 에너지 수요도 지속적으로 증가해 국제 에너지 분야에서 이미 '전략적 구매자'로 자리를 굳혀가고 있으므로 어떠한 국제상의 에너지 관련 주체도 날로 커가는 중국의 영향

---

452 「未來20年我國能源安全將面臨四大風險」, 新華網참조, 2010년 11월 8일.

력을 무시할 수 없게 되었으며 따라서 중국의 자원외교 공간도 크게 확대될 것으로 기대된다.[453]

<도표3> 중국 1차에너지 소비구조

(%)

연도	석탄	석유	천연가스	수력·원자력·풍력 발전
1980	72.2	20.7	3.1	4.0
1985	75.8	17.1	2.2	4.9
1990	76.2	16.6	2.1	5.1
1995	74.6	17.5	1.8	6.1
2000	67.8	23.2	2.4	6.7
2001	66.7	22.9	2.6	7.9
2002	66.3	23.4	2.6	7.7
2003	68.4	22.2	2.6	6.8
2004	68.0	22.3	2.6	7.1
2005	69.1	21.0	2.8	7.1
2006	69.4	20.4	3.0	7.2

출처. 江澤民:「對中國能源問題的思考」,『上海交通大學學報』 2008년 제3기.

<도표4> 각국의 에너지 원단위 비교(IEA) 보고서

국가	GDP/(백만달러)	1차에너지 소비량/(백만톤)	GDP당 에너지 소비/(톤/만달러)	GDP당 에너지 소모비율/(중국/외국)
중국	2,668,071	1,697.8	6.36	1.00
인도	906,268	423.2	4.67	1.36
인도네시아	364,459	114.3	3.14	2.03
러시아	986,940	704.9	7.14	0.89
일본	4,340,133	520.3	1.20	5.31
미국	13,201,819	2,326.4	1.76	3.61
독일	2,908,681	328.5	1.13	5.63
세계	48,244,879	10,878.5	2.25	2.82

출처 : IEA Data, http://data.iea.org/ieastore/stat slisting. Asp. 2009-4-1

453 王海運:「抓住國際能源合作的新機遇」,『中國石油天然氣工業信息』, 2009년 제12기. p.19.

2. 중국의 자원외교 정책

중국정부는 줄곧 전략적 차원에서 에너지 안보 문제를 중요시 여겨 왔고 국제 약속의 이행을 위해 노력해 왔으며 미래의 국제 에너지 안보 시스템 구축에 적극 참여했다. 또한 글로벌 에너지 안보 유지와 새로운 글로벌 에너지 질서의 구축에서 긍정적인 역할을 담당해 왔다. 후진타오는 2005년 G8 정상회의에서 다음과 같이 밝혔다. 중국의 에너지 전략의 기본 내용은 절약을 우선 순위로 하고 국내를 기반으로 하며 다원화 발전과 환경 보호를 꾸준히 견지하고 호혜적인 국제 협력을 강화하여 안정적이고, 경제적이고, 깨끗한 에너지 공급 체계를 구축하는 것이다. 국제 에너지 안보전략 차원에서는 첫째, 에너지 개발과 이용에 있어서 호혜 협력을 강화하며, 둘째, 선진 에너지 기술의 연구 개발 및 보급 시스템을 구축하며, 셋째, 에너지 안보와 안정을 위한 양호한 정치적 환경을 유지하는 것이다.[454]

우선, 중국정부는 새로운 에너지 안보관의 수립을 적극 추진했다. 후진타오는 G8 정상회의에서 글로벌 에너지 안보 보장을 위해 호혜협력, 다원화 발전과 협동보장協同保障을 기본 정신으로 하는 새로운 에너지 안보관을 수립하고 실행할 것을 제안했다.[455] 새로운 에너지 안보관의 심층적 의미는 다음과 같다. ㄱ.에너지 개발에서부터 이용에 이르기까지 모든 절차에서 에너지 수출국, 운송국 및 소비국 간, 에너지 소비대국 간 대화와 협력을 강화함으로써 상호이익을 실현하고 글로벌 에너지 안보를 확보한다. ㄴ.국제사회는 에너지 절약 기술의 연구개발과 보급을 강화하고 각국의 에너지 효율 향상, 에너지 절약, 재생에너지, 원자력 등 사업을 적극 지지하고 추진하며 상호협력을 강화함으로써 깨끗하고

---

454 「胡錦濤在八國集團會議上的書面講話」, 『人民日報』, 2006년 7월 26일.

455 「胡錦濤出席八國峰會幷發表重要講話」, 新華網참조, 2006년 7월 18일.

안전하며 경제적이고 신뢰할 수 있는 미래의 글로벌 에너지 공급시스템을 구축한다. ㄷ.함께 노력하여 에너지 생산국 특히 중동 등 석유 산지의 안정을 유지하며 국제 에너지 수송 경로의 안전을 확보한다. 글로벌 에너지 공급을 방해하는 지정학적 분쟁을 피하고, 전통적 현실주의 사고 방식으로 에너지 문제를 대하는 낡은 관념을 포기한다. 기존 에너지 시장의 분할과 기득권 유지에 초점을 두지 않으며 에너지 문제를 정치화하지 않고 무력 사용은 더욱 금지한다. 국제사회는 새로운 에너지 안보 관념을 수립하여 대화와 협상을 통해 서로의 차이점과 갈등을 해결하고 협력과 협동을 강화하여 에너지 산지와 수송 경로의 안전을 효과적으로 유지한다.[456]

다음으로, 중국은 글로벌 에너지 협력을 강조했다. 2007년 『중국의 에너지 상황과 정책』 백서에는 다음과 같이 명시되어 있다. 에너지 안보는 세계적인 문제로 모든 국가는 자국의 발전을 위해 에너지 자원을 합리적으로 사용할 권리가 있으며 또한 에너지 안보를 위해서는 대다수 국가 간의 국제적 협력이 필수적이다. 세계 경제가 안정적으로 질서 있게 발전하려면 경제의 글로벌화가 균형적이고, 보편적으로 혜택을 누리며, 상호 원원하는 방향으로 나아가야 한다. 이를 위해 중국정부는 첫째, 에너지 생산국과 장기적인 에너지 공급 협정을 체결하여 에너지의 안정적인 공급을 확보하며, 다각적인 에너지 외교를 펼쳐 아프리카, 중남미, 러시아 등 석유 수출국들과의 에너지 협력을 강화한다. 둘째, 에너지 소비 국가와 다양한 형태의 에너지 대화를 나누며 장기적인 상호 신뢰 메커니즘을 구축한다.

---

456 中華人民共和國國務院新聞辦公室, 「中國的能源狀況與政策」, 中國政府網참조, 2007년 12월.

3. 자원외교의 주요 분야

최근 몇 년 동안 중국을 비롯한 신흥 개도국과 산업화 단계에 있는 개도국들의 급속한 경제성장과 함께 에너지 수요량이 급증하면서 선진국들의 큰 주목을 받고 있다. 기후 변화로 인한 문제가 갈수록 심화되면서 저탄소 녹색성장이 세계 경제의 새로운 패러다임으로 등장하고 있으며 전통적인 에너지와 신에너지 기술이 세계 주요 경제 대국들의 관심사로 떠오르고 있다. 고유가 파동이 심각한 상황에서 산유국과 소비국은 한자리에 모여 앉아 세계 에너지 시장을 안정화하고 양호한 시장 환경을 조성하는 방법에 대해 논의했다.[457]

(1) 세계 주요 에너지 소비 대국과의 조율 및 협력 관계의 유지

현재 세계 경제는 상승 단계에 처해 있다. 주요 대국들은 모두 안정적이고 신뢰성 있는 에너지 자원 공급이 필요하며 이는 에너지 자원 문제에 있어서 각국 이익의 가장 큰 합류점이라 할 수 있다. 만약 중국과 세계의 주요 국가들이

<도표5> 중·미 에너지 협력에 관한 주요 공식 문서

협정 명칭	체결 등급
「중·미 화석 에너지 기술 개발 및 이용 협력 의정서」(1985)	장관급
「중·미 에너지 효율 및 재생에너지 기술 개발과 이용 협력 의정서」(1995년)	장관급
「중화인민공화국국가발전위원회와 미국환경보호국(US EPA)의 청정 공기·청정 에너지 기술 협력 의향 성명서」(1999년)	장관급
「중·미 환경과 발전 협력 공동성명」(2000년)	장관급
「2008년 베이징올림픽 청정에너지 기술 협력 의정서」(2004년)	장관급
「중·미 에너지 및 환경 10년 협력 프레임」(2008년)	부총리급
「중·미 양국의 기후변화·에너지·환경 분야의 협력 강화 양해각서」(2009년)	부총리급
「중·미공동성명」(1997년, 2010년)	정상급

---

457 楊玉峰·韓文科·苗韌·安琪:「當前國際能源經濟的新趨勢」『宏觀經濟研究』, 2010년 제7기.

다자간 협의의 체제 하에서 각자의 에너지 정책을 조율하고, 국가 간 상호 협력을 강화한다면 안정적인 국제 에너지 시장이 형성될 수 있을 것이다.

중국과 미국은 세계 최대 에너지 소비국으로 에너지 소비 분야에서 지속적인 협력을 이어왔다. 오바마 행정부 출범 이후, 중·미 양국 간의 에너지 협력은 더욱 큰 진전을 이루었다. 중·미 양국 간에는 녹색성장협력동반자 관계 확립과 관련하여 기본 합의가 이루어졌고 이를 바탕으로 일곱 개 분야에서 최초로 생태파트너십 계약이 체결되었다. 중·미 양국은 '에너지효율 협력'을 기본 합의의 여섯 번째 목표로 정했다. 2011년에 중국 국가주석 후진타오가 인솔한 방문단이 미국 방문에서 얻은 가장 큰 성과는 중·미 신에너지 협력관계의 확립이였다. 중·미 양국의 기업들 간에도 많은 프로젝트협력계약이 체결되었고 「중·미공동성명」에서도 에너지환경 분야의 협력과 기술 연구개발의 중요성이 강조되었다. 아시아태평양경제협력체APEC의 틀 안에서도 에너지 실무 그룹은 날로 증가하는 아시아 태평양 지역의 에너지 소비 추세에 대응하여 적극적인 역할을 수행하 고 있다. 중·미·일·한·인도 등 국가들도 「청정 개발과 기후를 위한 아시아태평양 파트너십」을 체결했고 미국 에너지부와 중국의 발전개혁위원회 간 대화의 채널도 개통되었다. 이러한 것들은 모두 에너지 효율과 관련한 국제적 협력이 실행이 가능하도록 메커니즘을 제공하고 있다.[458] 「청정개발과 기후를 위한 아시아태평양 파트너십」은 「교토의정서」와 또 다른 프레임을 제시했다. '파트너십'의 목적은 자발적이고, 법적으로 구속력 없는 국제협력체제를 수립하며 협력을 통해 파트너 국가 간의 수익성이 높고, 더 깨끗하고, 더 효율적인 에너지 기술의 이전을 촉진하는 것이다. 유럽과의 협력에서, 2005년 이래 중국은 국제

---

458 졸릭 미 국무부 부장관은 2005년 9월 연설에서 청정 에너지 분야의 협력에 대해 특별히 언급했다. Robert B. Zoellick, "Whither China: From Membership to responsibility?" Remarks in National Committee on U.S. – China Relations, September 21, 2005, http://www.state.gov/s/d/rem/53682.htm.

청정개발체제에 적극 참여함으로써 세계 청정개발체제 프로젝트 최다 보유국이 되었다. 2009년 1월 30일에 중국과 유럽은 중국-유럽청정 에너지센터를 구축해 중국이 보다 지속 가능하고 친환경적이며 효율적인 에너지 산업을 구축하도록 지원하고, 중국이 국제상 특히 유럽의 정책, 법적 구조, 기술 노하우, 최적의 패턴 등 선진적인 경험을 공유할 수 있게 편리를 제공함으로써 청정에너지 사용률 증가에 도움을 주고 있다.

(2) 석유 생산국

주요 산유 지역의 불안정한 정치 환경과 요소는 중국의 석유 확보에 위협을 조성할 뿐만 아니라 중국의 외교전략과 안보전략에 대한 도전으로도 이어지고 있다. 후진타오는 "에너지안보와 수급 안정을 위한 양호한 정치적 환경을 유지하기 위해 각국이 공동으로 에너지자원 생산국 특히 중동 등 산유 지역의 안정을 도모해야 한다"[459]며 이같이 말했다. 중국은 석유 소비 대국들이 모두 석유를 충분히 공급받을 수 있도록 국제 시장의 석유 확보를 위해 노력하고 있다. 중국과 미국, 유럽, 일본 등 국가 간의 국제적인 에너지협력으로 석유 공급의 안정적 유지가 가능해졌다.

ㄱ. 걸프지역: 중국은 원유 수입의 절반 이상을 중동에 의존하고 있다. 최근 몇 년간 중국과 걸프 국가들은 에너지 등 분야에서 효과적으로 협력을 추진해 왔다. 중국과 걸프 국가들 간의 에너지 대화 메커니즘이 이미 가동되었고 현재는 자유무역에 관한 협상이 진행 중이다. 중국은 이미 사우디아라비아와 이란에서 대형 에너지 프로젝트를 잇따라 수주함으로써 걸프지역과의 에너지 협력이 낙관적이 추세를 보이고 있다.[460] 사우디아라비아의 강력한 지지 하에 중국

---

459 「胡錦濤在八國集團會議上的書面講話」,『人民日報』, 2006년 7월 26일.
460 水墨:「海灣:中國能源供應的未來」,『阿拉伯世界』, 2005年 第1期.

은 석유수출국기구OPEC와 공식 교류 관계를 수립했으며 2006년 4월에는 제1차 중국-석유수출국기구 에너지원탁회의가 거행되었다.

ㄴ. 아프리카: 중국은 호혜평등과 상호원원의 원칙하에 아프리카와 에너지 협력을 추진하고 있다. 중국은 아프리카 국가로부터의 석유 수입과 현지 석유 산업에 대한 투자 확대를 통해 급속으로 증가하는 중국의 에너지 수요를 충족시킬 뿐만 아니라 아프리카의 자주적인 발전도 촉진하고 있다. 우선, 중국과 아프리카의 에너지 협력은 다방면에서 서로 이익을 얻을 수 있는 협력이다. 빈곤한 아프리카 대륙은 석유 자원이 풍부하다. 중국의 막대한 자본과 기술의 투입은 필연적으로 아프리카 대륙의 유전 개발과 경제 발전으로 이어질 것이며 중국 역시 안정적인 원유 공급원을 확보하게 될 것이다. 현재 아프리카는 이미 중국의 가장 큰 해외 원유 공급원 중 하나가 되었다. 둘째, 중국 기업은 아프리카에 원유 탐사 개발, 송유관, 석유정제, 석유화학 등 일련의 석유공업 시스템을 구축하고 현지 기술자를 양성했으며 현지 관광 산업의 발전에도 힘을 실어 주었다. 이렇게 함으로써 유럽과 미국의 아프리카에 대한 일방적인 약탈적 채굴을 피할 수 있게 되었을 뿐만 아니라 아프리카 국가들의 에너지 자원에 대한 과도한 의존을 방지하고 아프리카 산업의 업그레이드와 경제 활력의 증대에도 도움을 주었다. 셋째, 중국과 아프리카 간의 에너지 협력은 주로 "주식으로 석유 공급원을 바꾸는 계획"을 채택했다. 중국은 아프리카 국가의 농업과 전력, 통신 등 산업에 대한 지원으로 석유탐사 개발권을 교환했다. 석유 수급 양측인 중국과 아프리카 간의 이 같은 직접적인 거래는 유럽과 미국의 금융 투기를 막을 수 있을 뿐만 아니라 석유 투자를 통해 아프리카의 다원화 발전을 이끌 수 있다. [461]

ㄷ. 중앙아시아: 중국은 상하이협력기구SCO의 틀 안에서 지속적으로 에너지 협력을 강화하고 있다. 중국과 상하이협력기구의 옵서버인 인도는 현재 최대

---

461 于宏源:「謀求多贏的中非能源合作」,『21世纪经济报道』, 2006년 11월 6일.

석유 소비국으로 부상하고 있으며 반면 이란, 러시아 및 중앙아시아 국가들은 중요한 석유, 천연가스 수출국이다. 앞으로 상하이협력기구는 보다 효과적으로 협력을 강화하는 방법을 모색해야 하며 더 나아가 미래의 국제 에너지시스템에 영향을 줄 특정 지역의 에너지시스템을 구축해야 한다(소비, 생산, 운송 등에 대해 지역 간 협의하여 조정). 상하이협력기구의 틀 안에서 에너지 협력을 강화하는 것은 중국의 에너지자원 다원화의 실현에 도움이 될 뿐만 아니라 중·러 에너지 협력도 촉진할 수 있다. 중국-카자흐스탄 송유관이 건설된 후 중앙아시아 국가들은 중국에 대한 석유 수출을 확대했으며 러시아도 철도 수송으로 부족한 대중국 에너지 수출 부분을 보완하기 위해 이 송유관에 석유를 주입할 것이다. 현재 이 송유관은 우즈베키스탄과 기타 중앙아시아 국가까지 연장 중이며 나아가 러시아, 이란의 송유관과도 연결시킬 계획이다. 이렇게 되면 하나의 네트워크가 형성되어 상하이협력기구의 틀 안에서 다자간의 에너지 협력을 유력하게 촉진할 수 있게 된다. 이밖에 현재 건설 계획 중인 투르크메니스탄에서 중국으로 들어오는 천연가스 배송관은 카자흐스탄과 우즈베키스탄을 경유하게 되므로 중국과 중앙아시아 및 러시아의 천연 가스 배송관을 연결하는 데 도움이 될 것이다. 중앙아시아 국가들은 석유와 가스 자원이 풍부하며 또 중국과 가까운 이웃이다. 세계 에너지 정치에서 중앙아시아는 새로운 에너지 공급원이라는 점과 지역 에너지 연결망 구축에서의 중대한 역할로 그 중요성이 부각되고 있다.[462] 상하이협력기구 정상회의에서 이란 대통령은 중앙아시아와 중국, 러시아 에너지장관회의를 열어 에너지 협력을 강화할 것을 제의했다. 이밖에 중국은 중남미와도 에너지 협력을 추진하고 있다.[463]

석유·가스 무역전략의 다원화는 '해외투자走出去'와 '외자도입引進來'을 상호 유

---

462 羅曉云: 「試論中國與中亞能源合作的機遇與挑戰」, 『東南亞從橫』, 2003年 第6期.

463 「中國與委內瑞拉投60億美元能源合作基金」, 『亞洲財經』, 2007년. 3월. 27일.

지하고 결합해야 한다.[464] 이와 관련하여 중국은 자원외교를 한층 강화하고, 자원외교를 중국의 전반적인 외교와 긴밀히 연결시키며 중국과 자원국 간 석유·가스 분야의 협력을 중요한 외교 업무로 삼고 적극 추진해야 한다. 세계 석유 소비국 및 수출국과의 협력을 강화하고, 해외 석유·가스 자원을 이용함에 있어서 상호 보완적인 교환을 통해 장기간 상호이익을 실현해야 한다. '대경제무역'의 견지에서 자원국과의 협력을 고려하고 중국의 시장 원리를 활용해 중국 석유회사가 협상에서 유리한 위치를 점할 수 있도록 해야 한다.

(3) 에너지 수송로의 확보

중국의 석유는 85% 이상이 인도양-말라카 해협-남해 항로를 통해 운송되는데 이 통로는 봉쇄와 통제에 극도로 취약하다. 세계 석유의 대부분은 해상운송선을 통해 거래된다. 안전하고 원활한 해상운송 통로를 유지하기 위해 중국과 세계 각국은 반해상테러, 해적 단속 등 분야에서 협력을 강화하여 해상운송선, 특히 주요 국제 수로의 안전 확보에 만전을 기하고 있다.

(4) 국제에너지기구와의 관계 강화

국제에너지기구IEA는 전 세계 소비자의 이익을 대변하지만, 중국은 아직 이 기구의 정식 회원국이 아니다. 현재 이 기구는 중국, 인도, 브라질과 같은 신흥 에너지 소비 대국을 대화 파트너로 삼고 관계를 강화하고 있다. 한편 국제에너지기구의 틀 안에서 아태 에너지 실무 그룹은 날로 증가하는 아태지역의 에너지소비 추세에 대응해 적극적인 역할을 수행하고 있다. 중국, 미국, 일본, 한국, 인도 등 국가들도 "청정개발 및 기후에 관한 아시아·태평양지역 파트너십"을 구성했다.

---

464 「全球化視角選擇油氣戰略」, 『中國石油天然其工業信息』, 2009年 第6期.

4. 자원외교의 주요 공헌

중동은 중국의 최대 석유 공급지로 중국의 중동산 석유 수입은 꾸준히 증가하는 추세에 있다. 아프리카에서의 중국의 자원외교 또한 주목할 만한 결과를 낳았는 바, 불과 몇 년 사이에 아프리카는 중국의 네 번째로 큰 석유 수입원이 되었다. 러시아와 중앙아시아 지역에 대한 중국의 자원외교는 비록 중동지역에 비해 늦게 이루어졌지만 상대적으로 큰 성과를 거두고 있다. 현재 중국이 이 두 지역에서 수입하는 석유량은 계속 증가하고 있는 추세이다. 중국은 많은 에너지 수출국들과 정치, 외교, 경제 등 다양한 측면에서 협력을 추진함으로써 에너지 수입원의 다원화를 실현했다. 이러한 자원외교의 실천으로 중국은 안정적인 석유 공급원을 확보할 수 있었고 에너지 안보를 보장할 수 있게 되었다. 따라서 중국 경제는 세계 에너지 정치, 에너지 경제의 변화와 난기류 속에서도 발전을 멈추지 않고 급성장을 유지하면서 지속적이고 점진적인 발전으로 중진국이란 전략적 목표를 향해 나아가고 있다. 이 모든 것은 중국의 풍부한 석유 공급원과 효율적인 자원외교와 갈라놓을 수 없다.

중국이 자원외교를 펼치는 것은 국내 석유화학회사의 성장과 발전에 도움이 되며, 막강한 석유화학회사는 또한 중국이 에너지 안보를 향상시키는 내재적 수요이다. 자원외교를 통해 중국석유회사의 글로벌 경영을 추진하고 자본수익률을 향상시키며 국제 경쟁력을 키우는 데 도움을 줄 수 있다. 중국정부는 한편으로 국내 석유기업의 발전을 격려하고 다른 한편으로는 자원외교를 펼쳐 중국 석유기업의 글로벌 경영에 양호한 정치적 환경을 조성함으로써 중국 3대 석유회사의 실력을 지속적으로 증강시키고 있다.

제3절 환경외교

20세기 이래 인류는 전에 없던 물질적 부를 창조함과 동시에 인구 증가, 자원 낭비, 환경 오염, 생태 파괴 등 일련의 자원·환경 문제를 일으켜 세계 각국의 생존과 발전에 심각한 위협을 조성하고 있다. 2007년 4월 17일, 유엔 안보이사회의에서는 처음으로 환경 문제를 토론 주제로 내놓고 에너지와 기후 변화의 상관 관계에 대해 공개적으로 논의했는데 이는 환경 문제의 정치화 추세가 새로운 차원으로 상승했음을 보여준다. 중국공산당과 국가지도자들은 환경 문제에 대해 매우 큰 관심을 보였다. 이와 관련해 후진타오는 "기후 변화에 적절하게 대응하는 것은 중국의 경제사회 발전 및 국민의 이익과 연관되는 일이며, 국가의 근본적인 이익과 연관되는 일이다"라며 이같이 말했다. 원자바오는 중국은 에너지 자원 절약과 환경보호를 추진함으로써 중국의 발전으로 인해 세계에 영향을 끼치는 일이 없도록 할 것[465]이라고 밝혔다. 거대 개도국인 중국은 '77+1' 그룹에 의탁해 대다수 개도국의 입장과 이익을 대표하는 환경외교를 적극적으로 펼치고 국제 환경 협력에도 건설적으로 참여하고 있다. 중국은 1972년에 스톡홀름에서 개최한 유엔 인간환경회의에 참가한 이래 환경외교 분야에서 상당한 진전을 이룩했다. 개도국인 중국은 세계경제의 건전한 성장과 지구의 생태환경 보호를 위해 담당해야 할 책임과 역할에 대해 잘 알고 있다. 중국 환경외교의 주요 출발점은 국익을 보호하고 국제사회의 원조를 얻어내며 국내 환경 보호 사업의 발전을 촉진하는 것이다. 이에 따라 중국은 경제 및 사회 발전 과정에서 발생하는 자국의 환경 문제 해결에 주력함과 동시에 환경 개발 분야의 국제협력에 적극 참여하고 다자간 및 양자 간 외교를 적극 펼침으로써 세계 환경외교 분야에서의 그 역할이 갈수록 두드러지고 있다.

---

[465] 「溫家寶從十個方面闡述中國和平發展道路」, 『新華社中文新聞』, 2006년 3월 14일.

1. 환경외교의 변화와 발전

중국의 환경보호 사업이 성장, 발전함에 따라 국제적 협력의 중요성이 갈수록 부각 되고 있다. 현재 중국은 환경보호 분야에서 국제사회와 전방위적이고 다양하고 폭넓은 협력의 국면을 열어가고 있다. 중국은 개발도상국이자 환경자원 대국으로서 환경외교를 매우 중요시하여 국가 지도자들의 해외 방문시 환경보호를 중요한 활동 중 하나로 간주해 왔다.[466] 저우언라이는 스웨덴 스톡홀름에서 열린 유엔 최초 인간환경회의를 중요시 여기고 대표단을 파견해 적극적인 역할을 수행하도록 했다. 회의 취지는 공통된 견해를 도출, 공유하고 공통의 원칙을 제정하여 세계 각국 국민들이 함께 인류의 환경을 보호하고 개선하려는 데 있었다. 중국은 자국의 환경문제 해결을 위해 일련의 대책을 강구하는 한편 환경보호 분야의 국제협력에 적극적이고 실속 있게 참여하면서 인류의 공동 과제인 지구 환경보호를 위해 꾸준히 노력해 왔다. 이를테면, 중국은 환경과 발전 분야의 국제 협력을 강화하기 위해 1992년 4월에 "중국 환경 및 발전 국제협력 위원 회"[467]를 발족했고 후진타오, 원자바오 등 국가 지도자들은 2007년 한 해에만 환경 분야의 국제협력과 교류 활동에 8차례나 참석했다. 후진타오는 2007년의 아세아태평양경 제협력체 정상회의에서 협력 대응의 견지, 지속가능한 발전, 「유엔기후변화협약」의 주도적 지위의 확보, 과학기술 혁신이란 기후 변화 대응의 4대 원칙을 제기했다. 2008년 6월 중공중앙 정치국 제6회 집단 학습회의에서 후진타오는 다음과 같이 강조했다. "확고 부동하게 지속가능한 발전의 길을 걸으며 기후 변화에 대응하는 능력을 키워야 한다. 기후 변화에 적절하게 대응하는 것은 중국의 경제사회 발전과 국민의 이익과 연관되며 국가의 근본 이익

---

466 주로 생물다양성협약, 비엔나협약, 몬트리올의정서, 바젤협약, 책임 및 보상의정서, 바다를 위한 글로벌 행동계획을 포함한다.

467 中華人民共和國國務院新聞辦公室, 「中國的環境保護」, 中國政府網 참조, 1999년 6월.

과도 연관된다."[468] 2009년의 코펜하겐 기후변화회의에서 원자바오 총리는 기후 변화에 대응하는 역사적 과제를 공동으로 추진하기 위해 모든 당사국들이 의견을 같이하고 협력을 강화해 나갈 것을 제의했으며 개도국과 선진국 간의 의견 차이를 조율해 최종적으로 「코펜하겐협정」이 이루질 수 있도록 추진 역할을 했다.[469]

중국정부가 다양한 국제협약의 협상에 적극 참여하고 중국의 국익을 증진시키는 다자간 환경협약에 적극 동참하는 것은 매우 큰 의미가 있다. 중국은 자국의 환경 권익을 보호하고 국제 의무를 이행하며 국제 환경협력을 증진하기 위한 취지에서 유해폐기물 관리, 위험 화학품 국제무역의 사전 동의 절차, 화학제품의 안전 사용과 환경 관리, 오존층 보호, 기후변화, 생물 다양성 보호, 습지 보호, 사막화 방지, 멸종 위기에 처한 야생동식물의 국제 거래, 해양 환경 및 자원 보호, 핵오염 방지, 남극 보호, 자연 및 문화유산 보호, 국제환경 보호 등 14개 분야의 50여 개 항목에 달하는 다자간 환경 협정에 가입했다.[470] 오존층에 관한 몬트리올 의정서 협상 과정에서 중국은 자금 지원 체제의 구축을 위해 중요한 역할을 담당했으며 중국의 제의 하에 최종적으로 다자기금이 설치되었다. 중국은 다자간 협약에 적극 참여함과 동시에 지역적 다자 환경외교와 협력에도 적극적으로 참여했는데 이를테면, APEC환경보호 센터, 동북아 환경협력, 동 아시아해와 서북태평양 행동계획 등이다. 중국은 유엔환경계획UNEP, 지구환경기금GEF, 다자기금과 같은 수많은 환경보호 다자기구와도 긴밀한 유대 관계를 맺

468 「胡錦濤27日主持中共中央政治局第六次集體學習」, 中國政府網참조, 2008년 6월 28일.

469 趙承·田帆·韋冬澤:「青山遮不住, 畢竟東流去─溫家寶總理出席哥本哈根氣候變化會紀事」, 『人民日報』, 2009년 12월 24일.

470 中國已經締約或簽署的國際環境公約(目錄)http://www.jshb.gov.cn/jshb/stbh/showinfo.aspx?infoid=8209863c-467f-4b66-8e60-f2596cfc96f5

었다.[471]

중국은 줄곧 많은 개도국들과의 연대와 협력을 강화해 왔으며 특히 다양한 협정 및 관련 현안의 협상 과정에서 더욱 그러했다. 1991년 베이징에서 소집된 개도국 환경 및 발전 장관급회의에서 개도국과 중국은 환경 보호와 관련하여 공통된 입장을 형성하고「베이징선언」을 채택했다. 중국은 다자간 및 양자 간의 환경외교 협상 중, 특히 리우데자네이루 유엔환경개발회의 및 지속가능발전 세계정상회의wssD에서 "공통의, 그러나 차별화된 책임"의 원칙을 견지했으며 선진국은 개도국보다 환경보호 책임이 더 크므로 솔선수범하여 세계 환경 보호에 기여해야 한다고 주장했다.

중국은 주변국 또는 해당 지역과의 협력을 강화하고 촉진함과 동시에 지역협력체제 구축에도 적극 참여했다. 중·일·한 3국은 환경장관회의를 정례화하는 체제를 구축해 정기적으로 정책을 교류하고 공동 관심사인 환경 문제를 논의해 가고 있다. 중국과 유럽은 환경정책 장관급 대화 채널은 개설하고 중국-유럽 환경연락원회의 체제를 구축했으며 중국과 아랍국가는 최초로 환경협력회의를 개최했다. 중국은 환경보호 분야에서 양자 간 협력을 적극 추진해 미국, 일본, 캐나다, 러시아 등 42개국과 연달아 양자 간 환경보호 협력협의 또는 양해각서 MOU를 체결했으며 중국-아프리카 국가 간의 환경보호 협력도 지속적으로 추진했다.[472] 아래의 표는 중국정부가 국제환경체제 구축에 적극 참여하고 개도국의 이익을 충분히 보호했음을 보여준다.

---

471 지구환경기금 시범운영 기간, 중국은 6건의 프로젝트를 진행하여 기금 5461만달러를 사용했는데 이는 수혜국 중 가장 높은 기금 사용 비율이다. 공식운영 기간에는 8건의 프로젝트를 진행해 총 12642만 달러의 기금을 사용했다.

472 中華人民共和國國務院新聞辦公室:「中國的環境保護(1996-2005)」,中國政府網 참조.2006년6월.

국제문서	시기	주안점
유엔 인간 환경회의 보고서	1972	「유엔인간환경선언」(Declaration of the United Nations Conference on the Human Environment)은 이 회의의 주요성과이다. 선언에서는 참가국과 국제기구가 채택한 7개 공동 견해와 26개 원칙을 천명해 세계각국의 환경보호와 개선을 격려했다.
유엔 환경 개발회의 보고서	1992	회의에서는 「지구헌장」이라고도 불리우는 「환경과 개발에 관한 리우선언」을 채택했다. 선언은 환경과 개발에 관한 27개 기본원칙을 담은 구속력 없는 성명서이다. 선언에는 다음과 같은 내용이 명시되어 있다. 각국은 자국 내에서의 활동이 다른 국가의 환경에 피해를 끼치지 않도록 할 책임이 있다. 환경보호는 "개발 과정의 중요한 일부분"이며, 개도국, 특히 극빈국과 "환경적으로 취약한 국가"는 우선적으로 고려의 대상이 되어야 한다.
유엔 밀레니엄 선언	2000	2000년의 유엔 밀레니엄 정상회의에서 189개 회원국은 「유엔 밀레니엄선언」을 채택하고 8개 밀레니엄 발전목표를 2015년까지 달성하기로 약속했다. 밀레니엄선언은 1. 가치와 원칙, 2. 평화, 안보 및 군비 축소, 3. 발전 및 빈곤 퇴치, 4. 공동 환경 보호, 5. 인권, 민주 및 선정, 6. 취약자 보호, 7. 아프리카의 특수 요구 충족, 8. 유엔 강화 등 8개의 장으로 구성되었다.
유엔 지속가능 발전정상회의 보고서	2002	「지속가능발전 요하네스버그 선언문」은 글로벌 지속가능발전을 위한 우선 과제의 구체적인 목표와 시간표를 포함한 정치선언문이다. 선언문에서는 1992년 리우환경개발회의 이후 국제사회가 환경 및 개발 분야에서 걸어온 과정을 검토하고 오늘날 국제 사회가 당면한 주요 과제를 명확히 제시했다. 선언문에서는 다자주의가 인류의 미래를 결정한다는 점을 분명히 밝히고, 지속가능 발전의 목표 달성을 위해 각국이 실질적인 노력을 기울일 것을 호소했다.
지속가능 발전에 대한 베이징 선언	2008	ASEM회원국들은 지속가능한 발전을 실현하는 것은 인류가 직면한 심각한 도전이자 중요하고 시급한 과제임을 인식했으며 상호 윈윈의 정신에 입각하여 협력을 강화하고 지속가능한 발전을 위해 공동으로 노력할 것을 표명했다. 선언에서는 미래 세대를 위해 각국은 경제 성장을 추구함과 동시에 환경의 질을 유지하고 향상시키는 데 큰 노력을 기울여야 한다고 거듭 강조했다. 회의를 통해 각국은 경제성장, 사회 발전 및 환경보호는 지속가능발전의 3대 축으로 상호 의존적이고 보완적인 관계임을 인식했다.

2. 환경외교의 원칙

서방 학자들에 의하면, 중국은 1980년대부터 세계의 주목을 받으며 국제 환경 정치 무대에 등장해 다양한 환경시스템에 참여하고 다양한 국제환경회의를 개최했으며 모든 중요한 국제환경비정부기구NGO와 긴밀한 유대 관계를 맺었다.[473] 미국 학자들에 의하면, 중국의 환경외교 3대 원칙은 첫째, 환경과 발전은 불가분의 관계이며, 둘째, 선진국은 지구 환경 파괴의 역사적 책임을 우선적으로 짊어지고 개도국에 환경 보호 기술과 자금을 지원하며, 셋째, 국제 환경보호에서 주권을 존중한다[474]는 것이다.

(1) 경제발전과 환경보호의 불가분의 관계

환경보호와 경제발전은 서로 유기적인 관계를 가지고 있다. 환경보호의 목적은 경제의 지속적인 발전을 추진하기 위한 것이고, 경제의 발전은 역으로 환경보호 능력을 증강시킨다. 경제와 사회가 발전하려면 지속 가능하게 이용할 수 있는 천연자원과 양호한 생태환경이 밑바침되어야 하며, 반대로 글로벌 기후변화 문제는 경제와 사회의 발전을 통해서만 해결될 수 있다. 그러므로 발전을 떠나서 일방적으로 기후보호와 환경개선을 강조해서는 안 되며 생태환경의 수용 범위를 초과해 맹목적으로 발전을 추구해서도 안 된다. 특히 개도국의 입장에서 본다면 합리적인 경제 발전의 전제 하에, 기후보호와 환경 문제 해결을 발전 과정의 일부분으로 간주하고 자국의 실정에 맞는 적절한 방법을 모색 해

473 Alastair Iain Johnson, "China and International Environmental Institutions: A Decision Rule Analysis," in Michael B. McElroy, Chris P. Nielsen and Peter Lydon (ed.), Energizing China, Reconciling Environmental Protection and Econo mic Growth (Cambridge, Mass: Harvard University Committee on Environment, 1988), p.555.

474 Elizabeth Economy, "China's Environmental Diplomacy," in Samuel Kim (ed.), China and the World: Chinese Foreign Policy faces the New Millennium, 4th edtion (Boulder: Westview Press, 1998), pp.271-272.

야 한다. 글로벌 환경문제는 장기간에 걸친 불합리하고 불공정한 국제 경제 질서와 밀접히 연관되어 있다. 그러므로 국제 환경협력을 강조함과 동시에 국제 경제협력도 강조해야 하며 지속 가능한 발전에 도움이 되는 공정한 국제 경제 질서를 수립해야 한다. 현재 개도국의 경제발전 수준과 1인당 에너지 소비량은 선진국과 비교하면 현저한 차이가 있으며 개도국은 또한 공동 발전을 몹시 갈망하고 있다. 따라서 글로벌 기후를 보호하는 국제 행동은 개도국의 합리적인 경제 발전과 1인당 에너지 소비량의 보장을 전제로 해야 하며 개도국의 경제 발전에 영향을 끼치게 해서는 안 된다. 중국의 주장은, 에너지 발전 및 신에너지 기술 개발과 온실가스 감축을 유기적으로 결합시켜 통합적으로 고려함으로써 경제 발전에도 이롭고 환경보호 목적에도 도달할 수 있도록 하자는 것이다. 1992년, 리우에서 열린 환경과 개발에 관한 유엔회의에서 리펑李鵬은 세계 환경 및 발전 문제의 해결과 관련하여 아래와 같은 다섯 가지 주장을 제기했다. 첫째, 경제발전과 환경보호의 균형을 유지해야 한다. 둘째, 환경보호는 전 인류가 공동으로 감당해야 할 임무이다. 셋째, 국가 주권의 존중을 바탕으로 국제 환경 협력을 강화해야 한다. 넷째, 세계 평화와 안정을 떠나서는 환경보호와 발전을 이룰 수 없다. 다섯째, 환경문제를 처리함에 있어서 각국의 실질적인 이익과 세계의 장기적인 이익을 동시에 고려해야 한다.

2009년 9월 유엔기후변화정상회의에서 후진타오는 다음과 같이 선포했다. 중국은 한 걸음 더 나아가 기후 변화 대응을 경제 사회 발전 계획에 포함시키고 계속하여 강력한 조치를 취할 것이다. 즉, 첫째, 에너지 절약을 강화하고 에너지 효율을 높여 2020년까지 GDP 단위 기준당 이산화탄소 배출량을 2005년에 비해 크게 감소시킨다. 둘째, 재생 에너지와 원자력 에너지를 대대적으로 개발해 2020년까지 1차 에너지 소비량 중 비화석 에너지가 차지하는 비중을 15%로 끌어올린다. 셋째, 산림 탄소 흡수원을 대폭 확충하기 위해 2020년까지 산림 면적을 2005년 대비 4천만 헥타르 증가시키고 산림 축적량을 2005년 대비

13억 입방미터 증가시킨다. 넷째, 녹색경제, 저탄소경제와 순환경제를 대폭 발전시키고 기후 친화적인 기술을 연구 개발해 널리 보급시킨다.[475]

생태문명과 발전의 상호 조율에 관한 마인드는 중국공산당이 17차 대회에서 높은 안목으로 역사적인 견지에서 제시한 중대한 전략적 사상이다. 중국공산당 17차 대회 보고에서는 "생태문명 건설을 추진하여 에너지 자원을 절약하고 생태환경을 보호하는 산업구조와 성장 방식 및 소비 패턴을 기본적으로 구축"할 것을 촉구함과 동시에 "생태 문명의 이념이 사회 전반에 확고히 수립"되도록 해야 한다고 강조했다.[476] 사실상, 중국공산당은 12차 대회에서 15차 대회에 이르기까지 줄곧 사회주의 물질문명과 정신문명 건설을 강조해 왔으며 이 토대 위에서 16차 대회 보고에서는 사회주의 정치문명의 이념을 제시했다. 당이 17차 대회 보고에서 처음으로 생태문명을 제시한 것은 중국공산당의 과학적 발전관과 조화세계 이론이 한층 업그레이드 되었음을 의미한다. '생태문명'은 당대회 보고서에 처음 제시되었고 따라서 생태문명 건설의 추진 방식이 중대한 과제로 떠올랐으며 그중에서 에너지가 주요 목표가 되었다. 생태문명 건설의 기본 요구는 에너지 자원을 절약하고 생태환경을 보호하는 산업 구조, 성장 방식 및 소비 패턴을 구축하며, 청정에너지 와 재생에너지를 개발해 토지와 수자원을 보호하고, 과학적이고 합리적인 에너지 자원 활용 시스템을 구축해 에너지 자원의 효율을 높이는 것이다. 이로부터 에너지가 생태문명이란 큰 그림에서 얼마나 중요한 위치를 점하고 있는지를 알 수 있다. 에너지 자원을 절약하는 산업구조, 성장 방식 및 소비 패턴을 구축하고 재생에너지 비중을 대폭 늘리는 것은 생태문명 건설의 목표이자 수단이고, 방법이자 조치이다.

---

475 胡錦濤:「攜手應對氣候變化挑戰―在聯合國氣候變化峰會開模式上的講話」, 新華網참조, 2009년 9월 22일.

476 胡錦濤在黨的十七大上的報告, 新華網참조, 2007년 10월 24일.

(2) 개도국 이익의 보호

인구수가 세계인구의 절대다수를 차지하는 개도국의 참여 없이는 지구 환경보호의 목표 달성은 불가능한 일이다. 현재, 절대 다수의 개도국은 여전히 국민의 기본 요구를 충족시키기 위한 발전 단계에 처해 있으며 환경보호와 경제발전이란 이중적 부담을 짊어지고 있다. 그런데 기후 변화로 인한 피해가 가장 큰 곳은 저항력이 약한 개도국, 특히 섬과 저지대, 긴 해안선을 가진 나라와 농업 위주의 개도국이다. 글로벌 기후 변화는 현재 그들의 생존마저 위협하고 있다. 따라서 중국은 각종 매커니즘을 통해 개도국들이 국제환경협력에 충분히 효과적으로 참여할 수 있도록 노력하고 있다.

중국은 줄곧 많은 개도국들과의 연대와 협력을 강화해 왔으며 특히 다양한 협정 및 관련 현안의 협상 과정에서 더욱 그러했다. 1991년 베이징에서 소집된 개도국 환경 및 개발 장관급회의에서 개도국과 중국은 환경보호와 관련하여 공통된 입장을 형성하고 「베이징선언」을 채택했다. 중국은 다자간 및 양자간의 환경외교 협상 중, 특히 리우데자네이루 유엔환경개발회의 및 지속가능발전세계정상회의wssp에서 "공통의, 그러나 차별화된 책임"의 원칙을 고수하면서 선진국은 개도국보다 환경보호 책임이 더 크므로 솔선수범해 세계 환경보호에 기여해야 하며 개도국의 발전 권리는 마땅히 보장 받아야 한다는 주장을 제기했다. 환경 위협의 경제화, 정치화, 안보화, 전략화에서 알 수 있듯이, 환경 위협의 발원지가 개도국으로 전이되는 추세가 보인다 해도 선진국 역시 심각한 피해를 받게 되며 또한 환경 위협이 비대칭적이라 해도 영향이 미치는 범위는 전 세계이므로 관리 방식도 마땅히 글로벌적이어야 한다. 관리 주체는 북방 선진국 뿐만 아니라 많은 개도국 특히 중국과 인도 더 나아가 비정부기구 및 개인도 이 체계의 일원이 되어야 한다. 환경 위협의 글로벌화가 경제 경쟁에서 실패한 국가의 상황을 크게 악화시켜 '실패국가'가 실패를 거듭한 사례도 있다. 지식과 기술을 이용해 가장 취약한 생태시스템과 최빈곤 사회를 돕는 것이 미래의 중요한 과제가 되어야 한다.[477] 만약 그렇 지 않을 경우 국제체계는 환경에 돌이킬 수 없는 재난을 가져다 주게 될 것이다.

이러한 인식 하에 중국은 개도국에 대한 선진국의 추가적인 자금 원조와 특혜적인 기술 이전이 이루어지도록 끊임없이 노력해 왔다. 중국은 선진국의 개도국에 대한 지원은 인류의 공동 이익과 자국의 이익을 위한 일종의 투자이며 과거 선진국이 개도국에 심각한 오염과 파괴를 초래한 데 대한 일종의 보상이라고 본다. 장기간 지속된 불평등, 불공정한 국제경제질서는 개도국의 발전을 지연시켰고 자금 결핍과 기술 낙후를 초래했다. 이것은 불가피적으로 기후 보호를 위한 국제적인 협력과 행동에 어려움을 가져오게 될 것이다. 그러므로 개도국에 자금 원조와 기술 이전을 하는 동시에 공정한 경제질서를 구축함으로써 외부 경제 조건의 악화로 인한 불리한 영향을 제거하고 개도국의 기술과 경제력을 강화해 그들의 글로벌 기후보호 능력을 한층 제고시켜야 한다.

한편, 개도국의 핵심 그룹인 '베이직 4개국BASIC'도 환경분야에서 중요한 역할을 담당하고 있다. 2007년 인도네시아 발리섬에서 개최된 유엔기후변화대회에서 '발리로드맵'이 채택된 후, 중국은 2009년의 코펜하겐기후변화회의에서 개도국의 이익을 보호하기 위해 인도, 브라질, 남아프리카 등 주요 개도국들과 긴밀한 교류와 조율을 이어왔다. 코펜하겐기후변화회의 개막 전야인 2009년 11월 26일과 27일, 주요 개도국인 중국, 인도, 브라질, 남아프리카 등 4개국의 대표들은 베이징에 모여 곧 열리게 될 기후변화 회의에서의 입장에 대해 논의했다. '베이직 4개국'은 브라질Brazil, 남아프리카공화국South Africa, 인도India, 중국China의 영문 머리글자BASIC를 따서 지은 명칭이다. 코펜하겐기후대회에서 베이직 4개국은 일치단결해 '쌍선협상체제'와 '단선협상체제', '덴마크 문서', '코펜하겐협정' 등과 같은 중요한 문제의 토론에서 같은 목소리를 내어 코펜하겐회의가

---

477 周國梅, 高艶: 「應對全球化帶來的環境挑戰需要構築新型環境治理模式」, 『經濟要參』 2008년 4월.

올바른 방향으로 진행될 수 있도록 이끌어 감으로써 막강한 영향력을 과시했다. 2009년 12월 23일, 유엔정부간기후변화위원회IPCC 의장 라젠드 라파차 우리Rajendra Pachauri는 중국, 인도, 브라질, 남아프리카공화국으로 구성된 'BASIC'은 코펜하겐회의에서 중요한 역할을 했으며 그들이 미래의 기후협상을 이끌어 갈 것이라고 말했다.

(3) 유엔체제 하에서 환경 협상을 견지

중국은 환경외교에서 유엔의 권위와 체제를 힘써 수호했다. 유엔기후변화 협상 과정에서 중국대표단의 기후변화공약에 관한 초안은 77개국의 입장을 조율하는 기본 문건으로 활용되었고 후에는 유엔체제 하에서 협상을 진행하는 기본 자료로 활용되었다. 1995년의 「교토의정서」 협상 개시 전, 중국 대표단은 선진국의 온실가스 감축 목표 협상을 강화하는 데 대한 결정과 구체적 요소를 제기했는데 이 결정 또한 이후의 협상과 「교토의정서」(선진국에만 온실가스 감축 의무를 부과)를 제정함에 있어서 중요한 기초 자료가 되었다. 2005년의 몬트리올회의에서는 중국대표단이 제기한 "「교토의정서」 제2차 공약 기간 온실가스 감축 목표 협상의 동력"이 채택되어 이후의 "발리로드맵" 작성에 기반을 마련했다. 선진국은 제1차 공약기간의 온실가스 감축 목표를 달성해야 할 뿐만 아니라 2012년 이후에도 지속적으로 「교토의정서」의 규정에 따라 온실가스 감축 목표를 달성해야 한다. 「교토의정서」는 선진국에만 온실가스 감축 의무를 부과하고 개도국에는 부과하지 않는다는 패턴을 확립했다. 「교토의정서」는 공약에 따라 지켜야 할 기후 변화에 대응하는 원칙적이고 일반적인 약속과 의무를 재천명했다. 공약과 의정서의 원칙과 규정은 중국과 개도국에 매우 유리했는데 이것은 중국이 개도국과 힘을 합쳐 어려운 협상 끝에 얻어낸 결과이다.

2007년 인도네시아 발리에서 열린 유엔기후변화협약 당사국 총회에서 중국대표단은 '발리로드맵'을 작성하는 데 중요한 기여를 했다. 우선 큰 틀에서,

중국대표단은 공약 협상의 목적은 공약의 이행을 강화하기 위한 데 있다고 주장하면서 "공통의, 그러나 차별화된 책임"의 원칙을 견지했다. 구체적인 사항과 관련하여 중국대표단은 '감축 완화, 적응, 기술, 자금' 이 네 바퀴가 독립적으로 병행해야 한다고 주장하면서 개도국이 기후 변화에 대처할 수 있도록 지원함에 있어서 '기술과 자금'의 중요성을 강조했고 이러한 내용들은 모두 '발리행동계획'에 반영되었다. 유엔사무총장 반기문은 코펜하겐기후협정의 체결에서 중국이 결정적인 역할을 했다고 특별히 강조하면서 다음과 같이 말했다. "오늘날의 중국은 이미 세계적인 대국이다. 세계적인 대국은 마땅히 세계적인 책임을 짊어져야 한다. 중국이 없었다면 올해의 신기후체제 협상은 성공할 수 없었을 것이다."

2009년 5월 20일, 중국정부는 「발리로드맵의 실천―코펜하겐기후변화회의에 대한 중국정부의 입장」을 발표하여 「유엔기후변화협약」과 「교토의정서」의 기본 체제를 견지하고, 발리로드맵의 수권 사항을 엄격히 따르며, "공통의, 그러나 차별화된 책임"의 원칙을 견지한다는 등 네 개의 원칙을 제시했다. 중국정부는 선진국들이 역사적인 온실 가스 배출량과 현재의 높은 1인당 배출량에 책임을 져야 한다고 주장하면서 선진국들이 2020년까지 전체 배출량을 1990년의 수준에서 최소한 40% 감축하며 그에 따른 정책, 조치와 행동을 취할 것을 요구했다. [478]

개괄적으로, 2008년 3월 환경보호부 출범 이후 환경외교는 중국외교의 중요한 부분으로 자리잡았다. 중국의 환경외교는 과거 장기간의 일반 참여에서 현재의 '필수 불가결'의 참여와 효과적인 대응으로 변화, 발전했다. 중국은 개도국으로서 세계 경제의 건전한 성장을 촉진하고 지구의 생태 환경을 보호해야 할 책임과 역할에 대해 잘 알고 있다. 중국 환경외교의 주요 출발점은 국익을 보호하고 국제사회의 원조를 얻어내며 국내 환경보호사업의 발전을 촉진하는

---

[478] 发展改革委员会气候变化司:「落实巴厘路线图―中国政府关于哥本哈根气候变化会议的立场」참조.

것이다. 이에 따라 중국은 자국의 경제와 사회 발전 과정에서 발생하는 환경문제에 대해 각별히 중시하는 한편, 환경개발 분야의 국제협력에도 적극 참여하고 다자간 및 양자 간 환경외교를 활발히 펼침으로써 세계 환경외교 분야에서 두각을 나타내고 있다. 서방 학자들의 평가에 따르면, 중국은 지속적으로 국제 환경협약을 성실히 이행하고 있으며[479] 국제환경보호규정의 협상에서 매우 중요한 역할을 수행하고 있다.[480]

제4절 대테러 외교

국제 테러리즘은 모종의 정치적 목적을 달성하기 위해 국제 사회에서 체계적으로 폭력을 행사함을 말한다. 테러리즘에 대한 정의는 매우 다양하지만 그 중 비교적 영향력 있는 100개의 정의에서 가장 빈번하게 나타나는 특징은 폭력이나 무력적 수단, 국제 사회에 공포와 두려움을 조성, 공포와 폭력으로 목적을 달성하는 것이다. 2001년의 '9.11테러' 사건 이후, 전 세계 테러리즘은 이미 인류가 공동으로 직면한 도전의 대상이 되었으며 세계와 지역의 평화, 안정 및 발전에 영향을 주는 중요한 요소가 되었다. 테러리즘은 각국의 경제, 문화, 국민의 삶과 재산에 위협을 줄 뿐만 아니라 각국의 정치 형세에도 위협을 조성하고 있다. 글로벌화의 추세로 세계는 점점 작아지고 있으며 글로벌 기술 혁신, 경제 통합, 물류 및 빈번한 인력 이동은 '양날의 검'과도 같이 편의를 가져다 줌과 동시에 위험도 불러오고 있다. 테러리즘은 대중매체(텔레비전, 신문, 인터넷 등)의

---

479 Michael Palmer, "Environmental Regulation in the People's Republic of China: The Face of Domestic Law,' in Richard Louis Edmonds (ed.), Managing the Chinese environment (Oxford: Oxford University Press, 1988), p.83.

480 Lester Rose, "China: Environmental protection, Domestic Policy Trends, Patterns of Participation in Regimes and Compliance with International Norms," in Richard Louis Edmonds (ed.), *Managing the Chinese environment* (Oxford: Oxford University Press, 1988), p.89.

중심이 되려고 할 뿐만 아니라 대량 살상무기(핵무기, 생물학무기 등)의 확산도 꾀하고 있다. 2004년에 후진타오는 여러 국제회의 석상에서 "테러리즘이 여전히 세계 평화와 발전에 심각한 위협이 되고 있는 오늘, 테러와의 전쟁에서 성공하려면 국제 협력을 강화해 공동으로 테러리즘에 맞서 싸워야 한다. 테러리즘을 특정 소수 민족 및 종교와 동일시해서는 안 되며 지역 갈등, 빈곤 문제 등 다방면의 문제를 종합적으로 해결함으로써 테러리즘의 발생 근원을 제거해야 한다"[481]고 말했다. 중국공산당 제16차 대회 보고서에서는 "모든 형태의 테러리즘을 반대하며, 테러리즘과 맞서 싸우기 위해 국제적 협력을 강화하고 지엽적인 것과 근본적인 것을 함께 다스려야 한다. 테러 활동을 방지하고 퇴치하며 테러리즘의 발생 근원을 제거하기 위해 노력해야 한다"고 강조했다. 따라서 테러리즘과의 전쟁은 중국의 비전통 외교에서 하나의 중요한 분야로 떠오르게 되었다.

1. 대테러 외교의 기본 입장

대테러 문제에 대한 중국의 기본 입장은 "첫째, 모든 형태의 테러리즘을 반대한다. 둘째, 반테러에서 이중 잣대를 적용해서는 안 된다. 셋째, 반테러는 인류의 평화와 안보를 지키고 사회 문명의 발전과 번영을 촉진하는 데 도움이 되어야 한다. 넷째, 테러리즘을 특정 종교, 민족과 연결지어서는 안 된다. 다섯째, 표본겸치 즉, 지엽적인 것과 근본적인 것을 함께 다스린다"[482]는 것이다.

481 「胡錦濤在亞太經合組織第12次領導人非正式會議上的講話」, 新華網, 2004년11월21일. 참조.
482 「中國外交部發言人秦剛2005年9月8日記者招待會發言」, 『新華社經濟信息』, 2005년9월9일.

(1) 모든 형태의 테러리즘을 반대

현재 테러리즘은 이데올로기 유형, 분리주의 유형, 범죄조직 테러, 글로벌 테러 등 네 가지 유형으로 분류된다. 이데올로기 유형은 극좌파와 극우파로 분류되는데 극우파 테러 조직은 일반적으로 국가의 자금 지원을 받는 경우가 많다. 유형별로 본다면 현재의 테러리즘은 주로 극우파 테러리즘이다. 분리주의 테러리즘의 목적은 모국을 이탈하여 독립적인 국가를 세우려는 데 있다. 분리주의 유형 중에는 급진적인 분리주의자들이 있는데 그들은 자신의 인종, 종교 및 문화에 대해 특별히 열광하며 자신들의 목적을 이루기 위해서는 그 어떤 극단적인 수단도 꺼리지 않는다.[483] 분리주의 테러리즘은 유형이 다양하지만 흔히 볼 수 있는 유형은 종교에 의해 형성된 테러리즘인데, 이를테면 필리핀 남부의 모로민족해방전선MNLF이 그 일례이다. 전 세계 분리 형태의 테러조직 중 종교가 주요 원인인 테러조직이 여전히 다수를 점하고 있다.[484] 이밖에 범죄조직도 일종의 주요한 테러리즘이다. 이러한 테러조직들은 대부분 범죄 활동(납치, 마약과 총기 밀매, 돈세탁, 인신매매, 서류 위조)을 통해 자금을 축적한다.[485] 글로벌 유형의 테러조직은 다른 나라에 까지 손을 뻗쳐 세력을 확장하고 있다. 그들의 행동과 조직은 더 이상 한 나라에만 국한되지 않으며 다국적 기업과 같은 국제 조직으로 형성되고 있다. 그 대표적인 일례로는 빈 라덴을 두목으로 한 '알카에다'이다.

중국은 모든 형태의 테러를 규탄하고 반대한다. 장쩌민은 "테러가 언제 어디에서, 누구를 대상으로, 어떤 방식으로 발생하든 국제사회는 마땅히 힘을 합

---

483 Christopher C. Harmon, *Terrorism Today* (London: Frank Cass, 2000), p.20.

484 미국 랜드(RAND)연구소의 연구에 따르면, 1968년 당시 전 세계의 11개 테러조직은 종교적 동기가 없었으며 1980년 이란혁명 후 전 세계 64개 테러단체 중 종교적인 테러단체는 2개뿐이었다. 그러나 1992년에 이르러, 전 세계 48개 국제테러조직 중 11개 조직이 종교적 테러조직이었는데 이는 전체 테러조직의 1/4을 점했다. 90년대 이후, 종교적 동기를 바탕으로 한 테러리즘이 점차 증가하는 추세를 보였다.

485 Maxwell Taylor, *The terrorist* (London: Brassey's Sefence Publishers, 1988), p.50.

쳐 테러를 강력히 규탄하고 타격해야 한다"[486]고 강조했다. 중국정부는 정치적 목적을 달성하기 위한 수단과 방법으로 테러를 감행하는 데 대해 더욱 반대하며 그 어떤 국가, 조직, 단체, 개인이든 국제법 규칙에 위반되는 폭력 활동과 테러를 감행할 경우 이를 견결히 반대한다.

(2) 테러에 대한 이중 잣대 적용을 반대

"9.11테러' 발생 이후, 국제사회는 공동으로 테러 활동을 타격할 데 대해 공감대를 형성했지만 테러리즘에 대한 정의 등 문제에 대해서는 여전히 큰 의견 차이를 보이고 있다. 이에 대해 장쩌민은 "테러를 타격하는 데 이중잣대를 적용해서는 안 된다"[487]고 주장했다. 테러리즘은 좋고 나쁨의 구분이 없으며 어떠한 형태의 테러리즘도 국제 사회에는 해가 된다. 현재 중국이 직면한 테러 위협은 주로 국내외에서 활동하는 '동투르키스탄Sherqiy Türkistan' 테러 세력과 국제 테러조직, 테러리스트들에 의한 것이다. 중국의 '동투르키스탄' 테러 세력에 대한 타격과 스페인의 극단적 민족주의 무장단체인 '에타ETA', 러시아의 체첸반군, 코소보 해방군UCK 등 문제에서 미국 등 서방국가들은 반테러를 이용해 패권을 쥐려는 목적에서 또는 자국의 전략적 이익을 위해 상기 국가와 서로 다른 견해를 보이고 있다. 그들은 상기 조직의 행위를 테러라고 인정하지 않으며 이를 단호히 규탄하고 척결해야 한다고 여기지 않을 뿐만 아니라 심지어 이를 '인권'과 '민족자결권'이라고 주장하면서 부추기고, 지지해 나서고 있다.

(3) 표본겸치를 견지

중국정부는 국제사회가 테러를 예방하고 제지함과 동시에 테러리즘의 발

---

486 江澤民:「公共創造一個和平繁榮的新世界」, 光明日報網, 2002년4월10일. 참조.
487 江澤民:「公共創造一個和平繁榮的新世界」, 光明日報網, 2002년4월10일. 참조.

생, 발전의 근원과 사회적 토대에 대해 심도 깊게 연구해야 하며 테러리즘의 뿌리를 철저히 제거해야할 중요성에 대해 간과해서는 안 된다고 일관되게 주장해 왔다. 테러를 척결하려면 표본겸치 즉, 눈앞의 시급한 문제를 해결함과 동시에 장기적인 안목으로 근원을 제거하는 방법을 강구해야 한다. 이를 위한 중요한 조건의 하나는 발전 문제를 해결하여 남북 격차를 좁히는 것이다. 새로운 정세에 직면하여 국제사회는 더 큰 긴박감을 가지고 발전 문제를 중시해야 한다. 테러에 대해 군사적 타격을 가하는 것은 일시적인 응급 조치이며 근본적으로 테러를 척결하려면 테러리즘이 발생하는 토양과 근원을 철저히 제거해야 한다. 테러 발생의 심층적인 문제를 해결하려면 눈앞에 닥친 테러의 위협을 제거하는 현실 문제에 주의를 기울임과 동시에 장기적인 안목도 가져야 한다.

중국은 테러리즘의 종족, 문화적인 발생 근원을 제거하기 위해 공정하고 합리적인 방법으로 문명 충돌을 해결하고, 국가 또는 민족 간 상호 이해와 문명적인 대화를 추진하며, 서로 다른 문명 간의 대립을 조성하지 말 것을 주장한다. 각국 정부는 협력과 대화, 상호 신뢰, 발전을 통해 안전을 도모하며 테러 척결에 적극 동참해야 한다.

2. 대테러 외교의 실천

중국은 테러리즘을 국제 정치 의제로 상정할 것을 일관되게 추진해 왔으며 모든 형태의 테러리즘을 적극적으로 규탄하고 반대했다. 중국 또한 테러의 피해국으로 현재 중국이 직면한 테러 위협은 주로 국내외에서 활동하는 '동투르키스탄' 테러 세력과 국제 테러조직, 테러리스트들에 의한 것이다. 중국 본토에서 활동하는 '동투르키스탄' 테러 세력은 장기적으로 국제 테러조직, 특히 '알카에다' 조직의 훈련과 무장 및 자금 지원을 받고 있다. 따라서 '동투르키스탄' 테러 세력을 척결하는 것은 국제 반테러 투쟁의 구성 부분이기도 하다. 2004년 후진타오는 아·태경제협력체 정상회의에서 다음과 같이 강조했다. "테러리즘은 우리의 공공의 적이다. 국제사회는 테러리즘의 위협을 제거하기 위해 끊임없이 노력해 왔고 적극적인 협력을 펼쳐왔다. 테러리스트들은 곳곳에 침투되어 있고 국제 대테러 정세는 여전히 심각한 상황에 처해 있으므로 우리는 공동의 적인 테러리즘에 대한 적개심으로 반테러 투쟁을 끝까지 밀고 나가야 한다"[488]

(1) 반테러 국제적 협력을 적극 추진

테러 활동으로 인류의 피해가 갈수록 커지면서 테러리즘은 인류 사회가 장기적으로 직면하게 될 가장 뚜렷하고 현실적인 위협으로 대두되었으며 세계 제반 문제의 하나가 되었다. 테러리즘이 인류의 공해라는 국제사회의 보편적인 공감대가 형성된 시점에서 중국은 반테러 국제 협력을 적극 추진하고 있다. 장쩌민은 "국제사회는 마땅히 대화와 협상을 통해 협력을 강화하며 공동으로 국제테러를 척결해야 한다"[489]고 강조했다. 2002년 2월 왕이王毅 외교부부장外交副部長은 뮌헨안보회의에서 「신도전, 신관념—국제 테러와의 전쟁과 중국의 정책」이라는 주제로 연설을 발표했으며, 2003년 1월 탕자쉬안唐家璇 외교부장은 유엔안전보장이사회 반테러문제회의에서 반테러 국제협력의 원칙을 천명했다. 반테러 국제협력의 방식은 아래와 같은 여섯 가지가 있는데 첫째는, '알카 에다' 조직을 집중적으로 타격하고 그 근거지와 지도부 및 조직기구를 철저히 파괴한다. 둘째, 테러조직의 해외 은행 계좌를 동결해 자금줄을 차단한다. 셋째, 국가 간 반테러연맹을 결성하여 반테러 협력을 강화한다. 넷째, 각국 정부는 테러대응시스템을 구축하며 전문적인 대테러 특수 역량을 강화한다. 다섯째, 테러 조직의 선색이 발견되면 끝까지 추궁하여 단호히 척결한다. 여섯째, 공정하고 전

---

488 「胡錦濤在亞太經合組織第十二次領導人非正式會議上的講話」, 新華網, 2004년11월21일. 참조.
489 江澤民:「共同創造一個和平繁榮的新世紀」, 光明日報網, 2002년4월10일. 참조.

면적이고 장기적인 방법으로 테러리즘을 생성하는 영토 분쟁과 민족 분쟁을 해결한다는 것이다.[490]

반테러 국제협력 분야에서 중국은 13건의 국제반테러협약 중, 이미 10건의 협약에 가입하고 2건의 협약에 서명했으며, 국제 반테러법 입법 추진 과정에 적극 참여해 국제 반테러 법률체계의 수립에 추진 역할을 했다. 중국은 미국 등 강대국과의 반테러 협력을 강화함과 동시에 중앙아시아, 동남아 등 지역 관련 국가의 법집행 기관과도 반테러 및 법집행 분야에서 교류와 협력을 강화하고 있다.[491]

(2) 테러 척결에서 유엔의 합법적 지위 강화

유엔 체제 하에서의 반테러 국제 협력은 중국이 추진하고 있는 궁극적인 방향이다. 장쩌민은 "테러와의 전쟁은 유엔헌장의 취지와 원칙 그리고 공인된 국제법의 규칙을 준수해야 하고 유엔과 안전보장이사회의 역할이 충분히 발휘되어야 하며 모든 행동은 지역 및 세계 평화의 장기적인 이익을 보호하는 데 도움이 되어야 한다"[492]고 주장했다. 국제 테러와의 전쟁에서 유엔의 역할이 날이 갈수록 중요해지고 있다. 중국은 반테러 국제 협력에서 한두 강대국의 의견만 따라서는 안 되며 유엔이 더 큰 역할을 하고 주도적 역할을 해야만 테러리즘의 범람을 효과적으로 막을 수 있으며 국제 사회에 해를 끼치는 이 화근을 철저히 제거할 수 있다고 수차 강조해 왔다.

1960년대 초부터 유엔은 국제 반테러 활동 중에서 줄곧 조율과 주도적인 역할을 해 왔다. 전 유엔 사무총장인 코피 아난은 유엔 60주년 정상회의에서 테

---

490 「反恐:新的世界任务」, 『环球』2004년9월.pp.4-10.

491 중국공안부 반테러국 부국장 趙永琛이 2005년 8월 제22기 세계법률대회의 '국제테러리즘' 주제토론에서 한 연설. 「公安部:中國面臨恐怖主義威脅」, 『明報』(香港), 2005년8월31일.

492 江澤民:「共同創造一個和平繁榮的新世記」, 光明日報網, 2002년 4월 10일 참조.

러리즘이 세계에 해를 끼치고 있으므로 각국은 반드시 연합하여 행동을 취해야 한다고 호소했다. 유엔은 항공기 납치, 폭발, 인질 납치 등 거의 모든 형태의 테러 행위에 대한 퇴치와 관련하여 12건의 전문적인 유엔공약과 의정서를 제정했다. 그러나 2003년 3월 20일 미국 등 일부 국가들은 유엔을 회피하고 이라크전쟁을 벌임으로써 반테러 활동에서의 유엔의 지위와 역할에 손상을 주었다. 이에 대해 중국, 러시아와 유럽 국가들은 테러와의 전쟁에서 유엔이 핵심이 되어야 하고 지휘 중심이 되어야 한다고 주장했다. 앞으로 반테러 활동에서 유엔이 수행하게 될 세 가지 중요한 역할은 첫째, 반테러 국제 협력을 촉진하며 반테러가 각국의 공동 의사일정이 되게 한다. 둘째, 국제 반테러법을 강화하고 테러리즘과 관련한 국제법 체계를 보완해 간다. 셋째, 테러방지위원회를 통해 각국, 각 국제 조직 및 지역 조직과 함께 구체적인 반테러 행동을 취하며 테러에 취약한 개도국에 도움을 제공하는 것이다. 2005년 제60회 유엔대회에서는 「국제테러리즘에 관한 포괄적 공약」을 채택했으며 각국은 테러리즘에 대한 정의 등에서 반테러 공감대를 형성했다.

(3) 상하이협력기구의 반테러 기능 강화

2001년 상하이협력기구sco설립 당시, 회원국들은 「테러리즘, 분리주의 및 종교 급진주의 타격에 관한 공약」에 서명했다. 2004년 6월 상하이협력기구의 지역 반테러 기구가 우즈베키스탄의 수도 타슈켄트에서 공식 출범했으며, 상하이협력기구 회원국 외무장관들은 2002년의 비정례회의에서 「상하이협력기구 회원국 외무장관 연합성명」에 서명하고 테러대응시스템을 통과시켰다. 2006년의 상하이협력기구 타슈켄트 정상회의에서는 지역 반테러기구를 정식 가동시키고 테러 퇴치 기능을 수행하게 했다. 최근 상하이협력기구는 대테러 협력 기능을 향상시키기 위해 안보 부문의 대테러 합동훈련과 군사훈련을 실시했다. 2010년 6월 상하이협력기구 타슈켄트 정상회의에서 후진타오는 연설을 발표하여 "「상하이협력기구 반테러 공약」 및 기타 협력 공약을 관철하며 '3대테러세력'을 효과적으로 퇴치"[493]할 것을 호소했다. 중국의 적극적인 노력으로 상하이협력기구 회원국들은 긴밀히 협력하여 '동투르키스탄'을 포함한 다국적 3대테러세력(테러, 분열, 극단주의)을 퇴치하는 작전에서 큰 성과를 거두었다. 현재 상하이 협력기구의 틀 안에서 진행되는 대테러 합동군사훈련은 점차 메커니즘화되어 가고 있다. 2002년 중국과 키르기스스탄은 최초로 대테러 합동군사훈련을 실시했고 2003년에는 상하이협력기구 회원국이 공동으로 대테러 합동군사훈련을 실시했다. 2006년에 중국은 타지키스탄과 최초의 대테러 합동군사훈련을 실시했고, 러시아 등 상하이협력기구 회원국들과 '평화사명' 시리즈 대테러 합동군사훈련을 실시했다.[494]

(4) 양자 및 다자간 반테러 협력체제의 구축

양자 간의 협력 분야에서 중·미 반테러 협력은 중·미 관계의 중요한 요소로 양국의 안보 및 사회 안정과 연관되며 세계 및 지역의 평화와 번영과도 연관된다. '9.11테러' 발생 후, 상하이 아·태경제협력체 정상회의에서 중·미 양국 정상은 반테러 협력에 대해 공감대를 형성했다. 부시 대통령은 국제 테러는 중국과 미국이 직면한 공통적인 위협이며 양국은 공동의 위협에 대처하기 위해 협력해야 한다고 밝혔고, 장쩌민은 중·미 간에 중장기적인 반테러협력체제를 구축할 수 있음을 시사했다.[495] 2005년에 후진타오와 부시는 중·미 반테러 협상과 협력 체제를 강화할 것을 공동으로 강조했다.

유럽연합EU과의 협력 분야에서, 아시아-유럽정상회의와 아시아-유럽정상회의 반테러체제는 중국-유럽 반테러 협력의 중요한 플랫폼이다. 아시아-유럽정

---

493 「胡錦濤:反恐勿提雙重標準」, 『文匯報』(香港), 2004년6월19일.
494 中華人民共和國國務院新聞辦公室, 「2011年的中國國防白皮書」, 新華網, 2011년3월31일. 참조.
495 陳有為:「反恐合作與中美關係」, 『信報』(香港), 2001년10월29일.

상회의 반테러 전략에는 급진화를 반대하고, 테러 활동의 자금줄을 차단하며, 서로 다른 종교 간의 대화를 강화하는 등 일련의 조치가 포함되어야 한다. 아시아-유럽정상회의에서는 회원국이 진행하고 있는 반테러 협력에 대해 적극 지지한다고 밝히고, 아시아와 유럽은 돈세탁, 마약 밀매, 불법 무기거래, 인신매매와 같은 조직 범죄의 퇴치를 위해 협력을 강화해야 하며 이를 위해 아시아-유럽정상회의 대화 체제가 효과적인 역할을 해야 한다는 점에서 인식을 같이 했다.[496]

제5절 방역과 재난구호 분야의 외교

인류는 인도양 쓰나미, 허리케인 카트리나의 미국 강타, 원촨汶川 대지진, 일본 원전 재앙 등, 수차례의 돌발적인 재해를 겪었고, 유행성 독감, 조류독감, 돼지독감 등 전염병으로 인한 사망자 수가 전쟁으로 인한 사상자 수를 훨씬 초과해 현대인들에게 전쟁보다 못지 않은 공포감을 가져다 주고 있다. 후진타오는 "이러한 문제가 지역 및 세계 경제 발전과 사회 안정에 미치는 부작용은 절대 과소 평가해서는 안 된다."[497] 중국은 "재난 예방과 인도주의 지원 등 분야에서 국제 교류와 협력을 강화해야 하며 인류의 자연재해 방지에 기여해야 한다"[498]고 강조했다. 이에 따라 중국 외교는 전염병 및 재해 예방 분야에서 갈수록 중요한 역할을 발휘하고 있다.

496 「亞歐首腦峰會同意加強反恐合作, 溫家寶對深化亞歐合作提八建議」, 『大公報』(香港), 2005년11월18일.

497 「胡錦濤在亞太經合組織第十三次領導人非正式會議上的講話」, 『人文日報』, 2005년11월18일.

498 「胡錦濤在出席記念汶川地震1周年活動時的講話」, 『文匯報』2009년 5월 12일.

1. 방역과 재난구호는 현사회의 주요 관심사

국제사회는 일찍이 1990년대부터 '재난외교'[499]의 개념에 대해 연구하기 시작했다. 즉, 어떻게 하면 재난을 이용해 더 많은 외교적 기회를 창출할 것인가. 국제 정치가 장애에 직면했을 때 어떻게 하면 재난구호 활동을 개선하고 구호활동을 통해 국가 간의 관계를 개선할 것인가에 대해 연구했다. 그러나 무엇보다도 중요한 것은 예측 불가한 대규모의 돌발성 자연재해 또는 전염병 확산에 직면한 국가와 지역, 특히 개도국에 대해 국제 사회가 경제, 기술적인 측면에서 원조의 손길을 보내는 것이다. 따라서 재난구호와 전염병 예방은 국가 간 공동 협력의 중대사로, 심지어 국경을 초월한 협력으로 간주되는 경우가 종종 있다.

(1) 국제사회에서 갈수록 부각되는 방역과 재난구호 문제

기후 변화와 각종 극단적인 사건들이 빈번히 발생함에 따라 전염병과 자연재해는 인류사회를 고위험 단계에 들어서게 했다. 이를테면, 에이즈는 인류가 공동으로 직면한 도전이다. 1981년에 최초로 에이즈가 발견된 이래 지금까지 이 병은 2500만여 명의 목숨을 앗아갔다. 에이즈와 같은 주요 전염병의 확산은 개발 도상국의 발전을 심각하게 방해하고 있다. 최근 몇 년간에는 또 신종 인플루엔자H1N1와 같은 전염병이 전 세계에 심각한 위협으로 되고 있다. 따라서 신종 인플루엔자를 효과적으로 예방하고 통제하는 것은 모든 국가 국민의 건강, 경제 및 사회 안정과 관련되는 대사이다. 스위스재보험회사Swiss Reinsurance는 2010년의 자연재해 및 인위적인 재해로 인한 경제적 손실이 약 2220억 달러에 달하는 것으로 추산했는데 이것은 과거 그 어느 때 보다 훨씬 높은 수치이다. 이 회사는 그해 아이티 지진으로 인한 사망자 수가 약 22.2만 명에 달하고 재난으

---

499 Michael Glantz, "climate-related disasters and the USA and Cuba," http://www.disasterdiplomacy.org/glantz 2000.pdf.

로 인한 전 세계의 사망자 수가 약 26만 명에 달하는 것으로 추정해 2010년이 1976년 이래로 가장 많은 사망자가 발생한 해로 꼽혔다. 원촨 대지진으로 인한 쓰촨성四川省과 주변의 피해액은 인민폐 5천억 위안을 넘어섰는데 이것은 중국 GDP의 3%에 해당하는 수치이다.[500] 2003년 아시아 태평양 지역에서 유행한 사스SARS 전염병으로 인해 8,000명이 넘는 사망자가 발생했으며 아태지역의 관광 및 경제 교류가 거의 반년 동안 중단되어 최소 400억 달러에 달하는 경제적 손실이 초래되었다.[501] 이밖에도 아시아 태평양 지역은 줄곧 조류독감의 그늘에서 벗어나지 못하고 있다. "조류독감이 일부 국가와 지역에 만연하고 있어 해당 국가와 지역의 경제 및 사회 발전에 영향을 주고 있을 뿐만 아니라 국민의 건강과 생명까지 위협하고 있으며 더 나아가 지역과 전 세계의 안보와 안정을 위협하고 있다. 따라서 조류독감의 효과적인 예방은 국제사회가 당면한 공동 과제로 떠올랐다."[502]

방역과 재난구호는 국제적인 관심사로 부각되고 있다. 세계적인 재해와 국제적인 재난구호 활동은 국제사회의 이목을 집중시키고 각국의 관련 대응은 세계 언론의 초점 되어 국가 이미지와 소프트파워에 직접적인 영향을 미치고 있다. 따라서 방역과 재난구호 활동은 국가 이미지를 형성하고 세계 여론에 영향을 주는 새로운 외교 방식으로 등장했다. 이러한 상황에서 중국이 국제적 활동 능력과 영향력을 강화하고 이미지를 제고하며 국가의 '소프트파워'를 키우려면 외교 활동과 방식에 재난구호와 인도적 원조의 대량 주입이 필요하게 되었다.

500 「汶川地震不會改變我國經濟運行的基本面」, 『新華通訊社每日財經分析』, 2008년5월27일.

501 「國家專家一致認爲抗擊非典需要全球範圍的合作」, 『人民日報』, 2003년6월5일.

502 「溫家寶總理在禽流感防控國際籌資大會部長級會議部模式的講話」, 『人民日報』, 2006년1월19일.

(2) 사람중심과 과학적 발전관이 체현된 방역과 재난구호

과학적 발전관의 기본 취지는 발전이고, 핵심은 사람중심이며, 기본 요구는 전면적인 조율을 통한 지속 가능이며, 근본적인 방법은 여러 방면의 일을 통일적으로 계획하고 두루 돌보는 것이다. 사람중심의 근본 취지는 인간의 발전과 생존 권리를 존중하며 "화목을 중히 여기고, 사람을 중심으로 하며, 사람과 사람이 서로 존중하고 사랑하며, 사람과 자연이 서로 친근하게 지내"는 조화로운 세상을 만들어 가는 것이다. 중국외교의 사람중심의 원칙은 해외에 거주하는 중국 공민과 화교의 이익을 보호하는 데서 체현되며, 국제 재난구호 지원 과정에서 보여준 책임감 있는 사회주의 대국 정신에서 체현된다. 새로운 시기 중국외교의 기본 원칙 중 하나인 사람중심의 원칙은 후진타오가 제시한 '사람중심'의 과학적 발전관에서 비롯된 것으로 중국외교 이념의 새로운 발전을 의미한다. 중국은 세계에서 재해가 가장 많이 발생하는 국가 중 하나이다. 최근 몇 년 동안, 경제의 급속한 발전과 더불어 각종 재해의 발생 빈도와 이로 인한 피해가 갈수록 증가하는 추세를 보이고 있다. 막대한 인명 피해와 경제적 손실을 안겨주는 각종 재해는 사회의 안정과 경제발전에 큰 걸림돌이 되고 있다. 이러한 상황에서 중국정부는 사람중심의 과학적인 재난 경감 시스템을 구축하고 이를 토대로 국제 재난구호 및 재난 경감 활동에 적극 동참하고 있다.

2. 방역과 재난구호 외교의 실천

갈수록 심각해지는 돌발적인 자연재해나 전염병에 직면하여 당사국이나 지역 또는 국제기구만으로는 대처하기 어려우므로 마땅히 국제 사회의 지원, 협력과 조율을 통해 점차적으로 이 시대적 과제를 해결해야 한다. 방역과 재난구호 활동은 국가 이미지를 높이고 세계 여론에 영향을 주는 일종의 새로운 외교 방식이다. 재난 지역과 국가에 대한 원조는 주로 인간의 공통된 인도주의 정신에서 기인된 것이지만 다른 한편으로는 재난 국가를 도와 난관을 이겨내게 함과 동시에 좋은 국가 이미지를 구축할 수 있고 국제적 책임 의식을 높일 수 있다. 최근 몇 년간 발생한 여러 차례의 위기에서 중국은 적극적으로 책임을 짊어짐으로써 인도적이고 동정심이 많은 국가 이미지를 형성하게 되었다. 위험에 처한 사람을 도와주고 곤궁에 빠진 사람을 구제하는 것은 중화민족의 전통적 미덕이다. 신중국 건립 이래 60여 년간, 중국은 줄곧 국제주의와 인도주의 정신에 입각해 국제 재난구호 활동에 적극 동참해 왔으며,[503] 중국의 국제적인 재난구호와 방역 활동에서의 공헌은 세계적으로 인정받고 있다.

(1) 양자 간 재난 원조

중국은 2001년 4월에 국제구조대를 발족한 이래 알제리, 이란, 인도네시아, 파키스탄, 아이티, 뉴질랜드, 일본 등 국가에 잇따라 파견해 재난구호 임무를 수행하게 했는데 그중 가장 주목받은 것은 남아시아와 아이티에서의 구호 활동이다. 남아시아 지진과 쓰나미 발생 시 중국 구조대는 현지에서 1만여 명에 달하는 부상자를 치료했고, 2010년 아이티 대지진 발생 시에는 2500명에 달하는 부상자를 구출하고 치료했다.[504]

이외에도 중국은 재해 지역이나 전염병 발생 지역에 많은 자금과 기술 원조를 제공했다. 2004년 말 인도양에서 강진과 심각한 쓰나미 피해가 발생한 후, 중국정부와 민간 부문에서는 최대 규모의 대외원조 활동을 펼쳤고 양자원조와 다자원조를 효과적으로 제공했으며 민간 기부금이 재난 국가의 피해 복구건설 프로젝트에 사용되었다. 당시 모든 원조 자금과 물자를 합치면 총 6억 8763

---

503 「溫家寶在聯合國千年目標高級別會議上的講話」, 中國外交部網站, 2010년9월23일. 참조.

504 王龍琴·張國旺:「中國國際救援隊參加的歷次國際救援行動」, 『中國社會報』, 2011년3월15일.

만 달러에 달한다.[505] 2005년 파키스탄 지진 피해 발생 후, 중국정부는 세 차례에 걸쳐 2673만 달러에 달하는 무상 원조를 제공했다.[506] 2005년 허리케인 카트리나가 미국 남부지역을 강타해 심각한 인명 피해와 재산 피해가 발생하자 중국정부는 미국의 재난 지역 주민들에게 500만 달러의 자금과 긴급 구호물자를 제공해 중국의 인도주의적 정신을 구현했다. 이밖에도 중국정부는 1천만 달러를 들여 조류독감 예방과 통제를 위한 다자원조 자금조달체계를 구축했다.[507] 아프리카 국가의 에이즈와 말라리아 등 전염병을 철저히 근절하기 위해 후진타오는 중국이 아프리카 국가에 말라리아 예방 특효약을 포함한 의약품을 제공하며 그들을 협조해 의료 시설을 건설, 보완하고 의료진을 양성할 것이며 구체적인 실행은 중국-아프리카 협력포럼 등 메커니즘과 양자 간 채널을 통해 이루어질 것임을 밝혔다.[508]

그리고 국제 재난구호 활동에는 중국군도 참여했다. 중국인민해방군은 28건의 긴급 인도주의적 국제원조 임무를 수행해 22개국에 총 9억 5천만 위안 상당의 텐트, 담요, 의약품, 의료장비, 식품, 발전기 등 구호물자를 제공했으며[509] 특히 아이티 지진 구호활동 중 8명의 중국 평화유지군은 목숨까지 바쳤다. 중국은 실제 행동으로 중국이 세계평화를 유지하고 공동 발전을 촉진하기 위해 적극 노력하는 국가임을 보여 주었다.[510]

505 「中國國家領導人和各世公眾向地震和海嘯受災國損款」,『中國社會報』, 2005년1월1일. 「中國政府民間援助印度洋海嘯災區逾12億元」,『人民日報海外版』, 2005년9월23일.

506 「我順利完成對巴基斯坦緊急物資援助」,『人民日報』, 20005년11월11일.

507 「溫家寶總理在禽流感防控國際籌資大會部長級會議開模式上的講話」,『人民日報』2006년1월19일.

508 「胡錦濤在聯合國成立60週年首腦會議發展籌資大會部長級會議上的講話」,『人民日報』, 2005년9월15일.

509 中華人民共和國國務院新聞辦公室:「2011年的中國國防白皮書」, 新華網, 2011년3월31일. 참조.

510 楊潔篪:「深化理解共識, 促進合作發展」,『中國發展觀察』2010年第10期, pp.54-55.

(2) 국제협력체제 구축의 추진

중국은 각종 전염병의 공동예방을 위해 협력을 강화하고, 다양한 지역기구를 활용해 전염병 예방과 통제 조치를 제정하며, 공동예방과 통제체제를 구축할 것을 국제사회에 촉구했다. 중국은 줄곧 국제방역과 재난구호에서의 유엔과 관련 국제기구의 역할을 강조해 왔다. 중국은 방역과 재난구호 분야에서 유엔개발계획UNDP, 유엔재해경감전략기구UNISDR, 유엔인도주의업무조정국UNOCHA, 유엔아시아·태평양경제사회위원회UNESCAP, 유엔세계식량계획UNWFP, 유엔식량농업기구UNFAO, 유엔 외기권 평화적 이용에 관한 위원회UNCOPUOS 등 기구와 긴밀한 파트너십을 구축하고 유엔체제 하에서의 재난 감소 협력에 적극 동참했다. 중국은 아시아 국가 간의 재난 감소를 위한 대화와 교류의 플랫폼 구축을 적극 추진했다. 이와 관련하여 원자바오는 다음과 같이 강조한 바 있다. "유엔은 정치적 우위를 이용해 조류독감 예방 통제를 위한 국제적 협력의 정책 조율을 강화해야 하며 세계보건기구WHO는 개도국에 조류독감을 예방, 통제하는 기술 지원을 강화해야 한다."[511] 에이즈 예방 분야에서 원자바오는 "세계보건기구, 유엔에이즈프로그램UNADIS, 에이즈, 결핵, 말라리아 퇴치 세계기금 등 국제기구들 간에 조율을 강화해 다각적인 자금 조달 방안을 마련하며 기술적 우세를 이용해 개도국 특히 사하라 이남 지역 아프리카 국가들의 에이즈 퇴치를 협조해 줄 것"[512]을 제기했다.

지역적 대응 측면에서 중국은 아세안ASEAN 국가들과의 조율을 강화해 지역적인 전염병에 공동으로 대응함과 동시에 아·태경제협력체의 역할도 강조했다. '사스'의 확산을 근절하기 위해 중국정부는 아세안 국가 간에 조율과 협력을 강

---

511 「溫家寶總理在禽流感防控國際籌自大會部長級會議開模式上的講話」, 『人民日報』, 2006년1월 19일.

512 「溫家寶在聯合國千年發展目標與艾滋病討論會上的講話」, 中國外交部網站, 2010년9월22일. 참조

화할 것을 건의했는데 구체적으로 전염병 예방과 통보체제를 구축하고, 경제교류와 합동 연구를 진행하며, 보건 분야의 협력을 가속화하고, 출입국 관리 조치를 조율하며, 전염병의 부정적인 영향을 감소한다는 등 내용이 포함된다. 이러한 건의들은 아세안 각국의 관심과 높은 평가를 받았다.[513] 2003년 4월 원자바오는 방콕에서 열린 '중국—아시안 사스특별회의'에 참석했다. 이 회의는 중국과 동남아시아 국가들이 공동으로 '사스'를 퇴치하기 위한 토대를 마련했다. 후진타오는 아·태경제협력체가 전염병 예방, 통제 분야에서 협력을 강화하는 데 대해 지지를 표시하고, 앞으로 더 활발한 정보 교류와 기술 협력을 통해 회원국들의 공중보건시스템 보완에 도움을 주어야 한다고 강조했다.[514]

방역과 재난구호 경험의 교류 측면에서, 중국은 관련 국가 및 관련 국제기구와의 소통 과 조율을 강화하고 재난 구호체제의 구축과 인력 양성을 추진했다. 중국은 미국, 호주, 뉴질랜드 군대와 함께 인도적 구호와 재난 감소 연구 활동을 수행했으며, 아세안지역포럼ARF 국제구호지원병력 투입의 관련 법률 제정을 위한 심포지엄을 개최했고, 아세안과 중·일·한 국제구호지원병력 투입 관련 심포지엄을 개최했다.[515] 2005년에 중·미 양국은 '전염병예방퇴치포럼'을 개최하여 양국의 조류독감 예방 통제를 위한 전문 플랫폼을 마련하고, 같은 해에 「조류독감 공동행동 제안서」를 작성하여 양국 간 전문 분야에서 협력을 강화할 뜻을 밝혔다.

(3) 신속하고 적극적인 방역 재난구호 대책

자연재해와 전염병의 발생은 돌발적이고 불확실성이 매우 크며 종종 개인, 조직 또는 단체와 같은 비국가 행위자와 관련된다. 그러나 이러한 재난의 영향

---

513 「同心携手, 共赴時限」, 『人民日報』, 2003년5월1일.

514 「胡錦濤在亞太經合組織第十二次領導人非正式會議上的講話」, 新華網, 2004년11월21일.참조

515 中國人民共和國國務院新聞辦公室:「2011年的中國國防白皮書」, 新華網, 2011년3월31일 참조

은 초국적이고 역동적이므로 만약 국가 간 적시적인 협력이 이루어지지 않는 다면 더 큰 혼란을 불러올 수 있으며 심지어 국부적인 정치 사건마저 초래할 수 있다. 인도양 쓰나미는 보기 드문 대재앙이었지만 당시 국제사회의 재난 지원 규모와 재난구호 능력 및 그 실효성 역시 전례가 없었다. 재난 발생 일주일 만에 아세안 10개국과 중국, 한국, 호주, 미국, 일본, 유럽연합, 유엔 및 WHO 등 20여 개 국가와 국제기구의 지도자들은 인도네시아 수도 자카르타의 컨벤션센터에 모여 재난구호 대책을 토론하고 초보적인 체제와 기본 틀에 대해 공감대를 이루어 냈다. 중국정부의 적극적인 노력과 조율로 수주일 만에 수백만 명의 이재민에게 식량과 긴급 대피소 및 의료 서비스가 제공되었으며, 총 110억 달러의 구호금을 지원한다는 국제사회의 약속을 얻어냈다.[516]

2003년 중국에서 사스가 발생한 직후 중국정부는 2003년 4월 방콕에서 사스특별회의를 개최했으며 회의에서 원자바오는 중국의 위기 방지와 정보 통보에 관한 다양한 조치를 공표했다. 2005년 중국의 일부 지역에서 구제역이 발생하자 중국 위생부는 즉시 WHO에 관련 상황을 통보하고 해당 조직의 전문가를 초청하여 도움을 구하고 신속히 대처함으로써 구제역의 확산을 효과적으로 통제할 수 있었다. 2008년 5월 원촨 대지진이 발생하자 중국정부는 신속히 국제 재난구호물자와 인력의 인입 통로를 개방했으며, 2005년 5월 인도네시아 지진이 발생하자 중국은 제일 먼저 인도네시아에 대한 원조공약을 이행했다. 유엔 인도주의업무조정국은 비상 사태, 특히 자연재해에 신속히 대처하기 위해 24시간 근무제를 실시하고 있다.

(4) 책임감 있는 대국 이미지

현재 중국은 "인근 국가와 사이좋게 지내고與隣爲善, 인근 국가의 동반자가 되

---

516 「海嘯災後重建需十年」, 『新華社中文新聞』, 2005년 6월 25일.

며以 隣爲伴, 평화적 발전和平發展"을 추구하는 책임감 있는 대국 이미지를 점차적으로 조성해 가고 있다. 방역과 재난구호 활동은 중국이 국가 이미지를 향상시키고 국제적 책임감과 영향력을 키우는 중요한 수단 중 하나이다. 중국은 해외 재난구호 활동에서 아시아, 아프리카 인민들과 함께 난국을 헤쳐나가려는 확고한 의지와 진실한 염원을 보여 주었다. 2005년의 남아시아 지진 구호 활동에서 원자바오는 '지진과 쓰나미 재난 후의 문제를 위한 아세안 지도자 특별회의'에 참석 차 자카르타로 가는 전용 비행기에 구호 물자를 싣도록 특별히 지시했다.[517] 프랑스, 영국, 미국 등 해외 언론들은 중국의 재난구호 조치가 중국의 이미지와 소프트파워를 크게 향상시켰다고 평가했으며 세계 최대 개도국이자 최다 인구 보유국인 중국은 국제 재난구호 분야에서 갈수록 중요한 역할을 하고 있으며 거대한 정치적 영향력을 과시하고 있다고 높이 평가했다.[518] 주중 유럽연합 대사 세르주 아부Serge Abou는 "중국정부는 자국민 뿐만 아니라 세계의 복지에도 책임지고 있다"고 말했다.[519] 반기문 유엔사무총장은 중국이 남아시아 재난구호 행동에 적극 참여한 데 대해 "중국은 자국에서 발생한 원촨 대지진으로 인해 피해가 막심한 상황에서도 다른 나라에 도움의 손길을 보냄으로써 숭고한 국제적 인도주의 정신을 보여 주었다"고 높이 평가했다. 2011년 일본 원전사고가 발생하자 중국 국가 지도자는 즉시 재난 지역에 대한 깊은 관심과 지원 의지를 표명했고 중국에서 파견한 구호대는 피해가 가장 심한 지역에 제일 먼저 도착했다. 이처럼 중국은 인도주의적 차원에서 일본의 재난구호 활동에 적극 동참해 전례 없는 소프트파워를 과시했다.

517 「溫家寶指示專機運送緊急救援物資」,『人民日報』, 2005년1월6일.
518 「中國的另一次覺醒」―法報評我積極參加南亞救災」,『參考信息』, 2005년1월10일. 「中國大幅增加對海嘯受災國援助, 海外輿論認為此舉具有重大政治意義」,『參考信息』, 2005년1월2일.
519 「中国正成为新兴的国际关系公共品提供者」,『新华社中文新闻』, 2006년3월6일.

제6절 공공외교

　30여 년의 개혁개방을 거쳐 중국은 나날이 부상하고 있으며 국제 정치구도 속에서 점차 중요한 위치를 점하고 있다. 중국은 글로벌화, 시장화, 산업화와 현대화를 추진함에 따라 경제, 군사, 과학기술, 사회 등 다양한 분야에서 국제사회의 높은 평가를 받고 있으며 '중국식 모델'과 '베이징 컨센서스'는 많은 개도국들에 좋은 경험으로 제공되고 있다. 반면, 중국의 국력과 영향력이 급격히 상승함에 따라 일부 외국 언론과 정부는 중국의 발전에 대해 과도하게 '우려'하면서 중국이 기존 국제체계에 도전장을 낼 것이고 국제무역, 자원 및 에너지의 이익 구도를 훼손해 전 세계에 위협을 조성할 것이라고 고취하고 있다. 따라서 1990년대 초부터 세계적 범위에서 '중국위협론'이 대두되기 시작했고 '중국의 굴기'라는 새로운 국제 형세와 더불어 각국의 정치인, 학자 및 기업인들은 서로 다른 이론, 입장과 시각으로 중국의 굴기에 대해 논의하고 있다. 이들이 논의하는 중국의 굴기 여부와 굴기 과정, 굴기 후 세계 구도에 미치는 영향 등 일련의 문제들은 이미 정치, 경제, 역사 등 범위를 초월하여 발전 패턴, 발전 경로, 사회 여론, 환경, 문화 등 분야에까지 미치고 있다. 중국의 전략적 위상이 변화하고 외부 환경이 복잡해짐에 따라 여론 환경도 갈수록 혼란스러워지고 있으며 '중국위협론'의 목소리도 점점 커지고 있다. 이런 상황에서 중국이 평화적인 발전을 이룩하려면 반드시 공공외교 네트워크의 구축과 보완을 출발점으로, 적극적이고 효율적이고 실질적인 공공외교를 펼쳐 '중국위협론'에 대응하며 중국에 유익한 새로운 질서의 구축과 발전을 전면적으로 추진해야 한다.

　따라서 중국과 국제사회 간의 교류에는 실질적인 변화가 나타났다. 교류의 폭과 심도가 빠르게 향상되고 세계화로 향하는 중국의 발걸음이 가속화되고 있으며 국제 사회 또한 중국에 대해 새롭게 인식하고, 느끼고, 체험하고 있다. 공공외교와 정당외교는 각 나라와 정당이 세계적인 문제에서 서로 의견을 교류할 수 있는 좋은 플랫폼이 되었다. 공공외교는 중국의 이론 분야에서 광범위한 관심을 불러 일으켰고 실제로도 중국의 국제사무 심지어 국내사무와 정책에까지 큰 영향을 미치고 있으며 조화사회와 조화세계 이념의 불가분의 요소로 되었다. 경제의 글로벌화 시대에 중국의 국제적 위상과 영향력이 크게 부각된 배경 하에서 오늘날의 공공외교는 중국과 세계 각국 간의 상호 교류뿐만 아니라 중국의 소프트파워와 국제적 영향력을 증진시키는 중요한 수단이 되고 있으며 중국이 국제적 발언권과 주도권을 장악할 수 있도록 조건을 만들어 주고 있다.

1. 공공외교의 내재적 의미

공공외교는 정부 주도 하에 사회 각 분야가 참여하여 전파와 교류 등 수단을 통해 자국의 정세와 정책 이념, 외교 방침과 정책을 해외에 알림으로써 국내외 대중의 이해와 지지를 이끌어 내고 유리한 여론 환경을 조성해 국가 이미지를 높이고 국가의 근본적 이익을 보호하고 도모할 수 있다. 서방 선진국들이 주요 발언권을 장악하고 있는 오늘, 중국을 세계에 알리고 중국의 진실한 모습을 세계에 보여주려면 공공외교 분야에서 더 많은 발언권을 얻어내 전 세계가 적시에, 정확하게, 전면적으로 중국의 목소리를 들을 수 있도록 해야 한다. 중국의 지속적인 경제성장에 따른 환경, 사회, 문화, 경제 등 분야에서의 세계에 대한 영향과 공헌은 세계의 관심과 주목을 받고 있으며 동시에 질의와 비평도 받고 있다. 국제상의 '중국위협론'과 '중국책임론'은 중국의 국익에 일정한 손실과 영향을 끼치고 있다. 따라서 중국에 대한 국제상의 오해와 오독을 바로잡고, 타국의 공공외교를 벤치마킹하며, 중국의 소프트파워를 강화함과 동시에 책임감 있고 지속 가능한 대국 이미지를 구축하는 것이 공공외교를 통해 해결해야 할 현실적인 문제이다. 정부 간 왕래를 위주로 하는 전통외교는 오늘날에도 여전히 중요하지만 단지 이것만으로는 매우 부족하다. 공공외교는 '중국위협론'에 대응할 수 있는 일종의 새로운 방식으로 현재 중국이 당면한 국제적인 왕래와 교류에서 불가결의 분야가 되었다. [520]

공공외교는 주로 정보와 관념의 유통을 통해 국외의 대중에게 영향을 주고 그들의 관념을 개변시키며 목표 대중의 태도와 인식에 영향을 주는 외교 활동이다. 2008년 베이징올림픽, 2010년 상하이엑스포 등 행사는 곧 중국이 공공외교를 펼치는 과정이었다. 이 과정에서 정부와 대중, 정부와 국가, 국가와 시장, 정부와 기업, 그리고 국가와 국가 간에 다방면의 협력과 교류가 이루어졌다. 외교부 보도국 공공외교사무실 주임 웨이신(魏欣)이 밝힌 데 의하면 2010년의 공공외교 활동은 지도자의 해외 방문과 중요한 국제회의 참석, 국내의 대형 행사와 중요한 외교 행사를 중심으로 펼쳐졌다. 중국공산당과 국가지도자들은 공공외교를 매우 중요시하고 몸소 실천했다. 이를테면 출국 전에 방문국 언론과 인터뷰를 가지고, 방문 기간에는 연설 발표, 기자 회견, 현지인들과의 대화 등 활동을 펼쳤으며 대표단은 뉴스 센터를 설치해 중국의 정책과 입장을 알기 쉽게 설명함으로써 중국의 개방적이고, 협조적이며, 책임지는 자세를 보여주었다. 중국이 개최한 각종 대형 행사인 엑스포, 아시아경기대회 등도 중국이 공공외교를 펼치는 기회의 장이 되었다. 상하이엑스포 행사 기간, 외교부는 지도자들의 중요한 활동과 관련한 뉴스 보도를 위해 언론과의 소통을 강화하고, '대사와 함께 보는 세계박람회' 등 프로그램을 통해 홍보 활동을 펼쳤으며, 일부 대사들이 박람회의 중국정부 부총대표를 담당해 엑스포에 관람온 외국 정계 인사들을 접견하면서 공공외교를 펼쳤다. 외교부는 중·미 전략 및 협력대화, 하계 다보스포럼, 중국-아랍협력포럼 등 중요한 외교 활동 중에서 국내외 언론에 중국정부의 정책 주장 및 중국과 관련국의 우호적이고 호혜적인 협력 조치와 성과들을 소개했다. [521]

---

520 俞新天:「中國公共外交與軟實力建設」,『國際展望』2009년 제3기, p.3.

521 孫宇挺:「公共外交成中美外交基石」,『中國新聞社』, 2010년 12월 21일.

2. 공공외교의 진화

신중국 건립 초기에 제1세대 지도자는 민간외교를 매우 중요시했다. 그는 1956년의 제8차 당대표대회 기간, 회의에 참석한 50여 개 국가의 공산당 대표들을 회견했으며 대회 발언에서 "중국은 고립되어 있다고 느끼지 않는다. 중국 공산당은 줄곧 아시아, 아프리카, 라틴아메리카 국가의 민족해방운동을 적극 지원해 왔으며 많은 국가의 민족 독립조직 및 해방조직과 긴밀한 접촉을 유지하고 있다"고 말했다. 그러나 1960년대 초반부터 시작된 중·소논쟁으로 인해 양당 관계가 악화되고 국제공산당 대오가 분열되었으며 중국공산당과 다수 국가 공산당 간의 관계가 단절되었다. '문화대혁명' 기간에는 '4인방'과 캉성康生 일당의 조종 하에 당이 대외 업무에서 '좌파를 지지하고 수정주의를 반대'하는 노선을 취함으로써 길이 갈수록 좁아져 대외적으로 저조기에 빠지게 되었다.[522]

개혁개방 이후, 중국의 주요 지도자들은 공공외교의 중요성을 느끼고 큰 관심을 보이기 시작했다. 1984년 6월 덩샤오핑은 제2회 중·일민간인회의에 참석한 일본측 대표 회견 시 "만약 양국 정부 간의 협력만 있고 민간 차원의 교류가 없었다면 양국 관계의 든든한 기반이 마련될 수 없었을 것"[523]이라고 말했다. 1990년 3월 장쩌민은 대외우호협회 제5기 전국이사회의 기간 이사들과의 회견 시, 민간외교는 역사적으로나 현실적으로나 모두 중요한 역할을 했다고 강조하여 말했다. 2002년 5월 후진타오는 대외우호협회 제8기 전국이사회 대표 회견 시에 "오늘날 세계에서 민간외교의 역할이 갈수록 중요해지고 있다. 민간 외교를 발전시키는 것은 각국 국민들 간의 우호관계를 증진하고, 문화 교류와 협력을 추진하며, 국가 관계 발전을 위한 광범위한 대중적 기반을 마련하는 데

---

522 蔡武:「加強對政黨外交的研究」,『當代世界』2005년 제2기.

523 李小林:「在改革開放的大潮中擁抱世界—改革開放以來的民間外交」,『求是』,2009年第4期.

도움이 된다"고 말했다.

중국의 공공외교는 세계 기타 국가와 비교해 볼 때 여전히 초보적인 수준에 불과하다. 중국정부는 공공외교 분야에서 줄곧 큰 노력을 기울여 왔다. 이를테면, 1950년대에 중국정부는 중앙국제활동지도위원회를 설립했고, 1980년에는 중앙대외홍보팀을 발족했으며, 1991년에는 "중국을 세계에 알리는 것을 주요 직책으로 하는" 국무원 신문판 공실國務院新聞辦公室을 출범했다. 중국정부가 공공외교의 중요한 의미를 정확히 인지한 것은 2001년이라 할 수 있다. 특히 '9.11테러사건' 이후 미국이 갈수록 공공외교를 중요시함에 따라 중국외교부도 공공외교를 외교 업무의 중요한 분야로 간주하게 되었다. 중국의 외교아카데미가 주최하는 외교간부양성소에서는 2002년부터 공공외교를 필수 과목으로 지정했고, 2004년에는 공공외교 전담 부문인 공공외교처(현재 공공외교판공실로 승격)를 발족해 중국의 공공외교가 한 단계 업그레이드 되었다. 그리고 기존 외국어 출판국의 다국어 시리즈 간행물의 발행과 국제라디오 방송국의 다국어 방송을 계속 진행하는 외에 CCTV도 영어, 프랑스어, 스페인어, 러시아어, 아랍어 등 5개의 외국어 채널을 개통해 전 세계에 방영하고 있다. 이밖에도 300여 개의 공자학원이 100여 개 국가와 지역에 뿌리내려 갈수록 많은 외국인들이 중국어를 구사할 수 있게 되었고 중국의 이모저모를 자세히 알아볼 수 있게 되었다. 영문판 「중국일보」와 해외판 「인민일보」 등 신문과 간행물들도 외국인들이 중국을 이해하는 데 큰 편의를 제공해 주고 있다.[524]

중국공산당의 외교정책을 살펴보면, 13차 당의회 이후 공공외교가 정당외교와 함께 점차 중요한 위치(표7)에 놓이게 되었음을 알 수 있다. 이에 대해 양제츠 외교부장은 중국 외교가 걸어온 노정을 감회 깊이 회고하면서 다음과 같이 말했다. "우리는 공공외교와 인문외교의 길을 대대적으로 개척했다. 우리는

---

524 曲星:「生個中國公共外交」,『今日中國論壇』,2010년 제5기.

국민들 간의 상호 이해와 우호 증진을 중요한 외교 업무로 간주하고, 풍부하고
다양한 공공외교와 인문외교 활동을 펼침으로써 국가 간의 관계 발전을 위한
든든한 민의적 기반을 마련했다. 지금까지 우리는 이미 123개 국가의 1586개
성省, 도시와 우호 관계를 맺었다. 2008년의 베이징 올림픽은 성대한 스포츠 문
화 축제이자 유례없는 규모의 인문외교 축제가 되어 중국의 영향력을 크게 확
대했고 중국과 세계 각국 국민들 간의 이해와 우의를 증진시켰다."[525]

<도표7> 역대 당대표대회의 공공외교에 대한 강조

제13차		우리는 평화를 사랑하는 세계 각 나라 및 인민들과 함께 국제 정세 가 지속적으로 세계 평화와 세계 인민들에게 유리한 방향으로 나아 가도록 추진할 것이다.
제14차	새로운 방식의 정당외교를 강조	중국공산당은 이미 100여 개 국가의 수많은 정당 및 정치 조직들과 다양한 방식으로 관계를 구축했다. 우리는 자주독립, 완전평등, 상호존중, 내정 불간섭의 원칙에 따라 지속적으로 각국의 정당과 우호적인 관계를 형성, 발전시키며, 구동존이 정신에 입각하여 상호 이해와 협력을 증진시켜 나갈 것이다.
제15차	새로운 방식의 정당외교를 강조	우리는 자주독립, 완전평등, 상호존중, 내정 불간섭의 원칙에 입각하여 우리 당과 교류를 원하는 각국 정당들과 새로운 방식의 교류와 협력 관계를 발전시켜 국가 관계의 발전을 촉진해야 한다.
제16차	최초로 민간외교를 제기	우리는 지속적으로 민간외교를 펼쳐 해외 문화교류를 확대하고 국민들 간의 우의를 증진시켜 국가 관계의 발전을 촉진할 것이다.
제17차	민간외교를 누차 강조	발전의 기회를 공유하고, 다양한 도전에 공동으로 대처하며, 인류의 평화와 발전을 위한 숭고한 위업을 추진하는 것은 각국 국민들의 근본적인 이익과 연관되며 각국 인민들의 공통된 염원이기도 하다. 우리는 각국의 국민들이 함께 노력하여 지속적인 평화와 공동번영의 조화세계를 건설할 것을 제창한다. 우리는 각국의 정당 및 정치 조직과의 교류와 협력을 지속적으로 강화하며 인민대표대회, 정치 협상회의, 군대, 지방과 민간단체의 해외교류를 더욱 강화하여 중국과 각국 국민들 간의 상호 이해와 우의를 증진시켜 나갈 것이다.

525 楊潔篪:「維護世界和平促進共同發展─紀念新中國外交60週年」,『求是』, 2009년 제19기.

3. 공공외교의 주요 루트

30여 년의 개혁개방을 거친 중국이 공공외교를 개척한 것은 필연적인 선택
이다. 공공외교의 주체는 국가이다. 중국은 다양한 기회를 활용해 공공외교를
펼치고 중국을 홍보하며 국제사회에 중국을 알려야 한다. 중국은 이미 세계 무
대의 중심에 다가갔으며 세계와 긴밀한 관계를 맺고 있다. 현재, 중국의 한 해
출국인 수는 1200만 명(출경(出境)인 수는 4600만 명)에 달하고 외국인 방문
객 수는 2400만 명에 달해 민간인들 간의 국제적 왕래가 정부 간의 왕래를 훨
씬 능가하고 있다. 이러한 왕래를 통해 쌍방향 문화교류가 실질적으로 이루어
지고 있으며 중국인들의 세계 시민으로의 신분 전환은 중국이 공공 외교를 광
범위하게 펼칠 수 있는 가능성을 열어주었다. 중국의 세계적 영향력이 갈수록
커짐에 따라 중국에서 발생하는 일이 세계적인 관심사로 되어 언제든지 세계
여론의 대상이 될 수 있다. 따라서 중국은 공공외교를 통해 국제적 발언권을 강
화할 것이 필요하며 국제 여론은 또한 중국이 상응한 국제적 책임을 짊어질 것
을 요구하고 있다.[526] 아래에 중국 공공외교의 주요 루트를 살펴보기로 한다.[527]

(1) 공공외교의 행위 주체

공공외교의 행위 주체는 문화부와 중선부中共中央宣傳部 및 정치협상회 산하의
8개 민주당파, 공청단共産主義靑年團, 노동조합, 부녀연합회, 청년연합회, 공상工商연
합회, 우호협회, 과학기술협회, 타이완동포 친목회, 화교연합위원회, 5대종교단
체, 홍콩 마카오 특별 초청 인사, 무당파 인사 등이 포함된다. 정치협상회 지도
하의 공공외교는 융통적이고 다양적이며 광범위적인 특징을 가지고 있다. 특히

---

526 趙啟正:「中國登上公共外交世界舞台」,『秘書工作』, 2010년 제6기.

527 曲星:「生個中國公共外交」,『今日中國論壇』, 2010년 제5기.

중국의 지도자들은 해외 방문 기간에 연설 발표, 언론 인터뷰, 기자 회견, 현지 인들과의 대화 등 다양한 활동을 통해 중국 지도자들의 매력과 친밀감을 충분히 보여주었으며, 중국과 각국 국민들 간의 상호 이해와 우호적인 감정을 증진시키고, 국제사회에 중국이 평화적 발전과 조화세계의 구축을 위해 최선을 다하고 있다는 인식을 심어 주었다.

(2) 문화 전파 경로—'주출거'와 '청진래'

중국 문화의 전파는 '주출거走出去'와 '청진래請進來' 즉 해외 진출과 외국인 초청 이 두 가지 경로를 통해 진행된다. 중국 문화를 대대적으로 홍보하고 중국 문화의 세계 진출을 추진함으로써 세계로 하여금 중국 문화를 더 잘 이해하도록 하는 것은 공공외교의 주요한 업무 중 하나이다. 따라서 중국은 정부 차원의 문화교류와 민간 문화교류를 적극 추진하고 있다. 이를테면, 세계 각국에서 '중국문화의 해' 행사 개최, '공자학원'과 해외 중국문화센터의 설립 등등인데 그중 '공자학원'과 '중국문화의 해' 행사가 가장 대표적이다. 2010년 10월까지 중국은 세계 96개 국가와 지역에 322개소의 공자학원과 369개소의 공자학당을 설치했다. 322개소의 공자학원은 아시아 30개 국가와 지역에 81개소, 아프리카의 16개 국가에 21개소, 유럽 31개 국가에 105개소, 아메리카 12개 국가에 103개소, 오세아니아 2개 국가에 12개소가 설치되었다. 369개소의 공자학당은 총 34개 국가(버마, 말리, 바하마, 튀니지, 탄자니아에는 공자학당만 설치되었음)에 설치되었는데 그중 아시아 11개 국가에 31개소, 아프리카 5개 국가에 5개소, 유럽 10개 국가에 82개소, 아메리카 6개 국가에 240개소, 오세아니아 2개 국가에 11개소가 설치되었다.[528] 미국 학자 베이츠 길Bates Gill은 "공자학원의 새로운 인터넷 플랫폼은 영국정부, 괴테협회, 프랑스어와 문화학회와 같이

---

528 國家漢辦的統計報告, 國家漢辦網. 참조.

정치적 색채를 띠고 있으며 더 우호적이고 부드러운 중국의 이미지를 구축하고 있다"고 긍정적인 평가를 보냈다.[529] 중국은 기타 나라들과도 협력해 문화의 해 행사를 개최하고, 자매도시를 결성하고, 문화부와 중선부의 주도 하에 해외 공연도 적극 펼쳤다. 중국의 문화를 세계에 알리는 또 다른 경로인 '청진래'는 외국 유학생 프로젝트와 외국 대표단의 중국 방문 초청 등이 포함된다. 그리고 개혁개방 이후 많은 중국인과 기업들이 육속 해외로 나가 세상을 배우고 사업을 벌이고 있다. 그러나 그들은 출국하면 자신들이 곧 나라를 대표한다는 점을 의식하지 못한데서 종종 국제 예의범절과 규칙 그리고 당지의 생활 습관에 어긋나는 행위를 함으로써 중국의 이미지를 실추시키고 있다. 필경 외국의 일반 시민들은 주변의 중국인과 중국 제품을 통해 중국을 느끼기 때문에 국제적인 안목과 교양을 갖춘 국민과 기업을 육성하는 것은 중국이 조화로운 국가 이미지 구축을 위해 해결해야 할 가장 중요한 과제이며 이는 또한 현대화 과정 전반에 걸쳐 해결해야 할 장기적인 과제이기도 하다.

(3) 대중 매체의 활용

중국의 전통적인 종이 매체와 디지털 매체에는 「인민일보·해외판」, 「중국일보China Daily」, 인터넷 포털, 휴대폰, CCTV의 영어, 프랑스어, 스페인어 채널, 정부의 백(녹)서, 뉴스 대변인 제도, 지방 정부의 인터넷 포털 등이 포함되어 있다. 2009년 11월 중국 상무부商務部는 '중국제조, 세계협력'을 주제로 한 해외 홍보 및 광고 캠페인을 발족해 국제협력을 강조했는데 이것은 중국 최초의 국가 이미지 광고로서 국제 사회에 큰 영향을 미쳤다. 중국은 이를 계기로 다양한 방식과 경로를 통해 공공외교를 활발히 펼침으로써 좋은 국가 이미지 형성을 위해 여건을 마련했다. 당의 17기 3중전회 이후, 중앙 고위층은 공공외교의 미디

---

529 劉朋:「政黨外交與國家軟實力提升」, 『中共南京市委黨學校報』, 2010년 제4기.

어 수단에 대해 갈수록 더 많은 관심을 기울였다. 리창춘李長春은 2008년의 중국 TV사업 출범 및 CCTV 창립 50주년 기념행사 연설에서 미디어 수단의 선진화 정도와 전파력이 곧 어떤 이념과 문화, 가치관이 더 널리 확산되어 세계에 큰 영향을 미칠 수 있을 지를 결정하게 된다고 말했다.[530]

(4) 자매도시 외교

중국은 이미 120개 국가의 1500개 주州 및 도시와 자매 결연을 맺었다. 이 밖에도 중국은 국제우호도시연합회를 설립하여 세계 각국의 도시 간의 우호교류 활동을 활발히 추진하고 있다. 국제 우호도시 활동은 중국의 전반적인 외교를 중심으로 이루어지고 있으며 중국 지방 정부의 대외개방과 경제 발전을 촉진하는 데 중요한 역할을 하고 있다.[531]

(5) 인문교류

인문교류, 즉 교육과 문화교류는 공공외교의 중요한 구성 부분이며 국가 발전전략과 대외전략의 중요한 구성 부분이기도 하다. 교육문화를 발전시키고 교육문화의 대외교류를 추진하는 것은 글로벌 시대에 각국이 국제 경쟁력을 키우고 국가안보를 지키며 소프트파워를 구축하는 중요한 경로이다. 중·미 간 인문교류를 위한 고위협상체제의 출범은 양국 정부가 모두 문화적 소프트파워의 구축과 공공외교의 발전을 매우 중요시하고 있음을 보여준다. 중국은 인문교류의 중요성에 대해 줄곧 강조해 왔다. 신중국 건립 이래 60여 년간, 중국은 경제, 문화, 사회 등 분야에서 거대한 성과를 이룩했으며 중국에 대한 국제사회의 관심도도 갈수록 높아지고 있다. 그러나 역사적, 현실적인 원인으로 인해 적지 않은

---

530 張寅孜:「國家公關浙行其道―從各國公關戰略中探尋中國軟實力之國家公關路」,『人民日報』, 2010년 7월6일.

531 李小林:「在改革開放的大潮中擁抱世界―改革開放以來的民間外交」,『求是』,2009년 제4기

외국인들은 여전히 중국에 대해 편견과 오해를 가지고 있다. 이런 상황에서 중국은 적극적인 공공외교를 펼쳐 진실한 중국과 책임지는 중국을 세계에 알림으로써 중국의 발전을 위한 양호한 국제적 환경과 우호적인 여론 분위기를 조성해 가고 있다. 수년간의 노력을 거쳐 현재 중국은 공공외교 분야에서 일련의 '성숙한 브랜드'를 보유하게 되었다. 제2차 중·미 전략 및 경제대화 기간인 2010년 5월 25일, 중국 국무위원인 류옌둥劉延東과 미국국무장관 힐러리 클린턴은 중·미인문교류고위협상체제 1차회의에 참석하여 「중·미인문교류고위협상체제 구축에 관한 양해각서」에 각각 서명했다. 중·미 양국 정부의 목표는 "현재 각기 다른 틀 안에서 진행되고 있는 교육, 과학 기술, 문화, 스포츠 등 분야의 교류 활동을 새로운 인문교류고위협상체제에로 귀속, 통합"시킴으로써 "중·미 관계가 한층 깊은 민간 대 민간, 문화 대 문화의 의미를 가지도록 하며", "중·미관계의 지속 가능한 발전을 위해 보다 든든한 토대를 마련하는 것이다."[532] 중국이 관련 국가와 협력하여 개최한 '문화 주간', '문화 여행', '문화 축제', '문화의 해'와 같은 다양한 활동은 중국과 관련 국가 국민들 간의 교류와 상호 이해를 증진시켰고 서로 다른 문화 간의 평등한 대화를 위해 새로운 길을 열어놓았다.[533]

4. 공공외교와 중국의 국가 이미지

좋은 이미지를 가진 국가는 국제사회의 인정을 받게 되므로 비교적 쉽게 다른 나라를 설득하고 그 나라에 영향을 줄 수 있다. 이런 국가는 강력한 소프트파워와 상대적으로 넓은 국제적 활동 공간을 가지고 있어 국제 사무와 국제 경쟁에서 주도권을 쥘 수 있으며, 외교적 힘과 국제 문제에서의 발언권 강화를 통

---

532 黃仁國:「中美人文交流高層磋商機制分析」,『現代國際關係』,2010년 제8기.

533 中華人民共和國國務院新聞辦公室:「中國的和平發展道路」, 中國政府網, 2005년12월22일. 참조.

해 자국의 목표와 이익을 실현할 수 있다. 따라서 어떤 의미에서 보면 좋은 국가 이미지는 "한 나라의 대외교류의 깃발이고, 세계로 나아갈 수 있는 통행증이며, 사회와 경제 발전의 추진 장치"라고 할 수 있다.[534] 국가 이미지는 냉전 종식과 글로벌화의 산물이 아니며, 일찍이 고대 그리스 역사학자인 투키디데스가 『펠로폰네소스전쟁』에서 언급한 적이 있다. 그러나 국가 이미지란 개념으로 사람들에게 각인된 것은 근대 이후이다. 17, 18세기, 대국 간의 전쟁시기에 인류가 추구한 국가 이미지는 주로 전쟁을 도발할 의지와 힘을 가지고 승리할 수 있는 강자 이미지였으며, 19세기 제국주의 시대에 추구한 국가 이미지는 다른 나라의 영토를 침점하고 병탄하는 확장자 이미지였다. 20세기에 이르러 두 차례의 참혹한 세계대전은 사람들로 하여금 국가 이미지가 과거와는 달라져야 한다는 점을 깨닫게 했고 따라서 평화를 추구하고 전쟁을 반대하는 평화주의 이미지가 주류를 이루게 되었다. 1970년대 이후, 인류가 바라는 국가 이미지는 평화를 계속 추구하는 것 외에 경제적으로 번영하고 나날이 향상하는 발전적 이미지였다. 이로부터 우리는 국가 이미지가 시대성을 지니고 있음을 알 수 있다. 중국은 오랜 역사를 가지고 있는 대국으로서 국가 이미지의 변화는 그야말로 천지개벽이라 할 수 있다. 수천 년 역사의 흐름 속에서 중국의 경제, 과학기술 및 문명의 발전은 줄곧 세계 앞자리를 차지했으며 대외 교류에서 강성하고 문명하고 선진적인 중앙왕조 이미지를 유지해 한때 '천자의 나라天朝上國'라 불리웠고 당태종은 '천가한天可汗'으로 불리웠다. 그러나 근대 이후, 청 왕조 봉건통치자의 부패와 무능으로 인해 중국의 이미지는 나락으로 떨어졌고 세계 열강들의 침략과 모욕을 수차례 겪으면서 '동아병부東亞病夫'로 불리우기까지 했다. 항일전쟁이 전면적으로 발발한 후, 중국 인민들은 잔인한 일본 제국주의에 맞서 막대한 민족의 희생을 치르면서 용감하게 싸워 국제 반파시스트 동부 전장의 주력이 됨으

534 劉繼南:『國際傳播與國家形象』, 北京廣播學院出版社, 2002年版,p.3.

실천편　413

로써 세계 '4대국' 중 하나라는 국가 이미지를 형성하게 되었다. 중화인민공화국 건립 이후, 중국은 모든 제국주의 세력을 철저히 몰아내고 독립, 자주, 자강의 새로운 국가 이미지를 형성했다. 1980년대 이후, 중국은 덩샤오핑의 지도 하에 개혁개방을 진행하여 자국의 발전에 적합한 길을 걷게 되었고 따라서 과거의 폐쇄적이고, 수구적이고, 말썽을 일으키는 배반자 이미지에서 진취적이고 개방적이고 글로벌화한, 평화와 발전의 시대적 추세에 걸맞는 이미지로 탈바꿈했다. 그러나 21세기에 들어서 중국의 이미지는 또 다시 외부 세계의 거듭되는 비난을 받고 있다. '중국위협론', '중국붕괴론'의 목소리가 끊이질 않고 있으며 '중국확장론'과 '중국의 소국 약탈론'도 가끔 등장하고 있다. 이런 상황에서 어떻게 하면 평화를 사랑하고, 패권주의를 반대하며, 합력을 추진하는 긍정적인 이미지를 더욱 부각함과 동시에 새로운 이미지를 국제사회에 깊이 심어줄 것인가 하는 문제는 차기 지도자들과 새 시대 국민들이 풀어 나가야 할 과제로 떠올랐다.

지난 30년 동안 중국경제는 세계 역사상 보기 드문 빠른 발전을 이룩했고 세간의 주목을 끌 만한 큰 성과를 거두었으며 또 이 과정에서 확고부동하게 사회주의 노선을 견지했다. 이에 대해 서방의 일부 정치가와 이론가들은 중국이 앞으로 현 국제 질서에 도전해 오지 않을지, 과거 중국에 해를 끼쳤던 세계 열강들에게 보복하지 않을지라는 의구심과 오해를 품고 있다. 게다가 이데올로기와 지정학적 요소 그리고 개별적으로 중국을 악마화하는 악의적인 조작은 평화적 발전을 고수하는 중국의 이미지에 부정적인 영향을 미치고 있으며 세계 일부 국가와 국민들의 근심과 불안을 유발하고 있다. 중국의 평화적 굴기에 어떻게 적응할 것인가 하는 것은 세계, 특히 중국 경제로 인해 충격을 받는 국가가 직면한 가장 큰 문제이다. 중국 정부는 국가의 조화와 세계의 조화 그리고 중국의 국익과 전 인류의 공동의 이익을 동일시하는 원칙을 일관되게 견지해 왔으며 시종 자국의 발전을 인류의 공동 진보와 연결시켰다. 즉, 중국은 세계의 평화와 발전의 기회를 최대한 이용해 자국의 발전을 추진하고 또한 자국의 발전을 이용해 세계 평화를 지키고 공동 번영을 추진해 왔다. 이러한 조화세계관과 발전관은 중국의 외교이념과 정치이념(과학적 발전관, 조화사회)을 통합시키고 중국의 평화공존 5항원칙의 외교적 의미를 더욱 분명히 함으로써 불확실성으로 인한 전략적 오판의 가능성을 줄일 수 있게 했다. 또한 '자주독립', '개혁과 발전'이라는 이미지 외에 '세계와의 조화'라는 이미지를 추가해 중국이 구축해야 할 이미지를 한층 분명히 했다. 이와 관련하여 후진타오는 "중국의 발전은 평화적인 발전이고, 개방적인 발전이며, 협력하는 발전이고, 조화로운 발전"이라고 강조했다.[535]

중국이 추구하는 국가 이미지는 평화적, 개방적, 협력적 및 조화적인 것이다. 그러나 중국이 이런 이미지를 추구한다고 해서 세상 사람들이 모두 그렇게 받아들인다고 할 수는 없으며 오직 실천을 보여줘야만 진정한 믿음을 얻을 수 있다. 중국정부가 조화적인 이미지의 원칙을 정책에 반영해 실천하는 것은 지속적인 평화와 공동 번영의 조화로운 세계를 건설하기 위해서이며 민주적이고, 화목하고, 공정하고, 포용적인 세상을 만들어 가기 위해서이다. 중국정부 또한 정책적 실천을 통해 민주적이고, 화목하고, 공정하고, 포용적인 이미지를 보여줘야만 국제사회의 믿음을 얻을 수 있고 설득력을 높일 수 있다. 중국정부가 인정하는 민주적 실천은 곧 평화공존 5항원칙을 국제행동의 기본 준칙으로 삼고, 유엔헌장과 공인된 국제법을 준수하며, 사안 자체의 옳고 그름을 판단 기준으로 하고, 갈등과 문제에 부딪치면 적극적인 소통으로 상호 신뢰를 증진하는 것이다.

중국은 개도국도 국제사회에서 평등한 참여권과 결정권을 가져야 하며 이를 위해 일방주의에 반대하고 다자주의를 추진하며 국제사무에서 유엔과 안전보장이사회의 역할을 극대화해야 한다고 주장한다. 후진타오는 "각국 국민들

---

535 胡錦濤:「攜手建設持久和平, 共同繁榮的和諧世界―二〇〇六年新年賀詞」, 新華網, 2005년12월 31일. 참조.

은 함께 노력하여 지속적인 평화와 공동 번영의 조화세계를 건설하자"는 국제적 전략을 제시했다. 이 전략은 "정치적인 측면에서 상호 존중하고, 평등하게 협상하며, 국제 관계의 민주화를 공동으로 추진하며", "경제적인 측면에서는 상호 협력하고, 우세를 상호 보완하며, 혜택의 균형화, 보편화와 상호윈윈의 방향으로 경제의 글로벌화를 추진"할 것을 요구한다. "문화적인 측면에서는 서로 배우고, 구동존이하며, 세계의 다양성을 존중하면서 인류 문명의 번영과 발전을 공동으로 추진"할 것을 요구한다. "안보 측면에서는 상호 신임하고, 협력을 강화하며, 전쟁이 아닌 평화적인 방식으로 국제 분쟁을 해결하며, 공동으로 세계 평화와 안정을 유지"할 것을 요구하며, "환경보호 측면에서는 서로 돕고 협력하면서 인류의 삶의 터전인 지구를 함께 지키고 보호해 나갈"할 것을 요구한다. 이러한 원칙 하에 중국은 1997년과 2007년에 글로벌 금융위기를 완화하는 데 크게 기여한 바 있다. 중국-아프리카협력포럼에서 중국이 발표한, 부가 조건 없이 아프리카 국가에 원조와 혜택을 주는 조치는 중국이 아프리카 국가와 개도국의 친구이자 파트너임을 증명해 준다.

중국이 주장하는 포용은 중국의 유교 문화로 타국의 문화를 배척, 공격하고 동화시키는 것이 아니며, 중국의 사회주의와 마르크스주의 이데올로기로 다른 이데올로기를 가진 국가와 대립하는 것도 아니며, 중국이 신봉하는 이념과 정책을 다른 국가에 강요하는 문화 패권주의는 더욱 아니다. 중국이 주장하는 포용은 각자 화이부동和而不同 방침을 취하며, 서로 배우고, 서로의 경험을 거울로 삼으면서 함께 진보하는 것이다. 중국정부는 중앙아시아 5개국, 러시아 등과 함께 상하이협력기구를 설립할 당시 다양한 문화와 발전 루트를 바탕으로 한 새로운 협력 방식을 보여주었으며, 프랑스, 러시아 등 나라와 함께 국가의 해 행사도 개최했다. 중국정부는 또한 중국 문화의 해외 진출을 적극 추진해 세계 각지에서 문화교류 활동을 활발히 펼침으로써 중국문화의 화려함과 깊이를 세계에 알리고 또 세계로 하여금 중국을 이해하고, 중화문명의 포용성과 개방성 및 사

회주의 대국의 기백과 넓은 아량을 인정하게 했다.[536]

　　2007년3월 원자바오 총리는 제10기 인민대표대회 제5차 회의 정부업무보고에서 평화적이고, 민주적이며, 문명하고, 진보적인 중국의 국가 이미지를 구축해야 한다고 명확히 제시했다.[537] 이 제시는 중국이 구축해야 할 국가 이미지를 정함에 있어서 중요한 기반이 되었다. 그러나 단지 이것만으로는 중국의 사회주의 국가로서의 성격과 중국 외교의 본질 및 중국의 국제적 책임을 전면적으로 체현할 수는 없다. 따라서 중국은 상기 이미지 외에도 부강하고, 정의적이고, 책임감 있고, 협력적인 대국 이미지가 필요 된다. 즉, 중국은 "평화적이고, 민주적이고, 문명하고, 진보적이며, 부강하고, 정의적이고, 책임감 있고, 협력적인" 사회주의의 책임감 있는 대국 이미지를 구축해야 한다.

536　孟曉馹:「和諧世界理念與外交大局中的文化交流」,『求是』, 2006년 제20기.

537　「溫家寶總理在十屆全國人大五次會議上的政府工作報告」, 人民網, 2007년3월6일.참조

제7장 중국 특색의 정당외교

경제의 글로벌화가 심화됨에 따라 국제 교류가 날로 빈번해지고 외교의 수단과 내용도 전통외교의 범주를 넘어섰다. 제2차 세계대전 후 세계 각국의 정당은 수적으로 크게 증가함과 동시에 현대 정치의 주도 세력으로서의 그 영향력 또한 국내 정치 생활에만 머물지 않게 되었다. 정당은 한 나라의 외교 전략과 정책 제정에 영향을 줄 뿐만 아니라 외교 과정에의 직접적인 참여를 통해 그 나라의 대외 관계에도 영향을 준다. 국내 정치와 국제 정치에 대한 정당의 영향과 역할이 끊임없이 증가되어 정당외교는 이미 현대 외교와 국제관계의 중요한 일부분이 되었다. 정당외교는 정부외교, 민간외교, 의회외교 등과 더불어 현대 외교를 입체적인 방향으로 발전시켜 가고 있다. 중국공산당은 전 국민을 이끌어 중화민족의 위대한 부흥을 실현하고 중국 특색 사회주의를 건설하는 과정에서 중국 특색을 띤 정당외교의 틀을 마련했다. 전방위적이고 다채널, 다분야적이고 심층적인 중국 특색의 정당외교 패턴은 이미 형성되었다. 당이 주도하는 정당외교는 발전성과 개방성을 동등하게 중요시한다. 과학적 발전관을 지도사상으로 장기적이고, 실무적이고, 효율적이고, 안정적인 발전에 입각한 중국의 정당외교는 그 전망이 아주 밝다.

제1절 정당외교의 내용과 발전

정당외교는 1990년대에 이르러서야 인정을 받은 일종의 외교 유형이다. 국내 학계에서의 정당외교 개념에 대한 정의는 대체로 아래와 같은 몇 가지가 있다. (1) 정당외교는 당 간 연락업무 또는 당의 외사업무라고도 하는데 중국 전체 외교의 중요한 일부분이며, 국가 전반 대외 업무의 기본적인 측면이다. (2)

정당외교란 일반적으로 정당이 국가 간의 관계 증진을 위해 전개하는 대외 교류를 지칭한다. 중국에서는 중공중앙이 전개하는 대외 교류를 가리키는데 이는 중국 전체 외교의 중요한 일부분이다. (3) 국제 공산주의 운동의 시각에서 볼때, 정당외교란 사회주의 국가의 집권당이 특정한 목적을 위해 세계 기타 국가의 다양한 유형의 정당과 교류, 협력, 투쟁을 전개하는 정치적 행위이며, 집권 당으로서의 정치 집단이 대외 교류 특히 기타 정당과의 교류 과정에서 보여주는 정책적 취향, 가치 판단과 실천을 의미한다. (4) 정당외교란 일반적으로 주권 국가의 합법적 정당 간 전개되는 국제 교류와 협력, 그리고 정당 간 국제기구의 운영을 지칭한다. (5) 정당 외교란 야당을 포함한 국가의 정당이 국가의 총체적인 외교전략 하에 국익 수호와 국제 외교 관계의 증진을 위해 기타 주요 국가의 합법적 정당 및 국제기구와 연계, 교류를 맺는 행위로서 정부외교에 종속된 국가 외교의 중요한 일부분이다.[538]

정당외교는 국가 전체 외교의 일부분으로 정당 대외교류, 당 간 관계, 정부외교 등 개념과 일치되는 점이 있지만 구별점도 있다. 정당외교는 정당이 국제 관계의 행위 주체로 부상하고, 정당정치가 보편화되고, 세계적 문제들이 발생하면서 등장한 것이다. 우선, 정당외교는 정당 대외교류와 구별된다. 비록 양자가 모두 정당의 다국적 교류 행위이지만 정당 대외교류는 그 내용이 풍부하고 모든 것을 망라한다. 정당 대외교류는 국익 수호 또는 국가 간 관계 증진에 목적을 두었을 때에만 정당외교라 할 수 있다. 또한 정당외교의 주체는 일개국의 합법적 정당이지만 정당 대외교류의 주체는 꼭 일개국의 합법적 정당인 것만은 아니다. 둘째, 정당외교는 당 간 관계와 구별된다. 정당외교는 정당의 정치적 행

---

538 參閱時新華:「淺議中國共產黨政黨外交硏究的幾個理論問題」,『天府新論』, 2010년第3期; 王福春:『外事管理學槪論』, 北京大學出版社 2003년; 周餘雲:「論政黨外交」,『世界經濟與政治』,2001년第7期; 王芸, 趙黎明:「政黨外交硏究的幾個前題性問題」,『中國靑年政治學院學報』,2008년第1期.

위에 치중하며 정당이 국익과 국가 간 관계를 위해 외국의 합법적 정당과 진행하는 교류 활동이다. 당 간 관계는 정당 간 관계에 치중하며 당 대 당 관계의 깊이를 강조한다. 셋째, 정당외교와 정부외교는 교류 상대가 서로 다르고 전개 방식과 내용에도 차이가 있다. 정부외교는 국가가 주체로 되어 교류하는 행위로서 그 객체는 타국 또는 정부이다. 그러나 정당외교의 주체와 객체는 모두 정당이다. 교류 내용에 있어서 정부 외교는 주로 국가 간, 정부 간의 구체적인 사무를 처리하지만 정당외교는 이런 구체적인 사무를 처리하지 않으며 외교 방식 또한 비교적 유연하여 외교 관계나 외교 예절의 제약을 받지 않는다.

상술한 바를 요약하면, 정당외교란 한 나라의 합법적 정당이 본 정당의 이익과 국익을 수호하고 국가 간 관계를 증진하기 위해 전개하는 대외 교류 활동에 대한 총칭으로 사상 이념, 정책 주장과 실천 활동 등 세 가지 측면이 포함된다. 본 장에서 언급하는 정당외교는 중국공산당이 대외 교류, 특히 타국 정당과의 교류 과정에서 보여준 가치 판단, 정책 방향 및 실천을 가리킨다. 중화인민공화국이 건립되기 전 긴 세월 동안, 중국공산당은 집권당의 지위를 얻지 못하였으므로 이 기간의 대외 교류 활동은 정당외교의 범주에 속하지 않는다. 그러나 이 기간 중국공산당의 대외 교류 활동은 건국 이후의 본격적인 정당외교를 위해 경험을 축적하고, 인재를 양성하고, 중요한 시사점과 참고적 가치를 제공했다는 점에서 큰 의미를 가진다. 따라서 중국공산당 정당외교의 발전 과정을 분석함에 있어서 건국 이전의 당의 대외 활동은 정당외교가 아닌 당의 대외 교류 또는 당 간 관계라는 개념을 사용한다.

1. 정당외교의 내용

정당 제도가 오늘날의 정치영역에서 차지하는 중요성 만큼 정당외교의 내용은 매우 풍부하다. 이를테면 정당외교 활동에는 참관 방문, 이론 세미나, 정치

대화, 경제 문화 협력 세미나 그리고 국정 운영, 국가 건설, 국제적 및 지역적 현안의 해결 방법 등에 관한 의견 교류, 국가 간 관계 발전과 당 역량 강화에 관한 세미나 등등이 포함된다. 중국공산당의 대외 교류의 내용은 시기에 따라 다르게 나타나지만 전반적인 특징은 교류 분야와 내용이 지속적으로 확대되었다는 점이다. 중국공산당이 창당 이래 90년 동안 펼쳐 온 대외 교류와 정당외교는 대체적으로 아래와 같은 내용을 포함한다.

(1) 정치적 내용

정치적 대화는 당 간 관계의 중요한 내용으로 이는 정당이 가장 중요한 정치 세력이라는 자체 속성에 의해 결정된 것이며 특히 집권당의 이념이 국가 정치에서 집중적으로 반영되고 집권당이 정치 발전의 가장 직접적인 추진 세력인 경우 더욱 그러하다. 신중국이 건립되기 전 중국공산당의 주요 과업은 신민주주의 혁명을 완수하는 것이었다. 따라서 당의 정치 생활에서 정치노선, 계급이익, 사회제도 등 요소가 주도적 지위를 차지하게 되었고 대외 교류에서도 정치노선이 유사한 국외 정당과의 교류에 중점을 두었다. 중국 공산당은 중국의 노동자 계급이 역사 무대에 등장한 후 진보적인 지식인들이 마르크스·레닌주의를 끊임없이 전파하고 그것을 노동 운동과 결부시킨 토대 위에서 탄생한 정당 으로서 창당된 그날부터 각국의 공산당, 노동자당과의 관계를 매우 중요시했으며 이 과정에서 코민테른의 영향을 크게 받았다. 그러므로 중국공산당은 시초부터 레닌의 당 건설에 관한 사상과 볼셰비키당의 방식에 따라 창건된 당이라 할 수 있다.[539] 중국공산당은 창당 초기에 코민테른과의 관계 발전을 통해 당의 혁명 사업에 대한 각국 공산당과 혁명적 대중의 동정, 이해와 지지를 얻어냈고 중국공산당과 각국 공산당, 혁명 조직, 인민대중 간의 상호 이해와 협력을 증진시켰다. 중국공

---

539 杜康傳, 李景治主編:『國際共産主義運動槪論』, 中國人民大學出版社, 2002년, p.128.

산당과 코민테른의 교류는 정치적 지도와 대화에 치우쳤으며 이 과정에서 중국 공산당은 많은 이론과 경험을 배웠지만 반면, 코민테른의 지도상의 착오로 인해 부정적 영향도 받았다. 준의회의 이후 중국공산당은 마르크스주의 기본 원리를 중국의 실제와 결부시켜 중국의 실정에 걸맞는 신민주주의 혁명 노선을 선택했다. 코민테른과의 관계 설정에 있어서도 보다 성숙된 방법을 취함으로써 더 이상 코민테른과 소련의 경험을 신성시하지 않았고, 더 이상 코민 테른의 잘못된 지시에 무조건 복종하지도 않았다. 중국공산당은 1942년의 옌안정풍운동을 통해 당 내의 교조주의적 풍조를 타파하고 전당이 마오쩌둥사상의 기치 아래 단합을 이룸으로써 1943년 코민테른 해체 후 자주독립적으로 항일과 혁명 투쟁을 이끌어 나아갈 수 있는 기반을 마련했다. 신중국 건국 전, 중국공산당은 소련, 동유럽, 아시아 국가 공산당과의 교류와 대화를 통해 중국 혁명에 대한 그들의 이해와 지지를 얻음으로써 혁명의 승리와 건국 초기 외교적 승인을 얻기 위한 외부적 환경을 마련했다. '문화대혁명' 10년간, 중국공산당의 대외교류는 정치적 색채가 매우 강했고 심지어 당의 대외 업무의 취지는 "좌파를 지지하고 수정주의를 반대支左反修"하며 "세계혁명을 지원하는 것"이라는 착오적인 슬로건까지 제기함으로써 당의 대외 교류에 부정적인 영향을 끼쳤다. 개괄적으로 살펴보면, 1970년대 이전에 중국공산당은 대표단의 상호 방문, 당 대표대회에의 참석, 축전의 상호 발송 등 방식으로 대외 교류를 전개하였으며 그 주요 내용은 중국공산당의 정치적 입장 표명 그리고 중대한 국제적, 지역적 문제에 대한 입장과 당 간 및 국가 간 관계 발전에 대한 의견을 교환하는 것이었다. 그러나 당시 국내외 정세와 이데올로기적 한계로 인해 중국공산당의 교류 상대는 이데올로기와 정치노선이 유사한 외국 정당과 그 국제 조직에 국한되었다.

신중국의 건립과 함께 중국공산당은 집권당이 되었고 따라서 대외교류는 정당외교의 특징을 갖추기 시작했다. 건국 초기 국가 정치제도의 영도 핵심은 당과 국가의 중앙기관, 특히 중공중앙(중국공산당중앙위원회)이었으며 실질적으로 정치 권력을 장악한 기관은 중앙정치국과 상무위원회였다. 중공중앙은 외사소조外事小組를 설립하여 당이 외교를 관리하는 원칙을 확립했다. 1970년대 이후, 세계가 점차 다극화, 경제의 글로벌화 방향으로 발전하면서 국내외 정세에는 중대한 변화가 일어났다. 다양한 이념과 정치세력, 사회운동이 서로 경쟁하면서 함께 공존하는 환경 속에서 중국공산당을 포함한 세계 절대 다수의 정당은 상호 간의 소통이 강화되기를 바랐다. 이와 관련하여 덩샤오핑은 다음과 같이 여러 차례 강조한 바 있다. "사회주의 길을 고수하는 중국공산당은 세계에 사회 제도와 이념의 차이, 심지어 갈등도 존재한다는 점을 인정한다. 우리는 상호간의 갈등과 이견에 대해 구동존이의 정신에 입각하여 정상적인 교류, 대화와 담판을 통해 평화적으로 해결하며 이념적인 논쟁을 벌이거나 대항적인 자세를 취해서는 안 된다." 장쩌민도 각국의 정당은 상호 존중을 바탕으로 교류와 대화를 강화하며 세계의 다양한 발전에 대해 존중해야 한다고 강조했다. 당 운영 경험과 정치 경험을 교류하는 것은 새로운 시기 중국공산당 대외 교류의 중요한 내용이 되었으며 외국 정당의 장점을 배우고 그들의 경험과 교훈을 받아들여 자신의 통치 능력을 향상시키는 것은 정당외교의 주요한 기능으로 되었다. 개혁개방 이후, 국내 경제 건설과 사회 발전이란 중대한 과제에 직면하여, 특히 1980년대 말, 소련의 해체와 동유럽의 격변으로 공산당이 집권당 지위를 상실하게 되자 중국공산당 지도자들은 정당의 집권 법칙과 공산당의 집권 법칙에 대한 탐색 그리고 선진국과 체제 전환국을 포함한 타국 집권당의 정치 경험에 대한 벤치마킹에 더 큰 관심을 가지고, 전략적 차원에서 세계 각 정당의 흥망성쇠의 경험과 교훈에 대해 집중적으로 연구했다. 중국의 종합적 국력과 국제적 지위가 상승함에 따라 세계 각국은 중국의 경험, 나아가서 '중국모델'에 큰 관심을 가지기 시작했으며, 중국이 굴기 이후 어떤 국제체계관을 가질 것인지에 대해서도 깊이 주목하고 있다. 따라서 중국을 세계에 알리는 것이 중국공산당의 새로운 외교 과제로 떠올랐다.

(2) 경제적 내용

신중국의 건립과 함께 중국공산당의 주요 과업이 민족독립에서 국가부강으로 바뀜에 따라 국가의 발전이 당이 짊어져야 할 중요한 과제로 등장했다. 해외 시장과 타국의 경제 건설 경험을 파악하고 국가 간 경제 협력을 추진하는 것이 정당외교의 중요한 내용이 되었다. 그러나 개혁개방 이전, 중국공산당의 당 간 교류의 내용은 주로 정치적 대화였고 경제적 내용은 극히 적었다. 그럼에도 신중국과 소련의 경제 협력은 개혁개방 이전 중국공산당이 정당외교를 통해 경제 협력을 추진했음을 보여주는 단적인 사례로 볼 수 있다. 중·미 수교, 특히 개혁개방 정책 실시 후, 당의 외교에서 경제적 내용은 갈수록 중요시되고 풍부해졌다. 국가 간의 종합 국력 경쟁이 날로 치열해지고 국제 관계에서 경제적 요소의 중요성이 부각됨에 따라 민족경제를 발전시키고 국제 경쟁력을 강화하는 것이 각국의 집권당이 짊어져야 할 중요한 과제로 떠올랐다. 중국공산당은 시대의 흐름에 발맞춰 나라를 다스림에 있어서 '발전'을 최우선 과제로 간주했다. 덩샤오핑은 "발전이야말로 가장 중요한 원칙이다." "사회주의가 자본주의에 대한 비교 우위를 차지하기 위해서는 인류가 이룩한 모든 문명 성과, 그리고 자본주의 선진국을 포함한 세계 각국의 선진적인 경영 방식, 관리 방법을 과감히 흡수하고 귀감으로 삼아야 한다"고 강조했다. 장쩌민, 후진타오 등 중국공산당 지도자들도 정당외교가 경제 건설을 위해 봉사할 것을 적극 주창하면서, 발전은 일개 국가의 경제와 민생 및 장기적인 안정과 관계될 뿐만 아니라 세계 평화 및 안보와도 관계된다. 경제가 국제 관계에서 가장 중요한 핵심 요소로 대두되고 있는 오늘날 당은 모든 사업의 중점을 경제 발전에 두어야 한다고 강조했다. 아울러 개혁개방 이후 중국의 경제 발전 속도가 빨라지고 시장 전망도 밝아지면서 많은 외국 정당들은 중국공산당과의 교류에서 경제적 내용을 늘려 줄 것을 요구했다.

이러한 시대적 배경하에 중국공산당은 경제의 글로벌화 추세에 순응하여 사회주의 현대화 건설을 위해 봉사한다는 취지로 정당외교에서 경제 교류의 기능을 한층 부각시켰다. 중국공산당은 정당외교를 통해 중국의 경제 건설에 유리한 환경을 조성함과 동시에 정당외교 활동에 직접적으로 경제적 내용을 주입하기도 했다. 1980년대, 중국공산당은 개혁 개방의 실제적 수요에 따라 당 간 관계의 새로운 영역을 개척하고 발전시켰으며, "정당외교를 통해 마련한 무대에서 경제무역 활동을 활발히 펼치는" 새로운 경로와 방식이 점차 형성되었다. 2000년 5, 6월 기간, 우관정吳官正이 인솔한 중국공산당 대표단은 우루과이 정부와 브라질 집권당인 자유전선당, 베네수엘라 집권당인 제5공화국운동의 초청에 응해 3국을 공식 친선 방문했다. 수행한 경제무역대표단은 3개국 기업계와의 광범위한 접촉과 교섭 및 협상을 통해 20건에 달하는 경제무역 계약, 협의서와 의향서를 체결했다. 이는 정당외교를 통해 경제무역 협력을 추진한 한 차례 성공적인 사례이며, 정당외교와 경제외교가 유기적인 결합을 이룬 사례이기도 하다. 중국공산당은 당 간 교류에서 외국의 경제 발전 경로와 전략, 경제 건설 경험과 교훈, 경제 관리 체제의 운영과 개혁 등에 관한 현지 조사와 토론 연구에 역점을 두고 외국의 정당과 광범위하게 교류하고 상호 벤치마킹했다. 중국공산당 고위층 지도자들은 출국 방문 시 종종 경제계, 기업계 인사들을 대동함으로써 중국의 기업들이 직접 외국 기업과 협력을 추진하고 외국의 발전 경험을 벤치마킹할 수 있는 기회를 마련해 주었다. 이밖에도 중국공산당은 중국의 성, 시 등 지방 정부와 경제 부서의 대외 경제 교류를 위해 연계를 주선하고 외국의 자본, 기술과 인재를 유치했다. 이와 같이 외국의 선진적인 관리 방식을 배우고 국제시장과 경제 발전 정책을 파악하며 선진 기술과 인재를 유치하는 것이 새로운 시기 중국 공산당 외교의 통상적인 기능으로 되었다.

중국공산당의 정당외교 활동에서 국가 간의 경제 협력을 도모하는 것이 갈수록 중요해졌다. 중국공산당 해외 방문단은 국정에 대한 현지 조사에 역점을 두고 정당 건설, 시장, 행정, 사법과 사회 등 다양한 분야와 측면에서 현지 조사를 함으로써 당원들의 시야를 넓히고 당의 집권 능력을 향상시키는 데 큰 도움을 주었다. 중국공산당은 정당외교를 펼치는 과정에서 정치와 경제를 결합시키고 상호 추진하는 원칙 하에, 국내 경제 사회 발전에 유리함과 동시에 외국 정당의 경제무역 협력에 관한 요구도 만족시킬 수 있는 접점을 찾아 국내외 기업이 경제무역 협력 활동을 펼칠 수있는 무대를 마련했다. 이러한 교류는 쌍방향으로 진행되므로 많은 외국 정당 대표단 역시 현지 조사를 목적으로 중국을 방문했다. 이를테면 중국의 '서부 대개발' 정책에 발맞춰 중국공산당은 외국의 정당, 단체와 우호 인사들을 수백여 차례 영접하여 중국의 서부 지역을 참관, 답사하도록 협조함으로써 그들로 하여금 중국의 실정과 중국공산당의 방침, 정책을 전면적으로 이해할 수 있게 했다. 이러한 것들은 모두 중국공산당 정당외교의 새로운 실천이고 성과라고 볼 수 있다.

(3) 이론적 내용

외국 정당과 이론적인 분야에서 교류를 펼치는 것 역시 새로운 시기 중국공산당 정당 외교의 중요한 내용 중 하나이다. 국제 정세 및 세계 정당 정치가 변화하고 발전함에 따라 각국의 정당들은 당의 건설, 자국의 발전, 국제 관계와 양자 관계, 글로벌 문제 등 다양한 측면에서 모두 새롭고 중대한 이론적 문제에 직면하게 되었다. 따라서 관련 대응책을 모색하고 발전 경험을 공유하며 이론적 공감대를 형성하여 공동 번영을 추진하는 것이 각국 정당의 보편적인 염원이 되었다. 중국공산당과 외국 정당 간의 이론적 분야에서의 교류 방식은 양자 및 다자 토론이 있으며, 토론 의제는 해당 국가나 정당의 내부 문제 뿐만 아니라 국제적, 지역적 현안도 포함되며, 토론 상대에는 여당도 있고 야당도 있다. 이를테면, 2004년 4월, 중공중앙 대외연락부와 유럽의회 인민당은 공동으로 'WTO-중국·유럽 경제무역 관계 세미나'를 개최하여 중국이 WTO에 가입 후 중국과 유럽의 경제무역 협력을 한층 강화하기 위한 대안을 제시했다. 2007

년 5월, 중국공산당과 통일러시아당은 공동으로 '글로벌 및 지역적 시각으로 본 중·러 관계' 세미나를 개최하여 러시아에서 진행한 '중국의 해' 행사 내용을 풍부히 하고 중·러 당 간 협력도 한층 강화했다. 이밖에도 2010년 12월, 제2차 중·미 정당 고위급 대화에서 양측은 각자의 집권 이념 및 실천, 중·미 관계 그리고 공동 관심사인 국제적 및 지역적 현안에 대해 솔직하고 개방적이며 심도 있는 대화를 나누었다. 이 대화에서 중국 측은 중국공산당의 '제12차 5개년 계획'에 대한 제안의 주요 내용과 의의를 소개하고 중국공산당의 과학적 발전, 평화적 발전, 조화로운 발전에 관한 이념과 실천 그리고 중대한 내정 및 외교적 사안에 대한 정책과 주장을 피력했다. 미국의 양당은 각각 미국의 현 정치, 경제 상황 및 미국이 직면한 기회와 도전에 대해 소개했다. 최근 들어 글로벌 도전이 각국의 중요한 정책 어젠다로 부각됨에 따라 글로벌 문제에 대한 이론적 논의가 중국공산당 정당 외교의 중요한 내용으로 등장했다. 이러한 논의는 중국공산당과 세계 각국 및 각 정당 간의 상호 이해를 증진하고 협력을 확대하며 당의 국정 운영 능력을 향상시키고 국제적 시야를 확보함에 있어서 중요한 의미를 가진다.

새로운 시기에 들어 정당 건설과 국정 운영에 관한 이론적 탐구의 중요성이 대두됨에 따라 중공중앙당교와 중공중앙대외연락부는 이와 관련하여 외국 정당과 적극적인 교류 활동을 펼쳤다. 이를 통해 중국공산당은 세계 기타 사회주의 국가 집권당의 당 건설 및 경제 등 각 분야의 발전 추진 방식, 소련의 해체, 동유럽의 격변, 멕시코 등 국가 장기 집권당의 실각 원인, 아시아·아프리카·중남미 일부 국가 정당의 신자유주의 개혁의 득과 실, 서유럽 일부 정당의 당 건설 강화 방식 등에 대해 한층 깊이 이해하게 되었다. 아울러 외국 여러 정당의 집권 방식, 지도 체제, 운영 체제, 당과 대중 관계의 처리, 사회 기반의 조정과 확대 등 경험을 벤치마킹하여 당의 이론적, 실천적 혁신을 추진했다. 외국의 정당들도 중국공산당의 집권 방식과 중국의 실정에 대해 한층 깊이 이해하고 중국의 경험을 거울로 삼을 수 있기를 바랐다. 이 점에서 조선, 베트남, 라오스, 쿠바 등 사회주의 국가의 집권당 뿐만 아니라 일부 개도국의 정당, 나아가서 일부 서방 선진국의 정당들까지도 중국공산당의 국정 운영 방식과 전략에 대해 주목하고 연구하기 시작했다. 이를테면, 중국공산당과 베트남공산당은 2003~2007년 세 차례에 걸쳐 '사회주의와 시장경제—베트남의 경험, 중국의 경험', '집권당의 건설—베트남의 경험, 중국의 경험', '사회주의 경제 사회 건설에서 과학적이고 조화로운 발전의 이론과 실천'이라는 제목으로 세미나를 열었다. 이러한 교류와 연구는 중국공산당과 세계 각국의 정당이 서로 배우고 함께 발전을 추진함에 있어서 중요한 역할을 했다. 이는 또한 이론적, 전략적 차원에서 중국과 세계 각국의 관계 증진에 장기적이고 긍정적인 영향을 미칠 것이다.

2. 정당외교의 발전

중국의 정당외교는 부상하고 있는 세계 정당외교 중의 일부분으로 중국공산당이 세계를 관찰하고, 세계를 이해하고, 세계로 나아가는 중요한 통로이며 아울러 국제사회에 중국공산당에 대한 올바른 인식을 심어줄 수 있는 중요한 창구이자 매개체이다. 중국공산당 창당 이후, 중국의 정당외교는 국내외 정세의 변화에 발맞춰 혁명에서 건설로의 역사적 전환을 실현했다. 창당 이래 90여 년의 험난한 여정 속에서 중국공산당의 대외교류는 초창기 단계에서 점차 제도화 단계에로 발전해 왔다. 자주독립, 평등호혜, 구동존이의 추구에서 당 간 관계 네 가지 원칙을 기반으로 이념을 초월하여 당 간 관계가 국가 관계를 위해 봉사하기까지, 더 나아가서 '깃발을 올리지 않으며, 선두에 서지 않는다不扛旗,不當頭'(어떤 일에도 앞장 서지 않는다-역자 주)는 방침 하에 세계 다양성을 존중하며 정당외교가 경제 건설을 위해 봉사하기까지 중국의 정당외교는 정치, 경제, 군사, 인문 등 분야에서 거대한 성과를 이룩했다. 특히 중국공산당은 16차 대표대회 이후, 이념적 틀에서 벗어나 중국과 교류를 원하는 모든 정당을 교류의 상대로 삼았으며 교류 내용도 정치적 대화에서 점차 경제적 협력으로 전환시켰다. 또한 당 간 고위층 교류도 전례없이 빈번해졌고 정당외교의 기능과 내용도 크게 확대되어 중국 특색 정당외교의 포괄적인 영향력을 보여주었다. 제16차당대표대회 이후 중국공산당의 대외 교류의 상대는 국제 및 지역의 정당 조직으로 눈에 띄게 확대되었고 평화발전, 조화세계, 조화사회의 제의는 중국공산당의 대외 교류의 내용을 한층 풍부하게 했다. 21세기에 들어 중국의 정당외교는 사람 중심, 국민을 위한 봉사와 양호한 국제적 이미지를 수립하는 데 힘썼다. 중국 정당외교의 발전 과정을 전반적으로 살펴보면 다음과 같은 다섯 가지 특징이 있다. 첫째, 교류 상대의 지속적인 증가와 접촉 범위의 확대. 둘째, 당 간 고위층의 빈번한 교류 및 정치적 상호 신뢰의 증진과 공감대의 확대. 셋째, 갈수록 풍부해진 교류 내용 및 당 건설과 국정 운영에 관한 경험 교류의 증가와 교류 의제의 확대. 넷째, 당 간 교류의 실효성에 대한 중시 및 정치로 경제를 이끌고 경제로 정치를 촉진시키는 방침의 실행. 다섯째, 당 간 교류에서 대외 홍보의 강화 및 외국 정당의 중국에 대한 전면적 이해를 증진 시키기 위한 노력 등이다. 중국공산당은 세계 최대 개발도상국의 집권당으로서 각국의 정당, 정치 조직과 빈번하게 교류하고, 적극적으로 대화하고, 상호 벤치마킹을 하는 과정에서 점차적으로 중국 특색의 정당외교 구도를 형성했다.

중국공산당 창당 이래 90여 년간의 대외 교류의 여정을 돌이켜보면 교류 상대와 내용의 변화에 따라 아래와 같은 여섯 단계로 나눌 수 있다.

(1) 건국 이전 당의 대외 교류

중국공산당은 마르크스·레닌주의와 중국 노동운동이 결합하여 이루어진 산물로서 10월 혁명의 영향 하에 레닌이 이끄는 코민테른의 도움을 받아 탄생한 정당이다. 중국공산당은 민족이 멸망의 위기에 직면한 시기에 탄생한 혁명 정당으로서 탄생한 그날부터 생존과 확대, 발전이란 과제를 짊어져야 했다. 따라서 이 시기 당의 대외 교류의 주요 취지는 중국 혁명에 대한 각국 정당 및 조직의 동정과 지지를 얻는 것이였으며 교류의 주요 상대는 소련의 볼셰비키와 그가 이끄는 코민테른이었다. 당시 중국 혁명의 객관적 환경으로 인해 중국공산당과 소련공산당의 교류 활동은 대부분 비공개적으로 진행되었다. 중국공산당은 창당 초기부터 소련 볼셰비키당과의 접촉을 적극적으로 모색했고 1922년에는 정식으로 코민테른에 가입하여 극동의 일개 지부로 편입되었다. 중국공산당은 코민테른과의 관계 발전을 통해 각국 공산당과 혁명 대중들의 중국 혁명에 대한 동정, 이해와 지지를 얻어냈고 각국 공산당, 혁명 조직 및 대중들과의 상호 이해와 협력을 증진시켰다. 국민혁명과 토지혁명 시기 중국공산당은 아직 초창기였기에 혁명 경험이 부족했고 또 코민테른이 중국공산당 내부 사무에 대한 간섭과 중국 혁명에 대한 주관주의, 교조주의적 태도로 인해 당과 혁명 사업이 심각한 좌절을 겪었다. 준의회의 이후, 중국공산당은 점차 코민테른의 절대적 영도에서 벗어나 마르크스주의 기본 원리를 중국의 실정에 알맞게 접목한 새로운 민주주의혁명 노선을 선택했다. 해방전쟁 후기에 중·소 양국 공산당 간에는 긴밀한 접촉이 있었다. 이를테면, 1949년 1월 소련 공산당은 미코얀을 파견해 비밀리에 중국공산당을 방문하게 했는데 이는 소련 공산당이 중국 혁명의 정세와 전국적 혁명의 승리를 위한 중공중앙의 전략 배치에 대해 전반적으로 이해함에 있어서 중요한 역할을 했다. 신중국 출범 전야에 중국공산당은 소련의 지지를 얻기 위해 류사오치가 이끄는 방문단을 소련에 파견했는데 이 방문 또한 중·소 양국 공산당의 우의를 증진하고 신중국에 대한 소련의 승인과 지지를 얻는 데 중요한 역할을 했다. 당시 중국 혁명의 객관적인 환경으로 인해 이러한 당 간 교류 활동은 대부분 비공개적으로 진행되었다. 그럼에도 불구하고 중국공산당은 이러한 교류 활동을 통해 국제적 반제반봉건反帝反封建 통일전선의 형성을 추진했고, 중국 신민주주의혁명의 승리를 위해 소중한 국제적 지지를 얻어

냈으며, 신중국 건국 후 집권당으로서의 중국공산당의 대외 교류를 위해 경험과 교훈을 축적했고, 정당외교 이론의 형성을 위한 사상적 토대도 마련했다.

(2) 정당외교의 초보적 탐색

신중국 건국 초기 정당외교의 주된 과제는 신생 정권을 공고히 하고 국가 경제 건설에 유리한 국제적 환경을 조성하는 것이었다. 제국주의가 중국을 포위 봉쇄하고 있는 상황에서 중국공산당의 대외 활동의 순조로운 전개는 당의 집권 지위를 공고히 하고 국내 정세를 안정시키며 외교 국면을 타개함에 있어서 매우 큰 의미를 가지고 있었다. 제국주의의 포위와 봉쇄에 직면하여 중공중앙은 '일변도' 즉, 사회주의 진영 편에 기울어지는 외교 방침을 취했다. 따라서 중국공산당의 대외 교류의 상대는 주로 소련과 동유럽 지역의 공산당과 노동자당이었으며 소련 및 사회주의 국가와의 단결을 공고히 하는 것이 당시 정당외교의 기본 방침이였고 기본 이익을 지킬 수 있는 길이었다. 1950년대 초 중·소 양국은 「중·소우호동맹상호원조조약」을 체결하고 동맹 관계를 수립함으로써 양당 관계가 유례없는 밀월기에 들어섰다. 중국공산당은 각국 공산당 및 노동자당과의 관계를 강화하기 위해 1951년 1월에 대외연락부를 설치하여 당의 대외교류 업무를 전담하게 했는데 이는 곧 진정한 의미에서의 정당외교가 시작되었음을 의미한다. 물론 그 전에도 각국 정당과의 연계 업무를 전담하는 기구가 있었으나 1949년 이전에는 중국공산당이 집권당이 아니었으므로 이 시기 당의 대외 활동은 정당외교의 범주에 속한다고 할 수 없다. 1955년 4월, 중공중앙은 국제활동업무지도위원회를 출범하여 정부 외교 이외의 모든 대외 교류 활동을 총괄, 지도하게 했다. 양대 진영이 서로 대립하고 있는 정세 하에서 사회주의 국가의 공산당, 노동자당과의 관계를 강화하고 이들 국가와 무역 및 인적 교류를 추진하는 것은 사회주의 진영의 단결을 강화하고 미국을 위시한 서방 국가의 신중국에 대한 경제 봉쇄를 타파함에 있어서 중요한 의미가 있었다. 이 시기 중국공산당은 코민테른에서 비교적 영향력이 있는 기타 국가의 공산당, 이를테면 프랑스, 영국, 이탈리아 등 국가의 공산당과도 우호 관계를 발전시켰다. 이밖에도 중국 공산당은 아시아, 아프리카, 중남미 국가의 민족주의 정당, 이를테면 인도의 국민회의당, 미얀마연방의 반파시스트인민자유동맹 그리고 자본주의 국가의 사회당, 이를테면 영국의 노동당, 이탈리아의 사회당과도 접촉이 있었다. 신중국 건국부터 1956년까지, 중국 혁명이 승리를 이룩하고 건설 사업이 순조롭게 진행되면서 중국공산당은 국제적으로 명망을 얻게 되었다. 1956년 중국공산당 제8차 대표대회에는 56개 국가의 공산당과 노동자당 대표들이 참석했는데 이는 건국 초기 중국공산당의 한 차례 성대한 대외 활동이라 할 수 있다. 1959년, 건국 10주년 경축 행사 때에는 외국의 61개 정당 대표단이 축제에 참가했다. 정당외교의 초창기 단계인 이 시기, 중국공산당은 여러 사회주의 국가와 기타 국가의 공산당 및 진보세력과 광범위하게 우호 관계를 맺음으로써 정당교류의 새로운 국면을 열어 놓았다.

(3) 정당외교의 굴곡적인 발전

10년 논쟁 시기(1956-1965)와 '문화대혁명' 기간(1966-1976), 중국 외교와 중국공산당의 대외교류는 '좌 편향' 사상의 교란으로 심각한 타격을 입었다. 1956년 소련공산당 제20차 대표대회에서 한 후루시초프의 비밀 보고는 국제공산주의 운동 내부에서 사상적 혼란을 야기시켰으며 이를 계기로 중·소 양당 간의 이념적 차이는 갈수록 증폭되고 양당 사이 갈등의 골이 깊어지게 되었다. 1963년, 1964년에 중·소 양당은 각자의 간행물에 상대방을 비판하는 공격적인 글을 잇달아 올리면서 국제공산당주의운동 총노선에 관한 대논쟁이 벌어졌고 이로 인해 양당 관계는 더욱 악화되었다. 이러한 상황에서 중국공산당은 1966년 소련공산당이 개최한 제23차 대표대회에 불참을 선언했고 이로써 양당 관계는 완전한 파열에 이르게 되었다. 중·소 대논쟁 기간, 소련공산당은 세계 대다 수 국가의 공산당을 동원해 중국공산당에 대한 여론 공세를 펼쳤고 이에 맞서 중국공산당은 대외 교류 업무를 '반수정주의反修正主義'라는 전략적 궤도에 끌어올림으로써 국제공산주의운동의 대다수 정당과도 관계가 단절되는 상황에 이르게 되었다. '문화대혁명' 기간 중국공산당은 대외 교류에서 '극좌 편향'이 더욱 심각해져 기존의 당 간 관계에 큰 손상을 입혔고, 당 간 관계의 악화는 국가 관계에도 악영향을 미쳐 중국 외교를 곤경에 빠지게 했다. 한편, 이 시기 중국공산당은 서방 선진국 정당과의 교류에 대한 초보적인 탐색에 들어갔다. 1950년대 후반부터 1970년대 초반까지 일부 서방 국가들이 잇달아 중국과 외교 관계를 맺었는데 그중 일본, 독일연방(서독), 호주와의 수교 과정에서 정당외교의 역할이 매우 컸다. 과거 이들 국가의 정당과 직접적인 연계가 없었던 중국공산당은 수교 과정에서 서방의 정치 체제와 국내 정치에서의 야당의 역할 등에 대해 한층 깊이 이해하게 되었고 향후 각국의 주요 야당과의 관계 발전을 위해 소중한 경험을 쌓게 되었다. 중·미 관계가 개선되면서 중국과 서방 국가간 수교의 붐이 일어났고 중국공산당도 점차 이념적 차이를 뛰어넘어 다양하고 유연한 정당외교 방식으로 각국의 정당과 접촉을 시작했다. 이 시기는 중국공산당의 대외교류에 착오와 성과, 굴곡과 발전이 병존했던 시기라고 할 수 있다.

(4) 정당외교의 조정과 회복

1978년 중공중앙 제11기 3차 전원회의 이후, 중국공산당의 중점 과제는 경제 건설로 바뀌었고 덩샤오핑이 제시한 '평화와 발전'이 시대적 주제가 되어 당의 대외교류 사업에 대한 조정과 발전에 이론적 근거를 제공했다. 따라서 중국공산당은 대외교류 사업에 대해 대대적인 조정을 단행하여 더 이상 이데올로기를 기준으로 친소親疏 관계를 따지거나 사회 제도로 적과 벗을 구분하지 않았으며 그 결과 당 간 관계가 빠른 회복과 발전을 가져오게 되었다. 중공중앙대외연락부는 새로운 시기 당의 대외 사업에 관한 총적 방침 하에 제12차 당대회에서 제정한 자주독립, 완전평등, 상호존중, 내무 불간섭의 당 간 관계 네 가지 원칙을 바탕으로 교류 대상을 점차 조정, 확대하고 새로운 방식의 정당 교류와 협력을 깊이 있게 전개하여 국가 관계의 발전을 한걸음 촉진시켰다. 이 시기 정당외교는 국내 개혁개방과 사회주의 현대화 건설, 국가의 전반적인 외교 전략, 당의 집권 지위의 공고화와 중국 특색 사회주의 건설을 위한 봉사에 주력했다. 1980년 4월 이탈리아 공산당 총서기가 초청에 응해 중국을 방문하면서 양당은 관계 회복에 합의를 보았고 향후의 관계 발전 원칙에 대해서도 공감대가 형성되었다. 이와 동시에 중국공산당은 오랫동안 단절되었던 동유럽, 서유럽 국가 공산당과의 관계를 잇달아 회복했으며 1980년대에 들어서는 각국의 공산당과의 관계 수립이 최고조에 이르렀다. 중공 제13차 대표대회 보고에서는 당 간 관계를 다루는 네 가지 원칙은 마르크스주의 정당 간 교류 뿐만 아니라 비마르크스주의 정당과의 교류에도 적용된다는 점을 강조했다. 중국공산당은 '문화대혁명' 시기 좌 편향적 사조와 '소련과의 관계를 기준으로 적과 벗을 구분以蘇劃線'하던 기존 전략에서 탈피하여 아시아, 아프리카, 중남미 국가의 민족주의 정당과 다양한 방식의 교류와 협력 관계를 맺었으며 정당외교에 경제적 요소를 주입하여 이를 점차 중요한 내용으로 정착시켰다. 아프리카의 민족주의 정당들은 잇따라 중국에 대표단을 파견했고 중국공산당도 답방을 진행했다. 이 시기 중국공산당은 사회당에 대한 국제공산주의운동의 그릇된 인식에서 벗어나 당 간 관계의 네 가지 원칙을 바탕으로 프랑스, 이탈리아 등 선진국의 사회당 및 중도, 우익 정당과도 교류와 협력 활동을 펼쳤다. 결론적으로, 이 시기 중국공산당의 대외교류는 회복되고 발전하는 특징을 보였다. 이 시기 정당교류는 유형, 횟수, 내용이 증가되었을 뿐만 아니라 질적인 면에서도 크게 향상되었다. 1980년대 말에 이르러 중국공산당은 이미 110여 개 국가의 270여 개 정당과 다양한 방식의 교류 관계를 구축했다.

(5) 정당외교의 성숙 단계

소련의 붕괴와 동유럽 격변 이후 국제공산주의 운동은 크게 좌절되었고 중국 내에도 정치풍파가 일어나 당의 대외교류 사업이 혹독한 시련에 직면하게 되었다. 기존의 세계 정당 구도가 무너지고 아프리카, 중남미에서는 다당제가 성행했으며 구소련과 동유럽에도 단기간에 천여 개에 달하는 새로운 정당들이 등장했다. 한편, 대다수 국가의 정당들은 당시 중국의 상황과 중국공산당의 처사에 대해 이해하지 못한 탓에 중공과의 교류를 중단했으며 심지어 일부 국가와의 관계도 파행을 겪게 되면서 중국의 외부 환경이 급격히 긴장되었고 이에 따라 경제 건설도 큰 도전에 직면하게 되었다. 이런 상황에서 중국공산당은 국내외로부터 오는 거대한 압력을 버텨내면서 당 간 관계 네 가지 원칙에 입각하여 '어떤 일에도 앞장서지 않는다不扛旗,不當頭'는 대응 전략을 고수했다. 1989년 중·소 양당 관계의 회복에 이어 중국공산당은 쿠바, 몽골 등 국가의 공산당과도 관계를 회복했으며 1991년 11월에는 베트남과도 양당 관계 정상화를 실현했다. 중국에 대한 서방 국가의 '고립'과 '제재'에 맞서 중국공산당은 "이념적 차이를 초월하여 상호 이해와 협력을 도모한다"는 취지 하에 선진국의 사회당 및 중도, 우익 정당과 교류와 협력 관계를 발전시켜 중국에 대한 서방 국가의 제재를 점차적으로 타개해 나아갔다. 1990년 5월, 중국공산당은 우선 일본 사회당과의 관계를 완전히 정상화했으며 이어서 서방 국가의 사회당과도 접촉, 교류를 통해 정상 관계를 회복했다. 1998년 9월, 사회주의인터 내셔널SI 주석 피에르 모루아가 인솔하는 대표단의 중국 방문은 곧 중국공산당과 SI의 관계가 전면적으로 회복되고 발전하였음을 의미한다. 중국의 경제가 급속히 발전하고 국제적 위상도 갈수록 향상됨에 따라 서방 국가의 중도, 우익 정당들도 점차 중국공산당과의 관계를 회복하고 발전시켰다. 이 시기 구소련과 동유럽 국가에서는 정치 형태의 변화로 인해 천여 개에 달하는 새로운 정당들이 창당되었다. 중국공산당은 당 간 관계 네 가지 원칙에 입각하여 각국 국민과 각 당의 자주적 선

택을 존중하는 책략하에 타지키스탄, 투르크메니스탄 등 독립국가연합cis의 정
당들과 우호 협력 관계를 발전시켜 1990년대 말에 이르러서는 독립국가연합
의 30여 개 정당과 관계를 확립했다. 이 시기 중국공산당은 개도국의 민족, 민
주 정당과도 연계과 교류를 강화했다. 1991년, 중국 공산당 대표단은 파키스탄
과 인도를 방문했고 그 이후 남아시아 국가의 정당들과도 다양한 방식의 교류
를 이어왔다. 1990년대에 중국공산당은 과거 연계가 있었던 아프리카 정당들
과 교류를 강화하는 한편 당 지역의 영향력 있는 50여 개 정당과도 다양한 방
식으로 관계를 맺었다. 1990년대 중국공산당이 이룩한 외교적 성과는 새로운
정당외교 사상이 이미 실천적으로 전면적인 성숙 단계에 들어섰음을 의미하며
이는 또한 중공의 정당외교 실천의 제도화 구축에 방향을 제시했다.

(6) 정당외교의 메커니즘화

2000년대에 들어 중국공산당은 기존 당 간 관계를 계승, 발전시키는 토대
위에서 정당외교의 영역을 지속적으로 확대하고, 실무성을 강화하고, 정당외
교의 유연성을 유지하면서 각국, 각 지역의 정당 및 정치 조직과의 교류, 협력
을 강화하는 과정에서 끊임없이 정당외교의 제도화를 탐색해 왔다. 2000년과
2002년에 중국공산당은 선후로 아시아정당국제회의 제1차, 제2차 총회에 참
석했으며 회의의 성공적인 개최에 적극 기여했다. 이는 중국공산당의 정당 다
자외교의 전개에 유익한 경험으로 제공되었다. 2004년에 중국공산당이 주최한
아시아정당국제회의 제3차 총회에는 무려 80여 개의 아시아 정당들이 참석했
는데 이 회의는 중국공산당의 정당 다자외교의 실천을 새로운 절정으로 끌어올
렸다. 이와 동시에 중국공산당은 국외 정당과의 교류 방식, 제도 등에 대한 끊임
없는 탐색을 통해 양측의 특성에 적합하고 실효성 있는 교류 제도를 점차적으
로 구축했다. 이를테면 중국공산당은 베트남, 라오스, 일본 등 주변 국가의 정당
그리고 유럽 일부 국가의 주요 정당, 개도국 집권당과의 정기적 교류를 위해 제

도적 장치를 마련했다. 중공 제16차 대표대회 이래, 후진타오를 총서기로 하는 당중앙은 당의 3세대 지도부의 정당외교 사상을 계승, 발전킴과 동시에 과학적 발전관을 지침으로 정당외교의 새로운 국면을 끊임없이 개척해 나아갔다. 후진 타오 등 중앙 지도자들이 중공 대표단을 인솔하여 50여 차례 출국 방문을 펼침 과 동시에 200여 개 외국 정당 지도자들도 대표단을 이끌고 중국을 방문함으 로써 정당 고위층 간 교류 제도가 초보적으로 형성되었다. 2005년 4월, 후진타 오는 아시아·아프리카 정상회의에서 처음으로 '조화세계' 구축에 대해 제시함 으로써 당 간 관계의 내용이 한층 풍부해지고 정당외교에 대한 요구도 한 단계 높아졌다. 통계에 따르면, 중공 제16차 대표대회 이래 1200여 개에 달하는 외 국 정당 대표단이 중국을 방문했고 중국공산당도 초청에 응해 600여 개 방문 단을 파견함으로써 당 간 교류가 전례없이 활발해졌고 정당외교의 역할도 뚜 렷하게 나타났다. 중공 제17차 대표대회 개최를 전후하여 국외 정당, 정계 요인 과 정치 조직들은 600여 통에 달하는 축전을 보내 중국공산당의 국정 운영 능 력과 국제적 이미지를 높이 평가했다. 2009년 12월 말까지 중국공산당은 세계 160여 개 국가와 지역의 600여 개 정당 및 정치 조직과 다양한 방식의 교류와 연계를 유지해 왔다. 글로벌화의 진행이 가속화됨에 따라 국제 정치 생활에서 각종 국제정당조직의 역할이 갈수록 커지고 있으며 비정부기구의 활동도 활발 해지고 있다. 중국공산당은 역사적 흐름에 따라 신구 정당과의 관계를 적극적 이고 온당하게 유지하는 한편 다양한 정당 조직 및 정치 조직과의 교류도 강화 하면서 점차적으로 정당외교의 제도적 네트워크 초기 형태를 갖추게 되었다.

제2절 정당외교의 원칙과 상대

중국공산당은 시종일관 마르크스주의 정당 학설을 지도 원칙으로 삼고 외 국 정당과 다층적인 교류를 적극 전개해 왔다. 각국 정당들 간 관계를 수립하고 발전시키려면 반드시 서로 지켜야 할 정확한 원칙이 있어야 한다. 그래야만 당 간 교류의 건전한 발전을 보장할 수 있고 당 간 교류의 목표를 실현할 수 있다. 중국공산당은 장기간에 걸친 당 간 교류의 실천 과정에서 당의 업무 수요 그리고 국가 외교 임무의 조정과 국제 정세의 발전 변화에 따라 당 간 교류의 원칙과 방침을 끊임없이 조정하고 보완함으로써 그 내용이 갈수록 풍부하고 명확해 졌다. 중국공산당은 '자주독립, 완전평등, 상호존중, 내무 상호 불간섭'의 당 간 관계 네 가지 원칙을 고수하면서 교류를 원하는 각국, 각 지역의 모든 정당, 정치 조직과 새로운 형태의 당 간 교류와 협력 관계를 발전시켜 왔다. 2009년 12월 말까지 중국공산당은 전 세계 160여 개 국가와 지역의 600여 개 정당, 정치 조직과 다양한 방식의 연계, 교류와 협력을 유지하여 전방위적이고, 다채널적이며, 광범위하고, 심층적인 중국 특색의 정당외교 구도를 형성했다.

1. 정당외교의 원칙

(1) 신중국 건국 이전 정당외교 원칙에 대한 탐색

첫째, 코민테른과의 연대를 유지했다. 코민테른은 레닌의 지도 하에 1919년에 창설된 세계 각국의 공산당과 공산주의 단체의 국제연합기구이다. 1921년 중국공산당 창당 이후 코민테른과 소련공산당은 중국공산당의 최초의 교류 상대였다. 당시 중국공산당은 사상 건설, 조직 건설과 간부 양성에 대한 경험이 부족했고 활동 자금도 턱없이 부족했다. 따라서 당이 성장하여 중국 혁명을 이끄는 중책을 짊어지고 제국주의, 봉건주의, 관료자본주의를 반대하는 사명을 완수하려면 스스로의 노력이 필요할 뿐만 아니라 각국의 진보 세력과 우호 인사들의 동정과 지지도 얻어야 했다. 1922년, 중국공산당은 제2차 당대회 결정에 따라 코민테른에 공식적으로 가입하여 코민테른 산하의 한 개 지부가 되었다. 그 이후 중국공산당은 비교적 오랜 기간 동안 코민테른의 지도를 받았고 코민테른과의 연대를 견지했으며 대외 교류도 거의 코민테른의 지도 하에 세계 공산주의 정당 체계 내에서 이루어졌다.

둘째, 자주독립의 원칙을 탐색했다. 코민테른은 중국과 멀리 떨어져 있었기에 중국의 실정을 정확히 파악하기 어려웠으며 따라서 중국 혁명을 지원, 지도하는 과정에서 많은 과오를 범해 중국 혁명에 큰 손실을 입혔다. 중국공산당이 사상, 이론적으로 성숙되면서 마오쩌둥을 위시한 중국공산당은 마르크스주의의 보편적 진리와 중국 혁명의 구체적 실천을 결합하여, 코민테른과의 관계를 다룸에 있어서 코민테른의 조직과 사상적 지도를 존중함과 동시에 중국 혁명이 직면한 많은 문제들을 자주독립적으로 해결함으로써 중국 인민을 이끌어 마침내 신민주주의 혁명의 승리를 이룩했다. 일찍이 1943년 5월에 중공 중앙은 코민테른의 해체와 관련해 발표한 문건에서 다음과 같이 밝힌 바 있다. "중국공산당은 혁명 투쟁 과정에서 코민테른의 도움을 많이 받았다. 그러나 중국공산당은 이미 오래전부터 중국의 구체적 실정과 특수한 여건들을 감안하면서 독립적으로 정치 방침, 정책과 행동을 결정할 수 있었다." 중국공산당은 코민테른과의 교류를 통해 국제공산주의 운동에서 자주독립적으로 당 간 관계를 다루는 경험을 축적하게 되었던 것이다.

셋째, 프롤레타리아 국제주의 원칙을 견지했다. 1937년 독일, 이탈리아 파시스트가 스페인을 침공하자 중공 재독 지부 책임자 셰웨이진謝唯進 등 100여 명의 중국 용사들은 스페인 인민들의 반파시스트 저항전에 합류했다. 1941년 6월 독일이 대소련 전쟁을 일으키자 중국공산당은 즉시 「반파시스트 국제통일전선에 관한 중공중앙의 결정」을 내려 소련 공산당을 성원했다. 결정문에서는 "각국 인민들을 국제통일전선에 결집시켜 국제파시스트에 반대하기 위해 투쟁하며, 소련을 보위하고, 중국을 보위하고, 모든 민족의 자유 독립을 보위하기 위해 투쟁해야 한다"고 호소했다. 중국공산당은 또 전보, 성명 등을 통해 기타 국

가의 공산당을 성원하고 세계 인민의 정의로운 투쟁을 지지했다.[540]

(2) 신중국 건국 초기의 정당외교 원칙

신중국 건국 초기 중국공산당은 정당외교 실천 경험이 아직 부족했고 명확한 당 간 관계 원칙도 제정하지 못했다. 일부 학자들은 건국 초기 중국의 외교제도에 영향을 준 요인으로 크게 다음과 같은 세 가지를 꼽았다. 첫째, 중국의 전통적 사회제도의 영향인데 이것은 중공 지도자들이 중국의 대국 위상 그리고 다른 국가들이 중국을 대국에 대한 예의로 존중할 수 있는지 그 여부에 대한 중시에서 나타났다. 둘째, 소련식 모델과 코민테른의 영향인데 이것은 신중국 외교에 있어서 국제주의 원칙에 대한 강조, 프롤레타리아 국제주의와 애국주의에 대한 열정 그리고 세계 평화에 대한 추구에서 나타났다. 셋째, 당의 혁명과 건설 실천의 영향인데 이것은 자주독립과 자국 중심 원칙의 견지에서 나타났다.[541] 신중국은 혁명과 전쟁 시기 프롤레타리아 국제주의 원칙 하에 국제주의 의무를 이행하던 전통을 계승하여 국제통일전선 구축에 노력을 기울였고 세계 혁명 과업을 적극 지지했으며 애국주의와 국제주의의 결합을 강조하고 개도국의 민족 독립과 사회 발전을 위한 정의로운 과업을 지지했다. 중국공산당은 베트남공산당이 이끄는 반프랑스 식민주의투쟁에도 힘닿는 데까지 지지를 보냈다. 이런 맥락에서 건국 초기 중국의 정당외교는 국내외 정세와 맞물려 다음과 같은 원칙을 보였다.

첫째, 자주독립을 견지한다. 자주독립의 원칙을 견지하는 것은 중국공산당이 구중국의 굴욕적인 외교와 철저히 결별하고 중국에서 제국주의의 각종 특권을 일소하기 위한 것이었다. 1949년 10월 중화인민공화국 건립이 선포된 후,

---

540 參閱鍾廉言編:『中國共産黨的國際交往』, 五洲傳播出版社, 2007년.

541 趙可金:『中華人民共和國外交制度變遷的理論闡釋』, 復旦大學2003년, 博士學位論文 참조.

중국공산당의 당 간 교류의 주요 과제는 신생 정권의 공고화와 국가 건설에 유리한 국제적 환경을 조성하는 것이었다. 당시 미국이 신중국에 대해 적대적 태도와 전복 정책을 취하고, 장제스 국민당 세력이 미국의 힘을 빌어 대륙 반격을 노리고 있는 상황에서 중국은 '사회주의 일변도' 외교 방침을 채택해 소련 및 기타 사회주의 국가와의 연합을 강화하는 데 주력함과 동시에 각국 공산당, 노동자당과의 협력에도 주의를 기울였다. 그러나 중국공산당은 '일변도' 외교 방침을 실행하면서 시종일관 자주독립의 원칙을 견지했다. 마오쩌둥은 소련쪽에 기울어지는 '일변도'는 평등을 전제로 한 것이며 소련의 경험을 억지로 모방해서는 안 된다고 강조했다. 즉, 국가 건설이든 외교든 자주독립, 자력갱생의 원칙을 견지해야 한다는 것이다. 마오쩌둥은 1957년 모스크바에서 열린 공산당과 노동자당 대회에 참석 시, 당의 자주독립 문제와 관련하여 각국의 당 지도자들과 의견을 교환하면서 각 정당은 완전히 독립하여 자기 일을 스스로 책임져야 한다고 강조했다. 마오쩌둥 등의 노력으로 회의에서는 공동으로 채택된 「모스크바선언」에 각 당의 자주독립 원칙을 존중한다는 내용을 써 넣었다. 1960년 12월에 마오쩌둥은 베트남공산당 주석 호찌민과의 담화에서 "대국 소국, 큰 당 작은 당을 막론하고 협상 없이 상대방에게 강요해서는 안 된다. 강요는 상대방을 불편하게 한다"라고 말했다.

둘째, 각 정당 간의 관계는 완전한 평등 관계이다. 신중국 건국 초기 중국공산당과 소련공산당의 관계는 우호적이었다. 그러나1950년대 중반부터 소련공산당이 '아버지당老子黨'을 자처하면서 타국의 내정과 타당의 내부 사무를 간섭하자 중국공산당은 이에 맞서 단호히 싸웠다. 1956년 폴란드 사건 발생 후 마오쩌둥은 "소련과 폴란드의 관계는 부자 간의 관계가 아니라 양국, 양당 간의 관계이다. 도리상 양당의 관계는 평등한 관계이다"라고 말했다. 1956년 12월 마오쩌둥은 「프롤레타리아 독재의 역사적 경험에 대한 재론」에서 각국의 공산당 간 평등 관계를 유지할 때 단결력이 강화되고 반대로 자기의 의견을 남에게 강요하면 단결력이 약화된다고 주장했다. 1960년대에 중국공산당은 소련 공산당에 맞서 끈질긴 투쟁을 이어왔는데, 이론 분쟁 외의 중요한 이유 중 하나가 바로 각 당의 평등을 쟁취하기 위함이었다. 중국공산당은 당 간 교류에서 소련 공산당이 다른 정당 위에 군림하는 것을 반대했을 뿐만 아니라 다른 정당이 중국공산당을 '선도정당'으로 보는 것도 찬성하지 않았으며 자기의 경험과 방식을 남에게 강요하지 않았다. 1956년, 마오쩌둥은 중남미 일부 국가당 대표단과의 담화에서 각국의 당은 마땅히 마르크스주의와 자국의 특수 실정을 결합시켜야 한다면서 "중국의 경험은 좋은 것도 있고 나쁜 것도 있으며 설령 좋은 경험일지라도 꼭 다른 나라의 구체적 상황에 적합하다고 보기 어려우므로 그대로 옮기는 것은 매우 위험하다"고 말했다. 1970년대에 일부 국가의 공산당은 중국공산당을 국제공산주의 운동에서 '특수한 지위'에 처해 있는 '선도정당'으로 인식했다. 이에 대해 중공 지도자들은 진지하게 설득하면서 각국의 당은 대소를 막론하고 일률적으로 평등하며 국제공산주의 운동 내부에는 선도정당과 피선도被先導 정당의 구분이 없음을 강조했다.

셋째, 이데올로기를 잣대로 사용하지 않는다. 신중국 건국 초기 중국공산당의 당 간 교류의 주요 상대는 각국의 공산당과 노동자당이었으며 동시에 이데올로기가 다른 정당과의 접촉에도 관심을 기울였다. 1950년대 초반에 중국공산당은 아시아, 아프리카, 중남미 지역의 인도네시아, 인도, 미얀마, 과테말라, 아랍연합공화국, 기니 등 국가의 민족주 의 정당과 접촉을 추진했으며 서유럽 사회당과는 각자의 이데올로기를 유지하는 전제 하에 당 간 관계를 발전시켜 나아갈 것을 주장했다. 1954년 8월 마오쩌둥은 영국 노동당 대표단과의 회견 시 "우리는 서로 다른 체제가 평화롭게 공존할 수 있다고 믿는다." "우리는 노동당과 싸우지 않을 뿐만 아니라 보수당과도 싸우지 않을 것이다"라고 말한 바 있다. 저우언라이는 더 나아가 "어떤 정당이나 개인도 자기의 의지를 다른 정당이나 개인에게 강요해서는 안 되며 이념의 차이가 국가 간, 정당 간의 정치적 협력을 방해해서는 안된다"고 말했다. 1954년 10월, 마오쩌둥은 네루 인도 총리와 회담 시 "비록 이념과 사회 제도가 다르지만 양당, 양국은 충분히 협력할 수 있다. 만약 처칠의 당이 원한다면 우리는 그들과도 협력할 수 있다"고 밝혔다. 1950년대부터 중국공산당은 서유럽 공산당 외에 기타 정당과도 접촉을 시작했다. 마오쩌둥, 저우언라이 등 중국공산당 지도자들은 민간 단체의 초청으로 중국을 방문한 영국 노동당, 이탈리아 사회당, 아이슬란드 통일사회당 대표단을 회견했으며 양측은 사회주의와 자본주의 제도의 평화 공존, 전쟁과 평화, 국제 정세 등 문제에 대해 서로 의견을 교환하고 부분적인 공감대를 형성했다. 중국의 민간 단체는 특히 일본의 여러 정당과의 교류에 주목을 돌렸다. 1950년대부터 일본의 자유민주당, 사회당 등은 모두 대표단을 파견해 중국을 방문했으며 1960년대에 들어서는 중·일 국교 회복이 의제에 오르면서 일본 각 정당 대표단의 방중 횟수도 증가하여 중·일 양국 국민 간의 이해와 우의가 증진되었다.

넷째, 당 간 관계가 국가 관계에 영향을 주어서는 안 된다. 중국공산당은 집권당이 된 후, 당 간 관계와 국가 관계는 서로 연관되면서도 구분된다는 점을 인지하고 실천 과정에서 양자의 차별화를 도모했다. 1954년 12월, 마오쩌둥은 우누 미얀마 총리와 회담 시 "우리는 당신들의 국가에서 공산주의에 대해 언급하지 않고 평화공존만 언급할 것이다. 당신들 국가에도 공산당이 있지만 우리는 그들이 정부를 반대하도록 선동하지 않을 것이다"라고 말했다. 1956년 중국공산당과 유고슬라비아공산당의 관계에 균열이 생긴 후, 마오쩌둥은 "유고슬라비아와 국가 관계를 유지해야 한다. 만년이 지나도 관계를 단절하지 말아야 한다"고 지시했다. 1960년대 초반, 중공과 소련 공산당의 관계가 악화되자 소련공산당은 당 간 갈등을 국가 관계 차원으로 확대하여 소련 전문가들을 중국에서 철수시키고 중국과의 계약을 일방적으로 파기했다. 마오쩌둥과 중공중앙은 소련공산당의 이런 행태를 비판했다. 1965년 2월 마오쩌둥은 베이징에서 코시긴Kosygin 소련 각료회의 의장과 회견 시 중·소 양당 간의 원칙적인 논쟁은 계속되어야 한다면서 "그러나 국가 관계는 개선되어야 한다"고 주장했다. 류사오치도 "형제당 간의 이념 차이는 논의를 통해 해결해야 한다. 일시적으로 해결할 수 없으면 천천히 논의하고 또 보류해 두었다가 역사의 판단에 맡길 수도 있는 것이니 국가 관계에 영향을 미치게 해서는 안 된다"고 강조했다. 마오쩌둥을 핵심으로 한 중국공산당 제1세대 중앙 지도 집단은 당 간 교류의 원칙과 내용을 끊임없이 풍부히 하여 집권당으로서 당 간 교류를 추진할 수 있는 원칙적인 기틀을 마련했다. 그러나 당시 국제 정세와 국내 과제의 제약으로 중국공산당 당 간 교류의 상대는 주로 공산당과 노동자당에 국한되었으며 당 간 관계가 국가 관계에 미치는 영향이 매우 컸다. 1950, 60년대에 중국공산당은 공산당 국가 간의 당 간 관계를 '동지와 형제'의 관계로 이해했고, 프롤레타리아 국제주의를 형제당의 일체 혁명 활동을 무상으로 지원하고 필요시에는 심지어 국익도 희생할 수 있는 것이라고 이해했다. 그러나 뼈아픈 역사적 교훈은 중국공산당으로 하여금 당 간 관계를 국제 관계보다 우선시하는 것은 실제 상황에 맞지 않으며 실사구시의 정신에도 위배된다는 점을 깨닫게 했다. 당 간 관계는 국제 관계와 구별된다. 당 간 관계는 국가 관계의 일부분으로 국가 이익을 위해 봉사하는 것이지 결코 국가 관계 위에 군림하는 것이 아니다. 그러나 '문화대혁명' 기간(1966-1976), 좌 편향 사상의 심각한 교란과 충격으로 중국공산당의 대외 교류 범위는 크게 축소되었다.

(3) 신형의 당 간 관계 네 가지 원칙

1978년 중공 제11기 3차 전원회의 개최를 계기로 중국은 개혁개방과 사회주의 현대화 건설이라는 새로운 역사적 시기에 들어섰다. 덩샤오핑을 핵심으로 한 중국공산당 제2세대 중앙지도부는 국제 정세와 시대적 특징에 대한 과학적인 판단을 바탕으로 국제 공산주의운동 과정에서 얻은 긍정적, 부정적인 측면의 경험 교훈을 살리고 중공 제1세대 중앙지도부의 당 간 관계에 관한 사상을 계승, 발전시켜 새로운 당 간 관계 수립에 있어서 지켜야 할 원칙을 제시했다. 덩샤오핑의 신형의 당 간 관계에 관한 사상의 핵심적인 내용은 다음과 같다. 첫째, 정당 간 '신형의 관계' 즉 '새롭고, 건전한 우호 관계'를 수립해야 한다. 둘째, 각 정당은 자국의 국정에 따라 자주독립적으로 자국의 일을 결정해야 하며 타국의 이익이나 타당의 의지에 따라서는 안 된다. 셋째, 각 정당은 자기 경험을 기준으로 타국 정당의 시비와 공과를 평가해서는 안 되며 타당에 명령을 내려서도 안 된다. 넷째, 모든 정당은 대소 강약, 집권, 재야를 막론하고 완전히 평등해야 하며 상호 존중하고 내부 일에 서로 간섭하지 말아야 한다. 다섯째, 이념적 차이가 당 간 관계의 장애가 되어서는 안 된다. 각국의 정당은 구동존이 정신에 입각하여 신형의 당 간 교류와 협력을 전개해야 한다. 여섯째, 당 간 교류와 협력은 국가 관계의 발전, 국가 간의 상호 이해와 우의 증진을 목적으로 해야 한다. 일곱째, 당 간 관계에 있어서 과거의 일을 서로 따지지 말아야 하며 모든 일은 앞을 내다보아야 한다. 덩샤오핑의 당 간 관계에 관한 사상은 새로운 시기 중국공산당의 대외 업무의 전개에 이론적 기반을 마련했으며 중국 공산당이 각국 정당과의 관계를 다룸에 있어서 사상적 지침을 제공했다. 이에 따라 중국공산당은 당 간 관계를 대외 관계의 큰 틀에 귀속시키고 중국과 교류를 원하는 세계 각국의 모든 우호적인 정당과 신형의 당 간 관계를 구축하는 길을 선택했다.

1982년 9월 중공 제12차 대표대회에서는 중국공산당과 각국 공산당의 관계 발전의 네 가지 원칙, 즉 "자주독립, 완전 평등, 상호 존중, 내무 상호 불간섭"을 공식적으로 제시하고 이를 당규약에 기입했다. 이어 1987년 10월 중공 제13차 대표대회에서는 이 네 가지 원칙의 적용 범위를 중국공산당과 각국의 다양한 정당과의 관계로 확대했다. 당 간 관계 네 가지 원칙이 확립된 후, 중국공산당의 대외 업무는 혁명에 대한 지지에서 국가 관계 발전을 추진하는 데로 바뀌었고 따라서 새로운 발전 시기에 들어서게 되었다. 중국 공산당의 당 간 관계 네 가지 원칙을 구체적으로 살펴보면 다음과 같다.

첫째, 자주독립의 원칙. 자주독립이란 각국의 정당이 자국의 실정과 여건에 따라 스스로 자국의 혁명과 건설의 발전 노선, 방식을 선택함을 말한다. 각국의 정당은 당 내의 모든 사무를 결정하고 관리하며, 기타 정당과의 관계를 다루고, 국내외 정세에 따라 자기의 정책과 전략을 결정할 권리가 있다. 각국이 자국의 구체적 상황에 따라 독립적으로 문제를 해결하는 것은 마르크스주의의 일관된 주장이다. 이와 관련하여 덩샤오핑은 다음과 같이 말한 바 있다. "세계 각국의 공산당은 자기의 특징에 따라 마르크스주의를 계승하고 발전시켜야 한다고 우리는 줄곧 주장해 왔다. 자국의 실정을 떠나 마르크스주의를 운운하는 것은 무의미하다. 따라서 우리는 국제공산주의운동에는 중심이 없으며 또 있을 수도 없다고 생각한다. 우리는 '대가족'을 만드는 것도 찬성하지 않는다. 자주독립이야말로 진정한 마르크스주의의 구현이라고 할 수 있다."[542] 덩샤오핑은 국제 공산주의운동 중에서 나타난 '대가족', '아버지당' 등에 따른 심각한 교훈을 근거로 당 간 관계에서 반드시 자주독립의 원칙을 고수해야 한다고 주장한 것이다. 자주독립의 원칙은 당 간 관계를 다룸에 있어서 세 가지 지도적 의미를 가지는데 첫째는, 자주독립의 원칙을 마르크스주의 기본 원리와 각국의 실정을 결합시키기 위한 전제로 보는 것이고 둘째는, 자국의 실정에 따라 자주독립적으로 혁명과 건설 노선을 선택하는 것이며 셋째는, 타국 정당의 경험과 모델을 답습하지 않는 것이다.[543] 이것은 중국의 혁명 및 건설 과업과 외국의 경험, 중국공산당과 외국 정당의 관계에 대한 중국공산당의 인식상의 큰 진보라고 할 수 있다.

둘째, 완전 평등의 원칙. 각국의 정당이 일률적으로 평등할 때만이 진정으로 자주독립을 지킬 수 있다. 대국 당과 소국 당, 대당★黨과 소당小黨, 집권당과 야당, 역사가 긴 당과 역사 짧은 당 간에는 서로 다른 점들이 존재하지만 그렇다고 하

542 『鄧小平文選』第3卷, 人民出版社, 1994년, p.191.
543 許月梅, 「新時期中國共産黨政黨外交評析」, 『襄樊學院學報』 2002년 第3期.

여 상하 존비의 구분이 있어서는 안 된다. 덩샤오핑은 중국공산당이 당 간 교류에서 얻은 경험을 다음과 같이 언급한 바 있다. "어떠한 대당, 중당, 소당이든 모두 상대방의 선택과 경험을 존중해야 하며 타당, 타국의 일에 함부로 간섭해서는 안 된다. 집권당에 대해서도 그렇고 야당에 대해서도 마찬가지이다."[544] 중국공산당의 대외 교류의 성공적인 실천이 보여주듯 이 당 간 관계를 다룸에 있어서 이데올로기가 다른 정당과의 교류와 협력에 주의를 기울여야 할 뿐만 아니라 해당 국가의 집권당, 참정당參政黨, 야당과의 평등한 협력 관계 발전에도 주의를 기울여야 하며, 주요 대국 정당과의 관계 발전에만 치중하는 그릇된 경향에서 벗어나 세계 각국의 정당과 다양한 방식으로 협력 관계를 발전시켜야 한다. 집권당 선거 체제 하에서 정당의 지위는 자주 바뀌게 되므로 해당 국의 모든 합법적인 정당을 평등하게 대하고 교류를 강화하면 집권당의 변화에 따른 정책 변동을 파악하는 데 도움이 되고 중국의 외교적 선회 공간도 확대할 수 있는 것이다.

셋째, 상호존중의 원칙. 상호 존중이 없다면 평등과 협력을 운운할 수 없다. 소련공산당은 사회주의 실천 과정에서 장기간 '대당', '아버지당'을 자처하면서 타국 공산당의 내무를 간섭하고 타국과 타당의 자주독립의 권리를 존중하지 않음으로써 사회주의 정당 관계에 손상을 입혔는 바 이는 사회주의 실천 과정에서 잊어서는 안 될 심각한 교훈이다. 상호 존중은 상대방의 권익에 대한 상호 존중도 포함된다. 이와 관련하여 마오쩌둥은 일찍 1954년 10월에 다음과 같이 말한 바 있다. "우리는 협력 측면에서 한 가지 경험을 얻었는데 그것은 바로 사람과 사람 간, 정당과 정당 간, 국가와 국가 간의 협력은 모두 호혜적이어야 하며 어느 한쪽도 손해를 보게 해서는 안 된다는 것이다."[545] 당의 교류 상대가 이미 세계 각국의 다양한 정당과 국제기구로 확대된 새로운 정세 하에서 상호 존

---

544 『鄧小平文選』第3卷, 人民出版社 1994년, p.236.
545 『毛澤東外交文選』, 中央文獻出版社 1994년, p.167.

중의 원칙을 지키는 것은 여전히 매우 중요한 의의를 가진다.

넷째, 내부 사무 상호 불간섭의 원칙. 국가 간에 내정 불간섭 원칙을 지켜야 하는 것과 마찬가지로 정당 간에도 내무 불간섭 원칙을 지켜야 한다. 그렇지 않을 경우 당 간 관계가 악화될 뿐만 아니라 국가 관계도 위태로워질 수 있다. 1954년 12월, 마오쩌둥은 우누 미얀마 총리와의 회담 시 다음과 같이 말했다. "당신들 국내에도 우리에게 비우호적인 당파, 단체와 개인이 있으며 인도, 인도네시아 등 나라에도 있다. 그러나 우리는 이에 대해 간섭할 수도 없고, 또 그들에게 우리를 반대해서는 안 된다고 말할 수도 없다. 나라 마다 다양한 정당들이 있는데 우리는 이런 정당에 대해 어느 당에는 반대하고 어느 당에는 찬성한다고 밝힐 수는 없는 것이다."[546] 1957년에 개최된 공산당과 노동자당 회의에서 중국공산당은 각국의 정당은 완전히 독립해야 하며 각 당이 스스로 자기 일을 책임져야 한다고 강조했다. 덩샤오핑도 일찍이 "각국의 일은 마땅히 각국의 정당과 인민들이 스스로 길을 찾고, 탐색하고, 문제를 해결하도록 존중해 주어야 한다. '아버지당'을 자처하여 타당에 명령을 내려서는 안 되며 우리도 절대로 타당에 명령을 내리지 않을 것이다. 이것은 하나의 중요한 원칙으로 수립되어야 한다"[547]고 강조했다. 중국공산당의 시각에서 볼 때 새로운 국제 관계 질서의 가장 중요한 원칙은 바로 타국의 내정과 사회 제도에 대해 간섭하지 않는 것이다.

(4) 당 간 교류 원칙의 보완

개혁개방 이후 국가 관계의 건전하고 안정적인 발전을 추진하는 것이 중국공산당의 대외 업무의 출발점이자 지향점이 되었다. 중국공산당은 덩샤오핑 외교 사상과 당 간 관계 네 가지 원칙의 지도 하에 이념의 차이를 넘어서 세계 각

---

546 『毛澤東外交文選』, 中央文獻出版社 1994년, p.187.

547 『鄧小平文選』第2卷, 人民出版社 1994년, p.319.

국의 다양한 정당과의 교류를 광범위하게 전개했다. 국가의 전반적인 외교 및 사회주의 현대화 건설과 당 자체 건설 과정에서 당의 대외 업무의 역할이 갈수록 중요해졌고 국제 정치 무대에서 중국공산당의 영향력도 끊임없이 확대되었다. 소련의 해체와 동유럽 격변 후, 중국공산당은 대외 업무를 통해 외부의 압력을 막아내고 서방의 제재를 배격함과 동시에 또 다른 한편으로는 세계 구도와 국제 정당 정세의 변화에 발맞춰 당 간 교류에서 이념을 따지지 않고 구동존이를 내세워 각국의 정당과 신형의 당 간 관계를 적극 발전시켰다. 중국공산 당은 당 간 관계와 국가 관계의 상호 연관성과 구별점을 정확히 파악하여 소련과 동유럽 국가의 정당 구도의 변화가 국가 관계에 영향이 미치지 않도록 함과 동시에 당 간 교류 네 가지 원칙을 바탕으로 이들 국가의 신, 구 정당들과 적극적으로 관계를 발전시켰고, 또 이를 통해 국가 관계의 발전을 촉진시켰다. 장쩌민을 핵심으로 한 제3세대 중앙지도부는 냉전 종식 후의 국제 정세와 각국 정당의 변화에 대해 냉정하게 관찰하고 침착하게 대응하면서 덩샤오핑의 당 간 관계에 관한 사상을 계승하고 발전시켜 제15차 당대회에서 당 간 관계 네 가지 원칙 하에 중공과 교류를 원하는 각국의 정당과 신형의 당 간 교류 및 협력 관계를 발전시킨다는 당의 대외 업무 방침을 제시했다.

새로운 세기, 새로운 시대에 접어들면서, 중국공산당의 대외 교류는 영역이 끊임없이 확대되고, 내실화가 갈수록 강화되고, 우세와 특색이 뚜렷해지고, 당 중앙과 전체 국면을 위해 봉사한다는 의식과 자각성이 한층 높아졌다. 중공 제16차 대표대회 이래 후진타오를 핵심으로 한 중공중앙은 마오쩌둥 사상과 덩샤오핑의 당 간 관계 이론을 계승하여 당 간 교류 네 가지 원칙을 견지함과 동시에 적용 범위를 한층 확대했다. 이 시기 중국공산당은 정당외교를 통해 사회주의 국가의 집권당에 대한 업무를 더 세밀하게 펼치고 외국의 핵심 결책층 정당과 정계 요인에 대한 업무도 대대적으로 추진했다. 아울러 정당 외교의 새로운 방식을 적극적으로 개척하고 대형 정당 다자회의에 적극 참가하거나 회의를 주최하는 등 국가 간의 관계 안정과 실질적인 문제 해결을 위해 노력했다. 정당외교는 지역과 국제 사무에 대한 중국의 영향력을 확대하고, 각국 인민들 간의 이해와 소통을 촉진하며, 개방적이고 민주적이고 진보적이고 시대에 발맞추는 중국공산당의 국제 이미지를 수립함에 있어서 적극적인 역할을 했다. 2004년 9월, 후진타오는 제3회 아시아정당 국제회의에서 중국공산당은 당 간 교류의 네 가지 원칙을 계속 견지하면서 진지한 자세로 각국과의 전면적인 협력 관계를 발전시키며, 각국의 정당과 국가 관계 및 국민 간 우의 증진에 도움되는 정당교류 관계를 발전시켜 나아갈 것임을 강조했다. 중국공산당은 1982년에 당 간 교류 네 가지 원칙을 제시한 후, 시대에 발맞추는 정신에 입각하여 국제 정세와 세계 정당 정치의 발전, 변화에 따라 상술한 네 가지 원칙의 내용을 끊임없이 풍부히 하고 발전시켰다.

2. 정당교류의 상대

중국공산당 정당교류의 상대와 범위는 국내외 정세와 당의 지위 및 사상 인식의 변화에 따라 시기마다 달랐으나 전체적으로 보면 갈수록 다원화되고, 확대되고 풍부해지는 방향으로 발전해 왔음을 알 수 있다. 정당외교 업무를 전담한 중공중앙대외연락부는 1951년에 설립된 이래, 업무 상대를 각국의 공산당과 좌익 정당에서 개도국의 민족민주 정당, 선진국의 사회당, 노동당, 보수당 등 다양한 이념과 성향을 지닌 정당, 정치가 및 국제조직으로 확대했다. 2009년 12월 말, 중국공산당은 세계 160여 개 국가와 지역의 600여 개 정당 및 정치조직과 연계, 교류 관계를 맺었으며 그중 상당수는 집권당과 참정당이다. 중국공산당은 대외 교류에서 전방위적이고 심층적이며, 다양한 경로와 넓은 범위의 새로운 구도를 형성함으로써 "온 세상 만 리에 친구가 있는" 만족스러운 국면을 맞이하게 되었다. 중국공산당은 '사람중심'의 취지를 관철하여 "새로운 친구를 널리 사귀고, 좋은 친구를 깊이 사귀고, 오랜 친구는 잊지 않기" 위해 노력해 왔다. 한때 중공에 대해 편견을 가지고 있던 많은 외국 정계 요인과 언론인들은 중공의 끊임없는 노력으로 서로 친구가 되었고 중국에 우호적인 세력이 되었다.

(1) 창당 이후 건국 초기까지 이념에 편중한 당 간 교류 상대의 선택

중국공산당은 창당 초기부터 외국 정당과의 교류를 매우 중요시하여 국제 사회와 연계를 맺기 시작했다. 중공 제1차 대표대회에는 코민테른 대표가 참가했고 중국공산당도 코민테른에 주재원을 파견했다. 당시 당의 대외 업무의 상대는 코민테른과 소련 및 동유럽 국가의 공산당이었다. 민주혁명 시기 당의 대외 업무는 주로 중국 혁명에 대한 각국의 동정자, 지지자와 협력자를 확보하여 국내, 국제 통일전선을 구축하는 것이었다. 따라서 이 시기 당의 대외 업무의 상대는 많은 나라의 진보 단체와 인사들까지 확대되었다. 신중국 건국 이후 중국공산당은 집권당이 되었고 대국 대당大黨의 지위도 갖추게 되어 당 간 교류 상대의 확대에 유리한 여건이 마련되었다. 1956년 중공 제8차 대표대회에는 이탈리아, 멕시코, 쿠바, 미국, 팔레스타인 등 국가의 공산당과 노동자당이 파견한 대표들도 참석했다. 1960년대를 전후하여 중국공산당은 한때 외국의 90여 개 공산당 또는 노동자당과 연계를 맺고 우호 교류를 펼쳤다. 그러나 미·소 냉전 구도 속에서 중국공산당의 정당 외교는 '일변도' 외교 전략을 지도 사상으로 삼아야 했고 업무 중점을 사회주의 국가의 집권당 및 기타 국가의 프롤레타리아 정당과 관계를 수립히여 국내 건설과 발전을 추진하는 데 두어야 했다. 국제 공산주의 운동권에서 대논쟁과 분열이 발생한 데 이어 국내의 '문화대혁명'으로 인한 '극좌' 사조의 영향까지 겹치면서 당의 대외교류 범위는 크게 축소되었다.

(2) 개혁개방 이후 정당외교 상대의 전면적 확대

중공 제11기 3중전회 이래, 평화와 발전이 시대적 주제로 부상하고 국내의 업무 중점이 바뀜에 따라 중국공산당은 국가의 현대화 건설을 위해 유리한 국제 환경을 조성하고 국가 관계의 건전하고 안정적이고 전면적인 발전을 추진하여 세계 평화와 발전에 기여하는 것을 정당외교의 목표로 설정했다. 이런 맥락에서 중국공산당은 국가의 전반적인 외교와 중국 특색 사회주의 건설에 봉사한다는 취지 하에 자주독립, 완전 평등, 상호 존중, 내무 상호 불간섭의 당 간 관계 네 가지 원칙에 입각하여 주로 외국 공산당, 노동자당 및 기타 좌익 정당과 교류하던 기존의 한계를 깨고 점차 세계 각국의 여러 정당과 접촉하고 그들과 다양한 방식으로 관계를 맺고 다채로운 교류와 협력 활동을 펼침으로써 전방위적이고 심층적이며, 다양한 경로와 넓은 범위의 대외 교류 구도가 형성되었다. 따라서 이 시기 외국의 사회당, 노동당, 사회민주당, 민족민주당 등 다양한 성격의 정당들이 중국공산당의 당 간 교류의 새로운 상대가 되었다. 이를테면, 1980년대 초에 미테랑을 단장으로 한 프랑스 사회당 정치 대표단과 브란트가 인솔한 독일 사회민주당 대표단이 잇따라 중국을 방문했고 중국공산당은 이때 처음으로 "이념의 차이를 넘어 상호 이해와 협력을 도모"하는 방침을 제시하여 당 간 관계를 새로운 단계로 끌어올림으로써 서유럽 사회당과의 관계가 중대한 진전을 이루게 되었다. 1990년대에 들어 중국공산당은 독일 기독교민주연합 등 서방의 우익 정당들과도 여러 방식을 통해 연계를 맺기 시작했다. 1997년 중공 제15차 대표대회에서 당 간 관계 네 가지 원칙 하에 중공과 교류를 원하는 각국의 정당과 신형의 당 간 교류 및 협력 관계를 발전시켜 국가 관계 발전을 촉진한다는 방침을 명확히 제시함에 따라 중국공산당의 정당외교에는 "광범위하게 접촉하고, 중점을 명확히 하며, 내용을 풍부히 하고, 유연한 방식을 취하는" 새로운 국면이 나타났다. 2000년대에 접어들어 중국공산당은 녹색당 등 신흥 정당과의 관계 수립에서 큰 진전을 이루었으며 유럽 의회의 주요 정당, 단체 및 국제 정당조직과의 관계도 새로운 발전을 이룩했다.

중국공산당의 정당외교는 교류 상대가 갈수록 다양해짐과 동시에 교류의 지리적 범위도 끊임없이 확대되었는데 그중 아시아 지역에서 정당외교가 가장 활발하게 전개되었고 중남미, 아프리카 등 발전도상 지역에서의 정당외교는 역동적이었으며 유럽, 북미 등 선진 지역 정당과의 교류도 갈수록 심화되었다. 통계에 따르면 2003년부터 2009년 사이 중국공산당의 정당외교 활동 횟수는 지역에 따라 유럽 444회(26.4%), 아시아 651회(38.7%), 아프리카 337회(20%), 아메리카 190회(11.3%), 오세아니아 59회(3.5%)에 달했다.[548] 중국공산당은 아세아 각국 정당과의 교류를 강화하고 주변 국가와 선린우호 관계를 발전시키는 것을 줄곧 대외교류의 중점 과제로 다뤄 왔던 만큼 조선 노동당, 베트남 공산당, 라오스 인민혁명당 등 아시아 사회주의 국가의 집권당과 우호적인 교류 관계를 유지해 왔다. 또한 일본, 한국, 몽골 그리고 아세안과 남아시아 각국 주요 정당과의 관계도 한층 발전시킴으로써 중국과 이들 국가 간 또는 중국과 국제기구 간의 관계 발전에 적극적인 역할을 했다. 중국공산당과 아프리카 정당들과의 교류도 갈수록 빈번해졌는데, 이는 중국과 아프리카 관계의 급속한 발전과 밀접히 연관된다. 중국과 중남미 국가의 정당교류도 새로운 시기에 들어섰는 바, 2007년 8월 현재까지 중국공산당은 중남미 31개 국가의 105개 정당과 다양한 방식의 우호적 왕래가 있었다. 유럽 및 북미 국가와의 관계는 줄곧 중국 정당외교의 중점 과제였다. 중국의 종합 국력과 국제적 지위가 상승함에 따라 최근 몇 년 새 이 지역의 정당들은 중국공산당과의 교류에 갈수록 적극성을 보이고 있다. 중국공산당은 "이견과 차이를 넘어 이해와 협력을 모색"하는 방침에 입각하여 개명開明 개방, 평등 대화, 호혜 협력의 건설적인 자세로 서유럽, 북유럽, 오세아니아, 북미 등 선진 지역의 여러 정당들과 폭넓게 왕래하면서 서

---

[548] 劉朋:「中國共産黨政黨外交的現狀及思考」,『學術探索』,2010년第2期.

로의 공통점과 이익 합치점을 찾기 위해 노력하여 큰 성과를 거두었다. 특히 미국의 주류 정당과의 관계가 진전되면서 과거 이념적 요인으로 인해 상호 소통이 부족했던 상황이 타개되었다. 2010년 5월 21일, 미국의 민주·공화 양당 대표단의 중국 방문과 함께 제1차 중·미 정당 고위급 회담이 베이징에서 열렸다. 이는 미국의 양대 주류 정당이 최초로 공동 대표단을 파견해 중국을 방문한 것으로 중국공산당과 미국 양당 간의 메커니즘화 교류가 본격적으로 시작되었음을 의미한다. 이는 또한 중·미 양국 정당과 정치인 간 상호 이해, 전략적 상호 신뢰의 증진과 중·미 관계의 건전한 발전을 위한 새로운 플랫폼이 구축된 것으로 중대한 역사적 및 현실적인 의의가 있다.

경제의 글로벌화와 세계 다극화의 배경 속에서 정당 조직의 국제화 추세가 심화됨에 따라 중국공산당과 국제 및 지역 정당 조직 간의 교류가 현저히 증가되었다. 중국공산당은 세계 최대 국제정당조직인 사회주의인터내셔널si과 우호적인 왕래를 유지해 왔다. 사회주의인터내셔널은 여러 차례 중국에 방문단을 파견했고 중국공산당도 수차례 대표를 파견해 옵서버 신분으로 사회주의인터내셔널 대표대회와 이사회의에 참석하게 했다. 2004년에 사회주의인터내셔널 의장 구테흐스가 인솔하는 고위급 대표단이 중국을 방문했다. 구테흐스는 방문 당시 중국공산당은 중요한 영향력을 지닌 세계적인 진보 세력으로서 사회주의인터내셔널이 공정한 국제 신질서를 구축함에 있어서 중요한 '동반자'임을 인정하고 양측 간 전략적 대화 메커니즘을 구축할 것을 제안했다. 이외에도 중국공산당은 기독교민주당국제대표대회, 상파울루 포럼, 아시아정당국제회의 등 다양한 정당 다자회의와 국제포럼에 참석하는 등 기타 국제 정당조직 및 지역 정당조직과의 교류도 지속적으로 이어왔다. 2004년 9월, 아시아정당국제회의 제3차 총회가 중국공산당의 주최 하에 베이징에서 열렸다. 중공은 회의에서 '교류, 협력, 발전'이란 주제를 제시하여 아시아 각국 정당의 큰 호응을 얻었다. 의회정당그룹이 지역 정당 조직으로서 활약이 두드러짐에 따라 중국공산당은 유럽의회의 인민당, 사회당, 자유당, 좌익연맹, 녹색당, '민족유럽' 등 여섯 개 정당 그룹과도 연계를 맺었다. 정당 다자 기구, 회의와 포럼은 중국공산당이 당 간 교류를 심화시키고 국제 사회의 공동 의제를 논의하며 당과 국가의 이미지를 부각시키는 중요한 무대가 되었고 이러한 교류 활동은 중국공산당의 정당외교를 메커니즘화의 궤도에 오르게 했다.

제3절 정당외교의 역할과 영향

정당 정치가 주요한 정치 형태인 오늘날, 정당외교는 국가 전반적인 외교의 중요한 일부분이 되어 국가의 대외 교류와 국제 정치 무대에서 독특하고 중요한 역할을 하고 있다. 오늘날 중국공산당은 세계에서 국제 교류를 가장 광범위하게 펼치는 집권당으로서 정당외교가 국가 전체 외교의 중요한 일부분이자 특수 분야가 되었다. 중국공산당의 정당외교는 업무상의 강점을 발휘하여 정부 외교에 적극 협력함으로써 국가의 전반적인 외교 업무의 추진 및 세계 각국과의 관계의 건전하고 안정적인 발전과 세계 평화 유지를 위해 독특한 역할을 해왔다. 생명력 있는 정당의 대외 교류 능력을 가늠할 수 있는 진정한 척도는 그 직능의 적응력과 변화하는 정세에 따라 개혁하고, 발전하고, 환경의 도전에 대응할 수 있는 능력이다. 중국공산당이 과거 이룩한 정당 외교의 성과는 새로운 시대적 여건 하에서 정당외교의 전망은 여전히 밝고 할 일이 많다는 것을 보여준다. 이와 관련하여 시진핑習近平은 중공대외업무 개시 90주년 및 중공대외연락부 출범 60주년 기념식에서 "국내외 정세의 심각하고 복잡한 변화 속에서 당의 대외업무는 국가 전체 외교의 중요한 일부분으로서 임무가 무겁고 책임이 막중하다. 당의 대외 업무는 중국의 대외 관계 발전을 촉진하는 중요한 경로로, 중국공산당의 좋은 국제적 이미지를 보여주는 중요한 창구로, 당 지도자들이 세계를 관찰하고 연구하는 중요한 플랫폼으로, 외국의 경험을 참고하고 중앙의

정책 결정을 위해 봉사하는 중요한 채널로 거듭나야 한다"고 강조했다.[549]

1. 정당외교의 역할

(1) 정세를 정확히 판단하고 전반적인 외교 상황을 파악

정당외교는 중국공산당이 국내외 및 정당 정세에 대한 과학적인 판단을 바탕으로 채택하는 중대한 결책이다. 중공 11기 3중전회 이후 덩샤오핑은 중국 특색 사회주의 이론을 제시함과 동시에 국제 정세의 심각한 변화에 발맞춰 '평화와 발전은 오늘날 세계의 양대 과제'라는 새로운 주장을 제시하여 '혁명과 전쟁'이란 낡은 주제를 대체했다. 이것은 획기적인 이론 혁신이고, 새로운 시기 중국공산당의 기본 노선이며, 국가 외교 전략의 중요한 이론적 근거로 중공이 평화 발전의 길로 굳건히 나아감에 있어서 중요한 지도적 역할을 하는 현실적 의의가 있다. 1980년대 중반에 중국공산당은 전략적으로 시대적 주제와 개혁 개방에 부응하는, 정당외교를 포함한 국가 전체 외교의 총 과업을 제시하여 국제적으로 사회주의 현대화 건설에 유리한 장기적인 평화 환경을 조성하는 데 주력해 왔다.

근년에 들어 세계적인 문제들이 날로 두드러지고 있다. 인류 사회의 생존과 발전이란 공동의 이익과 직결되는 이런 문제들을 해결하려면 각국의 정당, 특히 집권당은 민족 국가와 당파적 이익으로 인한 한계를 극복하고 글로벌적인 관점에서 협상하고 토론하여 해결책을 마련하는 것이 필요한 시점이 되었다. 중국공산당이 정당외교를 통해 선진국과 개도국의 정당 및 다국적 정당 조직과 사상을 교류하고 대안을 모색하는 것은 전 인류의 당면 이익과 미래 이익의 수호에 유리한 것이다. 정당외교는 세계 구도의 변화에 대응하고 중국공산당의

---

549 徐京躍,「習近平强調:黨的對外工作要繼往開來再創輝煌」, 新華社2011년1월1일, 人民罔 참조.

역사적 과업을 완수하기 위해 필요한 것이다. 중국공산당이 정당외교를 적극적으로 확대하는 것은 마르크스주의의 넓은 시야로 세계를 관찰하여 얻은 필연적인 결론이며, 21세기 3대 과업(현대화 건설 추진, 조국 통일 완수, 세계 평화 수호와 공동 발전 추진)의 달성을 위해 폭넓은 국제적 이해와 지지를 얻기 위한 필연적인 선택이다. 중국은 이미 국제 사회의 중심 무대에 등장했으며 중국의 발전은 세계의 발전과 밀접히 연관되어 있다. 따라서 당은 국내외 정세의 발전 추세를 전면적이고 과학적으로 파악하여 국가의 지속적인 발전을 위해 끊임없이 기여해야 한다. 국제 정세가 심각하게 변화하고, 국제적 경쟁이 날로 치열해지고, 국내의 개혁개방이 갈수록 심화되고 있는 환경에서 중국공산당은 이론적으로 시대에 발맞춰 끊임없이 혁신하고 시대의 흐름을 정확히 파악하여 세계와 함께 발전하면서 과학적 발전관과 조화세계라는 전략 사상을 제시했다.

　　정당외교는 국내와 국외의 양성적 상호작용을 촉진하는 데 초점을 맞추고 외부 환경과 국제 경험을 적극 활용해 국가의 주권과 안전 및 발전 이익을 위해 봉사할 수 있다. 또한 중국이 세계 평화 수호와 공동 발전에서 건설적인 역할을 수행하고 자국의 발전을 통해 항구적 평화와 공동 번영의 조화세계 건설을 추진할 수 있게 한다. 당의 집권 능력은 국내, 국외 정세에 대한 정확한 파악에서 나타난다. 당 간 고위급 교류와 정치 대화를 통해 양측 지도자들이 솔직하게 의견을 교환하여 의혹을 해소하며, 원대한 시각으로 국가 관계를 파악해 발전 방향을 제시하고, 장애를 제거하여 기반을 마련하는 것은 국가 관계의 발전을 전체적인 차원에서 전략적으로 파악하고 추진함에 있어서 결정적 의의를 가진다. 당의 국제 교류 능력, 국제 정세 대처 능력과 국제 사무 처리 능력은 집권 능력의 일부분이다. 변화하는 외교 정세 하에서 정당은 넓은 아량과 안목으로 지혜를 모으고 국내외 상황을 종합적으로 고려하면서 국가의 외교 판도에서 착안점을 찾아 당의 대외 교류의 중점 프로젝트를 힘써 추진해야 한다. 정당외교는 정부 외교와 달리 선회 여지가 크고 의제도 다양해 각 측의 의사를 충분히 표현할 수 있고, 소통도 더 유연하게 효과적으로 이루어질 수 있다. 따라서 비교적 과학적이고 전면적으로 정세를 인식하고, 갈등의 핵심을 찾고, 외교의 전반적인 상황을 파악해 국가 관계의 발전 방향을 제시할 수 있다. 중국공산당은 대외 우호 교류에서 미수교 국가의 정당을 회피하지 않았으며 그들과의 교류를 통해 상호 이해를 증진함으로써 국가 관계의 정상 화를 위해 가교 역할을 했다. 중국의 정당 대외 교류는 전망성, 축적성, 장기성을 띤 업무로서 각국의 정치인들과 사상적 소통, 친분 교류를 강화하는 데 중점을 두고 있다. 당 간 관계는 종종 국가 관계의 중요한 정치적 버팀목이 되어 국가 관계의 발전에 전략적이고, 선도적이며, 기초적인 역할을 한다.

(2) 정부 외교에 협력하여 국가 관계 공고화를 추진

중국공산당의 정당외교는 정부외교의 중요한 일부분으로 신형의 당 간 관계를 발전시켜 국가 관계의 발전을 촉진하는 것을 기본 목표와 취지로 삼고 있다. 중국공산당이 정당 관계를 발전시키는 것은 정당 간, 각국 인민 간의 상호 이해와 교류, 협력을 증진시켜 국가 관계의 발전을 촉진하며 국가 간의 정치, 경제, 문화 관계의 전면적인 발전을 위해 봉사하는 데 그 목적이 있다. 당 간 관계는 마땅히 국가 관계의 개선과 발전을 위해 봉사해야 하며 양호한 국가 관계는 역으로 당 간 관계의 발전을 촉진시킬 수 있다. 정당외교는 국익에 복종하고 봉사해야 하며 정부 외교에 협력하여 국가 관계의 발전을 추진해야 한다. 그렇지 않을 경우 국가 외교에 손실을 입힐 수 있다. '문화대혁명' 시기 중국공산당은 대외 교류에서 일부 시행 착오를 겪었다. 이를테면 정당외교의 목적과 취지가 세계 혁명을 지원하는 것이라고 여겨 국익과 대외 교류에 손실을 가져다 주었는데 이는 정당외교의 역할에 대한 이해의 부족에서 초래된 결과이다. 당의 제11기 3중전회 후, 중국공산당은 당의 대외 업무 목표를 국가 관계의 발전을 촉진하고, 중국의 개혁개방과 사회주의 현대화 건설을 위해 봉사하며, 중국의 경제 건설에 유리한 외부 환경을 조성하고, 반패권주의와 세계 평화 수호에 기여하는 것이라고 명확하게 제시했다.

중국공산당은 당중앙의 외교 업무에 관한 방침 정책에 따라 전방위적이고 중점적으로 여러 정당, 정치 조직과의 교류를 심화시키고 정당외교의 특징과 장점을 살려 중국 특색 사회주의 과업에 대한 국제 사회의 이해와 공감을 얻어 냄으로써 국가 관계의 건전하고 안정적인 발전을 위한 정치적 기반을 마련했다. 정당외교는 상호 간의 깊은 대화와 사상 교류에 무게를 두는데 이를 통해 현재와 미래를 함께 고려하고 브레인과 추진 역할을 함으로써 국가 관계의 공고화와 발전을 촉진하는 것이다. 오늘날 세계 각국에서는 다당제, 정권 교체, 정책 변화가 광범위하게 이루어지고 일부 국가는 정치적 혼란, 잦은 정권 교체와 정치인들의 지위가 불안정한 상태에 처해 있다. 이런 상황에 직면하여 중국 공산당의 정당외교는 정부 외교에 적극 협력하면서 인맥을 쌓을 수 있는 업무상의 장점을 살려 이들 국가의 정당들과 광범위게 교류하고 연계를 맺음으로써 국가 관계의 공고화와 발전을 크게 촉진하고 국가 관계의 안정성과 연속성을 유지할 수 있었다. 정당외교는 유연하고 실무적인 특징을 가지고 있어 집권당이든 야당이든, 원로 정치인이든 신인 정치인이든 모두 접촉하고 교류할 수 있으며 당 간 관계를 통해 미수교국과도 접촉할 수 있는데 이것은 정당외교의 큰 장점이다. 중국공산당은 주변 국가 및 중남미, 아프리카, 중동과 동유럽 국가들과의 정당 교류를 끊임없이 강화하고 선진국의 주류 정당, 정당 다자 조직과의 교류를 심화시킴으로써 당과 국가의 영향력이 한층 확대되었다. 이밖에 중국공산당은 정당외교에서 정치적 교류에 중점을 둠과 동시에 다양한 분야에서의 교류와 협력에도 주목하여 국가 관계를 전면적으로 발전시키고 충실히 했다.[550]

---

550 林懷義: 「我國總體外交中的政黨外交評析」, 『華僑大學學報』, 2005년第4期 참조.

(3) 당 간 교류의 심화와 당의 이미지 홍보

정당외교를 통해 대외 홍보를 강화하고 당의 대외 업무 개방도, 투명도를 제고하는 것은 당의 양호한 국제 이미지 수립에 유리하다. 중공 16차 대표대회 이래 빈번하게 진행된 당 간 고위급 교류는 정당외교의 포괄적인 영향력을 보여주었다. 중국공산당은 세계 주요 대국의 영도 핵심으로서 당 간 교류를 통해 국제 사회에 중국의 국정 운영 방침과 국제 정세에 대한 견해를 천명하고 각국의 정당과 정치인들이 중국공산당이 수행하는 과업에 대해 더 잘 이해할 수 있도록 해석, 설명하고 세계적 범위에서 좋은 이미지와 모습을 보여줌으로써 당 간 관계와 국가 관계의 안정적인 발전을 촉진시켰다. 중공중앙 지도자들은 당 간 교류를 매우 중요시 여겨 친히 교류 활동에 참여했으며 각국 정당 및 정계 요인들과의 회담에서 평화 발전의 길을 견지하고, 과학적 발전관을 구현하며, 대내적으로 조화사회, 대외적으로 조화세계를 건설을 추진하는 중국의 치국治國 이념과 목표에 대해 천명함으로써 중국공산당의 집권 이념과 중국의 외교 방침에 대한 국제 사회의 이해를 증진시켰다. 사회 제도와 이념을 초월한 정당 외교가 추세가 되고 있는 오늘날, 중국공산당은 이념과 사회 제도가 다른 국가 정당과의 교류를 통해 오해와 의구심을 해소하고 상호 이해와 협력을 강화했다. 정당외교의 범위가 양자 간에서 다자간에로, 당 간 관계에서 시민 사회로, 정치 대화에서 경제 협력과 문화 교류로 확대되고, 정당 외교의 협력 분야와 기능 및 교류 방식이 끊임없이 다양해지면서 중국공산당에 대한 외국 정당과 국제 사회의 이해를 증진시킬 수 있는 경로가 더 넓어졌다. 정당외교를 통해 갈수록 많은 정당과 정치인들이 대내적으로는 자국을 부강, 민주, 문명의 길로, 대외적으로는 세계를 평화, 발전, 진보의 길로 나아가게 하려는 중국공산당의 굳은 결심과 노력에 대해 이해하게 되었고 따라서 당과 국가는 책임감 있는 대당, 대국으로서의 좋은 이미지와 위상을 수립할 수 있게 되었다.

(4) 당 건설의 추진과 집권 능력의 향상

정당외교는 중국공산당이 세계의 진보적 추세에 순응하고 인류가 창조한 우수하고 다양한 성과들을 받아들여 이론과 실천의 혁신을 추진하고, 당 자체 건설을 강화하며, 지도 체제와 집권 방식을 개선하고, 당의 선진성을 유지함에 있어서 그 의의가 매우 크다. 중국공산당의 정당외교는 당의 집권 능력을 강화하고 국정 운영 수준을 제고하는 데 필요한 것이다.[551] 냉전 종식 후, 평화와 발전이 시대의 주제가 되고 각국의 여당들이 집권 능력의 제고, 국가 경제 발전과 종합 국력의 강화에 주력함에 따라 정당 간 경제 발전 모델, 발전 전략과 발전 방향에 관한 교류가 점차 확대되고 있는 추세다. 세계 다극화와 경제의 글로벌화 추세는 정당의 리더십, 위기 대응 능력과 기존 관념에 직접적인 충격과 도전으로 다가왔다. 일개국의 정당이 자국을 이끌어 다극화, 글로벌화 과정에 적극 참여하고 효과적으로 대처하여 국익을 지킬 수 있는지 그 여부는 곧 그 정당의 정치적 생명력과 직결된다. 생태 오염, 테러리즘, 수원, 에너지, 인구, 빈곤 등 세계적인 문제들이 대두되면서 각국의 정당, 특히 집권당들의 국제적인 토론과 협상의 필요성이 부각되고 있다. 이러한 당 간 교류의 추세에 순응하여 중국공산당은 최근 국내 실정과 새로운 시기 당 건설 프로젝트의 수요에 따라, 특히 '3개 대표론'과 과학적 발전관을 지도 사상으로 평화 발전의 길로 나아가며 조화 세계를 함께 구축하기 위한 수요에 따라, 대외 교류의 경로를 충분히 이용하면서 정당외교를 전면적이고 심층적으로 발전시켜 왔다. 정당외교는 중국공산당이 세계를 이해하고, 세계를 인식하고, 세계로 나아가는 창구로서 교류와 벤치마킹을 통해 당 간부의 자질을 향상시킬 수 있으며 타당의 당 및 국정 운영 경험을 통해 교훈도 얻을 수 있다.

세계적인 안목으로 현재와 미래에 입각하여, 국내와 국제 정세를 고루 살

---

551 楊揚: 「近年來中共政黨外交研究綜述」, 『北京黨史』, 2009년第10期.

펴가면서, 당의 과업과 국가 외교라는 이중 사명을 짊어지고 자체의 장점을 발휘해 기능을 수행한다는 것은 중국공산당의 정당외교가 새로운 역사적 출발점에 들어섰음을 의미한다. 글로벌 금융위기 이후, 세계 대다수 국가의 정당외교는 경제적 요소에 초점을 맞춰 자국 또는 자당에 대한 글로벌 금융위기의 충격을 줄이기 위해 국내 리스크를 전가하거나 국제 협력을 적극 모색하고 있다. 시국의 변화는 중국과 세계를 더욱 긴밀히 연결시켰다. 중국이 국제 사회와 함께 글로벌 금융위기에 대처하는 것은 세계 지배 구도의 전환과 관계될 뿐만 아니라 각국의 발전 경험을 깊이 있게 연구하여 국내 발전을 위해 봉사할 수 있는 중요한 기회이기도 하다. 이런 맥락에서 중국공산당은 정당외교의 내용과 방식을 적극 검토, 조정하고 국제 정치 무대에서 적극적인 활약을 펼치면서 각국 정당, 정치 조직과의 잦은 왕래, 대화와 경험 교류를 통해 글로벌 금융위기에 대처하는 방안을 함께 모색했다. 중국공산당은 정당외교를 통해 중국의 정치경제 상황, 글로벌 금융위기 대응 조치 그리고 과학적 발전관에 대한 학습, 실천 활동과 조화사회 구축을 위한 노력 등에 대해 소개함과 동시에 글로벌 금융위기 대처 방법 및 당 간 협력과 관련하여 이론적, 실천적인 측면에서 심도 있게 의견을 나누었다. 이를 통해 에너지, 교통, 농업, 관광 등 분야의 투자 사업과 관련한 구체적인 협력 협정의 체결을 성사시킴으로써 관련국의 금융위기 대응 능력이 크게 강화되었다. 중국공산당은 정당외교를 통해 세계 각국의 새로운 상황, 새로운 변화를 깊이 이해하고, 타국 국정 운영의 새로운 조치, 새로운 경험을 진지하게 연구해 타산지석으로 삼으므로써 중국 특색의 물질문명, 정신문명, 정치문명, 생태문명 건설에 지적智力 지원을 제공했다.

2. 정당외교의 영향

(1) 당 간 교류의 새 국면을 개척

중국공산당의 대외 업무는 중앙 지도 집단의 지도와 직접적인 참여 하에 시대와 더불어 발전하면서 중국 특색 정당외교의 새로운 국면을 개척하고 국내 개혁개방의 추진과 국가 외교의 발전에 적극 기여했으며 그 방식 또한 갈수록 다양해지고 강점도 더 두드러졌다. 특히 개혁개방 이후, 당의 중점 업무가 바뀌면서 대외 업무도 지도 사상, 기본 원칙, 교류 방식 등 측면에서 새롭게 조정, 보완되었다. 시대의 주제에 대한 중공의 인식이 '전쟁과 혁명'에서 '평화와 발전'으로 전환됨에 따라 정당외교에도 다음의 네 가지 측면에서 전환이 이루어졌다. 즉 지도사상은 세계 혁명에 대한 지원에서 국익 최우선으로, 대외 교류 원칙은 이념 기준에서 당 간 관계 네 가지 원칙의 확립에로, 대외 교류 상대는 유사한 이념을 가진 정당과의 교류 위주에서 이념을 초월한, 세계 각국의 여러 정당과의 전방위적인 교류로, 교류 내용과 방식은 이념 위주와 참여 부서가 적었던 데에서 다양한 내용과 각급 당 조직의 질서 있는 참여에로 전환되었다. 이러한 전환은 중국공산당이 새로운 정세 하에서 당 간 교류의 새 국면을 개척할 수 있는 여건을 마련했다.

개혁개방과 사회주의 현대화 건설을 위해 봉사하고 당 자체 건설을 위해 봉사한다는 업무 취지에 따라 중국공산당은 세계 각국의 다양한 정당과 신형의 정당 관계를 수립하고 당 간 교류의 내용도 끊임없이 풍부히 하고 심화시켰다. 중국공산당은 세계의 다양성을 존중하는 전제 하에 당 간 교류 네 가지 원칙에 따라 각국, 각 지역의 정당 및 정당 조직과 진지하게 교류하고, 협력하고, 관계를 발전시킴으로써 정당외교의 범위가 크게 확대되었다. 중국공산당의 정당외교는 사회주의 국가, 미수교 국가 그리고 개인과도 교류할 수 있는 업무상의 장점을 충분히 발휘하여 각국의 다양한 정당들과의 우호 교류와 협력 관계를 한층 발전시켰다. 이 과정에서 중공은 중국을 잘 알고, 중국에 대해 우호적인 일부 정당, 정계 요인들과 친분을 맺었고 일본, 러시아, 인도, 호주 등 대국의 주요 정당들과의 교류를 정례화했으며 국제 정당 조직과의 연계와 교류도 확대했다. 중국공산당은 미수교국 정당과의 교류를 점진적으로 전개함과 아울러 사회주의인터내셔널 등 국제 정당 조직 및 지역 조직의 다자 외교 활동에도 적극 참여했다. 이를테면, 중국공산당의 노력으로 중앙아메리카, 카리브해 지역, 파라과이, 태평양 도서 등 지역 국가의 여당, 야당, 반대당 등 여러 정당들은 잇따라 대표단을 파견해 중국을 방문했고 중국공산당도 초청에 응해 답방하는 등 이들 국가와의 외교 관계 정상화를 위해 적극적인 역할을 했다. 중국공산당은 또한 세계 최대 국제 정당 조직인 사회주의인터내셔널과도 우호적인 내왕을 유지하고 있으며 유럽의회 중 인민당, 사회당, 자유당, 좌익연맹, 녹색당, 민족유럽 등 6개 정당 및 단체와도 연계를 맺었다. 최근 몇 년간 중국공산당은 다자간 행사 등 새로운 방식을 통해 다른 당파들과의 교류와 협력도 강화했다. 이러한 다자 교류 방식과 경로는 중국공산당의 대외 교류 공간을 한층 넓혀주었고, 국제 사무에 대한 중국의 참여도를 향상시켰으며, 국제 무대에서 중국이 목소리를 높일 수 있게 했다. 또한 중국공산당과 국제 및 지역 여러 정당 조직 간의 이해와 협력을 증진시키고 세계 평화와 안정을 유지함에 있어서도 적극적인 역할을 했다. 지금까지 중국공산당은 세계 160여 개 국가와 지역의 600여 개 정당 및 정치 조직과 다양한 방식의 우호 교류와 관계를 유지함으로써 전방위적이고 심층적이며, 다양한 경로와 넓은 범위의 대외교류 구도가 형성되었다.

(2) 국가 외교를 위해 봉사

중국공산당의 대외 업무는 당 과업의 중요한 일부분이자 국가 전체 외교의 중요한 전선이라 할 수 있다. 당 간 관계가 국가 관계에 복종하고 국가 관계를 위해 봉사한다는 것은 덩샤오핑을 핵심으로 한 제2세대 지도 집단이 제시한 새로운 정당 외교 사상으로 중국공산당의 정당외교 경험에서 비롯된 것이다. 덩샤오핑은 당 간 관계가 국가 관계 위에 군림해서는 안 되며, 당 간 관계는 국익 최우선을 준칙으로 삼아야 하며, 국가 외교에 복종하고 국가 외교를 위해 봉사해야 한다고 거듭 강조했다. 국가 외교를 위해 수행하는 중국공산당의 대외 업무는 무엇보다도 국가 관계의 공고화와 발전을 추진하는 데 주력하는 것이다. 중국공산당은 줄곧 국익 수호와 국가 관계의 발전을 대외 업무의 기본 출발점과 목표로 삼고 국내, 국외 두 큰 국면의 상호 영향을 감안하면서 대외 업무를 계획하고, 정부 여러 외교 부서와 조율을 강화하면서 국가 외교의 전반적, 전략적, 전망적인 중대 문제에 대해 체계적으로 연구하고 대응 방안을 모색해 왔다. 또한 대외 업무의 역점을 당과 국가의 과업에 두고 중요한 전략적 기회를 충분히 이용하면서 국가 관계의 전면적이고, 안정적이고, 건전한 발전에 기여해 왔다. 중국공산당의 정당외교는 국가 전체 외교의 일부분으로 시종일관 국익 최우선을 준칙으로 삼고 사람 중심의 외교, 인민을 위한 외교를 취지로 국내, 국외 국면을 총괄적으로 고려하면서 국가 전체 외교의 협동력을 끊임없이 향상시켜 국가 관계의 전면적이고, 안정적이며, 건전한 발전을 추진했다. 중국공산당은 정당외교 실천 과정에서 외교 자원을 최대한 활용하여 국가의 중요한 외교 전략을 위해 봉사했으며 중대 문제와 난제, 이를테면 대만문제, 중일관계, 북핵 문제, 안보리 개혁 등 문제의 해결을 위해 적극 협력했다.

과학적 발전관과 외교 전략 사상의 지도 아래 중국공산당은 정당외교 과정에서 장점 발휘, 특색 구현, 중점 부각, 실효성 강화에 역점을 두고 고위급 교류, 예방적 외교, 전망 조사연구, 기초적 업무라는 자체의 특징을 충분히 부각시켰으며 사람 중심과 인민을 위한 외교라는 취지에 따라 당과 국가의 최우선 과제인 '발전'에 초점을 두고 사회주의 현대화 건설과 당 자체 건설에 지적 지원을 지속적으로 제공했다. 아울러 중국특색 정당외교 이론에 대한 심층적인 연구, 당의 대외 교류 능력의 끊임없는 향상, 중국공산당의 양호한 국제 이미지 수립을 통해 국가 관계의 전면적이고, 안정적이며, 건전한 발전을 추진했다. 이를 테면, 중·미 정당 간 장기적인 안목으로 전략적 차원에서 추진한 고위급 대화는 21세기의 적극적이고, 협력적이고, 전면적인 중·미 관계를 구축함에 있어서 중요한 의미를 가진다. 양측은 글로벌 도전, 중대한 국제 문제 그리고 중·미 관계의 중요한 문제에 대해 허심탄회하게 의견을 교환함으로써 양국 관계의 정치적 기반을 구축하는 데 큰 도움을 주었다. 중·미 정당 간 고위급 대화는 양국 간의 전략적 소통과 전방위적인 협력의 새로운 경로이며 21세기에 날로 성숙되고 전면적인 양자 관계의 중요한 일부분으로서 양국 관계의 발전에 동력을 불어넣었다.

(3) 중국공산당의 국제 이미지 향상

중국공산당의 대외 업무는 당의 국제 이미지를 보여주는 중요한 플랫폼이 되었으며 국제 사회가 중국과 중국공산당을 이해하는 중요한 창구가 되었다. 중국 특색의 정당외교는 국제공산주의운동과 중국공산당의 대외 교류의 경험, 교훈을 통해 형성된 것이며 마르크스주의 당 간 관계 이론이 당대 중국에서 구체적으로 활용되고 발전된 것이라 할 수 있다. 신형의 당 간 관계 네 가지 원칙은 평화공존 5항원칙 및 기타 공인된 국제 관계 준칙과 일치될 뿐만 아니라 뚜렷한 중국 특색을 가지고 있다. 또한 중공의 대외 교류 대상에 대한 개방성, 교류 원칙의 평등성, 교류 내용의 실무성, 교류 방식의 유연성을 체현하고 있어 세계 여러 정당의 인정과 지지를 받음으로써 각국의 다양한 정당들과 우호 교류를 확대할 수 있는 기반을 마련하게 되었다. 개혁개방은 중국의 면모에 역사적인 변화를 일으켰고 중국공산당의 국제 이미지도 이로 인해 일신되었다. 새로운 역사 시기에 중국공산당이 국제 무대에서 보여준 것은 '한마음 한뜻으로 발전을 도모하고 건설에 열중'하는 집권당의 이미지, 이론을 혁신하고 시대에 발맞추는 현대 정당의 이미지, 사람을 중심으로 하는 친민 정당의 이미지, 개방적이고, 평화적이고, 민주적인 정당의 이미지, 신형의 마르크스주의 정당의 이미지였다. 중국공산당의 이러한 개방적이고, 진보적이고, 친민적이고, 평화적인 이미지는 갈수록 국제 사회에서 호평을 받고 있다. 중공 17차 대표대회 개최를 전후로 각국의 정당, 정계 요인과 정치 조직에서는 600통에 가까운 축전을 보내 중국의 개혁개방 성과와 시대에 발맞추는 중국공산당의 정신을 높이 평가했는데 이것은 중국공산당의 국제 이미지와 국가 영향력이 지속적으로 향상되고 있음을 보여주는 유력한 증거이다.

조화세계 구축과 사람중심의 인민을 위한 외교 그리고 중국공산당의 양호한 국제 이미지 수립에 주력하는 것은 현재와 향후에 있어서 정당외교의 중요한 기능이 되었다. 2005년 9월 15일, 후진타오는 유엔 창설 60주년 정상회의 연설에서 처음으로 "항구적인 평화와 공동 번영의 조화세계 구축을 위해 노력하자"는 중대한 제안을 내놓았다. 이것은 중국이 겸손하고 온화한 외교적 자세로 국제체계에 대한 중국의 견해를 전 세계에 보여준 것으로서 중국이 경제가 발전하고 국제 영향력이 커지면 어떤 국제 전략을 취할것인지에 대한 국제 사회의 추측과 우려에 대처하는 데 유리하며, 나아가 해당 국가와 국제 사회로 하여금 중국의 국력과 국제 지위의 향상을 더 긍정적으로 바라볼 수 있게 했다. 개혁개방 이래 중국의 대외 진출 속도와 강도가 크게 증가되고 중국 경제가 세계 경제에 융합됨에 따라 해외 이익, 특히 재외 국민의 권익 보호가 중요한 외교 과제로 떠올랐다. 중국공산당의 치국 이념인 "사람 중심, 인민을 위한 정치"가 체현된 아덴만 호위, 리비아 교민 철수 등 일련의 작전은 인민을 위한 외교를 펼치는 중국의 양호한 이미지를 전 세계에 보여주었다. 이러한 적극적인 행동을 통해 중국공산당과 그 통치 이념에 대한 국제 사회의 이해가 한층 깊어졌고, 중국공산당은 공익을 위한 정당이고 인민을 위한 집권당이라는 이미지가 한층 각인되었다.

(4) 중국공산당의 집권 능력 강화

중국공산당의 정당외교는 국정 운영의 최우선 과제인 '발전'에 초점을 맞춰 경제, 문화 함량을 지속적으로 증가하고 정치, 경제, 문화 요소를 상호 결합시키며 국가 주권, 안보와 발전 이익의 통일을 유지하고 국가 발전과 당 자체 건설에 지적 지원을 제공하면서 당중앙의 참모와 보좌관 직책을 충실히 수행해 왔다. 중국공산당의 정당외교 기능 기관인 대외연락부는 시종일관 시대 발전의 흐름을 주시하면서 당과 국가의 중점 과업에 초점을 맞춰 업무를 추진해 왔다. 대외연락부는 국익 수호와 국가 관계 발전의 촉진에 주력함과 아울러 국정 운영에 대한 경험 교류와 당의 양호한 국제 이미지 수립에도 주력해 왔다. 또한 외교 전략, 안보 전략 등 중대한 과제를 심층적으로 연구하여 당중앙의 정책 결정에 유익한 참고 자료를 제공함을 물론, 외국 여당의 통치 이념, 통치 체제, 통치 방식과 통치 법칙을 체계적으로 연구하고 외국 정당의 흥망성쇠의 경험과 교훈을 분석, 정리하여 제공함으로써 중국공산당의 통치 능력의 제고와 통치 지위의 공고화에 기여했다. 대외연락부는 외국의 정당, 정치 조직과 공동으로 이론 세미나를 주최하고 중대 과제에 대해 특별 조사를 진행하는 등 방식을 통해 외국 정당의 국정 운영 능력 강화, 하급 당 조직 건설, 조화사회 구축, 신 농촌 건설, 사회 핵심가치 체계 등 측면의 경험을 심층적으로 연구하고 국제 정세와 정치 사조의 새로운 변화 및 세계 정당 정치의 새로운 동향을 정확히 파악하여 중국의 현대화 건설과 당의 자체 건설에 지적 지원을 제공했다.[552] 중공중앙 대외연락부, 중공중앙당교 등은 중국공산당의 정당외교 업무를 관장하고 수행하는 주요 부서임과 동시에 정당외교, 정당정치를 연구하고 당원 간부를 양성하는 싱크탱크이기도 하다.

글로벌 문제가 현대 외교에서의 중요성이 상승함에 따라 중국공산당은 외

---

552 王家瑞: 「以黨的17大精神爲指導開創中國特色政黨外交新局面」, 『求是』 2007년 제23기.

국 정당과의 교류에서 의식적으로 이와 관련된 논의를 부각시킴으로써 중국의 글로벌 의제 분야에서의 외교를 뒷받침해 주었다. 최근 몇 년간 대외연락부는 외국 정당과의 다자간 세미나를 통해 세계가 직면한 주요 문제에 대해 함께 토론하고 서로 의견을 교환했다. 이를테면, 2003년 9월, 중국공산당은 서유럽 국가의 일부 사회당, 사회민주당 그리고 호주의 노동당과 "글로벌화와 국제 신질서"를 주제로 한 세미나를 공동으로 개최했으며 2006년 6월에는 아프리카 부룬디, 카메룬 등 11개국의 정당과 "민족, 종교와 빈곤 퇴치—개도국에서의 조화 사회 구축"을 주제로 한 세미나를 공동 개최했다. 이러한 연구 토론 과정을 통해 각국의 정당들은 중대한 이론과 현실 문제에 대해 서로 의견을 교환함으로써 시야를 넓히고, 공감대를 형성하고, 사상을 개발하고, 협력을 추진하는 데 도움이 되었으며 각국 정당의 이론 혁신과 당 건설 그리고 각국 정당 간의 상호 이해와 우의 증진에도 도움이 되었다.

결론

시대와 더불어 발전하는 중국공산당과
중국 외교의 전망

중국공산당은 탄생에서부터 오늘에 이르기까지 중국 혁명과 건설 과정에서 중요한 버팀목 역할을 해 왔으며 신중국 외교 사업의 번영과 발전에 큰 기여를 해왔다. 중국공산당은 정당 외교 실천에 직접 참여했을 뿐만 아니라 이론과 실천, 방침과 정책 제정 등 측면에서 중국 외교의 발전을 리드해 왔다. 시대와 더불어 혁신하고 발전해 나아가는 중국공산당은 새로운 역사 시대에 진입하여 새로운 기회와 도전에 대해 충분히 이해하고 파악하며 중국 특색 외교 이론과 체제 혁신을 추진하여 중국이 평화 발전 노선을 견지하고 조화세계를 구축함에 있어서 확고한 정치적 리더십을 발휘해 가고 있다.

1. 새로운 시대의 기회와 도전

2000년대 초반, 중공중앙은 전략기우기戰略機遇期-전략적 기회의 시기라는 이념을 제시했다. 당시 중공중앙 총서기였던 장쩌민은 제16차 당대표대회 보고에서 "전반적 국면을 살펴보면 21세기 전반 20년은 중국이 반드시 잡아야 할 전략기우기이자 많은 성과를 낼 수 있는 전략기우기이기도 하다"[553]고 말했다. 2006년, 건국 후 처음 열린 중앙외사업무회의中央外事工作會議에서는 "중요한 전략기우기를

---

[553] 江澤民: <全面建設小康社會,開創中國特色社會主義新局面—在中國共産黨第十六次全國人民代表大會上的報告>(2002年11月8日),『人民日報』, 2002年11月18日.

유지, 활용해야 한다"[554]고 강조했다. 중국공산당은 전반적인 시각에서 일관되게 전략기우기를 조명하고 대처해 왔으며 앞으로도 최선을 다해 전략기우기를 포착하고, 활용하고, 기간을 연장해 중국의 현대화 건설과 전면적 소강사회 건설을 추진해 나갈 것이다. 『국민경제와 사회 발전 제12차 5개년 계획 제정에 관한 중공중앙의 건의』(이하 약칭 『건의』)에서는 '12차 5개년 계획' 기간(2011-2015) 중국의 발전은 여전히 성과를 낼 수 있는 전략기우기에 처해 있을 것으로 판단했다. 즉 얻기 어려운 기회에 직면할 것이며 동시에 예측 가능 또는 불가능한 수많은 위험과 도전에도 직면할 것으로[555] 내다보았다. 전체적으로 보면, 중국은 여전히 전략기우기에 처해 있다고 볼 수 있다. 중국은 베이징올림픽과 상하이엑스포를 성공적으로 치르고, 글로벌 금융위기에 성공적으로 대처하고, 국내총생산GDP을 세계 2위로 끌어올려 세계 중심 무대에 등장하게 되었다. 따라서 중국 외교는 미래의 국제체계 속에서 새로운 기회와 도전에 직면하게 될 것이다.

(1) 중국과 세계의 상호 작용 속에서 맞이하는 역사적 기회

중국의 국가 성장은 국제 구도의 개편, 국제체계의 평화적 전환과 동시에 이루어졌으며 중국은 이미 국제체계의 중심에 등장했다. 2010년 중국의 GDP는 일본을 초월하여 세계 2위를 차지하게 되었고 중국은 세계와의 교류에서 기존의 정치와 양자 교류에 대한 편중에서 벗어나 전방위적, 넓은 분야, 다차원을 특징으로 하는 전면적인 교류 단계에 들어섰다. 종합 국력의 증가 및 세계에서 상대적 지위의 상승은 중국의 국내 건설과 대외 관계에 유리한 결과로 이어지

---

554 <中央外事工作會議在京舉行>,『人民日報』, 2006年8月24日.

555 <中共中央關于制定國民經濟和社會發展第十二個五年規劃的建議>, 新華社, 北京2010年10月27日電.

고 있다.[556] 중국이 국제체계의 참여자와 건설자로서의 역할도 국제 사회의 인정을 받고 있다. 중국의 종합 국력이 급속히, 지속적으로 상승함에 따라, 특히 소강사회 목표가 실현되고 중진국 수준에 도달하게 되면 중국의 제도적 장치와 발전 모델은 국세 사회에서 디 광범위한 영향력을 발휘하게 될 것이며 따라서 중국도 세계 평화와 번영을 위해 더 크게 기여할 수 있는 능력을 가지게 될 것이다. 중국의 급부상과 국제체계 개혁은 밀접한 관계가 있다. 중국은 국제체계 전환에 있어서 중요한 추진자이며 중국의 발전과 영향력은 국제체계 전환의 중요한 일부분으로 되었다. 중국은 유엔, 20개국 정상회의, 브릭스 정상회의 등 다양한 글로벌 메커니즘 및 지역적, 초지역적 협력 메커니즘을 통해 전 세계, 그리고 지역과 분야 등에서 국제체계의 공평하고 합리적인 방향으로의 전환을 적극 추진하고 있다. 현재 중국은 외부 세계와의 관계가 역사적으로 가장 좋은 시기에 처해 있으며 국제적 지위와 역할도 전례없이 향상되어 세계 무대에서 책임감 있고 성장 진행 중인 대국의 이미지가 형성되고 있다. 중국 이 국제체계에서의 역할은 선진국, 신흥 대국, 개도국 및 중요한 국제기구의 인정을 받고 있으며 국제 사회도 중국이 국제체계에서 더 중요한 역할을 발휘하기를 기대하고 있어 중국 외교에 더 큰 활동 공간과 선회의 여지가 생기게 될 것이다.

평화, 발전, 협력은 여전히 시대적 조류이고 세계의 다극화와 경제의 글로벌화는 더욱 심화, 발전하고 있으며 세계 경제 및 정치 구도에도 새로운 변화가 일어나고 있다. 과학 기술 혁신을 통해 새로운 돌파구가 마련되고 있으며 국제 환경은 총체적으로 중국의 평화적인 발전에 유리하게 펼쳐지고 있다.[557] 구체적으로 살펴보면, 글로벌 경제, 국제 정치 및 세계 과학은 새로운 주기에 들어섰고, 갈수록 많은 국가들이 개방 노선을 선택하고 있으며, 글로벌 경제가 지속적

---

556 楊潔勉 等著:『對外關係與國際問題研究』,上海人民出版社, 2009, p.27.
557 『中共中央關于制定國民經濟和社會發展第十二個五年規劃的建議』, 新華社北京2010年10月27日電

으로 발전 추세를 보이고, 국제 사회의 주류적 사상도 여전히 무역과 투자의 자유를 주장하고 있어 중국이 세계 각국과 상생 협력 관계를 발전시키는 데 유리한 여건이 이루어지고 있다. 평화와 발전은 여전히 현시대의 주제이며 국제적 협력은 여전히 글로벌 문제, 국제 평화에 대응하는 주요한 선택이다. 중국은 경제와 과학기술 발전 측면에서 여전히 비교적 유리한 국제적 환경에 처해 있으며 신흥 시장의 발전 또한 중국의 경제 발전에 갈수록 큰 공간을 제공해 주고, 하위 지역, 지역 및 지역을 초월한 협력은 중국에 훨씬 넓은 무대를 제공해 주고 있다.[558] 세계 다극화 구도가 형성과 안정의 관건적인 시기에 들어선 오늘날, 강대국 관계는 더 안정적이고 균형적인 상생과 협력의 관계로 발전하고 있으며 국제체계의 공평성과 합리성은 세력 구도의 변동에 따른 실질적인 뒷받침을 받을 것으로 기대된다. 선진국과 개도국이 공동으로 구축한 국제체계와 국제질서는 중국의 국제적 발언권과 국제적 권익의 증대에 역사적 기회를 제공해 주고 있다.

2000년대 이래 신흥 대국이 집단적으로 부상하면서 국제체계의 전환을 추진하는 중요한 세력으로 등장했다. 이것은 개도국이 국제체계에서의 참여권과 발언권을 확보하는 데 유리하며 중국이 많은 국제적 지지와 여유로운 국제 환경을 마련하는 데 도움이 될 것이다. 신흥 대국과 G8 정상회담, G20 정상회담, 브릭스 정상회담에 이르기까지[559] 신흥 대국 집단의 국제 정치 위상과 중요성이 갈수록 커지고 있다. 브릭스가 실행해 온 5년간의 협력을 돌이켜보면 내용이 풍부해졌고 차원이 확장되었으며 성과도 속출되어 점차적으로 다차원적이고 넓은 분야의 협력 구조가 형성되었다.[560] 신흥 대국들의 협력의 목적은 국제체계

558 楊潔勉 等著:『大體系:多極多體的新組合』,天津人民出版社, 2008, pp.501-505 참조.

559 BRIC 정상회담은 중국, 브라질, 러시아 그리고 인도 4개국이었는데, 2011년 중국에서 개최될 때 남아공을 추가하여 5개국이 되었다.

560 胡錦濤:『展望未來共享繁榮-在金磚國家領導人第三次會晤時的講話』,『人民日報』,2011年4月14日.

의 평화적 전환을 추진하고, 국제체계에서 기존 강대국과 선의의 경쟁과 협력 관계를 유지하며, 국제 안보와 경제 및 문화를 위해 자기만의 특색을 지닌 국제 공공재를 제공하기 위한 데 있다. 브릭스 협력은 5개국 경제 사회 발전 뿐만 아니라 세계 평화와 발전에도 도움이 된다. 신흥 대국들은 글로벌 거버넌스와 국제 제도의 배치에 대해 유사한 입장과 목표를 공유하고 있기에 이들 간의 협력은 국제체계의 평화적 전환 속도를 가속화하는 데 도움이 되며 동시에 개별 국가가 국제체계 전환의 추진으로 인해 받는 압력을 감소할 수 있다.

중국의 글로벌 지역 전략은 새로운 발전 기회를 맞이하게 되었으며 중국과 세계 주요 지역 간의 관계는 급속하게 발전하고 있다. 글로벌화와 지역화 등 시대적 조류에 힘입어 글로벌 정치, 경제 중심이 점차 아시아로 이전되고 있으며 중국의 아시아에서의 이익과 아시아 전체의 이익이 일치화되고 중국과 지역 국가들 간 건설적이고 전면적이고 정례적인 교류 관계가 형성되고 있다.[561] 중국의 종합 국력의 지속적인 발전, 선린우호 정책의 전면적인 실행, 아시아 협력 매커니즘의 규모화와 상호 연결 네트워크의 구축은 세계에서 가장 발전 잠재력이 있는 지역의 활력을 공유할 수 있는 기회를 중국에 제공해 주고 있다. 중국의 대유럽 정책, 대아프리카 정책, 대남미주와 카리브 정책 문서의 발표는 세계 주요 지역에 대한 중국의 지역별 정책 목표와 전략이 이미 형성되었음을 보여주는 바, 이것은 전략적 차원에서 중국과 상기 지역 간 관계의 전면적이고 신속하고 건전한 발전을 추진하는 데 유리한 것이다. 글로벌 금융위기 이후, 중국은 상기 지역과의 경제 협력 관계를 강화했으며 양측의 상호 의존도는 뚜렷하게 상승했다. 이러한 관계는 양자뿐 아니라 세계 경제의 균형적이고 지속 가능한 발전에도 중요한 의미를 가진다.

---

561 陳東曉:『建設合作共進的新亞洲—面向2020年的中國亞洲戰略』, 上海國際問題研究院, 2008年 10月.

(2) 중국이 전략기우기에 직면하는 주요한 도전

글로벌 금융 위기의 심화, 세계 경제 성장의 둔화, 세계적 수요 구조의 변화, 시장, 자원, 인력, 기술, 표준 등을 둘러싼 치열한 경쟁, 기후 변화, 에너지 자원 안보, 식량 안보 등 글로벌 문제의 부각과 각종 형태의 보호주의의 대두로 인해 중국 발전의 외부적 환경은 갈수록 복잡해지고 있다. 미국, 유럽과 일본으로 대표되는 선진국 시장은 글로벌 금융위기에서 직격탄을 맞았고 일본 지진으로 발생한 쓰나미와 핵원전 사고의 영향은 아직도 이어지고 있으며 국제 경제 질서 조정도 아직 진행형이다. 이러한 상황 속에서 중국은 더 많은 자원을 투입해 신흥 시장과 개도국과의 경제 협력을 발전시킬 필요가 있다. 세계 경제로 가는 길에서 오늘날 중국 경제는 외부 경제 환경의 거대한 변화에 직면하고 있다. 선진국의 보호무역주의와 투자 보호주의가 대두되고 있으며 일부 국가들은 탄소 배출을 무역과 연결시키고 있고 실물 경제 특히 제조업의 발전에 다시 눈을 돌리고 있다. 이것은 중국처럼 제조업을 기반으로 하지만 제조 기술 수준이 낮고 외수 의존형 경제 성장 구도를 가진 국가에 큰 충격과 압력을 가하게 될 것이다.[562] 세계 경제 파동이 중국에 미치는 영향, 그리고 중국과 선진국, 개도국 간의 경제적 마찰도 갈수록 커지고 있는 추세다. 앞으로 인구와 자원, 경제 발전과 환경 보존 간의 대립이 더욱 두드러져 중국의 현대화 발전에 가장 큰 걸림돌로 작용할 것이며 중국의 외교도 기후 변화, 에너지 자원 안보, 식량 안보, 시장 확대 등 분야의 국제 협력에서 어려운 도전에 직면하게 될 것이다. '건의'에서는 반드시 넓은 안목으로 냉철하게 관찰하고 침착하게 대처하며, 국내와 국제 상황을 전반적으로 살피고 고려하면서 글로벌 경제 분업에서의 새로운 포지션을 정확히 파악하여 국제 경제 협력과 경쟁에 참여할 수 있는 새로운 우위를 적극 창출해

---

562 李君如:『抓住和用好我國發展的重要戰略機遇期』, 『國際展望』, 2011年 第2期 참조.

야 한다고 강조했다.[563]

중국은 비록 종합 국력이 세계 2위로 부상했으나 상당 기간 동안 국제 역학 구도 속에서 여전히 상대적으로 취약한 지위에 처해 있을 것이며 국제 사무에서의 역할도 미국을 위시한 서방 세력의 깊은 제약을 받게 될 것이다. 따라서 중·미 관계 발전의 안정적인 상태를 유지하는 것은 중국과 주요 세력 간 관계에 있어서 여전히 가장 중요한 의제가 될 것이다. 미국은 중국과 경제 무역 거래를 유지하고 대테러 협력과 세계 경제 안정을 공동으로 도모하고 있는 동시에 중국의 종합 국력의 성장과 국제 지위의 향상에 시종 경계심을 가지고 있으며 유일 초강대국의 지위를 잃는 것을 원치 않는다. 따라서 미국은 중국 등 신흥 대국과 인프라 구축, 과학 기술, 교육, 녹색 경제, 문화 소프트파워 등 분야에서 경쟁을 강화하는 한편, 남해, 대만, 티베트 등 중국의 주권 및 발전 권익과 관련된 문제에서 간섭을 멈추지 않고 있다. 미국은 지역과 글로벌 문제에서 중국과의 공조와 협력의 필요성을 인정하고 있지만 다른 한편으로는 중국에 대한 방범 의식과 전략 구축을 강화하고 있는데 이 점은 아시아에서의 세력 강화와 인권, 이데올로기 등 분야의 경쟁에서 엿볼 수 있다. 중국은 반드시 평화적 발전의 길을 걸어야 하고 기존 국제체계와 국제 질서 속에서 발전해야 하며 도광양회韜光養晦와 유소작위 속에서 균형을 유지하면서 국제체계의 전환을 추진하고 중국의 과학적 발전관, 평화적 발전, 조화세계 등 이념이 국제 사회에서 영향력 있는 이념과 가치가 되게 해야 한다.

중국이 전략기우기를 최대한 활용하려면 전략적 차원에서 국내외 전반을 통일적으로 기획하고 고려해야 한다. 즉 국내에서는 경제의 지속적인 성장을 유지하고 정치 체제 개혁을 심화시키며 민족, 종교의 조화를 실현해야 한다. 아울러 중국은 국제체계 개편이라는 역사 과정 속에서 국가 입지 선정과 전략적

---

563 『中共中央關于制定國民經濟和社會發展第十二個五年規劃的建議』, 新華社北京2010年10月27日電.

배치에 대한 국내적 합의를 얻어내야 할 뿐만 아니라 국제체계 개편 이념, 방향, 정책과 조치 등 측면에서 세계 주요 세력과의 협력도 이루어져야 한다. 중국의 발전 패턴은 경제 성장 속도를 중시하는 동시에 경제의 질적 발전에 더 큰 관심을 보이는 방향으로 변화하고 있다. 중국은 전면적 발전과 현대화 과정에서 수많은 내·외부 갈등과 어려움이 서로 교차되고 민족과 종교 문제도 더 두드러지는 상황에 직면하게 될 것이다. 따라서 과학적 발전관을 구현하고, 전면적 소강 사회 목표를 실현하려면 아직도 갈 길이 멀다. 오직 중국이 스스로 발전을 이룩해야만 국제적으로 더 많은 권익을 얻을 수 있고 세계 평화와 안보 및 번영에 더 큰 기여를 할 수 있다. 중국은 국제체계 재편성과 국제구도의 전환을 추진하는 중요한 국가로서 자국의 지위에 상응하는 권익을 얻기 위해 싸워야 하고 주요 국제기구의 규범, 규칙 및 권력 구조가 중국과 세계 인민들의 이익에 더 부합하도록 변화를 추진해야 한다. 중국의 발전은 결코 일방적인 발전이 아니다. 중국은 세계 경제의 엔진이 된 후 발전 모델과 보편적 가치 등 측면에서 더 많은 정신적인 국제 공공재를 제공해야 한다.

중국의 국익은 끊임없이 확장되고 다양해지고 있으며 따라서 국제적으로 국가 주권, 안보와 발전 이익을 지키는 임무가 더 가중되고 해외 이익을 보호하는 외교 기능이 부각되고 있다. 주권 문제에서, 중국은 대만, 티베트, 신장 등과 관련된 외교 문제에서 국내외 적대 세력과 거듭되고 복잡한 승부를 벌이게 될 것이며 중국의 영해 영유권 다툼도 고조기에 접어들고 있다. 안보 측면에서는, 전통적 안보와 비전통적 안보 문제가 서로 얽혀 있고 북핵 문제는 여전히 현안으로 남아 있으며 남중국해 영유권 분쟁도 아직 해결되지 않은 상태다. 이뿐만 아니라 환경 오염, 생태 환경 악화, 마약 밀매, 다국적 범죄, 질병 확산, 수자원 부족, 인터넷 정보 안보, 에너지원 확보, 방사능 유출, 대규모 자연 재해 등 비전통 안보의 세계적 영향이 끊임없이 확대되고 있다. '사스'와 조류 인플루엔자 사건, 일본의 지진과 쓰나미로 인한 방사능 유출 사건 등은 개별국의 사건이 종종 국제적 파장을 불러올 수 있으며 대처가 미흡하면 국가의 경제적 권익과 국제 이미지에 영향을 미치게 된다는 점을 우리에게 거듭 시사한다. 발전 권익 측면에서, 중국의 해외 이익의 급속한 증가는 우리에게 이에 따른 국제 규범에 대한 보완과 중요한 해역, 항로에 대한 안전 유지를 요구한다.

중국의 종합 국력과 국제 영향력이 향상됨에 따라 국제 사회에서는 중국의 역할을 기대하고 있다. 미국 정부는 국제체계의 이해 관계국들은 모두 같은 배를 타고 있으므로 어려움 속에서 일심협력해야 한다고 중국 측에 요구해 왔다. 양자 간 전략 대화에서도 지역, 영역, 글로벌 관련 어젠다에 무게가 실리면서 중국이 관련 문제에서 더 큰 역할을 할 것이라는 기대와 요구가 커지고 있다. 주변국들은 날로 강대해지는 중국이 지역에서 어떤 역할을 할지에 관심을 기울이고 있으며 심지어 중국을 견제하기 위해 미국의 해당 지역에서의 존재에 더 관심을 보이고 있어 지역 협력이 도전에 직면하게 되었다. 중국은 선진국 방향으로 빠르게 발전하고 있으며 그에 따라 개도국과의 공통점도 줄어들게 될 것이므로 어떻게 하면 공동 발전을 실현하고 개도국과의 단결을 유지할 수 있을지는 향후 반드시 주목해야 할 과제이다.[564] 국제 여론이 중국의 발전 과정과 향후 추세가 주변국, 지역 정세, 글로벌 문제 및 세계 구도에 미칠 영향에 대해 날로 주목하고 있는 가운데 '중국붕괴론', '중국위협론', '중국책임론', '중국오만론' 등 논조가 잇따라 등장하면서 중국의 급속한 발전과 중국 특색 사회주의 제도에 대한 국제 사회의 복잡한 심리를 보여주고 있다. 이에 대해 중국공산당은 정당외교를 포함한 일련의 공공외교를 통해 이미지 부각과 함께 영향력을 행사해야 할 것이다.

---

564 楊潔勉:『大合作—變化中的世界和中國國際戰略』, 天津人民出版社, 2005, p.241 참조.

2. 이론과 체제의 혁신

중국공산당은 국내외 정세의 변화에 따라 창조적으로 마르크스주의를 당대 세계 및 중국의 실제와 결부시켜 각 시기별 중국의 대외 관계를 이끌어 갈 외교사상과 이론을 확립했다. 복잡다단하고 급변하는 국제 정세에 직면하여 중국공산당의 대외적 사명도 한층 무거워질 것이다. 중국공산당은 마오쩌둥 사상, 덩샤오핑 이론, 3개 대표 사상, 과학적 발전관 등 중요한 지도 사상을 잇따라 확립했다. 이것은 마르크스주의와 중국의 실제가 결합된 산물이고 중국의 우수한 전통 사상의 현시대에서의 재창조이며 신중국의 풍부한 외교 실천에 대한 이론적 정리이고 승화임과 동시에 중국이 타 국가와 인민들의 우수한 사상과 성공적인 실천 경험을 수용한 결과이기도 하다. 미래의 중국 외교는 중국공산당의 지도 아래 당과 국가의 전반적인 과업을 둘러싸고 사상 해방, 실사구시 및 시대와 더불어 발전하는 정신에 입각하여 과거를 돌아보고 미래를 기획하며 대외 교류를 더 확대하여 소강사회의 전면적 실현이라는 원대한 목표와 세계 평화, 진보를 위해 새로운 기여를 해야 할 것이다.

(1) 중국공산당의 외교 이론에 대한 탐구와 혁신

외교 이론에는 외교사상과 외교이념 두 단계가 포함된다. 외교사상은 그 나라의 지배적인 대외 의도와 전반적인 이익을 대변한다. 신중국의 외교사상은 중국 대외 관계의 지속적이고 심층적인 발전의 산물이며 세계 각국과 인민들의 상호 관계의 실천에 대한 총정리이며 국제 사회가 추진하는 평화, 발전과 협력에 대한 총체적인 구현이다. 마오쩌둥, 덩샤오핑, 장쩌민의 외교사상과 후진타오 총서기를 위시한 당중앙 지도부의 외교사상은 모두 중국공산당의 영도 하에 마르크스주의와 중국의 실천이 결합된 산물이고, 중국의 우수한 전통 사상의 현시대에서의 재창조이며 신중국의 풍부한 외교 실천에 대한 이론적 정리이고 승화임과 동시에 중국이 타 국가와 인민들의 우수한 사상과 성공적인 실천 경험을 수용한 결과이기도 하다. 중국 외교는 중공중앙 지도부의 외교사상의 지도 아래 시종일관 국익을 출발점과 목표로 삼고, 자주독립을 기본 원칙으로 하며, 국가 독립과 주권 수호를 우선시하고, 국제 사무에서 건설적인 역할을 수행하여 세계 발전에 영향을 주는 중요한 세력이 되었다.

마오쩌둥의 외교사상은 중국 인민과 세계 인민의 근본 이익에 입각하여 자주독립의 평화외교 정책을 고수하고 국가의 독립과 주권을 수호하며 제국주의, 식민주의와 패권주의에 반대하고 피압박 국가와 민족의 독립 쟁취와 수호를 위한 투쟁을 지지하며 세계 평화를 견결히 수호하고 평화공존 5항원칙을 토대로 세계 각국과의 평화공존을 실현하는 것이다. 마오쩌둥의 외교사상 중 '평화공존 5항원칙', '중·미·소 3자 전략 관계', '3개 세계 이론' 등은 당시 세계 외교사상에 중대한 영향을 미쳐 국제 외교사상에 대한 서방의 발언권 독점을 어느 정도 깨뜨렸다. 마오쩌둥의 외교사상은 신중국 탄생 후 30여 년의 여정 속에서 중국의 대외관계가 국제 사회에서 점차 입지를 굳히고 주요 선진국과 정상 관계를 수립하며 복잡한 국제 환경 속에서 국가의 주권과 존엄을 지킬 수 있도록 이끌어 왔다.

중공 11차 3중전회 이후, 덩샤오핑은 마르크스-레닌주의와 마오쩌둥 사상을 계승, 발전시켜 중국 특색의 사회주의 외교사상을 확립했다.[565] 덩샤오핑 외교사상의 기본 내용은 다음과 같다. 즉, 중국은 국제 사무에서 패권주의와 강권정치에 반대하며 세계 평화와 발전에 적극 기여한다. 중국은 영원히 패권을 추구하지 않으며 시종일관 제3세계 국가와 함께하며 제3세계 국가의 권익을 지키기 위해 싸운다. 중국은 자주독립의 평화 외교 정책을 시행하며 모든 국제 사무와 국제 문제에서 중국 인민과 세계 인민의 근본 이익에 입각하여 사안 자체

---

565 鄭必堅等 主編:『鄧小平理論基本問題』, 中共中央黨校出版社, 2002, p.50.

의 시비곡직에 따라 독자적으로 자국의 입장과 정책을 결정한다. 덩샤오핑의 외교사상은 평화와 발전이 시대의 주제라는 판단 하에 중국을 국제 무대 중심으로 끌어올렸으며 국내 경제 건설과 개혁 개방의 추진을 위해 양호한 국제 환경을 마련할 수 있게 했다.

장쩌민의 외교사상은 '3개 대표' 사상의 일부분으로 중국과 세계의 건설적인 상호 작용을 강조하면서 이론과 실천 두 가지 측면에서 중국의 대외 관계를 새로운 단계로 끌어올렸다. 장쩌민의 외교사상은 주로 다음과 같은 내용을 포함한다. 즉, 평화와 발전을 여전히 시대적 주제로 하여 세계 평화를 수호하며 국제 정치 경제의 새로운 질서를 선도한다. 세계 다극화와 경제의 글로벌화 추세에 발맞추어 전략기우기戰略機遇期를 잘 포착하고 충분히 활용하며 국제 관계의 민주화와 발전 모델의 다양화를 제창하고 새로운 안보관安全觀과 안보 협력 프레임을 구축하며 각종 형태의 패권주의, 강권 정치와 테러리즘 등을 반대한다.[566] 중국은 제3세대 중앙지도부의 영도 아래 1989년의 정치 파동과 구소련의 해체 및 동유럽 격변에 효과적으로 대응했으며 선진국과의 관계를 조절하고, 주변국과의 관계를 개선하고, 개도국과의 관계를 심화시켰다. 또한 다자외교와 국제 기구에 적극 참여하고, 능동적으로 지역 협력과 초지역적 협력을 선도했으며, 국제 테러리즘에 강력한 타격을 주고, 아시아 금융위기에서 건설적인 역할을 함으로써 중국 대외 관계의 새로운 국면을 열어 놓았다.

2000년대 들어서 후진타오 총서기를 위시한 중공중앙 지도부의 영도 아래 중국의 외교사상은 새로운 발전을 보였다. 후진타오는 평화적 발전 노선을 견지하면서 조화세계 구축을 함께 추진해 나아갈 것을 제안했다. 중공 16차 대표대회 이후 새 지도부는 이론적 계승과 혁신을 내세우고 세계화의 흐름 속에서 평화 발전 노선을 견지하며 평화, 발전, 협력의 기치를 높이 들고, 조화세계 구

---

566 中共中央宣傳部,:『三個代表'重要思想學習剛要』, 學習出版社, 2003, pp.91-97.

축과 새로운 국제체계 구축이라는 두 가지 중요한 전략 사상을 잇따라 제시했다. 평화적 발전 노선을 견지하는 전략은 기존의 '평화 공존', '평화와 발전', '화이부동'에 관한 중요한 사상을 흡수하여 제시한 것으로 중국의 국제적 위상에 대한 국제 사회의 관심이 높아지고 있는 상황에서 중국의 발전 방향과 국제 전략을 세계에 알림으로써 중국의 평화 발전에 대한 국제 사회의 더 많은 이해와 지지를 이끌어 낼 수 있었다. 글로벌 금융위기 발발 후, 중공중앙 지도부는 시국에 대한 면밀한 관찰과 판단 하에 신흥 대국의 집단적 힘을 선용하여 국제구도의 다극화와 글로벌 금융시스템 개혁을 추진해 중요한 진전을 이루었다.

중공중앙지도부의 노력으로 중국의 외교이념은 시대의 흐름과 함께 시대관時代觀, 체계관體系觀, 이익관利益觀, 평화관和平觀 등 여러 측면에서 다음과 같은 발전을 이룩했다. 첫째, 중국이 처한 시대에 대한 인식에 있어서, 전쟁과 혁명의 시대에서 평화와 발전의 시대라는 인식 전환이 이루어졌다. 평화를 추구하고 발전을 도모하며 협력을 촉진하는 것은 이미 막을 수 없는 시대적 조류가 되었다.[567] 둘째, 중국의 국제 체계와의 관계는 과거의 소외 상태에서 점차 참여, 융합의 어려운 과정을 거치면서 국제 체계의 '피해자', '혁명자'에서 '참여자', '건설자'로 역할이 바뀌는 역사적인 전환이 이루어 졌다. 따라서 현행 국제체계는 보다 대표성 있고 합법화 되어있으며 보완, 개선, 혁신의 긍정적인 요소가 가미되었다. 셋째, 대외 관계의 출발점이자 목표점인 국익과 관련해서는, 최종적으로 중국 인민과 각국 인민들의 공동 이익을 연결시키는 '대이익관大利益观'을 확립함으로써 중국 외교의 공간을 넓히고 도덕력을 강화했다. 넷째, 평화 발전 노선을 견지하고, '공동 발전, 항구적 평화와 조화세계' 이념을 제시함으로써 중국의 자주 독립적인 평화 외교를 풍부히 하고 충실하게 했으며 급부상하는 중국에 대한 국제 사회의 보편적인 인정과 지지를 이끌어 낼 수 있었다.

---

567 胡錦濤:「高擧中國特色社會主義偉大旗幟 為奪取全面建設小康社會新勝利而奮鬥」--在中國共產黨第十七次代表大會上的報告」(2007年10月15日),『人民日報』,2007年10月25日.

중국 및 기타 신흥 대국이 집단적으로 부상하고 기존 국제체계가 급속히 전환하고 있는 상황에 직면하여 중국 외교는 앞으로 더 많은 이론적 혁신을 필요로 한다. 특히 미래 인류의 발전 추세와 세계적 흐름에 대한 판단, 기존 국제체계의 전환 방향 및 그에 따른 기회와 도전에 대한 미래 지향적 사고, 중국은 변화하는 자국의 역할에 어떻게 이론적으로 적응할 것인가 등에 대한 탐구가 필요한 시점이다.

(2) 중국공상당의 외교 메커니즘에 대한 탐구와 혁신

외교 메커니즘은 좁은 의미로 해석하면 외교 조직 체제와 수행 메커니즘 및 절차를 뜻한다. 중국의 외교 메커니즘은 공산당의 외교사상을 실천하기 위한 조직적 및 제도적 담보이다. 신중국 건립 후, 중국은 '집안을 깨끗이 청소한 뒤 손님 초대하기打掃干淨屋 子再請客', '새 살림 차리기另起爐灶' 등 외교 사상에 입각하여 조직적 차원에서 당이 외교를 관리하는 원칙을 세움으로써 중공중앙의 외교 업무에 대한 영도를 강화했다. 1958년 중공은 중앙정치국 산하에 중앙외사소조中央外事小組를 출범시켜 정치, 경제, 문화, 과학기술 등 분야의 대외 업무를 관장하도록 했다. 당과 국가의 외교 수행 부서는 업무 분야에 따라 중앙 외교기관과 재외 외교기관으로 구분된다. 중앙외교 기관은 국가 주석, 국무원, 외교부, 중공중앙대외연락부를 포함하며 재외 외교기관은 재외공관, 사절단, 임시로 파견된 특별사절단 등을 포함한다. 국무원 산하 외교 담당 부서인 외교부는 일상적인 외교 업무를 처리하고 대외 정책을 제정하는 국가 기관으로서 외교 정책의 수행자, 정보 수집자, 외교 문제 조언자의 역할을 해 왔다. 중공중앙대외 연락부, 중공중앙선전부, 무역부 및 국무원의 기타 부서들도 간혹 대외 업무에 참여하여 각자 분야에서 보조적, 호응적 역할을 했다. 건국 초기부터 1960년대까지 신중국 외교 조직 체제는 고도로 집권화된 계획 체제였고 외교 운영 메커니즘은 권력이 고도로 집중된 특징 즉, 외교 권력이 중공중앙에 집중되고 외교 수행 부서의 권한 부여가 제한적이며, 외사 정보와 외사 결책권이 고도로 집중되고 외교 행정상 극도로 신중한 특징을 보였다. 이런 체제는 당시 외교 자원이 제한된 상황에서 비교적 쉽게 역량을 집중하여 외교 업무를 효과적으로 수행할 수 있어 중국의 국제 전략과 외교 정책의 실행에 유리했다. 그러나 이런 체제는 중국의 외교 업무가 확대되고 직업 외교관, 재외 사절, 민간인의 외교 참여에 대한 수요가 높아짐에 따라 개혁과 발전이란 새로운 도전에 직면하게 되었다.[568]

개혁개방 이래 중국과 세계의 관계는 한층 밀접해지고 교류 분야도 훨씬 넓어졌으며 중국 외교도 단일 정부 외교에서 전체적인 다원 외교로, 전통적인 고위정치 의제에서 하위정치 분야로, 수동적인 대응에서 능동적인 이미지 부각에로의 전환을 실현했다. 글로벌화, 지역화, 정보화가 급속히 발전하고 있는 새로운 추세에 적응하여 중국 외교는 점차 다차원적이고, 전방위적이고, 광범위하고, 전체적인 패러다임으로 바뀌었고 전통적인 정치, 안보외교 외에 정당외교, 의회외교, 경제외교, 군사외교, 문화외교, 환경외교, 인문외교, 공공외교, 민간외교 등이 외교의 새로운 분야와 성장 포인트로 떠올랐으며 그중에서도 경제외교, 군사외교, 인문외교가 가장 돋보였다. 중국은 WTO 가입 후 G20 정상 회의를 공동으로 추진하여 세계에서 가장 중요한 경제 포럼이 되게 했으며 국제금융기구 개혁에서 발언권을 확대했다. 중국군은 합동군사훈련, 평화유지활동 참여, 해적 퇴치, 인도적 구호 활동 참여, 「국방백서」 정기 발간, 국방부 공보실과 대변인실 설치 등을 통해 국제 안보에 대한 기여도와 군사 투명성을 한층 높였다. 중국은 또한 다양한 문화 행사의 개최, 공자학원과 해외 문화센터의 설립, 올림픽과 세계박람회 개최를 통해 중국과 세계의 문화, 인문 교류를 한층 촉진했다. 중국의 외교 결책 메커니즘은 전체화, 다원화, 분권화, 제도화와 전문화에 더 많은 관심을 기울이고, 외교의 통일적 계획과 상호 조율을 더욱 강화하고, 전

---

568 趙可金:『中華人民共和國外交制度變遷的理論闡釋』, 復旦大學 博士學位論文, 2005年, pp57-62 참조.

문가, 학자와 싱크탱크의 역할을 강조하고, 공공외교를 중요시하고, 글로벌 이슈에 더 많은 관심을 보이며 국제 사회에 더 많은 공공재를 제공하고 가치관을 공유하기 위해 노력하고 있다.[569] 중국 외교는 '사람중심과 국민을 위한 외교' 이념 하에 외교에 대한 국민들의 알권리와 참여권을 확대하면서 갈수록 친민적인 성향을 보이고 있다.

전체적으로 볼 때, 중국의 외교체제는 이미 대국 외교의 제도적 틀을 갖추었고 국가원수, 국무원과 기층 외교 기관의 권한이 법제화되었다. 1982년 헌법에서는 국가 주석이 최고 외교권을 행사함을 규정하고 국가 주석의 임직 자격, 임기, 임면 절차, 부주석의 보충 원칙 등에 대해 명확히 규정함으로써 국가 원수의 외교권 행사가 규범화되고 국가 원수 외교가 중국 특색 외교의 중요한 내용이 되었다. 국무원은 외교를 분장하는 관리 제도를 확립했고 각 부서의 외교 직권은 갈수록 전문화, 법제화되었으며 국무원판공청國務院辦公廳, 외교부, 상무부, 기타 부서의 외사 기관 및 국무원외사판공실의 역할이 대폭 강화되었다. 외교부는 부서 설치에서 지역과 분야를 동등하게 중요시하여 정책 연구, 대언론 공식 발표와 국제 협상 기능을 강화함과 동시에 제도화, 전문화를 적극 추진했다. 중국의 대외 경제 협력이 갈수록 활발해짐에 따라 국무원 산하의 상무부도 대외 업무에서 영향력 있는 부서로 되었다. 따라서 상무부가 어떻게 외교부에 협조하며 이를 체제 차원에서 조정하느냐가 중국 외교 메커니즘 구축의 중요한 내용이 되었다. 문화부는 중국의 대외 문화 교류를 통합 관리하는 부서로 중·외 문화 교류, 공공외교 등 분야에서 중요한 역할을 수행하고 있다. 중국인민대외 우호협회 등으로 대표되는 민간 외교 단체의 역할도 갈수록 커지고 있다. 그리고 지방의 대외 교류도 급속히 발전하고 있으며 상하이에는 이미 60여개의 외국 총영사관이 설치되어 있다. 지방 정부 산하의 외사사무실은 현지 대외 교류

---

569 楊潔勉 等著:『六十年對外關係與國際問題研究』, 上海人民出版社, 2009年, pp.23-25 참조.

와 국가 전체 외교를 위해 봉사하는 과정에서 갈수록 중요한 역할을 담당하고 있다. 이를테면 베이징과 상하이는 각각 올림픽과 엑스포를 성공적으로 개최함으로써 국가의 전체 외교를 위해 봉사하는 역할을 훌륭히 수행했다. 2006년 중앙외사업무회의의 개최는 중공중앙이 외사 업무를 강화하고 개선히기 위한 중대한 전략적 조치로써 국가 외사 분야의 모든 역량을 통합해 국가의 전체 외교에 봉사하는 데 도움이 되었다.

외교 사무의 글로벌화, 전문화 필요성이 커짐에 따라 중국의 외교정책 결정 모델은 더욱 전문화한 방향으로 나아가고 있으며 정부 부처, 인민대표대회, 정치협상회의 및 싱크탱크의 역할도 더 강조되고 있다. 중국 외교정책 결정의 정보원은 외교 시스템 외에도 싱크탱크, 학계, 군부, 민간 기관 등으로 다양해지고 있으며 싱크탱크, 대학, 외교부 간의 인력 이동도 증가하고 있다. 중공중앙의 외교 의제 선택도 하행 추세를 보이고 있으며 외교 의제 설정에서 외교 수행 부서와 싱크탱크 등의 영향력이 확대되고 있다. 중공중앙의 통일적인 영도 아래 외교 정책 기획에 참여하는 조직체들이 갈수록 많아지고 있는데 이를테면 중앙외사영도소조中央外事領導小組, 중공중앙대외연락부, 외교부부무회의外交部部務會議, 중앙군사위원회, 지식 엘리트 등이 있다. 최근에 들어 전국인민대표 대회와 정치협상회의도 외교 외사 업무에 대한 감독과 조사 연구를 강화함과 동시에 외 교 실천의 중요한 참여자로서 역할을 발휘하고 있다. 외교 정책 결정의 과학화 진전도 가속화되고 있는데 이는 주로 외교 분야의 정부 씽크탱크, 연구 기관, 대학교와 민간 씽크탱크의 전면적인 발전에 힘입은 바 크다. 국제적 영향력과 대외 교류 능력을 갖추고 중국의 외교 아젠다에 익숙한 씽크탱크가 크게 성장한 것이다.

중국의 국제적 제도 구축 능력도 크게 향상되었다. 한 국가가 국제 제도에 참여만 하고 자국의 정치경제 이념을 관철시키지 못한다면 추종자 또는 동화의 운명에서 벗 어날 수 없으며 국가가 발휘할 수 있는 소프트파워도 제한적일 수

밖에 없다.[570] 중국은 중요한 국제 메커니즘에 성공적으로 참여하고, 합류했을 뿐만 아니라 일부 지역적, 세계적인 메커니즘의 구축에도 참여했는데 이러한 메커니즘에는 상하이협력기구, 중국·아세안자유무역 지대, 북핵 6자 회담, 중국·아프리카협력포럼, 브릭스 정상회의 등이 포함된다. 중국은 이러한 메커니즘에 경제적 측면에서 국제 공공재를 제공함과 동시에 신안보관, 발전관 및 국제체계관 등 측면에서 중국 특색의 외교 이념도 제공하고 있다.

미래 중국의 외교 메커니즘은 보다 통합적이고, 협력적이며, 전문적인 방향으로 발전해야 할 것이다. 왜냐하면, 갈수록 많은 비전통 분야의 문제가 현대 외교에 융합되고 있고 글로벌 시대의 의제가 더 이상 외교적 수단만으로는 해결을 보기 어려워 정치, 경제, 문화 나아가서는 군사적 수단 등의 상호 협력을 필요로 하기 때문이다. 이것은 중국 외교 메커니즘의 발전에 중대한 기회로 되어 중국이 '대외교大外交' 구도를 충분히 형성하고 보완할 수 있게 함과 동시에 중국 외교에 타 부서 및 행위체와의 조율과 협력이 라는 새로운 도전도 안겨 주었다.

3. 평화 발전의 강력한 리더십

중국은 외부 세계와의 관계에서 전체적으로 국제체계에 융합되는 양상을 보이면서 국제 협력을 추진하고 다자주의 길로 나아가는 특징을 보이고 있다. 이것은 개혁개방을 추구하고, 중국의 국제화와 국제 협력 노선을 추진하는 중국공산당의 강력한 리더십과 갈라 놓을 수 없다. 중국의 종합 국력이 지속적으로 상승함에 따라 국제 사회는 강대해진 중국이 앞으로 국제 사회에서 건설적인 역할을 유지할 수 있을지에 깊은 관심을 보이고 있다. 중국과 국제 사회의 관계에 대해 끊임없이 사고하는 과정에서 중국공산당은 평화 발전 노선과 조화

---

570 蘇長和: <中國的軟權力─以國際制度的中國的關係為例>, 『國際觀察』, 2007年 第2期.

세계 구축이라는 전략 사상을 제시하여 중국공산당의 자국의 발전과 국제체제에 대한 견해를 체계적으로 천명했다. 2005년 9월 15일 후진타오 중국 국가 주석은 유엔 창립 60주년 정상회의에서 "항구적 평화와 공동 번영의 조화세계 구축"이라는 주제의 연설문을 통해 조화세계 구축에 대한 견해를 전면적으로 논술하면서 평등하고 개방적인 정신으로 문명과 발전 모델의 다양성을 유지하며 국제 관계의 민주화를 촉진하고 다양한 문명이 공존하는 조화세계를 함께 구축해 나아갈 것을 주장했다.[571] 2005년 12월 22일 중국 국무원 신문판공실은 '중국의 평화 발전의 길'이란 백서를 발표하여 중국은 각국과의 호혜상생, 공동 발전의 목표를 달성하기 위해 최선을 다할 것임을 표명했다. 개혁개방 이후, 중국은 국제 사회에 점차 융합되고 특히 국력이 상승함에 따라 자국과 국제 사회의 관계 그리고 국제 사회에 대한 책임에 대해 깊이 고민해 왔으며 국제 사회에 대한 책임 의식과 공생 의식도 끊임없이 강화되었다.[572]

중국공산당은 배움에 능하고, 사상이 해방되고, 시대와 더불어 발전하는 정당으로서 스스로 과오를 시정할 능력이 있으며 중국 외교에서 강력한 리더 역할을 발휘하고 있다. 중국공산당이 시대적 특징을 '혁명과 전쟁'에서 '평화와 발전'으로 재인식한 것은 세계관의 대전환을 상징하는 것으로 매우 큰 의미를 가진다. 중공 제11차 3중전회에서 제시한 경제 건설 정책과 개혁개방 정책은 중국 외교의 변화를 촉진시켜 국내 건설에 유리한 외부 환경을 조성하고 중국이 국제 사무에서 더 큰 역할을 발휘할 수 있도록 뒷받침해 주었다. 개혁개방이 중국에 거대한 부의 성장을 가져옴과 동시에 일련의 발전 불균형 문제를 불러왔음에도 중국공산당은 일관되게 개혁개방은 강대국의 길이며 당대 중국의 운명을 결정한 중대한 선택이라고 믿어 왔다. 이러한 강력한 리더십은 중국의 세계

---

571 胡錦濤:「努力建設持久和平, 共同繁荣的和諧世界——在聯合國成立60周年首腦會議的講話」, 新華社2005年9月15日电.

572 朱力群: 「觀念轉變·領導能力與中國外交的變化」, 『國際政治硏究』, 2007年 第1期.

대세에 대한 기본적인 판단, 평화와 발전이 시대의 주제라는 판단, 세계 대전이 일어나지 않을 것이라는 판단 그리고 이념을 초월하여 국가 관계를 발전시키고 모든 국가와 평등호혜의 협력 관계를 발전시킨다는 방침이 장기적이고 안전적으로 유지될 수 있게 했다. 세계 경제체계에의 편입은 중국에 거대한 경제적 성과와 관념의 변화를 가져왔고 평화, 발전과 협력은 중국 외교의 내적 요구로 되었으며 세계 평화 유지와 공동 발전의 촉진은 중국 외교의 취지가 되었다.

평화 발전의 길을 견지하고, '항구적 평화와 공동 발전의 조화세계를 구축하자'는 이념은 평화와 발전이 시대의 주제라는 판단을 새롭게 발전시킨 것으로서 중국의 독자적 평화 외교의 내용을 한층 풍부히 하고 급부상하는 중국으로 하여금 국제 사회에서 보편적인 인정과 지지를 얻을 수 있게 했다. 중국은 확고하게 평화 발전의 길로 나아갈 것이며 영원히 패권을 추구하지 않을 것이다. 중국은 세계 평화를 수호함으로써 자국의 발전을 추진하고 또 자국의 발전을 통해 세계 평화를 촉진하며 평화적 발전, 개방적 발전, 협력적 발전, 조화로운 발전을 이룩하기 위해 노력할 것이다. 평화적 발전의 길을 견지하는 것은 중국 특색 사회주의의 본질적 요구이고, 중국의 독자적인 평화 외교 정책의 당연한 요구로서 중국 인민의 근본 이익에 부합하며, 중화 민족의 평화를 사랑하는 역사 문화 전통에 부합하며, 인류 진보의 시대적 흐름에 부합한다. 중국의 평화 발전 전략은 국제 사회에서 중국의 국가 주권과 발전 권익을 지키고 국제 사회에 더 많은 공공재를 제공하는 데 도움이 될 것이다. 평화 발전 전략의 기본 요지는 중국의 발전은 세계를 떠날 수 없고, 중국의 발전은 주로 자국의 힘에 의존하며, 중국의 발전은 세계에 위협이 되지 않는다는 것이다. 중국의 평화 발전 전략이 전 세계에 표명하고자 하는 것은 바로 중국은 상생 협력의 발전 경로를 따르고 있으며, 자국의 발전을 국제체계의 진보와 긴밀히 연결시키고, 국제 사회에서 건설적인 역할을 발휘하기 위해 노력하고 있다는 점이다.

1980년대에 덩샤오핑은 평화와 발전은 당대 세계의 양대 과제라는 판단을 내렸다. 1995년 유엔 창설 50주년 특별 정상회의에서 장쩌민은 '더 나은 세상을 함께 건설하자'를 주제로 한 연설에서 자주적 선택과 구동존이의 조화로운 국면의 조성에 대해 언급했다. 이어 후진타오 주석은 유엔 창설 60주년 정상회의에서 한걸음 더 나아가 공동 발전과 항구적 평화의 조화세계를 구축하자고 제의했다. 후진타오를 총서기로 하는 중앙지도부가 덩샤오핑, 장쩌민의 외교 사상을 계승, 발전시켜 조화세계 구축을 제시한 것은 중국 정치 이념의 역사적인 전환을 상징한다.[573] 조화세계 이념은 중국공산당이 미래 세계 질서와 국제 체계에 대한 새로운 구상이고, 평화적 발전의 길을 견지하기 위한 필연적 요구이며, 평화적 발전을 실현하는 중요한 조건이다. 조화세계 이념은 주로 다음과 같은 내용을 포함한다. 첫째, 각국은 서로 존중하고 공감대를 넓히며 사이 좋게 지낸다. 각국 인민들의 사회 제도와 발전 경로에 대한 자주적 선택권을 존중하며 모든 국가는 평등하게 국제 사무에 참여하고 국제 관계의 민주화를 추진한다. 둘째, 각국은 협력을 강화하여 공동 발전, 호혜 상생을 실현하며 경제 글로벌화와 과학기술 진보의 성과를 공유하고 세계의 보편적 번영을 추진한다. 셋째, 서로 다른 문명 간의 교류를 강화하여 상호 이해를 증진하고 상호 발전을 촉진하며 세계의 다양성을 창도하여 인류 문명의 발전과 진보를 추진한다. 넷째, 각국은 상호 신뢰, 대화와 협력을 강화하고, 인류가 직면한 다양한 글로벌 문제에 공동으로 대응하며 국제 분쟁의 평화적 해결을 촉진하여 세계와 지역 안정을 유지한다. 글로벌화, 다극화, 상호 의존과 제도적 네트워크가 고도화된 오늘날 조화세계 구축은 결코 요원한 것이 아니며 국제 사회가 공동의 노력을 통해 이룰 수 있는 이상적인 목표이다.

중국은 현재 또한 앞으로도 오랫동안 사회주의 초급 단계에 처해 있을 것이므로 중국을 부강하고, 민주적이고, 문명하고 조화로운 사회주의 현대화 국

---

573 陳啟懋: 「中國政治理念的歷史性轉變」, 『國際觀察』, 2006年 第6期 참조.

가로 정착시키려면 장기적인 노력이 필요하다. 그러기 위해서는 역사적, 국제적인 안목과 전반적, 전략적인 사고를 갖추어야 하며 중국의 국정과 역사 흐름 속의 현 단계에 대해 깊이 인식하고 현재의 유리한 시기를 충분히 활용하여 자국의 발전에 박차를 가해야 한다. 아울러 확고부동하게 건설에 전념하고, 일심전력으로 발전을 도모하여 종합 국력을 지속적으로 증강하고 국민의 생활을 끊임없이 개선하며 사회 전반의 화합을 이끌어 내야 한다. 이 같은 목표를 순조롭게 달성하기 위해서는 중국공산당이 올바르고 강력한 리더십을 견지해 나아가는 것이 관건이다. 새로운 세기, 새로운 단계의 외교, 외사는 오직 마오쩌둥 사상, 덩샤오핑 이론과 '3개 대표' 중요 사상의 지도 아래 과학적 발전관을 전면적으로 관철하고, 중국공산당의 국정 운영의 최우선 과제인 '발전'을 둘러싸고, 평화, 발전, 협력의 기치 아래 자주 독립의 평화 외교 정책을 견지하며 확고부동하게 평화 발전의 길로 나아가야만 국가의 주권, 안보와 발전 이익을 수호할 수 있으며 항구적 평화와 공동 번영의 조화세계 구축에 기여할 수 있다.

主要參考文獻

一, 文獻資料

『鄧小平思想年譜』, 中央文獻出版社, 1998.

『鄧小平外交思想學習綱要』世界知識出版社, 2000.

『鄧小平文選』第2卷, 人民出版社, 1994.

『鄧小平文選』第3卷, 人民出版社, 1993.

『共産國際與中國革命資料選輯(1919-1924)』, 人民出版社, 1985.

『建國以來毛澤東文稿』第1冊, 中央文獻出版社, 1987.

『江澤民文選』第1-3卷, 人民出版社, 2006.

『列寧選集』第2, 4卷, 人民出版社, 1995.

『毛澤東外交文選』, 中央 文獻出版社, 1994.

『毛澤東文集』第5卷, 人民出版社, 1996.

『毛澤東選集』第1-4卷, 人民出版社, 1991.

『斯大林選集』上卷, 人民出版社, 1979.

『中共中央文件選集』第13卷, 中共中央黨校出版社, 1991.

『中國共產黨第十七次全國代表大會文件匯編』, 人民出版社, 2007.

『中華人民共和國對外關係文件集』第2卷, 世界知識出版社, 1958.

『周恩來外交文選』, 中央文獻出版社, 1990.

『周恩來文選』, 中央文獻出版社, 1990.

『周恩來選集』上卷, 人民出版社, 1980.

『毛澤東外交文選』, 中央文獻出版社, 世界知識出版社, 1994.

中共中央黨史研究室,『中國共產黨歷史』第1卷(1921-1949), 中共黨史出版社,
　　2002.

中共中央黨史研究室,『中國共產黨歷史』第2卷(1949-1978), 中共黨史出版社,

2011.

中共中央黨史研究室,『中國共產黨新時期簡史』, 中共黨史出版社, 2009.

中共中央文獻研究室編,『鄧小平年譜(一九七五--一九九七)』(下), 中央文獻出版社, 2004.

中共中央文獻研究室編,『江澤民論有中國特色社會主義』(專題摘編), 中央文獻出版社, 2002.

中共中央文獻研究室編,『十六大以來重要文獻選編』(上), 中央文獻出版社, 2005.

中國中央宣傳部,『'三個代表'重要思想學習綱要』, 學習出版社, 2003.

中央檔案館編,『中共中央選集』第1, 10, 14冊, 中共中央當校出版社, 1989, 1991, 1992.

二, 中文著述

【美】肯尼斯·華爾茲 著, 信強 譯,『國際政治理論』, 上海人民出版社, 2003.

【美】羅伯特·基歐漢·約瑟夫·奈 著, 門洪華 譯,『權利與相互依賴』, 北京大學出版社, 2002.

【美】威廉·奧夫霍爾特 著, 達洲 譯,『中國的崛起——經濟改革正在如何造就一個新的超級大國』, 中央編譯出版社, 1996.

【美】亞歷山大·溫特著·秦亞青譯,『國際政治的社會理論』, 上海人民出版社, 2000.

【美】伊曼紐爾·沃勒斯坦著·憂來寅·路愛國 等譯,『現代世界體系』第1卷, 高等教育出版社, 1998.

【美】詹姆斯·多爾蒂·小羅伯特·普法爾茨格拉芙 著, 閻學通·陳寒溪 等譯,『爭論中的國際關係理論』(第五版), 世界知識出版社, 2003.

【蘇】崔可夫 著, 萬成才 譯,『在華使命——一個軍事顧問的筆記』, 新華出版社, 1980.

【英】巴里·布贊·理查德·利特爾 著, 劉德斌 主譯,『世界歷史中的國際體系——國際關係研究的再構建』, 高等教育出版社, 2004.

【英】赫德利·布爾著·張曉明 譯,『無政府社會——世界政治秩序研究』(第二版), 世界知識出版社, 2003.

陳占安主編,『黨的十六大以來馬克思主義中國化的新進展』, 北京大學出版社, 2008.

鄧小平,『建設有中國特色的社會主義』(增訂本), 人民出版社, 1987.

杜康傳·李景治主編『國際共產主義運動概論』, 中國人民大學出版社, 2002.

費正清主編,黃建剛等譯:『劍橋中華民國史』, 上海人民出版社, 1992.

韓念龍,『當代中國外交』, 中國社會科學出版社, 1987.

洪兵,『國家利益論』, 軍事科學出版社, 1999.

黃華,『親歷與見聞——黃華回憶錄』, 世界知識出版社, 2007.

梁守德,『鄧小平理論與當代中國國際關係學』, 北京大學出版社, 2003.

劉繼南,『國際傳播與國家形象』, 北京廣播學院出版社, 2002.

劉金質·梁守德·楊淮生 主編,『國際政治大辭典』, 中國社會科學出版社, 1994.

劉鳴,『國際體系:歷史演技與理論的解讀』, 中共中央黨校出版社, 2006.

羅榮渠,『現代化新論——世界與中國的現代化進程』, 北京大學出版社, 1993.

羅榮渠,『現代化新論續篇——東亞與中國的現代化進程』, 北京大學出版社, 1997.

倪世雄等:『當代西方國際關係理論』, 復旦大學出版社, 2001.

朱軍,『從延安走向世界:中國共產黨對外關係的起源』, 中共黨史出版社, 2008.

裴堅章,『中華人民共和國外交史(1949年-1956)』, 世界知識出版社, 1995.

齊鵬飛主編『中國共產黨與當代中國外交(1949-2009)』, 中共黨史出版社, 2010.

錢其琛主編『世界外交大辭典』(上), 世界知識出版社, 2005.

秦亞青等,『國際體系與中國外交』, 世界知識出版社, 2009.

秦亞青主編『中國學者看世界:國際秩序卷』, 新世界出版社, 2007.

曲星,『中國外交50年』, 江蘇人民出版社, 2000.

石林,『當代中國的對外經濟合作』, 中國社會科學出版社, 1989.

宋福·徐世華,『中國現代史』(上), 中日檔案出版社, 1995.

田增佩主編,『改革開放以來的中國外交』, 世界知識出版社, 1993.

王朝文,『當代世界經濟與政治』, 經濟科學出版社, 2003.

王福春,『外事管理學概論』, 北京大學出版社, 2003.

王繩祖『國際關係史』第8卷, 世界知識出版社, 1997.

王泰平主編,『新中國外交50年』, 北京出版社, 1999.

王偉光,『科學發展觀基本問題』, 人民出版社, 2007.

王逸舟主編『中國學者看世界:國家利益卷』, 新世界出版社, 2007.

王正毅著,『世界體系論與中國』, 商務印書館, 2000.

吳興唐,『政黨外交和國際關係』, 當代世界出版社, 2004.

向青,『共產國際與中國革命關係史稿』, 北京大學出版社, 1988.

謝益顯,『中國外交史(1979-1999)』, 河南人民出版社, 1996.

謝益顯主編,『中國當代外交史(1949-2001)』, 中國青年出版社, 2002.

閻學通·孫學峰 等,『中國崛起及其戰略』, 北京大學出版社, 2005.

閻玉田, 李愛香:『中國抗戰局勢與國際政治關係』, 人民出版社, 2008.

顏聲毅:『當代中國外交』, 復旦大學出版社, 2004.

楊潔勉,『大合作——變化中的世界和中國國際戰略』, 天津人民出版社, 2005.

楊潔勉等,『大體系:多級多提的新組合』, 天津人民出版社, 2008.

楊潔勉等,『對外關係與國際問題研究』, 上海人民出版社, 2009.

楊潔勉等,『六十年對外關係與國際問題研究』, 上海人民出版社, 2009.

楊奎松主編『冷戰時期的中國對外關係』, 北京大學出版社, 2006.

楊奎松,『'中間地帶'的革命:國際大背景下看中共成功之道』, 山西人民出版社,
    2010.

于宏源,『環境變化和權勢轉移:制度, 博弈和應對』, 上海人民出版社, 2011.

俞新天等,『國際體系中的中國角色』, 中國大百科全書出版社, 2008.

張德廣主編,『全球金融危機與中國外交』, 世界知識出版社, 2009.

張幼文等,『探索開放戰略的升級』, 上海社會科學院出版社, 2008.

張植榮,『中國邊疆與民族問題——當代中國的挑戰及其歷史由來》, 北京大學出版社, 2005.

趙進軍主編,『新中國外交60年』, 北京大學出版社, 2010.

趙可金,『中華人民共和國外交制度變遷的理論闡釋』, 復旦大學2005年 博士學位論文。

趙學清等編著,『科學發展觀學習讀本』, 人民日報出版社, 2008.

鄭必堅等主編,『鄧小平理論基本問題』, 中共中央黨校出版社, 2002.

中國現代國際關係研究所編,『國際政治新秩序問題』, 時事出版社, 1992.

中國現代國際關係研究所編,『中國與第三世界(論文集)』, 時事出版社, 1992.

種廉言編:『中國共產黨的國際交往』, 五洲傳播出版社, 2007.

朱鋒·【美】羅伯特·羅斯 主編,『中國崛起:理論與政策的視角』, 上海人民出版社, 2008.

庄小軍·吳光祥,『感悟當代中國外交——中共領導集體處理國際關係的外交智慧』, 中共黨史出版社, 2009.

三, 英文著述

Andrew Cooper, Richard Higgott and Kim Nossal, Relocating Middle Powers: Australia and Canada in a Changing World Order (Vancouver, BC: University of British Columbia Press, 1993).

Brain Hocking, Localizing Foreign Policy: Non-central Governments and Multilayered Diplomacy (New York: St. Martin's Press, 1993).

Elmer Plischke, Summit Diplomacy: Personal Diplomacy of the President of the United States(Westport: Green wood Press, 1974).

Francisco Aldecoa and Michael Keating eds., Paradiplomacy in Action. The Foreign Relations of Subnational Governments(London: Frank Cass, 1999).

Frank A. Nillkovich, The Diplomacy of Ideas: U. S. Foreign Policy and Cultural Relations 1938-1950(Cambridge: Cambridge University Press, 1981).

H. Butterfield and M. Wight, Diplomatic Investigations(London: Allen and Unwin, 1966).

Hans J. Michelmann & Panayotis Soldatos eds., Federalism and International Relations: the Role of Subnational Units (Oxford: Oxford University Press, 2001).

Hans J Michelmann and Panayotis Soldatos eds., Federalism and International Relations: The Role of Subnational Units (Oxford: Clarendon Press, 1990).

Hans J. Morgentbau, Politics among Nations: The Struggle for Power and Peace, 5th ed. (New York: Alfred A. Knopf, 1978).

Hans Michelmann ed., Foreign Relations in Federal Countries(Montreal and Kingston: McGill-Queen's University Press and Forum of Federations, 2009).

Hedle Bull and Adam Watson eds., The Expansion of International Society(Oxford: Oxford University Press, 1984).

Ivo D. Duchacek, The Territorial Dimension of Politics Within, Among, and Across Nations(Boulder and London: Westview Press, 1986).

Ivo Duchacek, Daniel Latouche and Garth Stevernson eds., Perforated

Sovereignties and International Relations: Trans-Sovereign Contacts of Subnational Goverments(New York: Greenwood Press, 1999).

James N. Rosenau and Ernst-Otto Czempiel eds., Governance Without Government: Order and Change in World Politics(Cambridge: Cambridge University Press 1992).

Jan Melissen ed., The New Public Diplomacy: Soft Power in International Relations(Basingstoke: Palgrave-Macmillan, 2005).

Joseph H. De Rivera, The Psychological Dimension of Foreign Policy(Columbus OH: C. E. Merrill Publications Co., 1968).

Kenichi Ohmae, The End of the Nation State: the Rise of Regional Economies(New York: The Free Press, 1995).

Liesbet Hooghe ed., Cohesion Policy and European Integration: Building Multi-level Governance(Oxford: Oxford University press, 1996).

Martin Shaw, Global Society and International Relations(Cambridge: Polity Press, 1994).

Martin Wight, Systems of States(London: Leicester University Press and London School of Economics, 1977).

Michael B. McElroy, Chris P. Nielsen and Peter Lydon eds., Energizing China, Reconciling Environmental Protection and Economic Growth(Cambridge, Mass: Harvard University Committee on Envirronment, 1998).

Mike Moore, A World Without Walls. Freedom, Development, Free Trade and Global Governance (Cambridge: Cambridge University Press, 2003).

P. L. Knox and P. J. Taylor eds., World Cities in a World-system(Cambridge:

Cambridge University Press, 1995).

Paul Kennedy, Dirk Messner, Franz Nuscheler eds., Global Trends and Global Governance (London: Pluto Press, 2002).

Richard Louis Edmonds ed., Managing the Chinese environment(Oxford: Oxford University Press, 1998).

Robert Lieber, Theory and World Politics(London: Winthrop Pubishers, 1972).

S. Sassen, The Global City: New York, London, Tokyo(Princeton: Princeton University Press, 1991)

Samuel Kim ed., China and the World: Chinese Foreign Policy faces the New Millennium, 4th edtion (Boulder: Westview Press, 1998).

Samuel Kim, China, The United Nations and World Order (Princetion: Princeton University Press, 1979).

Stanley Hoffmann, The State of War: Essays on the Theory and Practice of International Politics (New York: Prager, 1965).

四, 中文報刊

1.	『21世紀經濟報道』	41.	『美國研究』
2.	『阿拉伯世界』	42.	『歐洲研究』
3.	『北京黨史』	43.	『求是』
4.	『北京聯合大學學報』	44.	『求索』
5.	『參考消息』	45.	『人民日報』
6.	『長白學刊』	46.	『人文雜誌』
7.	『當代經理人』	47.	『山東商業職業技術學院學報』
8.	『當代世界』	48.	『上海經濟管理幹部學院學報』
9.	『當代世界與社會主義』	49.	『社會科學』
10.	『當代亞太』	50..	『社會科學報』
11.	『當代中國史研究』	51.	『史學月刊』

12.	『黨建研究』	52.	『世界經濟與政治』
13.	『黨史研究與教學』	53.	『世界經濟與政治論壇』
14.	『第一財經日報』	54.	『世界知識』
15.	『東南亞縱橫』	55.	『思想理論教育導刊』
16.	『發展研究』	56.	『太平洋學報』
17.	『光明日報』	57.	『天府新論』
18.	『國際觀察』	58.	『同濟大學學報』
19.	『國際論壇』	59.	『外交評論』
20.	『國際問題研究』	60.	『文匯報』
21.	『國際展望』	61.	『西亞非洲』
22.	『國際政治研究』	62.	『現代國際關係』
23.	『宏觀經濟研究』	63.	『襄樊學院學報』
24.	『湖北社會科學』	64.	『新華每日電訊』
25.	『華僑大學學報』	65.	『新華社中文新聞』
26.	『環球視野』	66.	『新華月報』
27.	『教學與研究』	67.	『新民晚報』
28.	『解放日報』	68.	『信息導刊』
29.	『今日中國論壇』	69.	『學術論壇』
30.	『經濟觀察報』	70.	『亞非縱橫』
31.	『經濟日報』	71..	『中國黨史研究』
32.	『科教文匯』	72.	『中共南京市委黨校學報』
33.	『科學決策』	73.	『中共天津市委黨校學報』
34.	『科學中國人』	74.	『中國發展觀』
35.	『理論界』	75.	『中國青年報』
36.	『理論前沿』	76.	『中國青年政治學院學報』
37.	『理論月刊』	77.	『中國人民大學學報』
38.	『歷史研究』	78.	『中國石油天然氣工業信息』
39.	『聯合早報』(新加坡)	79.	『中國外交』
40	『毛澤東鄧小平理論研究』	80.	『中國行政管理』

五, 英文报刊

1. Weekly Standard

2. Washington Post

3. Time International

4. The Washington Quarterly

5. Regional and Federal Studies

6. Public Relations Quarterly

7. Political Science Annual

8. Participation

9. New York Times

10. Millennium

11. Mediterranean Politics

12. Los Angeles Times

13. Journal of Social Issues

14. Journal of International Affairs

15. Journal of Contemporary China

16. Journal of Common Market Studies

17. International Studies Quarterly

18. International Relations

19. International Journal of Urban and Regional Research

20. International Interactions

21. International and Comparative Law Quarterly

22. International Affairs

23. Guardian

24. Foreign Policy

25. Foreign Affairs

26. Financial Times

27. Europe-Asia Studies

28. European Journal of International Relations

29. European Journal of International Law

30. Development and Change

31. American Political Science Review

32. American Journal of International Law

六. 重要網站

中國中央人民政府	http://www.gov.cn
中國外交部	http://www.fmprc.gov.cn/chn
中國國家發展和改革委員會	http://www.ndrc.gov.cn
中國財政部	http://www.mof.gov.cn/index.htm
中國共產黨新聞網	http://cpc.people.com.cn
中國商務部	http://www.mofcom.gov.cn
中國環境保護總局	http://www.zhb.gov.cn
中國國務院台灣事務辦公室	http://www.gwytb.gov.cn
人民日報	http://www.people.com.cn
新浪網	http://www.sina.com.cn
中國網	http://www.china.com.cn
新華網	http://www.xinhuanet.com
國新辦	http://www.scio.gov.cn/index.htm
世博網	http://www.expo.cn
環球網	http://www.huanqiu.com
中國新聞網	http://www.chinanews.com
東方網	http://www.eastday.com

후기

　　2011년은 중국공산당 창당 90돌을 맞는 해입니다. 90년의 발전과정을 거쳐 중국공산당은 더 큰 자신감으로 보다 객관적이고 냉정하게 지나온 역사를 평가하고 미래를 내다볼 수 있게 되었을 뿐만 아니라 보다 포괄적이고, 전면적이고, 역동적이고, 심층적으로 지나온 과거를 평가하고 이론화하여 미래의 실천을 위한 지침으로 삼을 수 있게 되었습니다.

　　상하이국제문제연구원은 '평화공존 5항원칙' 발표 50주년을 기념하여 2004년부터 중국특색의 외교이론을 체계적으로 탐구하기 시작하였습니다. 그 후로 2008년의 개혁개방 30주년 기념, 2009년의 건국 60주년 기념, 2010년의 상하이국제문제연구원 건립 50주년 기념 등 일련의 기념행사를 둘러싸고 관련 연구를 수행하는 과정에서 중국 특색의 외교 이론과 실천에 대한 심층 연구의 토대가 마련되고 역량이 축적되었습니다. 우리 연구원의 창당 90주년 기념 활동 과제인 "중국공산당 및 중국 특색의 외교 이론과 실천"에 대한 연구는 상하이시 사회과학계연합회의 지지와 협찬을 받게 되었습니다. 우리는 상하이시 사회과학계연합회와 외교부, 중공중앙위원회 대외연락부 관련 부문의 지도와 지지 하에 10개월간의 노력을 거쳐 창당 90주년을 맞으며 마침내 우리의 연구성과를 세상에 선보이게 되었습니다.

　　이 책의 완성은 과제연구팀 구성원들의 적극적인 참여와 헌신적인 노력의 결과입니다. 지나온 90년 동안 당의 중국 외교에 대한 지도 및 그 실천 과정에 대해 더 정확한 평가를 내리고 미래 발전 전망을 제시하기 위해 우리 연구팀은 상하이국제문제연구원의 젊고 유능한 학자들을 모아 짧은 시간 내에 보다 포괄적이고 심층적인 저작을 독자들에게 내놓게 되었습니다. 21세기 초부터 양제몐(yang jiemian 楊潔勉) 원장은 중국 특색 외교 이론의 구축에 전념을 다하였습니다. 그는 직접 과제를 설정하고 서문, 맺음말과 후기를 작성하였으며 틈틈이 시간을 내어 팀원들과 함께 문제를 검토하고, 초고를 수정하고 원고 심사를 총괄하였습니다. 본 저작은 '이론편'과 '실천편' 두 부분으로 나뉘었으며 '이론편'은 총 4개의 장, '실천편'은 총 3개의 장으로 구성되었습니다. 제1장은 글로벌관리소 부소장 예칭(Ye Qing 葉靑) 부연구원이 집필하였고, 제2장은 정보연구소 부소장 장페이(Zhang Pei 張沛) 박사, 제3장은 세계경제연구소의 류종이(Iiu ZongYi 劉宗義) 박사, 제4장은 세계 경제연구소 부소장 장하이빙(Zhang HaiBing 張海氷) 부연구원, 제5장은 외교정책연구소의 장춘(Zhang Chun 張春) 부연구원, 제6장은 글로벌관리소의 위홍위엔(Yu HongYuan 于宏源) 부연구원, 제7장은 국제전략연구소 소장 보좌관 뉴하이빈(Niu HaiBin 牛海彬) 박사가 각각 책임지고 집필하였습니다. 집필 과정에서 팀원들은 최고의 팀워크를 발휘하여 서로 협조하고 함께 노력함으로써 단기간에 질적 수준이 보장된 저작을 내놓을 수 있었습니다.

본 과제의 완성 과정에서 우리는 여러 부문의 적극적인 지원과 관심을 받았습니다. 우선 감사를 드려야 할 부문은 저자들의 직장인 상하이국제문제연구원입니다. 본 과제를 준비하고 마무리하기까지 천둥샤오(Chen DongXiao 陳東曉) 부원장과 양젠(Yang Jian 楊劍) 부원장은 시종 전폭적인 지지와 격려를 아끼지 않았으며 과학연구, 행정, 도서 등 부문 에서도 양질의 서비스를 적극 제공해 주었습니다. 상하이시 사회과학계연합회의 지도층과 직원들의 적극적인 지지도 이 책의 출간에서 빠질 수 없는 역할을 하였습니다. 외교부, 중공중앙위원회 대외연락부, <해방일보>, 상하이시 중국공산당 간부학교 등 기관의 지지와 협조도 본 저작의 완성에 큰 힘이 되었습니다. 물론, 본 저작의 집필 과정에 우리는 국내 동일 분야 전문가들의 건설적인 비판과 제안도 많이 받았습니다. 이 밖에도 많은 분들의 응원과 협조를 받았지만 이름을 일일이 나열할 수 없는 점 양해해 주시기 바랍니다.

그리고 이 책이 세상에 나올 수 있도록 출판해 주신 동방출판센터에 감사드리며 편집자들의 노고에도 깊은 사의를 표하는 바입니다.

중국이 세계를 향해 가고 있듯이 중국공산당도 세계를 향해 나아가고 있습니다. 중국공산당의 중국사회주의 과업 및 외교에 대한 지도와 참여도 세계에 점점 더 널리 알려지고 있습니다. 따라서 중국공산당의 중국외교에 대한 지도 및 그 실천에 대한 평가는 정당외교와 중국 특색의 외교 이론 및 실천보다 더 큰 의미가 있으며 또한 중국 특색 사회주의 이론의 구축과 완벽화에 기여할 수 있습니다. 우리는 국제문제 연구 분야의 종사자로서 더 큰 결심과 자신감으로 중국 특색의 국제관계 이론, 중국 특색의 외교이론에 대한 심층적인 연구를 진행하여 조국의 사회주의 사업에 적은 힘이나마 보태려고 합니다. 마지막으로, 제한된 시간과 제한된 능력 때문에 책에 적지 않은 오류가 있을 것이라 여기므로 동일 분야 전문가들과 독자 여러분들의 비평과 의견을 부탁드리는 바입니다.

저 자

2011년 5월 10일